건강운동관리사

필기+실기 | 한권으로 끝내기

끝까지 책임진다! 시대에듀!
QR코드를 통해 도서 출간 이후 발견된 오류나 개정법령, 변경된 시험 정보, 최신기출문제, 도서 업데이트 자료 등이 있는지 확인해 보세요!
시대에듀 합격 스마트 앱을 통해서도 알려 드리고 있으니 구글 플레이나 앱 스토어에서 다운받아 사용하세요.
또한, 파본 도서인 경우에는 구입하신 곳에서 교환해 드립니다.

편집진행 박종옥 · 장민영 | **표지디자인** 하연주 | **본문디자인** 유가영 · 김휘주

2026 시대에듀 건강운동관리사 필기+실기 한권으로 끝내기

Always with you

사람의 인연은 길에서 우연하게 만나거나 함께 살아가는 것만을 의미하지는 않습니다.
책을 펴내는 출판사와 그 책을 읽는 독자의 만남도 소중한 인연입니다.
시대에듀는 항상 독자의 마음을 헤아리기 위해 노력하고 있습니다. 늘 독자와 함께하겠습니다.

편저자 약력

강명성
- 고려대학교 사회체육학과 박사
- 현) 광주보건대학교 스포츠의학과 교수
- 전) 롯데헬스케어 건강운동관리사
- 전) 녹십자헬스케어 건강운동관리사
- 전) 삼성서울병원 스포츠의학센터 건강운동관리사
- 전) Riverside The sport clinic, California 인턴(ATC)
- 시대에듀 건강운동관리사 시리즈 저자
- 스포츠지도사 필기 20일 단기완성 저자 blog.naver.com/pmh10004

김현규
- 영남대학교대학원 운동역학 석사
- 현) 대구대학교재활건강증진학과 겸임교수
- 현) 더모션운동센터 대표
- 현) 바시필라테스대구점 대표
- 현) 대구한의대학교 한·양방 융합스포츠의학 전문트레이너 양성사업단 자문위원
- 전) 남산병원 스포츠재활센터 운동사(주임)
- 전) 우리들병원 운동의학치료실 주임
- 시대에듀 건강운동관리사 시리즈 저자

박민혁
- 고려대학교 스포츠운동의학 박사 수료
- 고려대학교 스포츠의학과 석사
- 현) 대구스포츠과학센터 선임연구원
- 전) 경북대학교병원 권역심뇌혈관질환센터 건강운동관리사
- 전) 남산병원 스포츠재활센터 건강운동관리사
- 전) 대한미식축구협회 국가대표팀 의무트레이너
- 시대에듀 건강운동관리사 시리즈 저자

머리말

현대 산업 구조의 변화로 인해 많은 현대인들이 운동 부족과 대사성 질환을 앓고 있습니다. 이에 더해 서구화된 식습관과 환경 문제로 인해 체계적인 운동수행방법을 지도·관리하는 건강운동관리사의 필요성이 더욱 커지고 있습니다. 관련 자격증인 건강운동관리사 자격제도에 대한 관심도 높아지고 있으며, 체육에 대한 전국민적인 관심도 함께 높아지고 있습니다.

그러나 건강운동관리사의 필기시험은 매우 어려운 편이며, 이로 인해 합격률이 낮은 상황입니다. 이는 단순히 수험생들의 노력 부족이 아닌 문제 푸는 방법에 대한 이해 부족으로 생각됩니다. 이에 시대에듀는 수험생들의 합격률 상승을 돕고자 본 도서를 출간하였습니다.

이 책은 건강운동관리사 자격제도의 출제기준에 맞추어 필기 8과목과 실기 3과목을 모두 수록하여, 한 권으로 필기과목과 실기과목을 모두 대비할 수 있도록 하였습니다. 또한 내용을 쉽게 간추려 설명하였고, 전체 과목별 출제예상문제와 2025년 필기 기출문제를 상세한 해설과 함께 수록하였습니다. 이 책에 수록된 내용들은 〈ACSM's Guidelines for Exercise Testing and Prescription, 11th(2021)〉를 기준으로 작성되었습니다.

다음은 2026 개정판에서 수정된 내용들입니다.

❶ 2021년 개정된 미국스포츠의학회(ACSM) 가이드라인 11판의 내용을 도서에 반영하였습니다.
❷ 2025년 최신 기출문제와 상세한 해설을 추가하였습니다.
❸ 출제경향을 반영하여 도서 이론을 일부 교체하였습니다.

자격 취득에 도움이 되길 바라며, 모든 예비 건강운동관리사 여러분들의 합격을 기원합니다.

모든 일에 최선을 다하여 남이 한 번 할 때 스스로 100번을 해서라도 이룬다는 안일기백의 마음으로 노력한다면, 반드시 시험에 합격하리라고 믿습니다.

편저자 일동

자격증·공무원·금융/보험·면허증·언어/외국어·검정고시/독학사·기업체/취업
이 시대의 모든 합격! 시대에듀에서 합격하세요!
www.youtube.com ➡ 시대에듀 ➡ 구독

자격시험안내

💙 건강운동관리사란?

- 개인의 체력적 특성에 적합한 운동 형태, 강도, 빈도 및 시간 등 운동수행방법에 대하여 지도·관리하는 역할을 수행합니다.
- 의사 또는 한의사가 의학적 검진을 통하여 건강증진 및 합병증 예방 등을 위하여 치료와 병행하여 운동이 필요하다고 인정하는 사람에 대해서는 의사 또는 한의사의 의뢰를 받아 운동수행방법을 지도·관리합니다.

💙 자격요건

만 18세 이상부터 응시가 가능하며, 시험에 응시하기 위한 자격요건은 다음과 같습니다.

응시자격	제출서류(인정요건)
「고등교육법」에 따른 학교에서 체육 분야에 관한 학문을 전공하고 졸업한 사람(졸업예정자 포함)이거나 법령에 따라 이와 같은 수준의 학력이 있다고 인정되는 사람 - 체육 분야 전문학사, 학사, 석·박사	• 졸업자 : 체육 분야 전문학사 이상 졸업(학위)증명서 • 졸업예정자 : 체육 분야 전문학사 이상 졸업(학위수여) 예정증명서 또는 최종학년 재학증명서
문화체육관광부장관이 인정하는 「고등교육법」에 해당하는 외국의 학교에서 체육 분야에 관한 학문을 전공하고 졸업한 사람 - 문체부 장관 인정 외국의 체육 분야 전문학사, 학사, 석·박사	문화체육관광부장관 인정 외국학교 체육 분야 전문학사 이상 졸업증명서

※ 구체적인 응시자격의 인정요건 정보는 홈페이지(sqms.kspo.or.kr)의 [시험안내 ▶ 자격제도안내 ▶ 건강운동관리사]에서 확인하시기 바랍니다.

💙 2025년 시험일정

구 분	원서접수	서류접수	시험일	합격자발표
필 기	2025.05.08(목) ~2025.05.12(월)	2025.05.08(목) ~2025.05.14(수)	2025.06.14(토)	2025.06.30(월)
실기·구술	2025.07.02(수) ~2025.07.07(월)	2025.07.02(수) ~2025.07.08(화)	2025.07.12(토) ~2025.07.13(일)	2025.07.25(금)

매년 6월경 실시되는 필기시험에 합격하면, 실기·구술시험에 응시할 수 있습니다. 실기·구술시험까지 합격하였다면, 연수 후 건강운동관리사 자격증을 발급받을 수 있습니다.

※ 시험일정은 변경될 수 있으므로 홈페이지(sqms.kspo.or.kr)의 [시험안내 ● 연간일정계획 ● 건강운동관리사]에서 확인하시기 바랍니다.

💙 일반사항

필기시험	• 시험과목 : 스포츠심리학, 운동생리학, 운동상해, 기능해부학, 건강·체력평가, 운동처방론, 병태생리학, 운동부하검사 • 과목마다 만점의 40% 이상 득점하고 전 과목 총점 60% 이상 득점
실기·구술시험	• 시험과목 : 건강·체력측정평가, 운동트레이닝방법, 운동손상 평가 및 재활 • 실기시험과 구술시험 각각 만점의 70% 이상 득점
연수	연수과정의 100분의 90 이상을 참여하고, 연수태도·체육 지도·현장실습에 대한 평가 점수 각각 만점의 100분의 60 이상

💙 건강운동관리사 합격률

구 분		2024	2023	2022	2021	2020	2019
필기	응시자(명)	1,583	1,792	1,604	1,842	1,423	1,178
	합격자(명)	158	539	172	436	224	310
	합격률(%)	9.98	30.08	10.72	23.67	15.74	26.32
실기	응시자(명)	510	532	419	427	270	304
	합격자(명)	331	114	296	135	258	249
	합격률(%)	64.90	21.43	70.64	31.62	95.56	81.91

※ 출처 : 국민체육진흥공단 체육지도자 홈페이지

💙 일반사항

- 동일 자격등급에 한하여 연간 1인 1종목만 취득 가능(동·하계 중복 응시 불가)
- 접수 시 선택한 종목은 변경 불가(2025년 신규 접수자부터 적용)
- 필기 및 실기·구술시험 장소는 추후 체육지도자 홈페이지에 공지 예정
- 하계 필기시험 또는 동계 실기·구술시험에 합격한 사람에 대해 다음 해에 실시되는 해당 자격검정 1회 면제
- 필기시험에 합격한 해의 12월 31일부터 3년 이내에 연수과정을 이수하여야 함. 단, 필기시험을 면제 받거나 실기·구술시험을 먼저 실시하는 경우에는 실기·구술시험에 합격한 해의 12월 31일부터 3년 이내에 연수과정(연수면제자는 스포츠윤리교육)을 이수하여야 함
  ※ 「병역법」에 따른 병역 복무를 위해 군에 입대한 경우 의무복무 기간은 불포함(연수 과정만 해당, 필기·실기 과정은 미해당)
- 나이 요건 충족 기준일은 각 자격요건별 취득 절차상 첫 절차의 접수 마감일 기준(2007년 출생자 중 해당 과정의 접수 마감일 이전 출생)
- 졸업예정자의 경우 졸업증명서 최종제출일(다음 연도 2월 말) 이후 3월에 자격증 발급(사전 발급 불가)

출제경향분석

제1과목 운동생리학

💙 최근 기출 분석

2025년 운동생리학은 ATP 생성, 에너지 대사 등 매년 출제되는 개념이 출제되었습니다. 작년과 다른 점은 [호흡·순환계와 운동]의 비중이 줄었으며 [골격근과 운동]의 비중이 증가하여 비교적 골고루 출제되었습니다. 운동생리학은 기본 개념의 바탕 위에 매년 비율을 조금씩 다르게 하여 난이도를 조절하는 경향이 있습니다. 응용 문제를 잘 해결해 내기 위해 중요한 개념을 확실히 암기해 둘 필요가 있습니다.

💙 파트별 출제비중

구 분	2025	2024	2023	2022	2021	2020	2019	합 계
운동생리학의 개관	–	–	–	–	1	1	1	3
에너지 대사와 운동	5	3	4	3	3	3	3	24
신경조절과 운동	3	1	3	2	3	1	3	16
골격근과 운동	6	3	3	3	3	4	5	27
내분비계와 운동	2	2	3	2	2	1	2	14
호흡·순환계와 운동	3	9	4	8	5	7	5	41
환경과 운동	1	2	3	2	2	2	–	12
기 타	–	–	–	–	1	1	1	3

※ 출제빈도는 문제 분석에 따라 달라질 수 있습니다.

💙 학습방법

▶ 운동생리학은 운동을 통해 나타나는 인체의 생리학적 반응과 적응을 다루는 과목입니다.
▶ 기초적이면서도 자주 쓰이는 용어와 생리학적 기전에 대한 이해가 중요합니다.
▶ 최근에는 ATP, 에너지 대사, 골격근과 운동 등에 관련된 문제가 주로 출제되고 있습니다.

제2과목 건강·체력평가

최근 기출 분석

올해도 예년과 같이 [검사순서 및 방법], [검사 해석 및 평가]에서 많은 문제가 출제되었습니다. 건강·체력평가는 신체활동의 효과와 개념, 국민체력100, 결과지 해석 방법 등 암기보다 응용, 심화 문제에 적응하여야 고득점이 가능합니다. 다양한 검사에 대한 방법과 해석을 세심히 볼 필요가 있습니다. 검사에 대한 이해도와 해석이 중요하니 국내 혹은 국외에서 제시한 다양한 근거 기반의 자료들을 보면서 학습하는 것을 권장합니다.

파트별 출제비중

구 분	2025	2024	2023	2022	2021	2020	2019	합 계
규칙적인 신체활동을 통한 질환 예방 효과	2	2	1	1	2	1	1	10
ACSM 위험군 분류	2	2	2	1	2	2	2	13
운동참여 전 사전 검사	3	2	2	1	3	3	1	15
검사순서 및 방법	4	5	5	9	4	6	9	42
검사 해석 및 평가	9	8	7	6	8	7	7	52
신체조성 구성	–	1	3	2	1	1	–	8

※ 출제빈도는 문제 분석에 따라 달라질 수 있습니다.

학습방법

- ▶ 건강·체력평가는 다양한 체력평가의 시스템에 대해 연구하는 과목입니다.
- ▶ 인체의 기본적인 신체 조성, 근력, 근지구력, 유연성, 심폐지구력 등 여러 체력 요소를 이해하는 것이 중요합니다.
- ▶ 매년 출제되는 검사 항목의 정확한 수치, 방법, 해석 기준을 익혀 두어야 합니다.
- ▶ 국내외의 여러 학술 자료를 함께 학습한다면 심화문제에 대비할 수 있을 것입니다.

출제경향분석

제3과목 운동처방론

💙 최근 기출 분석

[특수대상자의 운동처방]이 50%를 넘었던 작년과 달리 올해는 [체력향상을 위한 운동처방]과 [생활습관병과 운동처방]의 비중이 높았습니다. 문제의 대부분은 ACSM과 관련하여 출제되었으며 계산 문제도 상당수 출제되었습니다. 대상자별 운동처방과 금기사항을 확실히 암기하여 ACSM 공식에 응용할 수 있도록 학습하여야 합니다. 기초이론보다는 운동처방 관련 내용이 주로 출제되는 경향이니 참고하여 학습하시기 바랍니다.

💙 파트별 출제비중

구 분	2025	2024	2023	2022	2021	2020	2019	합 계
운동처방의 기초 이론	1	1	3	5	5	2	4	21
체력향상을 위한 운동처방	7	2	4	3	4	5	4	29
생활습관병과 운동처방	7	6	6	4	4	4	5	36
특수대상자의 운동처방	5	11	7	8	7	9	7	54

※ 출제빈도는 문제 분석에 따라 달라질 수 있습니다.

💙 학습방법

- ▶ 운동처방론은 도움이 필요한 대상에게 운동 프로그램을 적절하게 처방하는 것에 대해 연구하는 과목입니다.
- ▶ 운동처방 시 대상의 개인차를 이해할 필요가 있으므로, 대상자에 따른 주의사항을 숙지해야 합니다.
- ▶ 질환별 병리 기전을 이해하고, 해당하는 금기사항과 적절한 운동처방 프로그램이 무엇인지 익히는 것이 중요합니다.

제4과목 운동부하검사

💙 최근 기출 분석

운동부하검사는 [운동부하검사의 수행]과 [운동부하검사 결과의 해석]에서 높은 비중을 보였습니다. 특히 도표와 그래프를 해석하는 문제가 다수 출제되었습니다. 운동부하검사는 다양한 사례를 바탕으로 ACSM의 운동부하검사 적용법을 제시하는 문제가 출제됩니다. 대상자에 따른 상대적·절대적인 금기사항과 종료 시점을 모두 숙지하여야 합니다. 학습 시 실전에 적용되는 검사의 전·중·후 다양한 스킬과 해석 능력을 키울 필요가 있습니다.

💙 파트별 출제비중

구 분	2025	2024	2023	2022	2021	2020	2019	합 계
운동부하검사의 개요	1	3	3	2	3	3	4	19
운동부하검사의 준비	1	4	2	3	3	4	3	20
운동부하검사의 수행	6	5	6	8	9	7	7	48
운동부하검사 결과의 해석	12	8	9	7	5	6	5	52
기 타	–	–	–	–	–	–	1	1

※ 출제빈도는 문제 분석에 따라 달라질 수 있습니다.

💙 학습방법

▶ ACSM에서 제시하는 각 위험군을 분류할 수 있어야 합니다.
▶ 위험군 분류 후에는 각 위험군에 따른 운동부하검사의 적용법을 알아야 합니다.
▶ 심전도는 매년 출제되고 있으므로, 심전도 관련 이론은 반드시 숙지해야 합니다.

출제경향분석

2026 시대에듀 건강운동관리사 필기+실기 한권으로 끝내기

제5과목 운동상해

💙 최근 기출 분석

2025년도 운동상해 과목에서는 예년과 마찬가지로 [스포츠 손상의 일반적 의학상태]와 [스포츠 손상의 관리기술] 영역에서 가장 많은 문항이 출제되었습니다. 이 두 영역은 최근 출제빈도에서 꾸준히 상위권을 차지하고 있으며, 운동 현장에서 자주 발생하는 손상의 진단과 대처 능력을 중심으로 문제가 구성되는 특징을 보입니다. 또한, 손상의 진단 과정과 재활 계획 수립에 있어 해부학 및 병태생리학적 이해가 필수적임을 요구하는 문항이 늘어나고 있습니다. 이는 기능해부학 과목과의 융합형 문항이 증가하는 경향과 맞물려 있으며, 단편적인 손상 정보 암기만으로는 정답을 도출하기 어려운 사고력 기반 문제 출제비중이 커지고 있음을 시사합니다.

💙 파트별 출제비중

구 분	2025	2024	2023	2022	2021	2020	2019	합 계
스포츠 손상의 예방	–	–	–	–	–	–	1	1
스포츠 손상의 위험관리	1	–	2	–	1	1	1	6
스포츠 손상의 기전	3	2	2	3	1	5	4	20
스포츠 손상의 관리기술	6	7	6	4	4	5	4	36
스포츠 손상의 일반적인 의학상태	8	11	6	12	11	7	9	64
스포츠 손상의 재활운동	2	–	4	1	3	2	1	13

※ 출제빈도는 문제 분석에 따라 달라질 수 있습니다.

💙 학습방법

▶ 단순 지식 암기에서 벗어나, 손상의 원인, 증상 및 임상 양상, 진단 과정 및 검사 해석, 재활 접근법 및 응급 처치 전략까지 전 과정을 유기적으로 연결하여 이해하는 종합적 사고 학습이 필요합니다.

▶ 실제 현장에서 자주 사용되는 검사법, 임상 사례 기반의 응용형 문항도 꾸준히 출제되고 있어, 이론과 실무 연계 학습 전략을 통해 대응하는 것이 바람직합니다.

제6과목 기능해부학

💙 최근 기출 분석

기능해부학 과목은 2025년 시험에서도 예년과 마찬가지로 [근골격계의 이해]와 [인체역학] 영역에서 높은 출제비중을 보였습니다. 특히 주요 관절의 해부학적 구조와 움직임, 관련 근육의 작용과 신경지배, 근수축 종류에 따른 기능적 분석이 주요 문항으로 출제되었습니다. 이번 시험에서는 척추 및 사지 관절의 축과 움직임 방향(굽힘, 폄, 안쪽돌림 · 가쪽돌림 등)에 대한 이해와 이를 실제 인체 움직임 분석에 적용할 수 있는 능력을 평가하는 문항이 다수 포함되었습니다. 또한 정상 보행 주기와 병적 보행의 패턴에 대한 문제도 출제되어, 보행 단계별 관절 역할과 근육 작용을 기능적으로 해석하는 역량이 요구되었습니다. 인체역학 영역에서는 모멘트 암, 힘의 벡터, 지레의 원리와 같은 기초 생체역학 개념을 바탕으로, 동작 중 근육 작용과 관절 부하 변화를 이해하는 응용 문항이 반복적으로 등장했습니다.

💙 파트별 출제비중

구 분	2025	2024	2023	2022	2021	2020	2019	합 계
기능해부학의 기초	-	1	1	-	-	-	1	3
근골격계의 이해	13	11	12	11	11	14	14	86
인체역학	6	6	5	8	7	5	4	41
자세와 보행의 인체역학	1	2	2	1	2	1	1	10

※ 출제빈도는 문제 분석에 따라 달라질 수 있습니다.

💙 학습방법

▶ 최근 출제 흐름은 단순 암기형 출제에서 벗어나, 구조-기능-운동역학 간의 연계성을 바탕으로 실제 인체 움직임을 해석할 수 있는 능력을 평가하는 방향으로 전환되고 있습니다.
▶ 근육과 관절의 해부학적 정보뿐 아니라, 기능적 작용, 운동 중 협응 패턴, 역학적 원리 적용까지 통합적으로 학습하여 준비하여야 합니다.

출제경향분석

제7과목 병태생리학

💙 최근 기출 분석

병태생리학은 부정맥, 골다공증, COPD, 천식, 알츠하이머, 파킨슨병 등 매년 출제되는 내용이 어느 정도 정해져 있습니다. 질환에 대한 병리기전, 증상, 치료 약물과 운동치료에 관한 문제가 꾸준히 출제되고 있으며, 심혈관계 질환에서는 심전도에 관련된 문제들이 같이 나오고 있습니다. 기출문제를 바탕으로 필수 개념을 잘 암기해 두어야 합니다.

💙 파트별 출제비중

구 분	2025	2024	2023	2022	2021	2020	2019	합 계
기본적인 질병 과정	4	2	2	3	2	2	2	17
심혈관계 질환	4	4	6	4	5	3	7	33
호흡계 질환	2	2	2	2	2	2	2	14
척추관절 질환	1	3	1	1	2	3	2	13
골 질환	1	2	2	2	2	1	2	12
대사계 질환	5	2	4	4	3	3	2	23
신경계 질환	3	3	3	4	2	3	3	21
기 타	–	2	–	–	2	3	–	7

※ 출제빈도는 문제 분석에 따라 달라질 수 있습니다.

💙 학습방법

▶ 병태생리학은 질병에 관련된 기본 용어와 질병의 기전 등에 대한 문제가 출제됩니다.
▶ 매년 출제되는 핵심 질환의 원인과 증상, 치료법을 머릿속에 도식화하여 기억해 두어야 합니다.
▶ 하나의 질환에 대한 종합적인 치료 및 예방 방법에 대한 이해를 바탕으로, 질환의 기전을 이해하는 것이 중요합니다.

제8과목 스포츠심리학

💙 최근 기출 분석

스포츠심리학 과목은 [인간운동행동의 이해] 영역에서 가장 많은 문항이 출제되었습니다. 이 영역은 7년 연속으로 가장 높은 출제비중을 보여주고 있으며, 특히 운동제어, 운동학습, 운동발달과 관련된 핵심 이론과 개념에 대한 이해가 중요하였습니다. 이번 시험에서는 구체적인 사례를 제시한 응용형 문항도 다수 포함되어, 이론의 단순 암기보다 실제 상황에 적용할 수 있는 해석 능력이 요구되었습니다. 또한 [스포츠수행의 심리적 요인] 영역에서도 자신감, 심상, 루틴과 같은 심리기법의 적용과 이와 관련된 심리 이론을 바탕으로 한 문항들이 출제되었습니다. 이와 더불어 [운동심리학]에서는 운동의 심리적 효과, 동기 유발, 행동 변화 중재 전략 등에 관한 실용적 개념 중심의 문제가 포함되었습니다. 이러한 경향은 스포츠심리학이 단순한 이론 암기를 넘어, 이론과 실제의 연결, 사례 중심의 분석 및 응용 능력을 종합적으로 평가하고 있음을 보여줍니다.

💙 파트별 출제비중

구 분	2025	2024	2023	2022	2021	2020	2019	합 계
스포츠심리학의 개관	-	-	-	-	-	2	-	2
인간운동행동의 이해	10	10	10	10	8	8	8	64
스포츠수행의 심리적 요인	6	6	4	7	4	7	4	38
스포츠수행의 사회 심리적 요인	2	2	4	1	3	-	2	14
운동심리학	2	2	2	2	4	3	5	20
스포츠심리상담	-	-	-	-	1	-	1	2

※ 출제빈도는 문제 분석에 따라 달라질 수 있습니다.

💙 학습방법

▶ 스포츠심리학은 인간의 심리·정서 상태가 스포츠 수행에 미치는 영향에 대해 연구하는 과목입니다.
▶ 운동행동 관련 이론들의 핵심 개념 정리뿐 아니라, 각 이론이 어떤 맥락에서 어떻게 적용되는지를 이해하고 다양한 사례에 적용해보는 학습 전략이 필요합니다.
▶ 운동학습 이론, 운동제어 모형, 발달단계 모델 등을 중심으로, 관련 학자들의 이론 및 실제 적용 사례를 통합적으로 학습하는 접근이 중요합니다.

2026 시대에듀 건강운동관리사 필기+실기 한권으로 끝내기

이 책의 구성

스포츠 전문가의 핵심이론!

- 전문가의 노하우를 담은 핵심만을 담았습니다.
- 학습목표를 확인하여 꼭 암기해야 하는 개념이 무엇인지 확인할 수 있습니다.

학습의 깊이를 더해 주는 개념 PLUS!

- 추가 설명이 필요한 부분은 개념 PLUS로 보충하였습니다.
- 심화·응용 개념을 확실히 학습할 수 있습니다.

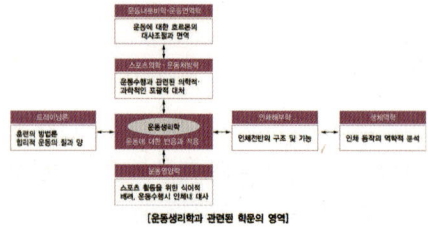

FEATURES

합격의 공식 Formula of pass · 시대에듀 www.sdedu.co.kr

출제예상문제로 학습 점검!

- 학습 후 바로 복습할 수 있도록 각 과목 뒤에 출제예상문제를 배치하였습니다.
- 빠른 복습으로 미흡한 부분을 점검할 수 있습니다.

최신 기출문제!

- 최신 기출문제로 출제 트렌드를 파악할 수 있습니다.
- 실제 시험과 같은 환경에서 풀어 보며 학습을 최종 점검해 보세요.

이 책의 목차

PART 01 필기과목

- 제1과목 운동생리학 · 2
- 제2과목 건강 · 체력평가 · 64
- 제3과목 운동처방론 · 104
- 제4과목 운동부하검사 · 152
- 제5과목 운동상해 · 196
- 제6과목 기능해부학 · 270
- 제7과목 병태생리학 · 348
- 제8과목 스포츠심리학 · 420

PART 02 실기과목

- 제1과목 건강 · 체력 측정평가 · 498
- 제2과목 운동 트레이닝 방법 · 522
- 제3과목 운동손상 평가 및 재활 · 562

PART 03 필기 기출문제

- 2025년 필기 1교시 기출문제 · 582
- 2025년 필기 2교시 기출문제 · 629

PART 01
필기과목

제1과목	운동생리학
제2과목	건강·체력평가
제3과목	운동처방론
제4과목	운동부하검사
제5과목	운동상해
제6과목	기능해부학
제7과목	병태생리학
제8과목	스포츠심리학

시대에듀 건강운동관리사

파트별 출제비중

구 분	2025	2024	2023	2022	2021	2020	2019	합 계
운동생리학의 개관	-	-	-	-	1	1	1	3
에너지 대사와 운동	5	3	4	3	3	3	3	24
신경조절과 운동	3	1	3	2	3	1	3	16
골격근과 운동	6	3	3	3	3	4	5	27
내분비계와 운동	2	2	3	2	2	1	2	14
호흡·순환계와 운동	3	9	4	8	5	7	5	41
환경과 운동	1	2	3	2	2	2	-	12
기 타	-	-	-	-	1	1	1	3

※ 출제빈도는 문제 분석에 따라 달라질 수 있습니다.

최근 기출 분석

2025년 운동생리학은 ATP 생성, 에너지 대사 등 매년 출제되는 개념이 출제되었습니다. 작년과 다른 점은 [호흡·순환계와 운동]의 비중이 줄었으며 [골격근과 운동]의 비중이 증가하여 비교적 골고루 출제되었습니다. 운동생리학은 기본 개념의 바탕 위에 매년 비율을 조금씩 다르게 하여 난이도를 조절하는 경향이 있습니다. 응용 문제를 잘 해결해 내기 위해 중요한 개념을 확실히 암기해 둘 필요가 있습니다.

제1과목

운동생리학

01	운동생리학의 개관
02	에너지 대사와 운동
03	신경조절과 운동
04	골격근과 운동
05	내분비계와 운동
06	호흡·순환계와 운동
07	환경과 운동

출제예상문제

01 운동생리학의 개관

학습목표
- 주요 용어의 개념을 이해한다.
- 운동생리학의 개념을 이해한다.

1 주요 용어

(1) 운 동
건강과 생명 유지를 위한 의도적 활동이자 체력을 위해 구조화된 신체활동을 말한다.

(2) 신체활동
에너지를 소비하게 되는 신체의 모든 포괄적인 움직임을 말한다.

> **개념 PLUS**
> 운동에서 가장 포괄적으로 큰 단위는?
> 움직임 > 신체활동 > 운동

(3) 체 력
인간이 일상생활을 영위하는 데 있어 기초가 되는 신체적 능력을 의미한다.
① 방위체력 : 자극에 견디어 생명을 유지 발전시키는 능력(물리, 화학, 생물학적 스트레스에 대한 저항)
  예 추위, 기압, 세균, 피로 등
② 행동체력 : 육체적 활동을 통해 행동을 일으키는 능력
  ㉠ 건강체력 : 사람이 활동하는 데 필요한 능력
    예 근력, 근지구력, 심폐지구력, 유연성 등
  ㉡ 운동체력 : 운동에 기술을 발휘하는 데 필요한 능력
    예 순발력, 민첩성, 평형성, 협응성, 스피드 등

2 운동생리학의 개념

(1) 운동생리학의 정의

인간의 지속적이고 반복적인 움직임 속에서 생겨나는 변화와 반응을 연구하여 더 효율적으로 살아가는 방법을 모색하는 학문이다.

① **인체와 항상성** : 인체는 내부 환경과 외부 환경의 영향을 받는데, 내부 환경이 인체의 몸 속 상태를 의미한다면 외부 환경은 인체에 영향을 주고 인위적이며 수시로 변화하는 것을 의미한다. 그러나 우리 인체는 이러한 내부와 외부의 환경변화에도 불구하고 항상 일정한 상태를 유지하려 하는데 이를 항상성(Homeostasis)이라고 한다.

> **개념 PLUS**
>
> **항상성과 헷갈리기 쉬운 용어**
> 항정상태(Steady State) : 내부 환경이 반드시 정상적인 상태라는 것을 의미하진 않으며, 단지 변하지 않는 일정한 상태를 의미한다.
> 예) 달리기를 40분 동안 하다 보면 체온이 서서히 증가하여 어느덧 더 이상 올라가지 않는 항정상태에 이른다.

② **네거티브 피드백(Negative Feedback)** : 정상에서 벗어난 변화를 다시 정상으로 되돌리는 것을 의미한다(예를 들어 겨울에 외부 환경이 추워서 우리 몸의 온도가 떨어지게 되면 신체 내부에서 열을 올리는 것이 이에 해당된다).

(2) 운동생리학의 인접학문

① 인체해부학 : 인체의 해부학적 구조와 기능
② 운동영양학 : 인체의 영양 대사와 식사법
③ 트레이닝론 : 운동 방법과 운동량 설정
④ 스포츠의학·운동처방학 : 운동수행과 스포츠 손상에 있어 의학적 접근
⑤ 생체역학 : 운동의 역학적 분석
⑥ 운동내분비학·운동면역학 : 운동에 대한 호르몬의 대사조절과 면역

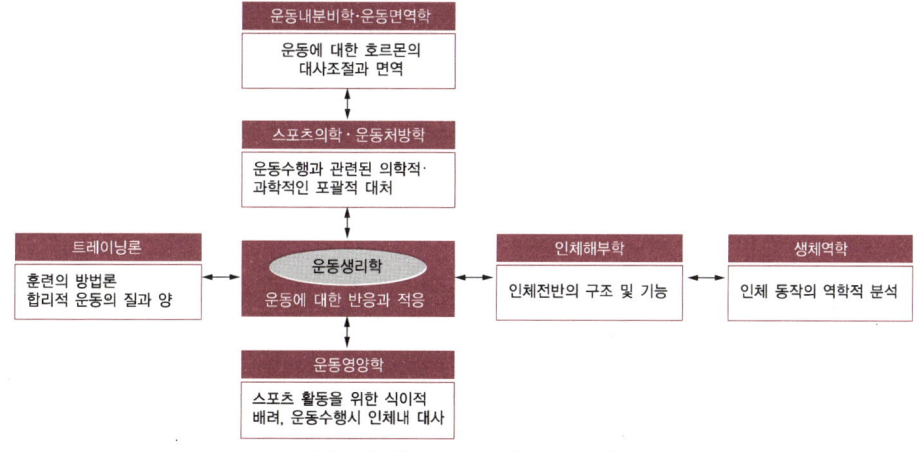

[운동생리학과 관련된 학문의 영역]

02 | 에너지 대사와 운동

> **학습목표**
> - 에너지 대사 작용을 이해하고 무·유산소성 에너지 대사를 이해한다.
> - 트레이닝에 대한 대사적 적응을 이해한다.

1 에너지의 개념과 대사 작용

(1) 에너지 발생 과정과 형태

에너지는 물리적인 일을 할 수 있는 능력을 의미하며, 우리 인체는 음식물을 통해 에너지를 보충한다. 인간이 사용하는 에너지는 화학에너지로 대사 작용을 통해 생물학적으로 이용 가능한 에너지로 바꾸게 된다.

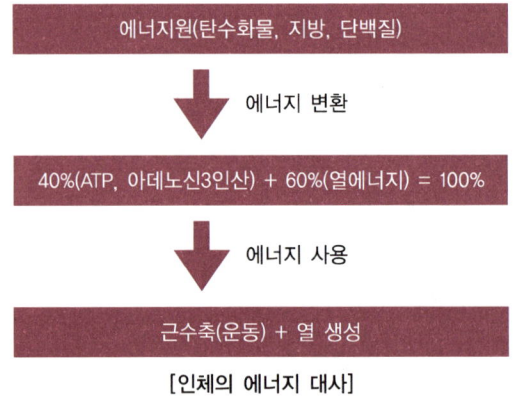

[인체의 에너지 대사]

(2) 물질대사 과정의 경로

인체에서 일어나는 화학 작용을 의미한다.

① **동화작용** : 간단한 물질을 화학적 변화를 통해 합성하는 과정으로, 에너지를 흡수하는 것을 의미한다.

② **이화작용** : 복잡한 물질을 간단하게 분해하는 과정으로, 에너지를 방출하는 것을 의미한다.

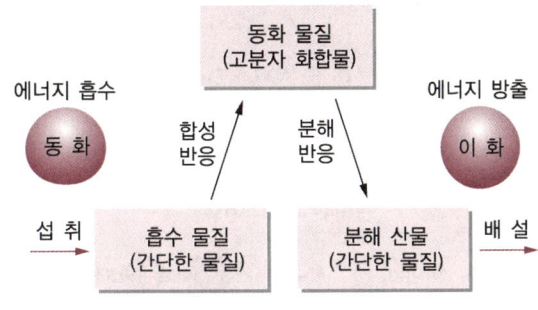

[물질대사 과정의 경로]

> **개념 PLUS**
>
> **효소(Enzyme)**
> 각종 화학반응에서 자신은 변화하지 않으나 반응속도를 빠르게 하는 단백질을 말한다. 효소는 화학반응을 일으키기 위해 요구되는 활성화 에너지를 낮게 하는 촉매작용 역할을 한다.
>
> $$A + B \xrightarrow{\text{효소}} C + D$$
>
> **효소의 활동에 미치는 요인**
> - 용액의 온도 : 평균 37~40도에서 효소 활동이 최적 상태
> - pH 농도 : 7.4~8pH에서 효소 활동이 최적 상태

(3) 에너지 전환 및 보존 법칙

① **열역학 제1법칙** : 에너지 보존의 법칙, 에너지는 새로 만들어지거나 없어지지 않고, 그 합은 항상 일정하다.

② **열역학 제2법칙** : 에너지 흐름의 법칙, 에너지가 어떤 일에 사용되면 일부는 열에너지 형태로 전환된다. 즉 엔트로피의 변화는 항상 증가하거나 일정하며 감소하지 않는다.

2 인체의 에너지 대사

(1) ATP

아데노신3인산(ATP)은 근세포에 저장되어 있으며 인체가 이용할 수 있는 가장 중요한 에너지원이다. ATP는 1개의 아데노신과 3개의 무기인산으로 구성되어 있으며, ATPase 효소에 의해 결합체가 분해되면 에너지가 방출되어 에너지로 사용된다. 제한적으로 저장되어 있어 ATP가 감소하는 것을 막기 위해 여러 대사과정이 필요하다.

$$ATP \rightarrow ADP + Pi + Energy$$
(ATP 분해에는 ATPase 효소가 이용)

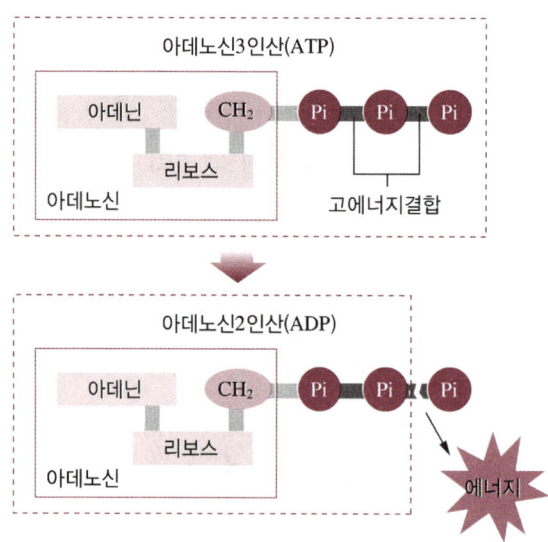

[아데노신3인산의 분해와 에너지 발생]

(2) 무산소 시스템

무산소성 에너지 대사작용은 호흡을 통해 근육에 적당한 산소를 공급하지 못할 경우, 생체 내에서 산소 없이 에너지를 생성하는 에너지 시스템을 말한다.

① ATP-PCr 시스템 : 근 수축에 필요한 에너지를 제공하기 위해서 저장되어 있던 ATP를 분해하여 에너지를 제공하면 세포 내 ATP의 수준이 감소하게 된다. 그때 가장 빨리 ATP를 재합성하는 시스템이 바로 ATP-PCr 시스템이다(약 10초 내외의 최대 운동에 이용되는 에너지 시스템).

$$PC + ADP \rightarrow ATP + C$$
(PC 분해에는 크레아틴 키나아제가 이용)

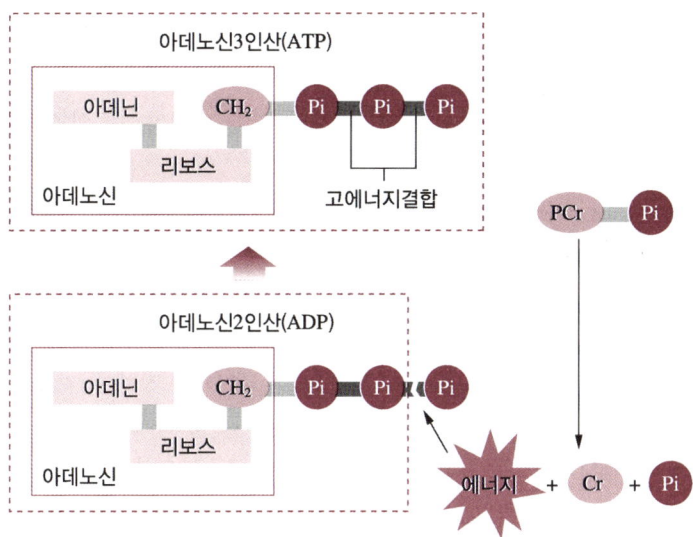

[인원질과정-크레아틴인산에 의한 ATP 재합성]

② 젖산 시스템 또는 해당과정 : 해당 과정은 무산소성 에너지 시스템의 하나로 포도당 또는 당원을 분해하여 젖산 또는 피루브산을 만드는 시스템을 말한다. 근육에 저장되어 있는 글루코스가 분해되면 피루브산이 되는데 산소가 충분치 않은 경우 TCA 회로에 들어가지 못하고, 수소이온을 받아들여 젖산(Lactic Acid)으로 변화되는 과정에서 ATP를 재합성할 수 있는 에너지를 제공한다(약 1분 전후로 실시할 수 있는 과격한 운동에 동원되는 에너지 시스템).

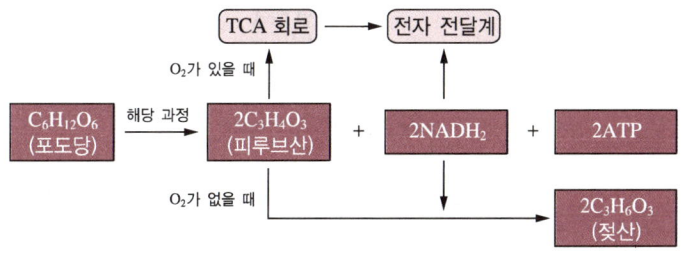

[산소 유무에 따른 피루브산 경로]

> **개념 PLUS**
>
> **알라닌회로(Glucose-alanine Cycle)**
> 근육에서 피루브산은 아미노산 대사를 통해 배출된 아미노기($-NH_2$)와 결합하여 알라닌을 형성하여 혈액을 통해 간으로 이동하며, 탈아미노반응에 의해 피루브산이 되어 포도당을 생성하는 반응이 일어난다.
>
> **코리 회로(Cori Cycle)**
> 근육에 의하여 생성되는 젖산(Lactic Acid)이 간을 통해 포도당으로 순환되는 과정을 말한다.
>
> **사후경직(Rigor Mortis)**
> 사후경직의 원인은 근육세포 내 ATP 고갈이다.

(3) 유산소 시스템

유산소성 에너지 대사작용은 미토콘드리아 내부에서 일어나며, 산소가 동원되기는 하지만 많은 효소들의 활성이나 복잡한 과정으로 빠르기 측면에선 불리하지만 에너지 제공의 양적 측면에서는 유리한 특성을 가진다.

① **크렙스 회로** : TCA = 크렙스 회로 = 구연산 회로 = 시트르산 회로라 하며 대표 연료는 아세틸코에이(Acetyle CoA)이다. 수소를 운반하는 NAD와 FAD를 사용하여 탄수화물, 지방, 단백질의 수소이온을 제거하여 산화시키는 과정을 말하며 미토콘드리아 기질에서 일어난다. 시트르산 회로는 아세틸코에이(Acetyle CoA)로부터 2탄소 아세틸기를 4탄소 수용체 화합물(옥살아세트산)과 축합 반응에 의해 6탄소 화합물(시트르산)을 형성하는 것으로 시작하며, 각 회전이 끝나면 4탄소의 옥살아세트산이 재생성되고, 시트르산 회로가 계속 돌아간다.

　㉠ 탄수화물의 해당과정으로 만들어진 초성포도산이 초성포도산 탈수소효소에 의해 아세틸코에이(Acetyle CoA)로 전환되는데, 포도당 분해과정에서 한 사이클당 고에너지 분자인 3NADH와 1FADH 그리고 1GTP(ATP)가 형성된다.

　㉡ 유리 지방산이 베타산화(Beta-oxidation)를 통해 아세틸코에이(Acetyle CoA)로 전환된다.

　㉢ 단백질의 아미노산이 탈아미노화(Deamination)되면서 여러 가지 대사산물인 피루브산(Pyrubic Acid)이나 아세틸코에이(Acetyle CoA) 등으로 전환된다.

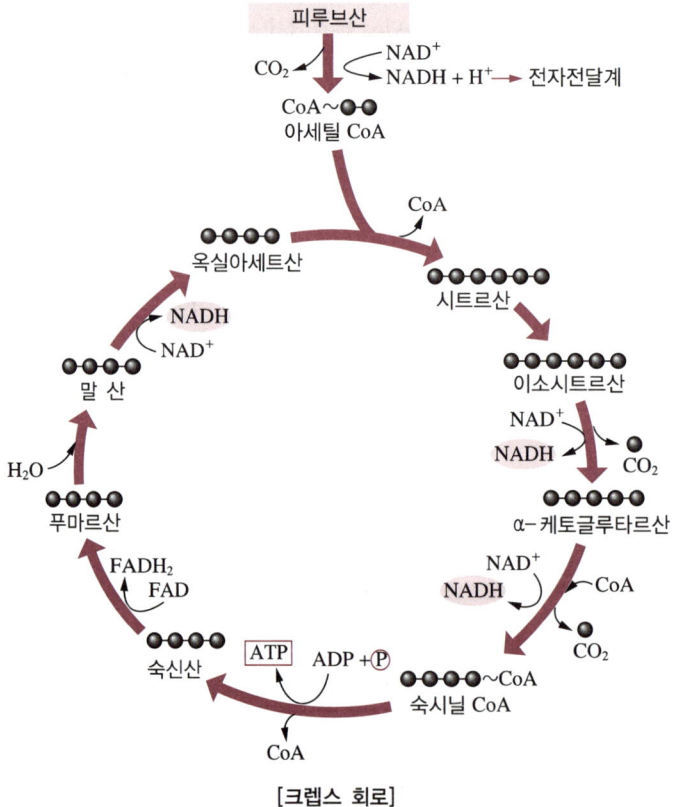

[크렙스 회로]

② **전자전달계** : 다른 대사과정이나 크렙스 회로에서 발생하는 수소이온(H^+)을 미토콘드리아 내막에 있는 3개의 전자 펌프를 통과시켜 수소이온을 물로 산화하면서 에너지를 발생하는 과정을 말하며, 대부분 유산소성 대사과정이다.

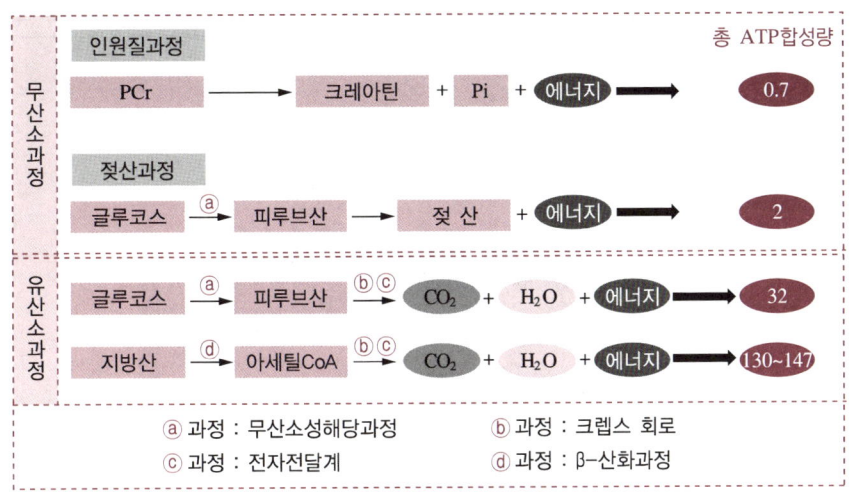

[전자전달계를 통한 ATP 합성량]

대사과정	고에너지 생산	산화적 인산화로 얻어지는 ATP 생산 개수	소 계
해당과정	2ATP	–	2(Total If Anaerobic)
	2NADH	5	7(If Aerobic)
피부르산 → 아세틸CoA	2NADH	5	12
크렙스 사이클	2GTP	–	14
	6NADH	15	29
	2FADH	3	32

1NADH = 2.5ATP
1FADH = 1.5ATP

ATP총 개수 = 32

[혈당(글루코스) 1개의 분자로부터 얻어지는 ATP 개수]

> **개념 PLUS**
>
> **율속효소**
> 대사과정의 초기단계에서 위치하며 대사과정의 속도를 결정하는 중요한 효소이다.
>
> | 에너지 전환과정 | 율속효소 | 자극인자 | 억제인자 |
> |---|---|---|---|
> | ATP-PCr 시스템 | 크레아틴 키나아제(CK) | ADP | ATP |
> | 해당과정 | PFK | AMP, ADP, Pi, pH↑ | ATP, PC, 구연산, pH↓ |
> | 크렙스 회로 | 이소구연산 탈수소효소 | ADP, Ca^{++}, NAD | ATP, NADH |
> | 전자전달계 | 시토크롬 옥시다제 | ADP, Pi | ATP |

(4) 운동과 에너지 공급

구 분	30초 이내	30초~5분	5분 이상
종 류	50m 달리기	200m, 400m 달리기	1500m, 장거리 마라톤
에너지	ATP-PCr	해당과정(젖산 시스템)	초반부 무산소 시스템에서 후반부 유산소 시스템

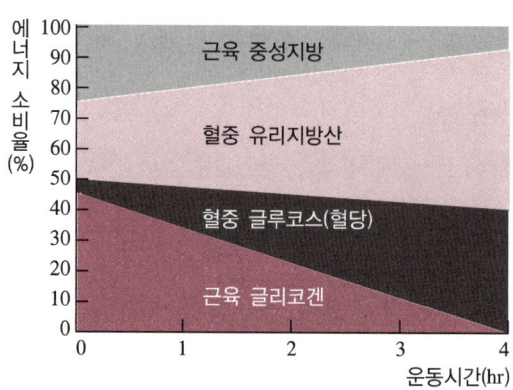

[운동 시간에 따른 에너지 연료]

(5) 휴식과 운동 중 인체 에너지 사용의 측정 방법

① 휴식대사량(RMR) 계산법

㉠ 휴식대사량 : 휴식 시에도 생존을 유지하기 위해 연소시키는 칼로리의 양

> 남자(RMR) = 66.4 + (13.7 × 체중) + (5.0 × 신장) - (6.8 × 나이)
> 여자(RMR) = 655 + (9.6 × 체중) + (1.8 × 신장) - (4.7 × 나이)

② MET(Metabolic Equivalent Task) 운동 계산법

㉠ MET : 운동 강도를 나타내는 대사당량으로써 강도에 따라 필요로 하는 산소의 양

㉡ 1METs : 앉아서 편안하게 안정을 취하고 있는 상태에서 1분 동안 사용한 산소섭취량

> 1METs = 3.5ml/kg/min
> : 체중 1kg인 사람이 1분에 3.5ml의 산소를 필요로 한다는 의미(산소 1L = 5kcal 소비)

③ 인체 에너지 사용의 측정 방법

㉠ 안정 시 산소소비량 = 1METs = 3.5ml/kg/min, 산소 1L = 1,000ml이며 5kcal를 소비한다.

㉡ 순 산소소비량 = 총 산소소비량 - 안정 시 산소소비량

㉢ 순 에너지 소비량 = 순 산소소비량 × 5kcal

> **예제** 체중이 70kg인 사람이 산소 1L당 5kcal를 소비한다고 가정할 때, 10METs의 강도로 20분간 달리기를 한다면 에너지 소비량은 얼마인가?
>
> **해설** 1Mets = 3.5ml/kg/min 이므로, 체중이 70kg인 사람이 20분 동안 쓰는 산소량은
> 10 × 3.5 × 70kg × 20min = 49,000ml이다.
> 이를 L로 환산하면 49L이고,
> 산소 1L당 5kcal를 소비하므로, 49L × 5kcal = 245kcal이다.

3 트레이닝에 의한 대사적 적응

(1) 유산소 트레이닝에 의한 적응

① 구조적 변화
   ㉠ 모세혈관 밀도 증가 : 헤모글로빈 수 증가와 산소 확산 능력 향상
   ㉡ 미토콘드리아 산화 능력 : 미토콘드리아 수와 크기의 증가 그리고 마이오글로빈 수 증가

② 기능적 변화
   ㉠ 포도당 절약과 유리지방산 동원
   ㉡ 산소소비량 감소
   ㉢ 젖산 감소
   ㉣ 무산소성 역치점 증가

> **개념 PLUS**
>
> **젖산 역치(LT ; Lactate Threshold)**
> 운동 중 혈중 젖산 농도의 증가 지점을 무산소성 역치라 일반적으로 표현했으나, 용어학적 논쟁에 의해 젖산 농도가 급격히 증가하는 지점을 젖산 역치로 표현하게 되었다.
>
> **무산소성 역치(AT ; Anaerobic Threshold)**
> 운동 중 산소섭취량은 운동 강도에 비례하여 증가하는데 환기량이 최대 강도에 근접하는 지점에서, 직선적인 증가를 벗어나 급격히 증가하는 시점을 무산소성 역치 또는 환기 역치라고 한다.

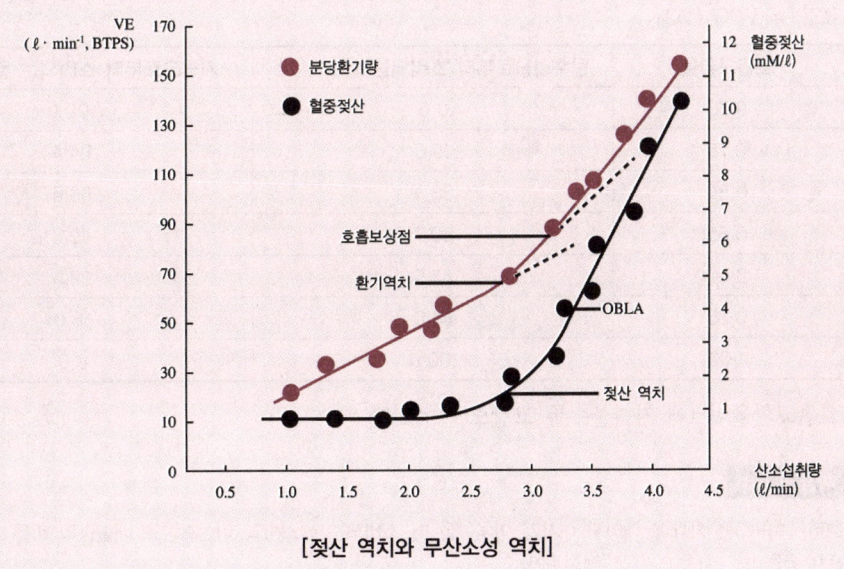

[젖산 역치와 무산소성 역치]

(2) 무산소 트레이닝에 의한 적응

① APT-PCr
   ㉠ 에너지원인 PC의 저장량 증가와 PC 분해를 위한 효소의 활성화로 ATP 재합성 효율이 증가
   ㉡ 최대하 운동 후 산소 결핍에 따른 젖산 의존도가 낮아져 효율적 운동수행 가능

② 젖산 시스템
   ㉠ 근 글리코겐의 저장량 증가와 율속효소 PFK 활성화로 ATP 합성 효율이 증가
   ㉡ 운동 중 해당능력과 젖산 적응 능력이 향상

> **개념 PLUS**
>
> 점증부하 운동 시 젖산 역치를 설명하는 기전
> - 근육의 낮은 산소량
> - 해당작용의 활성화
> - 속근섬유 사용
> - 젖산 제거비율의 감소

(3) 호흡교환율

① 호흡교환율(RER)이란, 분당 소비된 산소량(VO_2)에 대해 분당 배출된 이산화탄소량(VCO_2)의 비율을 말한다.

② RER = VCO_2/VO_2

호흡교환율	탄수화물로부터 소비되는 칼로리(%)	지방으로부터 소비되는 칼로리(%)
0.70	0.0	100.0
0.75	15.6	84.4
0.80	33.4	66.6
0.85	50.7	49.3
0.90	67.5	32.5
0.95	84.0	16.0
1.00	100.0	0.0

③ 호흡교환율이 1에 가까울수록 고강도 운동이다.

> **개념 PLUS**
>
> 호흡지수(RQ)는 체내에 에너지 대사가 이루어질 때 소비되는 산소량과 이산화탄소 배출량의 비를 의미한다.
> (탄수화물 1.0, 지방 0.70, 단백질 0.8)

(4) 운동과 회복

① 운동 초기나 운동 중에 산소섭취량의 부족으로 인해 무산소 대사과정에 의하여 에너지를 공급하게 되는데, 이 경우 부족한 산소섭취량을 산소부족량(O_2 Deficit)이라 한다.

② 운동 후에 VO_2가 안정 시 수준으로 회복되는 데는 수분이 소요되며 회복시간은 운동 강도가 높을수록 길어지는데, 회복기 중에 안정 시보다 많은 산소를 소비하는 것을 산소부채(VO_2 Debt) 혹은 회복기 초과산소섭취량(EPOC)라 한다.

③ 회복기 초과산소소비량(EPOC)
  ㉠ 빠른 회복부분(Fast Component) : 운동 중에 소모된 ATP와 PC 그리고 근육과 혈액중의 산소를 재보충하는 데 주로 이용됨
  ㉡ 느린 회복부분(Slow Component)
   • 젖산 제거에 이용됨(70% 근육에서 산화, 20% 글리코겐으로 합성, 10% 아미노산으로 전환)
   • 운동 중에 증가된 체온으로 인한 대사항진에 기인함
   • 운동 후에 높은 심박수와 호흡수를 유지하는 데 이용됨
   • 젖산을 혈당(포도당신생)으로 전환하는 데 필요한 산소
   • 혈액 중에 남아있는 호르몬(에피네프린과 노르에피네프린)으로 인한 대사항진에 기인함

④ 혈중의 젖산을 가장 효과적으로 제거하기 위한 적정 운동 강도는 '30~40% VO_2max'이다.

03 신경조절과 운동

> **학습목표**
> - 신경계의 개요를 이해한다.
> - 신경계의 특성과 운동기능을 익힌다.

1 신경계의 구조와 기능 특성

(1) 뉴런의 구조

뉴런은 우리 인체 신경계의 기본 단위로 세포체, 수상돌기, 축삭으로 구성되어 있으며 자극에 대한 흥분성과 전도성을 가진다.

① 뉴런의 구성
  ㉠ 신경세포체 : 핵을 포함하고 있는 세포체
  ㉡ 수상돌기 : 세포체로부터 가늘게 뻗어 나온 세포질을 말하며 전기적 자극을 체세포에 전달하는 수용기
  ㉢ 축삭 : 전기적 신호를 세포체로부터 다른 축삭종말 방향으로 전달
  ㉣ 미엘린 수초(Myelin Sheath) : 축삭의 겉을 여러 겹으로 싸고 있는 인지질 성분의 막으로 미엘린 수초라고도 하는데, 전선의 플라스틱 피복과 마찬가지로 신경세포를 둘러싸는 백색 지방질 물질로 뉴런을 통해 전달되는 전기신호가 누출되거나 흩어지지 않게 보호함

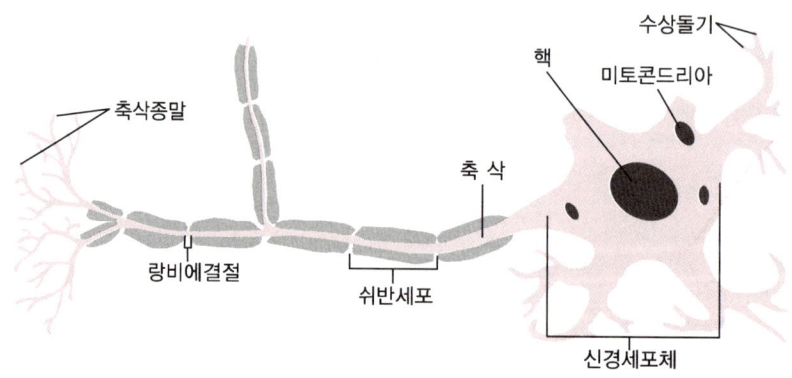

[운동뉴런의 구조]

② 뉴런의 종류
  ㉠ 감각뉴런(구심성뉴런) : 감각신경을 구성하며 받아들인 자극을 연합뉴런에 전달

ⓒ 연합뉴런(혼합뉴런) : 뇌와 척수를 구성하며 감각뉴런에서 받은 정보를 판단하고 적절한 명령을 내림
ⓒ 운동뉴런(원심성뉴런) : 운동신경을 구성하며 연합뉴런의 명령을 운동기관(팔, 다리) 등으로 전달하여 반응

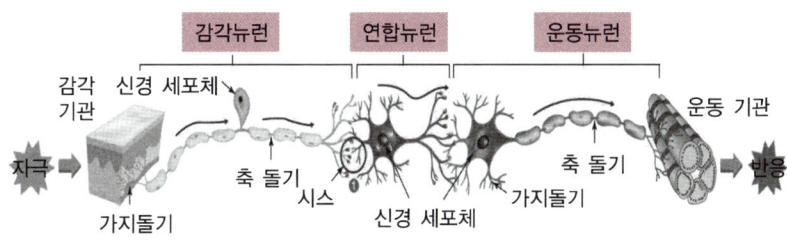

[뉴런의 자극 전달과 반응]

(2) 뉴런의 전기적 활동

우리의 살아있는 세포막들은 막을 사이에 두고 (+, -) 전하가 분리되어 세포막 전위를 형성하며, 뉴런이 역치 이상의 자극을 받으면 활동전위가 발생해 흥분이 전도된다.

① **안정막 전압** : 자극을 받지 않았을 때, 세포 내외의 전위(약 -70mV)
② **탈분극** : 막 사이의 전위 차이가 안정막 전위인 -70mV보다 적어졌을 때 세포 밖의 양이온인 나트륨이 세포 내로 확산되어 들어와 세포 안쪽이 양성이 되어 +30mV까지 오르는 현상 (-55mV~30mV 정도)
③ **활동전압** : 이러한 탈분극으로 발생하는 막전압(+35mV 정도)
④ **재분극** : 탈분극에 이어서 전압 변화에 민감한 세포막의 칼륨통로가 열리면서 세포 안의 양이온 칼륨이 세포 밖으로 빠져나가면, 다시 세포 안쪽이 음극으로 돌아가는 현상(-70mV 정도)
⑤ **과분극** : 재분극 후 안정막 전압으로 돌아가기 전에 세포막 전압이 안정막 전압보다 약간 더 감소하는 현상(-70mV 이하)
⑥ **이온의 재배치** : K^+통로가 닫히고 Na^+-K^+펌프에 의해 이온이 재배치되는데, ATP를 사용하여 Na^+는 바깥쪽으로 3개 K^+ 안쪽으로 2개씩 이동한다.

> **개념 PLUS**
>
> **절대불응기**
> 활동 전위가 일어난 직후 아무리 강한 자극이 주어져도 뉴런이 더 이상 활동 전위를 일으킬 수 없는 짧은 기간을 말하며, 이 기간은 자극 때문에 발생하는 나트륨통로의 불활성화에 의해 활동전위가 발생하지 않는다.
>
> **상대불응기**
> 활동 전위가 일어난 직후, 축색이 새로운 활동 전위를 일으킬 수는 있으나 그러기 위해서는 평소보다 더 강한 자극을 필요로 하는 기간을 말한다.

(3) 중추신경계
뇌와 척수로 구성되며 내분비계와 수의적 움직임을 조절하여 신경계의 종합사령부 역할을 수행한다.

(4) 말초신경계
감각과 운동 자극에 대한 부분을 중추신경계로 연결하는 통로가 되는 기관을 말하며 자율신경계와 체성신경계로 구성된다.

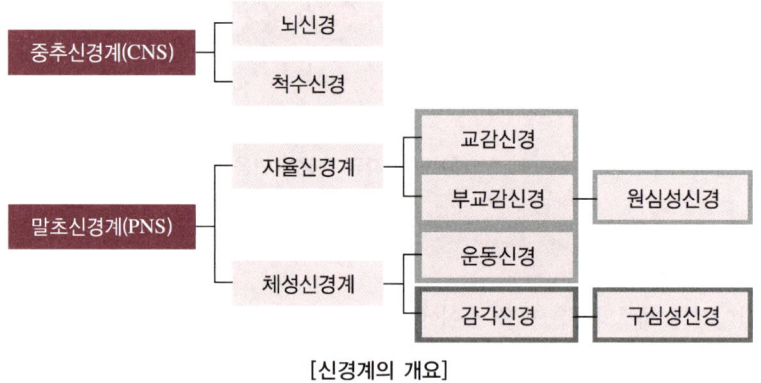

[신경계의 개요]

> **개념 PLUS**
>
> **신경계의 기능**
> - 지각기능 예 외부 자극 감지
> - 운동기능 예 원활한 운동수행
> - 자율적기능 예 항상성 유지
> - 연합(연상)기능 예 경험을 통한 자극을 기억하여 연상 작용

2 신경계의 특성

(1) 신경세포의 특성(흥분성)
안정막 전압 상태에서 역치 이상의 자극이 오면 음극에서 양극으로 전위가 역전되어 탈분극이 일어난다.

① **흥분성 연접부 막전압(EPSP)** : 신경의 연접 부위로 방출한 신경전달물질이 목표 세포막의 수용체와 결합하여 세포체와 수상돌기에 점증적이고 연속적인 탈분극을 발생시키는데, 이러한 점증적 탈분극을 말한다.

② **억제성 연접부 막전압(IPSP)** : 신경 연접 후 세포막의 음전하를 증가시켜 과분극이 일어나고 신경 자극이 중단되는 것을 말한다.

(2) 신경세포의 전기적 특성(전달성)

뉴런의 전달성은 한 뉴런 내에서의 흥분 전도와 시냅스에서의 흥분 전달이 있다.

① 뉴런 내의 전도 : 뉴런 내에서의 극화(+, - 서로 대치 상태) → 탈분극 → 재분극 → 과분극을 통한 전도

> **개념 PLUS**
>
> **실무율의 법칙(All or None Low)**
> 역치 이상의 자극에서는 항상 최대 흥분 상태가 일어나나, 자극이 약하면 아예 반응을 하지 않는다는 법칙이다.

② 시냅스에서의 전달
   ㉠ 전기적 시냅스 : 굉장히 빠르지만 컨트롤이 안 됨(심장 근육)
   ㉡ 화학적 시냅스 : 뉴런 사이에서 신경전달물질에 의한 전달

구 분	전기적 시냅스	화학적 시냅스
시냅스 간극	좁음(2mm)	넓음(30~50mm)
중재자	이온 농도 구배	신경전달물질
시냅스 딜레이	짧 다	길 다
전파 방향	양방향	한 방향

- 흥분 전도
- Ca^{2+} 통로 개방
- Ca^{2+} 유입
- 아세틸콜린 방출
- 아세틸콜린 + 이온 통로 수용체 → 이온 통로 열려서 Na^+, K^+ 통과

> **개념 PLUS**
>
> **신경세포의 통합**
> - 시간가중(Temporal Summation) : 짧은 시간 동안 하나의 연접 전 신경으로부터 흥분성 연접 후 막전압의 합을 말한다. 쉽게 말해 두 개의 가지 신호가 연속해 들어오면 더 큰 신호가 되는 것이다.
> - 공간가중(Spatial Summation) : 여러 개의 연접 전 신경으로부터 흥분성 연접 후 막전압이 합해지는 것을 말한다. 쉽게 말해 두 개의 가지 신호가 동시에 충돌하면 더 큰 신호를 만드는 것이다.
>
> **뉴런 간의 신경전달**
> - 뉴런 간의 신경전달물질은 아세틸콜린이다.
> - 아세틸콜린은 부교감신경의 신경절(시냅스) 후 뉴런에서 심장근의 무스카린(Muscarin) 수용체와 결합하여 수축을 억제한다.

(3) 통합성

자극에 대한 뉴런의 전달과 반응의 통합과정을 의미한다.

감각기 → 감각뉴런(구심성뉴런) → 연합뉴런(혼합뉴런) → 운동뉴런(원심성뉴런) → 효과기

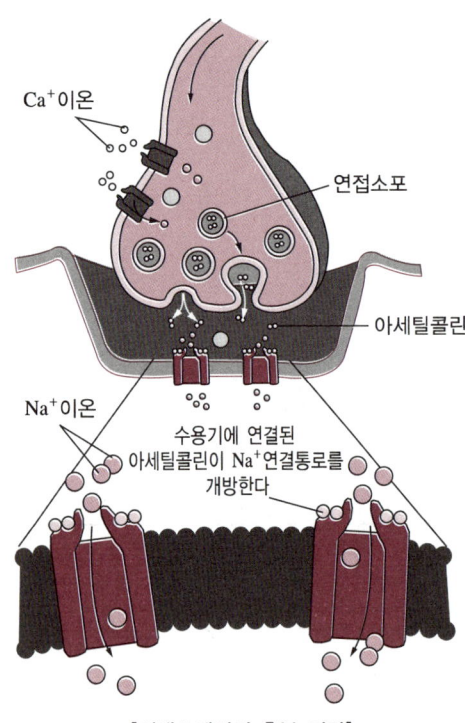

[시냅스에서의 흥분 전달]

3 신경계의 운동기능 조절

(1) 인체움직임과 신경 조절

인체의 모든 움직임은 신경조절에 의해 이루어지며, 중추 신경과 말초 신경에 의해 우리 몸이 컨트롤 된다고 볼 수 있다.

① 인체 운동기능 조절(수의적 운동 실행 단계)
  ㉠ 피질하와 피질의 자극영역에서 발생
  ㉡ 지각작용을 통해 운동피질이 아닌 연합피질 영역에 신호를 보내 운동정보 형성
  ㉢ 운동정보는 소뇌와 대반구에 위치한 기저핵에 보내짐
  ㉣ 소뇌와 기저핵의 운동 프로그램은 시상을 통해 운동피질에 보내짐
  ㉤ 척수에서 척수 조율과정을 거쳐 골격근으로 전달

(2) 중추신경계 운동기능 조절

중추신경계는 뇌와 척수로 구성되며, 내분비계와 수의적 움직임을 조절하여 종합사령부 역할을 수행한다.

① 대 뇌
    ㉠ 복잡한 운동의 조직화
    ㉡ 학습된 경험의 저장
    ㉢ 지각 정보의 수용

전두엽	일반 지능과 운동 중추
측두엽	청각의 입력과 해석
두정엽	감각의 입력과 해석
후두엽	시각의 입력과 해석

② 간뇌(시상하부)
    ㉠ 감각 조절 중추
    ㉡ 체온 조절, 혈당 조절, 물질대사 조절 등의 항상성 조절 중추

③ 소 뇌
    ㉠ 복잡한 운동에서 조정과 감시 역할
    ㉡ 고유수용기로부터 전달된 신호에 반응하여 움직임 조절

④ 뇌 간
    ㉠ 골격근 기능의 조절
    ㉡ 심혈관계와 호흡계의 기능 조절
    ㉢ 복잡한 반사작용 조절
    ㉣ 의식상태의 결정(각성과 수면)

⑤ 척 수
    ㉠ 뇌와 말초신경 사이에서 자극과 명령을 전달하는 통로
    ㉡ 무조건 반사의 중추 예 무릎 반사

(3) 말초신경계 운동기능 조절

감각과 운동 자극에 대한 부분을 중추신경계로 연결하는 통로가 되는 기관을 말하며, 자율신경계와 체성신경계로 구성된다.

① 감각계 : 혈관과 림프 및 내부기관, 근육과 건 등
    ㉠ 근방추(Muscle Spindle) : 근섬유가 길어지는 것을 감지하여 근수축 유발

추외근섬유 (Extrafugal Muscle Fiber)	근육에 실질적인 동력을 제공하는 근섬유, 알파운동신경에 의해 작동
추내근섬유 (Intrafusal Muscle Fiber)	근방추 속에 들어있어 근방추에 포함되는 근섬유, 감마운동신경에 의해 작동
알파운동신경세포 (Alpha Motor Neuron)	• 대뇌의 근수축 명령을 근육에 전달하여 조절하는 운동신경세포 중 하나 • 추외근섬유를 지배하는 신경세포, 근육에 수축 명령을 내려 운동이 일어나게 한다.
감마운동신경세포 (γ-gamma Motor Neuron)	• 대뇌의 근수축 명령을 근육에 전달하여 조절하는 운동신경세포 중 하나 • 추내근섬유를 지배하는 신경세포, 근육의 수축에는 관여하지 않고 근육의 신장 정도를 감지하는 근방추를 조절하고, 감도를 상승시킨다.

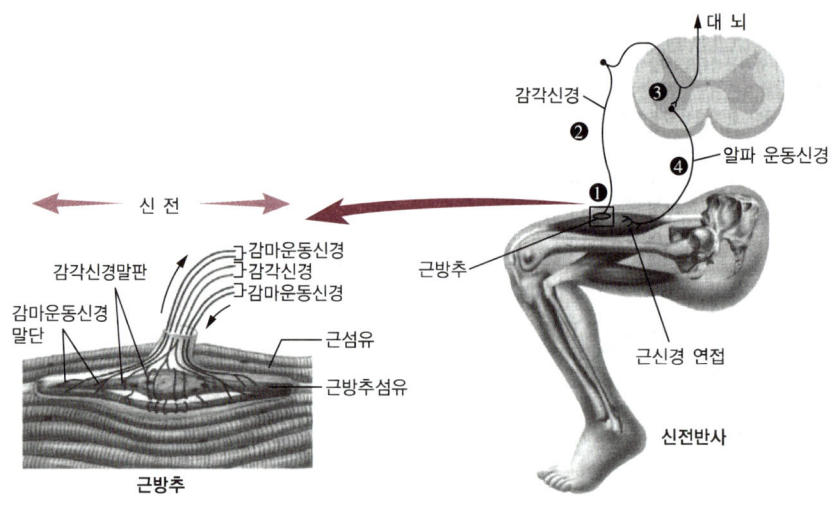

[근방추와 신전반사]

　　ⓒ 건방추(골지건기관, GTO ; Golgi Tendon Organ) : 건에 장력이 강해지면 근육을 이완시킴
　　ⓒ 관절수용기 : 관절의 각도, 가속도, 압력으로 변형된 정보를 중추신경계로 전달
② 자율신경계 : 불수의적 운동 조절(내장근, 심근, 평활근)
　　㉠ 교감신경 : 방위반응계로 혈관과 폐기관지 확장, 심박동수와 수축력 증가, 정맥혈 회귀 촉진 그리고 부신수질 자극
　　ⓒ 부교감신경 : 인체 항상성 조절과 관련한 심박동수 억제, 폐기관지 수축 그리고 소화관 수축
③ 체성신경계 : 수의적 운동 조절(골격근)
　　㉠ 추체로 : 전신 골격근의 수의적 운동 지배
　　ⓒ 추체외로 : 부드럽고 조화로운 운동 조절과 일반적인 운동 패턴 변화의 기능

> **개념 PLUS**
>
> **도피반사**
> 도피반사는 방어반사라고도 하는데, 이 반사에 필요한 경로를 반사궁이라고 한다. 도피반사는 감각수용기 - 감각신경 - 반사중추(중간의 연합신경이 관여하지 않음) - 운동신경 - 반응기 5개의 요소로 구분되는데, 도피반사로 자극을 받으면 관절을 굽히고 사지는 몸통을 향하여 오므리게 된다.
> 예 손에 뜨거운 것이 닿으면 반사적으로 손을 오므리는 것

(4) 신경계 운동의 효과

운동은 두뇌로 가는 혈류량을 높여 신경계의 건강을 유지하고, 신경원의 긍정적인 기능을 촉진하는 두뇌의 성장 호르몬 수준을 높여 학습능력과 기억력 향상에 도움이 되며 우울증 개선에도 도움을 준다.

04 골격근과 운동

학습목표
- 골격근에서 근섬유의 특성을 비교하여 이해한다.
- 골격근과 운동에서 근 수축의 형태를 이해한다.

1 골격근의 구조와 기능

골격근은 여러 종류의 조직으로 구성되어 근육세포와 신경조직, 혈액 그리고 결합조직 등을 포함하며, 뼈와 힘줄에 붙어 수의적 움직임을 만들어 내는 연부조직이다.

(1) 골격근의 구조

① 근육의 모양은 횡문근이고, 수의적 움직임을 만들어낸다.
② 근섬유로 구성되어 있고, 근섬유를 감싸는 막은 근막이라 하며, 섬유성 결합조직으로 싸여 있다.
③ 하나의 근섬유는 100만 개의 미세섬유로 구성되며, 미세섬유는 굵은 세사인 마이오신과 가는 세사인 액틴, 트로포마이오신, 트로포닌으로 구성된다.
④ 근형질세망은 근육의 근형질 내 근섬유와 평행하게 붙어 있는 막 채널 연결망으로, 칼슘의 저장소의 역할을 한다.
⑤ 근육의 구성 : 근섬유 > 근원섬유 > 근원세사(액틴, 마이오신)

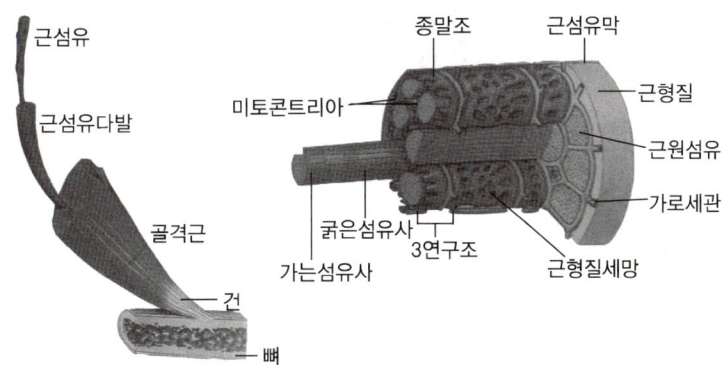

[골격근의 구조]

(2) 근섬유

① 근섬유는 근육을 구성하는 세포로 핵이 많은 다핵성 세포이다.
② 근섬유는 근원섬유와 근형질로 구성된다.
③ 근섬유는 형질막에 싸여 있어 근섬유막(Sarcolemma)이라고 한다.
④ 근섬유와 근섬유막 사이에는 미토콘드리아, 리소좀 등이 존재한다.

(3) 근원섬유

① 근원섬유는 가는 액틴필라멘트와 굵은 마이오신필라멘트라는 근세사로 구성된다.
② 액틴필라멘트에는 또 다른 단백질인 트로포닌과 트로포마이오신이 있으며, 근수축에 중요한 역할을 한다.
③ 근원섬유는 더 세부적으로 근섬유분절(Sarcomere)이라 하며 Z반(Zone)이라는 얇은 층에 의해 각각 나누어진다.
④ 어두운 A밴드 부위는 마이오신이 있고, I밴드에는 액틴이 있다.
⑤ I밴드의 길이는 근육이 수축할수록 짧아지고, A밴드의 길이는 변화가 없다.
⑥ 근섬유분절의 중앙에는 액틴이 걸쳐 있지 않고 마이오신만 있는데, 그 부위를 H반(Zone)이라고 한다.

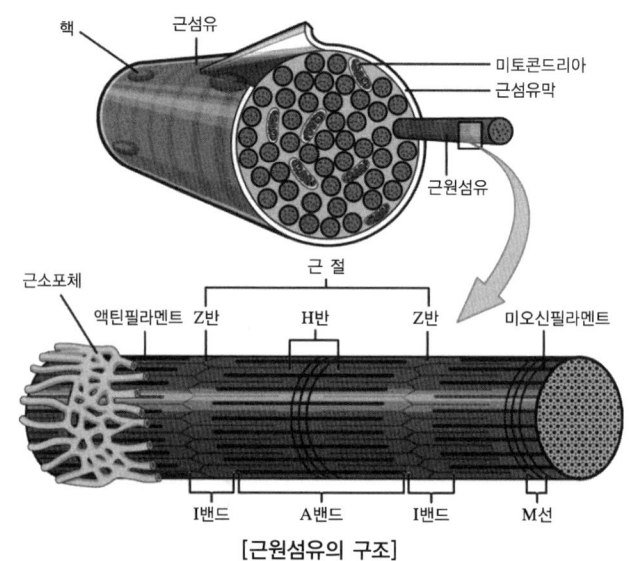

[근원섬유의 구조]

> **개념 PLUS**
>
> 근육세포 조직 단위의 순서
> 마이오신, 액틴(근 필라멘트) → 근원섬유 → 가로세관 → 근형질세망 → 횡문근 질막 → 핵(모세혈관) → 섬유다발 → 근육다발막 → 근 외막 → 골격근 → 심근막 → 힘줄

(4) 근섬유의 작용

골격근에서 근수축은 근세사활주설을 통해(안정 → 자극과 결합 → 수축 → 재충전 → 이완)의 과정을 거친다.

① 안정 : 액틴과 마이오신이 항상 약한 결속 상태로 되어 있지만, 힘이 없는 안정된 상태이다.
② 자극과 결합 : 신경자극에 의해 아세틸콜린이 분비되면 근형질세망으로부터 칼슘이 나오고, 칼슘은 트로포닌과 결합하여 마이오신과의 결합부위를 막고 있던 트로포마이오신의 위치를 변화시켜 액틴과 마이오신의 결합을 만들어 낸다.
③ 수축 : 액틴과 결합된 마이오신 머리에서 저장된 에너지 ATP가 ADP, Pi로 방출되며, 액틴이 마이오신으로 미끄러져 들어가 근육은 짧아지며 근수축이 발생한다.
④ 재충전
　　㉠ 마이오신 머리에 ATP가 재충전되면서 또 다른 더 큰 수축을 위해 액틴과 마이오신의 결합이 풀린다.
　　㉡ 효소 ATPase는 마이오신 머리에 저장된 ATP를 다시 분해하여 액틴과의 재결합을 위한 에너지를 공급하는데 액틴과 마이오신의 수축 순환이 가능하다.
⑤ 이완 : 신경자극이 아예 중지되어 트로포닌으로부터 칼슘이온이 근형질세망으로 재이동하면 트로포마이오신이 액틴분자의 결합부위를 덮어 근육이 안정 상태로 다시 돌아간다.

개념 PLUS

마이오신-액틴 결속상태
- 마이오신과 액틴은 안정 시 항상 약하게 결속되어 있다.
- 지금까지는 근수축이 일어나지 않으면 액틴과 마이오신이 떨어져 있는 것으로 알았으나, 최근 연구로 알려진 바 마이오신-액틴은 항상 결속상태이며 약한 결속과 강한 결속의 차이만 존재한다고 한다.

리아노딘 수용체(RYR)
- 리아노딘 수용체(RYR)은 RYR-1(골격근), RYR-2(심근), RYR-3(뇌) 세 가지 유형이 있다.
- RYR-1은 근형질세망(Sarcoplasmic Reticulum)에 위치하여 골격근 수축을 위한 Ca^{2+}(칼슘이온) 방출에 관여한다.
- 카페인은 근섬유의 근형질세망에서 Ca^{2+}의 분비를 촉진하며, 신경전달 작용에 영향을 주어 활동전위의 역치를 낮추어 주어 근수축에 도움을 준다.

---

2 골격근과 운동

(1) 근섬유의 유형(속근과 지근)

근섬유막에 둘러싸여 있으며, 근형질과 세포 내 작은 기관들로 구성된다.

① 지근섬유 ST(Type I) : Red Muscle이라고 하며, 수축이 느린 골격근 섬유로 유산소성 대사능력이 좋다.
② 속근섬유 FTb(TypeⅡb) : White Muscle이라고 하며, 수축이 빠른 골격근 섬유로 무산소성 대사능력이 좋다.

근섬유의 특성	지근 ST(Type I)	속근 FTa(Type IIa)	속근 FTb(Type IIb)
운동신경 1개당 근섬유수	10~180	300~800	300~800
운동신경 크기	작 다	크 다	크 다
근섬유 크기	작 다	크 다	크 다
미토콘드리아 밀도	높 다	높 다	낮 다
근형질세망의 발달	낮 다	높 다	높 다
모세혈관의 밀도	높 다	중 간	낮 다
신경전도 및 근수축 속도	느리다	빠르다	빠르다
마이오신 ATPase의 활성	낮 다	높 다	높 다
수축력	낮 다	높 다	높 다
무산소 대사능력	낮 다	중 간	높 다
유산소 대사능력	높 다	중 간	낮 다
피로내성	높 다	중 간	낮 다

> **개념 PLUS**
>
> **근섬유의 구성비 변환**
> 트레이닝에 의한 근섬유 구성비의 변화는 ST, FT섬유 사이의 상호 전환은 일어나지 않지만, 트레이닝에 의하여 FTa와 FTb섬유의 상호 전환은 일어날 수 있다.

(2) 근섬유의 동원

① 운동단위 : 신경근계에 있어 기본적 단위로 하나의 운동신경과 그 신경에 지배되는 여러 개의 근섬유를 운동단위라 하며, 수축에 동원되는 운동단위가 수가 많으면 강한 힘을 발휘한다.

> **개념 PLUS**
>
> **운동단위의 원리**
> - 크기의 원리(Size Principle) : 작은 운동단위가 먼저 동원된 후 큰 운동단위가 동원된다.
> - 동원(Recruitment) : 작은 운동신경세포가 먼저 동원되고, 큰 운동신경세포가 동원된다.
> - 해제(Decruitment) : 동원되었던 운동단위가 비활성화될 때 큰 운동신경세포에서 작은 운동신경세포로 해제된다.

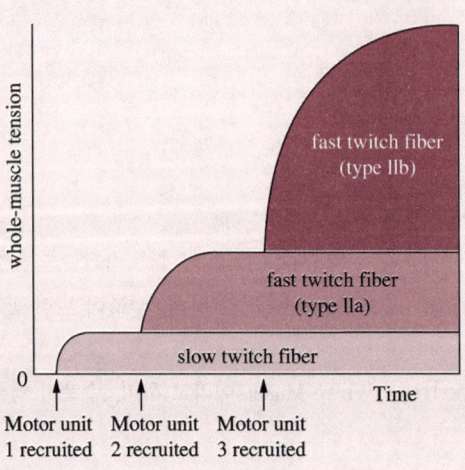

② 운동단위의 특징
  ㉠ 하나의 운동단위에 있는 근섬유는 같은 섬유 유형을 가진다.
  ㉡ 하나의 운동단위가 속근섬유와 지근섬유를 동시에 수축시키진 못한다.
  ㉢ 신경세포가 지배하는 근섬유의 수는 속근섬유가 지근섬유보다 많다.
  ㉣ 신경세포가 지배하는 근섬유의 비율이 높으면 큰 힘을 요구할 때 사용된다.
  ㉤ 신경세포가 지배하는 근섬유의 비율이 낮으면 보다 정교한 힘을 요구할 때 사용된다.

> **개념 PLUS**
>
> **근력 작용을 위한 5가지**
> - 수축에 동원되는 운동단위의 수
> - 운동단위에 대한 신경자극의 성질
> - 근육의 길이(적정 길이일 때 최대 힘 발휘)
> - 관절의 각도
> - 근수축의 속도

(3) 근섬유 형태와 경기력
① 지근섬유는 지구성 운동선수나 일반 활동량이 없는 좌업생활군에서도 많이 나타난다.
② 파워 운동선수(스프린터, 역도 등)는 속근섬유 비율이 높다.
③ 섬유형태에 따라 운동의 종목적 특색이 나타나긴 하지만, 그 비율이 높다하여 신체활동을 성공적으로 수행하기 위한 유일한 변인은 아니며, 경기력을 높이는 데 있어서 심리적·생화학적·신경학적·심혈관계의 요인들이 상호작용에 기인한다.

구 분	파 워	지구력	산화능력(장거리)	당분해 능력(단거리)
속근 FTb(Type Ⅱb)	높 다	낮 다	약 함	강 함
속근 FTa(Type Ⅱa)	높 다	중 간	강 함	강 함
지근 ST(Type Ⅰ)	낮 다	높 다	강 함	약 함

(4) 근육의 수축 형태와 기능
① **등척성 수축**(Isometric or Static Contraction) : 근섬유 길이에는 변함 없이 장력을 발생
② **등장성 수축**(Isotonic Contraction) : 외부의 저항이 일정한 상태에서 근육이 짧아지는 수축유형
  ㉠ 단축성 수축(구심성 수축 ; Concentric Contraction) : 근육이 짧아지면서 힘이 발휘됨
    예 덤벨을 들어 올릴 때, 상완이두근의 근육 길이가 짧아지면서 힘을 쓰게 된다.
  ㉡ 신장성 수축(원심성 수축 ; Eccentric Contraction) : 근육이 늘어나면서 힘이 발휘됨
    예 덤벨을 내릴 때, 무게를 버티면서 내리기에 상완이두근의 근육 길이가 늘어나면서 힘을 쓰게 된다.

> **개념 PLUS**
>
> **근육의 장력 - 속도 특성**
> ① 단축성 수축 : 수축 속도가 빠를수록 근력은 감소(근육 내부 큰 점성 저항으로 힘의 일부 상쇄)
> ② 신장성 수축 : 수축 속도가 빠를수록 근력은 증가(근육 내부 점성 저항이 근육 길이에 대한 저항으로 작용)
>
>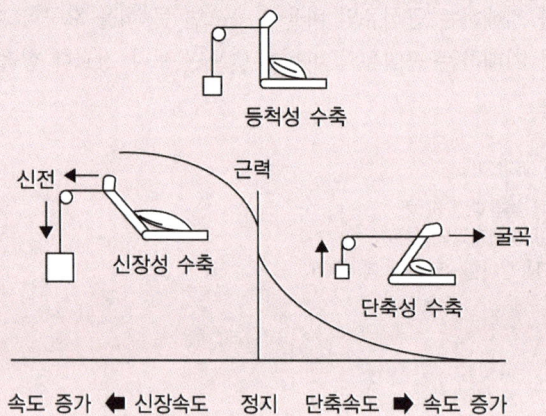

③ 등속성 수축(Isokinetic Contraction) : 관절각이 동일한 속도로 움직이는 근수축으로 재활치료에 효과적임

구 분	기 능
근 력	근육이 발휘할 수 있는 최대 힘으로 근육 굵기와 횡단 면적에 비례한다.
파 워	• 힘을 폭발적으로 빠르게 발휘할 수 있는 힘을 말한다(파워 = 근력 × 스피드). • 개인 최대 근력의 30% 정도에서 가장 큰 파워를 낼 수 있다.
근지구력	근육이 일정한 속도와 강도로 지속해서 할 수 있는 힘을 말한다.

개념 PLUS

근력 트레이닝별 차이점

기 준	등척성 트레이닝 (Isometric)	등장성 트레이닝 (Isotonic)	등속성 트레이닝 (Isokinetic)
근력 증가	빈 약	양 호	우 수
근지구력 증가	빈 약	양 호	우 수
운동범위의 근력 증가	빈 약	양 호	우 수
트레이닝에 소요되는 시간	매우 짧음	길 다	짧 음
설치비용	매우 적음	보 통	많 음
운동수행의 간편성	우 수	빈 약	양 호
훈련효과 평가의 용이성	양 호	우 수	빈 약
특수한 형태의 운동에 적용	빈 약	양 호	우 수
근육통 유발의 가능성	비교적 적음	많 음	아주 적음
상해의 가능성	비교적 적음	많 음	아주 적음
운동기술발달에의 기여성	빈 약	양 호	매우 우수

(5) 골격근의 기능
① 운동과 호흡을 위한 근수축
② 자세를 유지하기 위한 근수축
③ 체온유지를 위한 열 생산
④ 인체 운동의 수의적 조절

(6) 근비대
① 근섬유마다 모세혈관 밀도 증가
② 근섬유마다 근원섬유의 수와 크기 증가
③ 마이오신세사를 중심으로 한 수축 단백질양 증가
④ 뼈, 힘줄, 근육 조직의 양 증가
⑤ mTOR은 유전자에 의해 암호화되는 단백질로 세포 성장, 세포 생존, 단백질 합성 등을 조절하는 역할을 하며, 근섬유 비대 촉진

(7) 근피로
① 단시간의 고강도 운동 시 → 근육 내 ATP와 PC의 고갈
② 무산소성 해당과정의 부산물인 젖산으로 근세포와 체액 산증
③ 장시간의 저강도 운동 시 → 혈중 글루코스와 근글리코겐의 고갈
④ 장기간 운동 시 근육의 미토콘드리아 내 축적되는 과도한 칼슘 이온이 세포의 산소 소비를 증가시키고 ATP 생산 억제

(8) 근육통

① 운동 중에 축적된 부산물이나 혈장으로부터 조직으로 이동한 체액에 의해 유발된 높은 수분압력에 기인한 조직 부종현상 때문에 발생한 근육통이나 근육경직은 운동 후 수분 또는 몇 시간 이내에 사라진다.

② 근육통(DOMS) : 격렬한 운동 후 24~48시간 내에 나타나는 지연성 근육통을 말한다.

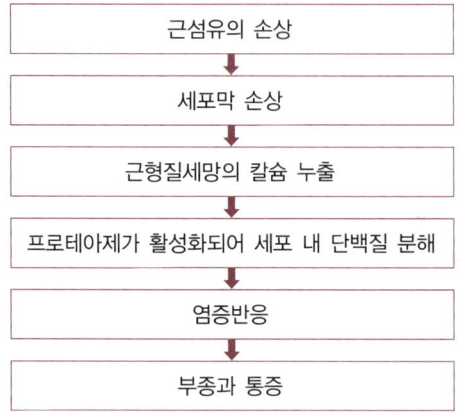

[근육통 발생 과정]

③ 근육통은 등척성 수축이나 등장성의 단축성 수축보다도 신장성 수축 시 더욱 심하게 나타난다.
④ 등속성 근 트레이닝 시에는 근육통증이 거의 유발되지 않는 것으로 알려져 있다.

> **개념 PLUS**
>
> 위성세포(Satellite Cell)
> 위성세포는 근육이 손상되었을 때 증식과 분열을 통해 근육을 복구하고 근 성장을 촉진하는 역할을 한다.

(9) 운동능력의 변화

① 유산소능력 향상 : 미오글로빈과 미토콘드리아의 수와 크기 증가로 산화 능력이 향상
② 해당능력 향상 : 근 글리코겐 저장 능력의 향상과 해당 효소(PFK)가 발달하여 근형질의 해당능력 증가
③ 모세혈관 변화 : 모세혈관 밀도와 헤모글로빈 수 증가로 산소 공급이 원활, 근지구력이 향상

제1과목 운동생리학

05 내분비계와 운동

학습목표
- 내분비계에서 내분비선과 호르몬의 작용을 이해한다.
- 운동 중 호르몬의 영향을 이해한다.

1 내분비계

혈액을 통하여 멀리 있는 다른 장기나 조직에 가서 여러 가지 생리의 과정을 조절하는 기능이 있으며, 극히 작은 분량으로 분비되나 생리학적 변화에 큰 영향을 준다.

(1) 호르몬의 특성

내분비계에 생산되는 화학물질을 의미하며, 세포의 움직임을 조절한다.
① 혈액을 통해 이동하여 표적세포에만 특이적으로 작용한다.
② 호르몬은 작은 분비량에도 생리적 반응속도가 다양하다.
③ 촉매로서의 역할을 하지만, 그 자체는 변화하지 않고 생물학적 과정에 작용한다.
④ 호르몬은 신경계보다 신호전달의 속도가 느리지만, 그 작용 범위가 넓고 효과가 오래 지속된다.

> **개념 PLUS**
>
> **호르몬의 종 특이성**
> 일반적 척추동물 사이에서는 호르몬의 종 특이성이 없다고 알려져 있지만 실제로는 호르몬에 종 특이성이 있다. 똑같은 인슐린이라도 소 인슐린과 돼지 인슐린, 사람 인슐린의 구조가 다르고 약간의 성능과 작용 시간도 다르게 나타난다. 다만 인슐린이 필요한 당뇨병 환자에게 척추 동물인 돼지 인슐린을 넣어줘도 어느 정도 호르몬의 기능은 하기 때문에, 사람 인슐린 대신에 돼지 인슐린을 사용할 수도 있다. 따라서 어느 정도는 종 특이성이 없다고 설명하는 것이다.

(2) 호르몬의 작용

호르몬이 작용하기 위해선 표적 세포 안에 들어가 특정 유전자를 활성화해야 하며, 호르몬의 성질이 지용성이냐 수용성이냐에 따라 작용 기전이 달라진다.
예 스테로이드성 호르몬과 갑상선 호르몬은 지용성이라 지질인 세포막 통과가 쉽다. 하지만 폴리펩티드계 호르몬과 카테콜라민계 호르몬은 수용성이라 세포막을 직접 통과하지 못한다.

① 여러 신진대사를 조절하는 기능
② 형태 발생을 조절하는 역할
③ 신경조작이나 정신적 발육을 조절하는 기능
④ 생식기능의 발달에 영향
⑤ 소화기능을 조절하는 역할
⑥ 환경의 변화에 대한 적응기전을 조절하는 역할

(3) 호르몬의 조절

인체는 호르몬의 조절로도 인체의 항상성을 유지하는데, 간뇌의 시상하부에서 신경의 흥분과 분비량을 조절하여 항상성을 유지한다.

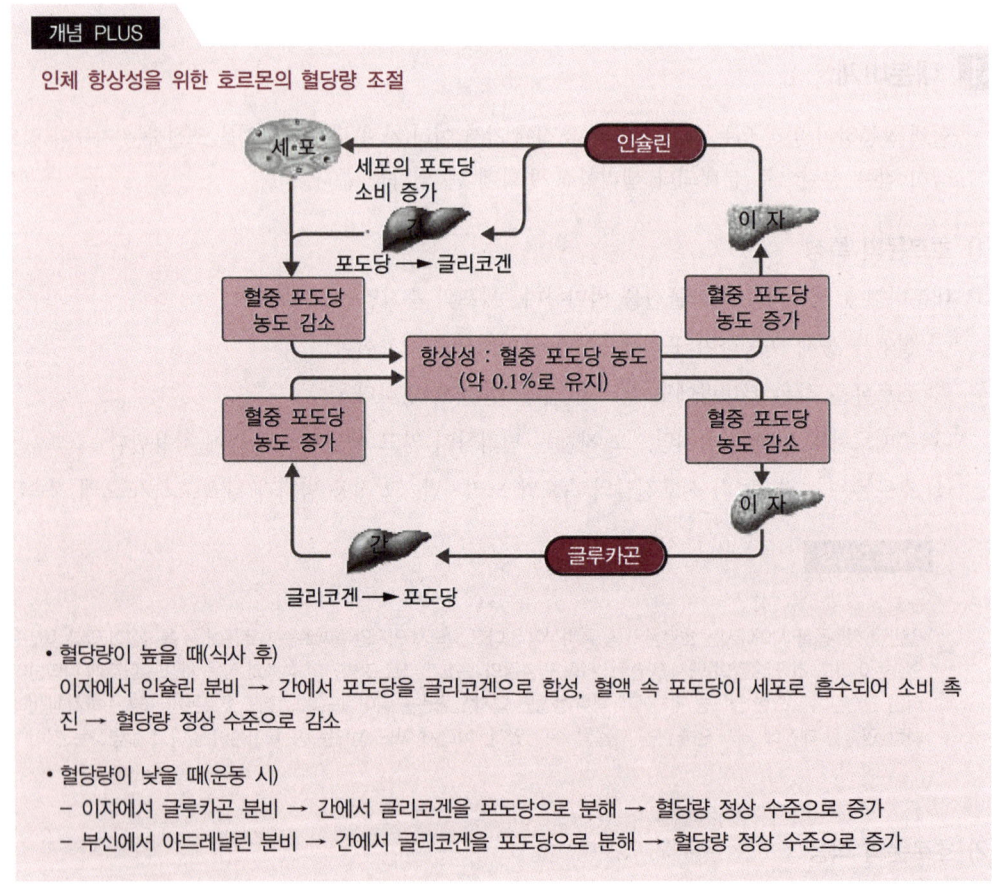

개념 PLUS

인체 항상성을 위한 호르몬의 혈당량 조절

- 혈당량이 높을 때(식사 후)
  이자에서 인슐린 분비 → 간에서 포도당을 글리코겐으로 합성, 혈액 속 포도당이 세포로 흡수되어 소비 촉진 → 혈당량 정상 수준으로 감소

- 혈당량이 낮을 때(운동 시)
  - 이자에서 글루카곤 분비 → 간에서 글리코겐을 포도당으로 분해 → 혈당량 정상 수준으로 증가
  - 부신에서 아드레날린 분비 → 간에서 글리코겐을 포도당으로 분해 → 혈당량 정상 수준으로 증가

① 호르몬과 수용체의 상호작용
  ㉠ 촉진조절 : 장기간 낮은 농도의 호르몬에 노출되면 수용체의 수가 증가
  ㉡ 억제조절 : 수용체가 높은 농도의 호르몬에 장기간 노출되면 감소되어 동일한 호르몬 농도에 대한 반응이 저하
  ㉢ 포화 : 세포에 있는 수용체의 수는 한정되어 있으므로 모든 수용체가 호르몬과 결합한 경우

(4) 내분비선과 호르몬

일반적으로 호르몬을 분비하는 내분비선에 따라 시상하부 호르몬, 뇌하수체 호르몬, 갑상선 호르몬, 췌장 호르몬, 성선 호르몬 등으로 분류한다.

① **시상하부(간뇌) 호르몬** : 내분비기능을 가진 신경분비세포라는 세포군이 있는데, 이 세포들이 중추신경계와 뇌하수체를 구조적·기능적으로 연결한다.

구 분		작 용
시상 하부 (간뇌)	부신피질자극호르몬 방출호르몬(CRH)	부신피질자극호르몬(ACTH) 분비를 촉진
	갑상선자극호르몬 방출호르몬(TRH)	갑상선자극호르몬(TSH) 분비를 촉진
	성선자극호르몬 방출호르몬(GNGH)	고나도트로핀(FSH, LH) 분비를 촉진
	성장호르몬 방출호르몬(GHRH)	성장호르몬(GH) 분비를 촉진
	성장호르몬 억제호르몬(GHIR)	성장호르몬(GH) 분비를 억제
	멜라닌세포자극호르몬 방출호르몬(MRH)	멜라닌세포자극호르몬(MRH) 분비를 촉진
	멜라닌세포자극호르몬 억제호르몬(MIH)	멜라닌세포자극호르몬(MRH) 분비를 억제
	유선자극호르몬 방출호르몬(PRH)	유선자극호르몬(PRH) 분비를 촉진
	유선자극호르몬 억제호르몬(PIH)	유선자극호르몬(PRH) 억제를 촉진

② **뇌하수체 호르몬** : 인체의 내분비선 중 주인과 같은 역할을 하여 주인선이라고도 하며, 전엽, 중엽, 후엽으로 나누어진다.

구 분		작 용
전 엽	성장호르몬(GH)	뼈와 근육의 발달 촉진
	갑상선자극호르몬(TSH)	티록신과 트리요오드타이로닌 양 조절
	난포자극호르몬(FSH)	난소의 난포 성장 유도와 에스트로겐 분비 촉진
	황체형성호르몬(LH)	성호르몬 조절과 생식세포 성숙
중 엽	멜라닌세포자극호르몬	피부를 검게 하는 등 체색변화에 관여
후 엽	항이뇨호르몬(ADH)	신장에 물 재흡수와 혈관 수축
	옥시토신	자궁 근육의 수축과 분만 후 유즙 분비 촉진

③ **갑상선 호르몬** : 신체의 신진대사를 조절한다.

구 분	작 용
티록신(T3)	체내 물질대사를 촉진하여 포도당 분해 및 체온 증가
칼시토닌	• 칼슘양 많을 시 신장에서 칼슘 배설 증가 • 골 파괴세포 활동을 저해시켜 분해를 억제
부갑상선호르몬	• 칼슘양 적을 시 신장에서 칼슘 재흡수 • 뼈에서 골 파괴세포 활동 촉진을 통해 칼슘 증가

④ 부신 호르몬 : 부신은 양쪽의 신장 바로 윗부분에 위치하며, 수질과 피질로 나누어진다.

구 분		작 용
부신수질	카테콜라민 • 아드레날린(에피네프린) 80% • 노르아드레날린(노르에피네프린) 20% • 도파민(중추에서만 작용)	• 심박동수와 심박출량 증가 • 혈관 수축 및 확장과 혈압 상승 • 혈중 글루코스와 유리지방산 농도 증가 • 신진대사 증가 • 간과 근육의 글리코겐 분해
부신피질	알도스테론 (무기질코르티코이드)	• 소듐과 포타슘 균형 유지 • 운동 중 탈수 방지 • 신장의 소듐 재흡수 증가
	코티졸 (당질코르티코이드)	• 간에서 글리코겐 합성 • 지방분해와 유리지방산 동원 촉진 • 포도당 새로 만드는 작용 촉진 • 염증 및 알레르기 증상 완화

> **개념 PLUS**
>
> **자율신경계(교감신경과 부교감신경)**
> • 교감신경의 신경 말단에서는 아드레날린, 노르아드레날린이라는 호르몬이 분비되어 각 기관의 세포에 흥분 작용을 한다.
> • 부교감신경의 신경 말단에서는 아세틸콜린이 분비되어 심장과 호흡을 진정시키고, 소화액을 분비하여 소화가 잘되도록 도와준다.

⑤ 췌장 호르몬 : 췌장에는 랑게르한스섬이라 불리는 내분비선이 있는데, 이곳의 α세포에서는 글루카곤, β세포에서는 인슐린, δ세포에서는 소마토스타틴이 분비된다.

구 분		작 용
α세포	글루카곤	간에 저장된 글리코겐을 분해해 혈당 수준을 올림
β세포	인슐린	혈액 내의 포도당을 세포로 유입해 혈장 수준을 낮춤
δ세포	소마토스타틴	혈액 속에 다량의 포도당 및 아미노산이 있을 때 분비가 촉진되며 인슐린과 글루카곤의 분비를 억제, 혈당저하 시·운동 중 분비가 감소함

> **개념 PLUS**
>
> **지질 분해 호르몬**
> 글루카곤, 카테콜라민, 성장호르몬, 부신수질 및 당류부신피질호르몬 등

⑥ 성선 호르몬 : 성선은 내분비 기능을 갖는 생식기관으로 남성의 경우에는 고환, 여성의 경우에는 난소를 말한다. 남성호르몬에는 테스토스테론이, 여성호르몬에는 에스트로겐과 프로게스테론이 대표적이다.

구 분			작 용
난 소	여 포	에스트로겐	여성의 2차 성징 발달
	황 체	프로게스테론	임신 유지 및 배란 억제
정 소		테스토스테론	남성의 2차 성징 발달과 정자형성

2 운동과 호르몬 조절

운동 중 근육에 에너지를 공급하기 위해 호르몬은 글루코스를 분해하여 혈중 포도당을 증가시키고, 유리지방산을 동원하여 혈중 포도당을 절약한다.

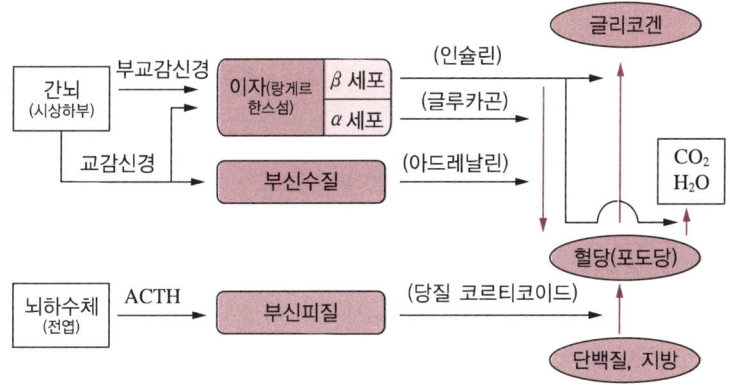

[혈당량 조절의 기전]

> **개념 PLUS**
>
> **글루코스(Glucose)**
> 분자식은 $C_6H_{12}O_6$이며, 포도당이라고 한다.

(1) 대사와 에너지에 미치는 호르몬의 영향

운동 중 호르몬은 에너지 대사 작용에 글루코스와 유리지방산이 동원되도록 작용한다.

① 근육 글루코스 조절
  ㉠ 인슐린에 의해 글루코스를 세포에 운반하고 흡수를 촉진
  ㉡ 운동을 통해 인슐린 양은 감소

② 혈장 글루코스 조절
  ㉠ 간글리코겐으로부터 글루코스 동원
  ㉡ 혈중 글루코스를 절약하기 위한 지방 조직으로부터 유리 지방산 동원
  ㉢ 아미노산, 젖산, 글리세롤로부터 간에서 글루코스 합성
  ㉣ 유리지방산의 연료대체효과를 증가하기 위한 글루코스 세포 내 유입 저해(에너지 절약을 위해)

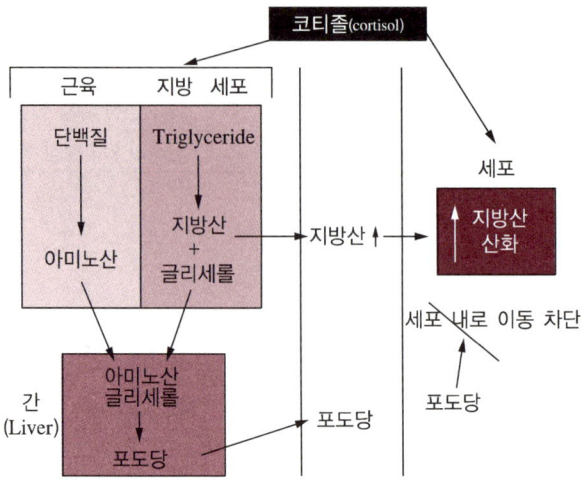

[운동 중 근육 글루코스와 혈장 글루코스 조절 기전]

(2) 운동 중 수분과 전해질 균형에 대한 호르몬의 영향

① 레닌-안지오텐신-알도스테론 시스템(RAAS) : 혈장량 감소 시 레닌과 안지오텐신 작용으로 신장은 특수세포들을 자극하여 레닌이라는 효소를 분비하고, 레닌은 혈장으로 들어가 간에서 생성된 안지오텐시노겐을 안지오텐신-I으로 전환한다. 안지오텐신-I은 다시 폐에서 안지오텐신 전환효소(ACE)에 의해 안지오텐신-II로 전환되는데, 안지오텐신-II는 강한 수축인자로 부신피질에서 알도스테론 분비를 통해 수분 재흡수를 거쳐 혈장량을 상승한다.

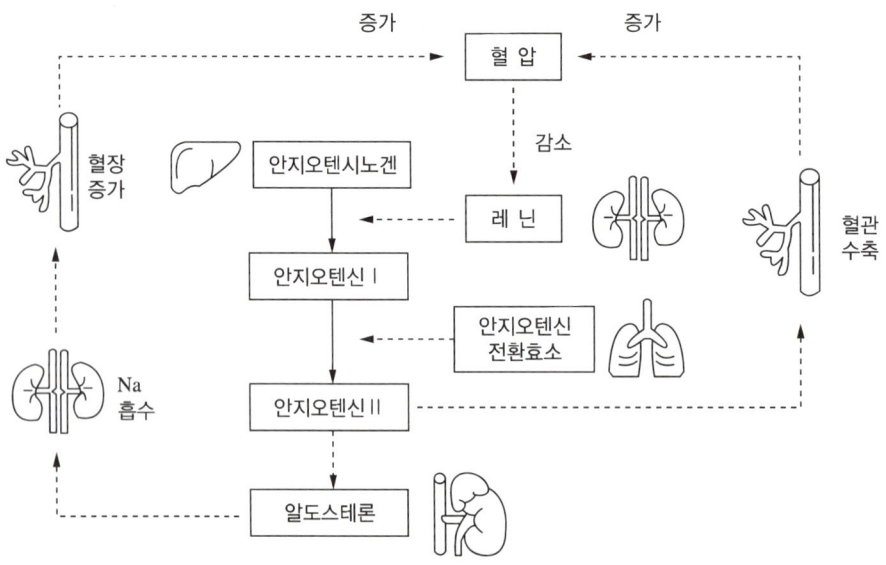

[Renin Angiotensin Aldosterone System]

② 탈수가 초래되면 뇌하수체 후엽에서 항이뇨호르몬 분비를 통해 수분 재흡수를 촉진하고 수분 배출을 감소한다.

구 분		작 용
삼투압↑ (높음)	수분 부족	뇌하수체 후엽에서 항이뇨호르몬(ADH) 분비 증가 → 신장에서 수분 재흡수 촉진 → 소변 배출량 감소 → 체내 혈장량 증가
	전해질 과다 (나트륨)	부신피질에서 알도스테론 분비량 감소 → 신장의 세뇨관 나트륨 재흡수 감소
삼투압↓ (낮음)	수분 과다	뇌하수체 후엽에서 항이뇨호르몬(ADH) 분비 감소 → 신장에서 수분 재흡수 억제 → 소변 배출량 증가 → 체내 혈장량 감소
	전해질 부족 (나트륨)	부신피질에서 알도스테론 분비량 증가 → 신장의 세뇨관 나트륨 재흡수 증가

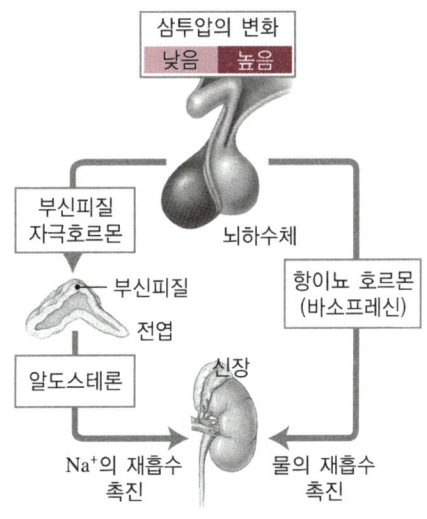

[삼투압의 변화]

(3) 운동에 대한 호르몬의 반응

① 운동을 하면 최대산소섭취량 운동 강도에 따라 처음에 에피네프린과 노르에프네프린, 글루카곤이 빠르게 작용하며 티록신, 코티졸, 성장호르몬이 다른 호르몬의 활동을 돕기 위해 서서히 증가한다.

② 인슐린은 운동 시 빠르게 작용하나 운동 강도와 시간에 따라 그 호르몬 분비가 다른 호르몬과 달리 서서히 감소한다.

> **개념 PLUS**
>
> 훈련의 효과
> 운동을 통한 훈련은 우리 몸에서 에피네프린과 노르에피네프린, 인슐린, 글루카곤 반응의 감소를 유발하여 다른 호르몬들이 더 많은 지방을 연료로 이용하게 한다.

제1과목 운동생리학

06 호흡·순환계와 운동

학습목표
- 호흡계의 기능 중 폐용적과 폐용량을 이해한다.
- 순환계의 구조와 기능을 이해한다.

1 호흡계의 구조와 기능

호흡계는 코로 들어오는 공기를 정화하여 폐로 운반하며 폐포에서 산소를 혈액으로 받아들이고 이산화탄소를 공기 중에 배출하는 가스교환이 직접적으로 이루어지는 기관계이다(코 – 비강 – 인두 – 후두 – 기관 – 기관지 – 폐).

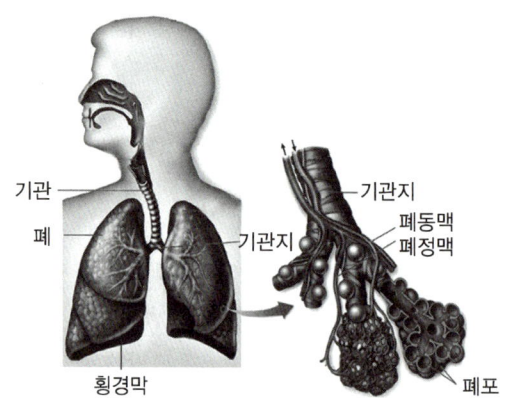

[호흡계의 구조]

(1) 호흡계의 구조

① 폐호흡 : 폐 내 환기에 의한 가스교환
② 세포호흡 : 조직세포에서 산소를 이용한 유기물 산화와 이산화탄소 방출 과정

> **개념 PLUS**
>
> **흡기근과 호기근**
> - 흡기근 : 횡격막, 외늑간근, 사각근, 흉쇄유돌근
> - 호기근 : 복직근, 내복사근, 외복사근, 횡복사근, 내늑간근(탄성반동 수동적 호기)

(2) 호흡계의 기능

① 환기 : 폐에서 공기가 들어오고 나가는 과정
② 확산 : 농도가 높은 곳에서 낮은 곳으로 퍼지는 분자의 움직임
③ 분당 환기량 : 1회 호흡량 × 호흡수
④ 폐포 환기량 : (1회 호흡량 − 호흡사강) × 호흡수
⑤ 폐용적과 폐용량

구 분		정 의
폐용적	1회 호흡량(TV)	안정 시 1회 흡기와 호기량
	흡기예비용적(IRV)	흡기 종료 후 흡기될 수 있는 공기량
	호기예비용적(ERV)	호기 종료 후 호기될 수 있는 공기량
	잔기량(RV)	최대호기 후 폐 안에 있는 공기량
폐용량	총폐용량(TLC)	최대흡기 후 폐 안에 있는 공기량
	폐활량(VC)	최대흡기 후의 최대 호기량
	흡기량(IC)	정상호흡에서 최대 흡입할 수 있는 공기량
	기능적 잔기량(FRC)	평상호흡에서 편하게 호기 후 남아있는 공기량

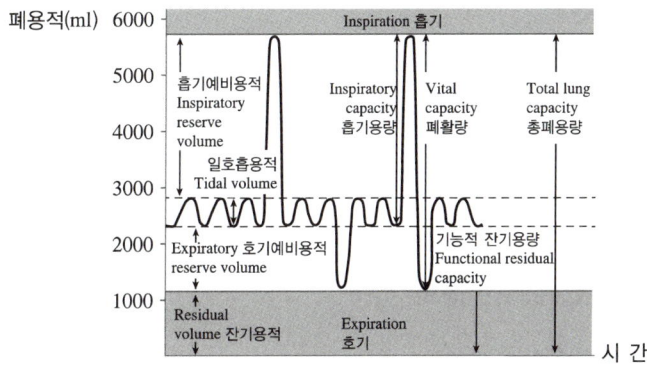

[폐용적과 폐용량]

⑥ 가스교환
　㉠ 픽(Fick)의 법칙 : 경계면 면적에 비례하고, 분압차에 비례하며, 확산거리에 반비례한다.
　㉡ 산소 운반과 해리 : 산소는 혈액을 통해 각 조직으로 운반되며 혈장과 헤모글로빈에 의해 주로 운반된다.

개념 PLUS

포화와 해리
- 포화 : 산소 분자와 헤모글로빈이 결합하는 것
  예) 산소 + 헤모글로빈 → 산소헤모글로빈
- 해리 : 산소헤모글로빈에서 산소 분자가 떨어지는 것
  예) 산소헤모글로빈 → 헤모글로빈 + 산소

> **개념 PLUS**
>
> **보어효과(Bohr Effect)**
> 이산화탄소(CO_2)와 산도(Acidity) 등에 의하여 헤모글로빈(Hb ; Hemoglobin)의 산소 결합 친화도가 약해지는 현상을 말한다.

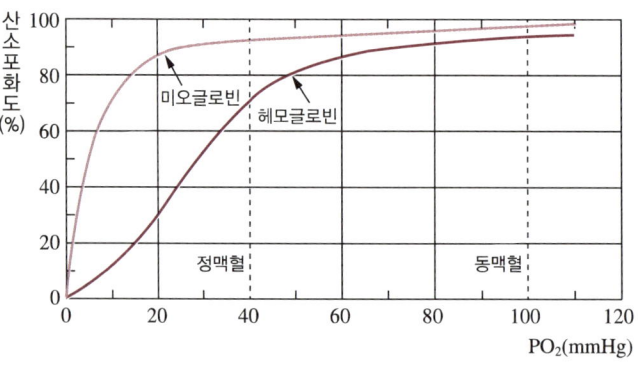
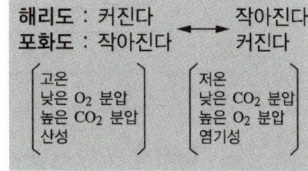

[산소해리곡선]

> **개념 PLUS**
>
> **산소와 이산화탄소 운반 비율**
> - 산소 : 헤모글로빈 98%(헤모글로빈 1g은 약 1.34~1.36ml의 산소와 결합), 혈장 2%
> - 이산화탄소 : 중탄산염이온 70%, 카바미노 헤모글로빈 20%, 혈장 10%

2 운동에 대한 호흡계의 반응과 적응

(1) 운동과 호흡계의 반응과 적응

구 분		호흡계의 반응과 적응
안정 시		환기량의 변화가 없다.
운동 전		대뇌피질의 예측으로 환기량이 어느 정도 증가한다.
운동 중	초 기	운동 피질의 자극으로 급격한 환기량의 증가가 일어난다.
	중 기	환기량의 안정 혹은 느린 증가로 이루어지며, 혈액에서의 이산화탄소 증가와 산소분압감소 그리고 pH 감소가 나타난다.
	후 기	최대하 운동 시 환기량은 유지 상태이고, 최대 운동 시에는 계속적 증가한다. 후기에서도 혈액에서의 이산화탄소 증가와 산소분압감소 그리고 pH 감소가 나타난다.
운동 후		운동 피질의 영향으로 환기량의 급격한 감소가 일어난 후 환기량이 느리게 감소한다. 이는 혈액에서의 산소 감소와 이산화탄소 증가 등 pH의 항상성을 유지하기 위함이다.

개념 PLUS

환기량과 동정맥산소차
- 환기량(Ventilation) : 폐에서 공기가 드나드는 과정을 말한다.
- 동정맥산소차(Arteriovenous Oxygen Difference) : 신선한 동맥과 말초 조직을 한 번 순환하고 난 후, 정맥의 산소 차이를 말한다.
- 관류(Perfusion) : 평상시 폐 아랫부분에 관류가 있지만, 운동을 하게 되면 폐 윗부분에 관류가 증가한다.

(2) 최대/최대하 운동 중 호흡계의 적응

구 분	안정 시	최대하 운동 시	최대 운동 시
호흡수	감 소	감 소	증 가
분당환기량	일 정	일 정	증 가
1회호흡량	일 정	일 정	증 가
폐활량	일 정	일 정	일 정
동정맥산소차	증 가	증 가	증 가

3 순환계의 구조와 기능

(1) 심 장

① 심장은 2개의 심방과 2개의 심실로 이루어져 있으며, 왼쪽에는 좌심방과 좌심실, 오른쪽에는 우심방과 우심실이 심실중격에 의해 분리되어 존재한다.

② 심장의 판막
  ㉠ 반월판
   - 대동맥판 : 좌심실 사이에 있는 반월판(대동맥)
   - 폐동맥판 : 우심실 사이에 있는 반월판(폐동맥)
  ㉡ 이첨판 : 좌심방과 좌심실 사이
  ㉢ 삼첨판 : 우심방과 우심실 사이

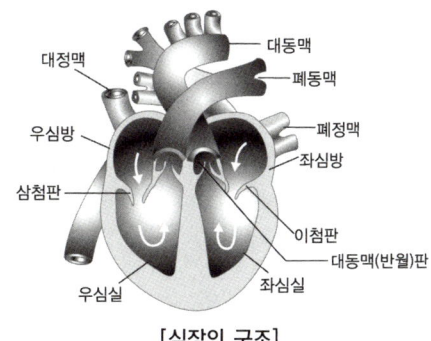

[심장의 구조]

개념 PLUS

심주기 3단계
- 심방 수축기 : 좌심방이 수축하며 좌심방압력이 올라가는 시기로, 심전도상에서 P파(P-wave) 직후(PR Interval)에 해당한다.
- 심실수축기
  - 등용성심실수축기(Isovolumetric Ventricular Contraction) : 심전도상 QRS군에 해당하며, 승모판이 닫히고 그 직후 삼첨판도 닫힌다. 심실의 압력은 높아지지만 심실의 부피가 변하지 않는다.
  - 박출기(Ejection) : 대동맥판이 열리고 혈액이 빠르게 박출된다. 심실의 용적과 압력이 감소한다.
- 심실이완기
  - 등용성심실이완기(Isovolumetric Ventricular Relaxation) : 대동맥판과 폐동맥판이 닫히고 심전도상 T파 끝자락으로 표시되며, 심실이 이완한다.
  - 심실충만기(Rapid Filling) : 좌심실압력이 낮아져 승모판이 열리며 좌심방에서 좌심실로 혈액이 이동한다.

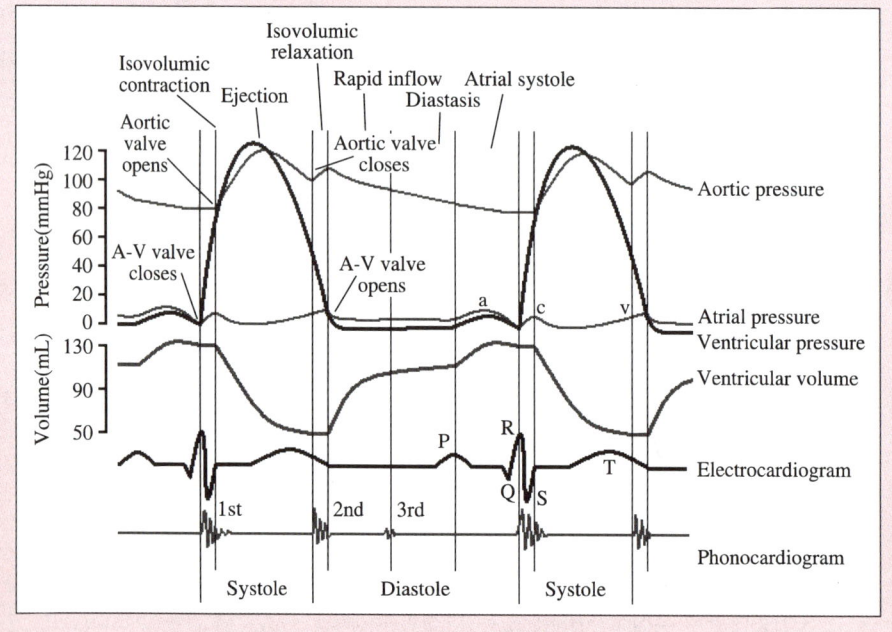

(2) 심장과 폐의 순환계

폐순환과 체순환을 통해 산소와 영양분을 공급하며 노폐물과 이산화탄소를 배출한다.

구 분	순 서
폐순환(폐로 이동)	우심방 → 우심실 → 폐동맥 → 폐 → 폐정맥 → 좌심방 → 좌심실
체순환(온몸으로 이동)	좌심실 → 대동맥 → 동맥 → 세동맥 → 모세혈관 → 세정맥 → 정맥 → 대정맥 → 우심방

(3) 혈 관

혈관은 혈액을 심장과 인체 각 장기 및 조직 사이를 순환하는 통로를 말한다.

구 분	정 의
동 맥	• 허파를 거쳐 산소가 풍부해진 혈액을 좌심실로부터 온몸의 조직에 분포하는 모세혈관까지 전달하는 각종 혈관을 동맥이라고 한다. • 직경은 '대동맥 > 소동맥 > 세동맥' 순으로 감소한다.
정 맥	• 동맥계를 거쳐 순환한 혈액이 다시 심장으로 돌아갈 때 지나는 혈관을 정맥이라고 한다. • 혈액의 역류를 막기 위해 혈관에 판막이 존재하며, 혈류속도가 동맥보다 느리다.
모세혈관	• 세동맥과 세정맥 사이를 연결하는 가느다란 혈관을 말한다. • 혈관이 가장 얇지만, 총 단면적은 다른 혈관보다 넓고 혈류속도가 느려서 혈액에서의 물질교환이 유리하다.

(4) 혈 액

혈액은 혈관을 통해 온몸을 돌면서 산소와 영양소 등을 공급해주고 노폐물을 운반하여 신장을 통해 배설될 수 있도록 한다.

① 혈액의 구성과 역할
  ㉠ 혈액 : 55%는 액체 성분인 혈장, 45%는 세포 성분인 혈구로 구성
  ㉡ 혈장 : 90%는 물, 7%는 혈장단백질, 3%는 기타요소(전해질, 효소, 호르몬)로 구성
  ㉢ 혈구 : 99%는 적혈구, 1%는 백혈구와 혈소판으로 구성

② 혈액의 기능
  ㉠ 산소와 영양소 그리고 노폐물을 운반한다.
  ㉡ 혈액 속 산과 염기(pH)의 평형을 일정하게 유지한다.
  ㉢ 침입한 세균을 제거하고 항체를 만들어 낸다.
  ㉣ 체온조절에 기여한다.

> **개념 PLUS**
>
> **혈액의 3가지 중요한 완충제**
> 혈액의 약염기성(pH 7.4)을 유지하는 3가지 중요한 완충제는 단백질, 헤모글로빈, 중탄산염이다.

③ 적혈구 용적률
  ㉠ 혈액에서 적혈구가 차지하고 있는 비율을 말한다.
  ㉡ 일반적으로 남자는 45% 내외, 여자는 40% 내외가 정상이다.
  ㉢ 적혈구 용적률이 증가하면 혈액의 점도가 높아져 혈류의 속도는 감소한다.
  ㉣ 지구성 트레이닝의 적응으로 혈장량이 증가한다.

4 운동에 대한 순환계의 반응과 적응

(1) 1회 박출량, 심박수, 심박출량의 반응
근육의 대사적 변화와 혈관의 압력수용기에 의해 자율신경계가 심박출량을 조절한다.

① 1회 박출량
- ㉠ 심장이 1회 수축하면서 짜내는 혈액량
- ㉡ 1회 박출량 조절요인 3가지
  - 심실이완기말 혈액량(프랭크-스탈링법칙과 관련)
  - 평균대동맥혈압(심장주기 동안의 평균혈압을 말함)
  - 심실수축력(심장이 혈액을 짜는 힘)
- ㉢ 운동 중 정맥혈 회귀 조절 요인
  - 정맥의 수축
  - 골격근 수축에 의한 펌프 작용(등척성 제외)
  - 호흡계의 펌프 작용

> **개념 PLUS**
>
> **프랭크-스탈링법칙**
> 1회 박출량은 심장으로 유입되는 혈액량에 의해 결정되는데, 보다 많은 혈액이 심장으로의 정맥 회기가 증가하면 심실이완기 용량이 커지고, 이 혈액으로 심장의 섬유들이 길어져 더 큰 힘으로 심실을 짜주는 힘이 생긴다는 것을 말한다.

② 심박수
- ㉠ 심장이 1분 동안 뛰는 횟수
- ㉡ 심박수는 운동 강도에 비례하여 증가

③ 심박출량
- ㉠ 심장이 1분 동안 수축을 통해 짜내는 혈액량
- ㉡ 근육의 대사적 변화와 혈관의 압력수용기에 의해 자율신경계가 심박출량을 조절

$$심박출량(L/min) = 심박수(회/분) \times 1회 박출량(ml/min)$$

> **개념 PLUS**
>
> **순환계 주요 공식**
> - 최대산소섭취량(VO_2max)
>   - 높은 산소 운반 능력에 의해 결정되고 신체활동이 최대에 이르렀을 때를 뜻함
>   - 최대산소섭취량 = 최대심박출량 × 동정맥산소차(혈액 100ml당 섭취된 산소의 양)
> - 심근산소소비량(심장이 하는 일률) = 심박수 × 수축기 혈압
> - 구축률(EF)
>   - 좌심실에서 혈액이 얼마나 방출되었는지를 뜻함
>   - 구축률 = 1회 박출량/이완기말혈액량 × 100

④ 운동 중 순환계의 반응

구 분	운동 중 변화
1회 박출량	최대산소섭취량 40~50%에서 항정상태(고원현상 일어남)
심박출량	운동 강도 비례하여 증가
심박수	운동 강도 비례하여 증가(최대 심박수까지)
이완기말 혈액량	감소(심실수축 시간이 짧아지기 때문에)
혈 압	운동 강도에 비례하여 수축기 혈압 증가, 이완기 혈압 유지
동정맥산소차	운동 강도에 비례하여 증가

⑤ 지속된 운동 중 순환계의 반응

구 분	지속된 운동 중 변화
1회 박출량	점차적 감소(혈장량 감소로 수분 부족)
심박출량	유 지
심박수	점차적 증가

(2) 혈류, 혈압, 혈액의 반응

① 혈류 : 혈관계에서 혈압의 경사에 의해 생기는 혈액의 흐름을 말하며, 혈류는 혈관의 압력에 비례하고 저항에 반비례한다.

$$혈류 = \frac{압력}{저항}$$

㉠ 혈류 저항의 요인 : 가장 큰 요인으로는 혈관의 길이, 혈액의 점도, 혈관 반지름이 있는데, 혈류 저항에 있어 길이와 점도는 혈관 저항에 직접적 비례하고 혈관반지름의 4제곱에는 반비례한다.

$$혈관 저항 = \frac{길이 \times 점도}{반지름^4}$$

㉡ 운동 시 혈류의 재분배
- 운동 시 골격근으로의 산소요구량을 충족시키기 위해 신장, 췌장 등 장기로의 혈류량은 감소하는 반면, 골격근으로의 혈류량은 안정 시 15~20%에서 운동 시 80~85%로 증가한다.
- 운동을 통한 근육의 산소요구량의 증가는 혈류의 내인성 조절을 발생시키는데, 이는 교감신경 활성화에 따라 혈액 순환 조절이 가장 크게 일어나는 세동맥의 확장과 수축으로 인해 이루어진다.

② 혈압 : 혈액이 혈관벽에 미치는 압력을 의미하며, 최고 혈압인 수축기 혈압과 최저 혈압인 이완기 혈압이 있다. 운동 시에는 심박수와 혈류속도의 증가로 혈압이 상승한다.

㉠ 맥압 : 최대 혈압과 최소 혈압의 차를 맥압이라고 하며, 성인은 40mm 전후이다.

$$맥압 = 수축기\ 혈압 - 이완기\ 혈압$$

ⓒ 평균동맥혈압 : 심장주기 동안 평균 혈압을 의미한다.

평균동맥혈압 = 이완기 혈압 + 1/3맥압

개념 PLUS
- 산화질소(Nitric Oxide) : 혈관을 확장시켜 평균동맥혈압 상승에 영향을 주지 않는다.
- 발살바 조작(Valsalva Maneuver)에 의한 뇌 혈류 감소 : 뇌 혈류량을 증가시키는 생리적 반응으로 혈류자동조절(Autoregulation)의 활성화, 뇌 조직의 H^+, K^+, ADP 등의 증가가 있다.

③ 혈액 : 운동은 혈액에서 혈장과 혈구의 양을 증가시킨다.
  ㉠ 혈장량의 증가 : 운동 중 호르몬 분비로 항이뇨호르몬(ADH)과 알도스테론에 의해 신장에서의 수분 재흡수로 증가한다.
  ㉡ 혈장량의 감소 : 모세혈관 내 정수압이 증가하고 모세혈관 밖 간질공간의 삼투압이 증가하여 혈장이 모세혈관 밖으로 이동한다.
  ㉢ 혈구의 증가 : 운동 시 적혈구 수가 증가하고, 이로 인해 전체적인 혈액량이 증가한다.

(3) 운동과 순환계의 적응
① 심장 구조의 변화(트레이닝 시)
  ㉠ 지구력 운동 : 심실강(용적) 크기 증가 → 혈장량이 20~30% 증가하여 산소운반 능력 상승
  ㉡ 순발력 운동 : 심실의 두께 증가 → 심장근육의 크기와 수축력 증가로 심박출량 향상
  ㉢ 안정 시 심박수 감소와 1회 박출량 증가로 운동 기능 향상
② 심장 조직의 변화(트레이닝 시)
  ㉠ 총 혈액량과 모세혈관 밀도, 헤모글로빈 수, 마이오글로빈 수, 미토콘드리아 수와 크기 증가 등
  ㉡ 근세포 에너지 저장능력 향상
  ㉢ 미토콘드리아 산화능력 향상으로 포도당 절약과 지방 산화 증가
  ㉣ 동정맥산소차 향상
③ 최대/최대하 운동 중 순환계의 적응

구 분	안정 시	최대하 운동	최대 운동
심박출량	변화 없음	변화 없음	증 가
1회 박출량	증 가	증 가	증 가
심박수	감 소	감 소	변화 없거나 증가
동정맥산소차	증 가	증 가	증 가
VO_2max	없 음		증 가

07 | 환경과 운동

학습목표
- 체온조절과 운동에서 열손실 기전 이해하기
- 고온에서 열순응과 열질환 이해하기

1 체온조절과 운동

인체는 체온조절 기능에 의해 열생산과 열방출을 조절하여 체온을 일정하게 유지한다.

(1) 체온조절기구와 기전

체온의 조절작용은 수용기에서 정보를 모아 체온조절중추인 시상하부에서 통합한 다음 효과기를 통해 내부 환경을 정상으로 돌리게 된다.

① **온도수용기** : 피부 아래 말초온도수용기와 시상하부에 심부온도수용기 존재한다.

② **체온조절중추** : 우리 몸의 자동온도조절기와 같은 역할로 체표면과 심부 온도에 대한 수용기의 정보를 시상하부에서 받아서 열생성과 열방출을 통해 36.4~37.0℃의 일정 온도를 유지하게 지시한다.

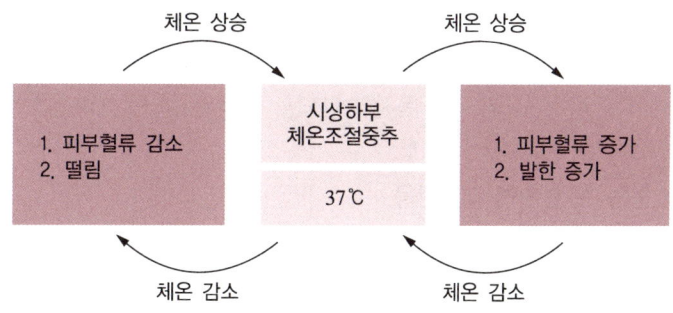

[체온조절의 음성 되먹이기 기전]

③ **효과기** : 통합기에서 내려온 명령을 수행하여 내부환경을 다시 정상으로 유지하는데, 이러한 형태의 피드백을 부적피드백 '음성 되먹이기 기전'이라고 한다.

> **개념 PLUS**
>
> **음성 되먹이기 기전(Negative Feedback)**
> 항상성을 위한 기전 중의 하나로 정상적 상태에서 변화가 생겼을 때 그 변화값을 감소시키는 기전을 의미한다.
> 예 매운 떡볶이를 먹어서 몸에 열이 나면 열을 낮추기 위해 이마에서 땀이 난다(음성 되먹이기 기전).
> ↔ 출산이 임박했을 때 출산 호르몬이 분비되어 출산을 원활하게 돕는다(양성 되먹이기 기전).

④ 열생산과 열손실
　㉠ 열생산 작용 : 기초대사율, 근력운동, 교감신경자극, 갑상선호르몬(티록신) 등
　㉡ 열손실 기전
　　• 복사 : 체열이 공기를 통하여 발산되는 기전
　　• 전도 : 조직을 통해 차가운 피부표면 및 공기로 이동되는 기전
　　• 대류 : 공기의 흐름에 의하여 열손실이 이루어지는 기전
　　• 증발 : 땀의 분비와 호기를 통한 열손실 기전

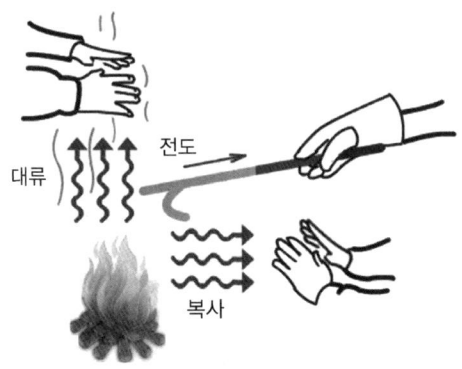

[열생성된 불의 열손실 기전]

(2) 고온에서의 운동

고온의 환경에서는 외부 온도가 높아 복사와 전도를 통한 열손실이 어려우므로 발한과 증발을 통한 체온조절이 가능하다.

① 고온에서 운동 시 순환계 대사반응
　㉠ 체온의 상승과 심박수의 증가
　㉡ 근육의 글리코겐 이용률과 젖산의 생성량 증가

② 고온에서 열순응과 열질환
　㉠ 열순응 : 열에 대한 내성이 증가하는 생리적 적응현상으로 주로 순환계 및 체온 조절계의 기능이 개선되는 현상이다. 약 9~14일 동안 매일 1시간 또는 그 이상의 시간 동안 더위에서 저·중강도 운동을 함으로써 더위에 적응한다. 열순응이 완성될수록 직장 온도 감소, 시간당 땀분비율 증가, 운동지속시간 증가 현상이 일어난다.

ⓒ 열순응 시 생리적인 주요반응
- 혈장량 증가 : 혈장 단백질의 증가로 혈액량과 박출량 증가
- 발한율 증가 : 발한율은 열에 대해 땀으로 배출하는 능력
- 발한 시점의 조기화
- 땀에 의한 염분 손실 감소
- 피부 혈장량 감소 : 더욱 많은 혈액을 활동적인 근육에 보내기 때문
- 세포에서 열 충격 단백질 증가 : 열이나 스트레스에 의한 세포 손상 방지

ⓒ 땀이 나기 시작하고 피부에 흐르는 혈액량이 증가

③ 고온에서 열질환

유형	정의	발생원인	주요증상 및 소견	응급 조치
열경련	격렬한 운동중이나 후에 나타나는 근경련으로 보통 운동에 주로 사용된 근육에서 발생	• 과도한 염분 손실 • 전해질 보충 없이 물만 마실 때 발생	• 근 경련 발생 (30초~3분 동안 지속) • 체온은 정상(36.5°C)	• 0.1% 식염수 공급 • 경련된 근육 마사지
열탈진	열순응 과정을 거치지 않고 고온 다습한 날씨에 갑작스럽게 노출되거나 격렬한 트레이닝을 하는 중에 발생	• 고온에서 작업 시 체내 수분 및 염분 손실 • 고온 작업 후 2~3일 쉬고 다시 작업할 때 많이 발생	• 현기증, 피로감, 구역, 구토 식욕감퇴 등 • 체온 38°C 이상	• 서늘한 장소로 옮겨서 안정 취하기 • 0.1% 식염수 공급 • 가능한 빨리 의사 진료
열사병	지나친 체온증가로 체온조절기전이 작동하지 못한 상태에서 발생	• 체온 조절 장애 • 고온 다습한 환경에 노출이 심할 때 발생	• 현기증, 오심, 구토, 혼수상태, 허탈, 헛소리 등 • 체온 40°C 이상	• 환자의 옷 시원한 물로 축이기 • 선풍기, 에어컨 사용 • 의식에 이상 있으면 즉시 응급실로 후송

> **개념 PLUS**
>
> 운동 시 탈수 예방 지침
> - 운동 전 : 400~800ml 수분 섭취
> - 운동 중 : 150~300ml 수분 섭취(15~20분 간격으로)
> - 운동 후 : 충분한 수분 섭취

(3) 저온에서의 운동

인체는 저온자극을 받게 되면 체온조절을 위해 수축, 근육의 떨림, 호르몬의 증가와 같은 반응을 일으킨다.

① 저온에서 운동 시 순환계 대사반응
ⓐ 심박수 감소로 인한 심박출량 감소
ⓑ 산소이용 감소로 정적인 근력에 비해 동적인 근력에서 운동능력 감소

② 저온에서의 체온과 동상
ⓐ 저체온 : 체온이 35°C 이하로 내려가면 혈압의 저하 등 신체기능이 저하되면서 정신기능도 영향을 받기 시작하며, 33°C 이하로 떨어지면 정신기능 혼란이 발생된다.

ⓒ 동상 : 조직 내 체액이 얼어 생기는 것으로 세포의 탈수와 파괴를 초래한다.

유 형	정 의	발생원인	증 상	응급처치
저체온	체온이 35℃ 이하로 떨어진 상태로 혈액순환과 호흡 신경계 기능이 떨어진 것을 말한다.	외부 환경으로 체온이 35℃ 이하로 내려갈 때 발생한다.	• 오 한 • 혈압저하 • 의식혼미 • 사지강직	• 환자의 젖은 옷을 벗겨서 마른 담요로 감싸주며 따뜻한 물을 마시게 한다. • 환자의 체온이 35℃ 미만으로 판단 시 병원으로 이송한다.
동 상	영하 2~10℃의 심한 추위에 노출되면 피부의 연조직이 얼고 그 부위에 혈액공급이 안 되어 나타나는 현상을 말한다.	조직 내 체액이 얼어 세포가 파괴될 때 발생한다.	• 피부의 붉어짐 • 통증과 물집 발생 • 혈액순환 장애	• 환자를 따뜻한 환경으로 옮기고 손상 부위를 따뜻하게 한다. • 동상 부위를 39~42℃ 정도의 따뜻한 물에 20~40분간 녹인다.

2 인체 운동에 대한 환경 영향

(1) 고지 환경의 특성과 영향

고도가 150m 상승할수록 온도가 1℃씩 감소하는데 산소분압 감소와 풍속냉각에 의한 질병 그리고 저체온증이 나타날 수 있다.

① 고지 환경에서의 생리학적 변화(산소 부족으로 나타남)
  ㉠ 산소분압에 의한 최대산소섭취량 감소와 호흡수 증가
  ㉡ 심박수 증가와 유산소 능력 저하
  ㉢ 운동 중 젖산 생성 증가

② 고지 환경에서 고지순응(산소 부족에 대한 인체 적응)
  ㉠ 호흡중추에서 이산화탄소에 대한 감수성 증가로 환기량 증가
  ㉡ 저산소 상태에 따른 혈중 적혈구 수 증가
  ㉢ 근육 조직의 모세혈관과 미토콘드리아 밀도 증가

> **개념 PLUS**
>
> **고산병**
> 낮은 지대에서 고도가 높은 해발 2,000~3,000m 이상의 고지대로 이동하였을 때 산소가 희박해지면서 나타나는 신체의 급성반응을 말한다.
>
> **2,3-BPG(2,3-Bisphosphoglycerate)**
> 적혈구 중 헤모글로빈의 산소에 대한 친화성을 조절하는 물질로 산소방출을 쉽게 하며, 스포츠의 고지훈련으로 적혈구 중 본 물질의 농도는 상승하게 된다.
>
> **2,3-DPG(2,3-diphosphoglycerate)**
> 해당과정에서 생성되는 부산물이며, 헤모글로빈과 결합하여 산소친화력이 감소한다.

(2) 수중 환경의 특성과 영향

기체의 부피는 압력에 반비례하여 수심이 10m 증가할 때마다 사람이 받는 압력은 1기압씩 증가한다.

① 수중 운동 시 순환계 반응 : 수중에서 상지와 하지의 압력은 유사해지므로 호흡순환계에 대한 부담이 감소하며, 정맥의 혈액 보유량이 감소하고 심장으로 환류 혈액량이 증가한다.

② 수중 운동과 질환 : 수중에서의 급격한 상하이동에 따른 혈류의 차단 및 압력의 급변 등으로 호흡곤란증, 질소마취에 따른 중추신경계의 혼란, 산소중독증, 색전증, 중이염 등이 발생할 수 있다.

> **개념 PLUS**
>
> **서맥과 빈맥**
> - 서맥 : 맥박이 분당 60회 이하로 느리게 뛰는 것을 의미한다.
> - 빈맥 : 맥박이 분당 100회 이상으로 빨리 뛰는 것을 의미한다.

(3) 대기오염의 영향

우리가 공기를 통해 숨을 쉬는 만큼 대기오염과 운동은 중요한 관련성을 갖는다.

① 일차 오염물 : 일산화탄소, 이산화질소, 이산화황, 미세물질
② 이차 오염물 : 오존, 과산화아세틸질산염, 에어로졸

유 형	정 의	영 향
일산화탄소	무색, 무취의 기체로 산소가 부족한 상태로 연료가 연소할 때 불완전연소로 발생한다.	사람의 폐로 들어가면 혈액 중의 헤모글로빈과 결합하여 산소공급을 차단하여 심한 경우 사망에 이르게 한다.
이산화질소	자극성 냄새가 나는 갈색의 유해한 기체로 과산화질소라고도 한다.	고농도에서 심각한 폐손상과 사망을 초래한다.
이산화황	황과 산소의 화합물로 황이 연소할 때 발생하는 기체를 말한다.	운동 중에 가장 큰 영향을 초래하는 기체로 기도 윗부분과 기관지에 자극을 주어 천식 증상을 유발한다.
오 존	일종의 특유한 자극성 취기를 가진 연한 청색의 기체를 말한다.	호흡할 때 가장 영향을 초래하는 기체로 폐기능 저하를 유발하고 운동수행 능력을 떨어뜨린다.

01 출제예상문제

01 운동 시 호르몬 반응으로 옳은 것은?

① 성장호르몬 분비 감소　② 글루카곤 분비 감소
③ 에피네프린 분비 감소　④ 코티졸 분비 증가

해설 운동 시 호르몬의 반응으로는 강도에 따라 먼저 에프네프린과 노르에프네프린, 글루카곤이 작용하며, 코티졸과 성장호르몬이 서서히 증가하는 양상을 보인다. 인슐린은 운동 시 작용하지만 강도와 시간에 따라 감소한다.

02 운동에서 가장 포괄적으로 큰 단위인 것은?

① 신체활동　② 움직임
③ 스포츠　④ 체 력

해설 운동에서 가장 포괄적으로 큰 단위는 '움직임 > 신체활동 > 운동' 순이다.

03 고온 환경에서 유산소 트레이닝 후 나타나는 열 순응(Heat Acclimation) 현상으로 옳은 것은?

① 안정 시 혈장량 감소　② 땀으로 나트륨(Na^+) 배출 증가
③ 동일 강도 운동 시 심부온도 증가　④ 발한율 증가

해설 고온 환경에서 유산소 트레이닝 후 열순응 현상으로는 순환계 및 체온 조절계의 기능이 개선되는 현상으로 동일 강도 운동 시 심부 온도가 감소하며, 혈장량 증가, 피부 혈장량 감소, 발한율 증가, 땀에 의한 염분 손실의 감소, 발한 시점의 조기화, 세포에서 열 충격 단백질 증가 현상이 있다.

04 운동 중 에너지원 이용에 관한 설명으로 옳지 않은 것은?

① 호흡교환율이 1에 가까울수록 고강도 운동이다.
② 운동 시간이 늘어남에 따라 혈중 유리지방산의 사용 비율이 증가한다.
③ 1시간 이내의 중강도 운동 시 근육 글리코겐의 비중이 높다.
④ 훈련된 사람은 비훈련자에 비하여 동일 강도에서 탄수화물을 에너지로 활용하는 비율이 높다.

해설 ④ 훈련된 사람은 동일 강도에서 지방을 에너지로 활용하는 비율이 높다.

01 ④　02 ②　03 ④　04 ④　**정답**

05 에너지 공급과정에서 무산소성 해당과정으로 일명 해당과정 시스템이라고도 부르기도 하는 에너지 시스템은 무엇인가?

① ATP-PCr 시스템
② 젖산 시스템
③ 유산소성 시스템
④ 인원질 시스템

해설 해당과정 시스템을 젖산 시스템이라고도 한다.

06 말초신경계 감각계 중 근방추에 대한 설명으로 옳지 않은 것은?

① 근육에 실질적인 동력을 제공하는 근섬유를 추외근섬유라 한다.
② 근방추에 포함되는 근육을 추내근섬유라 하며, 알파운동신경에 의해 작동한다.
③ 알파운동신경은 대뇌의 근수축 명령을 근육에 전달하는 역할을 한다.
④ 근육의 수축에는 관여하지 않고, 근육의 신장 정도를 감지하는 신경을 감마운동신경이라 한다.

해설 근방추 속에 들어 있어 근방추에 포함되는 근섬유를 추내근섬유라 하며, 근육의 신장 정도를 감지하는 감마운동신경에 의해 작동한다.

07 율속효소는 특정 대사과정의 속도를 결정하는데, 전자전달계의 율속효소는?

① CK
② PFK
③ 이소구연산 탈수소효소
④ 시토크롬 옥시다제

해설 전자전달계의 율속효소는 시토크롬 옥시다제이다.

08 힘든 운동 후의 회복을 위한 혈중의 젖산 제거에 가장 적정한 운동 강도는 몇 %인가?

① 10~20%
② 30~40%
③ 50~60%
④ 60~70%

해설 혈중의 젖산을 가장 효과적으로 제거하기 위한 적정 운동 강도는 30~40% VO_2max이다.

09 유산소 트레이닝으로 인한 기능적 변화로 옳지 않은 것은?

① 산소소비량 증가
② 젖산 감소
③ 포도당 절약 효과
④ 무산소성 역치점 증가

해설 트레이닝으로 인해 산소소비량이 감소한다.

정답 05 ② 06 ② 07 ④ 08 ② 09 ①

10 EPOC에 대한 설명으로 옳지 않은 것은?

① 빠른 회복부분은 운동 중에 소모된 ATP와 PC의 재보충, 근육과 혈액 중의 산소 재보충에 주로 이용된다.
② 빠른 회복부분은 운동 중 증가된 체온으로 인한 대사항진에 기인된다.
③ 느린 회복부분은 젖산제거에 이용된다.
④ 느린 회복부분은 운동 후에 높은 심박수와 호흡수를 유지하는 데 이용된다.

> **해설** 느린 회복부분은 운동 중에 증가된 체온으로 인한 대사항진에 기인된다.

11 안정-최대화 운동 시 항정상태 도달 이후에 무슨 시스템에서 에너지를 공급받는가?

① ATP-PCr 시스템
② 젖산 시스템
③ 유산소성 시스템
④ 해당과정 시스템

> **해설** 항정상태 이후에는 산소를 이용한 유산소성 시스템을 이용한다.

12 신경계 기본 단위에 대한 설명으로 옳지 않은 것은?

① 핵을 포함하는 세포체를 신경세포체라고 한다.
② 뉴런은 신경계의 기본 단위로 자극에 대한 흥분성과 절연성을 가진다.
③ 세포체로부터 가늘게 뻗어 나온 세포질을 수상돌기라 한다.
④ 전기적 신호를 다른 축삭종말 방향으로 전달하는 것이 축삭이다.

> **해설** 뉴런은 우리 인체 신경계의 기본 단위로 세포체, 수상돌기, 축삭으로 구성되어 있으며 자극에 대한 흥분성과 전도성을 가진다.

13 역치 이상의 자극에서는 항상 최대 흥분 상태가 일어나나, 자극이 약하면 반응하지 않는다는 법칙은 무엇인가?

① 막 전압의 법칙
② 전도율의 법칙
③ 실무율의 법칙
④ 역치율의 법칙

> **해설** 실무율의 법칙(All or None Law)
> 역치 이상의 자극에서는 항상 최대 흥분 상태가 일어나나, 자극이 약하면 아예 반응을 하지 않는다는 법칙이다.

14 신경계의 개요에 대한 설명으로 옳지 않은 것은?

① 중추신경계는 자율신경계와 체성신경계로 나누어진다.
② 자율신경계는 교감신경과 부교감신경으로 나누어진다.
③ 체성신경계는 운동신경과 감각신경으로 나누어진다.
④ 자율신경계의 부교감신경에는 원심성의 신경이 있다.

> **해설** 중추신경계는 뇌신경과 척수신경으로 나누어진다.

15 말초신경계 감각계에 대한 설명으로 옳지 않은 것은?

① 감각계는 혈관과 림프 및 내부기관에 관여한다.
② 근방추는 근육이 짧아지는 것을 감지하여 근이 손상되지 않게 늘려준다.
③ 건방추는 건에 장력이 가해지면 근육을 이완한다.
④ 관절수용기는 관절의 각도, 가속도, 압력 정보를 중추신경계로 전달한다.

> **해설** 근방추는 근섬유가 길어지는 것을 감지하여 근수축을 유발한다.

16 중추신경계의 운동 기능에 대한 설명으로 옳지 않은 것은?

① 대뇌는 복잡한 운동을 조직화하며 학습된 경험을 저장한다.
② 대뇌는 지각정보를 수용하는 역할을 한다.
③ 소뇌는 고유수용기로부터 전달된 신호에 반응하여 움직임을 조절한다.
④ 뇌간은 움직임을 기억하여 신체로 지시하는 역할을 한다.

> **해설** 뇌간은 대사 기능과 심폐기능 조절 그리고 복잡한 반사신경을 조절한다.

17 호흡지수(RQ)에 대한 설명으로 옳지 않은 것은?

① 분당 소비된 산소량에 대해 분당 배출된 이산화탄소량의 비율을 말한다.
② 체내 에너지 대사가 이루어질 때 탄수화물의 호흡지수는 1.0이다.
③ 체내 에너지 대사가 이루어질 때 단백질의 호흡지수는 0.90이다.
④ 체내 에너지 대사가 이루어질 때 지방의 호흡지수는 0.70이다.

> **해설** 단백질의 호흡지수는 0.80이다.

정답 14 ① 15 ② 16 ④ 17 ③

18 골격근에 대한 설명으로 옳지 않은 것은?

① 근육의 모양은 횡문근이고 수의적 움직임을 만들어낸다.
② 미세섬유는 굵은 세사인 마이오신과 가는 세사인 액틴으로 구성된다.
③ 근섬유를 감싸는 막을 근막이라 하며, 섬유성 인대조직에 싸여 있다.
④ 근형질세망은 막 채널 연결망으로 칼슘의 저장소 역할을 한다.

해설 근섬유를 감싸는 막은 근막이라 하며 섬유성 결합조직으로 싸여 있다.

19 다음 중 고유수용기의 종류로 옳지 않은 것은?

① 골지건 기관   ② 근방추
③ 화학수용기   ④ 관절수용기

해설 고유수용기로는 근방추, 골지건 기관, 관절수용기가 있다.

20 다음 중 근섬유에 대한 설명으로 옳지 않은 것은?

① 지근섬유는 장시간 저강도 트레이닝에 주로 이용되는 섬유이다.
② 속근섬유는 단시간 고강도 트레이닝에 주로 이용되는 섬유이다.
③ Type Ⅱa와 Type Ⅱb는 트레이닝으로 인하여 서로 전환될 수 있다.
④ 속근섬유가 지근섬유로, 지근섬유가 속근섬유로 트레이닝에 의해 변화될 수 있다.

해설 트레이닝에 의하여 속근 FTa와 FTb 섬유의 상호 전환은 일어날 수 있다. 그러나 지근섬유는 속근섬유로 변화될 수 없다.

21 근섬유에 대한 작용으로 옳지 않은 것은?

① 안정 상태는 액틴과 마이오신이 분리되어 결속되어 있지 않은 상태다.
② 신경자극에 의해 아세틸콜린 분비 시 근형질세망에서 칼슘이 방출된다.
③ 액틴이 마이오신으로 미끄러져 들어가 근육이 짧아진다.
④ 신경자극이 중지되어 칼슘이온이 근형질세망으로 재이동하면 근육이 안정 상태로 돌아간다.

해설 안정 상태란 액틴과 마이오신이 약한 결속상태로 되어 있지만 힘이 없는 상태다.

22 골격근의 기능으로 옳지 않은 것은?

① 운동과 호흡을 위한 근수축
② 자세 유지를 위한 근수축
③ 소화와 흡수를 위한 근수축
④ 체온 유지를 위한 열생산

해설 심장, 소화기관 및 내장의 불수의적 운동에 관여하는 근육은 내장근이다.

23 근수축에 대한 설명으로 옳은 것은?

① 등척성 수축은 근섬유 길이의 변함이 없이 장력이 발생하는 것을 말한다.
② 신장성 수축은 근육의 길이가 짧아지면서 장력이 발생하는 것을 말한다.
③ 단축성 수축은 근육의 길이가 길어지면서 장력이 발생하는 것을 말한다.
④ 등속성 수축은 관절각이 일정한 속도로 증가하여 힘을 균등하게 쓰는 수축이다.

해설 ② 신장성 수축은 근육의 길이가 길어지면서 장력이 발생하는 것을 말한다.
③ 단축성 수축은 근육의 길이가 짧아지면서 장력이 발생하는 것을 말한다.
④ 등속성 수축은 관절각이 동일한 속도로 움직이는 근수축을 말한다.

24 근육통에 대한 설명으로 옳지 않은 것은?

① 등속성 근 트레이닝이 운동 효과가 높으며, 근육통증도 많이 나타난다.
② 프로테아제가 활성화되어 세포 내 단백질이 분해된다.
③ 지연성근육통(DOMS)은 격렬한 운동 후 24~48시간 내에 나타나는 근 통증을 말한다.
④ 염증 반응으로 인한 부종과 통증이 나타난다.

해설 등속성 근 트레이닝 시에는 근육통증이 거의 유발되지 않는 것으로 알려져 있다.

25 근비대 현상으로 나타나는 조직의 변화로 옳지 않은 것은?

① 모세혈관 밀도 증가
② 액틴세사를 중심으로 한 수축 단백질량 증가
③ 근원섬유의 크기와 밀도 증가
④ 뼈와 힘줄 조직의 양 증가

해설 근비대 현상으로 마이오신세사를 중심으로 한 수축 단백질량이 증가한다.

정답 22 ③ 23 ① 24 ① 25 ②

26 호르몬의 특성으로 옳지 않은 것은?

① 표적 세포에 비특이적으로 작용한다.
② 적은 분비량에도 반응속도가 다양하다.
③ 세포의 움직임을 조절한다.
④ 촉매로서의 역할을 하지만, 그 자체는 변화하지 않는다.

해설 표적 세포에 특이적으로 작용한다.

27 호르몬의 세포활동 작용 기전으로 옳지 않은 것은?

① 세포막 수송기전의 변화
② 세포와의 촉매를 위한 호르몬의 변화 작용
③ 세포 내 2차 전령에 의한 단백질 활성화
④ 세포의 핵 내에서 DNA 활성화

해설 호르몬은 촉매역할을 하지만 그 자체는 변화하지 않는다.

28 뇌하수체호르몬에서 전엽에서의 작용으로 옳지 않은 것은?

① 성호르몬 조절과 생식세포 성숙
② 뼈와 근육의 발달 촉진
③ 신장에 물을 재흡수하여 혈관 수축
④ 티록신과 트리요오드타이로닌양 조절

해설 후엽의 항이뇨호르몬이 신장에 물의 재흡수와 혈관 수축을 수행한다.

29 다음 중 뇌하수체호르몬으로 옳지 않은 것은?

① 황체형성호르몬
② 갑상선자극호르몬
③ 옥시토신
④ 알도스테론

해설 알도스테론은 부신호르몬의 하나이다.

30 갑상선호르몬 중 티록신의 역할로 옳은 것은?

① 체내 물질대사를 촉진하여 포도당 분해 및 체온 증가
② 간과 근육의 글리코겐 분해
③ 염증 및 알레르기 증상 완화
④ 뼈와 근육의 발달 촉진

> **해설** 티록신은 체내 물질대사를 촉진하여 포도당을 분해하고 체온을 높인다.

31 부신수질호르몬에 대한 설명으로 옳지 않은 것은?

① 간과 근육의 글리코겐 분해
② 혈관 수축 및 확장과 혈압 상승
③ 지방분해와 유리지방산 동원 촉진
④ 혈중 글루코스와 유리지방산 농도 증가

> **해설** 지방분해와 유리지방산 동원 촉진은 부신피질호르몬 중 코티졸의 역할이다.

32 췌장호르몬에 대한 설명으로 옳지 않은 것은?

① 췌장 랑게르한스섬의 α세포에서는 글루카곤이 분비된다.
② 글루카곤은 간에 저장된 글리코겐을 합성하여 혈당 수준을 올린다.
③ 인슐린은 혈액 내의 포도당을 세포로 유입해 혈당 수준을 낮춘다.
④ 인슐린은 혈액 내의 포도당을 글리코겐 형태로 저장한다.

> **해설** 글루카곤은 간에 저장된 글리코겐을 분해하여 혈당 수준을 올린다.

33 다음 중 지질분해호르몬으로 옳지 않은 것은?

① 카테콜라민   ② 성장호르몬
③ 옥시토신   ④ 글루카곤

> **해설** 옥시토신은 뇌하수체 후엽 호르몬이다.

정답 30 ① 31 ③ 32 ② 33 ③

34 다음 중 호흡계에서 흡기 근육으로 옳지 않은 것은?

① 횡격막　　　　　　② 흉쇄유돌근
③ 사각근　　　　　　④ 내늑간근

해설 흡기 근육에는 횡격막, 외늑간근, 사각근, 흉쇄유돌근이 있다.

35 호흡계에 대한 설명으로 옳지 않은 것은?

① 폐호흡은 폐 내 환기에 의한 가스교환을 말한다.
② 세포호흡은 조직세포에서의 산소를 이용한 유기물 산화와 이산화탄소 배출과정을 말한다.
③ 분당환기량이라 함은 1회 호흡량 × 호흡수를 말한다.
④ 환기는 폐에서 농도가 높은 곳에서 낮은 곳으로 퍼지는 분자의 움직임을 말한다.

해설 환기는 폐에서 공기가 들어오고 나가는 과정을 말하며, 확산은 농도가 높은 곳에서 낮은 곳으로 퍼지는 분자의 움직임을 말한다.

36 폐용적과 폐용량에 대한 설명으로 옳지 않은 것은?

① 잔기량은 최대 호기 후 폐 내에 있는 공기량을 말한다.
② 총폐용량은 최대 흡기 후 최대 호기량을 말한다.
③ 흡기예비용적은 흡기 종료 후 흡기할 수 있는 공기량을 말한다.
④ 흡기량은 정상호흡에서 최대 흡입할 수 있는 공기량을 말한다.

해설 총폐용량(TLC)은 최대 흡기 후 폐 내에 있는 공기량을 의미한다.

37 조직에서 폐포로 이산화탄소를 운반할 때, 가장 크게 관여하는 것은?

① 적혈구　　　　　　② 중탄산염이온
③ 혈 장　　　　　　④ 카바미노 헤모글로빈

해설 중탄산염이온 70%, 카바미노 헤모글로빈 20%, 혈장 10%이다.

38 운동에 의한 호흡계의 적응으로 옳지 않은 것은?

① 최대하 운동 시 호흡수 감소　　② 최대하 운동 시 폐활량 증가
③ 안정 시 호흡수 감소　　　　　　④ 안정 시 동정맥산소차 증가

해설 최대하 운동 시 폐활량은 일정하다.

39 심혈관계의 구조로 옳지 않은 것은?

① 심장은 2개의 심방과 심실로 이루어져 있으며 좌우는 심실중격으로 분리되어 있다.
② 반월판은 대동맥판과 폐동맥판으로 구분된다.
③ 폐동맥과 우심실 사이 있는 반월판을 폐동맥판이라 한다.
④ 삼첨판은 좌심방과 좌심실 사이에 존재한다.

해설 삼첨판은 우심방과 우심실 사이에 존재한다.

40 혈액에 대한 설명으로 옳지 않은 것은?

① 혈액의 55%는 세포 성분인 혈구이고, 45%는 액체 성분인 혈장이다.
② 혈장의 90%는 물이며, 3%는 기타 전해질 등으로 구성된다.
③ 혈구의 99%는 적혈구이다.
④ 혈구의 나머지 1%만이 백혈구와 혈소판으로 구성된다.

해설 혈액의 55%는 액체 성분인 혈장, 45%는 세포 성분인 혈구로 구성된다.

41 다음 중 심장의 1회 박출량 조절요인으로 옳지 않은 것은?

① 평균대동맥혈압
② 심실수축력
③ 심박수
④ 심실이완기말 혈액량

해설 1회 박출량 조절요인으로는 심실이완기말 혈액량, 평균대동맥혈압, 심실수축력이 있다.

42 운동에 의한 순환계의 적응으로 옳지 않은 것은?

① 지구력 운동은 심실 두께를 증가시킴
② 동정맥산소차 증가
③ 미토콘드리아 산화능력 향상으로 포도당 절약과 지방 산화 증가
④ 근세포 에너지 저장능력 향상

해설 지구력 운동은 심실강 크기를 증가시킨다.

정답 39 ④ 40 ① 41 ③ 42 ①

43 운동과 심박출량의 관계에 대한 설명 중 옳지 않은 것은?

① 확장말기 혈액량이 감소하면 심근수축력이 감소한다.
② 심박출량은 운동 강도에 비례하여 증가한다.
③ 1회 박출량은 운동 강도에 비례하여 증가한다.
④ 정맥혈 환류가 충분하면 1회 박출량이 증가하고 그렇지 않으면 감소한다.

> **해설** 1회 박출량은 최대산소섭취량 40~50%에서 항정상태에 이른다.

44 열손실 기전에 대한 설명으로 옳지 않은 것은?

① 복사는 열이 공기 중에 간접적으로 순환되어 발산하는 기전이다.
② 전도는 조직을 통해 차가운 피부표면 및 공기로 이동되는 기전이다.
③ 대류는 공기의 흐름에 의해 열손실이 이루어지는 기전이다.
④ 증발은 분비와 호기를 통해 이루어지는 기전이다.

> **해설** 복사는 체열이 공기를 통해 직접적으로 발산되는 기전이다.

45 다음에 해당되는 열전환은 무엇인가?

> 고온 환경에 장시간 노출로 인한 지나친 체온 증가로 체온조절기전이 작동되지 못한 상태에서 발생한다.

① 열사병　　　　　　　② 열순응
③ 열경련　　　　　　　④ 열탈진

> **해설** 열사병은 지나친 체온증가로 체온조절기전이 작동하지 못한 상태에서 발생한다.

46 근력 운동별 차이점에 대한 설명으로 옳지 않은 것은?

① 등속성 운동은 트레이닝에 소요되는 시간이 짧다.
② 등장성 운동은 훈련효과 평가의 용이성이 우수하다.
③ 등장성 운동은 운동수행의 간편성이 우수하다.
④ 등척성 운동은 운동기술 발달에 기여성이 빈약하다.

> **해설** 운동수행의 간편성은 등척성 운동이 우수하며, 등장성 운동은 다른 운동보다 난이도가 있어 운동수행의 간편성이 빈약하다.

47 고지환경에서의 생리적 변화로 옳지 않은 것은?

① 최대산소섭취량 감소
② 심박수 감소
③ 운동 중 젖산 생성 증가
④ 유산소 능력 저하

> **해설** 고지환경에서는 산소분압에 의해 심박수는 증가한다.

48 고지환경에서 고지 순응에 대한 반응으로 옳지 않은 것은?

① 호흡중추에서 이산화탄소 감수성 증가로 인해 환기량 감소
② 저산소 상태에 따른 혈중 적혈구 수 증가
③ 미토콘드리아 밀도 증가
④ 근육 조직의 모세혈관 밀도 증가

> **해설** 고지 순응이 일어나면 호흡중추에서 이산화탄소에 대한 감수성 증가로 환기량이 증가한다.

49 하나의 운동신경이 여러 개의 근섬유를 지배하고 있어 수축과 이완을 동시에 할 때 이러한 하나의 운동신경과 그것이 지배하는 근섬유를 통틀어 이르는 말은?

① 근원섬유
② 운동단위
③ 중추신경계
④ 골지건기관

> **해설** 하나의 운동신경과 그것이 지배하는 근섬유를 운동단위라 한다.

50 다음 중 혈액의 3가지 중요한 완충제로 옳지 않은 것은?

① 단백질
② 혈 장
③ 헤모글로빈
④ 중탄산염

> **해설** 혈액의 3가지 중요한 완충제는 단백질, 헤모글로빈, 중탄산염이다.

정답 47 ② 48 ① 49 ② 50 ②

시대에듀 건강운동관리사

파트별 출제비중

구 분	2025	2024	2023	2022	2021	2020	2019	합 계
규칙적인 신체활동을 통한 질환 예방 효과	2	2	1	1	2	1	1	10
ACSM 위험군 분류	2	2	2	1	2	2	2	13
운동참여 전 사전 검사	3	2	2	1	3	3	1	15
검사순서 및 방법	4	5	5	9	4	6	9	42
검사 해석 및 평가	9	8	7	6	8	7	7	52
신체조성 구성	–	1	3	2	1	1	–	8

※ 출제빈도는 문제 분석에 따라 달라질 수 있습니다.

최근 기출 분석

올해도 예년과 같이 [검사순서 및 방법], [검사 해석 및 평가]에서 많은 문제가 출제되었습니다. 건강·체력평가는 신체활동의 효과와 개념, 국민체력100, 결과지 해석 방법 등 암기보다 응용, 심화 문제에 적응하여야 고득점이 가능합니다. 다양한 검사에 대한 방법과 해석을 세심히 볼 필요가 있습니다. 검사에 대한 이해도와 해석이 중요하니 국내 혹은 국외에서 제시한 다양한 근거 기반의 자료들을 보면서 학습하는 것을 권장합니다.

제2과목

건강·체력평가

01 신체활동과 건강
02 운동참여 전 평가
03 체력검사와 평가

출제예상문제

01 신체활동과 건강

학습목표
- 신체활동의 이점과 위험요인에 대해 알 수 있다.
- 신체활동과 만성질환에 대해 이해할 수 있다.

1 신체활동의 이점과 위험요인

(1) 규칙적인 신체활동과 운동의 이점

① 규칙적인 운동의 목표는 심폐지구력, 근력 및 근지구력, 유연성과 같은 건강·체력을 향상하고 신체구성 등을 고려하여 질환에 대한 예방책을 개선하는 것이다.
② 여기서 활동이 가능한 신체활동은 독립적이고 스스로 조절하는 것이 필요하며 자연스럽게 수행할 수 있지만, 운동은 수동적으로 해야 하므로 어려움을 느낄 수 있다.
③ 이를 위해 개인의 건강 상태에 따른 적절한 흥미를 유발하며 개별화된 운동 프로그램을 부여한다.
④ 적절한 신체활동은 다양한 질환의 위험요인을 줄이면서 조기 사망률을 낮춘다.

> **개념 PLUS**
>
> **규칙적인 신체활동과 운동의 장점**
> - 심혈관 기능 및 호흡 기능 향상
>   - 중추 및 말초 적응으로 일어난 최대산소섭취량의 증가
>   - 절대적 최대하 강도에서 분당 호흡량, 심근 산소소비량, 심박수, 혈압 감소
>   - 골격근의 모세혈관 밀도 증가
>   - 혈액 내 젖산 축적에 대한 운동역치 증가
>   - 질병 징후 및 증상 발생에 대한 운동역치 증가
> - 심혈관질환의 위험요인 감소
>   - 안정 시 혈압 감소
>   - 고밀도 지단백 콜레스테롤 증가 및 중성지방 감소
>   - 체지방 및 복부지방 감소
>   - 염증 감소
>   - 혈소판 부착과 응집성 감소
>   - 인슐린요구도 감소, 포도당내성 증가
> - 이환율과 사망률 감소

(2) 운동 관련 위험요인

적절한 신체활동은 인체에 긍정적이지만, 무리하거나 격한 신체활동은 위험 요인을 일시적으로 급격하게 높일 수 있다. 그래서 각 대상자들에 따른 위험분류를 해야 하며 거기에 맞는 운동 프로그램이 안전하게 제공되어야 한다. 운동을 시작하기 전, 중, 후 이상 증상이 있을 시에 해당 의사와 상담을 해야 하며, 개인이 가지는 운동수행 능력 및 질환 상태에 맞춘 운동 프로그램을 설정하는 것이 가장 중요하다. 관련 위험 요인이 있는 경우 적절한 검사 후에 운동을 실시할 수 있도록 한다.

2 신체활동과 만성질환

(1) 신체활동 상태와 만성질환

① 여러 연구에서 하루 30분 이상의 중등도 신체활동이 대사성 질환(심장질환 등)을 예방하고 조기 사망률을 줄여준다고 나타나고 있다.
② 과도한 신체활동은 무리를 줄 수 있으므로 개별화된 신체활동으로 이를 대비해야한다.
③ 비만의 경우에도 식이조절과 신체활동을 병행할 것을 권장한다.
④ 대사 질환에 긍정적인 영향을 주는 적절한 신체활동은 인체에 반드시 필요하다.

(2) 신체활동과 건강의 관계

① 신체활동을 함으로써 나타나는 건강상의 이점은 심폐기능의 기능적인 개선과 관상동맥 질환의 위험요인 감소 등이 있다.
② 관상동맥 질환이 있더라도 2차적인 예방을 통해 다른 문제들이 야기되는 것을 예방할 수 있다.
③ 신체활동은 심리적인 요소와 사회적인 면에서도 긍정적인 영향을 준다.

02 운동참여 전 평가

학습목표
- 운동을 참여하기 전 사전 검사에 대해 이해한다.
- 관련 위험 인자를 숙지하고, 위험군을 분류할 수 있다.

1 운동참여 전 건강검진과 위험분류

(1) 운동참여 전 사전 검사

운동 프로그램에 참여하기 전에 실시하는 사전 검사는 대상자들의 안전과 효과적인 운동 프로그램을 진행하기 위해 반드시 필요하다. 주로 설문지나 의학적 검사 등을 통해 이루어지는데, 이러한 사전 검사를 통해 대상자들에게 필요한 모든 정보를 얻을 수 있다. 이때 얻은 정보로 위험 요소를 예방하며 각 대상자들에게 맞는 적절한 운동을 더 안정적으로 진행할 수 있다.

(2) 심혈관질환 위험 요인과 정의

운동에 참여하려는 대상자들의 위험도를 확인하기 위해 위험 요인을 다음과 같이 정의한다. 아래 기준은 미국스포츠의학회(ACSM ; American College of Sports Medicine)에 따른 가이드라인이다.

양성 위험요인	기준 정의
연 령	남성 45세 이상, 여성 55세 이상
가족력	부친, 형제 중 55세 이전에 또는 모친, 자매 중 65세 이전에 심근경색, 관상동맥혈관 재개통술 또는 급사한 가족 있음
흡 연	현재 흡연자, 6개월 이내의 금연자 또는 간접흡연자
신체활동	중강도에서 고강도 신체활동이 최소 역치인 500~1,000MET·min 또는 75~150min/wk에 미달
체질량지수/ 허리둘레	체질량지수 30kg/m² 이상 또는 허리둘레 기준 남성 102cm(40인치) 초과, 여성 88cm(35인치) 초과
혈 압	다른 시간대에 2회 측정한 평균 혈압에서 수축기 혈압 130mmHg 이상 또는 이완기 혈압 80mmHg 이상 또는 항고혈압 약물 복용
지 질	저밀도 지단백 콜레스테롤(LDL-C) 130mg/dL 이상 또는 고밀도 지단백 콜레스테롤(HDL-C) 남성 40mg/dL 미만, 여성 50mg/dL 미만 또는 non-HDL-C 130mg/dL 초과 또는 지질을 낮추는 약물 복용. 총 혈청 콜레스테롤을 사용할 수 있다면 200mg/dL 이상
혈중 포도당	공복 시 혈장 글루코스 100mg/dL 이상 또는 경구당부하검사(OGTT)에서 2시간 후 혈장 글루코스 140mg/dL 이상 또는 HbA1C 5.7% 이상

음성 위험요인	기준 정의
HDL-C	60mg/dL 이상

> **개념 PLUS**
>
> 최근 기준인 ACSM 가이드라인을 보면 저위험, 중위험, 고위험군의 분류보다 심혈관 질환의 위험요인에 더 집중하도록 한다. non-HDL-C은 총 콜레스테롤에서 고밀도 지단백 콜레스테롤을 뺀 것이며, 고밀도 지단백 콜레스테롤이 60mg/dL 이상인 경우 긍정적 위험요소로 위험요인이 하나가 제거될 수 있다. 그리고 비만 항목의 체질량 지수는 미국의 경우이며, 아시아인 기준은 25kg/m² 이상이 비만이라는 것을 참고한다. 'ACSM에 근거하여'라는 말이 나오면 위 기준으로 한다.

① 심혈관, 폐, 대사성 질환을 나타내는 증상과 징후(ACSM)
  ㉠ 가슴, 목, 턱, 팔 혹은 허혈로 인해 발생하는 다른 부위의 통증 혹은 불편함(다른 허혈성 증상)
    : 비정상적인 피로나 정상적인 활동에서 느끼는 심장질환, 특히 관상동맥 질환의 주요 증상
    • 허혈성 요인
      - 특징 : 오그라들고, 쥐어짜고, 타는 듯한, '중압감'이나 '무거운 느낌'
      - 위치 : 흉골 하, 흉곽 중앙을 가로질러 전방으로 팔과 어깨 모두, 목과 턱, 이, 전박과 손가락, 어깨 사이 부위
      - 유발요인 : 운동과 과로, 흥분, 다른 형태의 스트레스, 추위, 식후
    • 허혈성 요인이 아닌 다른 요인
      - 특징 : 둔한 통증, 칼로 베는 듯한, 날카롭고, 찌르는 듯한, 호흡으로 인해 악화되는 '쿡쿡 찌르는 듯한' 통증
      - 위치 : 왼쪽 겨드랑 하부, 왼쪽 흉곽(가슴우리)
      - 유발요인 : 운동 후, 특정한 몸동작으로 유발
  ㉡ 휴식 중 혹은 경도의 피로로 유발되는 호흡곤란
    • 호흡곤란 : 호흡하기가 비정상적으로 불편함을 인식하는 상태로 심장과 호흡기 질환의 주요 증상 중 하나
    • 호흡곤란은 건강하고 잘 훈련된 사람은 심한 운동 중에 발생하고, 건강하지만 잘 훈련되지 않은 사람에게서는 중등도의 운동 중에도 발생
    • 이런 증상을 유발하리라고 예상하지 못했던 수준의 운동 중에 발생했다면 비정상
    • 비정상적인 운동 유발성 호흡곤란은 심장 호흡기 질환의 존재를 의심하게 하며, 특히 왼쪽의 호흡기 기능 부전이나 만성적인 폐쇄성 질환을 의심할 수 있음
  ㉢ 어지럼이나 실신(의식의 소실)
    • 실신은 뇌의 순환이 감소되어 가장 흔히 발생
    • 어지럼증과 특히 운동 중의 실신은 심박출의 정상적인 상승(실제적인 강하)이 차단되는 심장 장애로 발생

- 이런 심장장애는 생명을 위협할 수 있고, 심각한 관상동맥 질환, 비후성 심근증, 대동맥 협착, 심실성 부정맥을 포함함
- 운동 직후에 발생하는 실신이나 어지럼증은 간과되어서는 안 되는 증상이기는 하지만, 건강한 사람에게서도 심장의 정맥회귀량이 감소되어 일어날 수 있음

ⓔ 기좌성 호흡이나 발작성 야간 호흡곤란증
- 기좌호흡은 횡와위에서 쉬고 있을 때 발생하는 호흡곤란으로 똑바로 앉거나 서면 곧바로 회복됨
- 발작성 야간 호흡곤란증은 잠들기 시작한 지 보통 2시간에서 5시간 후에 발생하고 침대에 기대어 앉거나 일어나면 회복됨. 이 둘 모두 왼쪽 심실장애로 인한 증상임
- 비록 야간성 호흡곤란증이 만성폐쇄성 호흡기 질환이 있는 환자에게서도 발생하지만, 앉으면 회복되는 것이 아닌 분비물을 뱉어내면서 회복된다는 면에서 다름

ⓜ 발목 부종
- 밤에 주로 나타나는 양측성 발목의 부종은 심부전이나 만성 정맥부전증의 특징적인 증상
- 사지의 일측성 부종은 종종 정맥혈전증이나 사지의 림프관 폐쇄로 나타나기도 함
- 신증, 심각한 심부전, 간경변을 가진 환자에게서 전반적인 부종(전신부종)이 나타남

ⓗ 심계항진이나 빈맥
- 심계항진 : 심장이 심하게 두근거리는 것을 불쾌하게 인지하는 것으로 심장 리듬의 다양한 장애로 유발될 수 있음
- 빈맥이나 서맥의 갑작스런 발생, 이소성 박동, 보상적인 일발열, 갑상선 중독 발작, 동맥정류 특발성 과운동성 심증후군으로 인한 높은 심박출 상태에서도 유발

ⓢ 간헐성 파행
- 간헐성 파행은 운동으로 과부하되어 부적절한 혈액 공급으로 인해 근육에 발생하는 통증을 의미(주로 죽상경화증으로 인함)
- 이 통증은 서 있거나 앉아 있으면 발생하지 않으나, 날마다 재현되며, 계단이나 언덕을 걸어 올라갈 때 가장 심함. 통증은 종종 쥐어짜는 듯한 통증으로 표현되고 운동을 멈추면 1~2분 안에 사라짐
- 관상동맥질환은 간헐성 파행증을 가진 환자에게 더 많음. 당뇨도 이 증상을 높이는 요인

ⓞ 심잡음
- 일부 심잡음은 정상이지만, 일부는 판막이나 심장혈관질환으로 발생
- 안전한 운동의 관점에서 보면, 이는 비후성 심근증과 대동맥 폐쇄증을 원인에서 배제하는 것이 중요. 이 질환들은 이보다는 과로와 관련된 갑작스런 심장마비의 원인으로 더 지목되기 때문
- 이들 증상이 은근히 나타날지라도 심혈관질환, 호흡기, 대사성 질환의 전조증상이 될 수도 있음

② 미국심폐재활학회(AACVPR)에서 제시하는 심혈관 질환자 위험분류 기준
  ㉠ 고위험군 : 다음 요인 중 하나 이상 해당되는 경우
   • 좌심실 박출률 < 40%
   • 심정지 또는 급사 생존자
   • 안정 시 또는 운동 시 복합 심실부정맥(심실빈맥, 빈번한 다양한 형태의 조기심실수축(PVCs) [6회/분])
   • 심인성 쇼크, 울혈성심부전(CHF), 그리고/또는 시술 후 허혈의 증상과 징후로 급성심근경색(MI) 또는 심장수술
   • 운동 시 비정상적인 혈역학 반응, 특히 수행량이 증가함에도 불구하고 수축기 혈압이 변화 없거나 하강하는 경우 또는 심박수 변동부전
   • 운동 또는 회복기에 유의한 무증상 허혈(증상 없이 ST분절의 2mm 이상 하강)
   • 낮은 운동 강도(< 5METs)나 회복기의 협심증, 어지럼증, 가벼운 두통 또는 호흡곤란을 포함한 증상과 징후
   • 5METs 미만의 최대 기능적 수행력(측정된 기능적 능력을 사용할 수 없는 경우, 이 요인은 제외할 수 있음)
   • 임상적으로 유의한 우울증 또는 우울증상
  ㉡ 중위험군 : 고위험군과 저위험군의 기준에 해당하지 않는 경우
   • 좌심실 박출률 40~50%
   • 중등도의 운동 강도(최대 기능적 수행능력의 60~75%) 수준 또는 회복기에서 협심증을 포함한 증상과 징후
   • 운동 중 또는 회복기에 경증에서 중등도의 무증상 허혈(ST분절의 2mm 미만 하강)
  ㉢ 저위험군 : 다음의 요인에 모두 해당되는 경우
   • 좌심실 박출률 > 50%
   • 안정 시 또는 운동으로 야기된 복합성 부정맥이 없음
   • 합병증 없는 심근경색(MI), 관상동맥우회술(CABG), 혈관성형술, 죽종절제술 또는 스텐트시술(사고 후 허혈을 가리키는 증상과 징후 또는 울혈성심부전이 없음)
   • 운동과 회복기에 정상적인 혈역학 및 심전도반응
   • 운동 또는 회복기에 협심증이 없는 것을 포함한 무증상
   • 최소 7METs 이상의 최대 기능적 수행력(측정된 기능적 능력을 사용할 수 없는 경우, 이 요인은 제외할 수 있음)
   • 임상적 우울증 또는 우울 증상이 없는 경우

> 개념 PLUS

최근 ACSM에서 제시하는 가이드라인은 더 이상 저위험, 중위험, 고위험 군을 분류하진 않는다. 하지만 심혈관 질환의 위험요인으로 부정적 요인과 긍정적 요인을 알아둘 필요는 있다. 다음은 ACSM(11판)에서 제시하는 참여 전 검사 알고리즘이다.

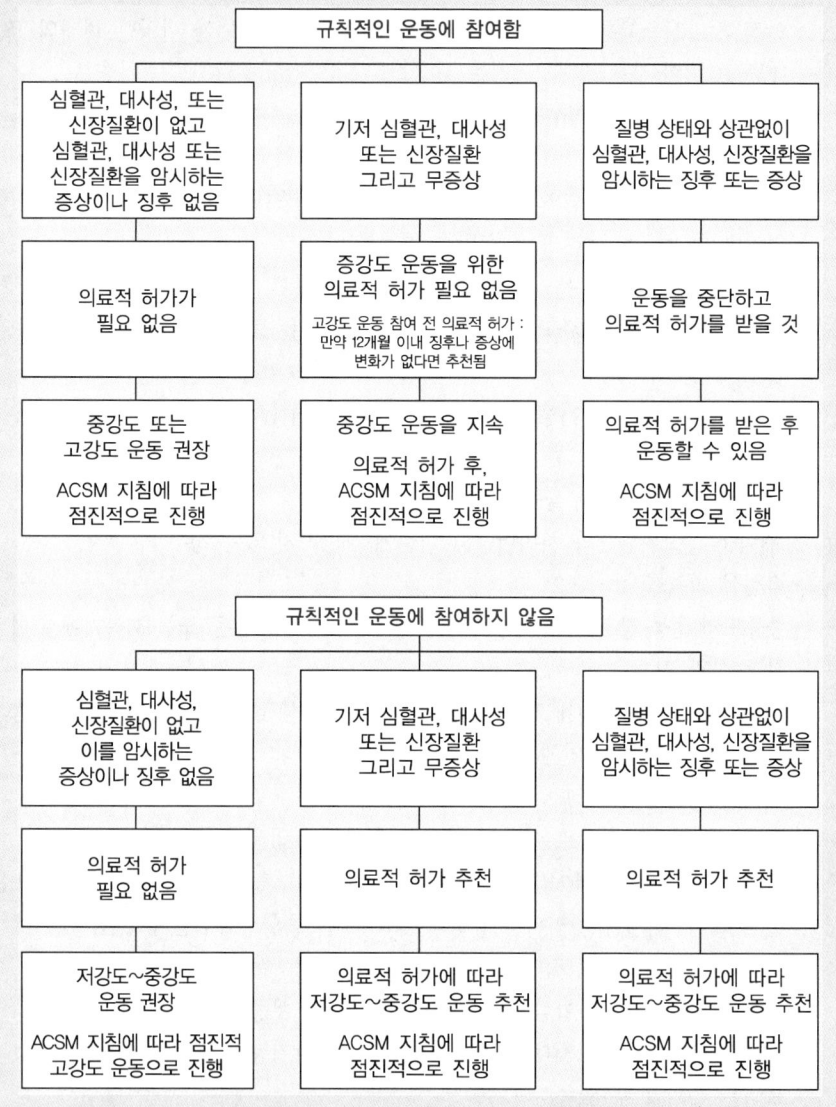

[ACSM(11판)에서 제시하는 참여 전 검사 알고리즘]

- 저강도 운동 : HRR 또는 VO_2R 30~39%, 2~2.9METs, RPE 9~11, 심박수 및 호흡이 약간 증가하는 강도
- 중강도 운동 : HRR 또는 VO_2R 40~59%, 3~5.9METs, RPE 12~13, 심박수 및 호흡이 눈에 띄는 증가 강도
- 고강도 운동 : HRR 또는 VO_2R ≥60%, 6METs, RPE ≥14, 심박수 및 호흡이 실질적인 증가 유발 강도
- 징후와 증상 : 휴식 중 또는 활동 중, 허혈로 인해 야기될 수 있는 가슴, 목, 턱, 팔 또는 기타 부위의 통증·불편함, 휴식 시 또는 경미한 운동 시 호흡곤란·어지럼증 또는 실신, 앉아서 숨쉬기 또는 발작성 야행성 호흡곤란, 발목부종, 심계항진 또는 빈맥, 간헐적 파행, 알려진 심잡음, 일상적인 활용으로 비정상적인 피로 또는 호흡곤란을 포함

2 운동참여 전 평가

(1) 이학적 검사

운동에 참여하기 전에 반드시 이학적 검사를 포함한 사전 검사가 이루어져야 한다. 이학적 검사는 의사 혹은 관련 자격이 있는 자에 한해서 진행할 수 있다. 검사 요소로는 체중, 안정 시 심박수와 혈압, 심폐 쪽의 청진, 피부 시진 등이 있고, 당뇨병의 경우 하지 관찰, 정형외과적인 상태 등을 알아본다. 머리부터 발끝까지 철저한 검사를 시행하며, 검사자의 시진과 촉진에 의하여 이상소견을 찾는다.

① 심박수와 혈압
  ㉠ 안정 시 적정 심박수의 범위는 60~100bpm 정도이며 60bpm 이하는 서맥, 100bpm 이상은 빈맥으로 한다.
  ㉡ 서맥과 빈맥은 질환을 야기할 수 있으나 규칙적인 활동과 운동을 하는 사람의 경우에는 운동성 서맥이 있을 수 있다.
  ㉢ 장기간 운동을 하다 보면 안정 시 심박수가 낮아지며, 이는 심장의 기능이 효과적이라고 볼 수 있다. 또한 안정 시 혈압측정은 사전 운동 검사에 필요한 요소이다. 검사는 2회 이상 측정된 혈압의 평균으로 결정한다.
  ㉣ 혈압은 특히 연령이 증가함에 따라 상승하는 경향이 있다. 긴장이나 스트레스, 추위, 수면 부족 등으로 높아질 수도 있다. 어떤 경우에는 긴장만으로도 혈압이 상승하는 일이 있어 측정하고자 하는 시간과 장소가 중요하다.

> **개념 PLUS**
>
> **혈압측정오차의 잠재적인 요인**
> - 부정확한 혈압계
> - 측정자의 예민한 청각
> - 커프 압력의 팽창과 수축 비율
> - 측정자의 반응시간 및 숙련도
> - 측정기구의 결함
> - 부정확한 청진 위치와 압력
> - 부적절한 커프 크기와 위치(심장 높이에 맞추지 않음)
> - 명확한 생리적 이상들(상완동맥 손상, 쇄골하동맥도혈증후군, 동정맥루 등)
> - 주변 소음
> - 트레드밀 난간을 잡거나 팔꿈치 굽힘이 허락된 환자(운동부하검사 중에만 허용)

구 분	ACC/AHA 기준 혈압 분류				JNC 기준 혈압 분류			
	정상	상승된 혈압	1단계 고혈압	2단계 고혈압	정상	고혈압 전단계	1단계 고혈압	2단계 고혈압
수축기 혈압 (mmHg)	< 120	120~129	130~139	≥ 140	< 120	120~139	140~159	≥ 160
이완기 혈압 (mmHg)	< 80	< 80	80~89	≥ 90	< 80	80~89	90~99	≥ 100

> **개념 PLUS**
>
> **ACSM에서 제시한 아네로이드식 혈압계 측정절차**
> - 첫 번째 코르트코프음(Korotkoff Sound)보다 20mmHg 정도 높을 때까지 커프압력을 높인다.
> - 초당 2~3mmHg 비율로 커프의 압력을 천천히 푼다.
> - 수축기 혈압은 2회 이상의 코르트코프음이 들릴 때 첫 번째 음이 들리는 시점으로 기록한다.
> - 이완기 혈압은 코르트코프음이 사라지기 전의 시점으로 기록한다.

② 지질과 지단백콜레스테롤
  ㉠ 중성지방(TG)과 저밀도(LDL) 콜레스테롤은 관상동맥 질환과 밀접한 관련이 있으며, 고밀도(HDL) 콜레스테롤의 경우는 일정 수준[60mg/dL(1.6mmol)] 이상일 경우 긍정적인 반응을 이끌어냄
  ㉡ 위험 요인을 고려할 시 저밀도(LDL)콜레스테롤은 130mg/dL 이상(3.37mmol) 또는 고밀도(HDL)콜레스테롤 40mg/dL 이하(1.04mmol), 총 혈청콜레스테롤 200 이상(5.2mmol)일 경우

③ 폐기능 : 노력성 폐활량(FVC), 1초간 노력성 호기량(FEV1), 1초 강제 폐활량비율(FEV1/FVC) 등의 폐기능 검사를 함
  ㉠ 노력성 폐활량(FVC) : 최대한 공기를 마신 후 최대로 내쉰 양을 측정. 남자는 약 3,000~4,000cc 정도, 여자는 2,000~3,000cc 정도로 측정
  ㉡ 1초간 노력성 호기량(FEV1) : 노력성 폐활량에서 처음 1초 동안 내신 공기의 양
  ㉢ 1초 강제 폐활량비율(FEV1/FVC) : 1초간 노력성 호기량을 노력성 폐활량으로 나눈 값이며 70% 이상을 정상으로 함

[운동 유발성 기관지 천식의 중증도 분류]

중증도	진단기준
경 도	FEV1 10~25% 감소
중등도	FEV1 25~50% 감소
중 증	FEV1 50% 이상 감소

[기관지 확장제 복용 후 FEV1.0 기초로 COPD 분류]

단 계	특 징
제0기 : 위험시기	• 정상 폐기능 • 만성 증상(기침, 가래)
제1기 : 경증의 COPD	• $FEV_1 / FVC < 70\%$ • $FEV_1 \geq 80\%$ (정상 예측치) • 만성 증상(기침, 가래) 동반 혹은 비동반
제2기 : 중등증의 COPD	• $FEV_1 / FVC < 70\%$ • $50\% \leq FEV_1 < 80\%$ • 만성 증상(기침, 가래) 동반 혹은 비동반
제3기 : 중증의 COPD	• $FEV_1 / FVC < 70\%$ • $30\% \leq FEV_1 < 50\%$ • 만성 증상(기침, 가래) 동반 혹은 비동반

④ **케톤** : 지방 대사가 과다해지면 주로 나타나며, 이는 탄수화물 대사 능력 손실과 불충분한 탄수화물 섭취, 과다한 탄수화물 손실, 대사량의 요구 증가에 따라 영향을 줌

⑤ **혈액** : 체중의 6~8% 정도 차지하며, 주로 온몸으로 산소와 영양소를 공급. 이외에도 감염에 대한 방어, 체온 조절, 체액의 pH 농도 조절 등 여러 가지 기능을 담당

> **개념 PLUS**
>
> **운동참여 전 이학적 검사요소**
> • 체 중
> • 심첨맥박수 및 리듬
> • 안정 시 혈압
> • 청진(심장과 폐)
> • 심첨맥박의 촉진과 최대박동점(PMI)
> • 목, 복부, 넙다리동맥의 촉진과 청진
> • 복부의 장음, 덩어리, 장비대, 압통 평가
> • 부종과 동맥 맥박유무를 위한 다리 촉진과 시진
> • 건 황색종과 피부 확색판종 유무
> • 운동 검사를 제한하는 다른 의학적 상태와 관련된 추적검사
> • 신경학적 기능검사
> • 피부 시진(특히, 당뇨환자의 하지 주의)

(2) 의학적 검사

의학적 검사도 의사의 진단하에 이루어질 수 있다. 의학적 진단은 심근경색을 포함한 심장질환, 수술 혹은 시술, 협심증, 혈관 질환 등의 진단이 포함되며 의학적인 위험 분류를 할 수 있다.

(3) 운동 검사의 금기사항

대상자가 질환의 위험에 노출되어 있거나 환자인 경우 운동 검사를 시행할 때 특히 주의해야 한다. 절대적 금기사항의 경우 운동 검사의 참가를 금기시하며, 상대적 금기사항일 경우에는 운동의 위험보다 운동의 이점이 중요하다면 진행될 수 있다. 환자인 경우 안정 시 이상이 없다면 저강도 수준에서 실시할 수 있다.

① 미국심장협회(AHA)가 제시한 최대 운동 검사의 절대적 금기사항
  ㉠ 2일 이내 급성심근경색
  ㉡ 진행 중인 불안정성협심증
  ㉢ 조절되지 않는 심부정맥
  ㉣ 심내막염
  ㉤ 증상을 동반한 심각한 대동맥판협착
  ㉥ 비대상성 심부전
  ㉦ 급성 폐색전증, 폐경색증, 심부정맥혈전증
  ㉧ 급성 심막염 또는 심장막염
  ㉨ 급성대동맥박리
  ㉩ 검사를 제한하는 신체적 장애

② 미국심장협회(AHA)가 제시한 최대 운동 검사의 상대적 금기사항
  ㉠ 좌주간부 관상동맥협착
  ㉡ 증상이 불명확한 중등도-심각한 대동맥협착
  ㉢ 조절되지 않는 빈맥
  ㉣ 심각하거나 완전 심장차단
  ㉤ 최근 뇌졸중
  ㉥ 정신장애
  ㉦ 안정 시 수축기 혈압 200mmHg 혹은 이완기 혈압 110mmHg를 초과하는 경우
  ㉧ 심각한 빈혈, 전해질 불균형, 조절되지 않는 의학적 상태(예 갑상선기능저하증)

03 체력검사와 평가

학습목표
- 체력 요소 중 건강 체력 요소와 운동기능 체력 요소는 각 요소별로 분류할 수 있어야 한다.
- 최대 운동 검사와 최대하 운동 검사의 특징을 이해하고 차이점을 잘 숙지해야 한다.

1 건강 관련 체력검사

(1) 체력검사의 목적과 이해

① 체력검사의 목적
  ㉠ 각 대상자들이 자신의 체력 수준을 평가할 수 있으며 확실한 목표를 제시하여 동기를 유발할 수 있다.
  ㉡ 적절한 운동 프로그램 작성을 위한 과학적인 근거 자료를 제공해준다.
  ㉢ 체력 향상을 위한 평가 자료를 제공하면서 재평가와 더불어 안전한 관리가 가능한 자료를 수집할 수 있다.

② 체력검사의 이해 : 새로운 신체활동을 위한 프로그램을 시작할 때에는 적절한 평가와 근거자료가 있어야만 한다. 적정 수준의 신체활동이 만성적인 질환의 위험요소를 낮춰줄 수 있으며, 나아가 여러 측면에서의 이점을 제공해줄 수 있다는 사실은 많은 연구 자료를 통해 전해지고 있다. 이러한 효과를 극대화하기 위해서는 적절한 평가와 그에 맞는 운동 프로그램 설계로 확실하게 중재해야만 한다. 특히나 만성적인 질환을 보유한 대상자라면 더욱 특별한 주의가 요구된다. 고혈압, 제2형 당뇨병, 골다공증성 골절, 비만, 뇌졸중 등 신체활동이 주는 예방 효과에는 심리적인 불안과 사망까지도 지연시켜줄 수 있다. 따라서 건강관련 체력 검사에 대한 적절한 이해와 이에 맞는 적절한 활용이 필요하다.

(2) 체력검사 관련 지침 요소(김상국, 1996)

구 분	건강 체력 요소	운동기능 체력 요소
체력 요소	심폐지구력, 신체구성, 근력, 근지구력, 유연성	순발력, 평형성, 스피드, 협응력, 반응시간
관련 신체활동 및 스포츠 종목	걷기, 달리기, 조깅, 자전거, 수영, 등산, 웨이트 트레이닝	스쿼시, 테니스, 배드민턴, 축구, 농구, 배구

일반적으로 체력이란 우리가 일상생활에 수행 가능한 직업이나 여가 생활 등을 무리한 피로 없이 수행할 수 있는 능력을 말한다. 체력도 크게 건강 체력 요소와 운동기능 체력 요소로 나누어진다. 우리의 건강을 유지하거나 증진시키기 위해서 운동기능 체력 요소보다는 건강 체력 요소에 대해서 더 많은 시간을 투자하여야 한다. 기술 관련 체력 요소는 스포츠 선수에게는 필수적이지만 일반인에게는 필수적이지 않다. 따라서 모든 체력 요소 중에도 건강 체력 요소를 우선적으로 육성해야 한다.

(3) 신체 구성(조성)

우리가 흔히 알고 있는 신체조성은 각자의 인체 내에 가지고 있는 제지방이라고 불리는 뼈, 근육 등의 조직과 지방 조직으로 분류되어 우리의 몸 안에 구성되어 있는 양의 차이를 말한다. 신체조성은 시대가 변함에 따라 그 측정 방법이 달라지고 있다.

(4) 심폐지구력

심폐지구력은 대근육군을 이용하여 중, 고강도 운동을 장시간 수행하는 능력이다. 이는 심폐혈관 기능과 근골격계의 상태에 따라 능력의 차이가 있다. 심폐 기능의 향상은 허혈성 심장질환에 효과적이며 산소 공급이 높아져 심근 허혈을 방지한다. 또한 체중조절에 효과적이며 만성질환을 예방할 수 있다.

(5) 근력과 근지구력

근력과 근지구력은 저항 운동으로 무산소 능력을 향상할 수 있다. 단시간에 다량의 에너지를 소모할 수 있으며, 꾸준한 저항 운동은 피로에 대한 내성을 높이고 격렬한 고강도 운동 능력을 향상한다.
① 근력 : 근육이 단 한 번의 수축으로 발휘할 수 있는 최대의 힘
② 근지구력 : 근육의 일정 부하에 동일한 운동 강도로 반복하는 능력

(6) 유연성

① 유연성은 모든 관절의 움직임을 유지할 수 있는 능력으로 인체의 관절 가동범위로 근육, 인대, 관절 상태에 따라 그 능력이 달라진다. 유연성 측정 검사는 근육의 늘어나는 정도, 인대의 탄력정도, 관절의 가동 범위 등에 의해 복합적으로 실시된다.
② 유연성을 측정하는 방법에도 여러 가지가 있다. 거리법은 측정이 간단하고 편하지만 객관적인 평가가 정확하지 않다. 각도법은 객관적인 평가가 가능하지만 전문적인 기술이 요구된다. 지수법은 각도에 의한 수치를 비율로 표시하는 방법으로 각도법과 어느 정도 일치하는지 확인할 수 있다. 일반적으로 현장에서 쓰는 측정법은 다음과 같다.
  ㉠ 간접 측정법(Sit and Reach Test) : 바닥에 측정 기구를 놓고, 두 발 사이는 모으고 두 발바닥이 측정 기구의 수직면에 완전히 닿도록 무릎을 펴고 바르게 앉는다. 양 손끝을 포개고 허리를 앞으로 굽히면서 손끝은 가능한 멀리 보낸다. 몸의 반동을 주거나 무릎이 굽혀지는 것을 유의해야 한다. 2회 측정 후 잘 나온 수치를 기록한다.
  ㉡ 직접 측정법 : 직접 측정법은 각도계 등으로 도구나 장비를 이용하여 직접 측정하는 방법이다. 직접 측정법은 운동 프로그램에 따라 정기적으로 특정 관절의 유연성 검사를 실시하는 것이 권장된다.

2 건강 관련 체력검사 평가

건강 관련으로 체계적인 평가를 하기 위해서는 정해진 요소들이 있다. 아래의 요소들이 포함되며, 검사를 실시하는 순서도 정해진 매뉴얼대로 하는 것이 바람직하다.

① 체계적인 체력 평가 요소
  ㉠ 사전 선별검사
  ㉡ 안정 시 심박수, 혈압
  ㉢ 신체조성
  ㉣ 심폐지구력
  ㉤ 근력, 근지구력

② 측정검사의 순서 : 건강 체력 요소를 위한 최적의 검사 순서는 없지만 안정 시 우선적으로 측정해야하는 신체조성과 심박수, 혈압 같은 요소는 반드시 지켜져야 한다. 또한 같은 근육군에 자극을 반복적으로 주지 않으며, 검사의 신뢰성을 높이기 위한 순서를 지켜야 한다. 약물복용도 검사에 영향을 미칠 수 있기 때문에 사전에 기록하도록 한다.

> **개념 PLUS**
>
> **안정 시 심박수 측정 방법**
> 충분한 안정 시 상태에서 맥박 촉진 시 검지와 중지 끝을 사용하여 대상자의 노동맥(요골동맥) 위를 잡으며 측정한다. 심박수 측정 시작 후 30초 혹은 60초 동안 맥박을 센다. 이후 30초 동안 센 것은 2를 곱하여 1분 동안 안정 시 심박수를 측정한다.

(1) 신체구성 평가

① **수중체중법** : 인체의 밀도 차이를 이용한 측정 방법으로 가장 표준적인 신체조성 평가방법이다. 검사를 실시하는 시간이 많이 걸리고 장비가 고가로 비싸다는 단점이 있다. 대상자의 체중을 지상과 수중에서 측정하여 정해진 공식에 대입함으로 계산할 수 있는 방법이다.

② **피하지방(Skinfold) 검사**
  ㉠ 피하지방두께를 이용한 체지방률(% body fat) 추정식의 예측타당도를 검증하는 과정은 다음과 같다.

> 준거검사의 타당도 확인 → 동일한 피검자에게 피하지방두께 측정과 준거검사 실시 → 체지방률 추정식 산출 → 교차타당도 검증

ⓛ 일반적으로 쉽게 적용할 수 있는 검사 방법이며, 경제적이지만 ±3~4%의 오차가 존재한다. 남자와 여자의 성별 차에 따른 측정 부위도 달라질 수 있다. 측정 부위와 주의 사항은 다음과 같다.

[피부두겹 측정 부위]

측정 부위	측정 위치	잡는 방법
복 부	배꼽에서 우측 2cm 지점	수 직
위팔세갈래근 [위팔(뒤)]	팔을 자연스럽게 두고 위팔 뒷면 중앙선에서 어깨 봉우리와 팔꿈치 사이 중앙 부위 지점	수 직
위팔두갈래근 [위팔(앞)]	위팔두갈래근 중앙면에서 위팔세갈래근 위치보다 1cm 위쪽 지점	수 직
가슴(흉부)	앞면 겨드랑선 기준 젖꼭지 사이 1/2(남성), 1/3(여성) 지점	대각선
종아리 중앙	안쪽 경계 부위 종아리의 최대 둘레 지점	수 직
겨드랑이 중간	• 복장뼈 칼돌기 위치에서 중간 겨드랑선 교차 지점 • 중간 겨드랑선에서 칼돌기/흉골연 위치의 수평 지점	수 직
어깨뼈 아래	어깨뼈 아래각에서 1~2cm 아래 지점	대각선
엉덩뼈 능선	엉덩뼈 능선 바로 위 지점인 앞면 겨드랑이선과 교차하는 엉덩뼈능과 자연스러운 각의 지점	대각선
넙다리	넙다리 앞쪽 중앙선에서 무릎뼈 몸쪽 가장자리와 샅굴 부위 주름 사이의 중앙 부위	수 직

[일반적인 피부두겹 측정 방법]

남 자	가슴, 복부, 넙다리
여 자	위팔세갈래근[위팔(뒤)], 엉덩뼈 능선, 넙다리

- 표준화를 위하여 모든 측정은 신체의 오른쪽을 측정한다.
- 피부를 수직으로 잡고, 잡힌 피부의 최고점과 최저점의 중간에 두면서 엄지와 검지에서 1cm 떨어진 피부표면을 측정한다.
- 측정 부위를 교대로 재거나 정상적인 피부로 돌아올 때까지 시간간격을 잰다.
- 각 부위를 반복 측정하며 오차가 1~2mm 이상이 되면 재측정한다.
- 캘리퍼(측정 장비)를 읽는 동안 피부두겹을 잡고 있어야 한다.

③ 전기저항법 : 전기적 저항을 이용하여 측정하는 방법이며, 누워있는 대상자의 손과 발에 4개의 전극을 부착하여 전기적 전류를 보내어 측정한다. 신뢰성이 있는 방법이며, 피부두겹 측정 시 기술상의 오류를 없애줄 수 있다는 장점이 있다.

④ 허리·엉덩이 둘레 비율(WHR ; Waist/Hip Ratio) : 비만과 관련된 질환의 위험을 예측할 수 있는 좋은 지표이다. 측정은 줄자로 할 수 있으며, 허리 둘레는 배꼽 높이, 정상적인 호기가 끝날 때 측정하고 엉덩이 둘레는 가장 굵은 부위를 측정하여 각 비율을 계산하면 된다.

개념 PLUS

신체 둘레 측정 부위 절차

복부	바로 선 자세에서 긴장 풀고 엉덩뼈 높이에서 수평, 일반적으로 배꼽 부위
팔	바로 선 자세에서 팔을 자연스럽게 옆에 두고 손을 대퇴측면에 닿게 하고 어깨(견봉)와 팔꿈치 사이의 중앙 부위를 수평으로 잰다.
엉덩이	발을 모으고 바로 선 자세에서 엉덩이 최대 둘레 측정(허리 대 엉덩이 비를 측정할 때 이용)
종아리	양발을 20cm 간격으로 바로 선 자세에서 긴 축으로 무릎과 발목 사이의 최대 둘레를 수평으로 잰다.
아래팔	바로 선 자세에서 팔은 허리에서 약간 떨어진 상태로 내리고 손바닥은 앞으로 향하도록 하여 긴 축으로 최대 둘레 잰다.
엉덩이/대퇴	양다리의 간격으로 두고 바로 선 자세에서 골반 가장자리 아래의 엉덩이/대퇴 경계의 최대 둘레를 수평으로 잰다.
대퇴중앙	바로 선 자세에서 한쪽 다리를 지지대에 올려놓고 무릎을 90도 굽혀 샅굴 부위 주름과 무릎뼈 사이 중앙 부위 최대 둘레를 잰다.
허리	• 차렷자세로 발을 모아 몸통의 가장 가는 부위(배꼽 위와 검상돌기 아래)를 수평으로 잰다. • 국가비만대책위원회(NOTF) : 엉덩뼈능선 바로 위 수평 측정을 제안 → 공식으로 예측불가

〈주의사항〉
• 모든 측정은 신축성 없는 줄자로 한다.
• 피하조직을 압박하지 않은 상태에서 측정한다.
• 스프링이 장착된 Gulick 손잡이가 있는 줄자를 이용하면 손잡이는 반복 측정 시 같은 표시 시작에서 한다.
• 각 부위의 반복 측정값은 5mm 이내로 한다.
• 피부 상태를 위해 각 측정의 시간간격을 둔다.

⑤ 체질량지수(BMI)

흔히 알려진 측정 방법이며, 체중(kg)을 신장(m)의 제곱으로 나눈 값이다. 간단하고 경제적인 장점이 있지만 측정 결과에 의해서 평가의 오차 가능성이 있다. 예를 들어 체지방률은 낮지만 근육이 잘 발달된 사람은 수치상으로 높게 나올 수가 있다.

$$BMI = 체중(kg) \div 신장(m^2)$$

예를 들어 체중이 60kg이며 신장이 170cm라면 다음과 같이 계산된다.
$60 \div (1.7 \times 1.7) = 60 \div 2.89 = 20.8$
BMI의 수치가 $25kg/m^2$ 이상이면 비만으로 정의한다. 이 수치는 인종별로 차이가 있으며, 서양인의 경우 $30kg/m^2$ 이상, 아시아인의 경우 $25kg/m^2$ 이상을 비만으로 정의하고 있다.

[운동 전 안전성평가에서 혈중 지질 관련 변인의 ATPⅢ 분류기준]

구 분	총콜레스테롤(TC)	저밀도지단백 콜레스테롤(LDL-C)	중성지방(TG)
적정(Optimal)	< 200	< 100	< 150
적정상위(Near Optimal)	–	100~129	–
경계(Borderline High)	200~239	130~159	150~199
높음(High)	≥ 240	160~189	200~499
매우 높음(Very High)	–	≥ 190	≥ 500

[다양한 기관들의 대사증후군에 대한 정의 비교]

구 분	NCEP/ATPⅢ	IDF	WHO
체 형	허리둘레 : 102cm(남), 88cm(여) 초과	허리둘레 : 94cm(남), 80cm(여) 이상	• 허리-엉덩이 비율 : 0.9(남), 0.85(여) 초과 • BMI 30 초과
인슐린저항성/혈당	• 100 이상 • 혈당 치료용 약물 복용	• 100 이상 • 제2형 당뇨 진단 받음	제2형 당뇨병, 공복혈당장애, 내당능장애, 공복혈당 100mg/dL 미만 등
HDL 콜레스테롤	• 40mg/dL(남), 50mg/dL(여) 미만 • HDL콜레스테롤로 인한 약물 복용	• 40mg/dL(남), 50mg/dL(여) 미만 • HDL콜레스테롤로 인한 약물 복용	35mg/dL(남), 39mg/dL(여) 미만
중성지방	• 150 이상 • 고중성지방으로 인한 약물 복용	• 150 이상 • 고중성지방으로 인한 약물 복용	• 150 이상 • 고중성지방으로 인한 약물 복용
고혈압	• 130/85mmHg 이상 • 고혈압으로 인한 약물 복용	• 130/85mmHg 이상 • 고혈압으로 인한 약물 복용	• 140/90mmHg 이상 • 고혈압으로 인한 약물 복용
기 타	–	–	• 뇨단백 배설률 20µg/min 이상 • 알부민크레아틴 비율 30mg/g 이상

> **개념 PLUS**
>
> 피하지방검사는 필기와 실기에 중복되는 부분이 있으므로 각 측정 부위와 위치를 정확히 알아야 하며, 측정 방법의 절차와 주의사항을 숙지해두는 것이 좋다.

(2) 심폐체력 평가

심폐체력 평가는 주로 최대산소섭취량(VO_2max)으로 운동 중에 단위 시간당 최대한으로 섭취할 수 있는 산소의 양으로 측정할 수 있다. 단위는 ml/kg/min으로 쓰이고, 실내 검사로는 트레드밀, 자전거 에르고미터, 스텝테스트가 있으며, 실외검사는 12분 달리기, 1,500m 달리기 등이 있다.

① **최대 운동 검사**
   ㉠ 검사는 정확하게 할 수 있지만 측정 장비가 고가이며, 검사를 위한 전문가가 필요하다. 주로 사용되는 검사 장비는 트레드밀이며 최대산소섭취량(VO_2max)을 최대치까지 얻을 수 있다. 자전거는 검사 장비로 저렴한 가격에 심전도와 혈압측정이 용이하다. 하지만 트레드밀에 비해서 최대산소섭취량이 5~10% 정도 낮다.
   ㉡ 최적의 검사 시간은 8~12분이 되도록 하며, 최대산소섭취량(VO_2max)의 도달했다고 인정하는 기준은 강도가 증가하면서 산소섭취량이 정체되거나 감소하는 경우, 호흡교환율이 1.15 이상인 경우, 심박수 190bpm 이상의 경우, 혈중 젖산 농도 7~8mmol/L 이상의 경우이다.

② **최대하 운동 검사** : 최대하 운동 검사는 최대 운동 검사와 도달하는 기준에 차이가 있다. 최대하 운동 검사는 최대 운동 검사에서 최대치에 도달하기 직전 검사를 종료시켜 최대수준의 상태를 추정하는 방법이다. 보통 최대하 운동 검사의 종료점은 최대심박수의 70~85% 수준으로 예측한다. 최대 운동 검사와 달리 검사 중의 위험성을 어느 정도 배제할 수 있다.

③ **스텝테스트** : 50cm 승강대에서 분당 30회의 승강운동 후 심박수를 측정하여 신체효율지수(PEI)를 산출하여 박자에 맞춰 실시하며, 동작을 완료한 후 다음 동작으로 진행한다. 검사 중단 시 공식을 변형시켜 사용한다. 그러나 이 공식은 서양인을 대상으로 개발되어서 동양인의 경우 신장이 작은 사람에게 불편하다는 단점이 있다. 주로 하버드 스텝테스트를 사용하며, 측정은 다음과 같이 한다.
   ㉠ 50cm 높이의 박스를 분당 30step(120bpm) 속도로 5분간 지속
   ㉡ 운동 후 1분~1분 30초, 2분~2분 30초, 3분~3분 30초 사이의 심박수 측정

$$PEI(신체효율지수) = \frac{운동지속시간(초)}{2 \times (회복 시 3회 측정한 심박수의 합)} \times 100$$

④ **12분 달리기** : 트랙이 있는 운동장이나 거리 측정이 가능한 장소에서 주어진 12분 동안 최대한 장거리를 달리도록 한다. 대상자의 나이가 35세 미만일 경우이거나 건강상의 문제점이 없을 때에는 누구나 가능하며, 35세 이상이며 최근 기준으로 6주 안에 주 3일 이상 운동을 실시하지 않은 경우에는 금지하도록 한다.

⑤ **1,500m 달리기** : 1,500m 달리기는 트랙을 최대한 달리면서 측정을 하는 방법이다. 정확한 검사를 위해 측정 전 페이스 조절이 필요하다.

⑥ YMCA 사이클 테스트
  ㉠ 1단계 운동량은 0.5kg(150kgm/min)의 저항으로 설정한다.
  ㉡ 여기서 1단계 3분 시점의 심박수가 중요하다.
    • 80회/분 미만 : 2단계 운동량은 저항을 2.5kg(750kgm/min)
    • 80~90회/분 : 2단계 운동량은 저항을 2.0kg(600kgm/min)
    • 90~100회/분 : 2단계 운동량은 저항을 1.5kg(450kgm/min)
    • 100회/분 초과 : 2단계 운동량은 저항을 1.0kg(300kgm/min)
  ㉢ 각 단계는 4단계까지 각각 150kgm/min씩 부하를 증가시키게 된다. 2분째와 3분째의 심박수를 측정하고 두 시점의 심박수가 6bpm보다 낮을 때 다음 단계로 진행한다.
  ㉣ 6bpm 이상 차이가 난다면 1분씩 시간을 증가시켜 항정상태를 만든다.
  ㉤ 2단계부터 심박수를 측정하고 220에서 나이를 제한한 최대 심박수까지 측정한다면 그 시점의 산소섭취량(L/min)을 측정할 수 있으며 최대산소섭취량을 예측할 수가 있다.

kgm/min	150	300	450	600	750	900	1050	1200	1350
L/min	0.6	0.9	1.2	1.5	1.8	2.1	2.4	2.8	3.2

개념 PLUS

수정된 YMCA 프로토콜
수정된 YMCA 프로토콜은 50rpm의 속도로 일정하게 하고 위와 동일하게 1단계에서 0.5kg(150kgm/min)의 저항을 준다. 이후 2단계의 부하 초기 단계에서 마지막 1분 동안 측정한 심박수를 기반으로 위와 동일하게 부하를 증가시킨다. 분당 110회와 여유심박수 70%(최대심박수 85%) 사이의 두 개의 연속적인 항정 상태의 심박수인 경우 3~4단계까지 실시하며, 3~4단계로 진행 할 시 2단계에서 사용한 저항을 0.5kg(150kgm/min)씩 증가하도록 한다.

(3) 근력 및 근지구력 평가
근력의 일반적인 측정은 2회 하며 최고 수치를 kg 단위로 기록한다. 주로 하는 근력 측정 방법은 악력, 배근력이 있다. 근지구력의 측정 방법은 팔굽혀 펴기, 윗몸일으키기, 버피 테스트 등이 있다.

① 근력 검사
  ㉠ 악력 검사 : 악력계를 사용하며, 손의 쥐는 힘을 통해서 최대 근력을 측정한다. 악력계를 편하게 쥐고 손가락 두 번째 마디가 직각이 되도록 잡는다. 몸통 옆 면과 나란하게 위치시킨 다음, 팔이나 자세를 비틀지 않고 악력계를 3초간 세게 움켜쥔다. 2회 측정하여 좋은 수치를 기록한다.
  ㉡ 배근력 검사 : 배근력 검사 장비로 측정하며 최대한의 힘으로 근력을 검사한다. 몸을 30° 정도 구부린 자세에서 바를 두 손으로 편하게 잡고 몸을 위로 펴면서 당긴다. 2회 측정하여 좋은 수치를 기록한다.

> **개념 PLUS**
>
> ACSM에서 제시한 최대근력 추정을 위한 1RM(Repetition Maximum)의 측정순서
> - 대상자는 1RM을 결정하기 위해 최대하 수준으로 몇 차례 준비운동을 실시한다.
> - 최초 중량은 대상자의 능력(50~70%) 내에서 선택한다.
> - 반복수행을 더 이상 하지 못할 때까지 상체는 5~10%씩, 하체는 10~20%씩 지속적으로 증가시킨다.
> - 마지막으로 들어 올린 중량을 1RM으로 기록한다.

② 근지구력 검사

　㉠ 윗몸 일으키기 검사 : 바닥에 편하게 누워 양 발을 어깨너비로 자세를 잡고 무릎을 직각으로 세운 후 두 발을 고정시킨다. 양손은 교차시키고 가슴부위에 둔 후 등을 매트에 대고 눕는다. 1분 동안 상체를 들어 팔꿈치가 무릎에 닿고 등을 바닥에 붙이는 동작을 최대한 많이 반복한다.

　㉡ 팔굽혀 펴기 검사 : 남자는 양손을 어깨너비로 벌려 30cm 높이의 팔굽혀 펴기 봉을 손끝이 앞으로 가도록 잡고 앞발을 모아 붙인다. 팔은 지면에 직각이 되도록 하고 머리, 어깨, 골반, 다리 등이 일직선이 되도록 한다. 실시 속도는 2초에 1회 실시하고, 속도를 지키지 못할 경우나 더 이상 반복할 수 없을 때까지 실시하고 기록한다. 여자는 무릎을 바닥에 대고 동일하게 팔굽혀 펴기를 한다.

③ 등속성 근관절 검사

　㉠ 등속성 근관절 검사는 일정한 각속도에 따라 운동 강도를 조절할 수 있으며, 전체 관절가동범위 내 최대 근수축이 가능하다.

　㉡ 사용되는 장비가 고가이며, 다른 검사에 비해 일반적인 근기능 검사보다 상대적으로 검사시간이 길다.

　㉢ 단축성 수축(Concentric Contraction)과 신장성 수축(Eccentric Contraction) 모두 측정 가능하고, 근손상의 위험이 낮아 재활에도 자주 사용된다.

(4) 운동기능 체력 평가

① **평형성** : 인체의 안정성을 유지할 수 있는 능력을 말하며, 정적과 동적 평형성으로 분류된다. 외발서기, 직선보행검사, 평형성 종합검사 등이 있다.

> **개념 PLUS**
>
> **Y-평형성(밸런스) 검사 지침**
> - Y-평형성(밸런스) 검사 장비를 준비한다.
> - 피검사자는 한 발로 중앙 블록에 맨발로 서며, 체중을 지탱하는 다리가 검사되는 다리다.
> - 중앙 블록에서 균형을 유지하면서 반대쪽 발끝으로 앞쪽 블록을 최대한 앞으로 민다. 검사자는 블록이 이동한 거리를 기록한다.
> - 피검사자는 동일한 방법으로 뒤 안쪽 및 뒤 가쪽 블록을 이동시킨다.
> - 각 방향에서 3차례 검사한다. 한 다리가 끝나면 중앙 블록의 발을 바꾸고 검사를 반복한다. 양쪽 다리 모두 앞쪽, 뒤 안쪽 및 뒤 가족 방향으로 각각 3번씩 수행하게 된다.
> - 각 방향과 각 발에 대한 3번의 시도 중 가장 좋은 기록을 사용한다.
> - 다리 길이를 측정한다(위앞엉덩뼈가시에서 안쪽 복사뼈까지).
> - 오른쪽 다리에 대한 앞쪽, 뒤 안쪽 및 뒤 가족의 최고 기록의 합을 다리 길이의 3배로 나누어 오른쪽 다리에 대한 종합 점수(다리 길이의 백분율)를 얻는다. 왼쪽 다리에 대한 종합 점수도 같은 방식으로 얻는다.

② **민첩성** : 빠른 동작의 형태나 방향을 빠르게 전환하는 능력으로 운동 과정 중 신경전달속도에 의해 수행된다. 주로 신경전달속도와 근수축속도에 의해 좌우되기 때문에 측정 검사는 전문적인 장비와 기술이 요구된다. 검사는 반응검사, 부메랑 달리기, 왕복 달리기, 지그재그 달리기, 점프 스텝, 사이드 스텝테스트 등이 있다.

③ **순발력** : 짧은 시간 내에 최대한의 힘을 발휘하는 능력을 말한다. 빠른 근수축에 의해 일어나는 파워가 주로 쓰인다. 검사는 제자리 멀리뛰기, 수직 높이뛰기 등이 있다.

> **개념 PLUS**
>
> **나이대별 체력측정항목(국민체육진흥공단 '국민체력100' 기준)**
> - 유소년기(만 11~12세) 체력측정항목
>
> | 구 분 | 요 인 | 측정항목 |
> | --- | --- | --- |
> | 체 격 | 신체조성 | 신장, 체중, 허리둘레, BMI, 허리둘레-신장비(WHtR) |
> | 건강체력 | 심폐지구력 | 15m 왕복오래달리기 |
> | | 근 력 | 상대악력 |
> | | 근지구력 | 윗몸말아올리기 |
> | | 유연성 | 앉아윗몸앞으로굽히기 |
> | 운동체력 | 민첩성 | 반복옆뛰기 |
> | | 순발력 | 제자리멀리뛰기 |
> | | 협응력 | 눈-손 협응력 검사 |

• 청소년기(만 13~18세) 체력측정항목

구 분	요 인	측정항목
체 격	신체조성	신장, 체중, 체지방률, 허리둘레, BMI
건강체력	심폐지구력	20m 왕복오래달리기, 트레드밀, 스텝 검사
	근 력	상대악력
	근지구력	윗몸말아올리기, 반복점프
	유연성	앉아서 윗몸 앞으로 굽히기
운동체력	민첩성	일리노이 민첩성 검사
	순발력	체공시간 검사
	협응력	눈-손 협응력 검사

• 성인기(만 19~64세) 체력측정항목

구 분	요 인	측정항목
체 격	신체조성	신장, 체중, 체지방률, 허리둘레, BMI
건강체력	심폐지구력	20m 왕복오래달리기, 트레드밀, 스텝 검사
	근 력	상대악력
	근지구력	교차윗몸일으키기
	유연성	앉아서 윗몸 앞으로 굽히기
운동체력	민첩성	10m 왕복달리기, 반응시간 검사
	순발력	제자리멀리뛰기, 체공시간 검사

• 노인기(만 65세 이상) 체력측정항목

구 분	요 인		측정항목
체 격	신체조성		신장, 체중, 체지방률, 허리둘레, BMI
건강체력	심폐지구력		6분 걷기(m), 2분 제자리 걷기
	근 기능	상 지	상대악력
		하 지	의자에 앉았다 일어서기(회/30초)
	유연성		앉아서 윗몸 앞으로 굽히기
운동체력	평형성		의자에 앉아 3m 표적 돌아오기(초)
	협응력		8자 보행(초)

(5) SFT 노인체력평가(Senior Fitness Test)

30초간 의자에 앉았다 일어서기(Chair Stand Test)
- 검사 목적 : 노인체력평가를 위한 하지 근력 검사
- 검사 방법 : 손목은 가슴 앞에 교차시킨 후 일어섰다가 앉은 상태를 1회로 하며 30초간 실시한 횟수를 기록한다. 의자가 움직이거나 밀리지 않도록 검사자가 의자를 잡고 있거나 벽면에 붙여 놓고 실시한다. 또한 검사자는 넘어지거나 낙상에 대해 주의하면서 검사를 실시한다.

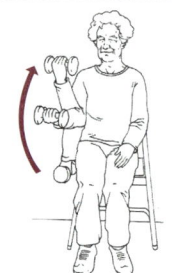

30초간 덤벨들기(Biceps Curl Test)
- 검사 목적 : 노인체력평가를 위한 상지 근력 검사
- 검사 방법 : 등을 곧게 편 상태로 발바닥이 지면에 닿도록 의자에 앉는다. 덤벨을 잡고 팔을 몸통 옆에 가까이 붙이며 시작과 동시에 팔꿈치를 굽히는 동작으로 손바닥이 얼굴 방향으로 팔꿈치를 굽힌다. 의자에 앉아서 팔꿈치가 고정된 상태에서 들어 올렸다가 내리는 것을 1회로 하며 30초간 실시한 횟수를 기록한다. 여성일 경우 2.27kg(5lb), 남성일 경우 3.63kg(8lb) 무게를 설정하여 검사를 실시한다.

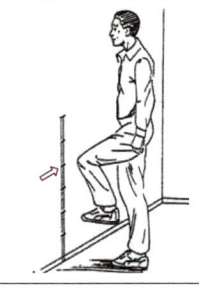

2분 제자리 걷기(2-minute Step Test)
- 검사 목적 : 노인체력평가를 위한 심폐지구력 검사
- 검사 방법 : 무릎 중앙부터 엉덩뼈능선(illiac crest) 사이의 중간 지점까지 기준선을 정하고 기준점까지 무릎을 올리도록 한다. 총 2분간 실시한 횟수를 기록하도록 한다. 검사자는 넘어지거나 낙상에 대해 주의하면서 검사를 실시한다.

앉아 윗몸 앞으로 굽히기(Chair Sit and Reach Test)
- 검사 목적 : 노인체력평가를 위한 하지의 유연성 검사
- 검사 방법 : 의자 끝부분에 앉아서 한쪽 다리를 뻗고 한쪽 다리는 엉덩이 쪽에 위치한다. 양 손 끝을 모아 최대한 내려온 만큼에서 2초간 정지하며, 손가락의 중지와 뻗은 다리의 발끝 사이의 거리를 자를 이용하여 cm 단위로 기록한다. 손가락이 발끝을 지나가는 경우 (+)로, 닿지 않을 경우 (-)로 기록하도록 한다. 반동을 주거나 급격한 자세 변동이 되지 않도록 주의한다.

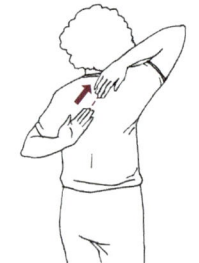

등 뒤로 손닿기 검사(Back Scratch Test)
- 검사 목적 : 노인체력평가를 위한 상지의 유연성 검사
- 검사 방법 : 편안히 선 상태에서 한 손을 머리 뒤로 넘기고, 반대쪽 손은 등 뒤로 돌려 손바닥이 보이도록 실시한다. 측정은 자를 이용하여 측정하며 손가락이 닿지 않으면 (-)로 중지가 겹치면 (+)로 기록한다. 단위는 cm 단위로 실시하고 무리한 동작으로 부상을 입지 않도록 주의한다.

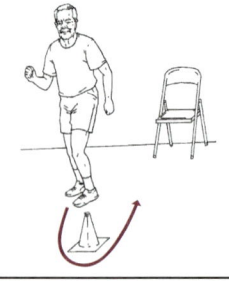

의자에 일어나 장애물 돌아오기(2.45m Up-and-Go Test)
- 검사 목적 : 노인체력평가를 위한 민첩성 및 동적균형 검사
- 검사 방법 : 대상자가 의자에 앉아서 출발 신호와 함께 의자에 일어나서 전방 2.45m 표적을 최대한 빨리 걸어서 제자리에 앉기까지의 시간을 측정한다. 초 단위로 기록하며, 넘어지거나 낙상에 대해 주의하면서 검사를 실시한다.

※ 그림 출처 : 「노인 체력 검사와 평가」, Roberta E. Riki, C. Jessie Jones 공저

제2과목 건강·체력평가

02 | 출제예상문제

01 다음 중 신체활동에 대한 설명으로 잘못된 것은?

① 심폐지구력은 지속적 신체활동 중 산소공급을 위한 순환계와 호흡계의 능력이다.
② 신체활동이 부족한 사람도 고강도 신체활동을 통해 건강상의 이점을 얻을 수 있다.
③ 규칙적인 신체활동은 혈액 내 젖산 축적에 대한 운동역치를 줄이지만, 혈소판 부착과 응집성을 높인다.
④ 신체활동 수준은 대사당량(METs)에 따라 저강도(≤2.9), 중강도(3.0~5.9), 고강도(≥6.0)로 구분한다.

> **해설** 규칙적인 신체활동은 혈액 내 젖산 축적에 대한 운동역치를 높인다. 이는 운동을 통해 젖산 축적이 늦게 발생하게 되어 운동 지속 능력이 향상됨을 의미한다. 또한 규칙적인 신체활동은 일반적으로 혈소판 부착과 응집성을 감소시켜 혈액 순환을 개선하고 혈전 형성의 위험을 줄이는 것에 도움이 된다.

02 '국민체력100'의 연령대별 근지구력 검사 방법이 바르게 나열된 것은?

	유소년기	청소년기	성인기
①	반복점프	반복옆뛰기	윗몸말아올리기
②	교차윗몸일으키기	체공시간	반복옆뛰기
③	반복옆뛰기	윗몸말아올리기	체공시간
④	윗몸말아올리기	반복점프	교차윗몸일으키기

> **해설** 연령대별로 적합한 근지구력 검사는 다르며, 국민체력100에서 제시한 유소년기에는 윗몸말아올리기, 청소년기에는 반복점프, 성인기에는 교차윗몸일으키기가 적절하다.

정답 01 ③ 02 ④

03 다음 중 혈압측정오차의 잠재적인 요인으로 옳지 않은 것은?

① 측정자의 예민한 청각
② 측정자의 반응시간 및 숙련도
③ 주변 소음
④ 심장 높이의 커프 위치

해설 혈압측정오차의 잠재적인 요인
- 부정확한 혈압계
- 측정자의 예민한 청각
- 커프 압력의 팽창과 수축 비율
- 측정자의 반응시간 및 숙련도
- 측정기구의 결함
- 부정확한 청진 위치와 압력
- 부적절한 커프 크기와 위치(심장 높이에 맞추지 않음)
- 명확한 생리적 이상들(상완동맥 손상, 쇄골하동맥도혈증후군, 동정맥루 등)
- 주변 소음
- 트레드밀 난간을 잡거나 팔꿈치 굽힘이 허락된 환자(운동부하검사 중에만 허용)

04 다음 중 미국심장협회(AHA)가 제시한 최대 운동 검사의 절대적 금기사항으로 옳지 않은 것은?

① 2일 이내 급성심근경색
② 조절되지 않는 심부정맥
③ 급성 심막염 또는 심장막염
④ 심각하거나 완전 심장차단

해설 미국심장협회(AHA)가 제시한 최대 운동 검사의 절대적 금기사항
- 2일 이내 급성심근경색
- 진행 중인 불안정성협심증
- 조절되지 않는 심부정맥
- 심내막염
- 증상을 동반한 심각한 대동맥판협착
- 비대상성 심부전
- 급성 폐색전증, 폐경색증, 심부정맥혈전증
- 급성 심막염 또는 심장막염
- 급성대동맥박리
- 검사를 제한하는 신체적 장애

05 다음 중 민첩성을 측정하는 종목으로 옳지 않은 것은?

① 부메랑 달리기
② 제자리 멀리뛰기
③ 왕복 달리기
④ 사이드스텝테스트

> **해설** 제자리 멀리뛰기는 순발력에 해당한다.

06 신체밀도를 측정할 때 여자의 피하지방 측정 부위로 옳지 않은 것은?

① 위팔세갈래근
② 엉덩뼈 능선
③ 흉 부
④ 넙다리

> **해설** 일반적인 피하지방 측정 부위
> • 남자 : 가슴, 복부, 넙다리
> • 여자 : 위팔세갈래근[위팔(뒤)], 엉덩뼈 능선, 넙다리

07 신장 170cm, 체중 70kg인 사람의 체질량지수로 옳은 것은?

① 20.8
② 21.5
③ 24.2
④ 28.4

> **해설** BMI = 체중(kg) ÷ 신장(m^2)
> 70 ÷ (1.7 × 1.7) = 70 ÷ 2.89 = 24.2

정답 05 ② 06 ③ 07 ③

08 다음 중 국민체력100에서 유소년기(만 11~12세) 체력측정항목으로 옳지 않은 것은?

① 15m 왕복오래달리기
② 의자에 앉아 3m 표적 돌아오기
③ 윗몸말아올리기
④ 제자리멀리뛰기

해설 국민체력100에서 의자에 앉아 3m 표적 돌아오기는 노인기 측정 항목이다.

09 다음 중 미국심폐재활학회(AACVPR)에서 제시하는 심혈관 질환자 분류기준으로 옳지 않은 것은?

① 저위험 - 운동수행능력 7METs 이상
② 중위험 - 운동수행능력 5METs 미만
③ 저위험 - 안정 시 EF 50% 이상
④ 중위험 - 안정 시 EF 40% 미만

해설 미국심폐재활학회(AACVPR)에서 제시하는 심혈관 질환자 분류기준에서 중위험은 안정 시 EF 40~49%이다.

10 다음 중 이학적 검사로 옳지 않은 것은?

① 심박수와 혈압
② 지질과 지단백콜레스테롤
③ 혈액분석
④ 수술 혹은 시술

해설 수술과 시술은 의학적 진단으로 이루어진다.

11 운동 검사의 상대적 금기사항으로 옳은 것은?

① 최근 안정 시 의미 있는 허혈 및 심근경색(2일 이내) 혹은 다른 급성 심장질환을 예견하는 심전도의 변화
② 증상을 동반한 심한 대동맥 협착증
③ 안정 시 심한 고혈압(안정 시 수축기 혈압이 200mmHg 이상이거나 확장기 혈압이 110mmHg 이상)
④ 급성 폐색전증 또는 폐경색

해설 안정 시 심한 고혈압(안정 시 수축기 혈압이 200mmHg 이상이거나 확장기 혈압이 110mmHg 이상)은 상대적 금기사항이다.

12 신체활동 측정 도구에 관한 설명으로 옳지 않은 것은?

① 가속도계는 움직임의 시간과 속도의 변화량 감지를 통해 측정하는 방법이다.
② 직접열량계는 열량계를 통해 수분이 환기되는 원리를 이용한다.
③ 간접열량계는 호기 가스생성량을 기초로 에너지 소비량을 추정하게 된다.
④ 보수계는 보행 강도와 이동 속도를 통해 측정하는 방법이다.

해설 보수계는 주로 보행 횟수를 측정하는 기기이며, 보행 강도와 이동 속도를 측정하는 기능이 포함되지 않는다.

13 다음 중 체력검사 방법 및 지침으로 옳지 않은 것은?

① 우리의 건강을 유지하거나 증진시키기 위해서 운동기능 체력 요소보다는 건강 체력 요소에 대해서 더 많은 시간을 투자하여야 한다.
② 기술 관련 체력 요소는 스포츠 선수에게는 필수적이지만, 일반인에게는 그렇지 않다.
③ 모든 체력 요소 중에도 건강 체력 요소를 우선적으로 육성해야 한다.
④ 건강 체력 요소는 스쿼시, 테니스, 배드민턴, 축구, 농구, 배구 등이 있다.

해설 건강 체력 요소는 걷기, 달리기, 조깅, 자전거, 수영, 등산, 웨이트 트레이닝 등이다.

14 다음 중 체계적인 체력 평가 요소로 옳지 않은 것은?

① 안정 시 심박수, 혈압
② 신체조성
③ 심폐지구력
④ 순발력

해설 체계적인 체력 평가 요소
• 사전 선별검사
• 안정 시 심박수, 혈압
• 신체조성
• 심폐지구력
• 근력, 근지구력

정답 12 ④ 13 ④ 14 ④

15 다음 중 피부두겹 측정 부위로 옳지 않은 것은?

① 복부 – 배꼽에서 우측 2cm 지점을 수평으로 잡는다.
② 넙다리 – 넙다리 앞쪽 중앙선에서 무릎뼈 몸쪽 가장자리와 샅굴 부위 주름 사이의 중앙 부위를 수직으로 잡는다.
③ 엉덩뼈 능선 – 엉덩뼈 능선 바로 위 지점인 앞면 겨드랑이선과 교차하는 엉덩뼈 능선과 자연스러운 각의 지점을 대각선으로 잡는다.
④ 위팔세갈래근[위팔(뒤)] – 팔을 자연스럽게 두고 위팔 뒷면 중앙선에서 어깨 봉우리와 팔꿈치 사이 중앙 부위 지점을 수직으로 잡는다.

> **해설** 복부는 배꼽에서 우측 2cm 지점을 수직으로 잡는다.

16 일반적인 피부두겹 측정 방법으로 옳지 않은 것은?

① 표준화를 위하여 모든 측정은 신체의 왼쪽을 측정한다.
② 피부를 수직으로 잡고 잡힌 피부의 최고점과 최저점의 중간에 두면서 엄지와 검지에서 1cm 떨어진 피부표면에 둔다.
③ 각 부위를 반복 측정하며 오차가 1~2mm 이상이 되면 재측정한다.
④ 캘리퍼(측정 장비)를 읽는 동안 피부두겹을 잡고 있어야 한다.

> **해설** 표준화를 위하여 모든 측정은 신체의 오른쪽을 측정한다.

17 다음 중 가장 표준적인 신체조성 평가방법으로 옳은 것은?

① 피하지방(Skinfold)검사 ② 전기저항법
③ 수중체중법 ④ 체질량지수(BMI)

> **해설** 가장 표준적인 신체조성 평가방법은 수중체중법이다.

18 다음 중 심폐체력 평가의 설명으로 옳지 않은 것은?

① 주로 최대산소섭취량(VO_2max)으로 운동 중에 단위 시간당 최대한으로 섭취할 수 있는 산소의 양으로 측정할 수 있다.
② 단위는 ml/min이 쓰인다.
③ 실내 검사로는 트레드밀, 자전거 에르고미터, 스텝테스트가 있으며, 실외검사는 12분 달리기, 1,500m 달리기 등이 있다.
④ 주로 사용되는 검사 장비는 트레드밀이며 최대산소섭취량(VO_2max)을 최대치까지 얻을 수 있다.

> **해설** 최대산소섭취량(VO_2max)의 단위는 운동 중에 단위 시간당 최대한으로 섭취할 수 있는 산소의 양으로 ml/kg/min으로 쓰인다.

19 다음 중 하버드 스텝테스트의 측정 방법으로 옳은 것은?

① 운동 후 30초~1분, 1분 30초~2분, 2분 30초~3분 사이의 심박수 측정
② 운동 후 1분~1분 20초, 2분~2분 20초, 3분~3분 20초 사이의 심박수 측정
③ 운동 후 1분~1분 30초, 2분~2분 30초, 3분~3분 30초 사이의 심박수 측정
④ 운동 후 1분 30초~2분, 2분 30초~3분, 3분 30초~4분 사이의 심박수 측정

> **해설** 하버드 스텝테스트의 측정은 운동 후 1분~1분 30초, 2분~2분 30초, 3분~3분 30초 사이의 심박수를 측정한다.

20 폐기능 검사에서 1초 강제 폐활량비율(FEV1/FVC)의 정상 범위는 어느 것인가?

① FEV1/ FVC가 40% 이상
② FEV1/ FVC가 50% 이상
③ FEV1/ FVC가 60% 이상
④ FEV1/ FVC가 70% 이상

> **해설** 1초 강제 폐활량비율(FEV1/FVC)은 70% 이상을 정상으로 본다.

21 다음 중 운동 검사의 상대적 금기사항으로 옳지 않은 것은?

① 조절되지 않는 대사성 질환
② 중등도의 협착성 심장판막질환
③ 불안정성 협심증
④ 빈맥성 부정맥 혹은 서맥성 부정맥

> **해설** 불안정성 협심증은 절대적 금기사항이다.

22 다음 중 체계적으로 체력을 평가하기 위해 가장 먼저 해야 하는 요소로 옳은 것은?

① 사전 선별검사
② 안정 시 심박수, 혈압
③ 신체조성
④ 심폐지구력

> **해설** 체계적인 체력 평가를 위해서는 사전 선별검사를 가장 먼저 해야 한다.

정답 19 ③ 20 ④ 21 ③ 22 ①

23 다음 중 평형성을 측정하는 검사로 옳지 않은 것은?

① 외발서기
② 직선보행검사
③ 평형성 종합검사
④ 왕복 달리기

> 해설 왕복 달리기는 민첩성을 측정하는 검사이다.

24 전기적 저항을 이용하여 측정하는 방법으로, 누워있는 대상자의 손과 발에 4개의 전극을 부착하여 전기적 전류를 보내어 측정하는 검사는?

① 전기 저항법
② 허리 · 엉덩이 둘레 비율(WHR ; Waist/Hip Ratio)
③ 체질량지수(BMI)
④ 수중체중법

> 해설 전기적 저항을 이용하여 측정하는 방법이며, 누워있는 대상자의 손과 발에 4개의 전극을 부착하여 전기적 전류를 보내어 측정하는 검사는 전기 저항법이다.

25 다음 중 규칙적인 신체활동과 운동의 이점으로 옳지 않은 것은?

① 규칙적인 운동의 목표는 심폐지구력, 근력 및 근지구력, 유연성 같은 건강 체력을 향상시키고 신체구성 등을 고려하여 질환을 통한 예방책을 개선하는 것이다.
② 적절한 신체활동은 인체에 위험 요인을 일시적으로 급격하게 증가시킬 수 있다.
③ 개인 건강 상태에 따른 적절한 흥미를 유발하면서 개별화된 운동처방을 부여할 필요가 있다.
④ 적절한 신체활동은 각 질환의 위험요인을 줄이면서 조기 사망률을 감소시킬 수 있다.

> 해설 적절한 신체활동은 인체에 긍정적이지만, 무리하거나 격한 신체활동은 위험 요인을 일시적으로 급격하게 증가시킬 수 있다.

26 ACSM 위험인자에서 이상지질혈증으로 옳지 않은 것은?

① 저밀도(LDL)콜레스테롤 130mg/dL 이상(3.37mmol/L)
② 고밀도(HDL)콜레스테롤 60mg/dL 이상(1.6mmol/L)
③ 총 혈청콜레스테롤 200mg/dL 이상(5.2mmol/L)
④ 지질개선약물을 투약 중인 경우

> 해설 고밀도(HDL)콜레스테롤 40mg/dL 이하(1.04mmol/L)

27 다음 중 심혈관, 폐, 대사성 질환을 나타내는 증상과 징후로 옳지 않은 것은?

① 가슴, 목, 턱, 팔 혹은 허혈로 인해 발생하는 다른 부위의 통증
② 기 침
③ 어지럼이나 실신
④ 발목 부종

해설 기침은 심혈관, 폐, 대사성 질환을 나타내는 증상과 징후에 포함되지 않는다.

28 다음 중 안정 시 심박수 측정에 관한 설명으로 옳은 것은?

① 경동맥 촉진 시 세게 누르면 심박수 측정이 정확하다.
② 일반적으로 여성보다 남성이 더 높게 나타난다.
③ 최소 1분 간격으로 3회 이상 측정하고 이 중 최댓값을 사용한다.
④ 맥박 촉진 시 검지와 중지 끝을 사용하여 대상자의 노동맥 위를 잡으며 측정한다.

해설 목동맥(경동맥) 촉진 시, 세게 누르면 심박수가 느려진다. 일반적으로 남성보다 여성이 더 높게 나타난다. 심박수 측정 시 30초 혹은 60초 동안 맥박을 센다. 이후 30초 동안 센 것은 2를 곱하여 1분 동안 안정 시 심박수를 측정한다.

29 다음 중 악력 검사에 대한 설명으로 옳지 않은 것은?

① 악력 검사는 악력계를 사용하며, 손의 쥐는 힘을 통해서 최대 근력을 측정한다.
② 악력계를 편하게 쥐고 손가락 두 번째 마디가 직각이 되도록 잡는다.
③ 몸통 옆면과 나란하게 위치시킨 다음, 팔이나 자세를 비틀지 않고 악력계를 3초간 세게 움켜쥔다.
④ 1회 측정하여 측정 수치를 기록한다.

해설 악력 검사는 2회 측정하여 좋은 수치를 기록한다.

정답 27 ② 28 ④ 29 ④

30 다음 중 팔굽혀 펴기 검사에 대한 설명으로 옳지 않은 것은?

① 남자는 양손을 어깨너비로 벌려 30cm 높이의 팔굽혀 펴기 봉을 손끝이 앞으로 가도록 잡고 앞발을 모아 붙인다.
② 팔은 지면에 직각이 되도록 하고 머리, 어깨, 골반, 다리 등이 일직선이 되도록 한다.
③ 실시 속도는 2초에 1회 실시하고, 속도를 지키지 못할 경우나 더 이상 반복할 수 없는 때까지 실시하고 기록한다.
④ 여자의 경우도 남자와 동일하게 팔굽혀 펴기를 한다.

해설 여자는 무릎을 바닥에 대고 동일하게 팔굽혀 펴기를 한다.

31 다음 중 유연성에 대한 설명으로 옳지 않은 것은?

① 유연성은 인체의 관절 가동범위로 근육, 인대, 관절 상태에 따라 그 능력이 달라진다.
② 유연성은 모든 관절의 움직임을 유지할 수 있는 능력이고, 이는 근육의 늘어나는 정도, 인대의 탄력정도, 관절의 가동 범위 등에 의해 복합적으로 실시된다.
③ 거리법은 객관적인 평가가 가능하지만 전문적인 기술이 요구된다.
④ 지수법은 각도에 의한 수치를 비율로 표시하는 방법으로 각도법과 어느 정도 일치하는지 확인할 수 있다.

해설 거리법은 측정이 간단하고 편하지만 객관적인 평가가 정확하지 않다.

32 다음 중 간접 측정법(Sit and Reach Test)에 대한 설명으로 옳지 않은 것은?

① 바닥에 측정 기구를 놓고, 두 발 사이는 모으고 두 발바닥이 측정 기구의 수직면에 완전히 닿도록 무릎을 펴고 바르게 앉는다.
② 양 손끝을 포개고 허리를 앞으로 굽히면서 손끝은 가능한 멀리 보낸다.
③ 무릎이 굽혀지는 것은 괜찮으나 몸의 반동을 주는 것은 유의해야 한다.
④ 2회 측정 후 가장 잘 나온 수치를 기록한다.

해설 무릎이 굽혀지는 것에 유의해야 한다.

33 다음 중 수중체중법에 대한 설명으로 옳지 않은 것은?

① 인체의 밀도 차이를 이용한 측정 방법이다.
② 가장 표준적인 신체조성 평가방법이다.
③ 검사를 실시하는 시간이 짧고 장비가 싸다는 장점이 있다.
④ 대상자를 지상과 수중 속에서 체중을 측정하여 정해진 공식에 대입함으로 계산할 수 있는 방법이다.

해설 수중체중법은 검사를 실시하는 시간이 길고 장비가 비싸다는 단점이 있다.

34 다음 중 체질량지수(BMI)에 대한 설명으로 옳지 않은 것은?

① 체중(kg)을 신장(m)의 제곱으로 나눈 값이다.
② 간단하고 경제적이며 측정 결과에 의한 평가의 오차는 거의 없다.
③ 체지방률은 낮지만 근육이 잘 발달된 사람은 수치상으로 높게 나올 수가 있다.
④ 서양인의 경우 $30kg/m^2$ 이상, 아시아인의 경우 $25kg/m^2$ 이상을 비만으로 정의하고 있다.

해설 간단하고 경제적인 장점이 있지만 측정 결과에 의해서 평가의 오차 가능성이 있다.

35 다음 중 심폐체력 평가에서 최대 운동 검사에 대한 설명으로 옳지 않은 것은?

① 정확하게 검사할 수 있으며, 측정 장비가 저가라는 장점이 있다.
② 주로 사용되는 검사 장비는 트레드밀이며 최대산소섭취량(VO_2max)을 최대치까지 얻을 수 있다.
③ 최적의 검사 시간은 8~12분이다.
④ 자전거는 검사 장비로 저렴한 가격에 심전도와 혈압측정 용이하다. 하지만 트레드밀에 비해서 최대산소섭취량이 5~10% 정도 낮다.

해설 검사는 정확하게 할 수 있지만 측정 장비가 고가이며, 검사를 위한 전문가가 필요하다.

36 다음 중 스텝테스트에 대한 설명으로 옳지 않은 것은?

① 주로 하버드 스텝테스트를 사용한다.
② 50cm 승강대에서 분당 30회의 승강운동 후 심박수를 측정하여 신체효율지수(PEI)를 산출하여 박자에 맞춰 실시한다.
③ 검사 중단 시 공식을 변형시켜 사용한다.
④ 이 검사는 서양인보다 동양인에게 더 유리하다.

해설 이 검사는 서양인을 대상으로 개발되어서 동양인의 경우 신장이 작은 사람에게 불편하다는 단점이 있다.

37 다음 중 이학적 검사에 대한 설명으로 옳지 않은 것은?

① 이학적 검사는 의사 혹은 관련 자격이 있는 자에 한해서 이루어져야 한다.
② 검사 요소로는 체중, 안정 시 심박수와 혈압, 심폐 쪽의 청진, 피부 시진, 당뇨병의 경우 하지 관찰, 정형외과적인 상태 등을 알아본다.
③ 운동에 참여하기 전에 사전 검사는 할 필요가 없다.
④ 머리부터 발끝까지 철저한 검사를 시행하며, 검사자의 시진과 촉진에 의하여 이상소견을 찾는 것이 필요하다.

해설 이학적 검사는 운동에 참여하기 전에 반드시 사전 검사가 이루어져야 한다.

정답 34 ② 35 ① 36 ④ 37 ③

38 다음 중 이학적 검사에서 심박수에 대한 설명으로 옳지 않은 것은?

① 안정 시 적정 심박수의 범위는 60~100bpm정도이다.
② 60bpm 이하는 서맥, 100bpm 이상은 빈맥으로 한다.
③ 장기간 오래 운동을 하다 보면 안정 시 심박수가 높아지며, 이는 심장의 기능이 효과적이라고 볼 수 있다.
④ 규칙적인 활동과 운동이 하는 사람의 경우에는 운동성 서맥이 있을 수 있다.

해설 장기간 오래 운동을 하다 보면 안정 시 심박수가 낮아지며, 이는 심장의 기능이 효과적이라고 볼 수 있다.

39 다음 중 이학적 검사에서 혈압에 대한 설명으로 옳지 않은 것은?

① 안정 시 혈압측정은 사전 운동 검사에 필요한 요소이다.
② 검사는 2회 이상 측정된 혈압의 평균으로 결정한다.
③ 긴장이나 스트레스, 추위, 수면 부족 등으로 높아질 수도 있다.
④ 혈압은 특히 연령이 증가함에 따라 감소하는 경향이 있다.

해설 혈압은 특히 연령이 증가함에 따라 상승하는 경향이 있다.

40 다음 중 JNC 기준으로 1단계 고혈압에 해당하는 수치는?

① 수축기 혈압 120mmHg, 이완기 혈압 80mmHg
② 수축기 혈압 130mmHg, 이완기 혈압 80mmHg
③ 수축기 혈압 140mmHg, 이완기 혈압 90mmHg
④ 수축기 혈압 160mmHg, 이완기 혈압 100mmHg

해설 JNC 기준으로 1단계 고혈압은 수축기 혈압 140~159mmHg, 이완기 혈압 90~99mmHg이다.

41 다음 중 지질과 지단백콜레스테롤에 대한 설명으로 옳지 않은 것은?

① 중성지방(TG)과 저밀도(LDL) 콜레스테롤은 관상동맥혈관 질환과 관련이 없다.
② 고밀도(HDL)콜레스테롤이 60mg/dL(1.6mmol) 이상일 경우 긍정적인 반응을 이끌어낸다.
③ 저밀도(LDL)콜레스테롤은 130mg/dL 이상(3.37mmol) 또는 고밀도(HDL)콜레스테롤 40mg/dL 이하(1.04mmol)일 때 위험 요인이 된다.
④ 지질개선약물을 투약 중인 경우 이상지질혈증의 위험인자에 포함된다.

해설 중성지방(TG)과 저밀도(LDL) 콜레스테롤은 관상동맥혈관 관련 질환과 밀접한 관련이 있다.

정답 38 ③ 39 ④ 40 ③ 41 ①

42 다음 중 ACSM 위험인자 중 하나인 흡연에 대한 설명으로 옳지 않은 것은?

① 현재 흡연 혹은 과거 6개월 이내에 금연한 자는 위험요인에 포함된다.
② 간접흡연에 노출된 자는 위험요인에 제외된다.
③ 흡연은 혈압을 순간적으로 올린다.
④ 6개월 이상 금연한 자는 위험요인에서 제외된다.

해설 현재 흡연 혹은 과거 6개월 이내에 금연한 자, 간접흡연에 노출된 자는 위험요인에 포함된다.

43 다음 중 악력, 배근력은 무엇을 측정하기 위한 검사인가?

① 근지구력
② 근 력
③ 민첩성
④ 평형성

해설 악력, 배근력은 근력을 측정하기 위한 검사이다.

44 다음 중 SFT 노인체력평가의 종류로 옳지 않은 것은?

① 30초간 의자에 앉았다 일어서기(Chair Stand Test)
② 30초간 덤벨 들기(Biceps Curl Test)
③ 3분 제자리 걷기(3-minute Step Test)
④ 앉아 윗몸 앞으로 굽히기(Chair Sit and Reach Test)

해설 SFT 노인체력평가의 종류로는 30초간 의자에 앉았다 일어서기(Chair Stand Test), 30초간 덤벨 들기(Biceps Curl Test), 2분 제자리 걷기(2-minute Step Test), 앉아 윗몸 앞으로 굽히기(Chair Sit and Reach Test), 등 뒤로 손닿기 검사(Back Scratch Test), 의자에 일어나 장애물 돌아오기(2.45m Up-and-Go test)가 있다.

45 다음 중 피부두겹 측정으로 옳지 않은 것은?

① 가슴(흉부) – 앞면 겨드랑선 기준 젖꼭지 사이 1/2(남성), 2/3(여성) 지점을 대각선으로 잡는다.
② 엉덩뼈 능선 – 엉덩뼈 능선 바로 위 지점인 앞면 겨드랑이선과 교차하는 엉덩뼈능과 자연스러운 각의 지점을 대각선으로 잡는다.
③ 위팔세갈래근[위팔(뒤)] – 팔을 자연스럽게 두고 위팔 뒷면 중앙선에서 어깨 봉우리와 팔꿈치 사이 중앙 부위 지점을 수직으로 잡는다.
④ 위팔두갈래근[위팔(앞)] – 팔을 자연스럽게 두고 위팔세갈래근 위치보다 1cm 위쪽 지점을 수직으로 잡는다.

해설 가슴(흉부) 측정의 경우 앞면 겨드랑선 기준 젖꼭지 사이 1/2(남성), 1/3(여성) 지점을 대각선으로 잡는다.

정답 42 ② 43 ② 44 ③ 45 ①

46 다음 중 운동 검사의 금기사항에 대한 설명으로 옳지 않은 것은?

① 조절되지 않는 증상을 동반한 심부전증은 절대적 금기사항이다.
② 절대적 금기사항과 상대적 금기사항은 모두 운동의 위험보다 운동의 이점이 중요하다면 진행할 수 있다.
③ 정신적 혹은 신체적 장애로 운동을 수행하기 힘든 경우 상대적 금기사항이다.
④ 급성 심근염 또는 심낭염은 절대적 금기사항이다.

해설 절대적 금기사항의 경우 운동 검사의 참가를 금기시하며, 상대적 금기사항은 운동의 위험보다 운동의 이점이 중요하다면 진행할 수 있다.

47 다음 중 폐기능에 대한 설명으로 옳지 않은 것은?

① 노력성 폐활량(FVC)은 최대한 공기를 마신 후 최대로 내쉰 양을 측정한다.
② 1초간 노력성 호기량(FEV1)은 노력성 폐활량에서 처음 1초 동안 내신 공기의 양을 말한다.
③ 남자는 약 3,000~4,000cc 정도, 여자는 2,000~3,000cc 정도로 측정된다.
④ 1초 강제 폐활량비율(FEV1/FVC)은 1초간 노력성 호기량을 노력성 폐활량으로 나눈 값이며 50% 이상을 정상으로 한다.

해설 1초 강제 폐활량비율(FEV1/FVC)은 1초간 노력성 호기량을 노력성 폐활량으로 나눈 값이며 70% 이상을 정상으로 한다.

48 다음 중 운동참여 전 평가에 대한 설명으로 옳지 않은 것은?

① 혈압은 사전 검사에 필요한 요소이나, 시간과 장소는 중요하지 않다.
② 케톤은 지방 대사가 과다해지면 주로 나타나며, 이는 탄수화물 대사 능력 손실과 불충분한 탄수화물 섭취, 과다한 탄수화물 손실, 대사량의 요구 증가에 따라 영향을 준다.
③ 혈액은 감염에 대한 방어, 체온 조절, 체액의 PH 농도 조절 등 여러 가지 기능을 담당한다.
④ 머리부터 발끝까지 철저한 검사를 시행하며, 검사자의 시진과 촉진에 의하여 이상소견을 찾는 것이 필요하다.

해설 혈압은 긴장만으로도 상승하는 일이 있어 측정하고자 하는 시간과 장소가 중요하다.

49 다음 중 신체활동과 건강의 관계에 대한 설명으로 옳지 않은 것은?

① 신체활동의 건강상의 이점은 심폐기능의 기능적인 개선과 관상동맥질환의 위험요인을 줄일 수 있다는 점이다.
② 관상동맥질환이 있더라도 2차적인 예방을 통해 다른 문제들이 야기되는 것을 예방할 수 있다.
③ 적절한 신체활동은 인체에 긍정적이지만 무리하거나 격한 신체활동은 위험 요인을 일시적으로 급격하게 감소시킬 수 있다.
④ 신체활동은 심리적·사회적인 면에도 긍정적인 영향을 준다.

해설 적절한 신체활동은 인체에 긍정적이지만 무리하거나 격한 신체활동은 위험 요인을 일시적으로 급격하게 증가시킬 수 있다.

50 다음 중 운동참여 전 사전 검사에 대한 설명으로 옳지 않은 것은?

① 운동 프로그램에 참여하기 전에 실시하는 사전 검사는 대상자들의 안전과 효과적인 운동 프로그램을 진행하기 위해 반드시 필요하다.
② 가족력은 심근경색, 관상동맥 재생, 또는 부계나 다른 남자 직계 가족 중 65세 이전의 혹은 모계나 다른 여성 직계 가족 중에 55세 이전에 급사한 가족력이다.
③ 각 대상자들에게 맞는 적절한 운동을 진행하기 위해 설문지나 의학적 검사 등 대상자들에게 필요한 모든 정보가 위험 요소를 예방하며 더 안정적으로 진행할 수 있다.
④ 운동을 참여하려는 대상자들의 위험 분류를 하기 위해서 그 근거가 필요한데, 현재 국내에서 쓰이는 가장 신뢰할 수 있는 근거자료는 미국대학스포츠의학회(American College of Sports Medicine)에서 권장하는 가이드라인이다.

해설 가족력은 심근경색, 관상동맥 재생, 또는 부계나 다른 남자 직계 가족 중 55세 이전의 혹은 모계나 다른 여성 직계 가족 중에 65세 이전에 급사한 가족력이다.

정답 49 ③ 50 ②

시대에듀 건강운동관리사

파트별 출제비중

구 분	2025	2024	2023	2022	2021	2020	2019	합 계
운동처방의 기초 이론	1	1	3	5	5	2	4	21
체력향상을 위한 운동처방	7	2	4	3	4	5	4	29
생활습관병과 운동처방	7	6	6	4	4	4	5	36
특수대상자의 운동처방	5	11	7	8	7	9	7	54

※ 출제빈도는 문제 분석에 따라 달라질 수 있습니다.

최근 기출 분석

[특수대상자의 운동처방]이 50%를 넘었던 작년과 달리 올해는 [체력향상을 위한 운동처방]과 [생활습관병과 운동처방]의 비중이 높았습니다. 문제의 대부분은 ACSM과 관련하여 출제되었으며 계산 문제도 상당수 출제되었습니다. 대상자별 운동처방과 금기사항을 확실히 암기하여 ACSM 공식에 응용할 수 있도록 학습하여야 합니다. 기초이론보다는 운동처방 관련 내용이 주로 출제되는 경향이니 참고하여 학습하시기 바랍니다.

제3과목

운동처방론

01	운동처방의 기초 이론
02	체력향상을 위한 운동처방
03	생활습관병과 운동처방
04	특수대상자의 운동처방

출제예상문제

01 운동처방의 기초 이론

학습목표
- 운동처방의 구성요소와 각 요소별로 뜻하는 의미를 알아야 한다.
- 운동처방의 원리에 대해서 이해하고 각 원리별 의미를 알아야 한다.

1 운동처방의 개념

적절한 운동처방을 통한 신체활동은 만성 질환의 위험 인자를 줄임과 동시에 체력을 증진시키며, 운동 중 나타날 수 있는 주의사항에 유의하면서 보다 효과적인 운동과 건강관리를 가능하게 한다. 이에 보다 체계적이고 개개인에 맞는 운동 프로그램이 필요하다.

(1) 운동 전 사전평가

신체활동이나 운동을 시작하기에 앞서 대상자의 사전 검사, 의학적 검사, 체력 검사, 운동부하 검사 등 각 검사별로 정보가 필요하며, 검사에 맞춘 적절한 운동처방 프로그램을 필요로 한다.

(2) 운동처방의 구성요소

운동처방의 구성요소는 일반적으로 FITTP 5가지로 나뉘게 된다. 이는 운동에 대한 빈도(Frequency), 강도(Intensity), 시간(Time), 형태(Type), 운동 단계(Progression)이다.

① 운동 빈도
  ㉠ 1주일을 기준으로 실시한 총 운동 횟수를 의미
  ㉡ 초보자의 경우 낮은 강도의 운동으로 작게 시작하다가 매일 운동을 하는 것으로 권장
  ㉢ 운동을 하더라도 상해의 위험 혹은 운동 중에 발생할 수 있는 위험 요인이 있다면 운동 형태를 다양하게 변화시켜줄 것을 권장

② 운동 강도
  ㉠ 일정시간 내에 수행한 운동에 대한 양을 의미
  ㉡ 시간당 수행한 운동량이 많을수록 상대적으로 인체에 대한 부담도 커지게 되므로 개인의 체력 수준에 맞는 운동 강도를 설정할 것을 권장

③ 운동 시간
  ㉠ 정해진 운동 강도로 운동을 얼마나 오래 지속할 것인가에 대한 양적 요소
  ㉡ 건강을 위한 적정 운동 시간은 중강도로 하루 30분 이상을 권장하고 있으며, 높은 강도의 운동일수록 운동 시간은 줄어들어야 함
  ㉢ 체력 수준이 높아질수록 시간을 늘려야 하며 체력수준이 낮은 사람의 경우 강도보다는 시간을 점차적으로 늘려야 함
  ㉣ 보통 1시간 정도의 운동 시간을 권장하며, 이후에는 강도를 점차 늘리는 방법을 권장

④ 운동 형태
  ㉠ 운동 목적에 맞게 우선적으로 고려되어야 하며, 적절한 운동의 형태를 선택할 수 있어야 함
  ㉡ 개인의 운동 목적에 맞게 증진시키고자 하는 체력 요소를 설정하여 운동 형태를 선택(달리기, 자전거, 수영, 웨이트머신, 요가, 필라테스 등)

⑤ 운동 단계
  ㉠ 초기 적응 단계, 향상 단계, 유지 단계로 구분
  ㉡ 초기 적응 단계 : 초기 6주간 운동에 대한 적응을 하는 단계이며, 숙련자는 건너뛸 수 있는 단계
  ㉢ 향상 단계 : 4~8개월까지 지속적으로 운동을 하며, 신체적 기능이 향상되는 단계
  ㉣ 유지 단계 : 적정 체력수준을 유지하는 단계로, 향상된 체력수준을 장기간 지속하는 단계

(3) 특수 대상자 및 질환자들을 위한 운동처방

어린이, 여성, 고령층, 대사성 질환자 등 여러 대상자들의 운동은 개개인마다 다르며 이에 맞는 운동 프로그램이 개발되어야 한다. 신체활동의 증가는 질환에 대한 부정적인 요인을 감소시키며 삶의 질을 개선하는 데 효과적이다.

2 운동처방의 요소

(1) 운동처방의 조건
개인의 건강상태, 일상생활과 평소 활동량이 어느 정도 되느냐에 따라 운동의 효과는 달라질 수 있다. 따라서 최적의 운동 프로그램을 위해서 좀 더 과학적인 원리에 입각하여 프로그램을 제공하여야 한다.

(2) 운동처방의 원리
운동 프로그램에 대한 최고의 효과를 내기 위해 체계적인 틀을 맞추어야 하는데, 그 공식을 위해 정해 놓은 원리들은 다음과 같다.

① 특수성의 원리
  ㉠ 운동 자극에 따라 나타나는 인체의 반응은 행해지는 운동의 형태나 근육군에 따라 달라질 수 있음
  ㉡ 무거운 아령을 드는 동작은 해당하는 근육의 근력과 근지구력을 향상함
  ㉢ 근육을 늘려주는 스트레칭은 유연성을 증가시켜 가동범위를 더 늘려줌

② 과부하의 원리
  ㉠ 점차적으로 인체에 가해지는 부하를 증가시키는 것을 말하며, 적정 부하를 주기 위해 증가 범위를 2주마다 약 2.5~5% 범위로 권장
  ㉡ 부하간격이 너무 짧거나 길 경우에는 오히려 효과가 감소
  ㉢ 과부하의 조절변수는 '부하 정도, 반복 속도, 반복 횟수, 휴식 시간, 운동 빈도 혹은 시간' 5가지로 분류

③ 점증 부하의 원리
  ㉠ 지속적인 운동효과를 위해 운동기간 동안 운동 강도를 증가시켜 줌
  ㉡ 무거운 무게를 드는 동작은 근력을 향상하지만 일정 시간이 지나면 더 이상 향상되지 않음

④ 개별성의 원리
  ㉠ 자신의 신체특성에 맞는 적절한 운동이 진행되어야 함
  ㉡ 나이, 성별, 체력수준, 운동에 대한 이해도, 심리적 혹은 건강 상태에 따른 운동처방의 구성요소를 설정할 때 달라질 수 있음

⑤ 회복·과훈련·탈훈련의 원리
  ㉠ 운동 후에는 생성된 피로물질을 제거하고 손상된 조직이 회복되는 시간이 필요함
  ㉡ 소모된 에너지는 보충되어야 하며, 회복되는 시간은 주어진 운동 스트레스의 강도나 양에 따라 달라지는데 높은 강도의 운동은 긴 회복시간, 낮은 강도의 운동은 짧은 회복시간이 필요함
  ㉢ 회복이 충분하지 않다면 과훈련이 되고, 과도한 운동수행으로 시간이 길어지면 탈훈련이 생김

⑥ 가역성의 원리
  ㉠ 신체가 운동을 통해 적응한 효과가 지속적으로 운동을 하지 않으면 시간이 지남에 따라 감소하거나 사라질 수 있음
  ㉡ 운동을 하지 않으면 신체기능과 조직은 퇴화되기 시작하기 때문에 지속적인 운동이 필요

(3) 운동처방의 개요

현재 인류는 다양한 발전을 이루면서 주로 좌업생활을 하게 되어 활동량이 줄어들게 되었고, 만성적인 질병에 노출되기 쉬워졌다. 인체는 신체활동으로 긍정적인 스트레스를 줄 수 있으며, 과학의 진보적 발전으로 더 체계적인 운동 프로그램을 개발할 수 있게 되었다. 인류의 기대수명이 늘어나면서 만성적인 질환에 대한 예방이 필요하며, 이에 맞는 체계적이고 효과적인 운동 프로그램들을 적용할 수 있다.

(4) 운동처방의 설정 원칙

효과적인 운동 프로그램을 만들기 위해서는 각 대상자들에게 적절한 운동 처방의 기본적인 원리들이 포함되어야 하며, 운동처방의 구성요소가 포함되어야 한다.

(5) 운동 프로그램의 구성

운동 프로그램을 목적에 따라 다양하게 구성할 수 있어야 하며 이는 기간에 따라 달라질 수 있다. 길게는 연간, 월간으로 프로그램을 구성하며 기본 프로그램은 보통 주간과 1일 프로그램으로 한다.

① 주간 프로그램

운동 프로그램을 구성하기에 가장 적합한 주기는 1주간으로 진행하는 프로그램이며, 최소 하루 정도의 휴식을 줄 수 있는 격일로 하는 운동 프로그램이 규칙적이고 바람직하다. 적응이 된 후에는 주 3~5회 운동을 권장한다.

② 1일 프로그램

주간 운동 프로그램이 설정되면 준비운동, 본운동, 정리운동으로 나누어 일간 프로그램 계획을 구성한다.

㉠ 준비운동은 보통 낮은 강도에서 5~10분 정도 실시한다. 몸의 온도를 올려준다는 의미에서 웜 업(Warm Up)이라고 하며, 혈액의 흐름을 증가하고 경직된 근육을 이완해 준다.

㉡ 본운동은 본격적으로 대상자들의 목적에 맞는 운동을 실시하는 과정이다. 체력 관리가 목적이라면 유산소 운동, 저항 운동, 유연성 운동이 포함되어야 하며, 여가 목적의 스포츠도 가능하다.

㉢ 정리운동은 운동을 다 끝내고 몸의 온도를 다시 정상으로 낮춘다는 데 의미가 있으며, 쿨 다운(Cool Down)이라고 한다. 준비운동과 마찬가지로 5~10분 정도 실시하며 운동으로 인한 혈역학적인 반응을 안정 시 수준으로 회복시킨다.

02 체력향상을 위한 운동처방

학습목표
- 심폐지구력의 효과에 대해 이해하고 운동 시 주의사항을 이해한다. 목표심박수가 무엇이며 계산하는 법을 익힌다.
- 등척성, 등장성, 등속성 수축운동을 구분하면서 주의사항을 이해한다. 또한 근력의 간접 측정법을 계산할 수 있다.
- 각 스트레칭을 장점과 단점을 이해하고, PNF 스트레칭 방법에 대해 숙지한다.

1 심폐지구력 향상의 운동처방

(1) 심폐지구력 운동의 효과

① 심폐지구력 : 장시간 운동을 지속할 수 있는 능력이다.

② 효과 : 온몸의 조직에 산소와 영양분을 적절히 공급하여 좀 더 원활한 심폐기능을 지속할 수 있도록 해준다. ACSM에서는 리드미컬한 중강도 이상의 운동을 지속적으로 하라고 권장한다. 유산소 운동을 장기간 하게 되면 심폐지구력의 가장 중요한 지표 중 하나인 최대산소섭취량(VO_2max)을 증가할 수 있다. 특히, 건강한 사람은 건강을 증진할 수 있으며 질환의 위험 요소가 있는 사람은 위험요소를 줄일 수 있다.

(2) 운동 시 주의사항

심폐지구력 운동을 할 때 일정 수준 이상이 되면 운동 강도를 높여야 한다. 하지만 지나친 운동으로 인한 손상이 생기지 않도록 다음과 같이 주의한다.

① 심폐지구력을 향상하고자 목표한 운동 강도의 상한 수준을 초과하여 다른 손상이 발생하지 않도록 해야 한다.

② 의학적인 평가를 통한 이상이 있는 경우 의사와의 상담을 통해 안전함을 확인하고 운동을 진행한다. 운동을 하면서도 불편한 정도를 조절하면서 문제가 발생되기 전 단계까지만 운동을 실시한다.

③ 모든 운동은 개인의 특성에 맞게 맞추어야 하며, 특수성의 원리에 맞게 각 대상자에 대한 운동의 목적을 생각하여야 한다. 예를 들어 대상자가 체력을 향상하기 위한 것인지, 건강 증진으로 질환을 예방하는 목적인지를 판단하고 운동을 달리하도록 한다.

④ 운동 강도를 설정할 때는 목표한 심박수에 맞게 운동을 하여야 하며, 심박수에 영향을 주는 약을 복용한 대상자의 경우 이에 맞게 운동을 한다.
⑤ 심폐지구력에 대한 운동 프로그램은 유지하려는 단계에서 지루함을 느낄 수 있기 때문에 각 대상자에 따른 흥미를 유발할 수 있도록 한다.

(3) 운동처방의 설정 원칙

① 운동 형태 : 초기나 향상 단계에서의 운동 형태는 강도 조절이 쉬운 실내 자전거·조깅·걷기 등의 활동이 권장되며, 체력과 기술의 향상에 따라 에어로빅·수영을 선택하는 것이 좋다.

② 운동 강도
  ㉠ 적절한 심폐지구력 향상을 위한 운동 강도는 심혈관계의 이상을 주지 않는 범위 내에서 적정량의 자극이 들어가야만 함
  ㉡ 건강한 성인에게 권장하는 중강도 운동은 여유심박수(%HRR) 또는 여유산소섭취량(VO_2R)의 40~59%, 고강도는 60~89%가 권장된다. 체력이 저하된 사람의 경우 저강도인 30~39%를 권장한다.
  ㉢ 심폐지구력 운동의 강도 분류(ACSM)를 위한 지표는 아래와 같다.

[심폐지구력 운동의 강도 분류(ACSM)]

강 도	%HRR(VO_2R)	%HRmax	%VO_2max	RPE
매우 가볍다	< 30	< 57	< 37	< 9
저강도	30~39	57~63	37~45	9~11
중강도	40~59	64~76	46~63	12~13
고강도	60~89	77~95	64~90	14~17
최대하~최대	≥ 90	≥ 96	≥ 91	≥ 18

③ 운동 빈도 : 중강도 운동으로 주당 5일 또는 고강도 운동으로 주당 3일을 권고하나, 중강도와 고강도 운동을 조합할 경우 주당 3~5일 하는 것으로 권고한다.

④ 운동 시간 : 성인을 기준으로 중강도 운동은 하루 30~60분(주당 150분 이상), 고강도 운동은 하루 20~60분(주당 75분 이상)을 권장하며, 중강도와 고강도 운동을 조합하는 것도 권장된다. 운동량은 1회 지속 운동이거나 하루에 1회 운동으로 최소 10분 이상 여러 번 하는 운동으로 진행할 수 있다. 또한 하루 20분 미만의 운동은 좌업생활자에게 이로울 수 있다.

⑤ 운동량 : 유산소 운동은 주당 500~1,000MET-min으로 목표 운동량을 설정할 수 있다. 하루 최소 7,000~8,000보 정도 걷는 것을 권장하며 중강도로 걷는다면 하루에 최소 3,000보를 권장한다.

⑥ 운동 단계 : 운동 프로그램의 최초 4~6주 기간에서 1~2주마다 5~10분씩 높이는 것을 권장한다. 1개월 이상 규칙적으로 운동을 한 후 점차적으로 빈도, 강도, 시간을 서서히 상향조정한다.

2 근력 및 근지구력 향상을 위한 운동처방

(1) 근력 및 근지구력 운동의 효과
근력은 근육이 수축하여 발휘할 수 있는 최대의 힘을 말하며, 이러한 근수축의 지속 능력이나 동일한 운동 강도로 반복하는 능력을 근지구력이라고 한다. 주로 저항 운동을 통해서 실시되며 적절한 근육 운동은 체력을 향상하며 근골격계 질환을 예방할 수 있다.

(2) 근수축 운동의 종류
① 등척성 수축운동(Isometric Exercise)
  ㉠ 관절이 일정 각도에서 고정된 상태에서 힘을 발휘하여 일정 시간 동안 힘을 유지하는 운동방법이다. 예를 들어 벽에 손을 대고 일정 시간 동안 힘을 유지하고 있다면, 일정 각도에서 움직임은 없지만 근육은 힘을 쓰고 있다. 이와 같이 근육의 힘을 효율적으로 높일 수 있는 장점이 있지만 운동을 실시한 일정 각도에서만 운동의 효과가 나타난다. 주로 손상을 당하거나 재활이 필요한 경우 초기의 회복 운동으로 적절하다.
  ㉡ 등척성 운동의 일반적 지침은 정적 근력과 정적 근지구력으로 나뉜다. 정적 근력은 100% MVC의 강도로 5초 수축을 유지하며, 5회 빈도로 5~10회 반복하도록 실시한다. 정적 근지구력은 60% MVC 이상의 강도로 피로 시까지 유지하며, 5회 빈도로 연습 후 1회 반복한다(헤이워드, 2006).

② 등장성 수축운동(Isotonic Exercise)
일반적으로 운동 시설에서 할 수 있는 운동 방법으로 쉽게 생각하면 덤벨과 바벨을 생각하면 된다.
  ㉠ 근육길이에 따른 운동법
   • 구심성 수축법(Concentric Contraction) : 덤벨을 들어 올릴 때, 상완이두근의 근육 길이가 짧아지면서 힘을 쓰게 된다. 이처럼 근육의 길이가 짧아지면서 힘을 사용하게 되는 상태를 말한다.
   • 원심성 수축법(Eccentric Contraction) : 반대로 근육의 길이가 늘어나면서 힘을 사용하게 되는 것을 말한다. 주로 강도는 RM(Repetition Maximum)으로 표현되며, 최대한으로 한 번에 들 수 있는 무게를 1RM이라고 한다. 기본적으로 근력을 향상하기 위해서는 무거운 무게를 적은 횟수로 운동하길 권장하며, 근지구력을 향상하려면 적은 무게로 횟수를 많이 반복하는 방법을 선택한다. 근력과 근지구력을 동시에 향상하고자 할 때에는 8~12RM을 활용할 것을 권장한다. 동작 수는 8~10가지 정도가 적당하며, 주 2~3회 정도 실시하는 것을 권장한다.
  ㉡ 관절에 의한 운동 분류
   • 단관절 운동 : 하나의 관절을 중심으로 하는 운동으로 목표하는 하나의 대근군에 자극을 주는 운동이다. 정교한 기술이 필요하지 않으며 상해의 위험성이 적다. 예를 들면 레그 익스텐션(Leg Extension)과 레그 컬(Leg Curl) 같은 운동이 있다.
   • 다관절 운동 : 여러 관절을 축으로 근육군에 자극을 주는 운동이다. 보다 복잡한 신경조절과 다양한 근육의 협응력과 신경조절 능력이 필요하기 때문에 근력과 근파워를 향상하기에 적합하다. 예를 들면 스쿼트(Squat)나 벤치 프레스(Bench Press) 같은 운동이 있다.

③ 등속성 수축 운동(Isokinetic Exercise)

등척성 수축과 등장성 수축 운동의 장점을 동시에 가졌으며, 하고자 하는 운동 목적에 따라 다양하게 적용할 수 있다. 모든 관절의 전 범위에 일정한 속도로 운동을 할 수 있도록 설계되어 있다. 원심성 수축으로 인한 요소가 없어서 재활 프로그램에 주로 이용되기도 하며 근력, 근지구력, 파워까지 향상할 수 있다. 일반적인 등속성 수축 운동의 지침은 근력과 근지구력으로 나뉜다. 근력은 최대 수축으로 실시하며 24~180°/sec의 속도로 주 3~5회로 진행한다. 근지구력은 최대 수축으로 180°/sec 이상의 속도로 피로 시까지 주 3~5회 실시한다(헤이워드, 2006).

(3) 근력 및 근지구력 운동 시 주의사항

근육에 대한 저항을 주는 운동 시, 복잡하고 많은 힘을 요구할수록 운동 중 손상을 야기할 가능성이 커진다. 이에 따라 다음 주의사항에 맞춰 운동을 실시해야 한다.

① 모든 관절가동범위에서 편안하게 통증이 없도록 동작을 취한다.
② 대근육 위주로 8~10가지 부위별 운동을 1시간 내로 실시한다.
③ 정상 호흡을 유지할 수 있도록 하며, 고혈압이나 심혈관계 질환이 있는 경우 발살바 호흡법(Valsalva Maneuver)은 혈압이 급격하게 올라가므로, 무거운 무게에 호흡을 참지 않도록 해야한다.
④ 근육 운동은 근피로의 회복시간이 필요하므로, 격일 혹은 3일 간격으로 실시할 것을 권장한다.
⑤ 운동 시 구심성 수축과 원심성 수축 시 근육에 대한 긴장을 적절하게 유지하면서 실시한다.

> **개념 PLUS**
>
> **저항성 운동 및 검사의 절대적, 상대적 금기사항(American Heart Association, 2007)**
> - 절대적 금기사항
>   - 불안정한 관상동맥심질환
>   - 보상되지 않는 심부전
>   - 조절되지 않는 부정맥
>   - 심각한 폐동맥고혈압(평균 폐동맥 혈압 55mmHg 초과)
>   - 대동맥협착 증상이 심각하거나 징후가 있을 때
>   - 급성심근염, 심근내막염 혹은 심낭염
>   - 조절되지 않는 고혈압(180/110mmHg 초과)
>   - 대동맥 박리
>   - 마르팡(Marfan) 증후군
>   - 진행형 증식성 망막증 혹은 중간 또는 악화된 비증식성 당뇨병성 망막증을 가지고 있는 환자의 고강도 저항성 운동(1RM의 80~100%)
> - 상대적 금기사항(참여 전 의사와 상담할 것)
>   - 관상동맥심질환의 주요 위험요인
>   - 나이 무관한 당뇨병
>   - 조절되지 않는 고혈압(160/100mmHg 초과)
>   - 낮은 운동능력(4METs 미만)
>   - 근골격의 제한
>   - 이식형 심박조율기 혹은 제세동기를 착용한 사람

(4) 운동처방의 설정 원칙

근육 운동에서 기본적인 설정 원칙은 위에서 언급한 최대 근력(1RM)이 기준이 된다. 1RM을 설정하기 위한 방법으로 직접 측정법과 간접 측정법이 있다.

① **직접 측정법** : 하체를 측정할 시 자신의 체중과 비슷한 무게로 시작하며, 상체의 무게는 체중의 반으로 측정을 시작한다. 이 방법은 정확하긴 하나 무거운 무게를 들어야 하므로 초보자나 근골격계 문제가 있다면 상해의 가능성이 생길 수 있다.

② **간접 측정법** : 직접 측정법보다 정확하지는 않으나 현장에서 많이 쓰이는 방법이다. 아래의 추정 공식을 이용하면 예측이 가능하다.

$$1RM = W_0 + W_1$$
$$W_1 = W_0 \times 0.025 \times R$$

* W_0 : 충분한 준비 운동 후 약간 무겁다고 생각되는 중량(7~8회 반복이 가능한 무게)
* R : 반복횟수

개념 PLUS

무게를 80kg으로 선택하여 최대 10회 반복 운동을 한 경우
$W_1 = 80 \times 0.025 \times 10 = 20$
$1RM = W_0 + W_1 = 80 + 20 = 100kg$
∴ 따라서, 이 사람의 1RM은 100kg으로 설정된다.

3 유연성 향상을 위한 운동처방

(1) 유연성 운동의 분류

① **정적 스트레칭(Static Stretching)** : 목표하는 근육과 힘줄을 느리게 스트레칭 하는 동작으로 10~30초간 동작을 유지한다. 이 동작은 수동적 혹은 능동적으로 시행할 수 있다.
  ㉠ 수동적 정적 스트레칭(Passive Static Stretching) : 보조장치나 보조자를 활용하거나 지지 없이 사지나 신체를 활용하여 자세를 유지하는 스트레칭이다.
  ㉡ 능동적 정적 스트레칭(Active Static Stretching) : 주동근을 활용하여 스트레칭 자세를 유지하는 동작이며 요가를 예로 들 수 있다.

② **동적 또는 느린 움직임 스트레칭(Dynamic or Slow Movement Stretching)** : 신체 부위를 한 곳에서 다른 곳으로 점차 이동하여 반복적으로 관절가동범위를 넓히는 형태의 스트레칭이다.

③ **반동(탄성) 스트레칭(Bouncing Stretching)** : 인체의 움직임에 나타나는 탄성을 활용하는 스트레칭이다.

④ 고유수용성신경근촉진(PNF ; Proprioceptive Neuromuscular Facilitation) : 고유수용성신경근촉진(PNF)은 여러 패턴이 있으며 자주하는 방식은 수축-이완이 있다. 수축-이완은 목표하는 근육에 등척성 수축을 한 후 같은 근육의 정적 스트레칭을 유도하는 방법이다. 최대 수의적 근수축의 약 20~75% 강도로 3~6초간 근수축을 유지하다가 보조자의 도움으로 10~30초간 스트레칭 할 것을 권장한다.

> **개념 PLUS**
>
> **스트레칭의 기법**
> - 능동 스트레칭 : 대상자가 스스로 움직이면서 실시하는 기법
> - 수동 스트레칭 : 대상자는 힘을 쓰지 않고 외부에서 주는 도움을 받아서 실시하는 기법
> - 능동보조 스트레칭 : 대상자가 스스로 가능한 범위까지 움직이고 외부에서 주는 도움으로 실시하는 기법

(2) 유연성 운동의 효과

유연성 향상에 도움이 되는 스트레칭은 누구나 쉽게 할 수 있지만, 잘못된 방법으로 실시한다면 근육과 건, 인대와 같은 조직에 무리를 줄 수 있다. 적절한 유연성 운동은 관절의 가동범위를 향상하며 근골격계 질환의 예방에 도움을 준다.

(3) 유연성 운동 시 주의사항

① 가장 안전하게 할 수 있는 스트레칭은 정적 스트레칭이며, 가동범위에 제한이 있는 경우에 정적 스트레칭을 실시한다.
② 스트레칭을 실시한다면 불편함이 생기지 않도록 가능한 가동범위 내에서 끝부분까지만 실시한다.
③ 스트레칭에 대한 호흡은 멈추지 않으며 편안하게 하도록 한다.
④ 상해를 입거나 통증이 있는 경우 동적 스트레칭은 금기한다.
⑤ 신체적 결함이 있거나 최근에 수술을 받은 경우, 오랜 기간 운동을 하지 않았으며 좌업생활을 한 경우가 있다면 스트레칭을 하기 전에 의사와 상담을 한다.

4 일반적인 운동처방 프로그램 요약

구 분	유산소 운동	저항 운동	유연성 운동
빈 도	• 주당 최소 3일 실시 • 성인의 운동량 달성을 위한 운동 세션은 주당 3~5일	• 초보자는 주당 최소 2일 • 숙련자는 개인별 선호도에 따라 근육군당 선택 가능	• 주 2~3일 이상 • 매일 하는 것이 효과적
강 도	• 여유심박수(HRR) 40~59% (중강도) • 여유심박수(HRR) 60~89% (고강도)	• 초보자는 1RM의 60~70% • 숙련자는 특정 근체력 목적으로 다양하게 적용	약간의 불편감이 느껴질 때까지 실시
시 간	• 중강도 운동은 하루 30~60분 (주당 150분 이상) • 고강도 운동은 하루 20~60분 (주당 75분 이상) • 또는 중강도와 고강도 운동의 조합	근육별 8~12회 반복	• 성인은 정적 스트레칭 10~30초 • 노인은 정적 스트레칭 30~60초 • 고유수용성신경근촉진(PNF) 스트레칭은 3~6초 저강도~중강도 수축(예 최대수의적 수축의 20~75%) 후 10~30초 동안 보조자에 의한 스트레칭
형 태	대근육을 활용한 지속적 혹은 간헐적 방법의 유산소 운동	• 다관절 운동이 권고 • 저항 머신, 프리 웨이트	• 대근육-건 단위를 이용한 유연성 운동 • 정적, 동적, 탄성, PNF 스트레칭 모두 효과적

개념 PLUS

ACSM(11판)이 권고하는 건강한 성인의 저항 운동 시 운동 강도

근력		근비대	근파워	근지구력
비숙련자	숙련자	6~20RM	3~6RM	15~25RM
8~12RM	1~12RM			

ACSM(11판)이 권고하는 건강한 성인의 저항 운동 시 운동 강도

구 분	수 분	설 명
운동 전	운동 최소 4시간 전 5~7ml/kg의 수분을 섭취한다.	• 만약 소변이 나오지 않거나 색이 매우 어둡다면, 운동 2시간 전 3~5ml/kg을 추가로 섭취한다. • 나트륨을 포함한 음료나 소금기가 있는 간식은 수분 유지에 도움이 된다.
운동 중	• 운동 중 체중 변화를 모니터링하여 땀 손실을 추정 계산한다. • 섭취할 수분에는 나트륨 20~30mEq/L, 칼륨 2~5mEq/L, 그리고 5~10%의 탄수화물이 포함되어 있어야 한다.	• 체중 대비 >2%의 손실은 피한다. • 수분 보충의 양과 속도는 개인별 땀 분비량, 주변 환경, 운동 시간에 따라 다르다.
운동 후	• 일반적인 식사 및 음료를 하는 것으로도 수분 유지가 가능하다. • 만약 급속 회복이 필요하다면, 체중 손실당 1.5L/kg의 수분을 섭취한다.	• 목표는 수분 및 전해질 부족을 완벽하게 보충하는 것이다. • 나트륨을 섭취하는 것은 갈증 및 수분 유지를 촉진하여 회복에 도움이 될 수 있다.

03 생활습관병과 운동처방

학습목표
- 비만도 측정 방법에 대해 숙지하고, 비만 운동 프로그램에 대해 이해한다.
- 고혈압의 운동 프로그램과 주의사항에 대해서 숙지한다.
- 당뇨병의 운동 프로그램을 숙지하고 주의사항을 이해한다. 특히, 적정 수준의 혈당을 유지하는 법을 알아야 한다.
- 지질혈증과 관련된 운동 프로그램을 숙지하고, 고려해야 할 사항이 무엇인지 이해한다.
- 골다공증의 운동 요법과 예방법에 대해 숙지한다.

1 비만과 운동처방

(1) 비만의 개념

① 정의 : 일반적으로 비만은 체중이 많이 나가는 상태를 말한다. 하지만 비만이 아니더라도 근육이 많은 사람의 경우 체중이 많이 나갈 수 있기 때문에 비만에 대한 정의를 체지방이 과다한 상태로 한다.

② 비만도 유형
  ㉠ 증식형 비만 : 선천적으로 타고나거나 사춘기에 발생하는 비만
  ㉡ 비대형 비만 : 성인기 때 시작되는 비만
  ㉢ 혼합형 비만 : 선천적으로 발생되는 비만이 성인기로 이어지는 비만

(2) 비만도의 측정 방법

흔히 알고 있는 비만을 측정하는 방법으로 신체비만지수(체질량지수 ; Body Mass Index : 체중(kg)을 신장(m)의 제곱으로 나눈 값)가 있다. BMI의 수치가 $25kg/m^2$ 이상이면 비만으로 정의한다. 이 수치는 인종별로 차이가 있으며, 서양인의 경우 $30kg/m^2$ 이상, 아시아인의 경우 $25kg/m^2$ 이상을 비만으로 정의하고 있다.

$$비만도(BMI) = 체중(kg) \div 신장(m^2)$$

[비만도]

체질량지수	< 18.5	18.5~23	23~25	> 25
평 가	저체중	정 상	정상(과체중)	비 만

※ 아시아인 기준

(3) 비만의 요인

① 유전적 요인

② 성장기의 과도한 영양섭취

③ 운동부족

④ 심리적 요인

⑤ 대사적 장애 등

(4) 비만과 합병증

① 지방의 과도한 축적으로 여러 만성질환이나 합병증을 초래. 특히 비만은 고혈압, 관상동맥질환, 제2당뇨병 등의 질환을 초래함

② 과도한 체중은 하체에 무리를 줘서 근골격계 관련 문제를 야기함

③ 광범위하게 수명감소를 초래하여 사망률을 증가함

(5) 효과적인 체중관리

① 효과적인 체중 감량을 위해서는 섭취하는 에너지의 양보다 소비하는 에너지의 양이 많아야 한다. 적절한 칼로리를 소비하기 위해서 체중을 감량하는 것도 중요하지만 그중 체지방의 감량이 가장 중요하다. 근육량을 보존하면서 체지방을 감량한다면 효과적인 체중관리법이라 할 수 있다. 그래서 유산소 운동뿐만 아니라 근육을 유지할 수 있는 저항성 운동을 해주는 것이 효과적이다. 특히 비만인의 경우 일반인과 동일한 강도의 운동을 한다면 더 많은 열량소모를 필요로 한다. 비만인은 체중이 상대적으로 많아 움직여야 하는 양에 비해 더 많은 에너지를 소모할 수밖에 없다.

② ACSM에서 권장하는 감량 목표는 주당 0.5kg이 적절하며 0.9kg을 초과하지 않도록 한다. 보통 1시간 이내의 유산소 운동을 실시하면 250~500kcal의 열량을 소비하므로 단시간 많은 감량은 체내의 밸런스에 큰 문제를 야기할 수 있다. 지방 1kg은 9,000kcal이고 섭취하는 양과 소비하는 양의 균형을 맞추는 것이 중요하다. 운동은 점차적으로 늘려가며 주당 2,000kcal를 소비하는 것을 권장한다.

(6) 과체중 및 비만 환자의 운동 프로그램

구 분	유산소 운동	저항 운동	유연성 운동
빈 도	주 5일 이상	주 2~3일 이상	주 2~3일 이상
강 도	초기 강도는 여유산소섭취량(VO$_2$R) 또는 여유심박수(HRR) 40~59% (중강도)로 시작하고, 건강상 이점을 위해 60% 이상으로 실시	1RM의 60~70%(근육량과 근력 향상을 위해 점진적 증가)	경미한 불편감이 느껴질 때까지 실시
시 간	하루 30분(주 150분), 하루 60분 (주 250~300분) 이상으로 증가	각 대근육군 8~12회 반복, 2~4 세트	10~30초 정적 스트레칭, 동작당 2~4회 반복
형 태	대근육군을 활용한 지속적 걷기나 자전거타기 운동	저항 머신, 프리 웨이트	정적, 동적, PNF 스트레칭

2 고혈압과 운동처방

(1) 고혈압의 치료방침

① 혈압은 연령에 따라 상승하는 경향이 있으며, 스트레스, 긴장, 추위, 수면 부족, 운동 등 여러 환경에서 높아질 수 있다. 특히, 긴장만으로 혈압이 상승하는 경우도 있으므로 측정 시기와 환경이 중요하다.

② 보통 안정 시 수축기 혈압이 140mmHg, 이완기 혈압이 90mmHg 이상의 수치일 때 고혈압이라 한다. 이는 심장의 부하를 증가시키면서 말초동맥의 수축을 야기하며 혈류 장애가 발생된다. 지속적인 혈압의 증가는 인체에 심각한 손상을 야기하므로 이에 맞는 생활습관 교정과 약물치료 등으로 정상적인 혈압 목표인 수축기 혈압 120mmHg과 이완기 혈압 80mmHg을 만들기 위해 노력해야 한다.

(2) 고혈압의 분류와 치료의 진행방법

구 분	ACC/AHA 기준 혈압 분류				JNC 기준 혈압 분류			
	정 상	상승된 혈압	1단계 고혈압	2단계 고혈압	정 상	고혈압 전단계	1단계 고혈압	2단계 고혈압
수축기 혈압 (mmHg)	< 120	120~129	130~139	≥ 140	< 120	120~139	140~159	≥ 160
이완기 혈압 (mmHg)	< 80	< 80	80~89	≥ 90	< 80	80~89	90~99	≥ 100

JNC 7(국가위원회 7차보고서)에 의하면 수축기와 이완기 혈압이 20/10mmHg 증가할 때 심혈관계의 위험도는 2배 증가한다고 보고되며, 이에 따른 적절한 생활양식 수정을 권장하고 있다. 진단이 이루어지고 나면 약물치료 전에 생활 습관을 개선하는 데 집중해야 하며, 고혈압을 예방하기 위한 식이요법인 DASH식이요법이 권장된다. 이러한 식이요법과 더불어 스트레스 관리를 하게 되며, 이후 적절한 약물치료와 함께 규칙적인 생활양식을 가지도록 지속적으로 교육을 진행하기도 한다.

(3) 고혈압 환자의 운동 프로그램

구 분	유산소 운동	저항 운동	유연성 운동
빈 도	주 5~7일 이상	주 2~3일 이상	주 2~3일 이상
강 도	여유산소섭취량(VO_2R) 또는 여유심박수(HRR) 40~59%(중강도), RPE 12~13	초보자는 1RM의 40~50%로 시작하며 60~70%(중강도)로 실시, 고령자는 80%로 실시	경미한 불편감이 느껴질 때까지 실시
시 간	지속하거나 운동 시간의 합이 하루 30분 이상	세션당 대근육군으로 8~12회 반복, 2~4세트로 총 20분 이상 실시	10~30초 정적 스트레칭(대근건 단위)을 2~4회 반복, 총 60초 실시, 10분 이내로 실시
형 태	대근육군을 활용한 지속적 걷기나 자전거타기 운동	저항 머신, 프리 웨이트, 탄성 밴드, 체중부하운동	정적, 동적, PNF 스트레칭

(4) 고혈압 환자의 운동 시 주의사항

① 안정 시 수축기 혈압이 200mmHg, 이완기 혈압이 110mmHg 이상인 고혈압 환자는 운동 금지
② 운동 시 수축기 혈압이 220mmHg 이하, 이완기 혈압이 105mmHg 이하를 유지하도록 함
③ 저항 운동 시 발살바 호흡법(Valsalva Maneuver)은 혈압을 급격하게 올리므로 적절한 호흡을 동반한 저항 운동을 실시
④ 혈압이 조절되지 않는 환자(수축기 혈압 140mmHg, 이완기 혈압 90mmHg 이상)는 운동 전 운동검사가 필요한지 의사 진료를 받아야 함. 또한 2단계 고혈압(수축기 혈압 160mmHg, 이완기 혈압 100mmHg 이상)이나 표적장기질환이 있으면 의학적 평가를 실시하며, 혈압 관리 전 운동을 하면 안 됨
⑤ 항고혈압제 약물을 투약받는 환자의 경우 저혈압 증상이 올 수 있으니 충분한 준비운동과 정리운동을 해야함

(5) 고혈압의 식이요법

① 고혈압의 경우 짜게 먹지 않도록 주의해야 하며, 영양 전문가에게 의뢰하는 것이 적절
② DASH식이법이 주로 쓰이는데 나트륨의 양은 2,400mg 이하를 권장하며, 술도 하루에 1~2잔 이하로 할 것을 권고
③ 식이성 나트륨과 붉은 고기의 섭취를 줄이고 채소나 과일, 칼슘 등 지방이 많지 않으며 식이섬유가 풍부한 음식섭취를 증가시키는 것이 긍정적
④ 적정 체중을 계속 유지할 수 있도록 식이요법도 조절되어야 함

3 당뇨병과 운동처방

(1) 당뇨병의 병태와 운동요법

① 당뇨환자는 규칙적인 관리를 위해 여러 전문가들의 협력이 필요
② 혈당 조절의 가장 확실한 기준은 당화혈색소(HbA1c)에 있음. 당화혈색소를 통해 지난 3개월을 기준으로 평균적인 혈중 당 농도를 보다 정확하게 알 수 있음. 일반적인 당화혈색소를 조절하기 위한 목표는 7.0% 이하로 권고. 성공적인 치료를 위하여 자가혈당측정을 교육하고 진행하고 있으며 이후 추가적인 이상이나 합병증을 효과적으로 예방할 수 있음
③ 당뇨병 환자의 운동 프로그램

구 분	유산소 운동	저항 운동	유연성/평형성 운동
빈 도	주 3~7일 진행, 활동 없는 날이 2일 이상 연속되지 않도록 함	주 3일이 권장되나 비연속적 최소 주당 2일	주당 2~3일 이상
강 도	중강도~고강도 (힘들다~매우 힘들다 느낌)	1RM의 50~69%(중강도)에서 70~85%(고강도)로 실시	유연성 운동은 경미한 불편감이 느껴질 때까지 실시, 평형성 운동은 저강도~중강도
시 간	중강도~고강도로 주 150분 (제1, 2형 당뇨병)	초기 최소 8~10가지 운동을 10~15회 반복, 1~3세트 실시	정적 스트레칭은 10~30초 유지, 각 동작당 2~4회 반복, 평형성 운동은 상관없음
형 태	대근육군을 활용한 지속적 걷기나 자전거타기 운동, 인터벌 트레이닝	저항 머신, 프리 웨이트, 탄성 밴드, 체중부하운동	요가 및 정적, 동적 형태의 다양한 스트레칭

(2) 당뇨병 환자의 운동 시 주의사항

조절되지 않는 혈당이 있다면 반드시 주의를 하며, 다음과 같이 관리가 가능한 전문가나 파트너와 함께 운동을 한다.

① 당뇨 환자의 운동 전 적정혈당 수준은 90~250mg/dL
② 고혈당증(≥ 250mg/dL)이 있는 환자가 혈액이나 소변에 케톤이 없다면 중강도 운동이 가능하다.
③ 제1형 당뇨병 환자는 혈당이 250mg/dL 이상일 때 케톤뇨 확인을 권고한다. 당뇨병 환자의 운동 전 혈당이 350mg/dL 이상이면 케톤이 없더라도 보수적인 교정 인슐린 요법을 권장한다.
④ 혈당이 70mg/dL 미만인 저혈당의 경우 일회성 운동은 상대적 금기사항이다.
⑤ 흡수가 빠른 사탕이나 초콜렛, 오렌지 주스와 같은 단당류를 휴대하고 저혈당 증세(무력감과 현기증) 발생 시 섭취한다.
⑥ 망막병증이 있는 당뇨환자의 경우 수축기 혈압이 너무 많이 상승되는 운동은 피하며 운동 시 호흡을 참거나 순간적으로 강한 운동은 피한다. 신경병증이 있는 경우 보호대를 착용하여 추가 손상을 예방하고 말초신경장애가 심각한 경우 체중지지 운동은 중재되어야 한다.

(3) 당뇨병의 식이요법

① 당뇨병은 정상적인 혈당을 유지하기 위해 적절한 식이조절이 필요하고, 전문적인 영양사와 함께하는 것도 중요함
② 당뇨병은 1형과 2형 당뇨병이 있는데, 특히나 2형 당뇨병은 비만과 관련이 깊음
③ ADH 가이드라인에서는 저열량으로 탄수화물을 60~70% 정도로 공급하고, 콜레스테롤을 조절하며 DASH나 지중해식 식이요법을 따를 것을 권장함. 특히 적절한 체중과 대사적 균형을 맞추는데 중점

4 이상지질혈증과 운동처방

(1) 이상지질혈증의 증상과 치료지침

이상지질혈증은 혈중 지질의 변화로 콜레스테롤 수치의 변화가 생긴 상태를 말한다. 콜레스테롤도 긍정적인 효과를 주는 콜레스테롤인 HDL 콜레스테롤과 증가될수록 몸에 해로운 LDL 콜레스테롤이 있다. 이 외에도 총콜레스테롤, 중성지방의 수치가 증가되지 않도록 주의를 할 필요가 있다. 혈장의 콜레스테롤과 중성지방이 증가하는 것은 이상지질혈증(Dyslipidemia)을 유발하여 죽상동맥경화증이나 급성심근경색 등의 질환을 야기하여 생명을 위협할 수 있다. 이러한 이상지질혈증은 심장과 뇌의 손상을 줄 수 있는 질환으로 지속적인 사망률의 증가가 이루어진다. 이에 유병율 증가에 따른 적절한 예방과 대책이 요구되는 시점이다.

(2) 이상지질혈증 환자의 운동 프로그램

구 분	유산소 운동	저항 운동	유연성 운동
빈 도	주 5일 이상	주 2~3일	주 2~3일 이상
강 도	여유산소섭취량(VO_2R) 또는 여유심박수(HRR) 40~75%	1RM의 50~69%(중강도)에서 70~85%(고강도)로 실시	경미한 불편감이 느껴질 때까지 실시
시 간	하루 30~60분, 체중감량을 지속하기 위해 매일 50~60분 이상 권고	• 근력 : 2~4세트, 8~12회 반복 • 근지구력 : 2세트 이하, 12~20회 반복	정적 스트레칭으로 10~30초 유지, 2~4회 반복
형 태	대근육군을 활용한 지속적 걷기나 자전거타기 운동	저항 머신, 프리 웨이트, 체중부하운동	정적, 동적, PNF 스트레칭

(3) 이상지질혈증의 식이요법

① 트랜스 지방과 포화지방, 콜레스테롤의 섭취량을 줄여야 함
② 원활한 관리를 위해서 식이 섬유질, 식물성 지방, 불포화 지방산의 일종인 오메가-3 지방산의 섭취를 늘려야 함

5 골다공증과 운동처방

(1) 운동에 대한 뼈의 반응

① 운동을 통한 뼈의 반응은 성장기 때 증가되며 성인기에도 중반까지 증가되거나 유지할 수 있다.
② 노년기 때는 점점 감소되어 골다공증을 야기할 수 있으며, 운동은 이러한 요인들을 감소하며 뼈의 강도를 단단하게 해준다. 이러한 운동에 대한 대사는 태생적인 골의 차이나 대사반응의 활성도에 따라 달라질 수 있다.
③ 적정량의 스트레스를 주면 조골세포로 인해 골밀도를 높일 수 있다.
④ 과도한 스트레스 부하는 골절을 야기할 수 있다.

(2) 골다공증의 운동요법

① 골다공증이 있는 경우 운동을 하기 전에 의학적인 검사와 의사의 상담을 받는 것이 효과적이다.
② 골다공증 예방 차원에서 저항 운동이 중심이 되어야 한다. 여러 연구결과에서 저항 운동이 근육에 대한 성장과 더불어 뼈를 강화할 수 있다고 보고되었다.
③ 몸통을 비틀면서 회전하는 동작이나 과도한 움직임이 있는 운동은 금한다.
④ 걷기 운동만 실시한다면 효과적이지 않으며, 유산소 운동과 저항 운동을 병행한다.
⑤ 조깅이나 점프 등 충격을 줄 수 있는 운동은 제한한다.
⑥ 수영의 경우 적정 자극을 주어 뼈에 스트레스를 주어야 하나 부력으로 인해 적절한 스트레스를 주기 힘들어 골다공증에 효과적인 운동이라 할 수 없다.
⑦ 나이가 많은 고령자나 체력수준이 낮은 경우 처음에는 개인이 운동을 적응할 수 있는 정도로 시작하다 점차적으로 운동 시간을 증가한다.

(3) 골다공증 환자의 운동 프로그램

구 분	유산소 운동	저항 운동	유연성 운동
빈 도	주 4~5일 이상	주당 1~2일 비연속적으로 시작, 주 2~3일 진행	주 5~7일 이상
강 도	여유산소섭취량(VO_2R) 또는 여유심박수(HRR) 중강도(40~59%) 또는 CR-10척도 3~4 수준	해당 저항 2회 추가 반복 가능한 저항 조절, 고강도는 견딜 수 있는 사람에게 유익	경미한 불편감이 느껴질 때까지 실시
시 간	20분부터 시작, 최소 30분까지 점진적 진행, 최대 45~60분	8~12회 반복하는 1세트로 시작, 약 2주 후 2세트 증가, 세션당 8~10개 종류 이상 운동은 하지 않음	정적 스트레칭으로 10~30초 유지, 2~4회 반복
형 태	걷기나 자전거타기 운동 등 적절한 유산소 운동, 골절 위험이 낮거나 중간 정도인 사람에게 점프나 벤치 스테핑 같은 충격 하중 운동	표준 장비는 적절한 지침 및 안전 고려 사항과 함께 사용, 복합 운동이 좋음	모든 주요 관절의 정적 스트레칭

(4) 골다공증의 예방법

① 골다공증을 예방하기 위해서 고른 식사와 규칙적인 운동이 중요하다.
② 폐경기 후 호르몬의 변화가 생기는 중년 여성들의 경우 더욱 예방에 주의하여야 하며, 적절한 호르몬 조절을 위해 일정한 양의 에스트로겐의 유지 그리고 규칙적인 운동과 식단이 중요하다.
③ 골다공증 예방을 위한 단계별 운동 프로그램
  ㉠ 1단계 : 개인별 맞춤 운동과 물리적 요법 실시
  ㉡ 2단계 : 건강운동관리사나 전문가의 감독 하에 실시하는 소규모 수중 운동이나 소규모(4~6명) 운동참여
  ㉢ 3단계 : 건강운동관리사나 전문가의 감독 하에 실시하는 가벼운 저항 운동을 포함한 소집단 운동참여
  ㉣ 4단계 : 건강운동관리사나 전문가의 감독
  ㉤ 5단계 : 특별한 전문가의 감독 없이 개인 운동 및 지역사회 운동 프로그램 참여

6 심혈관질환과 운동처방

(1) 심혈관질환자의 입원 중 운동 프로그램

구 분	유산소 운동	유연성 운동
빈 도	입원 중 3일 동안 하루 2~4회	최소 하루 1회, 가능하면 자주 실시한다.
강 도	• 심근경색 환자 : (안정 시 심박수) + (20회/분) • 심장수술 이후 회복기 환자 : (안정 시 심박수) + (30회/분) • 상체 움직임은 제한하면서 분당 심박수 120회 이하는 RPE(운동자각도) 13 이하에 해당한다.	매우 가벼운 스트레칭을 진행한다.
시 간	3~5분 간헐적 걷기를 시작으로 시간을 늘리며, 운동과 휴식시간 비율을 2:1로 맞춰서 한다.	주요 관절에 최소 30초 동안 실시한다.
형 태	가벼운 걷기	• 관절가동범위와 동적 움직임에 집중하며 허리와 허벅지 뒷부분을 주의한다. • 움직이지 못하는 환자는 전문가가 수동 스트레칭을 실시한다.
점 증	10~15분 정도 운동을 계속 지속할 수 있을 때, 권장하는 RPE(운동자각도)와 심박수 범위 내에서 강도를 증가시킨다.	-

(2) 심혈관질환자의 외래 운동 프로그램

구 분	유산소 운동 및 저항 운동	유연성 운동
빈 도	유산소 운동은 주당 5일(최소 3일) 진행하며, 저항 운동은 격일로 2~3일 진행한다.	주당 2~3일, 매일하는 것이 효과적이다.
강 도	• 유산소 운동은 40~80%VO2R(HRR)로 진행하며, 운동 검사 미시행 시 안정 시 심박수보다 20~30회/분 높게 혹은 운동자각도 12~16 정도로 진행한다. • 저항 운동은 피로감 없이 1RM의 40~60%, 운동자각도 11~13 정도로 진행한다.	긴장 혹은 약간 불편한 정도까지 진행한다.
시 간	유산소 운동은 20~60분, 저항 운동은 10~15회를 1~3세트로 진행한다.	정적 스트레칭을 10~30초 동안 유지하고 부위별 4회 이상 반복한다.
형 태	유산소 운동은 트레드밀 · 팔 에르고미터 · 앉거나 누워서 하는 자전거 등, 저항 운동은 안전한 장비로 진행한다.	팔다리 · 허리의 주요 관절 위주 정적 · 동적 스트레칭을 진행하며 PNF 가능하다.

(3) 심장질환자의 재활운동 처방 시 고려 사항

① 적응증
  ㉠ 심근경색 후 의학적으로 안정적인 상태
  ㉡ 안정협심증
  ㉢ 심장동맥우회술
  ㉣ 경피경혈관심장동맥확장술
  ㉤ 수축기 또는 이완기장애(심근증)에 의한 안정형 심부전(심장기능부전)
  ㉥ 심장이식
  ㉦ 심장판막술
  ㉧ 말초동맥질환
  ㉨ 당뇨병, 이상지질혈증, 고혈압, 비만과 같이 심장동맥질환의 위험도가 높은 상태
  ㉩ 운동 프로그램 또는 담당의사와 재활팀의 협력 교육으로 건강상의 이득을 얻을 수 있는 환자

② 금기증
  ㉠ 불안정협심증
  ㉡ 조절되지 않는 고혈압(안정 시 수축기 혈압 > 180mmHg, 이완기 혈압 > 110mmHg)
  ㉢ 다른 증상을 동반한 기립성 혈압 감소(20mmHg 이상)
  ㉣ 심각한 대동맥 협착증
  ㉤ 조절되지 않는 심방 또는 심실부정맥
  ㉥ 조절되지 않는 동성빈맥(120회/분 이상)
  ㉦ 보상이 되지 않는 심부전
  ㉧ 심박조율기가 없이 나타나는 3도 방실차단
  ㉨ 활동성 심막염이나 심근염

ⓧ 최근 발생한 색전증
　　ⓚ 급성혈전성 정맥염증
　　ⓣ 박리성 대동맥류
　　ⓟ 급성 전신감염 및 고열
　　ⓗ 조절되지 않는 당뇨병
　　㉮ 운동을 제한하는 심각한 근골격계 문제
　　㉯ 급성갑상선염, 저칼륨혈증, 고칼륨혈증, 저혈량증과 같은 대사질환
　　㉰ 심각한 심리적 장애
③ 운동 중단 반응
　　㉠ 이완기 혈압 110mmHg 이상
　　㉡ 운동 강도 증가에도 수축기 혈압 감소(10mmHg 초과)
　　㉢ 관련된 징후 또는 증상과 무관한 현저한 심실 또는 심방 부정맥
　　㉣ 2도 또는 3도 방실차단
　　㉤ 협심증, 심각한 호흡곤란, 허혈성 심전도 변화와 같은 운동 과민성 징후 또는 증상

04 특수대상자의 운동처방

학습목표
- 임산부의 운동 프로그램과 주의사항을 이해한다.
- 고령자들의 검사와 처방에 대해 이해한다.
- 어린이의 운동 프로그램과 주의사항을 이해한다.

1 어린이의 운동처방

어린이와 성인은 운동 시 나타나는 생리학적 반응에 차이가 있으므로 각자에게 맞는 운동을 해야 한다.

(1) 운동 검사

① 일반적으로 성인 운동 검사의 표준 지침이 어린이와 청소년에게 적용되나, 운동 중 생리적 반응이 성인과 다르므로 고려해야 할 부분이 있다. 임상적 목적의 운동 검사는 건강 문제가 없는 한 어린이나 청소년에게 실시하지 않는 것을 일반적인 원칙으로 한다. 운동 검사 프로토콜은 검사를 수행하는 이유와 아동 또는 청소년의 기능적 능력을 고려하여 선택한다.

② 주로 활용하는 장비는 트레드밀과 자전거 에르고미터를 검사에 사용할 수 있다. 트레드밀 검사는 자전거보다 더 높은 최고산소섭취량과 최대심박수가 나타날 수 있다. 자전거 에르고미터는 부상 위험이 적으므로 적합한 크기로 맞출 필요가 있다. 하지만 자전거 에르고미터는 적절한 회전수를 유지하기 위해 추가적인 집중과 주의가 필요하며, 일부 어린이에게는 어려울 수 있다. 또한 검사를 성공적으로 하기 위해 운동 검사 전에 프로토콜에 대하여 익숙해야 한다.

③ 어린이는 검사 중 충분한 동기 부여와 지원이 필요할 수 있다. 건강체력 검사는 학교에서 피트니스그램(Fitnessgram) 검사 방법을 이용하여 건강 관련 체력 요소를 평가할 수 있다. 피트니스그램(Fitnessgram) 검사 구성 요소로 신체구성, 심폐체력, 근체력, 유연성 검사가 포함된다.

(2) 운동처방

어린이의 경우 여러 명이 함께 할 수 있는 팀 단위의 스포츠 활동을 권장한다. 특히 일상생활에서의 활동량을 증가시키면서 즐길 수 있어야 하며, 프로그램을 수행하면서 적절한 보상을 줄 수 있어야 한다. 또한 어린이는 집중이 오래 가지 않기 때문에 흥미를 잃지 않도록 하며, 활동적으로 할 수 있는 인터벌 운동 프로그램이 권장된다. 저항 운동 또한 마찬가지로 어린이들의 집중도를 지속시키기 위해 간헐적으로 하며 일상생활 속에서 하는 양식으로 진행한다.

(3) 어린이와 청소년을 위한 운동 프로그램

구 분	유산소 운동	저항 운동	뼈 강화 운동
빈 도	고강도 운동을 최소 주 3일 이상	주 3일 이상	주 3일 이상
강 도	중강도(심박수와 호흡이 눈에 띌 정도로 증가)에서 고강도(심박수와 호흡이 많이 증가)	체중을 저항으로 사용하거나 8~15회 최대하 반복(적절한 동작으로 중등도의 피로를 느낄 때까지)	충격 또는 근력 발현을 통해 중등도에서 강하게 뼈에 부하를 주는 데 중점을 둔 다양한 활동
시 간	하루 60분 이상의 운동 시간에 포함	하루 60분 이상의 운동 시간에 포함	하루 60분 이상의 운동 시간에 포함
형 태	술래잡기, 달리기 게임, 하이킹, 활기차게 걷기, 뛰기, 뛰어넘기, 줄넘기, 수영, 춤, 자전거 타기, 축구, 농구 등과 같은 스포츠를 포함한 즐겁고 성장발달에 적절한 활동	근육 강화 신체활동은 구조화되지 않은 활동(놀이터 기구에서 놀기, 줄다리기)이나 구조화되고 적절하게 감독할 수 있는 활동(팔굽혀펴기, 중량 들기, 저항밴드를 이용한 운동)으로 구성	달리기, 줄넘기, 농구, 테니스, 저항 트레이닝 등과 같은 뼈 강화 운동

(4) 특별한 고려 사항

① 어린이는 일반적인 성인과 운동능력의 차이가 있으므로 반드시 고려해야 한다.
② 어린이의 경우 운동 시 부상이 있을 수 있으므로, 보호 장비를 착용하고 충분한 준비운동과 정리운동이 권장된다.
③ ACSM(11판)이 권고하는 어린이와 청소년 운동처방 시 고려 사항을 보면, 과체중 어린이의 유산소 운동 강도 설정은 운동자각도를 이용할 것을 권장한다. 특별한 건강상의 문제가 없으면 운동 프로그램 참여 전 임상운동 검사는 권장하지 않는다. 어린이의 심폐체력 평가는 최대산소섭취량보다는 PACER가 더 실용적이다. 과훈련(Overtraining)은 본인이 가지는 능력의 적정선을 초과한 상태로 저항 운동 시 부상 원인이 될 수 있다.

개념 PLUS

성인과 비교한 어린이의 1회 운동에 대한 생리학적 반응

변 인	반 응
상대산소섭취량	높 음
심박수	
호흡수	
절대산소섭취량	낮 음
심박출량	
1회 박출량	
수축기, 이완기 혈압	
1회 호흡량	
분당 환기량	
호흡교환율	

2 여성과 운동처방

(1) 운동 검사

① 여성은 상대적으로 지방량이 많고, 제지방량이 적으며 지구력은 낮다. 따라서 여기에 맞춰 운동 검사도 실시해야 한다. 크게 증가하지 않으며 점증적으로 증가하는 단계로 구성된 프로토콜 위주로 선택하는 것이 올바른 선택이다.

② 일반적으로 임산부는 최대 운동 검사를 권고하지 않으며 의학적인 관리하에 최대하 운동 검사로 최대산소섭취량(VO_2max)을 측정한다. 특히 임신 중에는 안정이 필요하므로 트레드밀보다 자전거 에르고미터를 권장한다.

(2) 운동처방

① 여성의 운동 프로그램은 개인적인 운동의 목적에 따라 다르지만 일반적으로 몸매 관리와 체중을 조절하는 대상자가 상대적으로 많다. 특히 여성의 운동 프로그램은 남성보다는 낮은 운동량을 설정해야 한다. 앞서 기술한대로 여성은 지방이 상대적으로 많고, 제지방이 적으며 지구력이 낮다. 그래서 적절한 난이도의 운동을 권장하며, 성인 여성의 경우 유산소 운동을 최대산소섭취량(VO_2max)의 50~60%로 30분 이상 실시하고 본인의 운동 목적과 상응하는 운동 형태를 권장한다. 추가로 가능하다면 근골격계 기능저하를 예방하는 저항 운동을 실시할 수 있는 근력운동 프로그램을 권장한다.

② 여성의 운동 중에서도 임산부의 운동 지침 또한 중요하다. 임신 중에 균형 있는 식사를 하며 적절한 운동을 실시하면 태아의 성장에 도움을 준다. 임산부의 운동 프로그램은 아래 표와 같다.

구 분	캐나다	미국산부인과학회(ACOG)	미 국
빈 도	최소 주 3일, 매일 활동적 신체활동	거의 매일	매 일
강 도	심박수가 눈에 띄게 증가하는 중강도(말은 할 수 있지만 노래는 부를 수 없는 정도)	운동자각도 13~14 정도(운동자각도 6~20 기준)	• 운동자각도 5~6 정도(운동자각도 1~10 기준) • 고강도 유산소 운동에 참여하는 임산부는 건강상 문제가 없고 의료인과 상담을 계속하는 경우 활동을 할 수 있음
시 간	주 150분 이상	하루 20~30분 이상	주 150분 이상
형 태	걷기, 중강도 고정식 자전거타기, 수영, 가사일을 포함하는 유산소 및 저항 운동 활동	걷기, 고정식 자전거타기, 수영, 저충격 에어로빅댄스, 요가 또는 필라테스, 달리기, 라켓 스포츠를 포함하는 유산소 및 근력 운동	유산소 및 근력 운동

(3) 특별한 고려 사항

① 여성의 운동은 경쟁적인 스포츠보다는 스스로 즐길 수 있는 운동을 찾아서 하는 것이 중요하며, 초기 몇 개월 정도는 운동 빈도를 적절히 조절하여 운동으로 인한 손상이 생기지 않도록 해야 한다. 특히 임신 중 여성이 운동을 할 시에는 다음과 같은 주의사항을 지켜야 한다.

② 임산부의 운동 시 주의사항

　㉠ 경쟁적 운동은 피하며 반드시 준비운동을 5분 이상 해야 한다.
　㉡ 운동 동작 중 반동을 주는 운동은 금하며, 안전한 장소에서 운동을 실시한다.
　㉢ 발살바 호흡법(Valsalva Maneuver)이 생기지 않도록 호흡을 참거나 무거운 무게를 드는 저항 운동은 피해야 한다.
　㉣ 태아의 정맥 폐색을 예방하기 위해서 임신 3개월 후에는 바로 누워서 하는 운동은 피하며, 윗몸 일으키기 같은 운동은 금지해야 한다.
　㉤ 체온이 38도 이상 올라가지 않도록 하며 입욕이나 사우나는 피해야 한다.
　㉥ 일반적인 산후 운동은 한 달 이후(4~6주)에 의사의 진료 후 시작할 수 있다.

개념 PLUS

임신 중 운동에 대한 금기사항

절대적 금기사항	상대적 금기사항
• 혈역학적 문제가 있는 심장병 • 자궁경부무력증, 자궁경부원형묶음 • 자궁 내 성장제한 • 조산의 위험이 있는 다태임신 • 지속적인 임신 2기 또는 3기 출혈 • 임신 26~28주 후 전치태반 • 임신중독증 또는 임신성고혈압 • 현재 임신 중 조산 • 억제성폐질환 • 양막 파열 • 중증 빈혈 • 조절되지 않거나 잘 조절되지 않는 고혈압 • 조절되지 않는 갑상선질환 • 조절되지 않는 제1형 당뇨병 • 임신 2기 또는 3기 출혈과 같은 설명할 수 없는 지속적인 질 출혈 • 기타 심각한 심혈관, 호흡기 또는 전신장애	• 빈혈 또는 증상성 빈혈 • 자궁경부 확장 • 만성기관지염, 경증·중등도 호흡기 질환 또는 기타 호흡기 장애 • 섭식장애 • 극심한 병적비만 • 심한 흡연자 • 극단적인 좌식생활 과거력 • 자연조산, 조산, 유산, 또는 태아 성장지연 과거력 • 영양실조 또는 극심한 저체중 • 경증·중등도의 심혈관질환 • 정형외과적 제한 • 잘 조절되지 않는 발작장애 • 잘 조절되지 않는 제1형 당뇨병 • 반복적인 유산 • 평가되지 않은 임신부의 심장부정맥 • 기타 중대한 의학적 상태

3 고령자의 운동처방

(1) 운동 검사

① 고령자들은 나이가 들어감에 따라 신체의 기능적인 능력이 저하되며, 질환 가능성이 점점 커질 수 있다. 고령자들에서도 개인적인 차이가 있을 수 있으므로 이에 따른 적절한 의학적 진단과 운동부하 및 체력 검사를 통해 안정성을 체크한 후 개별화된 운동 프로그램을 수행할 수 있다.

② 검사 절차는 일반 젊은 층과 같이 적용되고, 낮은 운동 강도(2~3METs)에서 시작할 수 있도록 진행하면서 트레드밀보다 자전거 에르고미터로 검사하는 것을 권장한다. 이유는 고령자일수록 평형성과 보행에 문제가 있을 수 있어 좀 더 정확한 관찰이 필요하기 때문이다.

③ 다리 쪽의 근력이 많이 부족할 경우에 트레드밀을 선택할 경우 속도보다는 경사도를 점차적으로 증가시킬 것을 권장한다.

(2) 운동처방

① 고령자들은 전반적으로 체력이 떨어져 있으며 다른 질환에 대한 유병률이 높다. 이에 맞춰 개인별 운동 프로그램 제공이 필요하며 대상자에 따라 다를 수 있다.

② 노인의 운동처방은 젊은 성인과 비교하여 운동 강도에 대한 구분이 필요하다. 건강한 성인을 기준으로 운동 강도를 METs로 활용하며, 중강도 강도는 3~5.9METs로, 고강도 강도는 6METs 이상으로 설정한다.

③ 노인의 경우 개인의 체력 수준에 맞는 운동 강도를 설정하기 위해 10점 척도의 운동자각도를 활용한다. 10점 척도에서 0은 앉아 있는 상태를 말하며, 10은 탈진 수준의 운동을 의미한다.

④ 노인의 운동처방을 10점 척도의 운동자각도 기준으로 5 또는 6은 중강도의 강도로 보며, 7 이상은 고강도로 정의된다. 이와 관련된 척도를 기준으로 운동 프로그램을 제공하며, 낙상을 줄이고 예방하기 위한 운동 프로그램이 효과적이다.

⑤ 고령자의 저항 운동 프로그램
고령자들의 저항 운동은 초기에 잘 적응시키기 위해 전문가의 철저한 감독하에 진행되어야 한다. 동작은 8~10가지 정도 하는 것이 가장 이상적이며, 다관절 운동을 중심으로 진행한다. 강도를 증가시키기보다는 반복횟수를 증가시키고 12~15회 정도로 실시하며 피로를 느끼지 않는 한도 내에서 가능하다. 주 2회 정도 회복기간을 두며 진행할 것을 권장한다.

⑥ 고령자의 운동 프로그램 요약

구 분	유산소 운동	저항 운동	유연성 운동
빈 도	주 5일(중강도) 혹은 주 3일(고강도) 이상 또는 중고강도 복합운동 시 주 3~5일	주 2일 이상	주 2일 이상
강 도	운동자각도 5~6(중강도), 7~8(고강도)로 진행(운동자각도 0~10 기준)	• 1RM의 40~50%(저강도)로 시작하고 60~80%(중강도~고강도)로 점진적 진행 또는 5~6(중강도), 7~8(고강도)로 진행(운동자각도 0~10 기준) • 파워트레이닝은 1RM의 30~60%(저강도~중강도)	긴장감과 약간의 불편감이 느껴질 정도
시 간	1일 최소 30~60분(중강도), 20~30분(고강도)으로 진행, 중고강도 운동 복합, 시간 누적을 통해 충족 가능	• 8~10종 대근육군으로 초보자는 10~15회 반복 1세트 시작, 8~12회 반복 1~3세트 점진적 증가 • 파워트레이닝은 빠른 속도로 6~10회 반복	30~60초 동안 유지
형 태	과도한 외과적 스트레스를 주지 않는 걷기 운동, 체중부하에 제한이 있는 사람에게 수중 운동이나 고정식 자전거를 권장	대근육군을 활용한 웨이트나 계단오르기, 체중부하 체조	빠른 탄성 움직임보다 정적스트레칭으로 느린 움직임

(3) 특별한 고려 사항

① 고령자들의 경우 유연성이 부족하므로 스트레칭을 자주 하며, 운동에 대한 적응을 위해 준비운동과 정리운동 시간을 좀 더 길게 한다.
② 고혈압이 있는 경우 등척성 운동을 하거나 호흡을 참으면서 무거운 무게를 드는 저항 운동은 피한다.
③ 항상 위험 요인이 있을 수 있으므로 낮은 운동 강도로 시작하여 점증적으로 증가시킨다.
④ 우울증이나 부정적인 태도 등 심리적 요인을 고려하며, 운동에 대한 적절한 동기부여를 할 수 있도록 격려한다.

4 기타 만성질환자의 운동처방

(1) 골다공증 환자의 운동처방 시 고려 사항

① 골다공증 환자는 일반적으로 통증을 유발하거나 악화시키지 않는 중강도의 체중지지 운동을 권장한다.
② 적절한 운동은 골다공증 예방을 위해 우선적 처치로 고려할 수 있다.
③ 유연성 향상을 위해 모든 주요 관절의 정적 스트레칭을 권고한다.
④ ACSM 11판에 따르면 골다공증 환자의 유산소 운동처방은 주당 4~5일, CR-10 기준 3~4(중등도) 강도, 시간은 20분부터 시작하여 45~60분까지 점진적 증가가 권장된다.

(2) 만성폐쇄성폐질환(COPD) 환자의 운동처방 시 고려 사항

① 중증 만성폐쇄성폐질환(COPD)자의 유산소성 운동 강도는 여유심박수(HRR)법을 이용하는 것보다 보그(Borg)의 10단계 척도법 기준으로 4~6 정도 해당하는 호흡곤란 수준으로 가볍게 진행한다.
② 낙상 예방을 위해 하체 강화 및 균형 훈련을 고려해야 한다.
③ 일상 활동을 수행하는 동안 호흡곤란을 겪을 수 있으므로, 저항성 운동을 포함해야 한다.
④ 중증 만성폐쇄성 폐질환자일지라도 유산소 운동수행이 가능하다면 권장한다.
⑤ 동맥내산소포화도(SaO_2) ≤ 88%인 경우에는 산소 보충을 필요로 한다. 또한 만성폐쇄성폐질환자에게 산소보충요법은 대기호흡에서 동맥혈산소분압(PaO_2)이 ≤ 55mmHg인 경우에 사용할 수 있다.

(3) 파킨슨 환자에 대한 운동처방 시 고려 사항

① 시각적, 청각적 격려(Cueing)는 운동 시 파킨슨 환자의 보행을 향상하는 데 도움이 된다.
② 낙상을 경험한 환자는 3개월 내 재발위험 가능성을 고려해야 한다. 척추의 가동성과 축성 회전운동(Axial Rotation Exercise)들은 파킨슨병의 모든 단계에서 권고되어야 한다.
③ 신체활동 수준이 낮기 때문에 운동 전 심혈관계 위험을 평가하여야 한다.
④ 안정 시 떨림, 운동완만증, 자세 불안정과 보행이상은 파킨슨병의 대표적 운동증상이다. 파킨슨 환자에게 흔한 보행동결(Freezing of Gait)은 시각·청각 큐(바닥선, 메트로놈 등)를 사용한 보행 유도법으로 완화에 도움을 준다. Hoehn & Yahr(HY) 척도는 파킨슨병 진행 단계를 평가하는 임상척도로, 단계에 따라 운동 처방 강도를 조절한다.

(4) 척수손상 환자에 대한 운동처방 시 고려 사항

① 척수손상 환자는 팔의 과사용증후군이 나타나지 않으면 근력 향상 목적으로 저항을 5~10 RM으로 증가시킬 수 있다.
② 운동 시 자율신경성 반사부전증(Autonomic Dysreflexia)으로 인해 카테콜라민의 분비를 증가시킨다.
③ 가득 찬 방광이나 확장된 장에 의해 자율신경성 반사부전증이 유발될 수 있기 때문에 장과 방광 또는 소변주머니를 운동에 앞서 반드시 비워야 한다.
④ 욕창이 발생될 수 있으니 정기적으로 확인해야 한다.
⑤ 제6가슴신경분절 이상(Above T6)의 척수손상환자에게는 심박수를 활용한 운동처방이 어려울 수 있으며, 인지된 노력등급 또는 모집단에서 주어진 운동 강도로 설정하는 것이 실행 가능한 대안이다.

(5) 다운증후군 환자의 운동처방 시 고려 사항

① 다운증후군 환자는 신체활동이 적고 체중이 높기 때문에 유산소 운동의 권장 목표운동량을 주당 2,000kcal 정도 소모할 것을 권장한다.
② 유연성 운동을 할 때 목의 고리중쇠관절의 불안정을 고려하여야 한다.
③ 유산소 운동 능력은 연령과 성별에 따라 예상되는 수준보다 낮은 경우가 대부분이다.
④ 대부분의 환자들은 운동에 대한 감소된 카테콜라민 반응으로 인해 최대심박수가 낮아진다.

03 출제예상문제

01 다음 중 운동처방의 원리에 대한 설명으로 옳지 않은 것은?

① 가역성의 원리 : 신체가 운동을 통해 적응한 효과가 지속적으로 운동을 하지 않으면 시간이 지남에 따라 감소하거나 사라질 수 있다.
② 점진성의 원리 : 운동 강도나 운동량을 점진적으로 증가시켜야 한다.
③ 특이성의 원리 : 운동 효과는 수행하는 운동의 특성에 따라 특정 신체 부위나 기능에 맞춰진다다.
④ 개별성의 원리 : 운동 프로그램에서 다양한 운동 방식을 포함해야 신체가 다양한 자극을 받아 전반적인 체력 향상이 이루어지며, 지루함을 줄이고 동기를 유지할 수 있다.

해설 ④ 다양성의 원리에 대한 설명이다.

02 외래 심장 재활에 참여하는 심장질환자의 운동 시 고려 사항으로 옳은 것은?

① 이뇨제를 복용하는 경우, 운동 전 기립성 저혈압에 주의한다.
② 유산소 운동 강도 설정을 위해 운동부하검사는 필수요소이다.
③ 유연성 운동은 최소 주 4~5일 이상, 가급적 매주 하는 것이 효과적이다.
④ 저항 운동은 비연속적으로 주 1~2일, 8~10가지의 대근육 운동을 1RM의 30~40%로 실시한다.

해설 ① 이뇨제를 복용하는 경우, 운동 후 기립성 저혈압에 주의한다.
③ 유연성 운동은 최소 주 2~3일 이상, 가급적 매일 하는 것이 효과적이다.
④ 저항 운동은 비연속적으로 주 2~3일, 8~10가지의 대근육 운동을 1RM의 40~60%로 실시한다.

정답 01 ④ 02 ②

03 〈보기〉의 내용에 따른 목표심박수로 알맞은 것은?

---보 기---
과거 병력이 없는 55세 남성이며 검사 결과는 다음과 같다.
- 안정 시 심박수 – 70bpm
- 최대 심박수 – 165bpm
- 최대산소섭취량 – 38.5ml/kg/min

위 검사 결과를 근거로 60~80%의 강도의 유산소 운동 프로그램을 설정하려 한다.

① 112~134
② 107~137
③ 127~146
④ 132~155

해설 목표 심박수(Target Heart Rate) = 운동 강도(%) × (최대 심박수 – 안정 시 심박수) + 안정 시 심박수
최대 심박수 = 165회, 안정 시 심박수 = 70회, 운동 강도 = 60~80%HRR
0.6 × (165 – 70) + 70 = 127회
0.8 × (165 – 70) + 70 = 146회
따라서, 위 대상자의 목표심박수는 심박수 127~146회 사이의 강도에서 유산소 운동을 실시하면 된다.

04 근수축 운동의 종류에 대한 설명으로 옳지 않은 것은?

① 등척성 수축운동은 관절이 일정 각도에서 고정된 상태에서 힘을 발휘하여 일정 시간동안 힘을 유지하는 운동방법이다.
② 구심성 수축법은 덤벨을 들어 올릴 때, 상완이두근의 근육 길이가 짧아지면서 힘을 쓰게 된다. 원심성 수축법은 반대로 근육의 길이가 늘어나면서 힘을 사용하게 되는 것을 말한다.
③ 레그 익스텐션(Leg Extension)과 레그 컬(Leg Curl) 같은 운동은 기술이 덜 필요하고 손상의 위험성이 적은 다관절 운동이다.
④ 등속성 수축 운동은 등척성 수축과 등장성 수축 운동의 장점을 동시에 가졌으며, 하고자 하는 운동 목적에 따라 다양하게 적용시킬 수 있다.

해설 단관절 운동은 하나의 관절을 중심으로 하는 운동으로 목표하는 하나의 대근군에 자극을 주는 운동이다. 기술이 덜 필요하고 손상의 위험성이 적다. 예를 들면 레그 익스텐션(Leg Extension)과 레그 컬(Leg Curl) 같은 운동이 있다.

05 무게 70kg으로 최대 8회 반복 운동을 했다면 이 사람의 최대 근력은 얼마인가?

① 75
② 84
③ 92
④ 104

해설 1RM = Wo + W₁
여기서, W₁ = Wo × 0.025 × R
    Wo : 충분한 준비 운동 후 약간 무겁다고 생각되는 중량(7~8회 반복이 가능한 무게)
    R : 반복횟수
    W₁ = 70 × 0.025 × 8 = 14
1RM = 70 + 14 = 84

06 만성질환자를 위한 운동처방으로 옳지 않은 것은?

① 만성폐쇄성폐질환자는 Borg CR10 척도를 이용하여 20~60분간의 유산소 운동을 한다.
② 섬유근육통환자를 위한 초기 유산소 운동 강도는 40~59% HRR 수준이다.
③ 지속적인 운동을 할 수 없는 만성신부전 환자는 1:1 비율(운동:휴식)의 간헐적 유산소 운동을 20~60분 축적하는 것을 목표로 한다.
④ EDSS(Expanded Disability Status Scale) 2.5에 해당하는 다발성경화증 환자는 주 2~5일간, 40~70% HRR 수준의 유산소 운동을 한다.

해설 ACSM(11판)에서 권고하는 만성질환자를 위한 운동처방을 보면 섬유근육통환자를 위한 초기 유산소 운동 강도는 30~39%HRR 수준이다. 40~59%HRR 수준은 중기 유산소 운동 강도이다.

07 다음 중 심장질환자의 재활운동 처방 시 적응증에 대한 고려 사항으로 옳지 않은 것은?

① 심근경색 후 의학적으로 안정적인 상태
② 심장동맥우회술
③ 심장판막술
④ 조절되지 않는 고혈압(안정 시 수축기 혈압 > 180mmHg, 이완기 혈압 > 110mmHg)

해설 조절되지 않는 고혈압(안정 시 수축기 혈압 > 180mmHg, 이완기 혈압 > 110mmHg)은 심장질환자의 재활운동 처방 시 금기증에 해당한다.

08 다음 중 유연성 운동 시 주의사항으로 옳지 않은 것은?

① 가장 안전하게 할 수 있는 스트레칭은 고유수용성 근신경 촉진법이며, 가동범위에 제한이 있는 경우 정적 스트레칭을 실시한다.
② 스트레칭에 대한 호흡은 멈추지 않으며 편안하게 하도록 한다.
③ 상해를 입거나 통증이 있는 경우 동적 스트레칭은 금기한다.
④ 신체적 결함이 있거나 최근 수술받은 경우, 오랜 기간 운동을 하지 않았으며 좌업생활을 한 경우라면 스트레칭을 하기 전에 의사와 상담을 한다.

해설 가동범위에 제한이 있는 경우 가장 안전하게 할 수 있는 정적 스트레칭을 실시한다.

정답 06 ② 07 ④ 08 ①

09 다음 중 비만 관리에 대한 설명 중 옳지 않은 것은?

① 목표로 한 체중을 기준으로 운동량(운동유형, 강도, 시간, 빈도, 기간 등)을 설정한다.
② 효과적인 체중 감량을 위해서는 섭취하는 에너지의 양보다 소비하는 에너지의 양이 많아야 한다.
③ 감량 목표는 주당 2kg이 적절하며 3kg을 초과하지 않도록 한다.
④ 근육량을 보존하면서 체지방을 감량한다면 효과적인 체중관리법이라 할 수 있다.

해설 ACSM에서 권장하는 감량 목표는 주당 0.5kg이 적절하며 0.9kg을 초과하지 않도록 한다.

10 ACSM에서 권고하는 유연성 운동에 대한 설명으로 옳지 않은 것은?

① 근육이 약간 불편한 지점까지 스트레칭을 한다.
② 대근육-건단위를 이용하는 유연성 운동이 권고된다.
③ 노인은 10~30초 정적 스트레칭을 실시한다.
④ 능동적 정적 스트레칭은 주동근의 근력을 이용하여 스트레칭 자세를 유지한다.

해설 노인은 10~30초보다 30~60초 정적 스트레칭으로 더 많은 이득을 얻을 수 있다.

11 다음 중 유연성 향상을 위해 손상 위험이 낮고 가장 안전하게 수행할 수 있는 것은?

① 정적 스트레칭
② 동적 스트레칭
③ 탄성 스트레칭
④ 고유수용성 근신경 촉진법

해설 가장 안전하게 할 수 있는 스트레칭은 정적 스트레칭이다.

12 다음 중 목표 심박수(Target Heart Rate)를 구하는 공식은?

① 목표 심박수 = 여유 심박수 × (최대 심박수 − 안정 시 심박수) + 안정 시 심박수
② 목표 심박수 = 운동 강도(%) ÷ (최대 심박수 − 안정 시 심박수) + 최대 심박수
③ 목표 심박수 = 운동 강도(%) × (최대 심박수 − 안정 시 심박수) + 안정 시 심박수
④ 목표 심박수 = 운동 강도(%) ÷ (최대 심박수 − 안정 시 심박수) + 안정 시 심박수

해설 목표 심박수(Target Heart Rate) = 운동 강도(%) × (최대 심박수 − 안정 시 심박수) + 안정 시 심박수

13 다음 중 신장 170cm, 체중 60kg인 남성의 신체비만지수(체질량지수 ; Body Mass Index)는 얼마인가?

① 19.4
② 20.7
③ 24.5
④ 27.2

> **해설** 비만도(BMI) = 체중(kg) ÷ 신장(m^2)
> $$\frac{60}{(1.7 \times 1.7)} = \frac{60}{2.89} = 20.7$$

14 다음 중 비만 운동 프로그램에 대한 설명으로 옳지 않은 것은?

① 효과적인 체중 감량을 위해서는 소비하는 에너지의 양보다 섭취하는 에너지의 양이 많아야 한다.
② 1시간 이내의 유산소 운동을 실시하면 250~500kcal의 열량을 소비하므로 단시간 많은 감량은 체내의 밸런스에 큰 문제를 야기할 수 있다.
③ ACSM에서 권장하는 감량 목표는 주당 0.5kg이 적절하며 0.9kg을 초과하지 않도록 한다.
④ 운동은 점차적으로 늘려가며 주당 2,000kcal를 소비하는 것을 권장한다.

> **해설** 효과적인 체중 감량을 위해서는 섭취하는 에너지의 양보다 소비하는 에너지의 양이 많아야 한다.

15 다음 중 고혈압의 유산소 운동 프로그램으로 옳지 않은 것은?

① 운동 빈도는 주 2~3일 이내로 실시한다.
② 운동 강도는 여유심박수(HRR)의 40~59%, RPE 12~13 정도로 실시한다.
③ 운동 시간은 지속하거나 운동 시간의 합이 하루 30분 이상 되도록 실시한다.
④ 운동 형태는 대근육을 활용한 지속적 걷기나 자전거 타기 운동이다.

> **해설** 운동 빈도는 주 5~7일 이상 실시한다.

16 다음 중 당뇨의 운동 프로그램으로 옳지 않은 것은?

① 유산소 운동은 주 3~7일 진행하며, 최소 2일로 연속되지 않게 한다.
② 저항 운동은 주 3일이 권장되나 비연속적으로 최소 주당 2일 실시한다. 저항 운동은 초기 최소 8~10가지 운동을 10~15회 반복하고, 1~3세트 실시한다.
③ 유연성 운동은 경미한 불편감이 느껴질 때까지 실시한다.
④ 유산소 운동은 저강도에서 중강도로 주당 60분 실시한다.

> **해설** 유산소 운동은 중강도에서 고강도로 주당 150분 실시한다.

정답 13 ② 14 ① 15 ① 16 ④

17 다음 중 운동 시 당뇨병에 대한 설명으로 옳지 않은 것은?

① 운동 전 적정혈당 수준은 90~250mg/dL 이다.
② 고혈당증(≥ 250mg/dL)이 있는 환자가 혈액이나 소변에 케톤이 없다면 중강도운동이 가능하다.
③ 제1형 당뇨병 환자는 혈당이 250mg/dL 이상일 때 케톤뇨 확인을 권고한다.
④ 신경병증이 있는 경우 보호대를 착용하여 추가 손상을 예방하고 말초신경장애가 심각한 경우 체중지지 운동을 실시해야 한다.

> **해설** 신경병증이 있는 경우 보호대를 착용하여 추가 손상을 예방하고 말초신경장애가 심각한 경우 체중지지 운동은 중재되어야 한다.

18 다음 중 고혈압 환자의 저항 운동 프로그램으로 옳지 않은 것은?

① 운동 빈도 - 주 2~3일 이상
② 운동 강도 - 초보자는 1RM의 40~50%로 시작하며 60~70%로 실시
③ 운동 시간 - 세션당 소근육군으로 6~8회 반복, 2~4세트로 총 10분 이상 실시
④ 운동 형태 - 저항머신, 프리웨이트, 탄성밴드, 체중부하운동

> **해설** 고혈압 환자의 저항 운동 프로그램은 세션당 대근육군으로 8~12회 반복, 2~4세트로 총 20분 이상 실시한다.

19 다음 중 당뇨병 환자의 저항 운동 프로그램으로 옳지 않은 것은?

① 운동 빈도 - 주 5일이 권장되나 연속적으로 최소 주당 2일 실시
② 운동 강도 - 1RM의 50~69%에서 70~85%로 실시
③ 운동 시간 - 초기 최소 8~10가지 운동을 10~15회 반복, 1~3세트 실시
④ 운동 형태 - 저항머신, 프리웨이트, 탄성밴드, 체중부하운동

> **해설** 당뇨병 환자의 저항 운동 프로그램은 주 3일이 권장되나 비연속적으로 최소 주당 2일 실시한다.

20 다음 중 근육(저항) 운동의 설정 원칙에 대한 설명으로 옳지 않은 것은?

① 근육 운동에서 기본적인 설정 원칙은 최대 근력(1RM)이 기준이 된다.
② 직접 측정법은 정확하긴 하나 무거운 무게를 들어야 해서 초보자나 근골격계에 문제가 있다면 상해의 가능성이 생길 수 있다.
③ 1RM을 결정하는 방법에는 직접 측정법과 간접 측정법이 있다.
④ 간접 측정법은 다소 어려우나 정확하기 때문에 많이 이용된다.

해설 간접 측정법은 다소 정확성은 부족하나 간편하기 때문에 많이 이용된다.

21 다음 중 근수축 운동의 종류로 옳지 않은 것은?

① 등척성 수축운동(Isometric Exercise)
② 등장성 수축운동(Isotonic Exercise)
③ 등속성 수축운동(Isokinetic Exercise)
④ 발살바 호흡법(Valsalva Maneuver)

해설 근수축 운동의 종류는 등척성 수축운동(Isometric Exercise), 등장성 수축운동(Isotonic Exercise), 등속성 수축운동(Isokinetic Exercise)이다.

22 다음 중 골다공증의 운동요법으로 옳지 않은 것은?

① 골다공증이 있는 경우 운동을 하기 전에 의학적인 검사와 의사의 상담을 받은 후 운동을 실시하는 것이 효과적이다.
② 골다공증의 예방 차원에서 저항 운동이 중심이 되어야 한다.
③ 뼈의 손상을 예방하기 위해서 몸통을 비틀면서 회전하는 동작이나 평소보다는 과도한 움직임이 있는 운동을 실시한다.
④ 걷기 운동만 실시하면 효과적이지 않으며, 유산소 운동과 저항 운동을 병행한다.

해설 뼈의 손상을 예방하기 위해서 몸통을 비틀면서 회전하는 동작이나 과도한 움직임이 있는 운동은 금한다.

23 다음 중 골다공증의 예방법으로 옳지 않은 것은?

① 폐경기 후 호르몬의 변화가 생기는 중년 여성들의 경우 더욱 예방에 주의하여야 한다.
② 적절한 호르몬 조절을 위해 일정한 양의 에스트로겐을 유지해야 한다.
③ 나이가 많은 고령자나 체력수준이 낮은 경우 처음에는 개인이 운동을 적응할 수 있는 정도로 시작하다 점차적으로 시간을 증가시킨다.
④ 조깅이나 점프 등 충격을 줄 수 있는 운동을 실시한다.

해설 조깅이나 점프 등 충격을 줄 수 있는 운동은 제한하도록 한다.

정답 20 ④ 21 ④ 22 ③ 23 ④

24 다음 중 골다공증 예방을 위한 단계별 운동 프로그램으로 옳지 않은 것은?

① 1단계는 개인별 맞춤 운동과 물리적 요법을 실시한다.
② 2단계는 전문가의 감독하에 실시하는 소규모 수중 운동이나 소규모 운동에 참여한다.
③ 3단계는 전문가의 감독 없이 실시하는 가벼운 저항 운동을 포함한 소집단 운동에 참여한다.
④ 4단계는 전문가의 감독하에 실시하는 집단 운동에 참여한다.

> **해설** 골다공증 예방을 위한 단계별 운동 프로그램
> - 1단계 : 개인별 맞춤 운동과 물리적 요법 실시
> - 2단계 : 건강운동관리사나 전문가의 감시하에 실시하는 소규모 수중 운동이나 소규모(4~6명) 운동참여
> - 3단계 : 건강운동관리사나 전문가의 감시하에 실시하는 가벼운 저항 운동을 포함한 소집단 운동참여
> - 4단계 : 건강운동관리사나 전문가의 감시하에 실시하는 집단 운동참여
> - 5단계 : 특별한 전문가의 감시 없이 개인 운동 및 지역사회 운동 프로그램 참여

25 다음 중 어린이의 운동 검사로 옳지 않은 것은?

① 어린이의 운동 검사로 자전거 검사는 트레드밀보다 더 높은 최고산소섭취량과 최대심박수가 나타날 수 있다.
② 어린이의 운동 검사는 운동 중 생리적 반응이 성인과 다르므로 고려해야 한다.
③ 임상적 목적의 운동 검사는 건강 문제가 없는 한 어린이나 청소년에게 실시하지 않는 것을 일반적인 원칙으로 한다.
④ 운동 검사 프로토콜은 검사를 수행하는 이유와 아동 또는 청소년의 기능적 능력을 고려하여 선택한다.

> **해설** 트레드밀 검사는 자전거보다 더 높은 최고산소섭취량과 최대심박수가 나타날 수 있다. 일반적으로 성인 운동 검사의 표준 지침이 어린이와 청소년에게 적용되나, 운동 중 생리적 반응이 성인과 다르므로 고려해야 할 부분이 있다. 임상적 목적의 운동 검사는 건강 문제가 없는 한 어린이나 청소년에게 실시하지 않는 것을 일반적인 원칙으로 한다. 운동 검사 프로토콜은 검사를 수행하는 이유와 아동 또는 청소년의 기능적 능력을 고려하여 선택한다.

26 다음 중 성인과 비교한 어린이의 1회 운동에 대한 생리학적 반응으로 옳지 않은 것은?

① 상대산소섭취량 - 높음
② 절대산소섭취량 - 낮음
③ 호흡수 - 높음
④ 1회 호흡량 - 높음

해설 성인과 비교한 어린이의 1회 운동에 대한 생리학적 반응

변 인	반 응
상대산소섭취량	높 음
심박수	
호흡수	
절대산소섭취량	낮 음
심박출량	
1회 박출량	
수축기, 이완기 혈압	
1회 호흡량	
분당 환기량	
호흡교환율	

27 다음 중 ACSM에서 권고하는 건강한 성인의 저항 운동 시 운동 강도로 옳지 않은 것은?

① 숙련자의 근력 – 8~12RM
② 근비대 – 6~20RM
③ 근파워 – 3~6RM
④ 근지구력 – 15~25RM

해설 ACSM(11판)이 권고하는 건강한 성인의 저항 운동 시 운동 강도

근 력		근비대	근파워	근지구력
비숙련자	숙련자	6~20RM	3~6RM	15~25RM
8~12RM	1~12RM			

28 어린이의 운동 프로그램에 대한 설명 중 옳지 않은 것은?

① 어린이의 경우 여러 명이 함께 하면 집중력이 분산되므로 팀 단위보다 개인 스포츠 활동을 권장한다.
② 어린이들의 경우 집중도가 오래 가지 않으므로 흥미를 잃지 않도록 하며, 활동적으로 할 수 있는 인터벌 운동 프로그램이 권장된다.
③ 어린이를 대상으로 저항 운동을 실시하려면 전문적으로 지도가 가능한 지도자가 있어야 하며, 고강도의 저항 운동은 피하여야 한다.
④ 프로그램을 수행하면서 적절한 보상을 줄 수 있어야 한다.

해설 어린이의 경우 여러 명이 함께 할 수 있는 팀 단위의 스포츠 활동을 권장한다.

29 여성의 운동 검사에 대한 설명 중 옳지 않은 것은?

① 여성은 상대적으로 지구력이 낮으므로 작게 점증적으로 증가하는 단계로 구성된 프로토콜 위주로 선택하는 것이 올바른 선택이다.
② 임산부의 경우 최대 운동 검사를 권고하지 않으며 의학적인 관리하에 최대하 운동 검사로 최대산소섭취량(VO_2max)을 측정한다.
③ 임신 중에는 안정이 필요하므로 자전거 에르고미터보다는 트레드밀을 권장한다.
④ 여성은 상대적으로 지방량이 많고, 제지방량이 적다는 것을 고려한다.

해설 임신 중에는 안정이 필요하므로 트레드밀보다는 자전거 에르고미터를 권장한다.

30 다음 중 여성의 운동 프로그램에 대한 설명으로 옳지 않은 것은?

① 개인적인 운동의 목적에 따라 다르지만 여성의 운동 프로그램은 일반적으로 여성이 운동을 실시한다면 몸매 관리와 체중을 조절하는 대상자가 상대적으로 많다.
② 여성의 운동 프로그램은 남성보다 높은 운동량을 설정해야 한다.
③ 여성의 경우 유산소 운동을 최대산소섭취량(VO_2max)의 50~60%로 30분 이상 실시하며 본인의 운동 목적과 상응하는 운동 형태를 권장한다.
④ 가능하다면 근골격계 기능저하를 예방하는 저항 운동을 실시할 수 있는 근력운동 프로그램을 권장한다.

해설 여성의 운동 프로그램은 남성보다는 낮은 운동량을 설정해야 한다.

31 다음 중 임산부의 운동 프로그램에 대한 설명으로 옳지 않은 것은?

① 무리한 스포츠 활동은 피하며, 적은 양의 운동을 할 수 있도록 가벼운 걷기나 수중 걷기, 고정식 자전거 타기 등을 권장한다.
② 임산부의 운동 강도를 설정할 때 목표 심박수(THR)를 설정하며, 운동자각도(RPE)는 '가볍다' 혹은 '조금 힘들다' 정도로 한다.
③ 빈도는 일주일에 3일 혹은 격일제로 30~40분 간헐적으로 지속한다.
④ 운동 시간대는 자궁 수축이 쉽게 일어나는 밤 시간대를 피하도록 한다.

해설 임산부의 운동 강도를 설정할 때 목표 심박수(THR)는 부정확, 운동자각도(RPE)는 '가볍다' 혹은 '조금 힘들다' 정도로 한다.

29 ③ 30 ② 31 ② **정답**

32 다음 중 임산부의 운동 시 주의사항으로 옳지 않은 것은?

① 경쟁적 운동은 피하며 준비운동을 5분 이상 반드시 한다.
② 운동 동작 중 반동을 주는 운동은 금하며, 안전한 장소에서 운동을 실시한다.
③ 발살바 호흡법(Valsalva Maneuver)이 생기지 않도록 호흡을 참거나 무거운 무게를 드는 저항운동은 피한다.
④ 태아의 정맥 폐색을 예방하기 위해서 임신 3개월 후에는 바로 누워서 하는 운동을 실시한다.

해설 태아의 정맥 폐색을 예방하기 위해서 임신 3개월 후에는 바로 누워서 하는 운동은 피하며, 윗몸 일으키기 같은 운동은 금한다.

33 다음 중 고령자의 운동 검사에 대한 설명으로 옳지 않은 것은?

① 고령자들에서도 개인적인 차이가 있을 수 있으므로 이에 따른 적절한 의학적 진단과 운동부하 및 체력 검사를 통한 안정성을 체크 후 개별화된 운동 프로그램을 수행할 수 있다.
② 검사 절차는 일반 젊은 층과 같이 적용되고, 낮은 운동 강도(2~3METs)에서 시작할 수 있도록 진행하면서 트레드밀보다 자전거 에르고미터로 검사하는 것을 권장한다.
③ 다리 쪽의 근력이 많이 부족할 경우에 트레드밀을 선택한다면 경사도를 높이는 것보다 속도를 높이는 것을 권장한다.
④ 고령자들은 전반적으로 체력이 떨어져 있으며 다른 질환에 대한 유병률이 높으므로 이에 맞춰 검사를 제공할 필요가 있다.

해설 다리 쪽의 근력이 많이 부족할 경우에 트레드밀을 선택한다면 속도보다는 경사도를 점차적으로 높이는 것을 권장한다.

34 다음 중 노인의 저항 운동 프로그램으로 옳지 않은 것은?

① 주 2일 이상 실시한다.
② 1RM의 20~30%로 시작하고 30~40%로 점진적 진행한다.
③ 8~10종 대근육군으로 초보자는 10~15회 반복 1세트 시작한다.
④ 대근육을 활용한 웨이트나 계단오르기, 체중부하체조로 실시한다.

해설 노인의 저항 운동 프로그램은 1RM의 40~50%로 시작하고 60~80%로 점진적 진행한다.

정답 32 ④ 33 ③ 34 ②

35 다음 중 노인의 운동 프로그램으로 옳지 않은 것은?

① 유산소 운동은 중강도일 경우 주 5일 혹은 고강도일 경우 주 3일을 실시한다.
② 유산소 운동은 중강도일 경우 1일 최소 20~30분, 고강도일 경우 10~20분으로 진행한다.
③ 과도한 외과적 스트레스를 주지 않는 걷기 운동을 권장한다.
④ 체중부하에 제한이 있는 사람에게 수중운동이나 고정식 자전거를 권장한다.

해설 노인의 유산소 운동은 중강도일 경우 1일 최소 30~60분, 고강도일 경우 20~30분으로 진행한다.

36 다음 중 운동 시 고령자의 주의사항으로 옳지 않은 것은?

① 고령자들의 경우 유연성이 부족하므로 스트레칭을 자주 하며, 운동에 대한 적응을 위해 준비운동과 정리 운동을 좀 더 길게 한다.
② 고혈압이 있는 경우 등척성 운동 또는 호흡을 참으면서 무거운 무게를 드는 저항 운동은 피한다.
③ 위험 요인을 낮추기 위해 높은 운동 강도로 시작하여 유지시킨다.
④ 심리적으로 우울증이나 부정적인 태도를 고려하며 운동에 대한 적절한 동기부여를 할 수 있도록 격려한다.

해설 위험 요인이 있을 수 있으므로 낮은 운동 강도로 시작하여 점증적으로 증가시킨다.

37 운동과 지단백 대사에서 운동의 효과로 옳지 않은 것은?

① 총 콜레스테롤의 감소
② 고밀도(HDL) 콜레스테롤의 감소
③ 저밀도(LDL) 콜레스테롤의 감소
④ 중성지방의 감소

해설 운동은 고밀도(HDL) 콜레스테롤을 증가해 긍정적인 효과를 준다.

38 다음 중 운동 프로그램 구성에 대한 설명으로 옳지 않은 것은?

① 1일 프로그램은 준비운동, 본 운동, 정리운동 3단계로 구성한다.
② 주간프로그램은 대상자의 개인적인 특성과 운동 능력을 고려해야 한다.
③ 운동단계는 향상된 건강 체력을 지속적으로 유지하기 위하여 실시되는 단계이다.
④ 본운동의 강도를 점진적으로 증가시키면서 상해에 대해 주의하는 것이 필요하다.

해설 향상된 건강 체력을 지속적으로 유지하기 위하여 실시되는 단계는 유지단계이다.

정답 35 ② 36 ③ 37 ② 38 ③

39 파킨슨병 환자를 위한 운동처방과 고려 사항으로 옳지 않은 것은?

① HY 척도 4~5단계 환자에게 주 2~3일의 프리웨이트를 이용한 저항 운동을 제안한다.
② HY(Hoehn and Yahr) 척도 1~2단계 환자에게 주 3~4일의 고강도(80~85% HRmax) 유산소 운동을 제안한다.
③ 약물 부작용으로 기립성 저혈압을 경험할 수 있으므로 약물 투여 정보를 확인한다.
④ 주 2~3일 이상, 가능한 매일 약간의 불편함이 있는 수준까지 스트레칭을 한다.

해설 질병단계가 심한 환자일 경우 안전을 위해 프리웨이트를 피해야 한다. 체중 혹은 머신, 밴드를 이용한 운동으로 초점을 맞추도록 한다.

40 ACSM(11판)에서 제시한 질환에 따른 운동 강도와 형태가 적절하지 않은 것은?

	질 환	운동 강도	운동 형태
①	류머티즘 관절염	중강도 가능	체중부하 운동
②	합병증이 없는 제1형 당뇨병	고강도 가능	웨이트 및 수영
③	진행 중인 불안정 협심증	저강도 가능	걷기 및 자전거 운동
④	무증상 신장질환	중강도 가능	댄스 및 하이킹

해설 ACSM(11판)에서 제시한 질환을 보면 진행 중인 불안정 협심증은 증상-제한 최대 운동 검사의 절대적 금기사항이다.

41 운동처방의 구성요소 중 운동 단계의 설명으로 옳지 않은 것은?

① 운동 단계는 초기 적응 단계, 향상 단계, 유지 단계로 구분된다.
② 초기 적응 단계는 초기 6주간 운동에 대한 적응을 하는 단계이며, 초보자는 건너뛸 수 있는 단계이다.
③ 향상 단계는 4~8개월까지 지속적으로 운동을 하며 신체적 기능이 향상되는 단계이다.
④ 유지 단계는 적정 체력수준을 유지하는 단계로 향상된 체력수준을 장기간 지속하는 단계이다.

해설 초기 적응 단계는 초기 6주간 운동에 대한 적응을 하는 단계이며, 숙련자는 건너뛸 수 있는 단계이다.

정답 39 ① 40 ③ 41 ②

42 운동처방의 구성요소 중 운동 형태의 설명으로 옳지 않은 것은?

① 운동 목적에 맞게 우선적으로 고려되어야 하며, 적절한 운동 형태를 선택할 수 있어야 한다.
② 개인의 운동 목적보다는 단체에 맞게 증진시키고자 하는 체력 요소를 설정하여 운동 형태를 선택한다.
③ 달리기, 자전거, 수영, 웨이트, 요가, 필라테스 등이 여러 운동 중 선택해야 될 요소이다.
④ 이상지질혈증 환자의 유산소성 운동 프로그램은 걷기나 조깅, 자전거 타기 등 대근육 위주의 유산소 운동, 주당 2,000kcal 정도의 열량을 소비하는 것이 적절하다.

해설 개인의 운동 목적에 맞게 증진시키고자 하는 체력 요소를 설정하여 운동 형태를 선택한다.

43 다음 중 비만 환자의 운동 프로그램으로 옳지 않은 것은?

① 목표로 한 체중을 기준으로 운동량(운동유형, 강도, 시간, 빈도, 기간 등)을 설정한다.
② 유산소 운동의 강도는 여유심박수(HRR)의 40~59%로 시작하고 건강상 이점을 위해 60% 이상으로 실시한다.
③ 유산소 운동의 시간은 하루 30분(주당 150분) 실시하며, 하루 60분(주당 250~300분) 이상으로 증가시킨다.
④ 운동은 점차적으로 늘려가며 주당 500kcal를 소비하는 것을 권장한다.

해설 운동은 점차적으로 늘려가며 주당 2,000kcal를 소비하는 것을 권장한다.

44 다음 중 고혈압 환자의 운동 프로그램 내용으로 옳지 않은 것은?

① 유산소 운동 위주로 하며, 저항 운동을 병행한다.
② 유산소 운동은 대근육을 활용한 지속적 걷기나 자전거타기 운동을 실시한다.
③ 저항 운동은 저항머신, 프리웨이트, 탄성밴드, 체중부하운동을 실시한다.
④ 15~45분 정도로 시작하며 단계적으로 1시간까지 증가시킨다. 겨울에 새벽운동을 하는 것은 적정 혈압 유지에 필요하므로 권장한다.

해설 추운 겨울에 새벽운동을 하는 것은 적정 혈압 유지에 불리하므로 피하도록 한다.

45 다음 중 당뇨병 환자의 유산소성 운동 프로그램의 내용으로 옳지 않은 것은?

① 성공적인 치료를 위하여 교육과 운동 프로그램을 진행하고 있으나 추가적인 이상이나 합병증에는 효과적이지 않다.
② 일주일에 3~7회 정도 유지한다.
③ 운동 시간은 중강도에서 고강도로 주당 150분 실시한다.
④ 걷기나 조깅, 자전거 타기 등 대근육 위주의 유산소 운동을 권장한다.

해설 성공적인 치료를 위하여 자가혈당측정을 교육하고 진행하고 있으며 이후 추가적인 이상이나 합병증을 효과적으로 예방할 수 있다.

46 다음 중 이상지질혈증 환자의 유산소성 운동 프로그램 내용으로 옳지 않은 것은?

① 운동 빈도는 주당 5일 이상 실시한다.
② 운동 시간은 하루 30~60분 실시하며, 체중감량을 지속하기 위해 매일 50~60분 이상 권고한다.
③ 대근육군을 활용한 지속적 걷기나 자전거타기 운동을 실시한다.
④ 적절한 유산소성 운동 프로그램은 HDL 콜레스테롤을 감소시킨다.

해설 적절한 유산소성 운동 프로그램은 HDL 콜레스테롤을 증가시킨다.

47 다음 중 골다공증 환자의 운동 프로그램 내용으로 옳지 않은 것은?

① 유산소 운동 빈도는 주 4~5일 이상 실시한다.
② 유산소 운동 시간은 20분부터 시작하고 최소 30분까지 점진적으로 늘린다.
③ 골절위험이 낮거나 중간 정도인 사람에게 점프나 벤치스테핑 같은 충격하중운동을 실시한다.
④ 수영의 경우 뼈에 적절한 스트레스를 주어 골다공증에 효과적인 운동이라 할 수 있다.

해설 수영의 경우 부력으로 인해 뼈에 적절한 스트레스를 주기 힘들어 골다공증에 효과적인 운동이라 할 수 없다.

정답 45 ① 46 ④ 47 ④

48 다음 중 유연성 운동처방의 설정원칙으로 옳지 않은 것은?

① 매일 하는 것이 효과적이다.
② 신체적 결함이 있거나 최근 수술을 받은 경우, 오랜 기간 운동을 하지 않았으며 좌식생활을 한 경우가 있다면 스트레칭을 하기 전에 의사와 상담을 한다.
③ 상해를 입거나 통증이 있는 경우 동적 스트레칭을 실시한다.
④ 스트레칭은 근육이 따뜻할 때 진행되어야 하며 본운동 전, 후로 실시한다.

해설 상해를 입거나 통증이 있는 경우 동적 스트레칭은 금지한다.

49 다음 중 유연성 운동에 대한 설명으로 옳지 않은 것은?

① 정적스트레칭(Static Stretching)은 목표하는 근육과 힘줄을 느리게 스트레칭 하는 동작이다.
② 반동(탄성)스트레칭(Bouncing Stretching)은 인체의 움직임에 나타나는 탄성을 활용하는 스트레칭이다.
③ 고유수용성신경근촉진(PNF ; Proprioceptive Neuromuscular Facilitation)에서 수축-이완은 목표하는 근육에 등장성 수축을 한 후 같은 근육의 정적 스트레칭을 유도하는 방법이다.
④ 수동적 정적스트레칭(Passive Static Stretching)은 보조장치·보조자·신체 등을 활용하여 자세를 유지하는 스트레칭이다.

해설 고유수용성신경근촉진(PNF ; Proprioceptive Neuromuscular Facilitation)에서 수축-이완은 목표하는 근육에 등척성 수축을 한 후 같은 근육의 정적 스트레칭을 유도하는 방법이다.

50 다음 중 심폐지구력 운동 시 주의하여야 할 내용으로 옳지 않은 것은?

① 모든 운동은 개인의 특성에 맞추어야 하며, 특수성의 원리에 맞게 각 대상자에 대한 운동의 목적을 생각하여야 한다.
② 심폐지구력을 향상시키고자 목표한 운동 강도의 상한 수준을 초과하여 다른 손상이 발생되지 않도록 해야 한다.
③ 운동 강도를 설정할 때는 목표한 심박수를 고려해야 하며, 약을 복용한 경우에도 심폐지구력은 동일하게 진행하면 된다.
④ 심폐지구력에 대한 운동 프로그램은 유지하려는 단계에서 지루함을 느낄 수 있기 때문에 각 대상자에 따른 흥미를 유발할 수 있도록 한다.

해설 운동 강도를 설정할 때는 목표한 심박수에 맞게 운동을 하여야 하며, 심박수에 영향을 주는 약을 복용한 대상자의 경우 이에 맞게 운동을 한다.

무언가를 시작하는 방법은 말하는 것을 멈추고 행동을 하는 것이다.

- 월트 디즈니 -

시대에듀 건강운동관리사

파트별 출제비중

구 분	2025	2024	2023	2022	2021	2020	2019	합 계
운동부하검사의 개요	1	3	3	2	3	3	4	19
운동부하검사의 준비	1	4	2	3	3	4	3	20
운동부하검사의 수행	6	5	6	8	9	7	7	48
운동부하검사 결과의 해석	12	8	9	7	5	6	5	52
기타	–	–	–	–	–	–	1	1

※ 출제빈도는 문제 분석에 따라 달라질 수 있습니다.

최근 기출 분석

운동부하검사는 [운동부하검사의 수행]과 [운동부하검사 결과의 해석]에서 높은 비중을 보였습니다. 특히 도표와 그래프를 해석하는 문제가 다수 출제되었습니다. 운동부하검사는 다양한 사례를 바탕으로 ACSM의 운동부하검사 적용법을 제시하는 문제가 출제됩니다. 대상자에 따른 상대적·절대적인 금기사항과 종료 시점을 모두 숙지하여야 합니다. 학습 시 실전에 적용되는 검사의 전·중·후 다양한 스킬과 해석 능력을 키울 필요가 있습니다.

제4과목

운동부하검사

01 운동부하검사의 개요
02 운동부하검사의 준비
03 운동부하검사의 수행
04 운동부하검사 결과의 해석

출제예상문제

01 운동부하검사의 개요

학 습 목 표
- 운동부하검사에 대한 목적을 이해한다.
- 운동부하검사를 실시하기 전에 위험군 분류에 대하여 숙지한다.

1 운동부하검사의 이해

(1) 운동부하검사의 목적

① 진단 목적의 검사
  ㉠ 각 대상자의 나이, 성별, 증상에 따라 사전에 나뉠 수 있으며, 특히 관상동맥질환자들에게 진단 목적으로 효과적인 검사이다.
  ㉡ 특별한 증상이 없는 대상자에게 진단을 위한 운동부하검사는 권장되지 않지만, 위험인자가 많을 시에는 의미가 있다.
  ㉢ 여성의 경우 위양성 반응이 생길 수 있다.

② 예후와 치료 목적의 검사
  ㉠ 일반적으로 심근경색 스텐트 시술 후 예후를 평가하기 위해 퇴원 전과 후(심근경색 후 초기 4일)에 검사를 시행한다.
  ㉡ 증상 제한 운동부하검사는 심근경색 14일 후에 실시할 것으로 권장한다.
  ㉢ 심근경색 후 환자의 나쁜 예후는 주로 심전도상의 ST분절 하강, 혈압의 저하, 활동량이 5METs 이하인 경우이다. 운동부하검사에서 얻어지는 정보는 예후 평가에 도움을 주고 일상으로의 복귀, 운동 프로그램 설정 및 상담으로 활용이 가능하다.
  ㉣ 4METs 이하의 낮은 수준은 심혈관질환으로 생기는 사망률이 증가되며, 9.2METs 이상의 높은 수준은 심혈관질환 사망률이 감소된다. 측정 요소는 최대산소섭취량(VO_2max) 혹은 최고산소섭취량(VO_2peak)을 기준으로 하며, 여기서 최대산소섭취량(VO_2max)은 운동 프로그램을 적용시키기 위한 기본 자료를 제공하고, 이후의 예후를 평가할 수 있다. 이는 운동 프로그램을 진행하며 대상자들에게 동기부여를 줄 수 있으며, 이를 통해 진단과 치료에 보조적인 역할을 한다.

(2) 운동부하검사의 대상

① 운동부하검사 실시 전에 잠재적인 위험요소와 함께 심혈관계, 호흡기계, 임신이나 정형외과의 상태를 확인한 후 시행할 수 있다.

② 우선 설문지를 통해 위험성 및 안전성을 분류할 수 있으며, 주로 쓰이는 설문지는 PAR-Q지이다.
③ 사전 설문지 조사 후 의사의 상담을 진행하며 검사 및 운동을 하는 것이 안전하다.
④ 위험요인을 분류하고 대상자에 따라 검사 진행 방법이 달라진다.

2 운동 검사의 안정성 평가

(1) 안정성 평가의 중요성
① 운동 검사를 실시하기 전에 운동에 대한 적응이 가능한 상태인지 확인해야 한다.
② 검사 후 운동 프로그램을 실시하기 전에 의학적인 검사가 필요하거나 증가될 수 있는 위험요소를 가진 사람을 구분할 필요가 있다.
③ 의학적인 감독하에 운동 프로그램을 시행하거나 고위험군인 대상자를 확인하기 위해서 사전 운동 검사는 병력, 이학적 검사 등을 포함하며, 과거부터 시작하여 현재까지의 모든 정보를 포함해야 한다.

(2) 안정성 검사 측정변인
① 안정성 검사는 운동 검사를 실시하기 전에 안정상태에서 이루어져야 한다.
② 측정변인은 혈압, 지질과 지단백콜레스테롤, 혈액분석, 폐기능 검사가 있다(건강체력평가 편에서 2장 운동참여 전 평가 참고).
③ 운동 프로그램을 설계할 때 개인의 건강상태에 따라 적절한 평가가 필요하다.

(3) 안정성 평가
개개인의 건강 상태와 가족력, 직업 등을 포함하여 최대한 일상생활을 확인하고 통계 분석 후 장애나 사망의 위험성을 평가할 수 있다.

(4) 운동부하검사 대상자의 위험 분류
① 안전한 운동 프로그램을 제공하며 운동부하검사를 대상자에게 맞게 하려면 심혈관, 폐 또는 대사성 질환이 있거나 위험 요인에 해당하는 대상자에게 맞추어 진행되어야 한다.
② 1차적으로 위험성과 안전성을 분류하기 위해 설문지를 활용한다.
③ 이는 PAR-Q지(Physical Activity Readiness Questionnaire)라는 설문지가 가장 많이 쓰이며 신체활동 전 활용할 수 있는 설문지이다. 여기에 나오는 7문항 중 하나 이상의 질문에 "네"가 있다면 전문적으로 의사와 상담 후 운동을 진행하도록 한다.
④ 또한 효과적인 운동 프로그램 참여를 위하여 건강체력평가 편에서 언급한 ACSM 위험분류 범주를 근거로 위험군을 분류한다.

02 운동부하검사의 준비

학습목표
- 최대하 운동부하검사와 최대 운동부하검사의 차이점과 검사 장비 선택의 차이점을 숙지한다.
- 운동부하검사의 장비 선택과 관련 지침을 숙지한다.

1 운동부하검사 지침 및 절차

(1) 운동부하검사의 원리
① 운동은 일상에서도 생활을 유지하면서 경험하는 일반적인 적정 스트레스로 볼 수 있다.
② 운동부하검사는 개인의 건강 혹은 질환자들에게 적절하게 적용할 수 있는 부하검사 방법으로 유용하게 사용된다.
③ 특히 운동으로 인한 비정상적인 반응, 운동부하에 따라 심전도, 부정맥, 허혈에 대한 반응을 관찰할 수 있는 검사이다.

(2) 운동부하검사 지침과 절차
① 운동부하검사는 개개인의 상태를 고려한 프로토콜을 선택해야 한다. 정해진 프로토콜대로 진행되어야 하며, 점진적으로 그 양을 증가시키도록 해야 한다. 일반적인 프로토콜은 단계별 2METs 이상씩 증가하며 진행되고 노약자와 환자의 경우 1/2METs 이하의 강도로 점진적으로 증가시킨다.
② 검사진행 이후 사후관찰은 매우 중요하며, 보통 7~8분 정도 회복시간을 관찰한다.
③ 검사실 적정 온도는 22°C 이하(19~23°C)이고, 습도가 60% 이하인 장소에서 하는 것이 적합하다.
④ 검사에 대한 금기 사항과 종료 사항에 대한 기준을 지켜야 한다.
⑤ 검사를 진행하는 동안 심박수, 혈압, 운동자각도(RPE), 증상 등을 지속적으로 관찰하여야 한다.
⑥ 운동부하검사 도중 급성 심근경색 발생 시 조치 순서

검사중단 → 응급센터 연락 → 응급약 투여 → 심전도 모니터링 → 심박수, 혈압 측정

(3) 운동부하검사의 일반적인 원칙
① 검사 전에는 모든 장비의 영점조정(Calibration)이 이루어져야 한다.

② 검사 전에 2~3분 동안 가벼운 운동을 실시해서 장비 적응 후 검사의 첫 번째 단계를 실시한다.
③ 운동 강도는 점진적으로 증가시켜야 한다. 운동량은 건강한 사람의 경우와 질환자의 경우를 구분해서 증가될 수도 있다. 검사가 금기시되는 상태나 검사를 중단해야 할 상황에는 지침을 확인하고 관찰을 한다. 조금이라도 의심이 있다면 검사를 금하거나 종료할 수 있다.
④ 지속적으로 대상자의 표정과 증상을 관찰한다. 실시한 검사 프로토콜에 의하여 운동능력을 METs로 측정하거나, 산소섭취량 측정이 가능하다면 직접적으로 평가한다.

2 운동부하검사 방법과 형태

(1) 최대하 운동부하검사

① 최대하 운동부하검사는 대상자가 최대 운동부하검사를 통해 얻을 수 있는 장점보다 위험요인이 더 많을 경우에 활용가능하다.
② 능력에 따라 대상자의 최대수치에 도달하기 전에 검사 종료를 종료할 수 있다. 일반적으로 실시하는 최대하 검사의 종류는 다음과 같다.
  ㉠ 쿠퍼(1.5마일) 달리기 테스트 : 1.5마일(2.4km) 달리기 후 초 단위로 측정하여 최대산소섭취량의 추정치를 구한다.
  ㉡ 쿠퍼 12분 달리기 : 12분간 달린 거리를 km로 계산한다.
  ㉢ 1마일 걷기테스트 : 1마일(1.6km) 거리를 최대한 빠른 속도로 걸은 후 최대산소섭취량을 측정한다.
  ㉣ 하버드스텝테스트 : 50cm 높이의 박스에서 분당 30step(120bpm) 속도로 5분간 지속적으로 측정하여, 운동 후 1분~1분 30초, 2분~2분 30초, 3분~3분 30초 사이의 심박수를 측정하여 추정치를 구한다.

$$PEI(신체효율지수) = \frac{운동지속시간(초)}{2 \times (회복 시 3회 측정한 심박수의 합)} \times 100$$

  ㉤ YMCA 사이클 테스트 : 각 단계는 4단계까지 각각 150kpm/min씩 부하를 증가시킨다. 산소섭취량(L/min)을 측정한 후 체중으로 나누면 최대산소섭취량(ml/kg/min)을 추정할 수 있다.
  ㉥ 최대하 브루스 프로토콜(Bruce Protocol) : 가장 일반적으로 쓰이는 브루스 프로토콜을 3단계까지만 사용하여 추정치를 계산할 수 있다.

[Bruce 최대하 트레드밀 프로토콜(ACSM)]

단 계	시간(분)	속도(mph)	경사도(%)
1	0~3	1.7	10
2	3~6	2.5	12
3	6~9	3.4	14

(2) 최대 운동부하검사

① 최대 운동부하검사는 대상자가 할 수 있는 최대한의 능력까지 하는 검사이다.
② 주로 활용가능한 검사는 트레드밀로 실시하는 검사이며 최대 운동부하검사에 적합하다.
③ 각 프로토콜은 정해져 있으며 3장의 검사 프로토콜을 참고하면 된다.
④ 일반적으로 각 단계별로 증가되는 폭은 3분씩 1METs(3.5ml/kg/min) 단위로 증가시킨다.

(3) 운동부하검사 장비 선택 방법 및 지침

① 운동부하검사를 실시하면 주로 활용하는 장비는 트레드밀이다. 트레드밀을 통해서 최고 심박수나 최대산소섭취량이 어느 정도인지 알 수 있다.
② 고정식 자전거는 대상자의 운동 능력과 하지 근력에 따라 최대산소섭취량이 트레드밀보다 약 5~25% 낮아질 수 있다.
③ 하지를 이용해서 검사하기가 어렵다면 상체 에르고미터를 활용하여 검사를 진행할 수 있다.
④ 상체 에르고미터의 최대산소섭취량은 트레드밀 검사보다 약 20~30% 낮다.

03 운동부하검사의 수행

학습목표
- 각 측정 변인들의 설명을 이해한다.
- 장비와 프로토콜 선택을 대상자에 맞게 할 수 있도록 이해한다.
- 검사 금기 지침과 종료 지침을 완벽히 숙지하고 차이점을 이해한다.
- 검사 전, 중, 후 주의점과 측정 시기에 대해서 숙지한다.

1 운동부하검사 측정변인

(1) 운동부하검사 측정변인

운동부하검사가 진행되면 지속적으로 심박수와 혈압, 폐기능, 심전도, 운동자각도 등을 측정한다. 이러한 요소들이 대상자별로 이상 유무가 있는지 판단하며 특히 심혈관계 관련으로 확인이 가능하다. 또한 최대 운동 능력이 어느 정도 되는지 수준을 평가할 수 있으며, 안전사고를 조기에 예방할 수 있다.

① 심박수와 혈압
  ㉠ 심박수와 혈압은 검사 전, 중, 후 지속적으로 측정해야 하며, 신체적 반응의 기본적인 지표로 활용된다.
  ㉡ 측정은 체계적으로 혈압측정기와 심전도 모니터에 의해 자동 측정이 가능하다.
  ㉢ 검사 중 수축기 혈압이 급격히 증가하거나 지속적으로 낮아지면 재측정을 하거나 중지해야 한다.
  ㉣ 재측정을 했을 경우 변화의 폭이 크다면 검사 중단을 고려한다.

② 폐기능 : 각 장비의 시스템에 맞게 20~30초 정도 자동으로 측정 분석이 된다. 주로 하는 측정 요인인 심박수, 산소섭취량, 호흡교환율(RQ), 대사량(METs), 산소 당량(VEO_2), 무산소성역치(VT), 분당 호흡수(BF) 등 심폐기능을 지속적으로 평가할 수 있는 지표를 알 수 있다.

③ 심전도
  ㉠ 안정 시부터 지속적으로 측정하며, 검사 중 운동 반응에 따른 심장의 기능적인 변화를 볼 수 있는 지표이다.
  ㉡ 부정맥, 협심증, 심근허혈증, 허혈성 심장질환 등 이상소견이 나타날 수 있으며, 심전도 상의 ST분절 상승 혹은 하강, 심실빈맥, 연속적인 조기심실수축(PVC) 등을 관찰할 수 있다.
  ㉢ 지속적으로 관찰하며 이상소견이 관찰되면 검사를 중단해야 한다.

④ 자각적 운동 강도(RPE ; Ratings of Perceived Exertion)
  ㉠ 검사자는 검사 전 자각적 운동 강도에 대해 대상자에게 충분히 설명하여야 한다.
  ㉡ 검사를 진행하면 단계별로 증가되는 강도에 따라 객관적 운동 강도의 일치 여부를 확인하며, 피검자의 주관적 안전도 판단할 수 있다.
  ㉢ 아래 표의 운동자각도는 6~20이란 수치로 나타나며 이는 안정 시 심박수로 시작하여 운동 시 나타날 수 있는 최대심박수 60~200bpm을 의미한다.
  ㉣ 협심증이 있거나 심장질환이 있는 경우에는 협심증 척도(Angina Scale)를 통해서 관찰이 가능하다. 협심증 척도(Angina Scale)는 '1 = 경증, 2 = 보통, 3 = 조금 심함, 4 = 최고로 심함' 4단계로 척도를 구분한다.

[운동자각도(RPE)]

6	No Exertion at All	전혀 힘들지 않다
7	Very Very Light	매우 편하다
8		
9	Very Light	약간 편하다
10		
11	Light	보통이다
12		
13	Fairly Hard	약간 힘들다
14		
15	Hard	힘들다
16		
17	Very Hard	매우 힘들다
18		
19	Very Very Hard	최대로 힘들다
20		

[협심증 척도(Angina Scale)]

1	경 증	거의 알아차리지 못함
2	보 통	약간 불편함
3	조금 심함	매우 불편함
4	최고로 심함	경험한 고통 중에 가장 강한 고통

(2) 운동부하검사 장비

① 트레드밀 : 운동부하검사는 지속적이면서 점차 늘어나는 단계로 조정되어야 하는데 트레드밀로 실시하는 검사가 가장 효과적이다. 그래서 트레드밀 검사는 가장 널리 사용되는 검사 방법으로 정확도가 높지만 고가이며 전신을 사용하여 상체가 불안정해 측정이 어렵다는 단점이 있다.

② 자전거 에르고미터 : 과체중과 상관없이 지속할 수 있으며, 심전도나 혈압 등을 측정하기에 편리하다. 정확도가 상대적으로 높아 측정에 적합하다. 그러나 최대 수치에 도달하기 전에 국부 근육이나 다리에 피로를 느껴 운동이 중단되는 경우가 많다. 그래서 최대 수치까지 올리기가 쉽지 않다.

③ 상체 에르고미터 검사 : 상지운동을 이용한 운동능력을 평가하고자 할 때 시행할 수 있다. 하체를 활용하기 어렵거나 장애가 있다면 상체 에르고미터로 측정을 대체한다.

(3) 검사 프로토콜 선택

① 브루스 프로토콜(Bruce Protocol)
  ㉠ 운동부하검사에서 가장 일반적으로 사용하는 프로토콜이다. 초기 부하는 정상인의 경우 속도 1.7mph, 경사도 10%로 설정하며, 위험요인이 있는 사람은 속도 1.7mph, 경사도 5%로 초기 부하를 설정한다.
  ㉡ 일반적으로 속도 1.7mph에서 3분마다 0.8~0.9mph, 경사도는 2%씩 증가한다. 속도와 경사도가 동시에 증가하는 폭이 커서 심장질환이 있거나 노인의 경우에는 적응하기가 힘들다. 부하증가도 빨라서 측정하는 데 오차가 생길 가능성이 있다.

② 수정된 브루스 프로토콜(Modified Bruce Protocol)
  ㉠ 일반적으로 실시하는 브루스 프로토콜의 증가폭을 적게 한 것이다.
  ㉡ 초기 속도는 1.7mph로 시작하고, 경사도는 9분까지 3분마다 5%씩 증가시켜 이후 3분마다 2%씩 증가한다.
  ㉢ 주로 고위험군이나 심혈관질환자들에게 많이 쓰인다.

③ 발케 프로토콜(Balke Protocol)
  ㉠ 주로 운동이 부족한 개인이나 노인, 만성질환자에게 적합하다.
  ㉡ 속도가 3.4mph으로 고정되어 있으며, 경사도는 1분마다 2% 증가한다.
  ㉢ 큰 운동량의 증가보다는 1MET씩 증가 단계별로 점차 강도를 증가시킨다.

④ 램프 프로토콜(Ramp Protocol)
  ㉠ 체력이 약한 대상자들에게 유용하며 각 단계별로 검사시간이 줄어들고, 속도와 경사도의 부하량을 줄이는 방법이다.
  ㉡ 건강한 사람이 하기에는 다소 무리가 있으며, 노인이나 체력이 약한 대상자의 경우 고려될 수 있다.

[검사 프로토콜]

프로토콜	대 상	최초부하	특 징
Bruce	정상인	1.7mph, 10%	• 운동량 증가율이 크다. • 1.7mph에서 3분마다 경사도는 2%씩, 속도는 0.8~0.9mph씩 증가한다. • 큰 부하량의 증가로 측정오차가 가능하다. • 위험군이나 심장질환자에게는 무리가 될 수 있다.
수정된 Bruce	성인병 환자 고위험군	속도고정, 1.7mph, 0%, 3분 지속	속도는 1.7mph으로 고정되며, 경사도 9분까지는 3분마다 5%씩 증가, 이후 3분마다 2%씩 속도 0.8~0.9mph 증가한다.
Naughton	노인 성인병 환자	1mph, 0%, 2분 지속	• 운동량 증가율이 낮다. • 1mph에서 속도는 2mph로 유지되며 경사도가 3.5%씩 2분마다 증가한다.
Balke	여성, 성인병 환자	속도고정, 3.4mph, 0%, 1분 지속(4MET)	• 운동량 증가율이 낮다. • 속도는 3.4mph으로 고정되며, 경사도는 1분마다 2%씩 증가한다.
수정된 Balke	노인, 심혈관계 질환자	속도고정, 2.0mph, 0%, 3분 지속	• 속도고정(2.0mph) 3분마다 3.5%씩 증가한다. • 18분 이후 2.5%씩 증가한다(단계마다 1MET 증가).
Ellestad	정상인	1.7mph, 10%, 3분 지속	경사도 11분까지는 10% 고정, 11분 이후 15%, 속도는 3분 이후 증가한다.

METS	자전거 에르고미터	램프 PER 30 SEC		수정된 브루스 매 3분마다		브루스 매 3분마다		노튼 매 2분마다		수정된 노튼 매 2분마다	
		MPH	%GR	MPH	%GR	MPH	%GR	MPH	%GR	MPH	%GR
21	FOR 70 KG BODY WEIGHT					6.0	22				
20				6.0	22						
19	1 WATT = 6.1 Kpm/min					5.5	20				
18				5.5	20						
17											
16	Kpm/min										
15				5.0	18	5.0	18				
14	1500									MPH	%GR
13		3.0	25.0	4.2	16	4.2	16			3.0	25
12	1350	3.0	24.0							3.0	22.5
		3.0	23.0								
11	1200	3.0	22.0							3.0	20
		3.0	21.0								
		3.0	20.0							3.0	17.5
10	1050	3.0	19.0	3.4	14	3.4	14				
		3.0	18.0					MPH	%GR		
		3.0	17.0							3.0	15
9	900	3.0	16.0								
		3.0	15.0					2	17.5	3.0	12.5
8		3.0	14.0								
		3.0	13.0					2	14.0	3.0	10
7	750	3.0	12.0	2.5	12	2.5	12				
		3.0	11.0								
		3.0	10.0							3.0	7.5
6	600	3.0	9.0								
		3.0	8.0					2	10.5	2.0	10.5
5	450	3.0	7.0								
		3.0	6.0	1.7	10	1.7	10	2	7.0	2.0	7.0
		3.0	5.0								
4	300	3.0	4.0								
		3.0	3.0					2	3.5	2.0	3.5
		3.0	2.0								
3		3.0	1.0	1.7	5			2	0	1.5	0
	150	3.0	0								
2		2.5	0	1.7	0			1	0	1.0	0
		2.0	0								
1		1.5	0								
		1.0	0								
		0.5	0								

2 운동부하검사의 금기사항 및 중단시점

(1) 운동부하검사 금기사항

운동부하검사를 시행하기 전에 참여할 수 있는지 판단하기 위해서 절대적, 상대적 금기사항을 지켜야 한다. 절대적 금기사항은 대상자가 금기사항에서 벗어나거나 안전해지면 검사를 시행할 수 있으며, 상대적 금기사항은 운동의 위험보다 이점이 중요하다면 검사를 실시할 수 있다. 다음은 미국심장협회(AHA)에서 권장하는 가이드라인이다.

① 미국심장협회(AHA)가 제시한 최대 운동 검사의 절대적 금기사항
   ㉠ 2일 이내 급성심근경색증
   ㉡ 진행 중인 불안정협심증
   ㉢ 혈역학적 요인을 동반한 조절되지 않는 심장부정맥
   ㉣ 활동성 심내막염
   ㉤ 증상 동반한 심각한 대동맥판협착증
   ㉥ 비대상성 심부전
   ㉦ 급성 폐색전증, 폐경색증, 심부정맥혈전증
   ㉧ 급성 심막염 또는 심장막염
   ㉨ 급성 대동맥박리
   ㉩ 검사를 제한하는 신체적 장애

② 미국심장협회(AHA)가 제시한 최대 운동 검사의 상대적 금기사항
   ㉠ 폐쇄성 좌측 주 관상동맥협착
   ㉡ 증상이 불명확한 중등도에서 중증인 대동맥협착
   ㉢ 조절되지 않는 빠른 심실 부정맥
   ㉣ 중증이거나 완전 심장차단
   ㉤ 최근 뇌졸중이나 일과성허혈발작
   ㉥ 협조능력이 제한되는 정신장애
   ㉦ 안정 시 수축기 혈압 200mmHg 혹은 이완기 혈압 110mmHg를 초과하는 경우
   ㉧ 심각한 빈혈, 전해질 불균형, 조절되지 않는 의학적 상태 예 갑상선기능저하증

(2) 운동부하검사 중단시점

운동부하검사를 시행하면서 중단해야 할 시점이 있다. 이는 절대적, 상대적 종료 지침으로 보면 된다. 절대적 종료 지침은 반드시 종료를 해야 하며, 상대적 종료 지침은 임상적 판단 후 종료를 할지 결정할 수 있다.

① 증상 제한 최대 운동 검사 종료 적응증
  ㉠ 절대적 적응증
  - 진단적 Q파가 없는 유도(aVR, aVL, V1)에서 ST분절 상승(> 1.0mm)
  - 허혈성 증상이 동반되면서 운동 강도가 증가함에도 불구하고 수축기 혈압이 10mmHg 이상 저하
  - 중등도의 심한 협심증
  - 신경계 증상의 증가(운동실조, 현기증, 실신에 가까움)
  - 관류부족 징후(청색증 또는 창백)
  - 지속되는 심실성 빈맥
  - 심전도 혹은 수축기 혈압 모니터링의 기술적 어려움
  - 피검자의 중단 요구
  ㉡ 상대적 적응증
  - 과도한 ST분절 하강(2mm 이상 수평이나 하향 ST분절 하강)
  - 허혈성 증상은 없지만 운동 강도가 증가함에도 불구하고 수축기 혈압이 10mmHg 이상 저하
  - 가슴통증 증가
  - 피로, 호흡곤란, 숨소리가 쌕쌕거림, 하지경련, 파행
  - 다병소성 조기심실수축, 삼중 조기심실수축, 상심실성 빈맥, 심장차단, 서맥성 부정맥을 포함하는 지속적인 심실성 빈맥과는 다른 부정맥
  - 고혈압 반응(수축기 혈압 250mmHg 이상, 이완기 혈압 115mmHg 이상)
  - 심실빈맥과는 분별하기 어려운 각차단의 발생
  - 산소포화도 80% 이하

> **개념 PLUS**
> 여기서 관심을 가지고 볼 점은 산소포화도의 내용이다. 운동 동안 SpO_2 5% 이상 절대적 감소는 운동유발성 저산소혈증으로 비정상적 반응이 나타날 수 있으며, 저산소혈증의 증상과 징후를 동반한 SpO_2 80% 이하는 검사를 중단할 근거가 된다.

3 운동부하검사 수행

운동부하검사를 수행할 때 검사 전, 중, 후에 있을 다양한 반응에 따라 지속적인 평가가 필요하며 비정상적인 반응에 적절한 대처가 필요하다. 이는 위험요인이 있거나 질환자들의 경우 더욱 각별한 주의가 필요하다.

(1) 운동부하검사 전 측정

① 검사 전 검사장비에 대한 점검이 필수적으로 이루어져야 하며, 이를 영점조정(Calibration)이라고 한다.
② 검사 한 시간 전, 예열 후 적절한 산소와 이산화탄소 농도, 호기량 분석 등 검사 환경과 장비에 대한 점검이 정기적으로 이루어져야 한다. 이후 대상자의 지속적인 감독을 위해 검사준비를 한다.
③ 검사 전, 정확한 검사를 위해 대상자는 누운 자세와 운동자세에서 각 변인들을 기록한다.
④ 각 변인들은 안정 시를 기준으로 심전도, 심박수, 혈압, 증상과 징후(관찰 후 검사자가 기록), 가스 교환, 운동자각도 등으로 기록한다.

(2) 운동부하검사 중 측정

검사 중에도 심전도, 심박수, 혈압, 증상과 징후(관찰 후 검사자가 기록), 가스 교환, 운동자각도 등을 측정하며 안전한 검사를 위해 이상 유무를 지속적으로 관찰하고, 최대 운동능력을 평가할 수 있도록 한다. 관찰 변인들은 다음과 같다.

① 심전도는 검사 중 지속적인 부하에 따른 협심증, 허혈성 심질환, 부정맥 등의 이상 소견을 확인하며 심장의 기능적인 상태를 알려주는 중요한 지표이다. 이는 지속적인 부하에 따른 혈압, 심박수, 대상자의 상태에 따라 확인되어야만 한다. ST분절의 상승 혹은 하강, 조기심실수축(PVC), 지속적인 심실 빈맥이 관찰되면 검사를 금지하거나 중단할 요소가 되므로, 이상소견 관찰 시 적절하게 대처할 필요가 있다.
② 심박수와 혈압은 운동수행에 따른 신체적 반응의 기본적인 지표로, 혈압측정기와 심전도 모니터에 의해 자동측정이 된다. 혈압의 경우 검사 중 수축기 혈압이 급격히 증가하거나 낮아지면 재측정을 해야 한다. 재측정 시 두드러진 변화가 발생한다면 검사를 중단할 지 상대적으로 고려할 수 있다.
③ 가스 교환은 측정 장비에서 자동으로 측정·분석된다. 심폐기능을 확인하며 최대 운동수행능력을 확인하는 것이 주 목적이다. 측정 변인은 심박수, 산소섭취량, 호흡교환율(RQ), 대사량(METs), 산소 당량(VEO_2), 무산소성역치(VT), 분당 호흡수(BF) 등이 있다.
④ 운동자각도(RPE)는 검사 전, 의미를 대상자에게 충분히 설명한 후 부하의 증가 정도에 따라 객관적 운동 강도의 일치 여부를 확인한다.

> **개념 PLUS**
>
> **혈압측정오차의 잠재적인 요인**
> - 부정확한 혈압계
> - 측정자의 예민한 청각
> - 커프 압력의 팽창과 수축 비율
> - 측정자의 반응시간 및 숙련도
> - 측정기구의 결함
> - 부정확한 청진 위치와 압력
> - 부적절한 커프 크기와 위치(심장 높이에 맞추지 않음)
> - 명확한 생리적 이상들(상완동맥 손상, 쇄골하동맥도혈증후군, 동정맥루 등)
> - 주변 소음
> - 트레드밀 난간을 잡거나 팔꿈치 굽힘이 허락된 환자(운동부하검사 중에만 허용)

(3) 운동부하검사 후 측정

① 검사 후엔 가볍게 걸으며 동적 휴식을 6~8분 정도 취한다. 동적 휴식을 취해 주면 급격하게 혈압이 떨어지는 것을 방지하고, 심장의 무리를 줄일 수 있다.

② 검사 직후 심전도는 5분 정도 관찰하며 추가 관찰이 필요할 시 더 관찰한다. 심박수와 혈압도 지속적으로 관찰하며, 운동자각도(RPE)는 일반적으로 회복기 때 하지 않으나 이상 징후가 있으면 관찰한다. 아래 표는 운동부하검사에 대한 각 변인들의 측정시기를 전, 중, 후로 보여준다.

[운동부하검사에 대한 변인 측정시기(ACSM)]

변 인	운동 검사 전	운동 검사 중	운동 검사 후
심전도	누운 자세 운동자세 지속적 기록	각 단계 또는 매 2분의 마지막 5~10초 동안 기록	운동 직후 회복기 1분 그 이후 2분마다 기록
심박수	누운 자세 운동자세 지속적 기록	매 분 마지막 5~10초 동안 기록	지속적 모니터 매 분 마지막 5~10초 동안 기록
혈 압	누운 자세 운동자세 지속적 기록	각 단계 또는 매 2분의 마지막 30~60초 동안 측정과 기록	운동 직후 회복기 1분 그 이후 2분마다 측정과 기록
징후와 증상	지속적 관찰 기록	지속적 관찰 기록	지속적 모니터 관찰 혹은 증상이 없어진 대로 기록
자각도	척도 설명	각 단계 또는 매 2분의 마지막 10~15초 동안 기록	최고 운동 직후

> **개념 PLUS**
>
> **운동 중 혈압관련 약물**
> 운동 중 수축기 혈압 상승을 완화시키는 약물은 안지오텐신전환효소억제제(ACE Inhibitor), 알파 차단제(α-blocker), 베타 차단제(β-blocker)가 해당하며, 항부정맥제 Class III는 부정맥을 치료할 때 쓰인다. 항콜린제(Anticholinergics)는 심장박동이 느리거나 혈압이 떨어질 때 사용한다.

04 운동부하검사 결과의 해석

> **학습목표**
> - 최대 능력을 확인할 수 있는 생리학적 지침을 이해하고, 각 변인들의 반응에 대해서 숙지한다. 심전도의 기본적인 이론만 기억한다.
> - 민감도와 특이도, 예후 검사 방법에 대해서 이해한다.

1 운동부하검사 결과

(1) 운동능력의 평가

① 건강한 대상자라면 성공적인 최대산소섭취량의 측정에 의해서 검사가 종료되고 질환자의 경우에는 증상 제한으로 검사가 종료될 수 있다.
② 증상 제한으로 종료되었다면 해당 증상에 의한 기능적인 능력의 한계 지점이라고 볼 수 있다.
③ 이후 반복적으로 검사를 한다면 지속적인 상태를 확인할 수 있다. 운동능력을 평가하기 위해서는 여러 측정 변인들을 확인하여야 한다.

(2) 심혈관계 기능적 능력 평가

① 심장질환이나 처방된 약을 복용하는 대상자의 경우 검사에서 심혈관계의 기능적인 변화가 있을 수 있으니 각별히 주의해야 한다.
② 심전도의 이상이 있거나 이상 증상이 있다면 그에 맞는 전문적인 진료를 받고 적절한 운동 프로그램과 약을 처방받아야 한다.

> **개념 PLUS**
> **임상운동 검사 중 의사의 감독이 필요한 환자에 대한 권고**
> - 중등도에서 중증의 무증상 대동맥판 협착증 또는 의심이 되는 환자
> - 중등도에서 중증의 무증상 승모판협착증 또는 의심이 되는 환자
> - 비후성심근병증
> - 악성 또는 운동성 부정맥 병력 : 돌연사
> - 운동성 실신 또는 실신에 근접한 상태의 병력
> - 심장 내 션트
> - 유전적 이온채널병

- 7일 이내 심근경색 또는 다른 급성 관상동맥증후군
- 뉴욕심장협회등급 III 심부전증
- 중증 좌심실장애
- 중증 폐동맥고혈압
- 심혈관 동반질환이 아닌 잠재적으로 불안정하고 광범위한 조건들(예 노쇠, 탈수, 정형외과적 제한, 만성폐쇄성폐질환 등)

2 운동부하검사 측정변인의 해석

(1) 심폐지구력 능력평가

① 최대산소섭취량의 주 목적은 유산소성 운동을 통해 인체에 산소를 얼마나 적절히 활용하는지 그 능력을 평가하는 것에 있다.

② 최대 능력을 확인할 수 있는 생리학적 기준 : 이러한 기준들은 최대산소섭취량에 도달했다고 가정할 수 있다.
  ㉠ 산소섭취량과 이산화탄소배출량의 비율인 호흡교환율(RQ)이 1.10 이상일 때
  ㉡ 부하는 증가하면서 심박수가 더 이상 증가 없이 최대심박수의 95% 수준일 때
  ㉢ 부하는 증가하면서 산소섭취량이 고원상태를 보일 때
  ㉣ 혈중 젖산농도가 8mmol/L 이상일 때
  ㉤ 운동자각도(RPE)가 17 이상일 때
  ㉥ 고령자나 심장질환자는 기준에 도달하기 힘들기 때문에 최대산소섭취량 추정식을 이용

③ 가스교환과 환기반응에서는 혈중 젖산 축적정도를 알 수 있는데 이는 피로도와 관련 있기 때문에 무산소성 역치를 예측할 수 있다. 무산소성 역치는 어느 정도 피로에서 한계를 느끼는지 알 수 있으며, 운동수행에 있어서 대사적인 지표로 사용 가능하다. 환기역치는 분당 환기량이 부하의 증가와 함께 선형에서 곡선형으로 변하는 현상이다. 환기량의 증가율이 산소소비의 증가율을 초과하는 시점으로 판단할 수 있다. 최대수의적 환기량에 대한 최대환기량의 비율(VEmax/MVV)을 예비환기량이라고 말하며, 정상인의 경우 이 수치가 50~80%, 폐질환자의 경우 85% 이상으로 넘어간다. 이는 폐환기량의 제한점이 있다는 것을 말한다.

(2) 심박수 반응

① 일반적으로 최대 심박수는 연령을 이용한 공식으로 알 수 있으나, 이는 개인차가 크며 최대하 검사를 할 때 오차가 클 수 있다.
② 검사에서 나타나는 심박수로 알 수 있는 것은 사망률 예측 척도가 유용하다.
③ 최대검사 직후 심박수 감소가 12bpm 이하로 이루어지지 않는 경우 사망률을 예측하는 중요한 척도가 된다.
④ 운동 시 심박수 증가 부전은 최대심박수가 예측치의 20bpm 이상 낮을 때 나타난다. 이는 심박수를 효율적으로 증가시키지 못하는 것을 뜻하며, 예후가 좋지 않다고 볼 수 있다.
⑤ 베타차단제는 교감신경의 베타수용체를 차단하여 심근 수축력과 심박수를 감소시키는 역할을 하는 약물이다.

(3) 혈압 반응

① 검사 시 정상적인 반응을 보면 수축기 혈압은 점진적으로 증가하고, 이완기 혈압은 유지되거나 감소한다.
② 비정상적인 반응은 안정 시보다 10mmHg 이상으로 수축기 혈압이 감소하거나 유지되면 주의를 해야 한다.
③ 이는 심장질환자이거나 항고혈압약을 복용한 경우, 무리한 운동을 할 때 나타날 수 있다.
④ 심근산소소모량(RPP ; Rate Pressure Product)은 수축기 혈압 × 심박수로 심장근육이 부담하는 수치를 추정할 수 있다.
⑤ 최대 운동 시 수축기 혈압은 남자가 여자보다 20mmHg 정도 높게 나타날 수 있다.
⑥ 검사 중 수축기 혈압 250mmHg 이상, 이완기 혈압 115mmHg 이상은 검사를 중단할 사항이니 주의 깊게 관찰한다.
⑦ 검사 종료 후에는 점차적으로 수축기 혈압이 감소하지만, 갑자기 종료하면 혈압이 즉시 떨어질 수 있으니 주의한다.
⑧ 운동부하검사에서 운동 강도가 1MET 증가함에 따라, 수축기 혈압은 일반적으로 약 10 ± 2mmHg 증가한다.
⑨ 운동 검사 중 최대 수축기 혈압이 140mmHg 이하인 경우는 좋지 않은 예후이다.

(4) 증상과 징후

① 검사 전·중·후의 증상과 징후를 정확하게 판단하려면 대상자의 지속적인 관찰이 필요하다.
② 협심증과 관련된 증상, 현기증이나 졸도에 가까운 신경계 증상이 있거나 호흡곤란, 하지 경련 등 이상 증상이 있다면 반드시 검사를 중단해야 한다.

(5) 기타(심전도 포함)

① **심전도** : 심전도(ECG ; Electro Cardio Gram)는 심장에서 일어나는 전위로 전기적 활동을 기록하는 것이다. 심전도에 나타나는 모양을 보면 다음과 같다.

㉠ P파(P Wave) : 첫 번째 파형, 심방 탈분극(Atrial Depolarization)

㉡ QRS 복합체(QRS Complex) : P파 다음으로 나타나는 3개의 파형, 심실 탈분극(Ventricular Depolarization)

㉢ T파(T Wave) : QRS 복합체 다음에 나타나는 파형, 심실 재분극(Ventricular Repolarization)

㉣ PR 간격(PR Interval) : P파의 시작점부터, QRS 시작점 사이의 간격. 심방 탈분극에서 심실 탈분극까지 측정 시간

㉤ ST분절(ST Segment) : S파와 T파 시작점 사이의 간격, 심실 탈분극에서 재분극 시작점까지의 측정 시간

㉥ QT 간격(QT Interval) : QRS 복합체의 시작점과 T파가 끝나는 지점과의 간격. 심실의 총 활동 시간

㉦ 심전도 기록
- 심전도의 기록 속도는 초당 25mm로 한다.
- 작은 정방형 한칸의 세로를 1mm로 하고, 가로를 0.04sec로 한다.
- 큰 정방형 즉, 작은 5칸을 5mm로 하며, 가로를 0.20sec로 한다.

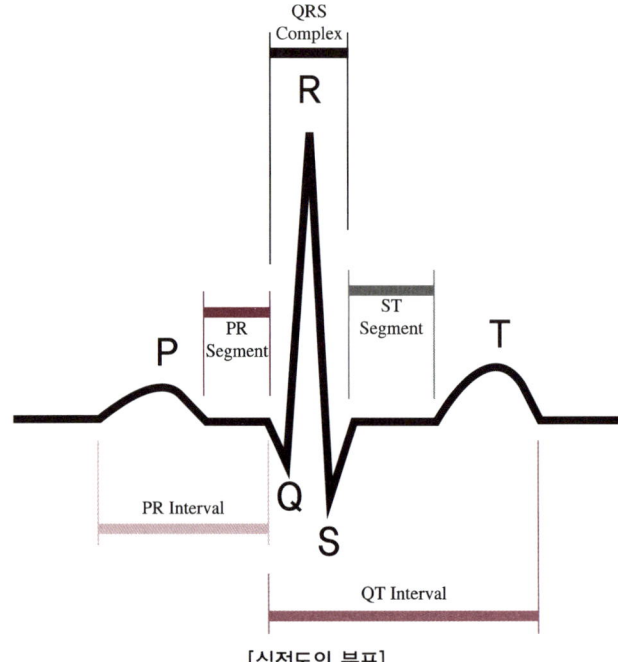

[심전도의 분포]

Recording of the ECG

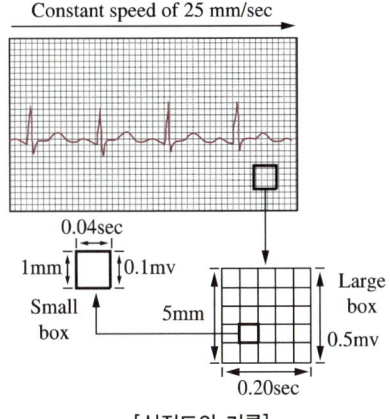

[심전도의 기록]

> **개념 PLUS**
>
> **ACSM에서 제시하는 심전도 판독단계의 순서**
> 심박수 확인 및 심조율 결정 → PR, QRS, QT 간격 측정 → 사지유도에서 평균 QRS축과 평균 T파축 결정 → P파, QRS 복합체, ST분절, T파, U파의 형태학적 이상 관찰 → 심전도 판독
>
> **심전도 검사에서 전극 부착 위치**
> - V1 : 4번째 늑간 부위의 흉골 오른쪽 끝자락
> - V2 : V1과 대칭되는 왼쪽 끝자락
> - V3 : V2와 V4를 잇는 선의 중간부
> - V4 : 5번째 늑간 부위의 쇄골 중앙부에서 내려오는 선과 만나는 지점
> - V5 : V4와 동일한 높이의 전액와선과 만나는 지점
> - V6 : V5와 같은 높이의 중액와선과 만나는 지점

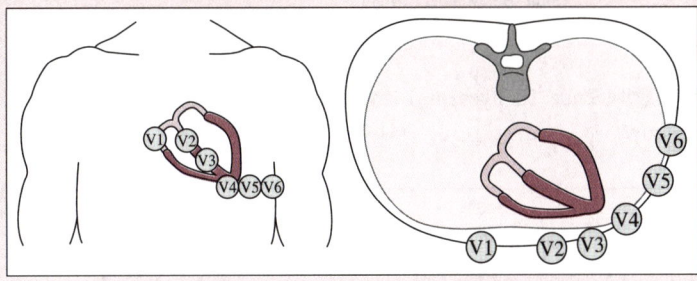

[흉부유도의 앞면과 위에서 본 모습]

② 심전도의 이상
검사 중 심전도의 주목적은 심전도의 이상과 허혈성 심장질환이 발생하는지에 대한 것이다.
㉠ 정상동성리듬(Normal Sinus Rhythm) : PQRS파를 그리며 P파는 QRS파 앞에 나타나서 정상적으로 반응한다. 정상 심박수는 60~100bpm이다.

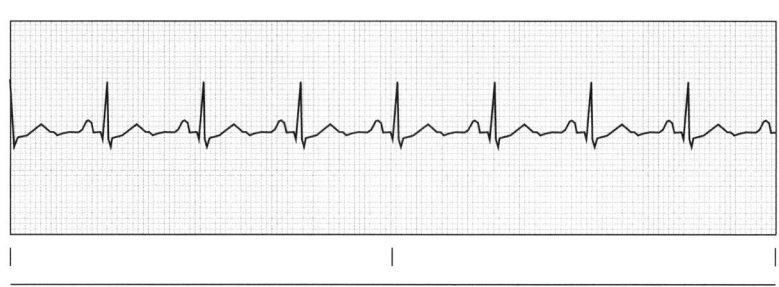

[정상동성리듬]

㉡ 동성 서맥(Sinus Bradycardia) : 심박수가 분당 60회 미만인 상태를 말한다. 약물 복용, 갑상선 기능 저하, 고칼륨혈증 등이 있는 경우 발생할 수 있다. 운동을 장기간 한 경우에는 병적인 요소가 아닌 효율적인 측면에서 심박수가 상대적으로 낮을 수 있다.

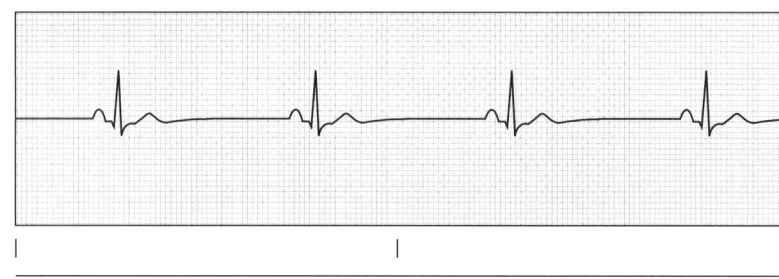

[동성 서맥]

㉢ 동성 빈맥(Sinus Tachycardia) : 심박수가 분당 100회 이상인 상태를 말한다. 급성 심근경색, 심장질환, 흥분, 약물 복용, 갑상선 기능항진증, 출혈, 탈수 등이 있을 때 발생할 수 있다.

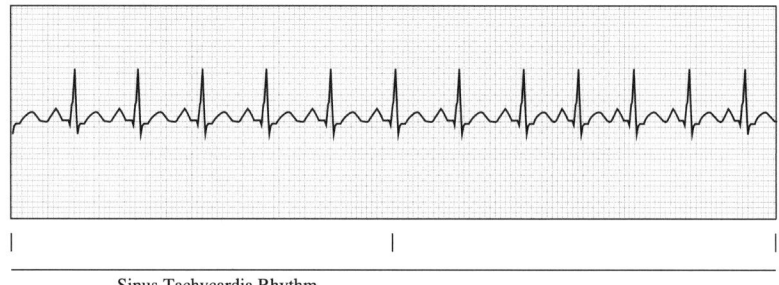

[동성 빈맥]

㉣ 1도 방실차단(First Degree AV Block) : 방실결절에서 전기적 신호의 전달만 늦은 상태이다. 증상도 거의 없고 대부분 큰 문제를 일으키지 않는다. 심방의 전기자극이 심실에 모두 1:1로 전달되나 PR 간격만이 0.2초 이상으로 연장 QRS군이 대부분 정상모양이다. 특별한 치료는 하지 않는다.

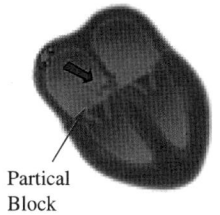
Partical Block

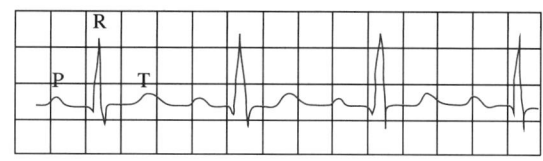

[1도 방실차단]

㉤ 2도 방실차단(Second Degree AV Block)
- 모비츠(Mobitz) 1형 방실차단 : 전기적 자극의 전달이 계속해서 늦어지다가 방실결절이 지치면 완전히 전달을 한 번 못 시키는 형태의 방실 차단이다. QRS군은 정상모양이며, Block의 위치는 대부분 AV Node이다. PR Interval이 점차 길어지다가 심실전도가 차단된다. 대부분 특별한 증상은 없고 모비츠(Mobitz) 2형 방실차단보다는 상태가 좋은 것으로 알려져 있으나 가끔 다른 증상들이 나타나는 경우가 있다.

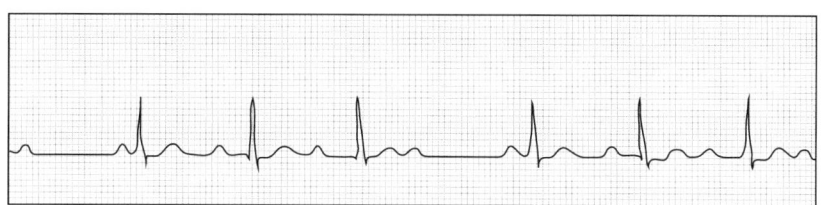

[모비츠(Mobitz) 1형 방실차단]

- 모비츠(Mobitz) 2형 방실차단 : 동방결절에서의 전기적 자극이 규칙적으로 전달이 되지 않는 경우이다. PR 간격은 규칙적인데 갑자기 QRS군이 없어지는 것이 특징이다. 돌연사의 가능성이 있어 예후는 비교적 나쁘므로 증상이 없더라도 예방적 인공심박동기 삽입의 적응증이 된다.

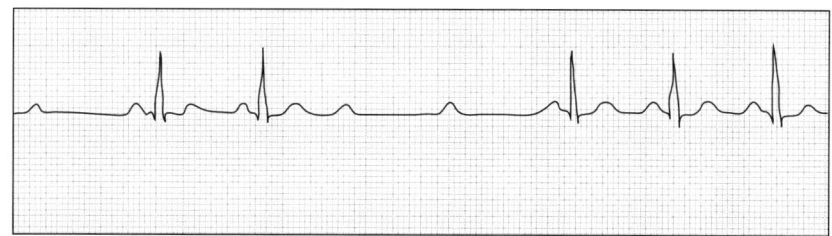

[모비츠(Mobitz) 2형 방실차단]

ⓗ 3도 방실차단(Third Degree AV Block) : 동방결절에서 발생된 전기적 자극이 심실로 완전히 전달되지 않고 차단되는 경우이다. 심실에서는 인위적으로 전기적 자극을 만들어 심장기능을 유지하려고 하나 그 맥은 상당히 느리다. 완전 차단되어 P파와 QRS군이 따로 나타나는 것이 특징이다. 실신, 경련등과 같은 심한 증상이 많은 내과적 응급에 속한다. 차단 위치가 아래로 내려갈수록 QRS군이 넓어지며 이탈율동은 느리고 불안정해지며 인공심박동기의 필요성이 높아진다.

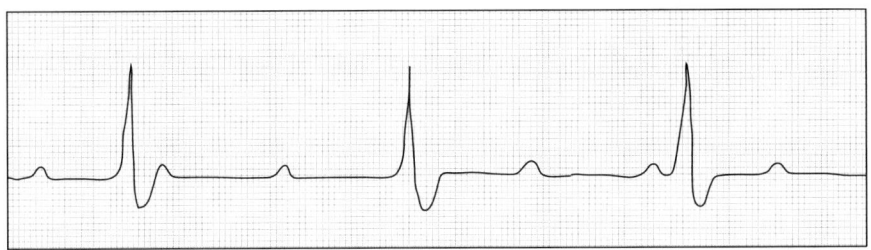

[3도 방실차단]

ⓢ 우각차단(Right Bundle Branch Block) : 우심실로 가는 심장의 전기전달체계가 차단되는 것으로 완전 차단은 QRS군의 기간이 0.12초 이상, 불완전 차단은 0.1~0.12초 정도로 진행된다. V1~V3 넓고 큰 R'파, ST분절 하강 및 T파 역전, LeadⅠ과 V5~6에서 넓고 큰 S파가 생성되는 것이 특징이다.

ⓞ 좌각차단(Left Bundle Branch Block) : 좌심실로 가는 심장의 전기전달체계가 차단되는 것으로 완전 차단은 0.12초 이상이며, 불완전 차단은 0.1~0.12초 정도로 진행된다. V1~2에서 넓고 큰 S파가 생성되며 V5~6에서 넓고 큰 R파 혹은 큰 R'파가 생성되는 것이 특징이다.

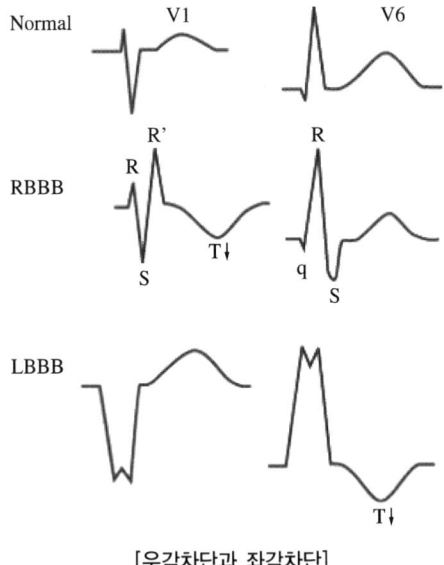

[우각차단과 좌각차단]

㉢ 심실조기수축(PVC ; Premature Ventricular Contraction)
심실조기수축(PVC)은 심실에서 나타나는 조기 심장박동으로, 규칙적인 심장박동이 나타나다 심실의 조기 수축으로 정상 맥박보다 이르게 발생하는 증상이다. 심전도에서 심실조기수축은 동방결절(SA Node)로부터 정상적으로 전기적 신호가 도달되기 전에 심실에서 이보다 먼저 이른 신호를 보내므로 다음 그림처럼 나타난다.

③ 심전도상의 중요한 허혈반응
㉠ ST분절의 상승 : 정상적인 상태에서도 안정 시 볼 수 있으며, 심전도 상에 나타나는 유도 부위에 따라 달라질 수 있다. aVR, V1, V2를 제외한 유도에서 ST분절 상승은 심각한 허혈을 의미한다. ST분절 상승에 이어 의미 있는 Q파는 급성심근경색 같은 심근손상을 의미한다. 부하검사에서 나타나는 심전도상 비정상적으로 크고 뾰족하면서 역전된 T파가 의미하는 것 또한 급성심근경색의 단계이다.
㉡ ST분절의 하강 : 운동성 심근허혈을 뜻하며, 허혈성 ST분절의 변화가 생기는 유도가 많을수록 질환은 더욱 심각해진다. J-point에서 80ms 이후 ST분절이 수평 또는 아래쪽 경사가 1mm 이상 하강하면 양성으로 판단한다. 우각 차단이 있을 때 V4, V5, V6의 ST분절 하강은 허혈일 가능성 크다. 회복기에 발생하는 ST분절의 하강은 진양성 반응으로 본다.

> **개념 PLUS**
>
> 정시 심전도가 조기전도장애(Wolf-Parkins-White Syndrome), 심방조율, 1mm 이상 ST분절 하강, 좌각차단으로 해당하는 경우 허혈성심장질환의 진단에 작용되기 어렵다.

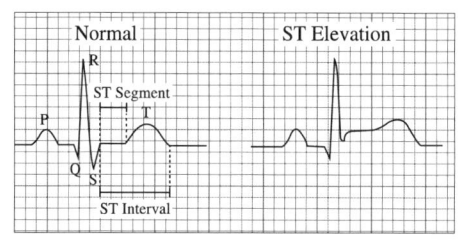

[정상 심전도와 심전도상 ST분절 상승]

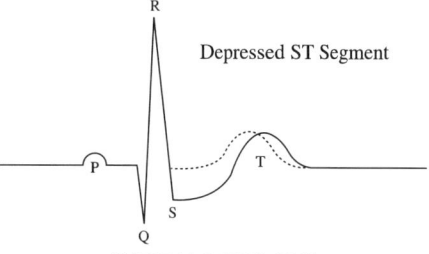

[심전도상 ST분절 하강]

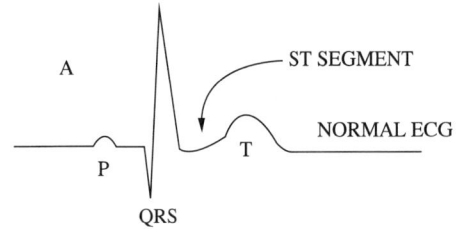

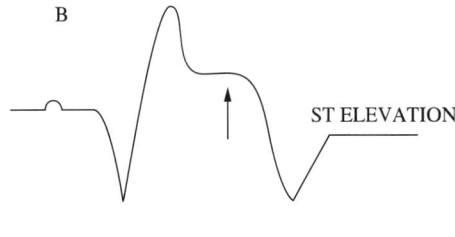

A : 정상 심전도
B : 심전도상 ST분절 상승
C : 심전도상 ST분절 하강

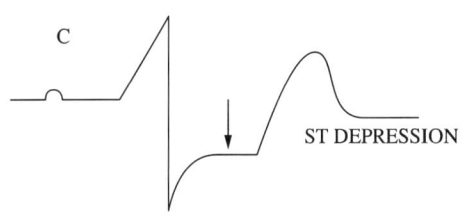

> **개념 PLUS**
>
> 심근경색의 진행과정
> - 허혈(Ischemia) : 심근조직의 산소부족, ST분절의 하강 또는 T파의 역위가 나타나거나 둘 다 나타날 수 있다.
> - 손상(Injury) : 허혈에 따른 동맥의 폐쇄, ST분절의 상승이 나타난다.
> - 경색(Infarction) : 심근조직의 괴사, 병리학적 Q파가 함께 나타난다.

3 운동부하검사의 응용

(1) 허혈성심장질환(IHD) 진단을 위한 최대 운동 검사의 민감도 특이도와 예측치

① 민감도 : 허혈성심장질환(IHD) 환자가 양성 검사를 받은 백분율
= [진양성(TP)/(진양성(TP)+가음성(FN))] × 100

② 특이도 : 허혈성심장질환(IHD)이 없는 환자가 음성검사를 받은 백분율
= [진음성(TN)/(가양성(FP)+진음성(TN))] × 100

③ 양성예측치(진양성) : 허혈성심장질환(IHD)을 정확하게 판단하는 백분율
= [진양성(TP)/(진양성(TP)+가양성(FP))] × 100

④ 음성예측치(진음성) : 허혈성심장질환(IHD)을 제외한 정상인을 정확하게 판단하는 비율
= [진음성(TN)/(진음성(TN)+가음성(FN))] × 100

> **개념 PLUS**
> • 허혈성 심혈관질환자의 칼슘채널 차단제 복용은 민감도를 감소시킨다.
> • 관상동맥질환자의 운동부하검사 결과 ST분절의 1mm 수평적 하강은 진양성(TP)을 의미한다.
> • 민감도는 심혈관질환자의 임상운동 검사 결과 가양성으로 나타나는 백분율을 의미한다.

(2) 예후 검사(Duke 노모그램을 이용한 심장질환자의 예후 검사)

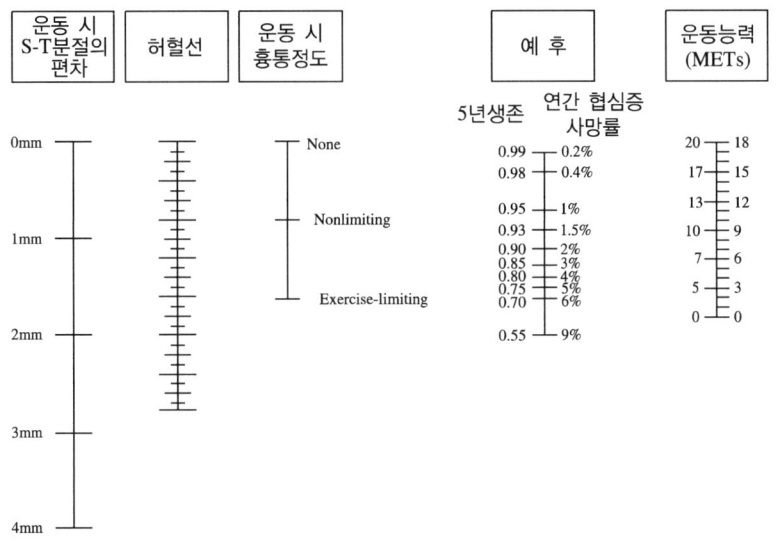

① ST분절의 하강 수치 눈금에 표시
② 흉통이 있는 정도를 눈금에 표시
③ ①, ②번에서 표시한 두 지점을 이어서 허혈선과 만나는 지점을 표시
④ 검사 후 측정된 운동능력(METs)을 표시
⑤ 허혈선과 운동능력을 표시한 두 지점을 이어서 예후선과 만나는 지점을 읽음

(3) 허혈성 심장질환 진단을 위한 증상 – 제한 최대 운동 검사 시 가음성(False Negative) 원인

① 허혈성 역치에 도달하지 못한 경우
② 심전도 변화를 포착하기에 충분하지 못한 유도를 사용한 경우
③ 잠재적 심혈관 질환과 관련 있는 심전도 이외의 징후와 증상을 인지 못 한 경우
④ 조영술로 확인한 결과 심혈관질환이 존재하지만 측부순환에 의해 관류기능이 보상된 경우
⑤ 비정상적 심기능이 나타나기 전에 근골격계 문제로 운동을 제대로 하지 못한 경우
⑥ 기계적 오류 혹은 관찰자 오류인 경우

(4) 허혈성 심장질환 진단을 위한 증상 – 제한 최대 운동 검사 시 가양성(False Postive) 원인

① 심전도상 안정 시 > 1.0mm ST분절 하강
② 좌심실 비대
③ 가속화된 조기 전도장애(예 WPW Syndrome)
④ 디지털리스 약물치료
⑤ 비허혈성 심근병증
⑥ 저칼륨혈증
⑦ 혈관조절 이상
⑧ 승모판탈출증
⑨ 심장막 장애
⑩ 기술적인 오류 또는 측정자의 오류
⑪ 관상동맥연축
⑫ 빈 혈

(5) 허혈성 심장질환 평가를 위해 보조적 영상 필요에 대한 고려 사항

① 안정 시 ST분절 하강 > 1.0mm
② 심실박동으로 인한 조율
③ 재분극 이상을 보이는 좌심실 비대
④ 좌각차단
⑤ 우각차단에 의해 V1-V3 유도의 해석이 불가능한 경우
⑥ 울프-파킨슨-화이트(Wolff-Parkinson-White) 증후군
⑦ 디지털리스 치료

> **개념 PLUS**
>
> 울프-파킨슨-화이트(Wolff-Parkinson-White) 증후군은 WPW 증후군이라고 하고, 심전도상에 특징이 델타파가 형성될 수 있다.

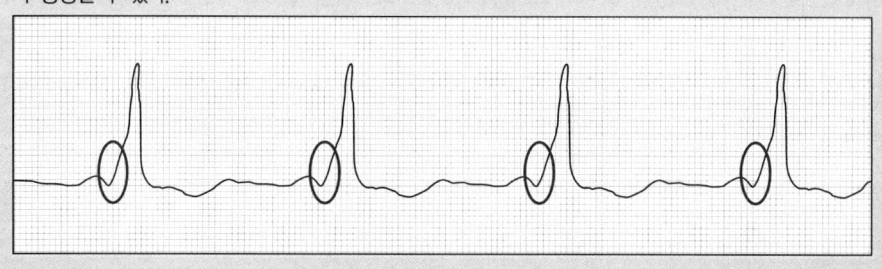

04 출제예상문제

01 최대산소섭취량을 추정하기 위한 조건으로 옳지 않은 것은??

① 심박수와 운동량이 선형적인 상관관계를 갖는다.
② 최대심박수의 실측치와 예측치 간의 차이는 매우 작다.
③ 심박수 변화를 일으키는 어떠한 약물도 복용하지 말아야 한다.
④ 주어진 운동량에 대한 산소섭취량(기계적 효율)은 사람에 따라 다르다.

해설 주어진 운동량에 대한 산소섭취량(기계적 효율)이 모든 사람에게 동일해야 한다.

02 운동부하검사에서 심전도 검사 결과 ST분절의 하강이 V3, V4 리드에서 관찰되었다면, 검사결과를 바탕으로 추정되는 허혈의 위치로 옳은 것은?

	절대적 금기사항	상대적 금기사항
①	2일 이내의 급성심근경색증	협조능력이 제한되는 정신장애
②	비대상성 심부전	활동성 심내막염
③	폐쇄성 좌측 주 관상동맥협착	중증이거나 완전 심장차단
④	최근 뇌졸중이나 일과성허혈발작	급성대동맥박리

해설 ② 활동성 심내막염은 절대적 금기사항, ③ 폐쇄성 좌측 주 관상동맥협착은 상대적 금기사항, ④ 최근 뇌졸중이나 일과성허혈발작은 상대적 금기사항, 급성대동맥박리은 절대적 금기사항이다.

03 만성폐쇄성폐질환(COPD)자의 운동 검사에 대한 설명으로 옳지 않은 것은?

① 검사 목적에 따라 최대하 운동 검사가 이용될 수 있다.
② 6분 걷기검사는 COPD 환자의 운동능력과 심폐기능을 평가하는 데 사용된다.
③ 팔에르고미터 사용 시 COPD 환자의 호흡곤란이 증가할 수 있으므로 신중하게 사용한다.
④ 운동종료 기준은 최대심박수(220-연령)로 예측된 최고산소섭취량으로 한다.

해설 ④ 최대심박수로 운동종료 기준을 설정하는 것은 적절하지 않으며 대신 증상이나 산소포화도 등의 지표를 기준으로 한다.

정답 01 ④ 02 ① 03 ④

04 다음 중 운동부하검사의 일반적인 원칙으로 옳지 않은 것은?

① 검사 전에는 모든 장비의 영점조정(Calibration)이 이루어져야 한다.
② 운동량 증가는 건강한 사람의 경우와 질환자의 경우를 동일하게 적용한다.
③ 검사 전에 2~3분 동안 가벼운 운동을 실시해서 장비 적응 후 검사의 첫 번째 단계를 실시한다.
④ 검사가 금기시되는 상태나 검사를 중단해야 하는 상황에는 지침을 확인하고 관찰을 한다. 조금이라도 의심이 있다면 검사를 금하거나 종료할 수 있다.

해설 운동량 증가는 건강한 사람의 경우와 질환자의 경우를 구분해서 적용할 수도 있다.

05 다음 중 빈칸에 들어갈 말로 옳은 것은?

> 일반적인 프로토콜은 단계별 (　　) 이상씩 증가되며 진행되고 노약자와 환자의 경우 (　　) 이하의 강도로 점진적으로 증가시킨다.

① 1/2METs, 1/2METs
② 1/2METs, 2METs
③ 2METs, 1/2METs
④ 2METs, 2METs

해설 일반적인 프로토콜은 단계별 2METs 이상씩 증가되며 진행되고 노약자와 환자의 경우 1/2METs 이하의 강도로 점진적으로 증가시킨다.

06 다음 중 최대하 운동부하검사로 옳지 않은 것은?

① 부메랑 달리기
② 쿠퍼(1.5마일) 달리기테스트
③ 쿠퍼 12분 달리기
④ 하버드 스텝테스트

해설 부메랑 달리기는 민첩성검사이다.

07 다음 중 최대 운동부하검사에 대한 설명으로 옳지 않은 것은?

① 최대 운동부하검사는 대상자가 할 수 있는 최대한의 능력을 측정하는 검사이다.
② 주로 활용 가능한 검사는 트레드밀로 실시하는 검사이며 최대 운동부하검사에 적합하다.
③ 능력에 따라 대상자의 최대수치에 도달하기 전에 검사를 종료시킬 수 있다.
④ 운동 능력을 평가하기위해서 주로 최대산소섭취량을 분석한다.

해설 최대 운동부하검사는 대상자가 할 수 있는 최대한의 능력을 측정하는 검사이며, 최대하 운동부하검사는 능력에 따라 대상자의 최대수치에 도달하기 전에 검사를 종료시킬 수 있다.

08 다음 중 운동부하검사 장비 및 지침에 대한 설명으로 옳지 않은 것은?

① 운동부하검사를 실시하면 주로 활용하는 장비는 트레드밀이다.
② 고정식 자전거는 대상자의 운동 능력과 하지 근력에 따라 최대산소섭취량이 트레드밀보다 약 5~25% 낮아질 수 있다.
③ 암 에르고미터의 최대산소섭취량은 트레드밀 검사보다 약 20~30% 높다.
④ 하지를 이용해서 검사하기가 어렵다면 암 에르고미터를 활용하여 검사를 진행할 수 있다.

해설 암 에르고미터의 최대산소섭취량은 트레드밀 검사보다 약 20~30% 낮다.

09 다음 중 운동자각도(RPE ; Ratings of Perceived Exertion)에 대한 설명으로 옳지 않은 것은?

① 검사자는 검사 전 자각적 운동 강도에 대해 대상자에게 충분히 설명하여야 한다.
② 협심증이 있거나 심장질환이 있는 경우에는 관찰이 가능하다.
③ 검사를 진행하면 단계별로 증가되는 강도에 따라 객관적 운동 강도의 일치여부를 확인하며 피검자의 주관적 안전도를 판단할 수 있다.
④ 운동자각도는 6~20의 수치로 나타나며 이는 안정 시 심박수로 시작하여 운동 시 나타날 수 있는 최대심박수 60~200bpm을 의미한다.

해설 협심증이 있거나 심장질환이 있는 경우에는 협심증 척도(Angina scale)를 사용한다.

10 다음 중 브루스 프로토콜(Bruce Protocol)에 대한 설명으로 옳지 않은 것은?

① 속도·경사도가 증가하는 폭이 커서 심장질환이 있거나 노인의 경우에는 측정하기 용이하다.
② 운동부하검사에서 가장 일반적으로 사용하는 프로토콜이다.
③ 초기 부하는 정상인의 경우 속도 1.7mph, 경사도 10%로 설정하며, 위험요인이 있는 사람은 속도 1.7mph, 경사도 5%로 초기 부하를 설정한다.
④ 부하증가도 빨라서 측정하는 데 오차가 생길 가능성이 있다.

해설 브루스 프로토콜(Bruce Protocol)은 속도와 경사도가 동시에 증가하는 폭이 커서 심장질환이 있거나 노인의 경우에는 적응하기가 힘들다.

11 다음 중 수정된 브루스 프로토콜(Modified Bruce Protocol)에 대한 설명으로 옳지 않은 것은?

① 일반적으로 실시하는 브루스 프로토콜의 증가폭을 적게 한 것이다.
② 초기 속도는 1.7mph로 시작하고, 경사도는 9분까지 3분마다 5%씩 증가시켜 이후 3분마다 2%씩 증가한다.
③ 주로 고위험군이나 심혈관질환자들에게 많이 쓰인다.
④ 부하증가가 빨라서 측정하는 데 오차가 생길 가능성이 있다.

해설 부하증가가 빨라서 측정하는 데 오차가 생길 가능성이 있는 것은 브루스 프로토콜(Bruce Protocol)이다.

12 다음 중 발크 프로토콜(Balke Protocol)에 대한 설명으로 옳지 않은 것은?

① 주로 여성들을 대상으로 할 수 있다.
② 속도가 3.4mph으로 고정되어 있으며, 경사도는 1분마다 2% 증가한다.
③ 큰 운동량의 증가보다는 1MET씩 증가 단계별로 점차 강도를 증가시킨다.
④ 속도와 경사도가 동시에 증가하는 폭이 커서 심장질환이 있거나 노인의 경우에는 적응하기가 힘들다.

해설 브루스 프로토콜(Bruce Protocol)이 속도와 경사도가 동시에 증가하는 폭이 커서 심장질환이 있거나 노인의 경우에는 적응하기가 힘들다.

13 다음 중 램프 프로토콜(Ramp Protocol)에 대한 설명으로 옳지 않은 것은?

① 체력이 약한 대상자들에게 유용하다.
② 단계별로 검사시간이 늘어나고, 속도와 경사도의 부하량을 줄이는 방법이다.
③ 건강한 사람이 하기에는 다소 무리가 있다.
④ 노인이나 체력이 약한 대상자의 경우 고려될 수 있다.

해설 램프 프로토콜(Ramp Protocol)은 단계별로 검사시간이 줄어들고, 속도와 경사도의 부하량을 줄이는 방법이다.

14 심부전 환자의 운동 검사에 대한 설명으로 옳지 않은 것은?

① 검사종료 기준은 목표심박수보다 증상에 중점을 두어야 한다.
② 검사 후 저혈압, 부정맥, 악화되는 심부전 증상을 관찰해야 한다.
③ 브루스(Bruce), 카스틸-폭스(Castill-Fox) 프로토콜이 사용된다.
④ 환기량(운동 강도 증가 시 이산화탄소 생성량) 변화는 예후 평가에 사용된다.

> **해설** 브루스 프로토콜은 일반적으로 건강한 사람이나 심혈관 질환이 없는 사람에게 사용된다. 심부전 환자에게는 더 부드럽고 안전한 운동 프로토콜이 필요하며, 보기에 있는 프로토콜은 심부전 환자에게 적합하지 않다. 심부전 환자에게는 주로 저강도 프로토콜이 더 적합하다.

15 다음 중 운동 검사의 상대적 금기사항으로 옳은 것은?

① 조절되지 않는 증상을 동반한 심부전증
② 증상을 동반한 심한 대동맥 협착증
③ 조절되지 않는 대사성 질환
④ 증상 및 혈역학적 손상을 야기시키는 조절되지 않는 심부정맥

> **해설** 조절되지 않는 대사성 질환은 운동 검사의 상대적 금기사항이다.

16 다음 중 운동 검사의 절대적 종료 지침으로 옳지 않은 것은?

① 운동부하의 증가에도 불구하고 안정 시 혈압보다 수축기 혈압이 10mmHg 이상 낮아지며, 허혈성 심질환의 다른 징후가 동반될 때
② 운동부하가 증가함에도 불구하고 안정 시보다 수축기 혈압이 10mmHg 이상 낮아지며, 허혈성 심질환의 다른 징후가 동반되지 않을 때
③ 중등도 강도에서 심한 협심증상(Angina 표준척도 3)
④ 피검사자의 중단 요청

> **해설** 운동부하가 증가함에도 불구하고 안정 시보다 수축기 혈압이 10mmHg 이상 낮아지며, 허혈성 심질환의 다른 징후가 동반되지 않을 때는 운동 검사의 상대적 종료 지침이다.

정답 14 ③ 15 ③ 16 ②

17 다음 중 운동 검사의 상대적 종료 지침으로 옳지 않은 것은?

① 과도한 ST분절 하강(2mm 이상 수평 또는 하향 ST분절 하강) 혹은 현저한 축 이동 같은 ST분절이나 QRS파의 변화
② 다병소성의 심실기외 수축, 삼중 심실기외 수축, 상심실성 빈맥, 심장차단, 서맥성 부정맥을 포함하는 지속적인 심실성 빈맥과는 다른 부정맥
③ 피로, 호흡곤란, 천명, 하지경련 혹은 파행
④ 심전도 혹은 수축기 혈압 감시 장치의 기술적 어려움

해설 심전도 혹은 수축기 혈압 감시 장치의 기술적 어려움은 운동 검사의 절대적 종료 지침이다.

18 다음 중 운동부하검사를 수행하기 전에 하는 측정에 대한 설명으로 옳지 않은 것은?

① 검사 전 검사장비에 대한 점검이 필수적으로 이루어져야 하며, 이를 영점조정이라고 한다.
② 검사 한시간 전, 예열한 다음 적절한 산소와 이산화탄소 농도, 호기량 분석 등 검사 환경과 장비에 대한 점검이 정기적으로 이루어져야 한다.
③ 각 변인들은 안정 시를 기준으로 심전도, 심박수, 혈압, 증상과 징후, 가스 교환, 운동자각도 등으로 기록한다.
④ 검사 전에 각 변인들을 측정할 필요는 없다.

해설 검사 전 정확한 검사를 위해 대상자는 누운 자세와 운동자세에서 각 변인들을 기록한다.

19 다음 중 운동부하검사를 수행하는 중에 하는 측정에 대한 설명으로 옳지 않은 것은?

① 혈압의 경우 검사 중 수축기 혈압이 급격히 증가하거나 낮아지면 재측정을 해야 한다.
② 심전도는 검사 중 지속적인 부하에 따른 협심증, 허혈성 심질환, 부정맥 등의 이상 소견을 확인하며 심장의 기능적인 상태를 알려주는 중요한 지표이다.
③ 심박수와 혈압은 운동수행에 따른 신체적 반응의 기본적인 지표로 혈압측정기와 심전도 모니터에 의해 자동측정된다.
④ 가스 교환은 심폐기능을 확인하여 최대로 소비하는 이산화탄소 비율을 확인하는 것이 주목적이다.

해설 가스 교환은 심폐기능을 확인하며 최대 운동수행능력을 확인하는 것이 주목적이다.

20 다음 중 운동부하검사를 수행한 후 하는 측정에 대한 설명으로 옳지 않은 것은?

① 검사 후엔 가벼운 걷기를 하며 동적 휴식을 6~8분 정도 취한다.
② 동적 휴식을 취해주면 혈압이 급격하게 떨어지거나 심장에 무리를 줄일 수 있다.
③ 검사 직후 심전도는 관찰이 필요하지 않다.
④ 심박수와 혈압도 지속적으로 관찰하며, 운동자각도(RPE)는 일반적으로 회복기 때 하지 않으나 이상 징후가 있으면 관찰한다.

해설 검사 직후 심전도는 5분 정도 관찰하며 필요하면 추가로 더 관찰한다.

21 다음 중 운동능력의 평가에 대한 설명으로 옳지 않은 것은?

① 검사에서 질환자는 증상 제한을 두지 않고 최대측정까지 하도록 한다.
② 증상 제한으로 종료되었다면 해당 증상에 의한 기능적인 능력의 한계 지점이라고 볼 수 있다.
③ 정기적으로 검사를 한다면 지속적인 상태를 확인할 수 있다.
④ 운동능력을 평가하기 위해서는 여러 측정 변인들을 확인하여야 한다.

해설 건강한 대상자라면 최대산소섭취량의 성공에 의해서 검사가 종료되고, 질환자의 경우에는 증상 제한으로 검사가 종료될 수 있다.

22 다음 중 심혈관계의 기능적 능력 평가에 대한 설명으로 옳지 않은 것은?

① 검사에서 나타나는 심혈관계의 기능적인 변화는 심장질환이나 처방된 약을 복용하는 대상자의 경우 변화가 있을 수 있으니 각별히 주의해야 한다.
② 최대산소섭취량의 주목적은 유산소성 운동을 통해 인체에 산소를 얼마나 적절히 활용하는지 그 능력을 평가하는 것에 있다.
③ 심전도의 이상이 있거나 이상 증상이 있다면 그에 맞는 전문적인 운동 프로그램을 설계한다.
④ 증상 제한으로 종료되었다면 해당 증상에 의한 기능적인 능력의 한계 지점이라고 볼 수 있다.

해설 심전도의 이상이 있거나 이상 증상이 있다면 그에 맞는 전문적인 진료를 받고 적절한 운동 프로그램과 약을 처방받아야 한다.

정답 20 ③ 21 ① 22 ③

23 다음 중 최대 능력을 확인할 수 있는 생리학적 기준으로 옳지 않은 것은?

① 부하는 증가하면서 심박수가 더 이상 증가 없이 최대심박수의 95% 수준일 때
② 부하는 증가하면서 산소섭취량이 고원상태를 보일 때
③ 산소섭취량과 이산화탄소 배출량의 비율인 호흡교환율(RQ)이 1.0 이상일 때
④ 운동자각도(RPE)가 17 이상일 때

해설 산소섭취량과 이산화탄소 배출량의 비율인 호흡교환율(RQ)이 1.10 이상일 때, 최대 능력을 확인할 수 있는 생리학적 기준이 된다.

24 다음 중 심폐지구력 능력평가에 대한 설명으로 옳지 않은 것은?

① 가스교환과 환기반응에서는 혈중 젖산 축적 정도를 알기 힘들며, 피로도와 관련 있는 유산소성 역치로 예측할 수 있다.
② 무산소성 역치는 어느 정도 피로에서 한계를 느끼는지 알 수 있으며, 운동수행에 있어서 대사적인 지표로 사용 가능하다.
③ 환기량의 증가율이 산소소비의 증가율을 초과하는 시점으로 판단할 수 있다.
④ 환기역치는 분당 환기량이 부하의 증가와 함께 선형에서 곡선형으로 변하는 현상이다.

해설 가스교환과 환기반응에서는 혈중 젖산 축적 정도를 알 수 있는데, 이는 피로도와 관련 있기 때문에 무산소성 역치를 예측할 수 있다.

25 운동부하검사 측정변인에서 심박수 반응으로 옳지 않은 것은?

① 운동 시 심박수 증가 부전은 심박수를 효율적으로 증가시키지 못하는 것을 뜻하며 예후가 좋지 않다고 볼 수 있다.
② 일반적으로 최대 심박수는 연령을 이용한 공식으로 알 수 있으며, 이는 개인차가 작고 최대하 검사를 할 때 오차를 줄일 수 있다.
③ 검사에서 나타나는 심박수로 알 수 있는 것은 사망률 예측 척도가 유용하다.
④ 최대검사 직후 심박수 감소가 12bpm 이하로 이루어지지 않는 경우 사망률을 예측하는 중요한 척도가 된다.

해설 일반적으로 최대 심박수는 연령을 이용한 공식으로 알 수 있으나, 이는 개인차가 크고 최대하 검사를 할 때 오차가 클 수 있다.

26 운동부하검사 측정변인에서 혈압 반응에 대한 설명으로 옳지 않은 것은?

① 검사 시 정상적인 반응을 보면 수축기 혈압은 점진적 증가하고 이완기 혈압이 유지되거나 감소한다.
② 비정상적인 반응은 안정 시보다 10mmHg 이상으로 수축기 혈압이 감소하거나 유지되면 주의를 해야 한다.
③ 심근산소소모량(RPP ; Rate Pressure Product)은 이완기 혈압 × 심박수로 심장근육이 부담하는 수치를 추정할 수 있다.
④ 심장질환자이거나 항고혈압약을 복용한 경우, 무리한 운동을 할 때 나타날 수 있다.

해설 심근산소소모량은 수축기 혈압 × 심박수로 심장근육이 부담하는 수치를 추정할 수 있다.

27 다음 중 심전도에 대한 설명으로 옳지 않은 것은?

① 심전도의 주 목적은 심전도의 이상과 허혈성 심장질환이 발생하는지에 대한 것이다.
② 정상 심박수는 60~100bpm이다.
③ 정상동성리듬(Normal Sinus Rhythm)은 PQRS파를 나타낸다.
④ QRS파는 P파 앞에 나타나서 정상적으로 반응한다.

해설 P파는 QRS파 앞에 나타나서 정상적으로 반응한다.

28 다음 중 동성 서맥(Sinus Bradycardia)에 대한 설명으로 옳지 않은 것은?

① 심박수가 분당 60회 미만인 상태를 말한다.
② 동성 서맥(Sinus Bradycardia)은 정상동성리듬(Normal Sinus Rhythm)이다.
③ 약물 복용, 갑상선 기능저하, 고칼륨혈증 등이 있는 경우 발생할 수 있다.
④ 장기간 운동을 한 경우에는 병적인 요소가 아닌 효율적인 측면에서 심박수가 상대적으로 낮을 수 있다.

해설 동성 서맥(Sinus Bradycardia)은 심박수가 분당 60회 미만인 상태의 느린 맥으로 정상동성리듬이 아니다.

정답 26 ③ 27 ④ 28 ②

29 다음 중 심전도상 허혈반응으로 옳지 않은 것은?

① 심전도상의 중요한 허혈반응은 ST분절 하강과 상승이 가장 중요하다.
② aVR, V1, V2를 제외한 유도에서 ST분절 상승은 심각한 허혈을 의미한다.
③ T분절 하강에 이어 의미 없는 Q파는 급성 심근경색 같은 심근손상 의미한다.
④ 심전도상 비정상적으로 크고 뾰족하면서 역전된 T파가 의미하는 것 또한 급성 심근경색의 단계이다.

해설 T분절 상승에 이어 의미 있는 Q파는 급성 심근경색 같은 심근손상을 의미한다.

30 다음 중 ST분절의 하강을 설명하는 것으로 옳지 않은 것은?

① ST분절의 하강은 운동성 심근허혈을 뜻하며, 허혈성 ST분절의 변화가 생기는 유도가 많을수록 질환은 더욱 심각해진다.
② 우각 차단이 있을 때 V4, V5, V6의 ST분절 하강은 허혈일 가능성 크다.
③ J-point에서 80ms 이후 ST분절이 수평 또는 아래쪽 경사가 1mm 이상 하강하면 양성으로 판단한다.
④ 회복기에 발생하는 ST분절의 하강은 가음성 반응으로 본다.

해설 회복기에 발생하는 ST분절의 하강은 진양성 반응으로 본다.

31 다음 중 민감도에 대한 설명으로 옳지 않은 것은?

① 민감도는 관상동맥질환자가 양성의 검사 결과를 얻을 경우이다.
② ST분절이 1.0mm 이상 하강하는 현상은 확실한 진양성(TP) 결과를 말한다.
③ 검사 중 심전도의 표준 6개의 좌측 흉부유도와 함께 우측 흉부유도를 사용하면 운동 검사의 민감도를 떨어뜨린다.
④ 민감도 공식 = (TP ; 진양성) / [(TP ; 진양성) + (FN ; 가음성)] × 100

해설 검사 중 심전도의 표준 6개의 좌측 흉부유도와 함께 우측 흉부유도를 사용하면 운동 검사의 민감도를 향상한다.

32 다음 중 특이도 공식으로 옳은 것은?

① [진양성(TP)/(진양성(TP)+가음성(FN))] × 100
② [진음성(TN)/(가양성(FP)+진음성(TN))] × 100
③ [진양성(TP)/(진양성(TP)+가양성(FP))] × 100
④ [진음성(TN)/(진음성(TN)+가음성(FN))] × 100

> 해설 특이도 공식 = (TN ; 진음성) / [(TN ; 진음성) + (FP ; 가양성)]

33 다음 심전도는 무엇을 뜻하는가?

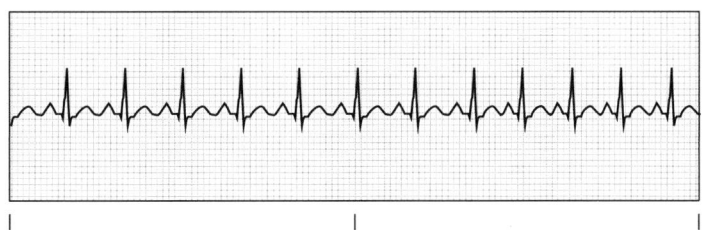

① 정상동성리듬(Normal Sinus Rhythm)
② 동성 서맥(Sinus Bradycardia)
③ 동성 빈맥(Sinus Tachycardia)
④ ST분절의 상승

> 해설 동성 빈맥(Sinus Tachycardia)은 심박수가 분당 100회 이상인 상태를 말한다.

34 다음 중 예후와 치료 목적의 운동부하검사의 설명으로 옳지 않은 것은?

① 심근경색 후 환자의 나쁜 예후는 주로 심전도 상의 ST분절 하강, 혈압의 저하, 활동량이 5METs 이하인 경우이다.
② 운동부하검사에서 얻어지는 정보는 예후 평가에 도움을 주고 일상으로의 복귀, 운동 프로그램 설정 및 상담에 활용이 가능하다.
③ 4.4METs 이하의 낮은 수준은 심혈관질환으로 생기는 사망률이 감소하며, 9.2METs 이상의 높은 수준은 심혈관질환 사망률이 증가한다.
④ 운동 프로그램을 진행하며 대상자들에게 동기부여를 줄 수 있으며, 진단과 치료에 보조적인 역할을 한다.

> 해설 4.4METs 이하의 낮은 수준은 심혈관질환으로 생기는 사망률이 증가하며, 9.2METs 이상의 높은 수준은 심혈관질환 사망률이 감소한다.

정답 32 ② 33 ③ 34 ③

35 다음 중 최대하 운동부하검사에 대한 설명으로 옳지 않은 것은?

① 최대하 운동부하검사는 대상자가 최대 운동부하검사를 통해 얻을 수 있는 장점보다 위험요인이 더 많을 경우에 활용 가능하다.
② 쿠퍼(1.5마일) 달리기 테스트는 1.5마일(2.4km) 달리기 후 초단위로 측정하여 최대산소섭취량의 추정치를 구한다.
③ 1마일 걷기 테스트는 1마일(1.6km) 거리를 걸은 후 걸린 시간을 측정한다.
④ 하버드 스텝테스트는 각 단계는 4단계까지 각각 150kpm/min씩 부하를 증가시킨다. 산소섭취량(L/min)을 측정 후 체중을 나누면 최대산소섭취량(ml/kg/min)을 추정할 수 있다.

> **해설** 하버드 스텝테스트는 높이 50cm의 박스에서 분당 30step(120bpm) 속도로 5분간 지속하여 운동 후 1분~1분 30초, 2분~2분 30초, 3분~3분 30초 사이의 심박수를 측정하여 추정치를 구한다.

36 다음 중 운동부하검사의 측정변인으로 옳지 않은 것은?

① 자각적 운동 강도(RPE)
② 심전도
③ 심박수와 혈압
④ 혈액

> **해설** 운동부하검사가 진행되면 지속적으로 심박수와 혈압, 폐기능, 심전도, 자각적 운동 강도 등을 측정한다.

37 다음 중 건강한 사람보다는 노인이나 체력이 약한 대상자에게 유용한 검사 프로토콜은 무엇인가?

① 브루스 프로토콜(Bruce Protocol)
② 램프 프로토콜(Ramp Protocol)
③ 발크 프로토콜(Balke Protocol)
④ 수정된 브루스 프로토콜(Modified Bruce Protocol)

> **해설** 램프 프로토콜(Ramp Protocol)은 체력이 약한 대상자들에게 유용하며 단계별로 검사시간이 줄어들고, 속도와 경사도의 부하량을 줄이는 방법이다. 건강한 사람이 하기에는 다소 무리가 있으며, 노인이나 체력이 약한 대상자의 경우 고려될 수 있다.

38 다음 보기에서 설명하는 운동부하검사 장비는 무엇인가?

> 체중과 상관없이 지속할 수 있으며, 심전도나 혈압 등을 측정하기에 편리하다. 정확도가 상대적으로 높아 측정에 적합하다. 그러나 최대 수치에 도달하기 전에 국부근육피로나 다리에 피로를 느껴 운동중단이 되는 경우가 많다.

① 트레드밀
② 자전거 에르고미터
③ 상체 에르고미터 검사
④ 스텝박스

해설 자전거 에르고미터는 과체중과 상관없이 지속할 수 있으며, 심전도나 혈압 등을 측정하기에 편리하다. 정확도가 상대적으로 높아 측정에 적합하다. 그러나 최대 수치에 도달하기 전에 국부근육피로나 다리에 피로를 느껴 운동중단이 되는 경우가 많다. 그래서 최대 수치까지 올리기가 쉽지 않다.

39 다음 중 운동 검사에 대한 모니터링으로 옳지 않은 것은?

① 심전도는 운동 검사 전, 중, 후 측정한다.
② 심박수는 운동 중에 매 분 마지막 5~10초 동안 기록한다.
③ 혈압은 각 단계 또는 매 2분의 마지막 10초 동안 측정과 기록을 한다.
④ 징후와 증상은 지속적으로 모니터로 관찰한다.

해설 혈압은 각 단계 또는 매 2분의 마지막 30~60초 동안 측정과 기록을 한다.

40 다음 중 심근산소소모량(RPP ; Rate Pressure Product)은?

① 심근산소소모량 = 수축기 혈압 × 심박수
② 심근산소소모량 = 이완기 혈압 × 심박수
③ 심근산소소모량 = 수축기 혈압 × 이완기 혈압
④ 심근산소소모량 = 수축기 혈압 × 산소섭취량

해설 심근산소소모량 = 수축기 혈압 × 심박수

정답 38 ② 39 ③ 40 ①

41 다음 중 운동부하검사 측정변인 중 혈압에 대한 설명으로 옳지 않은 것은?

① 최대 운동 시 수축기 혈압은 남자가 여자보다 20mmHg 정도 높게 나타날 수 있다.
② 안정 시보다 10mmHg 이상으로 수축기 혈압이 감소하거나 유지되면 주의해야 한다.
③ 검사 중 수축기 혈압 250mmHg 이상, 이완기 혈압 115mmHg 이상은 검사를 중단할 사항이니 주의 깊게 관찰한다.
④ 검사를 종료한 후에는 바로 혈압을 측정한다.

해설 검사 종료 후 회복기를 1분 가진 다음 2분마다 혈압을 측정한다.

42 운동부하검사에서 가장 일반적으로 사용하는 프로토콜은 무엇인가?

① 브루스 프로토콜(Bruce Protocol)
② 램프 프로토콜(Ramp Protocol)
③ 발크 프로토콜(Balke Protocol)
④ 수정된 브루스 프로토콜(Modified Bruce Protocol)

해설 운동부하검사에서 가장 일반적으로 사용하는 프로토콜은 브루스 프로토콜(Bruce Protocol)이다.

43 다음 중 운동부하검사의 금기사항 및 중단시점에 대한 설명으로 옳지 않은 것은?

① 절대적 금기사항은 대상자가 금기사항에서 벗어나거나 안전해지면 검사를 시행할 수 있다.
② 운동부하검사를 시행하기 전 참여하기에 적절한지 판단하기 위해서 절대적, 상대적 금기사항을 지켜야 한다.
③ 절대적 금기사항은 운동의 위험보다 이점이 중요하다면 검사를 실시할 수 있다.
④ 상대적 종료 지침은 임상적 판단 후 종료를 할지 결정할 수 있다.

해설 상대적 금기사항은 운동의 위험보다 이점이 중요하다면 검사를 실시할 수 있다.

44 다음 중 가스교환의 측정변인으로 옳지 않은 것은?

① 산소섭취량
② 호흡교환율
③ 분당 호흡수
④ 혈 압

해설 가스교환은 측정 장비에서 자동으로 측정되어 분석된다. 심폐기능을 확인하며 최대 운동수행능력을 확인하는 것이 주목적이다. 측정변인은 심박수, 산소섭취량, 호흡교환율(RQ), 대사량(METs), 산소 당량(VEO_2), 무산소성 역치(VT), 분당 호흡수(BF) 등이 있다.

45 다음 중 예비환기량의 설명으로 옳지 않은 것은?

① 최대수의적 환기량에 대한 최대환기량의 비율(VEmax/MVV)을 예비환기량이라 한다.
② 정상인의 경우 이 수치가 50~80%정도 된다.
③ 폐질환자의 경우 95% 이상으로 넘어간다.
④ 85% 이상으로 넘어가면 폐환기량의 제한점이 있다는 것을 말한다.

해설 폐질환자의 경우 85% 이상으로 넘어간다.

46 운동부하검사 중 가장 널리 사용되는 검사 방법으로 정확도가 높지만, 고가이며 전신을 사용하여 상체가 불안정해 측정이 어렵다는 단점이 있는 검사는 무엇인가?

① 트레드밀
② 자전거 에르고미터
③ 상체에르고미터 검사
④ 스텝박스

해설 운동부하검사는 지속적이면서 점차 늘어나는 단계로 조정되어야 하는데 트레드밀로 실시하는 검사가 가장 효과적이다. 그래서 트레드밀 검사는 가장 널리 사용되는 검사 방법으로 정확도가 높지만 고가이며 전신을 사용하여 상체가 불안정해 측정이 어렵다는 단점이 있다.

정답 44 ④ 45 ③ 46 ①

47 다음 중 운동부하검사 장비에 대한 설명 중 옳지 않은 것은?

① 자전거 에르고미터는 과체중과 상관없이 검사를 지속할 수 있다.
② 고정식 자전거는 대상자의 운동 능력과 하지 근력에 따라 최대산소섭취량이 트레드밀보다 약 5~25% 높아질 수 있다.
③ 암 에르고미터의 최대산소섭취량은 트레드밀 검사보다 약 20~30% 낮다.
④ 하체를 활용하기 어렵거나 장애가 있다면 상체 에르고미터로 측정을 대체한다.

해설 고정식 자전거는 대상자의 운동 능력과 하지 근력에 따라 최대산소섭취량이 트레드밀보다 약 5~25% 낮아질 수 있다.

48 다음 중 심전도상의 ST분절에 대한 설명으로 옳지 않은 것은?

① 과도한 ST분절 하강(2mm 이상 수평 또는 하향) 혹은 현저한 축 이동 같은 ST분절이나 QRS파의 변화는 운동 검사의 절대적 종료 지침이다.
② 운동 시 ST분절의 편차는 Duke 노모그램을 이용한 심장질환자의 예후 검사에 활용된다.
③ ST분절의 하강은 운동성 심근허혈을 뜻하며, 허혈성 ST분절의 변화가 생기는 유도가 많을수록 질환은 더욱 심각해진다.
④ 회복기에 발생하는 ST분절의 하강은 진양성 반응으로 본다.

해설 과도한 ST분절 하강(2mm 이상 수평 또는 하향) 혹은 현저한 축 이동 같은 ST분절이나 QRS파의 변화는 운동 검사의 상대적 종료 지침이다.

49 다음을 무엇을 보는 검사인가?

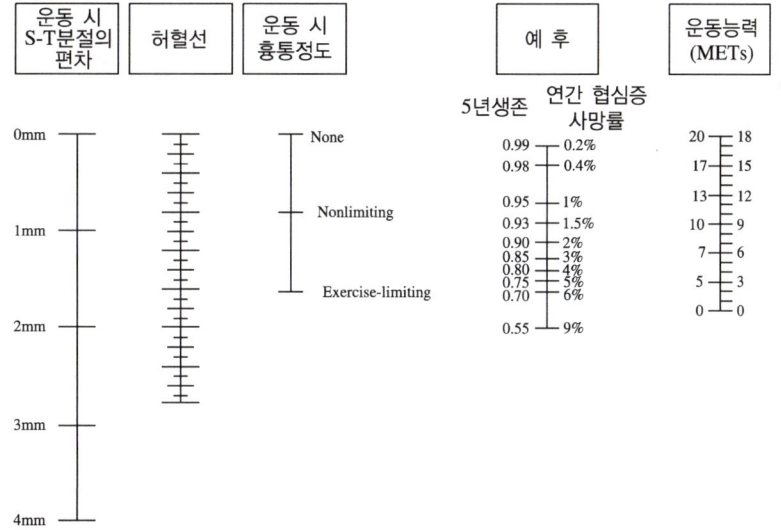

① 협심증 척도(Angina Scale)
② Duke 노모그램을 이용한 심장질환자의 예후 검사
③ 민감도 검사
④ 특이도 검사

해설 Duke 노모그램은 심장질환자의 예후를 검사할 수 있다.

50 다음 중 허혈성 심장질환의 진단을 위한 증상 중 제한 최대 운동 검사 시 가양성의 원인으로 옳지 않은 것은?

① 저칼륨혈증
② 디지털리스 약물치료
③ 기술 또는 측정자 오류
④ 안정 시 2.0mm ST분절 상승

해설 허혈성 심장질환의 진단을 위한 증상 중 제한 최대 운동 검사 시 가양성의 원인은 심전도상 안정 시 1.0mm ST분절 하강이다.

정답 49 ② 50 ④

파트별 출제비중

구 분	2025	2024	2023	2022	2021	2020	2019	합 계
스포츠 손상의 예방	1	–	–	–	–	–	1	2
스포츠 손상의 위험관리	1	–	2	–	1	1	1	6
스포츠 손상의 기전	1	2	2	3	1	5	4	18
스포츠 손상의 관리기술	5	7	6	4	4	5	4	35
스포츠 손상의 일반적인 의학상태	9	11	6	12	11	7	9	65
스포츠 손상의 재활운동	3	–	4	1	3	2	1	14

※ 출제빈도는 문제 분석에 따라 달라질 수 있습니다.

최근 기출 분석

2025년 운동상해는 예년과 같이 [스포츠 손상의 일반적인 의학상태]와 [스포츠 손상의 관리기술]의 비중이 높았습니다. 주요부위 손상과 증상, 검사와 신경 부위 연결, 특수검사에 관한 문제가 다수 출제되었습니다. 스포츠 손상의 의학적 상태의 유형과 검사방법, 손상 이후의 재활방법과 결합하여 숙지하는 것이 중요합니다. 운동상해는 기능해부학, 병태생리학에 응용한 문제가 많이 출제되고 있으니, 이에 대비한 연습이 필요합니다.

제5과목

운동상해

01 스포츠 손상의 예방
02 스포츠 손상의 위험관리
03 스포츠 손상의 기전
04 스포츠 손상의 관리기술
05 스포츠 손상의 일반적인 의학상태
06 스포츠 손상의 재활운동

출제예상문제

01 스포츠 손상의 예방

> **학습목표**
> - 스포츠 손상의 개념과 정의를 설명할 수 있다.
> - 스포츠 손상의 예방법을 이해하고 숙지하고 있다.
> - 스포츠 의학팀의 역할과 기능을 이해하고 설명할 수 있다.

1 스포츠 손상의 예방대책

(1) 경기 참가 전 신체검사(경기 참가 전 심혈관검사의 항목)

개인력	• 운동성 가슴 통증 및 불편함 • 이유 없이 실신을 한 병력 • 운동성 호흡곤란 및 피로 • 심잡음 • 고혈압
가족력	• 친척 중 심장병으로 50세 이전에 조기 사망한 경우 • 50세 이전에 심장병으로 인한 장애 • 가족 중 심장질환자가 있는 경우
신체검사	• 심잡음 • 대동맥축착증으로 넙다리 맥박이 잡히지 않음 • 마르판증후군의 신체적 증상 • 혈 압

(2) 주요 운동종목별 스포츠 상해 예방법

① 일차적 예방 : 처음부터 손상이 발생하지 않도록 방지하는 것
② 이차적 예방 : 선수가 손상으로부터 회복한 뒤 재발하지 않도록 방지하는 것
③ 예방 방법
  ㉠ 준비운동과 정리운동(가벼운 유산소 운동, 스트레칭)을 철저히 실시
  ㉡ 테이핑과 보조기, 보호 장비 사용
  ㉢ 이상적인 자세정렬 유지(생체역학적 이득이 큼)
  ㉣ 적절한 운동기구 사용
  ㉤ 좋은 그라운드 상태 유지

ⓗ 적절한 훈련프로그램(과도한 트레이닝 주의)
　　ⓢ 심리적 안정
　　ⓞ 충분한 휴식과 영양공급

2 스포츠 의학팀의 역할과 기능

(1) 스포츠 의학팀 접근법

스포츠 의학은 운동선수들의 체력관리·재활운동·예방에 목적을 둔다. 운동선수가 경기 중에 부상을 당하면 그 환자를 대상으로 의사, 물리치료사, 트레이너, 심리학자 등 많은 전문가들이 상호협력하여 안전하고 빠르게 팀에 복귀하도록 돕는 것이다.

(2) 구성 인원의 역할과 책무

스포츠 의학팀의 구성인원은 현장에 따라 다양하게 구성할 수 있다. 일반적으로는 의사와 선수트레이너, 물리치료사, 간호사, 운동생리학자, 스포츠심리학자, 운동영양학자 등으로 구성된다.

① **의사** : 의사는 정형외과와 재활의학과를 주축으로 스포츠의학에 관한 손상을 인식하고 평가할 수 있는 능력을 가지고 있어야 한다.

② **선수트레이너** : 선수트레이너는 운동손상 예방, 손상에 대한 인지와 평가 및 사정 그리고 즉각적인 처치, 치료 및 체계적인 재활 계획 수립을 통한 선수의 완전하고 성공적인 경기 복귀를 돕는다.

③ **물리치료사** : 물리치료사는 전기치료, 수치료, 초음파치료 등의 의료장비를 이용한 치료와 도수치료를 담당한다.

④ **운동생리학자** : 운동생리학자는 건강운동관리사 또는 운동사를 교육시킬 책임이 있으며, 재활운동 프로그램과 컨디셔닝 기술, 신체구조 분석, 운동생리학적 검사 등에 관한 정보를 제공한다.

⑤ **스포츠심리학자** : 스포츠심리학자는 선수들의 재활훈련과정에서 심리적인 상담과 조언을 담당한다. 그러나 그 수가 많지 않고 경험 있는 전문가가 부족하기 때문에 재활현장에서 부상 선수를 대상으로 한 상담이 매우 미약한 것이 현실이다.

(3) 선수훈련 프로그램의 운영을 위한 고려 사항

① 운영 절차
② 시설 설계
③ 학생선수 부상예방 프로그램 운영
④ 병원과의 연계 시스템
⑤ 환자의 차트 작성 및 보관

02 | 스포츠 손상의 위험관리

> **학습목표**
> - 환경적 고려 사항의 종류와 개념에 대해 이해한다.
> - 보호용 스포츠 장비의 필요성과 형태를 파악한다.
> - 보호용 압박붕대 감기와 테이핑에 대해 이해한다.

1 환경적 고려

(1) 열 손상

폭염주의보와 폭염경보는 6~9월에 낮 최고기온이 각각 33°C, 35°C 이상인 상태가 2일 이상 지속될 것으로 예상될 때 발령되며, 열손상에는 열발진, 열실신, 열경련, 열탈진, 열사병이 있다.

① **열발진** : 땀띠라고 하는 피부에 작고 가려운 발진이 만들어지는 피부질환으로, 열대지역과 여름 동안의 고온다습한 환경에서 흔히 일어난다.

② **열실신** : 과도한 열에 의해 기절하는 열 손상의 하나이다.

③ **열경련** : 더운 환경에서 힘든 일이나 운동으로 많은 양의 수분과 전해질 손실에 의해 일어나는 비의도적인 근육의 경직이다.

④ **열탈진** : 장시간의 땀 흘림, 손실된 수분과 조화를 이루지 못하는 부적절한 수분섭취, 설사 등에 의해 일어나는 중증도 강도의 열 질환이다.

⑤ **열사병** : 갑작스러운 체온조절의 실패로 인해 일어나는 열 질환이며, 심한 경우 사망에 이르기도 한다.

(2) 한랭 손상

대표적인 한랭 손상에는 저체온증, 동상, 부동성 한랭 손상이 있다.

① 저체온증
   ㉠ 임상적으로 저체온증은 정상체온에서 2°C 이상 떨어진 35°C 이하의 심부온도를 말하는 것으로, 열 손실이 열 생산을 초과할 때 발생한다.
   ㉡ 운동선수들의 저체온증을 유발하는 신체적 요인으로는 비활동, 피로, 에너지 고갈, 수면부족 등이 있다. 트레이닝 요인에는 물에 빠지거나 비나 땀으로 옷이 젖은 상태로 운동을 지속하는 경우와 쌀쌀한 날씨, 낮은 체지방량 등이 있다.

ⓒ 저체온증을 예방하기 위해서는 기온이나 날씨, 고도 등을 확인하여 적절하게 대비해야 한다. 또한 운동 강도, 시간, 경험, 피로도, 영양상태 등을 체크하여 선수가 저체온증에 빠지지 않도록 해야 한다.

② 동상(Frostbite)
ⓐ 동상은 조직의 온도가 0°C 이하로 떨어지게 되면 발생한다.
ⓑ 동상이 많이 발생하는 신체부위는 코, 귀, 볼, 손목과 같은 노출이 심한 부위와 손과 발 같은 곳이다.
ⓒ 동상의 증상 및 징후는 저린 감각, 이상감각, 화끈거림, 쑤심 등이 있다.

③ 부동성 한랭 손상(Nonfreezing Cold Injuries)
ⓐ 참호발(Trenchfoot)
- 발이 0~15°C의 온도에서 12시간 이상 노출되거나 3~4일 정도의 장시간 차고 습한 환경에 있을 경우 참호발이 발생할 수 있다.
- 일반적으로 하이킹이나 등산, 탐험, 여행 시에 나타날 수 있다.
- 저린 감각, 부종, 발의 색이 붉은 빛을 띠다가 심할 경우에는 청색을 띠게 되고 쑤시고 고통이 증가하며 감염이 동반된다.
- 참호발을 예방하기 위해서는 땀이 나면 양말을 자주 갈아 신어 발을 잘 건조하는 것이 중요하다.
ⓑ 동창(Chilblains)
- 동창은 피부 표면의 한랭 손상으로 16°C 이하의 차고 습한 환경에 1~5시간 동안 노출이 되면 나타날 수 있다.
- 동창의 증상으로는 피부에 홍반성 솟음이 귀, 얼굴, 노출된 피부에 나타나고 부종, 압통, 가려움, 통증이 동반된다.

(3) 고지 손상

① 급성 고산병 : 급성 고산병은 해발 약 2,400m 이상의 고지대로 빠르게 이동할 때 발생하며, 공기 중의 낮은 산소량에 인체가 순응하기에 충분하지 않은 시간을 갖고 이동할 때 나타난다.

② 고산병 감소 및 예방을 위한 권고
ⓐ 고지대 순응을 위해 점진적이고 단계별로 고지대에 거주한다.
ⓑ 2,400m 이상의 고지대에서는 해발 약 300m 높이마다 1일 휴식을 취한다.
ⓒ 급성 고산병 증상이 처음 나타났을 때, 고지대 이동을 중지한다.
ⓓ 고지대 이동 시 흡연과 음주의 빈도를 줄인다.
ⓔ 몸의 정상 수화상태를 유지한다.
ⓕ 고탄수화물(70~80%) 식사를 한다.

(4) 수중 손상
　① 잠수와 관련된 손상
　　㉠ 수중의 압력과 온도는 해수면과 차이를 보인다. 잠수부가 깊이 잠수하게 되면 산소와 질소의 분압이 증가하게 되고, 그로 인해 혈중에 과도하게 산소와 질소가 용해된다.
　　㉡ 혈중에 과도하게 용해된 산소와 질소는 산소중독, 질소중독을 일으킬 수 있다. 이로 인해 대뇌 혈관이 수축되어 이상감각, 환각, 환청, 호흡곤란, 현기증 등의 이상증상이 나타날 수 있다.
　　㉢ 수중의 높은 압력은 귀의 통증, 출혈, 고막파열과 같은 문제를 야기할 수 있다.
　② 수영과 관련된 손상
　　㉠ 수영과 관련된 손상은 주로 귀와 눈에서 나타난다.
　　㉡ 가장 일반적인 귀 질환은 바깥귀길염(외이도염)이 있고 주로 녹농균, 포도상구균 등에 의한 감염이다.
　　㉢ 또 다른 질환은 눈의 각막 부종과 염소에 의한 각막염이다. 수영장의 물은 살균을 위해 염소 처리하게 되는데 염소로 처리된 물에 장시간 노출될 경우 각막의 표층 세포의 손실로 인해 눈에 문제를 야기한다.

(5) 인조잔디
　① 인조잔디는 1966년 휴스턴 에스트로돔에서 최초로 이용했다.
　② 장점 : 관리 유지가 어려운 천연잔디와는 달리, 인조잔디는 사용하는 동안 관리가 편리하며, 겉면이 견고하고 배열도 일정하며, 기후의 변화에도 영향을 받지 않고 경기가 가능하다.
　③ 단점 : 천연잔디에 비해 경기나 시합 시 부상에 대한 잠재적 가능성이 크며 대표적인 부상에는 찰과상과 터프토우가 있다. 미끄러운 지면으로 넘어지는 경우 마찰열로 인해 화상을 입을 수 있으며, 천연잔디보다 빠른 속력이 나기 때문에 충돌 시 잠재적으로 더 큰 손상을 유발할 수 있다.

2 보호용 스포츠 장비

(1) 스포츠 장비에 대한 안전기준 및 수리
　신체적 접촉과 충돌이 많은 스포츠 경기의 경우 안전사고의 예방과 사고를 줄이기 위해 올바른 보호 장비와 안전기준을 철저히 지키는 것이 필수적이다. 현재 국제 스포츠 장비 안전기준은 대부분 국제표준화기구(ISO ; International Standardization Organization)의 규격을 따르고 있다.

(2) 부위별 보호 및 보조 장비
　① 머리 보호용품
　　㉠ 헬멧 : 직접적으로 신체적 충돌을 하는 스포츠나 야구, 스키, 보드, 사이클과 같은 위험성이 큰 운동은 머리에 대한 보호 장비가 필수적이다.

- 아이스하키 헬멧 : 높은 속도의 충격, 사이드 보드의 충격, 얼음판의 넘어짐으로 인해 발생되는 힘에 대해 견딜 수 있도록 내구성이 좋아야 한다. 견고한 외부막을 통해서 헬멧의 큰 표면 부분으로 충격을 분산할 수 있어야 하며, 적절한 에너지 흡수 선을 통해서 머리에 작용하는 힘을 감소할 수 있어야 한다.
- 야구타자용 헬멧 : 역시 야구공이 고속으로 날아와 부딪히는 충격을 견딜 수 있어야 한다.

② 안면 보호장비
  ㉠ 안면 보호대 : 경기 중 다른 선수와 충돌하거나 이동하는 물체와 충돌을 방어하기 위하여 사용된다.
  ㉡ 후두부 보호 : 일반적으로 잘 사용되지 않으나 후두부의 손상은 크나큰 문제를 야기할 수 있다. 특히 야구의 포수, 아이스하키 골키퍼는 위험에 많이 노출되어 있으므로 후두부 보호 장비가 절대적으로 필요하다.

③ 몸통과 가슴 보호(Trunk and Thorax Protection)
  ㉠ 스포츠 브래지어
   - 스포츠 브래지어는 여성들의 운동참여 시 가슴 흔들림에 따른 불편감을 줄여 준다.
   - 가슴 손상을 예방하는 동시에 우수한 땀 흡수기능을 제공한다.
   - 스포츠 브래지어는 일반 브래지어와 달리 와이어가 없고 면 재질의 스판덱스나 저신장 소재로 되어 있다.
   - 스포츠 브래지어의 신축성 소재는 하컵 부위에만 국한적으로 사용되어 가슴 흔들림을 억제하고, 격한 움직임에 따른 브래지어의 위치 변경을 최소화한다.

3 붕대감기와 테이핑

부상이나 손상을 당한 선수들을 보호하고 관리하기 위해 붕대감기와 테이핑 기술을 숙지하고 연습하는 것이 중요하다.

(1) 붕대감기

① 붕대감기는 관절가동범위와 혈액순환을 방해하지 않기 위해서 근수축 범위에서 적용해야 한다.
② 붕대는 견고하게 조금 감싸는 것보다 보통 정도의 압박력으로 많이 감는 것이 더 좋다.
③ 최소 1/2 정도가 겹치게 적용해야 붕대 사이가 분리되거나 벌어지는 것을 예방할 수 있다.
④ 붕대 사이의 벌어진 부분은 부종의 부위에 압박을 적용할 수 없으며 오히려 피부자극을 유발할 수 있다.
⑤ 붕대감기 적용 후에는 혈액순환에 방해가 되는지를 확인해야 한다. 손가락과 발가락의 색깔은 혈액순환의 방해유무를 확인할 수 있는 좋은 지표가 된다.

(2) 비신축성과 신축성 접착 테이핑

① 비신축성 접착테이프
　㉠ 비신축성 접착테이프는 주로 비정상적이거나 과도한 관절의 움직임을 제한하기 위한 목적으로 사용된다.
　㉡ 손상 부위의 드레싱 고정과 붕대감기와 함께 적용해 붕대 고정을 목적으로 사용한다.
　㉢ 스포츠 현장에서 C-테이프라고 부르기도 한다.
　㉣ 발목 염좌 발생 시 발목관절의 지나친 안쪽번짐(Inversion) 움직임을 제한하기 위해 흔히 적용되어 왔다.

② 신축성 접착테이프
　㉠ 신축성 접착테이프는 스포츠 현장에서뿐만 아니라 일반인에게까지 다양하고 광범위하게 사용된다.
　㉡ 근육을 지지 및 보강해줌으로써 관절에 가해지는 스트레스를 줄여 주어 상해를 예방하고 경기력을 향상시킨다.
　㉢ 접착의 편리성 때문에 발, 손가락, 손, 손목 등과 같이 작은 신체 부위의 관절과 신축성으로 인해 자유로움이 요구되는 부위에 주로 사용된다.
　㉣ 혈액순환을 제한하지 않으며 정상적인 근육의 수축활동을 허용하고자 할 때 사용된다.
　㉤ 비신축성 접착테이프와 다양한 너비와 형태의 신축성 접착테이프가 함께 사용된다.

(3) 테이핑의 일반적인 절차

① 테이핑 적용 목적을 결정한다. 만일 운동 손상 부위를 보호할 목적이라면 운동 손상기전을 파악한다.
② 목적에 적합한 테이프의 종류와 크기를 결정한다.
③ 테이핑을 위한 도구를 준비하고 테이핑 부위의 피부상태를 점검한다.
④ 테이핑을 받는 사람에게 테이핑 절차를 설명하고 테이핑 동안에 유지해야 하는 자세, 알레르기 반응 시 증상과 제거 등에 대한 주의사항을 설명한다.
⑤ 테이핑 적용 시 가장 먼저 할 것은 고정기준테이프를 만드는 것이다.
⑥ 테이프는 1/2 정도가 겹치도록 먼 쪽에서 몸 쪽으로 적용한다. 같은 곳을 지속적으로 테이핑하는 것은 압박력을 높이기 때문에 삼가야 한다.
⑦ 테이핑 후에는 혈액순환을 방해하는지 확인해야 한다.

03 | 스포츠 손상의 기전

학습목표
- 손상에 대한 조직의 치유과정의 병리생리학을 이해한다.
- 조직의 구조와 특성에 대해 이해한다.

1 손상에 대한 조직반응

(1) 치유과정

운동 전문가에게 손상 치유과정을 이해하는 일은 필수적이다. 치유과정은 크게 3단계로 구성되어 있으며, '염증반응단계 – 섬유아세포 회복단계 – 성숙 및 재형성단계'로 구분된다.

① 염증반응단계
  ㉠ 염증이란 해로운 자극물질을 파괴하고 희석하며 중화 및 격리하는 과정으로 손상된 조직을 치유하기 위한 초기 단계이다.
  ㉡ 염증은 부종, 발열, 발적, 통증, 기능손실 등으로 나타난다.
  ㉢ 손상 직후에는 손상 부위에서 화학적 매개체(히스타민, 루코트리엔, 사이토카인 등)가 방출된다.
  ㉣ 화학적 매개체는 혈장이나 세포, 손상된 조직에서 생성되어 혈관을 확장하고 투과성 증가, 섬유소 분해 및 응고기전의 활성화로 세포 손상을 일으키는 역할을 한다.

② 섬유조직 – 형성기
  ㉠ 손상조직에 반흔(Scar)조직과 회복을 위한 증식과 재생활동이 혈관 및 삼출반응에 이어 발생된다.
  ㉡ 반흔조직이 형성되는 시기를 섬유증식기(Fibroplasia)라 하여 손상 후 초기 수일 내 시작되며, 4~6주 지속된다.
  ㉢ 이 기간 동안 염증반응기에 나타났던 증상이나 신호들이 사라진다.
  ㉣ 환자는 특정 동작을 할 때 계속 통증이나 압통을 느낄 수 있다.
  ㉤ 혈류량 증가와 함께 손상 부위로 전달되는 산소의 양도 증가되며, 이에 따라 치유에 필요한 영양소도 함께 증가된다.
  ㉥ 섬유소응고(Fibrin Clot)가 파괴되면서 섬유아세포, 콜라겐, 모세혈관으로 구성된 육아조직(Granulation Tissue)이 생성된다.
  ㉦ 손상 6~7일이 경과되었을 때, 섬유아세포는 반흔조직에 무질서한 패턴의 콜라겐섬유를 만들어내기 시작한다.

③ 성숙 – 재형성기
　㉠ 긴 시간을 필요로 하는 단계로 반흔조직을 구성하는 콜라겐섬유의 재배열이나 재형성이 나타나게 된다.
　㉡ Type III 콜라겐섬유는 감소하고 Type I 섬유는 증가한다.
　㉢ 반흔조직의 인장강도는 증가하고 모세혈관의 수는 감소한다.
　㉣ 이 단계에서 생성되는 콜라겐섬유는 최대 효율을 내기 위해 장력이 발생되는 방향에 맞춰 배열된다.
　㉤ 대략 3주가 경과한 후 매우 단단하고 강하게 수축되는 혈관이 없는 반흔조직으로 남는다.
　㉥ 치유과정이 완전히 끝나기 위해서는 몇 년의 시간이 필요할 수도 있다.

> **개념 PLUS**
>
> 반흔조직(Cicatricial Tissue)
> 피부에 외상으로 조직결손이 발생되면 생체는 육아조직을 만들어 이를 수복하려 한다. 이러한 과정에서 손상된 조직은 교원섬유에 의해 섬유화되고 얇은 표층으로 덮으며 마무리된다. 이것의 최종 상태를 반흔조직 또는 흉터조직이라 한다.

(2) 연부조직의 치료

연부조직이란 뼈를 제외한 모든 조직을 의미하며 크게 네 가지로 구분한다. 피부와 혈관의 내막과 같은 상피조직, 힘줄·인대·연골·지방·혈관 등과 같은 결합조직, 골격근·심장근·내장근과 같은 근육조직, 뇌·척수·신경세포와 같은 신경조직으로 나뉜다. 연부조직은 위에서 언급한 것과 같이 손상 후 치유와 회복, 성숙의 과정을 거친다.

① 연골의 치유
　㉠ 스포츠 손상에서 연골의 손상은 발목관절의 목말뼈와 무릎관절에서는 넙다리뼈 관절융기에서 주로 발견
　㉡ 연골세포에 물리적인 강한 충격이 가해지거나 반복적으로 충격을 받으면 연골세포가 파괴
　㉢ 연골세포는 치유의 과정이 2개월 정도로 긴 편이기 때문에 초기 손상 시 충격이 가해지지 않도록 자세의 변형과 근육의 밸런스가 중요하며, 무엇보다도 연골의 치유를 위해서는 손상 부위에 자극이 가해지지 않도록 적절한 재활훈련이 필요

② 인대의 치유
　㉠ 스포츠 손상에서 인대의 손상은 72시간이 경과하면 부종이 감소하면서 염증세포가 손상 부위에서 활동
　㉡ 6주 이후에는 섬유아세포의 활성화가 시작
　㉢ 이 시기에 파열된 인대 부위에서는 콜라겐 섬유가 무작위로 서로 엮여서 배열
　㉣ 따라서 반흔조직에서는 손상된 인대의 콜라겐 섬유가 적절하게 배치되는 것이 무엇보다 중요
　㉤ 인대파열 후 섬유아세포가 활성화되는 시기에 적절한 강도로 인대를 스트레칭하면서 콜라겐 섬유의 배열을 맞추는 이유가 바로 여기에 있음
　㉥ 적절한 시기에 적절한 재활운동을 받지 못한다면 인대의 구조적 변형은 물론 기능의 손실이 평생 동반됨

③ 근육의 치유
  ㉠ 스포츠 손상에서 근육의 손상은 가장 빈번하게 발생
  ㉡ 장딴지근(Gastrocnemius Muscle)과 햄스트링(Hamstring Muscle), 넙다리네갈래근(Quadriceps Femoris Muscle), 어깨세모근(Deltoid Muscle) 등에 매우 흔하게 발생
  ㉢ 근육 손상 시 초기에 염증 단계인 출혈과 부종이 발생하며, 수일 내에 섬유아세포의 활성화로 인하여 반흔조직이 형성
  ㉣ 데이비스 법칙(Davis's Law)에 따라 뼈와 연부조직에 가해지는 물리적 힘에 의해 재구성 또는 재배열
  ㉤ 따라서 반흔조직이 형성된 후에는 근육조직의 탄력과 인장력을 회복하기 위해 적절한 강도에서의 스트레칭과 신장성 근력운동이 필요
  ㉥ 근육의 염좌는 인대의 염좌보다 회복기간이 더 길다는 점을 유념해 충분한 재활기간을 가질 것을 권장

④ 힘줄의 치유
  ㉠ 스포츠 손상에서 힘줄의 손상은 만성 손상과 매우 관련이 깊음
  ㉡ 주로 아킬레스힘줄(Achilles Tendon), 무릎힘줄, 팔꿈치관절의 가쪽위관절융기염(테니스엘보) 등에 빈번하게 발생
  ㉢ 힘줄은 다른 연부조직과는 다르게 치유가 어려움
  ㉣ 힘줄은 윤활막(Synovial Sheath)에 의해 둘러싸여 있으며, 윤활막의 염증과 힘줄의 염증으로 구분
  ㉤ 윤활막의 염증은 건초염이라고 하며, 힘줄의 염증을 건염(Tenotitis)이라고 함
  ㉥ 손상된 부위에서는 염증 단계가 지난 후 콜라겐이 생성됨
  ㉦ 그러나 그 기간이 지난 뒤에도 고정을 해 둔다면 오히려 섬유증이 발생하여 주변의 조직과 하나의 덩어리가 형성되어 기능손실이 불가피
  ㉧ 손상 후 2주가 지난 후에는 적정 강도의 스트레칭이 필요

(3) 통 증

① 통증은 급성, 아급성, 만성으로 구분된다.
  ㉠ 급성 : 손상 후 수일 내에 발생되는 통증
  ㉡ 아급성 : 1~3개월 동안 반복적으로 발생하는 통증
  ㉢ 만성 : 6개월 이상 통증이 반복적으로 지속되는 통증
② 통증은 발생 부위에서 생기기도 하지만 통증 부위와 다른 부위에서 발생하는 연관통이 있을 수 있다.
③ 통증의 발생 부위는 피부를 비롯해 근육, 인대, 힘줄, 관절주머니, 뼈 등에서 발생하며, 내장기관에서도 발생한다.
④ 통증 유발점은 근육이나 인대 등을 싸고 있는 막에 존재하며, 근육세포의 손상으로 근막 내부의 압력이 높아지기 때문에 통증이 발생하는 것이다.

(4) 치유의 저해 요소

① **손상의 정도** : 연부조직의 손상 정도에 따라 치유의 기간이 결정된다. 미세열상(Microtears)은 과사용과 관련이 깊고 치유 기간이 짧지만, 거대열상(Macrotears)은 치유 기간이 길다.
② **부종** : 부종은 조직의 압력을 높여 치유 과정을 저해하고 신경근의 원활한 조절을 방해한다. 그렇기 때문에 부종은 가급적 빠르게 조절하여야 한다.
③ **출혈** : 출혈은 조직의 압력을 높이고 추가적으로 조직의 손상을 일으킬 수 있다. 과도한 출혈은 치유에 부정적인 영향을 미친다.
④ **혈관공급 불량** : 혈관공급이 좋지 않으면 조직손상은 치유가 느리고 경과가 좋지 않다.
⑤ **조직의 분리** : 조직의 기계적 분리는 치유 과정에 심각한 영향을 줄 수 있다. 조직의 분리 정도에 따라 치유기간은 짧아질 수도 길어질 수도 있다.
⑥ **근육경련** : 근육의 경련은 손상된 조직을 잡아 당겨 조직이 치유되는 것을 방해한다.
⑦ **위축** : 손상 후 조직의 위축은 정상적인 기능을 하지 못하기 때문에 치유가 느리다.
⑧ **감염** : 손상 부위의 감염은 과도한 육아조직을 유발하며 반흔조직을 비대하게 만들어 치유가 지연될 수 있다.
⑨ **건강 및 나이와 영양** : 당뇨병과 심혈관질환과 같은 대사성 질환을 가지고 있거나 나이가 들고 영양상태가 좋지 않으면 손상된 조직에 필요한 산소와 영양 공급을 원활히 할 수 없다. 이에 따라 치유의 속도는 느려진다.

2 손상의 구조와 특성

(1) 기계적 손상

인체의 어느 부위에 적용된 힘이 신체의 조직 및 기능에 해로운 변화가 발생되는 것을 기계적 손상이라 한다. 이러한 손상은 인체 내부의 해부학적 구조를 변화시키거나 파괴할 수 있는 외력에 의해 발생된다.

[조직의 특성]

부하(Load)	인체조직 내 내적인 반응을 유발할 수 있는 외적인 힘
경직(Stiffness)	특정 부하를 저항할 수 있는 조직의 상대적 능력
스트레스(Stress)	외적 부하에 대한 조직의 내적 저항
긴장(Strain)	저항에 의한 조직의 변형 정도
탄성(Elasticity)	변형(Deformation)발생 후 조직을 정상상태로 되돌아가게 하는 특성
항복점(Yield Point)	조직의 탄성 한계점
크리프(Creep)	일정 시간 이상의 지속적인 부하로 인한 조직의 형태 또는 성질의 변형
기계적 실패(Mechanical Failure)	기계적 실패 전까지 조직의 변형의 양에 따라 가소성 또는 비탄성 조직으로 구분
가소성(Ductile)조직	기계적 실패 전 변형이 발생할 수 있음
비탄성(Brittle)조직	기계적 실패 전 아주 작은 변형만이 발생할 수 있음

① 조직의 부하 : 스포츠 손상을 유발할 수 있는 조직의 다섯 가지 기계적 자극은 장력, 비틀림, 압축력, 전단력, 굽힘력이다.
  ㉠ 압축 : 서로 마주보는 방향으로 작용하는 힘에 의해 발생된 부하를 의미하며, 조직의 길이를 짧아지게 한다. 그러나 조직이 더 이상 힘을 흡수하지 못할 때에는 관절염이나 골절, 타박상이 발생된다.
  ㉡ 장력 : 서로 다른 방향으로 조직을 당기거나 늘리는 힘에 의해 발생된 부하이며, 장력이 유발되는 스트레스나 기간에 의해 그 힘이 결정된다. 따라서 증가된 장력에 의해 근육이나 인대에 염좌가 발생되기도 한다.
  ㉢ 전단력 : 서로 평행을 유지하지만 서로 엇갈린 방향으로 작용하기 때문에 두 면 사이에는 미끄럼 현상이 동반된다. 증가된 전단력에 의해 찰과상이나 피부손상, 디스크 손상이 유발될 수 있다.
  ㉣ 굽힘력 : 2~3개의 힘이 반대쪽 끝부분에 작용되어 굽혀지는 부하이며, 굽혀지는 면은 압축력이 발생하고 반대쪽의 볼록한 면은 장력이 발생한다. 뼈를 굽힐 경우에는 골절이 동반된다.
  ㉤ 비틀림 : 물체의 축에 대해 위쪽과 아래쪽 끝이 반대방향으로 비틀려서 작용하는 힘으로, 긴 뼈의 나선형 골절이 유발된다.

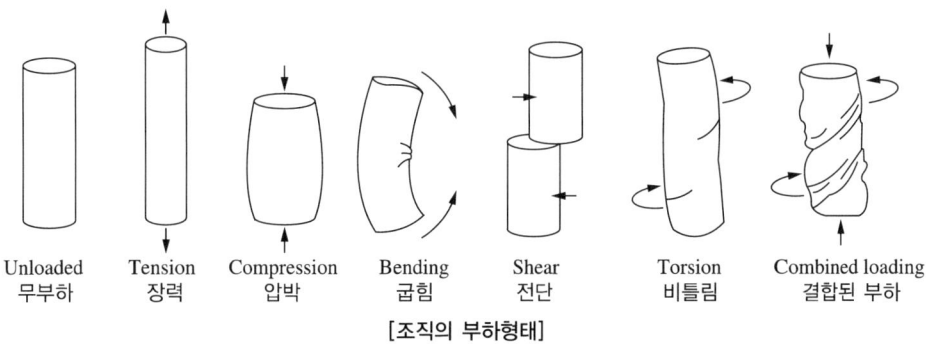

[조직의 부하형태]

(2) 근육과 건 단위 손상

① 근육 손상
  ㉠ 근육좌상(Muscle Strain) : 근육이 과도한 장력이나 힘에 의해 근육의 과다편이 발생되어 나타난 손상을 근육좌상(또는 염좌)이라 한다.

ⓒ 근육좌상의 분류
- 좌상 : 근섬유가 신전되거나 미세하게 찢어진 상태를 의미하며, 능동적 움직임 시 통증이 유발되지만 전체적인 관절가동범위 내에서의 움직임은 가능한 상태를 말한다.
- 2도 좌상 : 근섬유의 부분파열을 의미하며, 능동적 움직임 시 매우 심한 통증이 발생하며, 경우에 따라서 근육이 움푹 들어가거나 함몰된 현상이 동반될 수 있다. 또한 출혈 등으로 인한 부종 및 변색이 발생하며, 통증으로 인해 관절가동범위의 감소가 동반된다.
- 3도 좌상 : 근섬유의 완전한 파열을 의미하며, 때로는 힘줄염 또는 뼈와 만나는 지점이 파열될 수도 있다. 관절가동범위가 완전하게 제한이 되며, 심한 통증이 유발되지만 신경섬유파열로 인해 빠르게 통증이 감소된다.

ⓒ 근경련(Muscle Cramp)
- 매우 강한 통증이 유발되는 불수의적 근수축을 의미한다.
- 주로 종아리근육과 배근육(복근), 햄스트링 부위에서 빈번하게 발생한다.
- 열경련의 경우에는 과도한 수분손실로 인해 근수축에 필수적인 전해질이 불균형되면서 발생되기도 한다.

ⓒ 방위성 근긴장(Muscle Guarding)
- 손상 발생 후 통증을 최소화하기 위해 손상 부위의 주변 근육들이 불수의적 수축을 일으키면서 나타나는 증상이다.
- 손상 부위의 주변 근육들을 제한하는 일종의 부목 역할을 하는 것이다.

ⓒ 근경직(Muscle Spasms)
- 근골격계 손상에 의해 발생되는 반사반응이다.
- 불수의적 수축과 이완이 교대로 발생되는 간헐성(Clonic) 경직과 일정 시간 동안 지속적인 긴장이 유발되는 긴장성(Tonic) 경직으로 나타난다.

ⓒ 근통증(Muscle Soreness) : 격렬한 운동 중 과도한 근육의 사용으로 인한 근육의 통증으로, 급성 근통증과 지연성 근통증으로 구분된다.
- 급성 근통증(Acute-onset) : 운동 중 또는 운동 직후 발생되며 피로를 동반한다.
- 지연성 근통증(Delayed-onset) : 손상 후 대략 12시간 후에 발생되며, 통증 발생 3~4일 후에 없어진다. 근장력이나 부종, 강직의 증가가 원인이 되며, 신장성 수축에 의해 발생된다. 치료방법으로는 정적 스트레칭이나 PNF 스트레칭 기법이 효과적이다.

ⓒ 근막통증유발점(Myofascial Trigger Points) : 골격근과 근막은 매우 팽팽하고 민감성이 높은 결절이며, 잠재적 통증유발점과 활동적 통증유발점으로 구분된다.
- 잠재적(Latent) 통증유발점 : 통증은 없지만, 움직임의 제한이 있고 근육약화를 유발
- 활동적(Active) 통증유발점 : 안정 시에도 통증이 유발되며, 통증유발점에 압력을 가했을 때 깜짝 놀랄 정도의 통증이 유발됨. 또한 연관통(Referred Pain)은 실제 유발점이 아닌 다른 부위에서의 통증을 의미. 통증유발점은 자세를 지지하는 근육(장딴지근육, 햄스트링근육, 넙다리네갈래 근육, 척추세움근 등)에서 주로 발생

(3) 관절 손상

[활액관절 구성요소]

구 분	설 명
활액관절(Synovial Joints)	두 개의 뼈가 관절낭으로 둘러싸여 있는 관절
관절낭(Joint Capsule)	안쪽은 혈관과 신경이 분포되어 있는 활액막으로 이루어짐
활액(Synovial Fluid)	확산과 대류를 통해 관절연골에 영양을 공급하고, 윤활작용 및 관절에 전달되는 충격을 흡수하고 마찰을 방지하는 역할
인대(Ligament)	관절의 안정성을 제공하기 위해 관절을 구조적으로 지지함

① 탈구(Dislocation)
  ㉠ 관절에 외부압력이 가해져 정상적인 관절에서 최소 하나의 뼈가 배열에서 이탈된 상태를 의미
  ㉡ 관절의 탈구가 발생된 경우 도수치료와 수술을 통해서 치료할 수 있음
② 아탈구(Subluxation) : 아탈구는 탈구와 유사한 형태를 보인다. 최소 하나의 뼈가 부분적으로 정상적인 관절의 배열상태에서 벗어난 상태를 의미하며, 주로 어깨관절에서 발생 빈도가 높다.
③ 뼈관절염(Osteoarthritis) : 관절이나 유리성연골이 지속적이고 반복적인 자극이나 적절하지 않은 움직임 등으로 인해 닳거나 손상되어 퇴행성 변형이 발생된 상태를 의미한다. 주로 체중지지를 하는 무릎관절, 엉덩관절, 허리뼈에서 주로 발생되며, 어깨를 많이 쓰는 사람의 경우 어깨에서도 발생된다.
④ 윤활낭염(Bursitis) : 힘줄염과 뼈, 피부와 뼈, 근육과 다른 근육 사이의 마찰로 인해 관절의 주변에 있는 윤활주머니에서 주로 발생된다. 윤활주머니는 인체에서 마찰이 발생할 수 있는 부위에 존재하는 물주머니이다.

(4) 뼈 손상

① 골절(Bone Fracture)
  ㉠ 패쇄골절(Closed Fracture) : 골절된 뼈의 움직임이나 이동이 거의 없이 골절된 상태를 의미
  ㉡ 개방골절(Open Fracture)
    • 골절된 뼈의 끝이 피부와 같은 주변조직을 뚫고 나온 상태이며, 감염의 위험성이 높음
    • 일반적인 골절의 증상은 눈에 띄는 변형이 발생되고 통증이 있으며, 부종과 관절가동범위의 제한이 나타남
    • 움직일 때 소리가 날 수 있음. 정확한 진단을 위해서는 X-ray 촬영이 필요
  ㉢ 피로골절(Stress Fractures) : 명확한 골절 원인은 없으며 근수축에 의한 과부하나 무월경, 근피로에 의한 스트레스 분배 변화, 지면반발력 변화, 반복적인 스트레스를 유발하는 동작이 원인이 됨
  ㉣ 뼈연골증(Osteochondrosis)
    • 주로 유소년 선수에게서 발생되는 질환
    • 뼈연골 부위에 무혈성 괴사나 무균성 괴사가 주된 원인
    • 선수들은 주로 목말뼈 지붕이나 넙다리뼈의 융기, 무릎뼈 뒤쪽에서 주로 발생
    • 연골의 파편은 관절 잠김이나 부종, 통증을 유발

(5) 신경 손상

신경손상을 일으키는 물리적인 힘은 압축력과 장력이다. 이런 물리적인 힘에 의한 외상은 감각기능에 영향을 미치게 된다.

① 신경마비(Neuropraxia) : 신경마비가 되면 더 이상 신경전도 자극이 일어나지 않게 된다. 이것은 압박에 의해 발생될 수 있으며, 일시적 또는 영구적인 감각 기능적 감소나 마비를 동반한다.

② 신경염(Neuritis) : 신경염은 오랜 세월에 걸쳐 반복적으로 행해지는 동작에 의한 자극이 원인이 된다. 이것은 경미한 신경의 문제가 될 수 있고 심각한 신경문제를 일으킬 수 있다. 적절한 회복을 위해서 환자는 최적화된 신체의 상태를 유지하는 것이 중요하다.

③ 연관통(Referred Pain) : 실질적으로 발생된 지역의 문제가 아니라 주변 조직에 2차적으로 발생되는 통증이다.

(6) 부가적인 근골격 손상

인체의 해부학적 구조나 비정상적인 체형을 가진 선수는 정상적인 선수에 비해 손상에 더 노출되기 쉽다. 적절하지 못한 기술훈련의 반복은 과사용 손상의 일반적인 원인이 된다.

① 미세손상과 과사용증후군(Microtauma and Overuse Syndrome)
  ㉠ 달리기, 점프, 던지기와 같은 형태의 운동과 직접적인 연관
  ㉡ 지속적이고 반복적인 스트레스로 생기는 손상은 뼈, 관절, 연부조직에 발생
  ㉢ 과도한 관절범위로 관절에 가해지는 물리적 힘과 오랜 시간 과도한 활동을 할 때 발생
  ㉣ 반복되고 지속된 자극과 외상으로 분류되는 부상[발꿈치힘줄염(아킬레스건염), 중족골의 스트레스골절, 오스굿-슐라터(Osgood-Schlatter's)병, 장경인대마찰증후군(넙다리근막장근), 점퍼스 무릎, 슬개골연화증)]

② 자세변위(Postural Deviation)
  ㉠ 바르지 못한 자세 정렬은 스포츠 손상을 야기할 수 있다.
  ㉡ 자세의 변위는 정상적인 관절의 움직임을 변화시키고 근육의 정상적인 길이를 변화시키며 변화된 운동 감각을 가지게 된다.
  ㉢ 신체의 불균형은 스포츠 활동에서 효율적으로 힘을 발생시키고 제어하지 못하게 되며 종종 손상의 주요 원인이 된다.

04 스포츠 손상의 관리기술

학습목표
- 스포츠 손상과 질병에 대해 선수가 어떻게 심리적으로 반응하는지 이해한다.
- 출혈과 쇼크의 유형과 대처 방법에 대해 설명한다.
- 근골격계 손상에 대한 응급처치를 설명한다.
- 경기장 밖에서 얻어진 정보의 분석과 평가에 대해 이해하고 설명한다.
- 한랭, 온열, 전기치료, 초음파치료의 사용과 적용에 대해 이해한다.

1 스포츠 손상과 질병의 심리적 중재

손상을 당하거나 질병에 걸린 선수가 신체적으로 무기력감을 경험하는 것은 일반적이다. 많은 선수들이 신체적 손상으로 인해 심리적·사회적으로 쇠약해지며 이런 반응들은 선수들의 시합 현장으로의 성공적인 복귀에 부정적인 영향을 미친다.

(1) 손상에 대한 선수의 반응과 대응

① 손상에 대한 선수의 반응 : 스포츠 손상은 예기치 못한 상실을 겪는 심리적 반응을 선수에게 경험하게 하며, 선수의 반응은 예기치 못하게 중요한 것을 상실한 사람들이 경험하는 반응과 매우 유사하다.
   ㉠ 초기에 큰 충격(쇼크 상태)에 빠지며 손상이 어떠한 결과를 초래할지 알지 못한다.
   ㉡ 본인 스스로 손상을 당하거나 취약할 수 있다는 것을 부정한다.
   ㉢ 자신감이 결여되고 스스로의 무가치함을 경험하거나 자책감을 느끼게 된다.
   ㉣ 정서적, 신체적, 사회적 반응들에 대해 상실감을 경험하게 된다.
   ㉤ 대부분의 선수들은 일시적인 기분장애만을 경험하지만 일부 선수들은 우울증까지 경험하기도 한다.
   ㉥ 장기간의 재활을 요하거나 수술로 인해 팀 내 복귀가 불투명한 선수의 경우 통증에 대한 과장된 불평, 수면장애, 피로감, 우울감과 같은 증상을 경험하기도 한다.

② 손상에 대한 사회적 반응
   ㉠ 손상 직후 손상에 대한 적극적인 대처를 해야 한다.
   ㉡ 손상 부위를 정확히 파악하고, 빠른 처치와 부상 선수에 대한 심리적 안정을 위해 노력해야 한다.
   ㉢ 선수 스스로가 현재 모든 대처 상황이 잘 이루어지고 있다는 생각이 들 수 있도록 한다.

② 팀의 감독은 선수가 치료를 잘 받고, 재활운동을 잘해서 다음 대회에 나갈 수 있도록 긍정적인 말로 심리적 안심을 시켜주어야 한다.
⑩ 부모는 선수가 재활운동을 잘 받고 팀에 빠른 복귀를 할 수 있도록 지속적인 관심과 절대적인 지지를 해주어야 한다.

(2) 재활 과정에서의 심리적 요인

① **정서적 연결(Rapport)** : 정서적 연결은 상호 신뢰와 이해의 관계를 의미하는 용어로 재활 효과를 높이기 위해 치료사는 부상 선수와 절대적인 신뢰를 맺어야 한다.
② **협력(Cooperation)** : 부상 선수를 가능한 빨리 팀으로 복귀시키기 위해 선수, 의사, 치료사가 상호 협력하여 동일한 목표를 가진 팀이라는 공감대를 형성하는 것이 중요하다.
③ 재활 단계에서의 심리학적 접근
  ㉠ 손상 부위와 손상 정도에 대한 해부학적 또는 수술에 대한 설명으로 선수의 몸 상태를 설명한다.
  ㉡ 손상 부위의 치료과정 및 재활운동에 대한 시간 소요와 방법에 대해 설명한다.
  ㉢ 운동 프로그램 작성 및 계획에 대해 설명한다.
  ㉣ 재활운동으로 인해 개선될 수 있는 것들을 설명한다.
  ㉤ 재활운동의 중요성과 재활운동에 임하는 선수의 마음가짐이 중요하다는 것을 이해시킨다.
  ㉥ 운동을 통한 즉각적인 효과를 얻을 수 있는 프로그램을 포함한다.
  ㉦ 비손상된 부위의 강한 훈련으로 심리적 위약감을 줄인다.
  ㉧ 선수의 일정에 맞추되 계획된 시간과 장소를 지키도록 교육한다.
  ㉨ 재활운동의 공간접근성이 양호하도록 배려한다.

(3) 심리 재활 프로그램

① 매뉴얼 처치
  ㉠ 매뉴얼은 건강운동관리사와 환자 사이에서 가장 중요한 신체적·심리적 이완요법으로, 서로의 믿음을 강하게 하고 통증을 없애주며 기능을 호전시킨다.
  ㉡ 일반적인 마사지와 다르게 손상 부위에 적절한 압력을 가하면서 통증유무를 확인하고 이완시키는 기법이다.
② **명상** : 혼자보다는 여러 명이 함께 조용하고 아늑한 장소에서 긍정적인 생각과 목표에 대해 생각하면서 하는 것이 좋다.
③ **음악 감상** : 비트가 빠르고 부정적인 가사의 음악보다는 템포가 느리거나 긍정적인 가사의 음악이 심리적 부담감을 줄일 수 있다.
④ **그룹운동 지도** : 그룹운동은 혼자서 하는 운동보다 본인과 비슷한 상황의 선수들과 함께함으로써 동질감과 동료의식이 생기기 때문에 심리적 불안감이나 외로움을 더 잘 극복할 수 있고 동기부여도 잘된다.

2 경기장에서의 급성치료와 응급처치

(1) 응급처치 계획

응급처치를 계획할 시에 가장 중요하게 다루어야 하는 사항은 심혈관계의 기능과 신경계의 기능을 유지하도록 하는 것이다. 즉각적으로 이루어지지 않는 응급처치는 자칫 생명과 직결될 수도 있다. 그렇기 때문에 스포츠 상황에서 정확하고 신속한 초기 진단과 대처는 중요하다. 아래에 제시한 상황은 응급처치 계획을 수립할 때 고려되어야 하는 것들이다.

① 119와 바로 연락이 가능하도록 휴대폰을 항상 휴대하고 있어야 하며, 아래와 같은 정보를 제공해 주어야 한다.
  ㉠ 응급 상황의 형태
  ㉡ 손상 부위
  ㉢ 선수의 현재 상태
  ㉣ 응급조치 형태 및 유무
  ㉤ 현재 응급상황의 정확한 위치
② 출입문의 열쇠를 항상 휴대하고 있어야 한다.
③ 독립적인 응급체계를 만들어 놓아야 한다.
④ 관련된 모든 담당 직원들에게 응급처치 계획에 대한 자세한 정보를 설명하고 제공하며, 모든 해당 직원들은 본인의 역할이나 책임에 대해 정확히 숙지하고 있어야 한다.

(2) 경기장에서의 손상 진단의 원칙

① 의식 유무확인
  ㉠ 의식이 없는 환자 : 목뼈를 안정시키고 심폐소생술 실시 이후에 응급요청
  ㉡ 의식이 있는 환자 : 활력징후(Vital Sign) 체크
    • 근골격계 손상 평가
    • 경기 지속 유무 확인
② 의식 불명의 선수에 대한 대처 지침
  ㉠ 신체의 위치에 즉각적으로 주목하며 의식불명과 무반응의 정도를 결정
  ㉡ 기도 확보 → 호흡 → 순환이 원활히 될 수 있도록 즉각적인 조치
  ㉢ 의식 불명의 선수는 목과 척추의 손상가능성을 고려
  ㉣ 부상 선수가 헬멧을 착용한 경우 손상이 명확해질 때까지 현 상태를 유지
  ㉤ 부상 선수가 등을 바닥에 대고 누워 숨을 쉬지 않는 경우, 기도 확보 → 호흡 → 순환이 바로 이루어지도록 해야 함

(3) 일차적 검사와 이차적 검사

선수의 부상 시 생명에 위협이 되는 손상에 대한 처치는 그 무엇보다도 우선시되어야 한다. 심한 출혈이나 쇼크, 무호흡, 무순환, 기도폐쇄 등의 경우에는 일차적 검사를 통해 우선 처치되어야 한다. 그러나 생명을 위협하지 않는 손상의 경우에는 정확한 이차적 검사를 시행해야 한다.

① 일차적 검사(의식이 없는 환자의 조치)
   ㉠ 환자의 위치를 확인하고 의식 상태와 무반응의 정도를 확인
   ㉡ 환자의 목뼈 상태를 확인
   ㉢ 의식이 없다면 순환, 기도개방, 호흡의 순으로 즉각적인 조치
   ㉣ 환자가 엎드려 있다면 바로 눕히고 심폐소생술을 시행
   ㉤ 응급구조사가 올 때까지 의식 상태를 확인하면서 예의 주시
   ㉥ 환자가 안정된 후에는 이차검사를 실시

② 이차적 검사 : 이차적 검사는 관찰 가능한 활력징후를 확인하는 것이다. 의식수준, 심박수, 호흡수, 혈압, 체온, 피부색, 동공, 움직임, 통증 등을 확인하는데 이 중 가장 중요한 것은 심박수, 호흡, 혈압이다.
   ㉠ 의식수준 : 의식이 있고, 구두지시에 반응하고, 통증자극에 반응하는지를 확인
   ㉡ 심박수 : 안정 시 성인은 60~100회/분이며, 아동의 경우에는 80~100회/분
   ㉢ 호흡수 : 정상적인 성인의 호흡은 분당 약 12~20회이며, 아동은 15~30회
   ㉣ 혈압 : 수축기 혈압은 120mmHg. 이완기 혈압은 80mmHg 이하
   ㉤ 체온 : 정상체온은 36.8~37°C이며 체온은 혀 밑, 겨드랑이, 귀의 고막에서 측정
   ㉥ 피부색 : 정상 피부색은 분홍색이지만 붉은 피부는 고체온을 의미하고, 하얀 피부는 쇼크를 의미하며, 청색 피부는 기도폐쇄이고, 노란색은 간 기능 이상을 의미
   ㉦ 동공 : 동공이 축소되어 있다면 중추신경의 억제를 의미하고 동공의 팽창은 뇌손상, 쇼크, 일사병, 출혈 등을 의미
   ㉧ 움직임 : 중추신경계의 손상을 확인하는 의미

(4) 응급처치법(PRICE법과 하임리히 수기법)

급성 손상이 발생되었을 경우 가능하면 곧바로 급성 손상에 대한 처치가 이루어져야 한다. PRICE 원리는 편리하게 사용될 수 있으며, 선수나 환자가 경기 및 일상생활로 빠르게 복귀하는 데 도움이 될 수 있다. PRICE 기법의 원리는 다음과 같다.

① 보호(Protection) : 가급적이면 통증을 유발할 수 있는 자세나 움직임은 48시간 정도 하지 말아야 하며, 통증 부위 주변을 보조기나 부목 등을 이용하여 움직이지 않게 한다.

② 휴식(Rest) : 손상 부위에 물리적인 외부의 스트레스가 가해지는 신체적 활동을 제한하도록 하고 손상 부위에 따라 다소 차이가 있지만, 재활운동 프로그램을 실시하기 전 48~72시간 정도는 휴식을 취하는 것이 좋다.

③ 냉각처치(Icing) : 급성 손상에 대해 초기에 한랭을 사용하는 것은 대사율과 조직의 산소 요구량을 낮추어 저산소증을 감소하는 것이다.

④ 압박(Compression) : 냉각 처치 후나 냉각 처치와 동시에 압박 요법이 사용된다. 일반적으로 압박을 위해서 탄력붕대가 사용되며, 올바른 압박 정도와 손상 부위에 맞게 감는 방법에 대한 숙지가 필요하다. 찬물에 미리 담가 붕대를 사용할 경우 냉각치료 효과를 높일 수 있다.

⑤ 거상(Elevation) : 거상은 손상 부위를 심장보다 높게 들어 올리는 방법이다. 거상을 할 때 환부에 통증이 발생되지 않는 동작으로 실시해야 한다. 일반적으로 손상 후 24시간 동안 거상을 하는 방법이 권장된다. 거상은 손상 후 발생되는 부종과 종창 감소에 효과적인 방법이다.

⑥ 하임리히법(Heimlich Maneuver) : 하임리히법은 기도가 폐쇄된 경우 실시하는 방법으로 환자가 서 있는 자세, 쓰러진 상태인지에 따라 혹은 의식불명인 상태에 따라 나누어 실시할 수 있다.

(5) 손상을 입은 선수의 이동과 수송

경기 중에 손상을 당한 선수의 이동이나 수송은 손상이 더 심각해지지 않도록 하는 기법을 사용하여야 하며, 만약 적절하지 못한 방법으로 수송할 경우 부가적인 손상을 야기할 수 있다.

① 들것을 이용한 운반
  ㉠ 적용 : 심각한 손상이 의심될 경우 사용한다.
  ㉡ 방 법
    • 보조자는 부상당한 선수의 각 부위를 지지하여 들것에 안전하게 얹는다.
    • 사지에 손상을 당한 경우 부목을 사용한다.

② 보행 보조
  ㉠ 적용 : 부상을 입은 선수가 걸을 수 있는 경우 사용한다.
  ㉡ 방 법
    • 두 명의 보조자가 부상을 입은 선수의 양쪽 옆에 선다.
    • 선수는 보조자의 어깨 위에 팔을 걸치고, 보조자는 팔로 선수의 등을 감싼다.

③ 수동 운반
  ㉠ 적용 : 심한 손상은 아니지만 걸어서 움직이기 먼 거리에서 사용한다.
  ㉡ 방법 : 두 명의 보조자에 의해 수행되는 운반이 가장 편리하다.

3 경기장 밖에서의 손상평가와 처치

(1) 손상 평가

① 시합 전 검사(Preparticipation Examination) : 경기에 필요한 유연성, 근력, 밸런스, 순발력, 심폐지구력, 기능평가 등이 이루어져야 한다.
② 경기장에서의 초기 손상 대응 : 응급 처치와 손상 직후 평가 항목을 실시해야 한다.
③ 경기장 밖에서 손상평가(Off the Field Injury Evaluation) : 적절한 치료를 위한 병원, 재활운동센터 등에서 평가를 해야 한다.
④ 치유과정의 평가 : 재활운동과정에서의 치유상태를 평가해야 한다.

(2) 임상적 검사와 진단

① 문진(History)
  ㉠ 문진을 하기 위해서는 부상 선수와의 진술한 질문과 대답이 필요하다.
  ㉡ 정확하고 구체적인 문진을 위해서는 환자를 진정시켜야 한다.
  ㉢ 질문은 간단하게 하고, 환자의 불편함을 잘 경청해야 한다.
  ㉣ 주관적 해석 없이 환자의 표현을 잘 기록해야 한다.
② 관찰(Observation) : 관찰은 보상작용, 근육의 방어, 얼굴표정 등을 살펴야 한다. 그리고 모든 관찰은 손상되지 않은 쪽의 양측 비교로 한다. 아래의 내용은 일반적으로 관찰해야 할 특정 부분이다.
  ㉠ 어떻게 움직이고 있는가?
  ㉡ 신체일부를 사용하지 못하는가?
  ㉢ 상처로부터 보호하기 위해 몸이 경직되어 있는가?
  ㉣ 신체의 비대칭이 있는가?
  ㉤ 탈골이나 골절로 나타나는 비정상적인 돌출부위는 없는가?
  ㉥ 부어오르거나 열이 나거나 붉어지지는 않는가?
③ 촉진(Palpation) : 촉진은 뼈와 연골 두 부분에서 실시되며 압력은 가볍게 시작해 서서히 증가시키고 일반적으로 통증을 호소하는 부분에서 먼 곳에서부터 실시한다.
  ㉠ 뼈촉진(Bony Palpation)
  ㉡ 연골조직의 촉진(Soft-tissue Palpation)
④ 특수검사(Special Tests)
  ㉠ 특수검사 시에는 움직임평가와 관절각도평가, 도수근력검사, 신경학검사 등을 실시한다.
  ㉡ 움직임평가 시에는 능동평가와 수동평가를 실시해야 하고, 관절각도검사, 도수근력검사 그리고 신경학검사를 할 경우에는 손상되지 않은 쪽과 비교하도록 한다.

ⓒ 특수검사의 종류
- 왓슨(Watson) 검사 : 손목관절의 손배반달뼈(Scapholunate)의 불안정성을 알아내기 위한 검사이다. 양성 반응은 검사자의 엄지 위에서 아탈구나 열발음이 나고 환자가 통증을 호소하는 경우이다.
- 활시위(Bowstring) 검사 : 궁둥신경(Sciatic Nerve)의 목적은 좌골신경(Sciatic Nerve)의 신경근 또는 말초 부위 압박 확인하기 위한 검사이다. 검사 방법은 Straight Leg Raise(SLR) 후 무릎을 굽혀 햄스트링이 이완되도록 하고, 오금 부위(Popliteal Fossa)를 압박한다. 이때 궁둥신경 경로에서 방사통 유발 시 양성을 의미한다. 적응증은 좌골신경통(Sciatica), 디스크 탈출 의심 시 사용된다.
- 밀그람(Milgram) 검사 : 척추의 추간판 병변 또는 복부 근육의 약화를 평가하는 검사이다. 환자는 양다리를 15~20cm 공중에 들고 30초 유지한다. 이때 복부 근력 또는 디스크 병변 있는 경우 통증 또는 다리 유지가 불가능하다.
- 토마스(Thomas) 검사 : 엉덩관절 굽힘근(Hip Flexor)의 구축 여부를 확인하는 검사이다. 한쪽 무릎을 가슴 쪽으로 당기고 반대쪽 다리의 반응 관찰하고 허벅지가 들리면 굽힘근 구축을 의미한다.
- 켄달(Kendall) 검사 : 넙다리곧은근(Rectus Femoris)의 단축 또는 유연성 부족을 확인하는 검사이다. 토마스(Thomas) 검사의 변형으로도 불린다. 검사 방법은 환자가 테이블 끝에 앉아 등을 대고 눕는 자세를 취하고 한쪽 무릎을 가슴 쪽으로 당겼을 때, 반대쪽 다리의 무릎이 펴지거나 엉덩관절이 들리면 넙다리곧은근 단축을 시사한다.
- 후크(Hook) 검사 : 팔꿈치의 이두근힘줄(Biceps Tendon) 파열 여부를 확인하는 검사이다. 팔꿈치를 90도 굽힌 상태에서 검사자가 손가락으로 이두근힘줄을 '후크'처럼 걸 수 있는지 확인한다.
- 루딩턴(Ludington) 검사 : 위팔두갈래근 긴갈래(Long Head of Biceps Brachii)의 파열 여부 평가하는 검사이다. 검사 방법은 양손을 머리 뒤에 얹고, 위팔두갈래근의 힘줄 수축을 관찰한다. 이때 손상된 쪽에서 힘줄의 수축이 만져지지 않으면 양성 반응이다.
- 다이알(Dial) 검사 : 무릎의 후방가쪽 회전 불안정성(Posterolateral Rotatory Instability)을 확인하는 검사이다.
- 후버(Hoover) 검사 : 환자가 하지 마비를 호소할 때 기능적 장애(심인성 또는 꾀병 여부)를 평가하는 신경학적 검사이다. 검사 중 한쪽 다리에 힘을 주라고 했을 때 반대쪽 다리에서 압력이 느껴지지 않으면 꾀병일 가능성이 있다.

(3) 손상 평가 정보 기록하기

평가를 통해 발견된 사실들의 정확하고, 완벽한 기록은 필수적이다. 다소 번거롭고 시간이 소요되는 것일 수 있으나, 치료사는 반드시 평가능력뿐만 아니라 평가를 통해 얻어진 정보를 정확하게 기술할 수 있는 능력을 함양해야 한다.

SOAP(Subjective, Objective, Assessment and Plan)의 기록 형태는 손상정보를 기록하는 데 있어서 표준 방식을 제공하며, 손상평가 정보를 기록하기 위해서는 앞서 언급한 주관적 증상, 객관적 징후, 관찰과 시진, 촉진에 의한 진단 그리고 평가와 계획이 있어야 한다.

① 주관적인 평가 S(Subjective)
  ㉠ 부상당한 선수의 주관적인 진술을 토대로 작성되며, 손상 시간, 기전, 부위에 관련된 선수의 주관적 느낌을 토대로 작성한다.
  ㉡ 통증의 형태와 과정, 선수가 겪은 불편함의 정도를 확실히 하고, 특히 기능상실에 의한 우울감 및 통증의 형태에 주목해야 한다.

② 객관적인 평가 O(Objective) : 객관적 평가는 치료사의 육안적 검사와 촉진, 능동적, 수동적 움직임과 관절의 안정성 및 특수검사에 대한 객관적인 결과를 필히 기록해야 한다.

③ 평가 A(Assessment) : 부상 선수의 손상 평가는 치료사의 전문적인 판단에 기인하며, 의심되는 부위나 해부학적 구조에 의해 얻어진 정보를 기록한다.

④ 치료계획 P(Plan)
  ㉠ 부상 선수에게 처치했던 응급처치법과 치료와 관련된 소견이 치료계획에 포함되어야 한다.
  ㉡ 추가 검진이나 재검진 및 치료계획 등 치료와 관련된 소견이 기록되어야 한다.

개념 PLUS

도수근력등급
도수근력검사는 각각의 근육 또는 근육 무리를 도수 저항을 적용하여 전 운동범위를 검사하거나 해당 근육만 단독으로 검사할 수 있다.

등 급	백분율(%)	대푯값	근 력
5	100	정상(Normal)	큰 저항과 중력에 대한 완전한 ROM
4	75	우수(Good)	약간의 저항과 중력에 대한 완전한 ROM
3	50	양호(Fair)	저항 없이 중력에 대한 완전한 ROM
2	25	결핍(Poor)	중력을 제외한 완전한 ROM
1	10	약함(Trace)	관절 움직임이 없는 약한 수축
0	0	없음(Zero)	근육의 수축이 없음

(4) 고정술

골절을 입은 경우 고정술은 필수적인 기법으로 손상 부위를 부목으로 적절한 방법으로 고정하는 기법을 의미한다.

① 진공 부목(Rapid Form Vacuum Immobilizer) : 스티로폼 재질로 각이 진 곳의 손상에 쓸 수 있으며 부상당한 선수가 발견된 당시의 자세로 부목을 해야 하는 경우에 유용하다.

② 공기 부목(Air Splint) : 손상 주위에 공기로 부풀은 투명한 플라스틱 부목을 사용하는 것을 말하며 주로 사지의 부목으로 많이 사용된다. 이 부목 방법은 착용한 그대로 X-ray 촬영이 가능하지만 골절의 변형이 우려되는 경우 사용해서는 안 된다.

③ 반 고리 부목(Half-ring Splint) : 주로 넙다리뼈 골절에 사용되지만 숙달되기까지 많은 연습이 필요하다.

④ 하지의 골절에 대한 부목
  ㉠ 발목이나 다리의 골절 : 발과 무릎을 고정
  ㉡ 무릎, 허벅지, 골반의 골절 : 하지 모든 관절과 한쪽 몸통을 고정

⑤ 상지의 골절에 대한 부목
  ㉠ 어깨 복합체 주위의 골절 : 상지를 밀착해 삼각건과 붕대로 감아 고정
  ㉡ 상지와 팔꿈치 골절 : 팔을 편 자세로 고정

⑥ 척추와 골반의 부목
  ㉠ 척추 혹은 골반 골절 : 척수보드로 부목

(5) 목발 혹은 지팡이의 적절한 맞춤과 이용

① 선수에게 맞게 하기
  ㉠ 목발을 사용할 선수는 굽이 낮은 신발을 신고 가장 바른 자세로 서서 두 발을 모은다.
  ㉡ 목다리의 길이 : 신발의 바깥 가장 자리에서 15cm, 신발 앞에서 5cm 떨어진 곳에 목다리 끝을 두고 선다.
  ㉢ 겨드랑이 밑의 목다리 버팀대는 겨드랑이 앞쪽의 접은 자리 밑 2.5cm에 위치한다.
  ㉣ 손의 버팀대를 조절하여 팔꿈치를 약 30도 정도 굽힘하였을 때 선수의 손과 수평이 되게 한다.

② 목다리 혹은 지팡이로 걷기
  ㉠ 선수는 다친 다리를 들거나 부분적으로 체중을 지탱하면서 한쪽 다리로 선다.
  ㉡ 목다리의 끝을 발 앞 30~37.5cm에 놓는다.
  ㉢ 선수는 앞으로 기대어 팔꿈치를 펴고 가슴 쪽으로 상부의 가로대를 단단히 잡아당긴다.
  ㉣ 겨드랑이에 과도한 체중이 가해지지 않도록 한다.
  ㉤ 움직임이 시작되면 선수는 목다리를 제 위치에 두고 목다리의 끝을 다시 앞으로 움직인다.

4 치료기기의 사용

(1) 치료기기의 종류

① 한랭치료(Cryptography) : 한랭치료는 손상초기에 치료에 적합하게 이용될 수 있다. 일반적으로 사용하는 한랭치료는 얼음 마사지, 냉, 얼음 침수법, 얼음찜질 등이 있다.
  - ⊙ 얼음마사지(Ice Massage) : 주로 국소 손상 부위에 사용한다. 근육 부위나 건, 통증 유발 부위에 사용할 수 있으며 5~10분 정도 환부 부위를 회전하며 손상 부위를 문지른다.
  - ⓒ 한랭과 냉수침수요법(Cold or Ice Water Immersion) : 침수법은 주로 신체의 말단 부위를 치료할 목적으로 사용된다. 보통 10~15분 정도 손상 부위를 침수시키고, 2~3회 반복한다.
  - ⓒ 얼음찜질(Ice Packs, Ice Bags) : 얼음찜질은 주로 찜질팩을 사용하여 손상 부위를 치료할 때 사용한다. 보통 15~20분 정도 사용하는 것이 적당하다.

② 온열치료(Thermotherapy)
  - ⊙ 습열찜질(Moist Heat Packs) : 습열팩 혹은 핫팩(Hydrocollator Hot Pack)이라 부르기도 하며, 열을 전도하여 손상조직을 치료하는 방법으로 근육조직의 이완을 목적으로 한다.
  - ⓒ 와류욕(Whirlpool Baths) : 와류욕은 온열치료 방법으로 일반적으로 많이 사용한다. 이 방법은 통증, 근경련, 부종을 회복하며 물의 부력으로 인해 국소부위의 능동적 운동을 도와준다.
  - ⓒ 파라핀욕(Paraffin Bath) : 파라핀욕은 만성손상 치료에 효과적이며 주로 손, 손목, 팔꿈치, 발목, 발과 같은 신체 말단치료에 주로 사용된다.
  - ⓔ 교대욕(Contrast Bath) : 교대욕은 차가운 물과 더운 물을 교대로 오가며 실시하는 치료법으로 혈관수축과 확장을 교대로 하면서 손상 부위의 부종이나 통증을 경감하는 데 사용된다.

③ 단파 및 극초단파 투열기(Shortwave and Microwave Diathermy)
  - ⊙ 단파 투열기(Shortwave Diathermy) : 일반적으로 단파 투열기는 주파수 발전기와 증폭기 출력으로 공급되는 장치로 이것은 수분이 많은 조직, 근육과 혈액에 가장 쉽게 열이 전달되는 특성을 가지고 있다. 단파 투열기는 접질림, 심부 근경련, 골관절염, 피낭염, 활액낭염에 효과가 좋다.
  - ⓒ 극초단파 투열기(Microwave Diathermy) : 극초단파 투열기는 근육과 혈액에서 고수분의 접촉으로 쉽게 조직 안으로 흡수된다. 주로 섬유염, 근염, 골관절염, 활막염, 건염, 염좌, 좌상, 외상 후 관절경직에 효과가 있다.

④ 초음파 치료(Ultrasound Therapy) : 초음파 치료는 심부열 기기로 초기에 조직온도를 높이는 데 사용된다. 급성상태에서는 치료를 자주 짧게 하고 만성상태에서는 길게 하는 것이 효과적이다.

05 스포츠 손상의 일반적인 의학상태

학습목표
- 신체 주요 부위의 해부학적 기능적 양상을 파악한다.
- 신체 주요 손상을 이해하고 평가할 수 있다.
- 신체 손상 부위를 치료할 수 있는 재활계획을 수립할 수 있다.

1 주요 부분 손상

(1) 두부 상해

① 머리 손상의 판단 : 경기 중 머리 손상이 발생한다면 뇌의 손상에 의한 것인지 목뼈의 손상에 의한 것인지를 정확하게 판단해야 한다. 만약 뇌 손상이 있다면 의식불명, 방향감각 상실, 기억력 상실, 균형감각 상실, 인지능력 결함 등이 발생할 수 있다. 의식이 없다면 신속하게 응급처치를 실시해야 할 것이며, 즉각적으로 환자를 병원으로 이송하거나 상태를 예의주시해야 한다.

㉠ 병력확인 : 머리 손상을 입은 선수에게 다음과 같은 질문을 하여 적절한 대답을 할 수 있는지 확인한다.
- 지금 어떻게 다쳤는지 물어본다.
- 현재 위치를 알고 있는지 물어본다.
- 목에 통증이 있는지 물어본다.
- 손발을 움직일 수 있는지 물어본다.

㉡ 관찰 : 우선적으로 시각적으로 확인 가능한 것들을 살펴본 후, 다음과 같은 부분들을 관찰한다.
- 눈을 뜰 수 있는지 확인하고 눈동자를 움직일 수 있는지 초점이 있는지 확인한다.
- 질문에 대해 적절한 답을 할 수 있는지, 지연되지는 않는지 확인한다.
- 조정능력에 문제가 없는지 확인한다.
- 집중력 결여나 산만함이 없는지 확인한다.
- 인지력은 정상인지 확인한다.
- 머리표피에 부종이나 출혈이 없는지 확인한다.
- 귓구멍에 맑거나 담황색의 액체가 있는지 확인한다(두개골 골절에 의한 뇌척수액 유출).

㉢ 촉진 : 머리뼈의 골절유무나 물러진 부위 또는 변형된 부위가 있는지 확인한다.

② 진 단
- 롬버그(Romberg)검사
  - 검사 방법 : 환자의 양손을 옆구리에 대고 다리를 앞뒤로 벌린 상태에서 뒷발의 발가락을 앞발의 뒤꿈치에 붙인 후 두 눈을 감고 중심을 잡도록 한다.
  - 양성 반응 : 환자가 흔들리거나 눈을 감지 못하면 양성 반응이다.
- 균형유지 실패점수 검사(BESS ; Balance Error Scoring System)
  - 평형성 오류 채점 시스템이라고도 한다.
  - 검사 방법 : 정적인 자세에서 실시하며, 3가지 다른 스탠스(두발서기, 외발서기, 일자서기)를 2번 수행한다. 수행 시 한 번은 표면이 딱딱한 곳에서 다른 한 번은 10cm 정도의 중간 강도의 스펀지(Airex, Inc)에서 수행한다. 검사 시 환자는 앞위엉덩뼈가시(ASIS)에 손을 대고 20초 동안 눈을 감고 있어야 한다. 외발서기 동안에 엉덩관절을 20~30도 굽히고 무릎은 40~50도 굽힌 자세를 유지해야 한다.
  - 양성 반응 : 환자가 5초 이상 선 자세를 유지하지 못하면 양성 반응이다.
- 신경심리검사 : 뇌진탕을 알아보기 위해 사용하는 객관적인 검사로 지남력, 단기기억력, 집중, 지연기억력을 측정하는 뇌진탕 표준검사이다.

② 뇌진탕 : 뇌진탕은 기억상실증, 시각장애, 균형감각 상실 등과 같이 즉각적이고 일시적으로 신경 기능이 외상 후 손상을 나타내는 임상적 증상으로 정의되고 있다.
  ㉠ 병인 : 머리에 야구공과 같은 물체의 직접적 충돌이 있거나 낙상 시 머리가 바닥과 같은 딱딱한 고정된 물체에 부딪치는 경우, 권투의 펀치와 같은 강한 충격에 의해 뇌가 두개골 안에서 흔들리게 되고 이때 생기는 전단응력은 축삭돌기가 대뇌피질과 중뇌 사이를 연결하려는 것을 방해한다.
  ㉡ 증 상
    - 경미한 머리 손상의 경우 두통, 이명, 구역질 이상감각, 혼미, 방향감각 상실, 현기증, 의식불명 등이 수반되어 나타날 수 있다.
    - 뇌진탕 후의 의식 정도를 결정하는 데는 글래스고(Glasgow)의 혼미 척도가 널리 사용된다.
  ㉢ 진단 : 뇌진탕은 롬버그 검사를 통해 간단하게 확인할 수 있다. 만약 검사 시 불안정을 보이면 양성 반응이다. 이 외에도 CT, MRI와 같은 의학적 검사를 통해 확인할 수 있다.
  ㉣ 치료 : 보통 경과를 관찰하면서 또 다른 문제가 나타나지 않는지 확인하여야 한다.
  ㉤ 관리 : 경기 중 머리에 경미한 손상을 당한 경우 선수를 너무 일찍 경기에 복귀시키는 것은 선수가 사망에 이를 수도 있기 때문에 팀 주치의는 적절한 결정을 내려야 한다. 이러한 경미한 두부손상을 입었던 선수의 경우 약 3~5일 안에 시합에 복귀를 하는 것은 위험하며 통원치료나 입원 후 관리가 필요하다.

③ 뇌진탕 후 증후군(Postconcussion Syndrome)
  ㉠ 병인 : 뇌진탕 후에 의식 불명을 동반하지 않는 경미한 두부손상이나 심각한 뇌진탕이 생길 수 있다.

ⓒ 증상 및 징후 : 뇌진탕 후 주요 증후군으로 편두통, 기억장애, 집중력 결여, 불안감 이상감응, 현기증, 피로 의기소침과 시작장애 등이 있다. 이러한 증상들은 처음 외상을 당한 직후나 혹은 며칠 뒤에 나타나 증상이 사라지기 전까지 몇 주에서 몇 달이 지속되기도 한다.
ⓒ 관리 : 증후군의 명확한 처치방법은 없으나 손상을 당한 선수는 가급적 안정을 취하며 무리한 활동을 피하는 것이 좋다.

(2) 어깨와 상지 상해

① 어깨손상의 이해 : 야구의 투구동작이나 배구의 스파이크 동작에서와 같이 어깨관절이 자유롭고 안정적으로 움직임이 일어나기 위해서는 어깨의 동적, 정적 안정화 구조물들에 의하여 안정성이 유지되어야 한다. 만약 어깨관절의 해부학적 구조에서 정상적인 기능을 하지 못하거나 과도하게 사용할 경우 손상을 야기한다. 이러한 어깨 손상은 봉우리빗장인대 손상, 충돌증후군, 돌림근띠 손상, 관절테두리 손상, 위팔두갈래근 힘줄염 등이 있다.

㉠ 급성 아탈구와 탈구(Acute Subluxations and Dislocations) : 어깨관절의 탈구는 모든 탈구의 50% 이상을 차지할 정도로 발생 빈도가 높다. 어깨관절은 가동성이 크고 자유로운 만큼 불안정성도 크며, 그로 인해 탈구도 쉽게 발생한다.

- 병인(Etiology) : 어깨관절의 아탈구는 표면상의 분리 없이도 위팔뼈머리의 과도한 이동으로 발생할 수 있다. 이것은 순간적으로 발생되며 발생 후 빠졌던 위팔뼈머리가 정상적인 위치로 회복된다. 아탈구는 전방과 후방, 하방으로 발생될 수 있다.
  - 어깨관절의 전방탈구(Anterior Glenohumeral Dislocation) : 어깨의 후방이나 후외측에서 직접적인 충격이나 어깨의 벌림, 바깥돌림, 굽힘 상황에서 위팔뼈머리가 전방으로 빠져나온다. 오목위팔관절의 전방탈구는 관절테두리의 앞쪽 손상에 의해 발생한다. 이를 방카르트(Bankart) 병변이라고 한다. 즉, 방카르트(Bankart) 병변은 전하방까지의 관절테두리 손상을 의미한다.
  - 어깨관절의 후방탈구(Posterior Glenohumeral Dislocation) : 어깨의 모음 동작에서 힘이 가해지거나 안쪽돌림이나 팔을 완전히 편한 상태에서 안쪽돌림되며 넘어지는 경우에 발생한다.
- 증상 및 징후(Symptoms and Signs)
  - 전방으로 탈구된 환자는 어깨세모근(삼각근)이 편평하게 보인다.
  - 겨드랑이를 촉진하면 위팔뼈머리의 돌출부가 만져진다.
  - 후방으로 탈구된 환자는 어깨의 바깥돌림과 올림을 하기 힘들어한다.
- 치료(Management)
  - 초기치료 : 즉각적으로 수건이나 베개 등을 팔 아래에 놓고 삼각건을 이용하여 고정하고 의사에 의해 탈구된 관절을 정복해야 한다. 그리고 차가운 팩으로 지혈한다. 전방 탈구의 정복은 보통 팔을 벌림과 굽힘을 한 상태에서 견인에 의해 이루어진다. 탈구를 정복한 후에 근력강화는 가능한 빨리 시행한다.
  - 선수의 복귀 기준 : 선수 체중의 20% 무게에 해당하는 안쪽돌림과 바깥돌림의 근력이 있어야 한다.

- 검사방법
  - 아래쪽 불안정검사(Sulcus Sign)
  - 앞쪽 불안정검사(Anterior Apprehension Test)
  - 뒤쪽 불안정검사(Posterior Relocation Test)
ⓒ 봉우리빗장인대손상(Acromioclavicular AC Ligament Injury)
- 병인(Etiology) : 봉우리뼈(견봉)와 빗장뼈(쇄골)를 지지하는 인대를 봉우리빗장인대(견쇄인대)라 하며, 봉우리빗장인대 손상은 어깨의 끝부분이 지면이나 물체에 부딪히는 상황에서와 같이 직접적인 충돌에 의한 외상이나 넘어지면서 팔꿈치를 편 채로 손을 지면에 짚는 경우에 발생한다. 이 인대의 손상은 1도, 2도, 3도 손상으로 분류된다.
- 증상 및 징후(Symptoms and Signs)
  - 1도 손상 : 탈구는 없고 촉진 시 통증을 호소한다.
  - 2도 손상 : 봉우리빗장인대의 파열이 발생하고 시진 시 빗장뼈의 끝부분이 위로 약간 돌출된 것이 확인된다.
  - 3도 손상 : 부리빗장인대와 봉우리빗장인대의 파열로 빗장뼈의 끝부분의 돌출과 극심한 통증을 호소한다.
- 치료(Management) : -3도 염좌 이상의 경우 심각한 염좌로 판단되면 어깨 고정술을 받아야 하며, 심각하지 않은 경우에는 암 슬링으로 2주 이상 고정을 하면 된다.
- 검사방법 : Acromioclavicular Compresson Test를 통해 봉우리빗장인대와 관절 손상 확인
ⓒ 충돌증후군
- 병인(Etiology) : 견관절의 충돌 증후군은 Dr. Charles Neer에 의해 처음으로 언급되었다. 이 병변은 봉우리밑 공간 아래에 위치한 가시위근건, 위팔두갈래근의 긴갈래건, 봉우리밑주머니의 기계적인 압박에 의한 것으로 어깨관절의 충돌은 지속적으로 팔을 머리위로 들어올리는 동작을 하는 사람, 자세 부정렬에 따른 부적절한 움직임 등과 같은 기능적인 문제와 선천적 기형 또는 견봉하 공간의 퇴행성 변화와 같은 구조적인 문제가 있을 수 있다.
- 증상 및 징후(Symptoms and Signs) : 봉우리밑 충돌증후군(Subacromial Impingment)은 90도 이상으로 어깨관절을 안쪽돌림한 상태에서 굽힘 동작 시 통증이 발생되며, 평상시에는 별다른 증상을 보이지 않다가 머리위로 팔을 들어 올리거나 움직이는 동작에서 증상이 나타난다.
- 치료(Management) : 어깨관절 충돌의 치료는 팔을 머리위로 들어 올릴 때 봉우리밑공간 유지를 위한 어깨관절의 정상적인 생체역학의 회복에 중점을 두어야 한다. 초기에는 통증조절에 중점을 두어야 하며 통증이 조절되면 어깨관절의 동적 안정근 강화, 하후방관절주머니 인대, 어깨위팔리듬을 발생시키는 근육의 강화 등에 중점을 두고 치료해야 한다.
- 검사방법
  - 니어검사(Neer Test) : 위가시근과 위팔두갈래근건의 충돌 확인
  - 호킨스-케네디(Hawkins-Kennedy)검사 : 위팔뼈의 큰결절과 봉우리의 충돌 확인
ⓔ 돌림근띠손상
- 병인(Etiology) : 건의 충돌이 반복적 압박을 통해 자극과 염증을 유발하게 되고 결국에는 위가시근건의 섬유증을 일으키는 연속 과정으로 회선근개 손상이 일어난다. 주로 직접적인

압박이 문제가 되며, 어깨관절의 불안정성에 기인되기도 한다.
- 증상 및 징후(Symptoms and Signs)
  - 어깨관절 통증과 가시위근 근력검사시 약화가 보이면 양성 반응을 보인다. 그 외 어깨결림과 딸그닥거리는 소리가 난다.
  - 가만히 있으면 통증이 감소하고 팔을 들어올릴 때 증가한다.
- 치료(Management) : 환자의 손상 정도와 나이, 손상기전 등을 고려하여 결정된다. 돌림근의 가벼운 손상은 물리치료나 운동치료와 같은 보존적 치료를 하고, 3~6개월 이상 치료 후에도 증상이 호전되지 않거나 근력 약화가 있는 경우 수술적 치료가 필요하다.
- 검사방법
  - 깡통 비우기 검사(Empty Can Test) : 위가시근 손상확인
  - 팔 떨어뜨리기 검사(Drop Arm Test) : 위가시근(극상근 ; Supraspinatus) 파열 유무 확인

개념 PLUS
- 어깨 충돌증후군은 봉우리밑 공간(Subacromial Space)의 구조물이 서로 충돌하며 발생하는 것을 총칭한다.
- 어깨 돌림근(Rotator Muscle ; 회전근개) : 가시위근(극상근), 가시아래근(극하근), 어깨밑근(견갑하근), 작은원근(소원근)을 말한다.

ⓜ 관절테두리 손상
- 병인(Etiology) : 스나이더(Snyder)에 의해 위팔두갈래근이 시작되는 위관절테두리(상부관절순)의 손상을 'SLAP'이란 용어로 처음 사용하게 되었다. 견인 및 압박이 SLAP를 유발하는 가장 흔한 손상 기전이며 위쪽에서 앞쪽의 관절테두리 손상을 말한다.
- 증상 및 징후(Symptoms and Signs) : 어깨관절에서 펑 소리(Popping), 갈기(Grinding), 잠김(Locking) 등으로 팔이 머리 위로 움직이는 동작에서 특징적으로 증상이 나타난다.
- 치료(Management) : SLAP 병변의 경우는 네 가지 손상 형태로 분류되며 Type Ⅰ과 Type Ⅱ는 수술적 치료보다는 비수술적 치료를 우선으로 한다. 초기 2주 동안은 고정을 하면서 얼음찜질을 실시하고 그 이후에는 관절가동범위 확보를 위한 매뉴얼 치료를 실시하면서 작은 각도에서 근육운동을 실시한다. 점차적으로 관절 각도와 근력운동의 강도를 점진적으로 증가시켜나가야 한다.

[SLAP(Superior Labrum from Anterior to Posterior) 병변의 분류]

구 분	특 징
제1형 SLAP	위관절테두리의 퇴행성 마손과 위팔두갈래근의 관절테두리 부착과 고정은 정상
제2형 SLAP	위팔두갈래근이 관절과 부착부로부터 분리
제3형 SLAP	위팔두갈래근 이는점은 온전하며 위관절테두리의 Bucket-handle형 파열
제4형 SLAP	제3형 파열과 유사하나 파열이 위팔두갈래근건으로 확장되고 파열된 위팔두갈래근건과 관절테두리는 관절 내로 전위
복합 SLAP	2개 이상의 SLAP 형태의 결합으로 주로 제2형과 제3형 또는 제2형과 제4형으로 결합

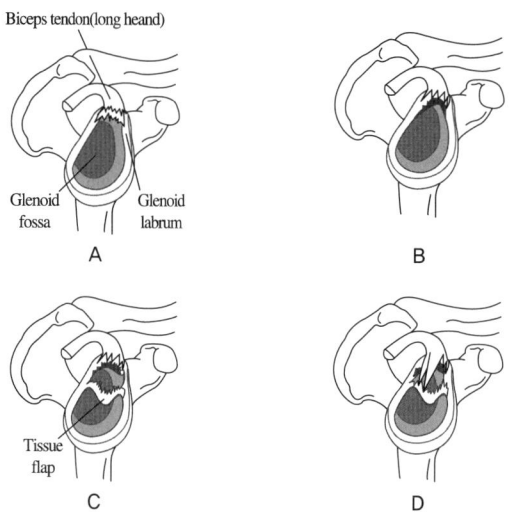

[SLAP 병변 A 1형, B 2형, C 3형, D 4형]

- 검사방법
  - 오브라이언검사(O'brien Test) : 어깨관절테두리와 봉우리빗장관절의 손상 유무 확인
  - 압박돌림검사(Grind Test) : 어깨관절테두리 손상 유무 확인
ⓑ 위팔두갈래근 힘줄염
- 병인(Etiology) : 위팔두갈래근 긴 힘줄은 결절사이고랑을 통해 관절테두리에 연결된다. 그런데 위팔뼈를 가쪽돌림하면 긴 힘줄이 결절과 충돌하면서 힘줄염이 발생할 수 있으며, 이러한 갑작스런 움직임은 결절사이고랑을 연결해 주는 가로인대의 파열이 동반되면서 더욱 큰 상해로 이어질 수 있다.
- 증상 및 징후(Symptoms and Signs) : 팔을 어깨 높이 이상 들어 올리거나 앞쪽으로 움직일 때 통증이 증가하며, 촉진 시 압통이 발생한다.
- 치료(Management) : 손상이 발생할 경우에는 48~72시간 동안 얼음찜질을 하면서 위팔뼈의 폄 움직임을 제한하도록 한다. 그런 다음에는 위팔두갈래근 긴 힘줄의 스트레칭을 하면서 앞어깨세모근, 큰가슴근, 앞톱니근을 강화시킬 것을 권장한다.
- 검사방법
  - 요가손검사(Yergason's Test) : 위팔두갈래근 손상 유무 확인
  - 스피드검사(Speed's Test) : 위팔두갈래근힘줄염 손상 유무 확인
② 팔꿈치와 손목관절의 손상
  ㉠ 안쪽위관절융기염(내측상과염 ; Medial Epicondylitis) = Golfer's Elbow
  - 병인(Etiology) : 위팔뼈 안쪽위관절융기(내측상과 ; Medial Epicondyle)의 통증 또는 염증은 반복적인 손목의 강한 굽힘과 팔꿈치의 과도한 밖굽이(외반력 ; Valgus Torque)를 요구하는 동작 시 발생할 수 있다. 어린 야구투수들은 공에 스핀을 걸 때 손목의 굽힘근을 과도하게 사용하면 발생할 수 있으며, 골퍼들은 팔로우드로우에서 끄는 팔에 상당한 굽힘근의 사용을 요하게 되면 발생할 수 있다.

- 증상 및 징후(Symptom and Signs) : 운동 종류와 무관하게 안쪽위관절융기(내측상과)염의 증세는 비슷한 양상을 보인다. 위팔뼈(상완골 ; Humerus)의 안쪽관절융기 주변의 통증은 손목의 강한 굽힘이나 폄 동안에 발생할 수 있다. 통증은 안쪽위관절융기에 집중되거나 팔을 타고 방사(Radiate)될 수 있다. 또한 투구동작, 서브동작과 포핸드스트로크(라켓볼), 백스트로크시의 끄는 동작(수영), 임펙트동작(골프)에서 통증이 악화될 수 있다.
  - 처치(Management) : 일반적인 처치법으로는 팔걸이(Sling Rest), 저온요법이나 초음파를 이용한 열처치 등이 포함되며, 진통제 및 항염증제제도 처방될 수 있다. 또한 브레이스이 사용은 팔꿈치의 스트레스를 감소시켜 통증을 완화시키는 데 도움이 된다.
  - 검사방법 : 안쪽위관절융기염(내측상과염) 검사(Golfer's Elbow Test), 위팔뼈의 안쪽융기염 손상 확인
- ⓒ 가쪽위관절융기염(외측상과염 ; Laterla Epicondylitis) = Tennis Elbow
  - 병인(Etiology) : 팔꿈치의 가쪽위관절융기염은 스포츠나 운동 상황에서 흔히 생기는 문제 중 하나이며, 테니스 선수, 야구선수, 수영 등과 같은 종목의 선수에게서 발생한다. 대부분 과사용이 주된 요인이며, 손목의 과도한 폄 상태에서 백핸드 스트로크와 같은 동작을 할 때 발생하는 테니스 엘보는 가쪽위관절융기염의 또 다른 명칭이다.
  - 증상 및 징후(Symptom and Signs) : 선수들은 운동 중이나 운동 후에 팔꿈치의 외측에 통증을 호소한다. 지속적인 사용은 통증을 증가시키고 손과 손목 주변 근육의 약화를 유발하며 팔꿈치의 관절가동범위(ROM)가 줄어든다. 팔꿈치가 완전히 폄(신전 ; Extension)된 상태에서 손목의 손등쪽굽힘(배측굴곡 ; Dorsiflexion) 시 저항을 받으면 통증이 나타난다.
  - 처치(Management) : 초기 처치는 RICE, NSAIDs와 진통제가 사용되고, ROM운동, 도수치료, 뒤침(회외 ; Supination)동작 동안 주먹 쥐기와 같은 운동을 실시하고 엎침(회내 ; Pronation)동작은 피한다. 또한 자세교정을 통해 적절한 기술을 익히고 신체에 맞는 운동용품을 사용한다.
  - 검사방법 : 가쪽위관절융기염(외측상과염) 검사(Tennis Elbow Test), 위팔뼈의 가쪽융기염 손상 확인
- ⓒ 자뼈곁인대(척골 측부인대 염좌 : UCL ; Ulnar Collateral Ligament Injuries) 염좌
  - 병인(Etiology) : 팔꿈치에 밖굽이(외반력) 가해지는 스트레스는 손상의 주요원인이다. 운동선수의 경우 머리 위에서 던지는 반복적인 동작에서 안쪽곁인대(내측측부인대)가 손상되는 경우가 많다.
  - 증상 및 징후(Symptom and Signs) : 손상을 입은 선수는 팔꿈치 자뼈곁인대 위쪽에 통증을 호소하며, 지속적인 팔꿈치의 사용은 통증을 더욱 악화하고 팔을 완전히 폄(신전 ; Extension)하게 되면 통증이 증가한다.
  - 처치(Management) : 거의 대부분의 자뼈곁인대 손상은 수술 없이 치료가 가능하다. 만성적인 자뼈곁인대(UCL) 손상의 보존적 치료는 휴식과 비스테로이드성 항염증제 투약으로 시작하며 증상이 호전됨에 따라 강화운동에 중점을 둔다.
  - 검사방법 : 바깥굽음검사(Valgus Test), 자뼈곁인대 손상 유무 확인

> **개념 PLUS**
>
> ROM(Range of Motion) : 관절의 정상적인 가동범위를 의미한다.

③ 손목 손상의 이해
  ㉠ 삼각섬유연골복합체(TFCC)손상
    • 병인 : 넘어질 때 손을 뻗은 상태로 손목이 뒤로 젖혀지거나, 라켓운동을 할 때의 과도한 손목사용으로 발생할 수 있다.
    • 증상 및 징후 : 자쪽 손목 부위에 통증이 발생하고 손목을 뒤로 폄하게 되면 통증이 발생하고 부종이 생기기도 한다.
    • 관리 : 운동은 가능한 빨리 시작하고 완전한 관절가동 범위를 확보하며, 등척성 운동으로 서서히 진행한다.
  ㉡ 손목굴증후군(Carpal Tunnel Syndrome) : 손목굴증후군이란 과도한 컴퓨터의 자판과 마우스사용 등으로 인해 손목굴을 통과하는 정중신경의 압박에 의한 증상을 말한다.
    • 병인 : 지속적이고 반복적으로 손목의 굽힘 동작을 많이 하는 사람의 경우에 발생하기 쉽다.
    • 증상 및 징후 : 손의 감각기능과 운동신경의 감소를 보이며 팔렌검사를 하면 양성 반응을 보인다.
    • 관리 : 손목 굽힘근의 스트레칭과 손가락 벌림 운동을 자주하여 손가락벌림근을 강화하는 것이 도움이 된다.
    • 검사방법 : 팔렌 검사(Phalen Test) - 손목굴증후군 확인 검사
  ㉢ 드퀘베인 병(De Quervain's Disease)
    • 병인 : 망치질과 야구나 골프의 반복적인 스윙 동작으로 염증이 유발될 수 있다.
    • 증상 및 징후 : 주로 엄지 위부분과 아래팔까지 방사통이 생기고 엄지손가락의 굽힘, 폄, 벌림 시에도 통증이 생긴다.
    • 관리 : 통증이 발생하면 얼음찜질이나 고정을 통해 통증을 감소시킨 뒤 스트레칭과 관절가동화기법을 이용하여 움직임을 회복하는 것이 도움이 된다.
    • 검사방법 : 핀켈스타인 검사(Finkelstein Test)

(3) 척추와 골반의 상해
  ① 척추 손상의 이해
    ㉠ 골관절염(Osteoarthritis)
      • 원인 : 연령이 증가하거나 허리를 과도하게 사용하는 운동선수인 경우에는 퇴행성 병변이 많아지게 되고 시간이 경과할수록 골관절염 소견으로 진행될 가능성이 높아지게 된다.
      • 증후와 증상
        - 허리 움직임 시 통증이 동반되며 기능장애가 있음
        - 허리 주변 근육의 온도가 올라가면 증상이 감소
        - 늘 허리가 끊어질 듯한 통증을 호소
      • 관리 : 추체에 시멘트를 주입하는 시술이나 골밀도 향상을 위한 약제를 처방받거나, 허리

주변 근육의 안정성과 유연성을 향상할 수 있는 운동을 실시한다.
ⓒ 궁둥신경통(Sciatica) : 재발하고 만성적인 요통을 수반하는 좌골신경의 염증 상태를 말한다.
- 원인 : 추간판돌출, 추간판공내의 구조 불균형이나 궁둥구멍근(이상근 ; Priformis)의 긴장으로 인한 말초신경근 압박을 수반한다. 좌골신경은 척수로부터 뻗어나올 만큼의 비정상적인 압력이나 스트레칭을 유발하는 염전이나 직접적인 타격에 의해 손상받기 쉽다.
- 증후와 증상(Symptoms and Signs)
  - 좌골신경통은 즉각적 또는 점진적으로 시작
  - 신경로를 따라 대퇴뒷쪽과 안쪽으로 날카롭게 쏘는 듯한 통증이나 저림과 무감각도 생길 수 있음
  - 좌골신경은 촉진에 민감
  - 하지직거상은 통증을 증대시킴
- 관리 : 급성기에는 안정이 중요하며, 긴장된 궁둥구멍근의 스트레칭이 증상을 감소시킬 수 있다.
- 검사방법
  - 궁둥구멍근증후군검사(Piriformis Syndrome Test)
  - 슬럼프검사(Slump Test)

ⓒ 척추분리증(Spondyloysis), 척추전방전위증(Spondylolisthesis) : 척추분리증은 추체의 분리를 의미하고 주로 L4-L5에 있는 돌기사이관절(Facet Joint)의 인대파열과 같은 결함과 관련이 깊다. 척추전방전위증은 척추분절의 과도한 움직임이 발생하며 주로 L5가 S1위로 미끄러지는 것이 가장 흔하다.
- 원 인
  - 척추를 과도한 폄(과신전 ; Hyperextension)시켜야 하는 스포츠에서의 움직임에서 많이 발생한다. 예를 들어 테니스 서브, 배구 스파이크, 배드민턴 스매싱, 수영의 접영과 같은 동작이 대표적이다.
  - 선천적으로 약한 경우
  - 피로골절에 의한 경우
- 증후와 증상
  - 허리 하부를 가로지르는 지속적인 쑤시는 듯한 통증을 호소
  - 통증이 증가하면 허리의 강직(뻣뻣함)을 호소
  - 허리를 과도하게 폄할 때 척추 분절사이의 전위가 심하면 신경학적 증후가 나타남
  - 추체의 분리가 있는 부분에 압력을 가할 때 통증이 증가
- 관리 : 허리가 과도하게 폄(신전)되는 자세를 피해야 하며 오랜 시간 앉아 근육이 피로해지지 않도록 해야한다. 그리고 허리 주변의 근육의 균형이 유지될 수 있도록 적절하게 주변 근육을 강화한다.
- 검사방법 : 후방 폄 검사(Backward Bending)
  - 황새검사(Stork Test)

ⓒ 척추관협착증(Spinal Stenosis) : 척추관협착증은 척수신경이나 신경근이 지나가는 통로가 좁아지면서 신경이 눌리는 질환을 말한다.
- 원인 : 선천적으로 척추관이 좁은 경우와 후천적인 골증식, 인대와 관절의 퇴행성 변화로

인해 척추관이 좁아진다.
- 증후와 증상 : 걸음을 걸으면 다리가 저리고 아파오다가 쪼그려 앉으면 증상이 호전된다. 걸을 때는 좁아진 척추관이 신경을 누르게 되지만 쪼그려 앉으면 척추관이 넓어져 증상이 사라진다. 이러한 증상은 척추관 협착증의 전형적인 증상이다.
- 관리 : 심하지 않은 경우에는 척추의 주변 근육 특히, 복부와 엉덩관절의 폄근육들을 강화시켜 척추관이 좁아지는 것을 막아 통증을 줄여줄 수 있지만 근본적인 치료는 되지 못한다. 한번 진행된 퇴행성 변화는 되돌릴 수는 없지만 관리를 통해 증상을 호전할 수는 있다. 만약 운동과 같은 보존적 요법으로도 통증이 완화되지 않는다면 수술을 고려하여야 한다.

ⓜ 디스크탈출증(Herniation of Intervertebral Disc) : 디스크탈출증은 디스크의 돌출(팽륜), 탈출, 분리 등으로 구분된다. 돌출은 디스크 내압의 증가로 인해 약한 부위로 돌출 또는 팽륜되어 척수신경 또는 척수신경막을 누르는 것을 의미하고, 탈출(Herniation)은 디스크를 감싸고 있는 섬유륜의 파열로 인해 내부에 있는 수핵이 빠져나와 신경을 누르는 것을 의미한다.
- 원 인
  - 잘못된 신체 정렬(척추의 전만증, 후만증, 측만증, 골반변위, 다리길이 차이)
  - 지속적이고 반복적으로 요추에 가해지는 스트레스나 외상
  - 노화나 과도한 사용으로 인한 섬유륜의 퇴행
- 증후와 증상
  - 둔부와 하지의 아래쪽으로 피부절을 따라 한쪽으로 방사되는 통증
  - 허리를 가로지르며 퍼지는 통증
  - 아침 기상 시 증상이 심해지며 몸통을 앞으로 굽히거나 앉으면 통증이 증가하고 뒤로 젖히면 통증이 감소
  - 통증은 앉거나 활동을 하면 증가함
  - 30도까지 하지직거상은 통증을 증가함
- 관리 : 초기에는 얼음이나 전기자극과 같은 통증완화 기법이 도움이 되며 도수기법이나 도구를 이용한 견인법을 사용할 수 있다. 통증이 조절되기 시작하면 적절한 자세교정 운동을 실시해야 한다. 그리고 허리 굽힘 운동을 주의하며 주변 근육을 강화시킨다.
- 검사방법 : SLR Test(하지직거상검사)

ⓗ 퇴행성 디스크(Degenerative Disc) : 퇴행성 디스크는 신체의 노화나 과사용으로 인해 디스크 조직의 수분함량이 감소하고 건조해지면서 충격흡수 기능이 떨어지게 되는 질환을 의미한다.
- 원 인
  - 스트레스, 심리적 요인(직업적 불만, 우울증)
  - 좌업생활자
  - 신체의 부정렬
  - 반복적으로 무거운 물건을 들고 나르는 육체적 노동이 많은 사람
  - 신체의 노화나 과사용
- 증후와 증상 : 아침에 일어나면 강직이 심해지며 활동을 하면 다시 부드러워진다.
- 관리 : 통증이나 증상이 심해지면 뜨거운 찜질을 하는 것이 도움이 되며 스트레칭과 가벼운

근력운동을 실시하는 것이 좋다.
- ⓢ 염좌(Sprain)
  - 원인 : 물건을 들어올리거나 옮길 때 몸통이 앞으로 굽거나 뒤틀릴 때 발생하는 경우가 많다.
  - 증후와 증상 : 통증은 가시돌기(극돌기) 외측으로 발생하며, 특정한 자세에서 통증이 더욱 심해지기 때문에 손상을 입은 선수는 움직임이 제한된다.
  - 관리 : 초기치료는 RICE를 통해 통증을 완화하고, 관절 가동화 기법을 통해 통증을 감소할 수 있다. 그리고 허리 주변의 안정성과 유연성을 높이고 통증이 심해지는 자세를 조심해야 한다.
- ⓞ 척추옆굽음증(Scoliosis) : 척추옆굽음증(척추측만증)은 척추가 정상적인 각도를 넘어 굽어지는 것을 의미한다. 주로 10~15세의 사춘기 여자에게 더 많이 발생한다.
  - 원인 : 80% 이상은 원인을 알 수 없는 특발성이며 그 이외에는 운동부족이나 잘못된 자세, 습관이 원인으로 지적되고 있다.
  - 증후와 증상 : 특발성인 경우에는 척추의 각도가 비정상적으로 굽어도 특별한 증상이 없는 경우가 많으며, 그 외 근육통이나 허리 부위의 통증을 호소한다.
  - 관리 : 아직 뚜렷한 방법은 없으나 성장기 어린이의 경우 보조기를 착용하고 자세교정에 도움이 되는 운동법과 올바른 호흡법, 일상생활에서 올바른 자세를 유지하는 것이 중요하다.
  - 검사방법 : 아담스검사(Adam's Test)

② 엉덩관절의 손상의 이해
  - ㉠ 장경인대 마찰 증후군(Iliotibial Band Friction Syndrome)
    - 병 인
      - 장경인대는 대둔근, 대퇴근막장근의 근위부 근막과 건의 연장으로 무릎의 굴곡과 신전 시 건은 외측 대퇴과 앞뒤로 활주하게 되며 반복동작 시 건에 염증을 유발할 수 있다.
      - 발병 원인으로는 양쪽 다리 길이의 차이, 대퇴근막장근과 대둔근의 뻣뻣함, 슬굴곡근과 대퇴사두근의 뻣뻣함, 내반슬, 과도한 회내에 의한 경골의 내회전 증가, 뻣뻣한 아킬레스 건, 불규칙한 지면 달리기, 내리막길 달리기, 점진적인 원거리 달리기, 트레이닝 기법의 부족, 운동 전 부족한 스트레칭 등이 있다.
    - 증상과 징후 : 통증은 주로 무릎이 30도 굴곡 시 외측 대퇴과 위로 관절선 2cm 위치에서 발생하고, 계속적인 달리기 시 더 악화될 수 있다.

③ 뒤넙다리근 좌상
  - ㉠ 병 인
    - 태권도의 발차기나 런지 동작과 같은 뒤넙다리근의 신장성 수축을 요하는 동작이나 갑자기 방향을 바꾸고자 할 때 저하된 뒤넙다리근의 기능으로 인해 주로 손상되며 유소년 선수의 경우에는 근육이나 힘줄보다 뼈가 떨어져 나가는 찢김골절이 발생하기도 한다.
    - 부가적인 원인으로는 근육의 피로, 부적절한 자세, 다리 길이 차이, 유연하지 못한 뒤넙다리근, 힘의 불균형 등이 있다.

ⓒ 증상과 징후 : 뒤넙다리근에 좌상이 발생하면 근육이 부풀어 오르며 모세혈관의 출혈, 손상 부위의 통증과 운동기능의 상실을 보이고 변색이 나타난다. 좌상은 1도, 2도, 3도 좌상으로 분류할 수 있다.
- 1도 좌상 : 움직일 때 통증이 있으며 바늘로 찌르는 듯한 아픔을 동반
- 2도 좌상 : 극심한 통증과 기능 상실
- 3도 좌상 : 심한 출혈과 부종, 기능 상실과 장애를 동반

ⓒ 관리 : 손상 초기에는 휴식과 압박, 얼음찜질을 하고 통증과 염증이 가라앉으면 가벼운 스트레칭을 실시한다.

④ 넙다리네갈래근 좌상
  ⓐ 병인 : 주로 접촉성 스포츠종목에서 발생되며 상대 선수와의 충돌로 인한 타박상의 한 형태이다.
  ⓑ 증상과 징후 : 통증과 함께 부종이 발생하고 제한된 움직임을 보이며 변색이 나타난다.
  ⓒ 관리 : 근육의 파열이 있는 경우에는 움직임을 제한하기 위해 고정을 해주어야 하며 가벼운 좌상의 경우 2~3일 정도 휴식과 얼음찜질을 하는 것이 좋다.

(4) 무릎 상해

무릎은 인체의 복잡한 관절 중의 하나이며, 많은 스포츠 상황에서 외부적인 스트레스가 무릎에 많이 가해지므로 손상이 많은 관절이다. 무릎은 폄과 굽힘의 약간의 회전을 할 수 있는 경첩관절이다.

① 무릎 손상의 종류 및 기전
  ⓐ 안쪽 곁인대 염좌(MCL) : 안쪽 곁인대(내측측부인대) 염좌는 무릎손상에서 가장 흔하게 손상받는 조직 중에 하나이며 일반적으로 65%는 대퇴골 쪽에서 발생한다. 넙다리뼈쪽 손상은 정강뼈쪽 손상보다 불안전성은 적고 뻣뻣함이 커진다.
  - 손상기전
    - 외측에서 직접적인 충격이나 정강뼈의 가쪽 회전에 의해 안쪽 곁인대가 손상
    - 축구 인사이드 패스나 커팅 동작에서 주로 손상
    - 안쪽 곁인대의 겉층은 발로 지면을 밀거나 무릎에 외반력이 가해지면서 손상
    - 관절선 부분이나 내측측부인대 근위부에서 통증 발생
    - 수술적 치료보다는 보존적 치료를 하는 것이 우선
  - 안쪽 곁인대 손상 분류(1°, 2°, 3° 손상)
    - 1° 안쪽 곁인대 손상 : 인대의 섬유 일부가 찢어지거나 늘어나고 외반 검사 동안 관절안정이 유지되며 삼출액이 거의 없고, 안쪽 관절선의 아래부위에 압통과 수동적·능동적 관절운동범위가 거의 완전하다.
    - 2° 안쪽 곁인대 손상 : 인대 섬유의 미세 파열과 심각한 파열 모두를 의미하며, 수동적 관절운동범위는 줄어들고 안쪽 부분에 통증과 약화 및 불안정이 있으며 무릎을 30° 구부린 상태에서 외반 스트레스를 검사하면 느슨함이 증가한다.
    - 3° 안쪽 곁인대 손상 : 인대의 완전 손상을 의미하며 부종이 발생하고 심한 통증 이후의 무딘 아픔(Dull Ache)과 운동범위의 감소가 나타난다.
  - 검사방법 : 바깥굽음 검사(Valgus Stress Test)

ⓒ 가쪽곁인대(LCL) 염좌
- 손상기전 : 내반력 또는 정강뼈가 안쪽으로 회전된 상태에서 내반력에 의해 발생
- 증상과 징후
  - 통증과 압통
  - 주변의 부기와 삼출액
  - 관절의 불안정성 발생
  - 통증 : 1도와 2도 염좌에서 심함
- 검사방법 : 안쪽굽음 검사(Varus Stress Test)

ⓒ 앞십자인대(ACL) 염좌 : 무릎에서 가장 잘 손상되는 부분 중 하나이다. 넙다리뼈가 고정되어 있을 때 정강뼈가 앞쪽으로 전이되는 것을 막아주며, 발이 지면에 고정된 상태에서 정강뼈가 고정되며 넙다리뼈가 뒤로 전이되는 것을 막아주는 역할을 한다. 또한 무릎이 밖굽이/안굽이에 의해 안쪽돌림/가쪽돌림 되는 것을 막아주고, 뒤십자인대와 함께 무릎이 운동하는 동안 과도한 폄이 되지 않도록 넙다리뼈에서 정강뼈가 미끄러지거나 구르는 것(Rolling/Gliding)을 조절해준다. 일반적으로 관절흔의 넓이가 좁은 사람, 여성이 남성보다 손상당할 확률이 높은 편이다. 인대가 주로 손상당하는 부위는 가운데 지점의 찢어짐(75%), 넙다리뼈쪽(20%), 정강뼈쪽 손상(5%) 순이다.

> **개념 PLUS**
>
> 인대손상의 정도
> - 1도 : 약간의 출혈 발생, 불안정성의 증가는 없고 관절가동범위 끝에서의 느낌이 견고
> - 2도 : 불완전한 손상과 출혈, 약간의 기능적 소실, 앞쪽 전이의 증가를 보이지만 관절가동범위 끝에서의 느낌은 여전히 견고
> - 3도 : 완전손상. 현저히 떨어진 불안정성(라크만 검사와 전방 전위 검사상), 회전적인 불안정(축 뒤틀림 검사 시), "뚝"·"주저앉는" 느낌, 처음엔 현저한 통증이 있으나 몇 분 후 사라짐. 완전손상은 1~2시간 내에 출혈성 관절증

- 손상기전
  - 정강뼈가 가쪽으로 회전, 외반 시 손상
  - 빠르게 달리다 갑자기 감속할 때
  - 발이 고정된 상황에 무릎에 가해진 힘으로 무릎이 젖혀지면서 손상
  - 심한 경우 MCL 염좌를 유발
  - 3가지 손상 기전 : 굽힘, 바깥굽음, 정강뼈의 가쪽 회전
- 증상과 징후
  - 소리와 함께 불안정을 느낌
  - 분리될 것 같은 느낌을 호소
  - 관절선에서의 신속한 부기 발생
- 검사방법
  - 전방전위검사(Draw Test) : 앞십자인대 손상 유무 확인 검사
  - 라크만검사(Lachman Test) : 앞십자인대 파열 유무 확인 검사

② 뒤십자인대(PCL) 염좌
- 손상기전
  - 무릎을 90° 굽힌 상태에서 가장 약함
  - 발바닥 굽힘을 한 상태로 굽혀진 무릎의 앞쪽에 체중이 실리거나 무릎 앞에서 직접적인 강한 타격을 받아 손상
- 증상과 징후
  - 다리오금(Popliteal Fossa) 부위에 압통
  - 뒤처짐검사(Posterior Sag Test)로 확인
- 검사방법
  - 뒤쪽끌림검사(Posterior Draw Test)
  - 뒤처짐검사(Posterior Sag Test)

◎ 반달연골(Meniscus) 손상
- 손상기전
  - 무릎을 펴거나 굽히는 동안 체중부하가 가해질 때 회전력이 발생되며 손상
  - 반달연골의 주요 손상기전은 회전력, 압박력, 과신전이 동반될 때
- 증상과 징후
  - 찢어지는 느낌 또는 'Pop'거리는 소리
  - 무릎에 전반적으로 통증, 붓기가 있음
  - 관절선을 따라 통증
  - 부종이 바로 나타나지 않고 며칠 후에 발생
  - 무릎에 힘이 빠지는 느낌(Giving Way)이 있음
  - 무릎을 완전 굽힐 시 통증
  - 틱틱 소리와 무릎의 잠김, 오래 서있기 힘듦
  - 무릎 완전 폄은 가능
  - 시간이 갈수록 VMO의 위축
  - 과거 손상병력에 관한 정보 숙지
  - 손상 직후, 근 경련이나 부기 확인
  - 찢어진 것으로 의심
- 검사방법
  - 맥머레이(McMurray)검사
  - 애플리압박검사(Apley Compression Test)
  - 애플리신연검사(Apley Distraction Test)

⑭ 무릎뼈 연골연화증(Patella Chondromalacia)
- 손상기전
  - 무릎뼈 뒤쪽의 연골이 약화되거나 퇴행적 변화
  - 정강뼈의 가쪽 비틀림, 발의 회내 넙다리뼈(Femur)의 전굴(Anteversion), 넙다리네갈래근(Quad) 힘줄의 느슨함

- 연골연화증의 분류(1~3단계)
  - 1단계 : 관절 연골 조직이 붓고 약화됨
  - 2단계 : 관절 연골 조직의 갈라짐
  - 3단계 : 분쇄로 인한 관절 연골 조직의 변형
- 증상과 징후
  - 걷기, 뛰기, 계단 오르내리기 시 통증
  - 빈번한 부종, 삐걱거리는 느낌 발생
  - 관절연골의 심부에서 처음 발생
  - 연골에서 갈라짐
- 관리(보존적 치료)
  - 계단 오르기, 스쿼트와 같은 자극적 활동 금지
  - 통증이 없는 범위에서 등척성 운동하기
  - 경구 항염증제재와 아스피린 소량 복용
  - 합성고무(네오프렌) 무릎 보호대
  - 회내를 교정, 정강뼈의 비틀림을 감소하기 위해 깔창을 사용
  - 보존적인 방법이 실패한다면 외과적인 수술 선택

ⓢ 무릎뼈 - 넙다리뼈 스트레스 증후군(Patellofemoral Stress Syndrome)
- 손상기전
  - 넙다리뼈 고랑 안으로 지나는 무릎뼈가 약간 가쪽으로 편향
  - 증가된 Q각, 넙다리두갈래근, 장딴지근, 넙다리근막긴장근, 바깥쪽 지지띠의 긴장, 발의 과도한 회내, 안쪽넓은근(VMO)의 약화, 엉덩관절 벌림근의 약화
- 증상과 징후
  - 걷기, 뛰기, 계단 오르내리기, 스쿼트 시 무릎뼈의 가쪽 측면으로 압통
  - 무릎 가운데 부분에 무딘 통증
- 관 리
  - 근력 프로그램과 바이오피드백 기술 사용
  - VMO와 VL 사이의 불균형 교정
  - 뒤넙다리근(Ham)과 장딴지근(Gcm), 엉덩정강근막띠(ITB)의 스트레칭
  - 테이핑은 무릎뼈의 방향 교정
  - 가쪽 지지띠를 유리(Release)시키는 시술

ⓞ 오스굿슐라터병 & 라르센요한슨병
- 병 인
  - 오스굿슐라터병(Osgood-Schlatter)의 원인은 정강거친면(Tibial Tuberosity)의 뼈곁돌기(Osteophyte)에서 무릎힘줄이 반복적으로 잡아당기는 것을 말한다.
  - 라르센-요한슨병(Larsen-Johansoon)의 원인은 무릎뼈의 하단에서 발생하며, 무릎힘줄에 미치는 과도한 반복적 부하로 인해 부종과 통증이 발생하는 것을 말한다.

- 증상과 징후
  - 부종과 혈종, 뼈곁돌기가 점차적으로 변성
  - 무릎을 꿇거나 점핑, 런닝 시에 심한 통증을 호소
  - 앞 몸쪽의 정강거친면(Tibialtuberosity) 위에 압통
- 관 리
  - 자극적인 활동 6개월에서 1년 동안 감소
  - 심각한 경우에는 원형 깁스 실시
  - 활동 전, 후에 아이싱
  - 넙다리네갈래근(Quad)과 뒤넙다리근(Ham)의 등척성 운동수행

ⓩ 무릎뼈 힘줄염(Patellar Tendinitis)
- 병 인
  - 강한 반복적인 무릎의 펴는 힘으로 힘줄염 발생
  - 무릎힘줄이 완전하게 찢어질 수도 있음
  - 힘줄의 변성으로 이어질 수 있음
- 증상과 징후
  - 무릎뼈의 아래쪽 통증과 압통 유발
  - 3단계로 통증 구분
    ⓐ 1단계 : 운동 후 통증
    ⓑ 2단계 : 운동 중과 후 통증(적당한 수준에서 운동 가능)
    ⓒ 3단계 : 운동 중과 이후 지속적 통증(운동경기 수행에 방해), 지속적인 통증과 완전한 파열로 진행 가능
- 관 리
  - 플라이오메트릭 운동, 갑작스런 폭발적 운동 제한
  - 염증에 대한 처치는 얼음찜질, 이온삼투요법, 초음파 열치료
  - 고정용 브레이스 또는 스트랩 사용
  - 심부 수평 마찰 마사지(Transverse Friction Massage)
- 검사방법 : 무릎힘줄압박검사(Patellar Tendon Compression Test)

개념 PLUS

하지의 구획
하지의 근육조직은 튼튼한 근막(Fascia)으로 나눠진 네 개의 구획으로 되어있다.
- 앞쪽 구획 : 앞정강근, 긴엄지폄근, 긴발가락폄근
- 가쪽 구획 : 긴종아리근, 짧은종아리근, 셋째종아리근
- 뒤쪽 얕은 구획 : 장딴지근, 가자미근
- 뒤쪽 깊은 구획 : 뒤정강근, 긴발가락굽힘근, 긴엄비굽힘근

(5) 발목과 발의 상해

① 발목 손상의 종류 및 기전

㉠ 뒤침염좌(내번 염좌) : 앞목말종아리인대(ATFL) 손상

외측 염좌는 달리기나 점프 동작을 자주하는 선수들에게서 흔히 발생하는 부상이다.

- 병인 : 발목을 삐끗하는 경우 대부분의 경우가 앞목말종아리인대의 손상이며, 발목이 발바닥 굽힘된 상태에서 뒤침과 안쪽번짐이 동시에 발생할 때 손상된다.
- 증상 및 징후 : 가쪽 복사뼈 앞쪽에 부종과 압통이 생기고 가벼운 염좌의 경우 체중을 싣는 것이 불편해진다. 심한 경우 가쪽복사 주변으로 부종과 멍이 발생하며 반점상 출혈이 생길 수 있고 목말뼈 경사검사에서 양성 반응이 나온다.
- 치료 : 1~2도의 경한 손상 시에는 보존적 치료를 하는 것이 좋다. 재활운동은 관절 주변 근육을 강화 및 안정화 시켜주고, 균형 운동과 같이 고유감각을 활성화하는 운동이 효과적이다.
- 검사방법 : 앞당김검사(Anterior Drawer Test)

㉡ 엎침(외번) 발목 염좌(Eversion Ankle Sprain)

- 병인 : 엎침 발목 염좌는 전체 발목 염좌의 5~10%에 정도에 불과할 만큼 잘 발생하지 않는다. 이는 뼈와 인대의 해부학적 구조 때문이다. 흔히 외번 부상은 삼각인대가 파열되기 전에 종아리뼈가 먼저 골절된다. 특히 엎침된 발과 불안정증을 가진 경우 손상을 입을 가능성이 크다.
- 증상 및 징후 : 부상의 정도에 따라 다르지만 손상을 입은 선수는 발과 하지에 심한 통증을 호소하며 발에 체중을 실을 수 없다. 발목의 벌림과 모음에는 통증이 생기지만 발등굽힘에서는 통증이 생기지 않는다.
- 치료 : 인대의 완전한 파열이 발생하지 않는다면 대부분 수술보다는 보존적 치료를 하는 것이 좋다. 발목 주변의 안정화 운동과 근력강화, 스트레칭 등을 실시하여 치료하는 것이 효과적이다.

㉢ 아킬레스건 파열(Achilles Tendon Rupture)

- 병 인
    - 아킬레스건 파열은 일반적으로 발꿈치뼈의 2~6cm 상방에서 파열이 발생
    - 아킬레스건은 혈관분포가 적어 퇴행성 변화가 많이 일어남
    - 점핑, 가속달리기(발목의 갑작스런 발바닥쪽 굽힘을 한 후)
- 증상 및 징후
    - 손상 당시 툭 터지는 듯한 소리, 하퇴 뒷부분을 강하게 얻어맞은 느낌
    - 발목 발바닥쪽 굽힘시 통증이 있으며 운동에 제한
    - 찢어진 부분이 촉지, 톰슨검사에서 양성
- 검사방법 : 톰슨검사(Thompson Test)

ㄹ. 경골 및 비골의 피로 골절(Stress Fracture of Tibia and Fibula)
- 병 인
  - 훈련 도중 경골에 부하가 과할 때 발생
  - 전방 경골의 피로골절(반복적으로 점프하는 선수들에게서 주로 발생)
  - 후외방골절은 경골의 아래 1/3에서 발생하며 증세가 서서히 진행됨
  - 요족(Rigid Cavus Foot)
  - 과회내 발(Overpronation Foot)
  - 재활 시 위험인자 제거가 재발방지에 중요
  - 과도한 훈련
  - 하지의 생체역학적 이상
- 증상 및 징후 : 휴식 시 통증감소, 운동을 하면 통증증가

> **개념 PLUS**
>
> **조직부하의 5가지 유형**
> 압박(Compression), 장력(Tension), 전단력(Shearing), 굽힘(Bending), 비틀림(Torsion)

2 부가적인 의학적 상태

(1) 뇌진탕

① 병인 : 조던(Jordan)은 뇌진탕을 "외부의 힘에 의해 신경기능에 일시적이고 즉각적인 손상이 발생하여 의식상실과 방향감각장애, 기억상실증, 어지러움 등이 나타나는 임상증후군"이라고 정의했다.

② 증상 : 뇌진탕의 주요 증상은 의식의 혼미와 회상 후 기억상실이다. 글래스고(Glasgow)혼수 척도는 머리 외상 후 의식수준과 심각성을 결정하기 위해 사용하는 척도이다. 이 척도의 자극에 대해 반응 정도가 양호하면 점수가 낮고 반응을 하지 못하면 높은 점수를 얻는다. 7점 이상의 경우 혼수를 의미하는 것으로 규정하고 있다.

(2) 코 피

① 스포츠 경기 중 코피는 흔하게 발생하는 부상 중 하나이며, 의도적·비의도적으로 상대 선수의 안면부위와 충돌이 일어난 경우 코피가 흐르게 된다.

② 경기를 하는 동안 흘러나온 코피는 의학적으로 큰 문제가 되지는 않으며, 약간의 지압을 하면 짧은 시간 안에 멈춘다.

③ 피가 멈추지 않고 계속 흐르게 되면 경기를 중단하고 환자의 병력을 확인하기 위해 병원으로 이송하는 것이 좋다.

④ 경기장에서 혈흔이 경기장 바닥과 건강운동관리사의 몸에 묻어 있다면 감염을 막기 위해 알코올 솜을 이용해 깨끗하게 소독을 해야 한다.

(3) 피부 손상

① 피부는 인체에서 가장 큰 조직이며, 표피, 진피, 피하조직으로 구분된다.
② 피부는 단순한 상처에서부터 박테리아, 곰팡이, 바이러스 감염에 이르기까지 다양한 질환을 갖고 있다.
③ 스포츠 손상에서는 찰과상과 열상으로 인해 감염과 합병증이 발생된다. 따라서 상처가 발생하면 초기의 주된 목적은 출혈을 막고 소독을 함으로써 감염을 예방하는 것이 중요하다.
④ 상처가 발생했을 경우 소독하기 위한 몇 가지 원칙(미국안전위원회)
  ㉠ 수술용 장갑을 착용한 후 응급처치를 해야 한다.
  ㉡ 알코올 솜이나 멸균거즈로 상처 부위를 닦는다.
  ㉢ 물로 상처 부위를 깨끗하게 닦은 후 마른 거즈로 닦는다.
  ㉣ 상처의 인접 부위에 있는 혈흔을 알코올 솜으로 닦는다.
  ㉤ 머큐로크롬이나 요오드 같은 화학물질은 알레르기 반응 등을 유발할 수 있기 때문에 상처에 대지 않는다.
  ㉥ 작은 상처는 밴드를 부착하고, 큰 상처는 멸균거즈를 부착한 후 반창고를 이용해 피부에 부착한다.
  ㉦ 피부의 피하조직이 노출된 큰 상처는 출혈을 막은 후, 병원으로 이송해 의학적 치료를 받아야 할 것인지에 대해 상의한다.

(4) 간 질

① 간질은 뇌조직의 기능적 장애로 인해 발작적으로 신경기능장애를 일으켜 돌발적인 의식상실, 경련, 정신 또는 감각장애를 일으키는 질환이다.
② 전체 인구의 약 1% 정도가 영향을 받는다. 예전에는 유전병이나 불치병으로 단정해 치료를 기피했지만, 최근에는 약물치료와 뇌수술로 간질환자의 약 80%를 치유할 수 있다.
③ 발작의 경우에는 사전에 질병을 확인한 후 필요한 약물의 섭취에 관한 정보를 인지하고 있어야 한다.
④ 발작이 언제 주로 발생하는지, 외상과 관련이 있는지, 스트레스와 관련이 있는지 등에 관한 환자의 정보를 인지하고 환자와 상담을 통해 적절한 대처법을 사전에 알고 있어야 한다.
⑤ 발작이 발생하는 원인이나 시기에 대해 잘 알고 있다면 스포츠 종목을 선정할 때 참고하는 것이 바람직하며, 가급적 접촉스포츠를 하지 않도록 해야 한다.

개념 PLUS

골단 성장판 손상의 Salter-Harris 분류
- 제1형 : 뼈의 골절 없이 골간단과 관련한 골단의 완전한 분리
- 제2형 : 성장판과 작은 골간단 부위의 분리
- 제3형 : 골단 골절
- 제4형 : 골단과 골간단 부위의 골절
- 제5형 : 골단의 변위는 없지만 압착력은 성장 변형을 일으킬 수 있음

제5과목 운동상해

06 스포츠 손상의 재활운동

학습목표
- 재활운동의 원리에 대해 숙지하고 실시할 수 있다.
- 재활운동 프로그램의 구성요소에 대해 알고 적용할 수 있다.
- 재활운동 프로그램의 원리를 이해하고 적용할 수 있다.

1 재활운동의 원리

(1) 재활운동 프로그램의 목표

① 재활운동 목표
　㉠ 목표를 세워 재활이 진행될 때 계속적인 평가가 이루어져야 함
　㉡ 단순한 동작에서부터 복잡한 동작으로, 가벼운 무게에서 무거운 무게로 저항이 점진적으로 이루어져야 함
　㉢ 스포츠 복귀를 위한 기능적 진전들이 있어야 함
　㉣ 고정이나 움직이지 않는 것은 장기간의 장애를 초래할 수 있으므로 가능한 한 빠르게 재활을 실시하는 것을 권장

② 손상을 입은 개인을 위한 재활 프로그램의 일반적인 목표
　㉠ 통증, 손상에 반응하는 염증반응과 부종을 줄임
　㉡ 능동적 관절가동범위를 완전하게 회복
　㉢ 근력, 지구력, 파워 등의 신체기능이 손상 이전의 상태로 돌아가는 것

③ 재활운동 프로그램의 목표
　㉠ 단기 목표 : 치유되는 데 최적의 환경을 제공할 것인지를 다루는 것
　㉡ 장기 목표 : 재활을 하고 있는 선수나 회원을 어떻게 하면 빠르고 안전하게 복귀시킬 수 있느냐에 목표를 두고 재활을 진행하는 것

(2) 재활운동 프로그램의 구성요소

① 유연성(Flexibility)
  ㉠ 관절의 최대범위 내에서 통증 없이 움직임을 수행할 수 있는 능력
  ㉡ 정상적인 관절의 가동범위와 연부조직(Soft Tissue)의 신장성에 의해 결정

② 근력(Muscle Strength)
  ㉠ 신체에 가해진 외부자극에 대해 힘을 만들어 낼 수 있는 수축성 조직의 능력
  ㉡ 조직의 손상이나 고정으로 인해 장기간 사용되지 않아 약화가 있는 근육 조직은 외적 자극(저항)을 이용한 근력운동이 필요하고 구심성, 편심성, 정적인 운동을 모두 적절히 적용해야 함

③ 근지구력(Muscle Endurance) : 신체의 수축성 조직이 외부적 자극에 대해 오랜 시간 근활동을 반복적으로 수행할 수 있는 능력

④ 파워(Power) : 최대한 짧은 시간에 신체가 큰 힘을 발생시킬 수 있는 능력으로 근력과 속도가 결합된 개념

⑤ 코어안정성(Core Stability) : 코어는 허리-골반-엉덩이 관절의 복합으로 구성되어 있고 정적과 동적으로 나눌 수 있음
  ㉠ 정적안정성 : 자세와 균형을 유지하는 능력
  ㉡ 동적안정성 : 근력, 지구력, 유연성 및 심폐트레이닝과 같은 기능적인 움직임을 할 때 신체가 안정적으로 기능할 수 있도록 조절하는 능력

⑥ 심폐능력(Cardiorespiratory Capacity)
  ㉠ 오랜 시간 지속적으로 운동을 수행하는 동안 심장, 혈관, 폐가 필요한 조직으로 영양분과 산소를 효율적으로 전달하고 대사적 노폐물을 신속하게 제거하는 능력
  ㉡ 부상 선수의 재활운동 시 심폐능력을 잘 유지하는 것은 손상된 조직의 회복에 필수적인 요소

⑦ 고유수용감각
  ㉠ 신체의 위치를 의식적, 무의식적으로 알 수 있도록 하는 능력
  ㉡ 만약 부상 선수가 장시간 손상된 조직에 대해 적절한 움직임을 하지 못하게 되면 고유수용감각이 변하게 됨. 변화된 고유수용감각에 대해 적절한 재설정은 매우 중요한 요소

⑧ 밸런스(Balance)
  ㉠ 지지면에서 신체가 중심을 잃지 않고 무게중심을 유지하는 능력
  ㉡ 이런 능력은 기계수용기에 외부적 자극이나 환경에 대한 구심성 정보를 신경학적 통합을 통해 근육이 무게중심을 잡기 위해 원심성으로 조절
  ㉢ 스포츠 상황에서 필수적으로 필요한 균형감각의 회복은 부상 후 손상을 입은 선수의 재활프로그램에 중요한 구성요소

⑨ 스피드(Speed)
  ㉠ 짧은 시간 내에 원하는 목표지점 혹은 방향에 대해 얼마나 신속하게 움직이는지에 대한 능력
  ㉡ 손상을 당한 선수가 재활 후 다시 시합에 복귀하기 위해서는 상대적으로 근건 단위에 스트레스가 높은 스피드 훈련에 대해 평가하고 적응시키는 것은 필수적이라 할 수 있음

⑩ 민첩성(Agility)
  ㉠ 내부 및 외부의 정보를 바탕으로 빠르고 정확하게 원하는 방향으로 힘의 손실 없이 신체의 방향을 바꾸는 능력
  ㉡ 스포츠 경기 민첩성을 요하는 동작에서 상해가 많이 일어나게 되므로 재손상을 예방하기 위해서는 민첩성 훈련에 대해 평가하고 적응시키는 것이 중요
⑪ 협응력(Coordination)
  ㉠ 협응력은 근육 내와 근육 간의 협력하는 능력
  ㉡ 대부분의 스포츠는 기능적인 움직임이 필요한데 이때 근육들 간의 적절한 타이밍, 협응력은 아주 중요한 요소
  ㉢ 재활프로그램 구성 시 적절하게 근육 내, 근육 간의 협응력을 재교육해야 함
⑫ 스포츠에 맞는 기술훈련
  ㉠ 부상 선수의 재활훈련 마지막에 스포츠상황에 맞는 기술을 훈련하는 것은 궁극적인 목표
  ㉡ 기술훈련을 잘하기 위해서는 완전한 관절의 가동범위와 연부조직의 유연성, 근력, 근지구력, 파워, 신경근 효율성 및 균형 감각이 최적화되어 있어야 함
  ㉢ 결국 선수가 재부상 없이 안전하게 경기에 참여하기 위해서는 이러한 모든 요소가 집합된 기술훈련을 알맞게 해야 함

(3) 재활운동의 프로그램의 고려 사항

① 과부하(Overload)의 원리
  ㉠ 과부하의 원리는 근력향상을 기대하기 위해서는 현재 근력수준 이상의 부하를 주어야 한다는 의미
  ㉡ 근육이 일정한 수준의 부하만 주어진다면 신체는 이미 일정한 부하에 적응되어 있으므로 더 이상의 근력향상을 기대하기 어렵게 됨
  ㉢ 따라서 목표수준의 근력 향상을 기대하기 위해서는 점진적으로 부하를 증가해야 한다는 원리
  ㉣ 과부하의 원리를 적용하기 위해서는 개인의 체력수준, 나이, 성별, 영양 상태 등을 고려하여 적용하여야 함
② 특이성의 원리(부과된 요구에 대한 특별한 적응 ; SAID ; Specific Adaptation to Imposed Demand) : 신체는 요구된 자극에 대해서만 우리의 몸이 특별한 적응을 한다는 원리로 사용된다. 예를 들면 위팔두갈래근의 근력을 향상하기 위해서는 덤벨 컬과 같은 운동을 10~12회 정도 할 수 있는 무게로 반복하였을 때 이와 같은 결과를 기대할 수 있다.
③ 가역성(Reversibility)의 원리
  ㉠ 운동을 하다가 일정기간 운동을 하지 않으면 2~3주 안에 근육과 심폐 기능의 저하가 나타남
  ㉡ 이러한 문제를 해결하기 위해서는 운동손상 후 가능한 빠른 시일 내에 재활운동을 시작하는 것이 좋음

ⓒ 일반적 비활동(부동화)의 결과로 발생될 수 있는 문제
- 근육의 부동화
  - 근위축과 근섬유 형태의 변형 : 근육 무게의 감소가 빠르게 진행되고 특히 지근섬유(Type I)에서 많은 위축이 발생한다.
  - 감소된 신경근의 효율성 : 운동신경의 동원과 자극에 대한 효율성이 떨어진다.
- 관절의 부동화 : 관절 내 윤활 작용의 감소로 관절이 효율적으로 기능을 하지 못하게 되고 그로 인해 관절의 퇴화를 촉진한다. 이러한 퇴화는 관절연골에 정상적인 영양 공급이 제대로 이루어지지 않기 때문에 발생한다.
- 인대와 뼈의 부동화 : 인대와 뼈는 적당한 스트레스를 받을 때 더 강해지는데, 이러한 자극이 없어지거나 줄어들면 인대와 뼈는 약해진다.
- 심폐계의 부동화 : 안정 시 심박수는 부동화가 지속되는 동안 하루 평균 0.5회씩 증가하고 일회박출량, 최대산소섭취량, 폐활량 등은 감소한다.

(4) 재활운동 프로그램의 단계별 원리

손상이 있는 선수나 개인이 손상 이전의 상태로 되돌아가기 위해 재활운동 프로그램을 실시한다. 평가과정은 단계별로 진행되지만 재활과정은 단계별로 정확하게 구분되지 않는다.

① **부종(Swelling)의 최소화** : 부종은 출혈, 윤활액 생산, 염증성 부산물의 축적, 부종(Edema)과 같은 여러 가지 요인들의 결합을 포함해서 많은 원인에 의해 초래될 수 있으며, 부종이 조절되지 않으면 회복과정의 지연으로 이어지게 된다. 부종을 효율적으로 조절하고 제한하기 위해서는 RICE 원리를 사용한다.

> **개념 PLUS**
>
> **RICE**
> - 휴식(Rest)
> - 얼음찜질(Ice)
> - 압박(Compression)
> - 거상(Elevation)

② **통증조절**
  ㉠ 통증의 정도는 부상의 심각성, 통증에 대한 선수 각 개인의 반응과 지각, 손상기전에 의해 결정된다.
  ㉡ 급성통증은 부상 직후 RICE 기법을 곧장 사용함으로써 조절할 수 있으며, 또 다른 처치법으로는 약물요법, 냉찜질, 온찜질, 소도구를 이용한 스트레칭 및 통증조절 매뉴얼을 사용할 수 있다.
  ㉢ 오랜 기간 지속되는 통증은 근력을 약화시키고 유연성의 감소를 가져오게 되므로 빠른 통증조절은 재활치료에서 중요하다.

③ 관절가동범위의 회복 : 관절이나 일부 구조물의 손상은 동작의 일부 기능을 상실하게 만든다. 동작 및 기능의 저하는 인대나 윤활주머니의 구축 또는 근건단위의 가동범위에 영향을 준다. 완전한 관절 가동범위의 회복을 위해서는 근육-건, 근막, 관절의 원래 기능을 회복시키는 것이 필요하며, 스트레칭과 관절가동화 기법을 통해 이루어질 수 있다.
  ㉠ 스트레칭 : 생리적 움직임의 문제는 정적 및 PNF 등의 스트레칭 기법을 실시
  ㉡ 관절가동화 기법 : 윤활주머니 또는 인대의 문제 때문에 보조적 움직임이 제한될 경우에는 관절가동화 기법을 사용
④ 근력·지구력·파워의 회복 : 손상된 조직이 다시 기능을 회복하기 위해서 근력, 지구력, 파워의 회복은 중요한 요소이다. 초기 손상의 경우에는 등척성 운동을 사용하고 이후 등장성, 등속성, 플라이오메트릭 운동 순으로 운동을 진행한다. 이런 운동의 주된 목표는 손상을 받은 조직이 다른 정상적인 조직과 비슷한 수준에서 관절가동범위로 동작을 완전하게 수행할 수 있도록 하는 것이다.
  ㉠ 등척성 운동(Isometric Exercise)
    • 관절이 일정기간 동안 부동화되었을 때 재활 초기에 통상적으로 사용
    • 동작의 전체 범위에 걸친 저항 트레이닝이 부상을 악화할 수 있는 경우 사용
    • 정적 근력을 증가시키고 근위축을 감소하는 데 도움
    • 근력의 증가는 관절이 운동되는 각도에만 나타남
  ㉡ 등장성 운동(Isotonic Exercise)
    • 근육의 길이가 변화하는 동안 힘을 생성하는 동작으로 가장 보편적으로 사용
    • 등장성 운동은 구심성 수축(Concentric Contraction), 원심성 수축(Eccentric Contraction)으로 구분
      - 구심성 수축 : 근육의 길이가 짧아지면서 힘을 생성하는 수축법
      - 원심성 수축 : 근육의 길이가 늘어나면서 힘을 생성하는 수축법
    • 재활운동을 할 때에는 위 두 방법 모두를 사용한다. 그러나 손상 부위의 스트레스를 줄이기 위해서는 구심성(동심성)수축을 먼저 시행하여 적응력이 생긴 다음에 원심(편심성)운동을 하는 것이 안전하며 효율적이다.
  ㉢ 등속성 운동(Isokinetic Exercise)
    • 등속성 운동은 특별히 고안된 등속성 장비를 통해서만 운동이 가능하며 장비의 설정된 속도에서 움직임이 일어나고 동작의 범위에 걸쳐 최대 저항이 제공될 수 있도록 함
    • 이러한 운동은 재활프로그램의 마지막 단계 동안에 사용되며 부상당한 선수의 복귀판단기준으로 많이 사용됨
  ㉣ 플라이오메트릭(Plyometrics)
    • 플라이오메트릭 운동은 신경계의 반응을 이용하여 근육의 폭발적인 반사형태로 동작의 힘과 스피드를 향상하기 위해 신경계의 활성화를 강조하는 운동방법
    • 신장적 근육활동에 의해 근육을 신장한 후 즉시 단축성 수축을 실시
    • 주로 재활의 후반부에 시행되며 스포츠 동작과 유사한 동작을 접목하는 것이 좋음

⑤ 신경근 조절 회복
  ㉠ 신경근 조절의 회복은 재활과정에서 중요한 요소로 조직이 손상되거나 긴 시간 동안 사용하지 않을 경우 중추신경계는 근육과 관절의 기계수용기(Mechanoreceptor)와 시각, 귀의 전정시관으로부터 전달되는 정보를 어떻게 종합하고 사용하는지 잊어버린다.
  ㉡ 이렇듯 잊어버리고 변경되거나 왜곡된 신경근 조절을 다시 회복하는 것은 손상을 당하기 전에 가지고 있던 감각정보와 패턴들을 감지하는 기능을 되찾고 의식적, 무의식적인 조절을 잘할 수 있도록 만들어 또다시 손상을 입지 않기 위해 중요하다. 이런 기계수용기들은 근육과 관절에 분포되어 있다.
    • 관절의 기계수용기
      - 인대, 윤활주머니, 관절반월, 순, 지방패드에서 발견됨
      - 루피니종말, 층판소체, 자유신경종말을 포함
      - 관절 구조물의 모양의 변화, 움직임, 속도, 방향에 민감
    • 근육의 기계적수용기
      - 근방추(Muscle Spindle) : 근육 길이와 속도에 민감
      - 골지건기관(Golgi Tendon Organ) : 근육의 장력의 변화에 민감

⑥ 밸런스 회복
  ㉠ 모든 스포츠 경기에서 밸런스는 아주 중요한 요소로서 근육의 힘, 기계적수용기로부터 전달되는 신경적 감각정보 생화학적 정보의 통합과 관련되어 있다.
  ㉡ 부상 후에 대부분의 선수들은 균형감각의 소실과 자세 안정성의 결여를 보이며 적절하게 훈련되지 않은 선수는 다시 부상을 입을 가능성이 크다.
  ㉢ 스포츠상황에서 힘을 발생시키고 안정된 자세를 유지하며 다시 부상을 당하지 않기 위해서는 재활프로그램에서 밸런스 운동이 적절하게 이루어져야 한다.

⑦ **심폐체력유지 및 향상** : 부상을 당한 선수가 트레이닝을 할 수 없게 되면 심폐지구력은 빠르게 감소되기 때문에 심폐지구력이 저하되지 않도록 재활프로그램에 적절한 운동 형태와 강도를 설정하여 시행하여야 한다.

⑧ **기능적 진전을 이룰 수 있는 통합적 접근**
  ㉠ 재활훈련의 최종적인 목적은 부상 후 정상적인 기능을 회복하는 것으로, 특정 스포츠로의 복귀를 위해 선수개인이 기능적 진전을 이룰 수 있도록 한 통합적 접근방법이다.
  ㉡ 기능적 활동은 단순한 것에서부터 복잡한 기술로, 아는 것에서 모르는 것으로, 느린 속도에서 빠른 속도로, 가벼운 활동에서 힘든 신체활동으로 지속적인 진전을 따른다.
  ㉢ 결국 부상을 입은 선수가 경기장으로 복귀하기 전에 자신의 종목에서 요구되는 모든 기술들을 경험하고 습득할 수 있도록 설계되어야 하며, 실질적으로 선수가 복귀할 때 경험하는 불안과 염려를 최소화해야 한다.

[신경근 수준별 상지 운동 및 반사검사]

신경근 수준	주요 지배 신경	운동 검사(주된 동작)	반사 검사(지배 신경)
C4	-	어깨 올리기 (승모근 : Spinal Accessory)	반사 없음
C5	근육피부신경 (Musculocutaneous)	어깨 벌림(어깨세모근), 팔꿈치 굽힘(위팔두갈래근)	이두근 반사 (Biceps Reflex)
C6	노신경(Radial) / 정중신경(Median)	팔꿈치 굽힘, 손목 폄	위팔노근 반사 (Brachioradialis)
C7	노신경(Radial)	팔꿈치 폄(위팔세갈래근근)	삼두근 반사 (Triceps Reflex)
C8	정중신경 / 척골신경	손가락 굽힘	반사 없음 또는 손가락 굽힘 반사 약함
T1	정중신경 / 척골신경	손가락 벌림, 모음(손의 내재근)	반사 없음

2 재활운동 프로그램 과정

(1) 초기 단계(급성 단계)

① 급성 단계는 염증반응을 가라앉히고 증상을 줄이는 데 초점을 둔다.
② 다친 부위의 근력과 가동성을 보전하는 것은 중요하지만, 만일 고정이 필요하다면 가동성보다는 고정을 더 중요하게 생각해야 한다.
③ 다친 부위에 포함되지 않는 분절들은 전체 심폐체력 프로그램과 결합해 실시되어야 한다.
④ 움직임을 크게 하는 운동은 위험부담이 있기 때문에 등척성 운동을 이용해 근수축을 실시해야 하며, 가벼운 스트레칭과 관절가동범위 운동을 시작해야 한다.

(2) 중간 단계(회복 단계)

① 회복 단계는 조직치유가 거의 끝날 때 시작된다.
② 회복 단계 동안의 초점은 관절가동범위의 회복, 연부조직 유연성, 근력 및 지구력을 향상하고 고유수용감각을 회복하는 것이다.
③ 손상 부위가 보호된 상태에서 운동을 실시해야 하고 다양한 움직임 면(좌우면, 전후면, 상하면)으로 진전한다.
④ 이 기간 동안에는 염증반응이 다시 일어나는지와 운동반응이 잘 이루어지고 있는지를 관찰해야 한다.
⑤ 이 단계에서의 주요 특징은 능동적인 운동이 주가 되어야 한다는 것이다.
⑥ 코어안정성 운동은 회복단계에서 중요한 부분이다.

(3) 진행된 단계(기능 단계)

① 기능 단계는 관절가동범위가 정상이고 통증이 없으며 점진적 운동 프로그램을 견뎌낼 수 있을 때 시작된다.
② 이 단계에서의 초점은 신경근 조절, 스포츠 특성에 맞는 다평면적 운동을 향상하는 것과 재손상을 유발할 수 있는 잘못된 행동들이나 습관들을 고치는 것이다.
③ 선수나 개인이 복귀 기준에 도달했을 때 기능 단계가 종료된다.
④ 기능 단계는 유연성과 근력의 강화, 고유수용감각을 포함한 운동 프로그램들이 잘 만들어져야 하고 스포츠 특성에 맞는 활동들의 진전이 성공적인 복귀를 위해 매우 중요하다.
⑤ 잘못된 움직임 패턴들을 올바르게 하는 것에 대한 초점은 잠재적 손상을 예방할 수 있다.

(4) 스포츠로의 복귀

① 손상을 당한 선수가 스포츠와 시합으로 가능한 한 빨리 복귀하는 것도 중요하지만, 그보다 안전한 복귀가 가장 중요하다.
② 손상 부위가 더 나빠지지 않아야 하며 새로운 손상에 대한 잠재가능성을 예방할 수 있어야 하고, 동시에 선수의 효율적인 경기력이 나올 수 있어야 하며 근력이 회복되어야 한다.
　㉠ 좋은 유연성을 가진다.
　㉡ 고유수용감각과 신경근계 협응이 충분해야 한다.
　㉢ 기능적 재훈련이 가능해야 한다.
　㉣ 심폐체력이 회복되고 향상되어야 한다.
　㉤ 운동을 하는 것에 대한 정신적 자신감을 가져야 한다.
　㉥ 스포츠에 맞는 기술을 회복해야 한다.
　㉦ 계속해서 재손상 예방을 위한 장비의 수정, 보조기, 보정기구들이 제공되어야 한다.
　㉧ 선수와 선수가족, 코치와의 계속적인 의사소통이 이루어져야 한다.

(5) 주의 사항

① 재활운동 프로그램을 진행할 때 통증이 증가하거나 부종이 생기거나 관절가동범위가 감소하면 프로그램을 재평가해야 한다.
② 선수의 움직임이 대칭적인지, 조절능력이 좋은지, 자신감을 가지고 움직임을 편안하게 하는지 등을 관찰해야 한다.

> **개념 PLUS**
>
> **맥켄지 운동법(McKenzie Exercise)**
> 맥켄지 운동법은 요추 추간판탈출증(Herniated Disc) 환자의 통증을 줄이기 위한 대표적인 재활 운동 중 하나이다. 이 운동의 기본 원리는 '몸통 폄(Extension)' 자세를 통해, 탈출된 수핵(Nucleus Pulposus)을 척추의 중심(Central) 방향으로 이동시키는 것이다. 수핵이 뒤쪽 후방(Postero-lateral)으로 밀려나면서 신경을 압박할 때, 폄 자세를 반복하면 디스크 내 압력 변화에 따라 수핵이 다시 중심부(Central)로 복귀하여 신경 압박이 완화될 수 있다.

제5과목 운동상해

05 출제예상문제

01 손상평가에 대한 특수검사(Special Test)로 옳은 것은?

① 바깥돌림(Kleiger) 검사 – 엉덩정강인대 긴장도 평가
② 슬로컴(Slocum) 검사 – 엉덩정강띠의 긴장 평가
③ 오버(Ober) 검사 – 무릎 불안정성 평가
④ 팔신경얼기(Brachial Plexus) 검사 – 목 신경뿌리(Cervical Nerve Root) 평가

해설 ④ 팔신경얼기는 척수신경의 제5번째 목신경에서 첫 번째 가슴신경(C5~T1)들의 앞가지들(Ventral Rami)로 형성된 신경얼기를 말하며, 목 신경뿌리 평가를 통해 손상유무를 확인할 수 있다.
① 바깥돌림 검사는 주로 삼각인대 손상을 확인하기 위해 사용되며, 앞목말종아리인대, 뒤목말종아리인대, 뼈사이막과 함께 발목 쪽의 결합조직인대를 지지하는 구조물의 손상을 알아보기 위한 손상 평가 방법이다.
② 슬로컴 검사는 앞십자인대(Anterior Cruciate)의 안정성을 평가하기 위해 실시되는 평가이며, 무릎의 앞안 쪽 회전 불안정성과 앞가 쪽 회전 불안정성을 평가하는 전방 당김 검사방법이다.
③ 오버 검사는 넙다리근막긴장근과 엉덩정강인대의 긴장도를 확인하기 위해 실시하는 검사 방법이다.

02 주요 운동종목별 스포츠 상해 예방법에 대한 설명 중 거리가 먼 것은?

① 이상적인 자세정렬 유지
② 적절한 운동기구 사용
③ 충분한 휴식과 영양공급
④ 강인한 정신력

해설 강인한 정신력은 상해의 예방법보다는 수행능력 향상에 필요한 요소이다.

03 뒤십자인대(후방십자인대 ; Posterior Cruciate Ligament)의 안정성을 확인하기 위한 검사로 옳지 않은 것은?

① 갓프레이(Godfrey) 검사
② 후방당김(Posterior Drawer) 검사
③ 맥머레이(Mcmurray) 검사
④ 가쪽돌림젖힘(External Rotation Recurvatum) 검사

해설 맥머레이(Mcmurray) 검사는 무릎관절 내부에 반달연골의 찢어짐을 확인하는 사용하는 스페셜테스트이다.

04 열손상에 대한 설명 중 옳지 않은 것은?

① 폭염주의보와 폭염경보는 6~9월에 낮 최고기온이 각각 33도, 35도 이상인 상태가 5일 이상 지속될 것으로 예상될 때 발령된다.
② 인체 내의 에너지는 사용과정에서 열이 생산되는데, 이를 대사열이라고 한다.
③ 습구흑구온도는 전 세계에서 가장 널리 사용되는 열 스트레스 지수로, 미해군의 훈련 동안 열과 관련된 손상에 관한 연구에 의해 개발되었다.
④ 대류는 열의 전달과정 중 하나로, 기체나 액체가 열 때문에 상하로 바뀌면서 움직이는 현상이다.

해설 폭염주의보와 경보는 33도, 35도 이상인 상태가 2일 이상 지속될 경우에 발령된다.

05 쇼크에 대한 설명으로 옳지 않은 것은?

① 심한 출혈, 골절 혹은 내출혈이 있을 때 쇼크의 발생 확률이 높아진다.
② 신경성 쇼크(Neurogenic Shock)는 심한 박테리아 감염에 의해 발생한다.
③ 저혈량 쇼크(Hypovolemic Shock)는 혈액의 상실이 있는 외상에 기인한다.
④ 대사성 쇼크(Metabolic Shock)는 당뇨병과 같은 심각한 질병이 치료되지 않았을 때 발생한다.

해설 신경성 쇼크는 심혈관계 내의 혈관의 확장에 의해 야기되며, 박테리아 감염에 의해 발생되는 쇼크는 폐혈성 쇼크(Septic Shock)이다.

06 한랭 손상에 대한 설명 중 옳지 않은 것은?

① 저체온증은 정상체온에서 2도 이상 떨어진 35도 이하의 심부온도를 말한다.
② 동상이 많이 발생하는 신체부위는 코, 귀, 볼, 손목과 같은 노출이 심한 부위와 손과 발과 같은 곳이다.
③ 발이 0~15도의 온도에서 12시간 이상 노출되거나 1일 정도의 장시간 차고 습한 환경에 있을 경우 참호발(Trenchfoot)이 발생할 수 있다.
④ 동창(Chilblains)의 증상으로는 피부에 홍반성 솟음이 귀, 얼굴, 노출된 피부에 나타나고 부종, 압통, 가려움, 통증이 동반된다.

해설 참호발은 탐험이나 하이킹과 같은 차고 습한 환경에 3~4일 정도 노출되었을 때 발생할 수 있다.

정답 04 ① 05 ② 06 ③

07 심각한 발목 부상으로 인해 장기간 해당 관절을 사용하지 못하고 있을 경우, 장기간 부동화로 인해 발생되는 신체적 변화에 대한 설명으로 옳지 않은 것은?

① 속근섬유(Type II)에서 가장 많은 근위축이 일어난다.
② 부동화가 종료되면 종래의 운동신경 자극은 약 1주일 이내에 회복된다.
③ 관절 내 윤활 작용의 감소로 유도되면서 결과적으로 퇴화를 가져온다.
④ 부동화가 종료된 후 인대의 완전한 재형성은 길게는 12개월 이상 소요될 수도 있다.

해설 신체 부위를 사용하지 않을 경우 근육 손실이 빠르게 진행되는데 특히 지근섬유(Type I)에서 가장 많은 근위축이 나타난다.

08 수중과 관련된 손상에 대한 설명 중 옳지 않은 것은?

① 잠수부가 수심 깊이 잠수를 하게 되면 산소와 이산화탄소의 분압이 증가하게 되고 그로 인해 혈중에 과도하게 산소와 이산화탄소가 용해된다.
② 혈중에 과도하게 용해된 산소와 질소는 산소중독, 질소중독을 일으킬 수 있다.
③ 수중의 높은 압력은 귀의 통증, 출혈, 고막파열과 같은 문제를 야기할 수 있다.
④ 수영과 관련된 가장 일반적인 귀 질환은 바깥귀길염(외이도염)이 있고 주로 녹농균, 포도상구균 등에 의한 감염이다.

해설 잠수부가 수심 깊이 잠수했을 때 산소와 질소가 분압에 의해 증가된다.

09 붕대감기에 대한 설명 중 옳지 않은 것은?

① 붕대감기는 적절한 관절가동범위와 혈액순환을 방해하지 않기 위해서 근 수축 범위에서 적용해야 한다.
② 붕대는 견고하게 조금 감싸는 것보다는 보통 정도의 압박력으로 많이 감는 것이 더 좋다.
③ 붕대는 최소 1/3 정도가 겹치게 적용해야 붕대 사이가 분리되거나 벌어지는 것을 예방할 수 있다.
④ 붕대감기 적용 후에는 혈액순환에 방해가 되는지를 확인해야 한다. 손가락과 발가락의 색깔은 혈액순환의 방해유무를 확인할 수 있는 좋은 지표가 된다.

해설 붕대를 감을 때 겹치는 부분이 최소 1/2 정도는 적용되어야 분리되거나 벌어지는 것을 예방할 수 있다.

10 〈보기〉 중 족저근막염(Plantar Fasciitis)에 대한 설명으로 옳은 것은?

―보 기―
㉠ 일반적으로 아치근위부와 뒤꿈치부분의 통증을 표현하는 데 사용되는 용어이다.
㉡ 거골하 관절(Subtalar Joint)의 과도한 회외(Supination)와 관련 있다.
㉢ 종아치(Longitudinal Arch)의 비유연성, 비복근・가자미근까지의 뻣뻣함은 잠재적인 요인이 된다.
㉣ 아침에는 통증이 감소하다가 몇 걸음 걷기 시작하면 증가한다.

① ㉠, ㉡ ② ㉠, ㉢
③ ㉡, ㉢ ④ ㉢, ㉣

해설 ㉡ 족저근막염은 거골하 관절의 과도한 회내(Pronation)와 관련 있다.
㉣ 일반적으로 통증은 아침에 일어나거나 오랫동안 앉아 있은 후 체중 지지를 할 때 증가하다가 몇 걸음 걷기 시작하면 감소한다.

11 테이핑의 일반적인 절차의 순서로 옳은 것은?

―보 기―
㉠ 테이핑을 위한 도구를 준비하고 테이핑 부위의 피부상태를 점검한다.
㉡ 테이핑 적용 목적을 결정한다. 만일 운동손상 부위를 보호할 목적이라면 운동 손상기전을 파악한다.
㉢ 테이핑 적용 시 가장 먼저 할 것은 고정기준테이프를 만드는 것이다.
㉣ 테이핑 후에는 혈액순환에 방해가 되는지를 확인해야 한다.
㉤ 목적에 적합한 테이프의 종류와 크기를 결정한다.
㉥ 테이프는 1/2 정도가 겹치도록 먼쪽에서 몸쪽으로 적용한다. 같은 곳을 지속적으로 테이핑하는 것은 압박력을 높이기 때문에 삼가야 한다.
㉦ 테이핑을 받는 사람에게 테이핑 절차를 설명하고 테이핑 동안에 유지해야 하는 자세, 알레르기 반응 시 증상과 제거 등에 대한 주의사항을 설명한다.

① ㉠ → ㉦ → ㉢ → ㉥ → ㉤ → ㉣ → ㉡
② ㉢ → ㉤ → ㉠ → ㉣ → ㉡ → ㉥ → ㉦
③ ㉡ → ㉤ → ㉠ → ㉦ → ㉢ → ㉥ → ㉣
④ ㉢ → ㉤ → ㉥ → ㉠ → ㉡ → ㉣ → ㉦

해설 테이핑 사용 시에는 우선 목적과 손상기전을 확인하고 종류 및 도구와 피부의 상태 등을 우선적으로 고려해서 적용해야 한다.

정답 10 ② 11 ③

12 〈보기〉에서 손상 후 성숙재형성기 단계를 모두 고른 것은?

보기
㉠ 화학적 매개체는 혈장이나 세포, 손상된 조직에서 생성되어 혈관을 확장시키고 투과성 증가, 섬유소 분해 및 응고기전의 활성화로 세포 손상을 일으키는 역할을 한다. ㉡ 반흔조직이 형성되는 시기를 섬유증식기(Fibroplasia)라 하며, 손상 후 초기 수일 내 시작되고 4~6주 기간 동안 지속된다. ㉢ Type Ⅲ 콜라겐섬유는 감소하고 Type Ⅰ 섬유는 증가한다. ㉣ 이 기간 동안 염증반응기에 나타났던 증상이나 신호들이 사라진다. ㉤ 반흔조직의 인장강도는 증가되고 모세혈관의 수는 감소된다. ㉥ 이 단계에서 생성되는 콜라겐섬유는 최대 효율을 내기 위해 장력이 발생되는 방향에 맞춰 배열된다. ㉦ 손상 6~7일이 경과되었을 때, 섬유아세포는 반흔조직에 무질서한 패턴의 콜라겐섬유를 만들어 내기 시작한다.

① ㉠, ㉤, ㉥
② ㉡, ㉣, ㉦
③ ㉢, ㉤, ㉥
④ ㉡, ㉤, ㉦

해설 ㉠ 염증반응 단계, ㉡·㉣·㉦ 섬유조직 형성기에 대한 설명이다.

13 연골의 치유에 대한 설명으로 옳은 것은?

① 스포츠 손상에서 연골의 손상은 발목관절의 목말뼈와 무릎관절의 발뒤꿈치뼈 관절융기에서 주로 발견된다.
② 연골세포에 물리적인 충격이 강하게 가해지거나 반복되면 연골세포는 더욱 강해진다.
③ 연골세포는 치유 기간이 2개월 정도로 긴 편이기 때문에 초기 손상 시 충격이 가해지지 않도록 자세의 변형과 근육의 밸런스가 중요하다.
④ 연골의 치유를 위해서는 손상 부위에 자극이 가해지지 않도록 오랜시간 휴식이 필요하다.

해설 스포츠 손상에서 연골의 손상은 목말뼈와 넙다리뼈에서 주로 발생하고, 반복적인 물리적 충격은 연골세포를 파괴한다. 그리고 연골의 치유를 위해서는 가능한 빠른 시간 내에 재활운동을 시작하여야 한다.

14 〈보기〉 중 전방십자 인대손상 유무를 판단하기 위해 실시하는 이학적 검사로 바르게 묶인 것은?

| 보기 |
㉠ 맥머레이(McMurray) 검사
㉡ 라크만(Lackman) 전방 전위 검사
㉢ 피봇 시프트(Pivot-shift) 검사
㉣ 애플리(Apley) 압박 검사

① ㉠, ㉡
② ㉠, ㉢
③ ㉡, ㉢
④ ㉢, ㉣

해설 맥머레이 검사와 애플리 압박 검사는 무릎의 반월판 연골 손상 유무를 판단하기 위해 실시하는 이학적 검사방법이다.

15 근육의 치유에 대한 설명으로 옳지 않은 것은?

① 장딴지근(Gastrocnemius Muscle)과 햄스트링(Hamstring Muscle), 넙다리네갈래근(Quadriceps Femoris Muscle), 어깨세모근(Deltoid Muscle)등에 매우 흔하게 발생된다.
② 근육 손상 시 초기에 염증 단계인 출혈과 부종이 발생하며, 수일 내에 섬유아세포의 활성화로 인하여 반흔조직이 형성된다.
③ 울프의 법칙(Wolf's Law)에 따라 뼈와 연부조직에 가해지는 물리적 힘에 의해 재구성 또는 재배열된다.
④ 반흔조직이 형성된 후에 스트레칭과 신장성 근력운동은 근육조직의 탄력과 인장력의 회복에 방해가 된다.

해설 반흔조직이 형성되면 근육조직의 탄력과 인장력을 회복시키기 위해 적당한 강도의 스트레칭과 신장성 운동을 반드시 해야 한다.

16 힘줄의 치유에 대한 설명으로 옳지 않은 것은?

① 스포츠 손상에서 힘줄의 손상은 급성 손상과 매우 관련이 깊다.
② 주로 아킬레스힘줄(Achilles Tendon), 무릎힘줄, 팔꿈치관절의 가쪽위관절융기염(테니스엘보) 등에 빈번하게 발생한다.
③ 힘줄은 윤활막(Synovial Sheath)에 의해 둘러싸여 있으며, 윤활막의 염증과 힘줄의 염증으로 구분한다.
④ 윤활막의 염증은 건초염이라고 하며, 힘줄의 염증을 건염(Tenotitis)이라고 한다.

해설 스포츠 손상에서 힘줄의 손상은 만성 손상과 더 관련이 많다.

정답 14 ③ 15 ④ 16 ①

17 통증에 대한 설명으로 옳지 않은 것은?

① 급성은 손상 후 수일 내에 발생되는 통증을 말한다.
② 아급성은 1~3개월 동안 반복적으로 발생하는 통증을 말한다.
③ 만성은 1개월 이상 통증이 반복적으로 지속되는 통증을 의미한다.
④ 통증의 발생부위는 피부를 비롯해 근육, 인대, 힘줄, 관절주머니, 뼈 등에서 발생하며, 내장기관에서도 발생한다.

해설 일반적으로 만성적인 통증은 6개월 이상 통증이 지속되는 상태를 의미한다.

18 치유의 저해 요소에 대한 설명으로 옳지 않은 것은?

① 연부조직의 손상정도에 따라 치유의 기간이 결정된다.
② 부종은 조직의 압력을 높여 치유 과정을 저해하고 신경근의 원활한 조절을 방해한다.
③ 출혈은 조직의 압력을 감소하고 순환에 도움이 된다.
④ 혈관공급이 좋지 않으면 조직손상은 치유가 느리고 경과가 좋지 않다.

해설 출혈은 조직의 압력을 높이고 추가적으로 손상을 일으킬 수 있다.

19 손상의 구조와 특성에 대한 설명으로 옳은 것을 모두 고른 것은?

───| 보 기 |───
㉠ 부하(Load) - 인체조직 내 내적인 반응을 유발할 수 있는 외적인 힘
㉡ 경직(Stiffness) - 특정 부하를 저항할 수 있는 조직의 상대적 능력
㉢ 스트레스(Stress) - 외적 부하에 대한 조직의 내적 저항
㉣ 탄성(Elasticity) - 기계적 실패 전 변형이 발생될 수 있음
㉤ 항복점(Yield Point) - 조직의 탄성 한계점
㉥ 크리프(Creep) - 일정 시간 이상의 지속적인 부하로 인한 조직의 형태 또는 성질의 변형
㉦ 가소성(Ductile)조직 - 변형(Deformation) 발생 후 조직을 정상상태로 되돌아가게 하는 특성
㉧ 비탄성(Brittle)조직 - 기계적 실패 전 아주 적은 변형만이 발생될 수 있음

① ㉠, ㉢, ㉤, ㉥, ㉦
② ㉢, ㉣, ㉥, ㉦, ㉧
③ ㉠, ㉡, ㉢, ㉣, ㉥, ㉦
④ ㉠, ㉡, ㉢, ㉤, ㉥, ㉧

해설 ㉣, ㉦의 설명이 서로 바뀌어 있다.

20 조직의 부하에 대한 설명으로 옳지 않은 것은?

① 압축 – 서로 마주보는 방향으로 작용하는 힘에 의해 발생된 부하를 의미하며, 조직의 길이를 짧아지게 한다. 그러나 조직이 더 이상 힘을 흡수하지 못할 때에는 관절염이나 골절, 타박상이 발생된다.
② 장력 – 물체의 축에 대해 위쪽과 아래쪽 끝이 반대방향으로 비틀려서 작용하는 힘으로 긴뼈의 나선형 골절이 유발된다.
③ 전단력 – 서로 평행을 유지하지만 서로 엇갈린 방향으로 작용하기 때문에 두 면 사이에는 미끄럼 현상이 동반된다. 증가된 전단력에 의해 찰과상이나 피부 손상, 디스크 손상이 유발될 수 있다.
④ 굽힘력 – 2~3개의 힘이 반대쪽 끝부분에 작용되어 굽혀지는 부하이며, 굽혀지는 면은 압축력이 발생하고 반대쪽의 볼록한 면은 장력이 발생한다.

해설 장력은 서로 다른 방향으로 조직을 당기거나 늘리는 힘에 의해 발생된 부하를 의미한다.

21 근육 손상에 대한 설명으로 옳은 것은?

① 근육좌상(Muscle Strain)이란 근육이 과도한 장력이나 힘에 의해 근육의 과다폄이 발생되어 나타난 손상을 말한다.
② 근육의 1도 좌상은 근섬유의 완전한 파열을 의미하며, 때로 힘줄염 또는 뼈와 만나는 지점에서의 파열이 될 수도 있다. 관절가동범위가 완전하게 제한된다.
③ 근경련(Muscle Cramp)은 근골격계 손상에 의해 발생되는 반사반응이며, 불수의적 수축과 이완이 교대로 발생되는 간헐성(Clonic) 경직과 일정 시간 동안 지속적인 긴장이 유발되는 긴장성(Tonic) 경직으로 나타난다.
④ 근경직(Muscle Spasms)은 매우 강한 통증이 유발되는 불수의적 근수축을 의미하며, 주로 종아리 근육과 배근육(복근), 햄스트링 부위에서 빈번하게 발생된다.

해설 ② 3도 좌상에 대한 설명이며, ③, ④의 설명이 서로 바뀌어 있다.

22 지연성 근통증(Delayed-onset)에 대한 설명으로 옳은 것은?

① 손상 후 대략 2시간 후 발생된다.
② 통증 발생 1~2일 후에 없어진다.
③ 근장력이나 부종, 강직의 증가가 원인이 되며, 신장성 수축에 의해 발생된다.
④ 운동 중 또는 운동 직후 발생되며 피로가 동반된다.

해설 지연성 근육통은 손상 12시간 이후에 발생되며, 보통 통증 발생 3~4일 후에 사라진다. ④ 급성통증에 대한 설명이다.

정답 20 ② 21 ① 22 ③

23 활액관절 손상에 대한 설명으로 옳지 않은 것은?

① 탈구(Dislocation)는 관절에 외부압력이 가해져 정상적인 관절에서 최소 하나의 뼈가 배열에서 이탈되거나 부러진 상태를 의미한다.
② 아탈구(Subluxation)는 탈구와 유사한 형태를 보이며 최소 하나의 뼈가 부분적으로 정상적인 관절의 배열 상태에서 벗어난 상태를 의미한다.
③ 뼈관절염(Osteoarthritis)은 관절에 지속적이고 반복적인 자극과 적절하지 않은 움직임 등으로 인해 관절이나 유리성연골이 닳거나 손상되어 퇴행성 변형이 발생된 상태를 의미한다.
④ 윤활낭염(Bursitis)은 힘줄염과 뼈, 피부와 뼈, 근육과 다른 근육 사이의 마찰로 인해 관절의 주변에 있는 윤활주머니에서 주로 발생된다.

해설 탈구는 관절이 부러진 상태가 아닌 정상적인 배열에서 이탈된 상태를 의미한다.

24 뼈 손상에 대한 설명 중 옳지 않은 것은?

① 패쇄골절(Closed Fracture)은 골절된 뼈의 움직임이나 이동이 거의 없이 골절된 상태를 의미한다.
② 개방골절(Open Fracture)은 골절된 뼈의 끝이 피부와 같은 주변조직을 뚫고 나온 상태이며, 감염의 위험성이 높다.
③ 피로골절(Stress Fractures)은 직접적인 타격에 의해 발생하며, 골절의 형태가 톱니의 형태를 띠는 골절이다.
④ 뼈연골증(Osteochondrosis)은 특히 유소년 선수에게서 발생되는 질환이며 뼈연골 부위에 무혈성 괴사나 무균성 괴사가 주된 원인이다.

해설 피로골절은 좋지 못한 훈련습관이나 반복적인 스트레스가 원인이다.

25 〈보기〉에서 설명하고 있는 손상으로 옳은 것은?

> **보기**
> 오랜 세월에 걸쳐 반복적으로 행해지는 동작에 의한 자극이 원인이 된다. 이것은 경미한 신경의 문제가 될 수 있고 심각한 신경문제를 발생할 수 있다. 적절한 회복을 위해서 환자는 최적화된 신체의 상태를 유지하는 것이 중요하다.

① 신경마비(Neuropraxia) ② 연관통(Referred Pain)
③ 신경염(Neuritis) ④ 추간판 탈출증(HNP)

해설 신경마비는 더 이상 신경전도가 되지 않는 상태이고 연관통은 실질적인 통증이 아닌 2차적으로 발생된 통증을 의미한다. 추간판 탈출증은 디스크의 핵이 섬유륜을 뚫고 터져 나와 신경을 자극하고 있는 상태를 말한다.

26 스포츠로의 복귀를 위한 심리 훈련 방법으로 옳지 않은 것은?

① 매뉴얼 처치는 일반적인 마사지와 다르게 손상 부위에 적절한 압력을 가하면서 통증유무를 확인하고 이완시키는 기법이다.
② 명상은 혼자보다는 여러 명이 함께 조용하고 아늑한 장소에서 긍정적인 생각과 목표에 대해 생각하면서 하는 것이 좋다.
③ 음악 감상은 느린 템포의 음악보다는 비트가 빠르고 경쾌한 음악이 심리적 부담감을 줄여 줄 수 있다.
④ 그룹 운동은 혼자서 하는 운동보다 본인과 비슷한 상황의 선수들과 함께함으로써 동질감과 동료의식이 생기기 때문에 심리적 불안감이나 외로움을 더 잘 극복할 수 있고 동기부여도 잘 된다.

해설 심리 훈련 중 음악 감상은 일반적으로 빠르고 경쾌한 음악보다는 다소 안정적인 템포의 속도와 긍정적인 가사의 음악이 도움이 된다.

27 시합 중 선수가 부상을 당하여 의식이 없는 경우 일차적 검사로 옳지 않은 것은?

① 선수의 위치를 확인하고 의식 상태와 무반응의 정도를 확인한다.
② 선수의 목뼈상태를 확인하기 위해 목을 돌려 손상유무를 알아본다.
③ 의식이 없다면 순환, 기도개방, 호흡의 순으로 즉각적인 조치를 취한다.
④ 선수가 엎드려 있다면 바로 눕힌 후 심폐소생술을 시행한다.

해설 선수의 목뼈상태가 의심이 된다면 응급구조사가 올 때까지 예의 주시하며 손상 부위를 움직이지 않도록 한다.

28 시합 중 의식을 잃은 환자가 회복한 뒤 이차적 검사를 실시하는 경우 적절한 방법은?

① 의식수준 – 의식이 있고 구두지시에 반응하며, 통증자극에 반응하는지를 확인한다.
② 심박수 – 안정 시 성인은 60~110회/분이며, 아동의 경우에는 80~120회/분이다.
③ 혈압 – 수축기 혈압은 130mmHg, 이완기 혈압은 90mmHg 이하이다.
④ 동공 – 동공이 축소되어 있다면 뇌손상, 쇼크, 일사병, 출혈 등을 의미하며, 동공의 팽창은 중추신경의 억제를 의미한다.

해설 안정 시 성인의 심박수는 60~100회/분이고 아동은 80~100회/분이다. 수축기 혈압은 120mmHg, 이완기 혈압 80mmHg이 정상이다. 동공이 축소되어 있다면 중추신경의 억제, 팽창되어 있다면 뇌손상・쇼크 등을 의미한다.

정답 26 ③ 27 ② 28 ①

29 응급처치법에 대한 설명으로 옳지 않은 것은?

① 하임리히법은 기도가 폐쇄된 경우 실시하는 방법으로 환자가 서 있는 자세 혹은 쓰러진 상태인지에 따라 혹은 의식불명인 상태에 따라 두 가지 방법이 있다.
② 휴식(Rest)은 손상 부위에 물리적인 외부의 스트레스가 가해지는 신체적 활동을 제한하도록 하는 것으로, 손상 부위에 따라 다소 차이가 있지만 재활운동 프로그램을 실시하기 전 48~72시간 정도는 휴식을 취하는 것이 좋다.
③ 냉각처치(Icing)는 급성 손상에 대해 한랭을 사용하는 것으로, 대사율과 조직의 산소 요구량을 낮추어 저산소증을 감소시키는 것이다.
④ 거상(Elevation)은 손상 부위를 심장보다 높게 들어 올리는 방법으로, 일반적으로 손상 후 최소 72시간 동안 거상을 하는 방법이 권장된다.

해설 거상은 손상 후 24시간 동안 하는 방법이 권장된다.

30 다음 중 뇌진탕에 대한 설명으로 옳지 않은 것은?

① 뇌진탕은 영구적인 기억상실증, 시각장애, 균형감각 상실 등과 같이 오랜 기간 신경기능 장애를 남기는 임상적 증상으로 정의되고 있다
② 머리에 야구공과 같은 물체의 직접적 충돌, 낙상 시 머리가 바닥과 같은 딱딱한 고정된 물체에 부딪치는 경우에 발생한다.
③ 경미한 머리 손상의 경우 두통, 이명, 구역질, 이상감각, 혼미, 방향감각 상실, 현기증, 의식불명 등이 수반되어 나타날 수 있다.
④ 간단하게 뇌진탕을 진단하는 방법은 롬버그 검사를 통해 확인할 수 있으며, 이 외에도 CT, MRI와 같은 의학적 검사를 통해 확인할 수 있다.

해설 뇌진탕은 즉각적이고 일시적인 신경기능 손상을 나타내는 임상적 증상을 말한다.

31 다음 중 특수검사의 종류로 옳지 않은 것은?

① 도수근력검사
② 신경학검사
③ 자세검사
④ 관절각도 평가

해설 자세검사는 신체의 부정렬을 알아보기 위한 검사이다.

32 〈보기〉에서 설명하고 있는 질환과 검사방법으로 옳은 것은?

> ┤보 기├
> 18세의 고교 야구 투수는 경기 중 팔을 머리 위로 들어 올렸을 때 어깨에 통증을 호소하였다. 평상시에는 별다른 증상을 보이지 않다가 90도 이상으로 어깨관절을 안쪽돌림한 상태에서 굽힘 동작 시 통증이 발생되었다.

① 아래쪽 불안정검사 – Sulcus Sign
② SLAP 병변검사 – 오브라이언검사(O'brien Test)
③ 위팔두갈래근검사 – 요가손검사(Yergason's Test)
④ 견봉하 공간 충돌검사 – 니어검사(Neer Test)

해설 어깨관절을 안쪽돌림한 상태에서 90도 이상 굽힘 동작을 했을 때 통증이 발생한다면 위팔뼈머리의 큰결절과 그사이 조직이 압박되고 있음을 의미한다.

33 다음 중 빈칸 안에 들어갈 용어로 순서대로 옳은 것은?

> ┤보 기├
> 어깨관절의 전방탈구(Anterior Glenohumeral Dislocation)는 어깨의 후방이나 후외측에서 직접적인 충격이나 어깨의 벌림, (㉠), 굽힘 상황에서 (㉡)가 전방으로 빠져나온다. 오목위팔관절의 전방탈구는 관절테두리의 앞쪽 손상에 의해 발생한다.

① ㉠ 바깥돌림(외회전 ; External Rotation), ㉡ 위팔뼈머리(상완골두 ; Humeral Head)
② ㉠ 안쪽돌림(내회전 ; Internal Rotation), ㉡ 어깨뼈(견갑골 ; Scapula)
③ ㉠ 모음(내전 ; Abduction), ㉡ 부리돌기(오훼돌기 ; Coracoid Process)
④ ㉠ 수평벌림(수평외전 ; Horizontal Aduction), ㉡ 어깨뼈(견갑골 ; Scapula)

해설 어깨관절의 전방탈구는 투구동작에서와 같이 어깨의 벌림, 바깥돌림, 굽힘 상황에서 전방으로 위팔뼈머리가 이동되면서 발생한다.

34 골단 성장판 손상의 Salter-Harris 분류로 옳지 않은 것은?

① 1형 – 뼈의 골절 없이 골단(Physis) 분리
② 2형 – 성장판과 작은 골간단 부위의 분리
③ 3형 – 골간단 골절
④ 4형 – 골단과 골간단 부위의 골절

해설 골단 성장판 손상은 다섯 가지 유형으로 분류된다.
- 제1형 : 뼈의 골절 없이 골간단과 관련한 골단의 완전한 분리
- 제2형 : 성장판과 작은 골간단 부위의 분리
- 제3형 : 골단 골절
- 제4형 : 골단과 골간단 부위의 골절
- 제5형 : 골단의 변위는 없지만 압착력은 성장 변형을 일으킬 수 있음

정답 32 ④ 33 ① 34 ③

35 SLAP(Superior Labrum from Anterior to Posterior)병변의 분류에 대한 설명으로 옳지 않은 것은?

① 제1형 SLAP – 위관절테두리의 퇴행성 마손과 위팔두갈래근의 관절테두리 부착으로부터 분리된 상태이다.
② 제2형 SLAP – 위팔두갈래근이 관절와 부착부로부터 분리된 상태이다.
③ 제3형 SLAP – 위팔두갈래근의 이는점은 온전하며 위관절테두리의 Bucket-handle형 파열이 된 상태이다.
④ 제4형 SLAP – 제3형 파열과 유사하나 파열이 위팔두갈래근건으로 확장되고 파열된 위팔두갈래근건과 관절테두리는 관절내로 전위된 상태이다.

해설 제1형 SLAP의 경우 위팔두갈래근의 관절테두리 부착부위는 정상이다.

36 〈보기〉에서 설명하고 있는 손상평가 방법으로 옳은 것은?

─| 보 기 |─
㉠ 환자를 테이블에 눕히거나 의자에 앉게 한다.
㉡ 검사자는 한 손으로 환자의 손목을 잡고 다른 손으로는 팔꿈치 또는 위팔뼈의 중앙 부위를 지지한다.
㉢ 검사자는 환자의 어깨관절을 90도 벌림(외전 ; Abduction)하고 팔꿈치 관절을 90도 굽힘(굴곡 ; Flexion)시킨 상태에서 검사자는 환자의 위팔어깨관절을 가쪽돌림(외회전 ; External Rotation)시킨다.
㉣ 환자가 저항을 하거나 앞쪽에서 통증을 느낀다면 양성이다.

① 뒤쪽 불안정검사(Posterior Relocation Test)
② 오브라이언검사(O'brien Test)
③ 앞쪽 불안정검사(Anterior Apprehension Test)
④ 압박돌림검사(Grind Test)

해설 어깨관절 90도 벌림 팔꿈치 90도 굽힘된 상태에서 어깨관절의 가쪽돌림 시 전방구조의 안정성이 떨어지는 사람의 경우 앞쪽이 불안정해진다.

37 〈보기〉에서 설명하고 있는 손상평가 방법으로 옳은 것은?

> 보 기
> ㉠ 환자를 의자에 앉게 한 뒤 환자의 전완을 엎침(회내 ; Pronation)시키고 팔꿈치를 90도 굽힘(굴곡 ; Flexion)시킨 상태에서 체간에 상지를 붙이도록 한다.
> ㉡ 환자의 팔꿈치를 굽힘(굴곡 ; Flexion)시키면서 위팔을 뒤침(회외 ; Supination)시키도록 한다.
> ㉢ 검사자는 환자의 반대 방향으로 저항을 준다.
> ㉣ 어깨관절 앞쪽에 통증이 나타나면 위팔두갈래근의 건염이나 불안정을 의미한다.

① 요가손검사(Yergason's Test)
② 오브라이언검사(O'brien Test)
③ 앞쪽 불안정검사(Anterior Apprehension Test)
④ 압박돌림검사(Grind Test)

해설 위팔두갈래근에 의도적으로 저항을 가하여 건염이나 불안정을 확인하기 위해 요가손검사가 사용된다.

38 〈보기〉에서 설명하고 있는 손상평가 방법으로 옳은 것은?

> 보 기
> ㉠ 환자를 앉힌 상태에서 날개뼈를 고정시킨다.
> ㉡ 환자의 팔꿈치를 폄(신전 ; Extension), 위팔뼈(상완골 ; Humerus)의 안쪽돌림(내회전 ; Internal Rotation), 전완의 엎침(회내 ; Pronated), 어깨관절의 굽힘(굴곡 ; Flexion)을 시킨다.
> ㉢ 검사자가 수동적 굽힘(굴곡 ; Flexion)을 시행한다.
> ㉣ 90도 이상에서 큰결절(대결절 ; Greater Tubercle)이 끼이게 되어 통증을 호소하면 양성이다.

① 극상근 손상 확인검사(Empty Can Test)
② 오브라이언검사(O'brien Test)
③ 니어검사(Neer Test)
④ 호킨스-케네디검사(Hawkins-Kennedy)

해설 니어검사(Neer Test)는 어깨관절의 충돌검사를 확인하기 위해 사용된다.

정답 37 ① 38 ③

39 〈보기〉에서 설명하고 있는 손상평가 방법으로 옳은 것은?

> **보 기**
> ㉠ 앞쪽 목갈비근을 좁아지게 함으로써 팔신경얼기의 안쪽, 빗장뼈밑 동맥과 정맥의 막힘 가능성을 확인하기 위해 사용된다.
> ㉡ 환자를 의자나 테이블에 몸통을 바로 세우고 앉게 한다.
> ㉢ 검사자는 환자의 어깨를 30도 벌림(외전 ; Abduction)하고 엄지손가락이 위로 향하도록 가쪽돌림(외회전 ; External Rotation) 시킨다.
> ㉣ 검사자는 위의 상태에서 환자의 뒤에 서서 한손으로 노동맥의 맥박을 촉진한다.
> ㉤ 노동맥에서 맥박이 느껴지지 않거나 반대쪽과 비교했을 때 약해지는 경우 양성 반응이다.

① 루검사(Roo Test)
② 오브라이언검사(O'brien Test)
③ 애드슨검사(Adson Test)
④ 앨런검사(Allen Test)

해설 애드슨검사는 의도적으로 앞쪽 목갈비근을 좁아지게 하여 가슴문증후군을 확인하기 위해 사용되는 검사방법이다.

40 〈보기〉의 내용에 해당되는 상지 손상으로 옳은 것은?

> **보 기**
> • 반복적인 손목의 강한 굽힘과 팔꿈치의 과도한 밖굽이(외반력 ; Valgus Torque)를 요구하는 동작 시 발생할 수 있다.
> • 어린 야구투수들은 공에 스핀을 걸 때 과도한 손목의 굽힘근을 사용하면서 발생할 수 있다.
> • 골퍼들은 팔로우드로우에서 끄는 팔에 상당한 굽힘근의 사용을 요하게 되면서 발생할 수 있다.
> • 투구동작, 서브동작과 포핸드스트로크(라켓볼), 백스트로크 시의 끄는 동작(수영), 임펙트동작(골프)에서 통증이 악화될 수 있다.

① 가쪽위관절융기염(외측상과염 ; Laterla Epicondylitis)
② 안쪽위관절융기염(내측상과염 ; Medial Epicondylitis)
③ 테니스 엘보우(Tennis Elbow)
④ 자뼈곁인대 염좌(척골 측부인대 염좌, UCL ; Ulnar Collateral Ligament Injuries)

해설 일반적으로 투구동작이나 테니스의 서브동작과 같은 과도한 밖굽이 동작은 손목관절의 굽힘근들이 부착되어 있는 안쪽위관절융기에 스트레스를 증가시킨다.

41 다음 중 아래팔 손상 부위와 평가가 잘못 연결된 것은?

① 자뼈곁인대검사 – 밖굽이검사
② 팔꿈치 후방충돌증후군 검사 – 반동검사
③ 가쪽위관절융기검사 – 테니스엘보검사
④ 짧은엄지폄근, 긴엄지폄근, 힘줄의 건초염검사 – 팔렌검사

해설 짧은엄지폄근, 긴엄지폄근, 힘줄의 건초염 검사는 핀켈스타인 검사를 통해 확인할 수 있다.

42 척주의 인대(Vertebral Ligament)에 대한 설명 중 옳은 것을 모두 고른 것은?

|보기|
ⓐ 앞세로인대 – 추체의 앞쪽 전면에 있는 넓고 강한 인대로 척주를 앞으로 굽히는 것을 제한하는 역할을 한다.
ⓑ 뒤세로인대 – 추공간 내에 척수 앞쪽에 위치한 구조물이며, 척주의 폄을 제한하는 역할을 한다.
ⓒ 가시끝인대, 가시사이인대 – 가시돌기 사이에 위치하며 척주의 극단적인 굽힘에 파열되는 일차적인 구조물이다.
ⓓ 횡돌기간 인대 – 인접한 횡돌기들 사이에 걸쳐 있어 반대쪽으로의 측방 굽힘 시 제한하는 역할을 한다.
ⓔ 황색인대 – 추궁판(Lamina)의 전면에서 기시하여 아래쪽에 있는 추궁판의 후면에 정지하며, 요추영역에서 가장 두껍다.

① ⓑ, ⓒ, ⓓ
② ⓐ, ⓑ, ⓒ
③ ⓒ, ⓓ, ⓔ
④ ⓐ, ⓓ, ⓔ

해설 척추의 앞세로인대는 척주의 폄을 제한하고, 뒤세로인대는 척주의 굽힘을 제한한다.

정답 41 ④ 42 ③

43 〈보기〉에서 설명하는 질환으로 옳은 것은?

> ┤보 기├
> 이 질환은 척추분절의 과도한 움직임이 발생하며 주로 L5가 S1 위로 미끄러지는 것이 가장 흔하다.
> - 원인 : 척주를 과신전시켜야 하는 스포츠에서의 움직임에서 많이 발생한다. 예를 들어 테니스 서브, 배구 스파이크, 배드민턴 스매싱, 수영의 접영과 같은 동작이 대표적이다.
> - 증후와 증상 : 환자는 허리 하부를 가로지르는 지속적인 쑤시는 듯한 통증을 호소하며 통증이 증가하면 허리의 강직(뻣뻣함)이 생기고 허리를 과도하게 폄할 때 척추 분절 사이의 전위가 심하면 신경학적 증후가 나타남

① 골관절염(Osteoarthritis)
② 궁둥신경통(Sciatica)
③ 척추분리증(Spondyloysis), 척추전방전위증(Spondylolisthesis)
④ 척추관협착증(Spinal Stenosis)

해설 척추분절의 분리는 허리를 과도하게 뒤로 젖히는 동작에서 통증이 증가한다.

44 디스크탈출증(Herniation of Intervertebral Disc)에 대한 설명으로 옳지 않은 것은?

① 디스크탈출증은 디스크의 돌출(팽륜), 탈출, 분리 등으로 구분된다.
② 잘못된 신체 정렬, 노화나 과도한 사용으로 인한 섬유륜의 퇴행과 지속적이고 반복적으로 요추에 가해지는 스트레스 등이 원인이 될 수 있다.
③ 검사방법으로 SLR Test(하지직거상검사)가 있다.
④ 허리 폄 운동 시 주의를 요하며 굽힘 운동 위주로 근육을 강화한다.

해설 디스크탈출증은 몸통을 앞으로 굽히면 압력이 뒤로 가해져 오히려 통증이 증가하게 된다.

45 토마스검사(Thomas Test)로 확인할 수 있는 것으로 옳은 것은?

① 넙다리네갈래근(대퇴사두근), 큰모음근(대내전근), 엉덩근(장골근)의 길이 검사
② 넙다리빗근(봉공근), 두덩정강근(박근), 넙다리곧은근(대퇴직근)의 길이 검사
③ 넙다리곧은근(대퇴직근), 넙다리근막긴장근(대퇴근막장근), 엉덩근(장골근)의 길이 검사
④ 넙다리두갈래근(대퇴이두근), 박막모양근(반막근), 반힘줄모양근(반건양근)의 길이 검사

해설 토마스검사는 고관절의 굽힘근들의 긴장 양상에 따라 엉덩근, 넙다리곧은근, 넙다리근막긴장근의 구별을 할 수 있도록 하는 검사법이다.

46 〈보기〉에서 설명하고 있는 질환과 검사방법으로 옳은 것은?

> **보기**
> 무릎에서 가장 잘 손상되는 부분 중 하나이다. 대퇴골이 고정되어 있을 때 경골이 앞쪽으로 전이되는 것을 막아주며, 발이 지면에 고정된 상태에서 경골이 고정되며 대퇴골이 뒤로 전이되는 것을 막아주는 역할을 한다. 또한 무릎이 외반/내반력에 의해 외회전/내회전되는 것을 막아주고, 후방십자인대와 함께 운동하는 동안 무릎이 과신전 되지 않도록 대퇴골에서 경골이 미끄러지거나 구르는 것(Rolling/Gliding)을 조절해준다. 일반적으로 관절흔의 넓이가 좁은 사람·여성이 남성보다 손상당할 확률이 높다.

① 반달연골(Meniscus) 손상 – 뒤처짐검사(Posterior Sag Test)
② 뒤십자인대(PCL) 염좌 – 뒤쪽끌림검사(Posterior Draw Test)
③ 가쪽곁인대(LCL) 염좌 – 라크만검사(Lachman Test)
④ 앞십자인대(ACL) 염좌 – 전방전위검사(Draw Test)

해설 앞십자인대는 대퇴골이 경골의 뒤로 전이되는 것을 막아주는 역할을 하므로 전방전위검사로 확인할 수 있다.

47 〈보기〉에서 설명하고 있는 손상으로 옳은 것은?

> **보기**
> • 넙다리뼈 고랑 안으로 지나는 무릎뼈가 약간 가쪽으로 편향되거나 증가된 Q각, 넙다리두갈래근, 장딴지근, 넙다리근막긴장근, 바깥쪽 지지띠의 긴장, 발의 과도한 회내, 안쪽넓은근(VMO)의 약화, 엉덩관절 벌림근의 약화 등이 원인이다.
> • 증상과 징후는 걷기, 뛰기, 계단오르내리기, 스쿼트 동작을 할 때 무릎뼈의 가쪽 측면으로 압통이 생기고 무릎 가운데 부분에 무딘 통증이 발생하는 것 등이 있다.

① 무릎뼈–넙다리뼈 스트레스 증후군(Patellofemoral Stress Syndrome)
② 장경인대 마찰 증후군(Iliotibial Band Friction Syndrome)
③ 오스굿슐라터병 & 라르센요한슨병
④ 무릎뼈 연골연화증(Patella Chondromalacia)

해설 넙다리뼈 스트레스 증후군은 무릎관절과 발목관절의 부정렬과 주변 근육의 긴장과 약화 등이 원인이 되어 발생하는 손상이다.

48 〈보기〉에서 설명하고 있는 손상평가 방법으로 옳은 것은?

> ─ 보 기 ─
> ㉠ 환자는 바로 누운 상태에서 환측 다리의 엉덩관절은 45도, 슬관절은 90도 굽힘한다.
> ㉡ 검사자는 허벅지를 이용하여 다리를 고정시킨 뒤 양손의 엄지는 정강거친면에 대고 나머지 손가락은 종아리를 감싸 쥐고 정강뼈를 넙다리뼈에 대해 앞으로 밀었다가 검사자의 몸쪽으로 당기며 검사한다.
> ㉢ 3회 실시 후 반대편도 비교해 본다.
> ㉣ 정강뼈가 앞으로 7mm 이상 비정상적인 범위로 빠져나올 경우 양성 반응이다.

① 전방전위검사(Draw Test)
② 뒤쪽끌림검사(Posterior Draw Test)
③ 뒤처짐검사(Posterior Sag Test)
④ 맥머레이검사(McMurray Test)

해설 〈보기〉의 검사방법은 전방십자인대의 손상유무를 확인하기 위해 실시하는 전방전위검사이다.

49 간질에 대한 설명으로 옳지 않은 것은?

① 간질은 뇌조직의 기능적 장애로 인해 발작적으로 신경기능장애를 일으켜 돌발적인 의식상실, 경련, 정신 또는 감각장애를 일으키는 질환이다.
② 전체 인구의 약 0.5~1%에서 볼 수 있는 흔한 질병으로 예전에는 유전병이나 불치의 병으로 단정해 치료를 기피했지만, 최근에는 약물치료와 뇌수술로 간질환자의 약 60%를 치유할 수 있다.
③ 발작의 경우에는 사전에 질병을 확인한 후 필요한 약물의 섭취에 관한 정보를 인지하고 있어야 한다.
④ 발작이 언제 주로 발생하는지, 외상과 관련이 있는지, 스트레스와 관련이 있는지 등에 관한 환자의 정보를 인지하고 환자와 상담을 통해 적절한 대처법을 사전에 알고 있어야 한다.

해설 예전에는 간질을 유전병이나 불치의 병으로 단정해 치료를 기피하였지만, 최근에는 약물치료와 뇌수술로 간질환자의 약 80%를 치유할 수 있다.

50 스포츠 경기로의 복귀 기준에 대한 설명으로 옳지 않은 것은?

① 근력과 좋은 유연성을 가지고 있어야 한다.
② 고유수용감각과 신경근계 협응이 충분해야 한다.
③ 통증이 있더라도 스포츠 경기 복귀에 대한 기대감과 자신감이 충만해야 한다.
④ 스포츠에 맞는 기술을 회복해야 한다.

해설 스포츠로의 복귀를 위해 강한 자신감이 있더라도 통증이 있다면 복귀 시기를 늦추어야 한다.

작은 기회로부터 종종 위대한 업적이 시작된다.

-데모스테네스-

파트별 출제비중

구 분	2025	2024	2023	2022	2021	2020	2019	합 계
기능해부학의 기초	-	1	1	-	-	-	1	3
근골격계의 이해	13	11	12	11	11	14	14	86
인체역학	6	6	5	8	7	5	4	41
자세와 보행의 인체역학	1	2	2	1	2	1	1	10

※ 출제빈도는 문제 분석에 따라 달라질 수 있습니다.

최근 기출 분석

기능해부학 과목은 2025년 시험에서도 예년과 마찬가지로 [근골격계의 이해]와 [인체역학] 영역에서 높은 출제 비중을 보였습니다. 특히 주요 관절의 해부학적 구조와 움직임, 관련 근육의 작용과 신경지배, 근수축 종류에 따른 기능적 분석이 주요 문항으로 출제되었습니다. 이번 시험에서는 척추 및 사지 관절의 축과 움직임 방향(굽힘, 폄, 안쪽돌림·가쪽돌림 등)에 대한 이해와 이를 실제 인체 움직임 분석에 적용할 수 있는 능력을 평가하는 문항이 다수 포함되었습니다. 또한 정상 보행 주기와 병적 보행의 패턴에 대한 문제도 출제되어, 보행 단계별 관절 역할과 근육 작용을 기능적으로 해석하는 역량이 요구되었습니다. 인체역학 영역에서는 모멘트 암, 힘의 벡터, 지레의 원리와 같은 기초 생체역학 개념을 바탕으로, 동작 중 근육 작용과 관절 부하 변화를 이해하는 응용 문항이 반복적으로 등장했습니다.

제6과목

기능해부학

01 기능해부학의 기초
02 근골격계의 이해
03 인체역학
04 자세와 보행의 인체역학

출제예상문제

제6과목 기능해부학

01 기능해부학의 기초

학습목표
- 근골격계의 해부학적 구조와 용어를 이해하고 설명할 수 있다.
- 신체의 위치와 움직임을 기술하는 데 사용하는 핵심 용어를 이해하고 설명할 수 있다.
- 인체의 구분과 측정 부위에 대해 정확히 숙지하고 실시할 수 있다.
- 관절 계통의 구조에 대해 이해하고 설명할 수 있다.
- 근육 계통의 구조와 기능에 대해 이해하고 설명할 수 있다.
- 운동과 근육의 작용에 대해 이해하고 설명할 수 있다.

1 기능해부학의 개요

신체가 움직이는 동안 주요 조직의 형태나 기능적인 구조, 즉 근골격계를 심도 있게 이해하고 정적·동적 자세 정렬 및 운동학적 원리를 이해하는 데 목적이 있다. 이렇듯 기능해부학과 움직임에 대한 이해는 근·골격계의 기능과 체력 향상을 위한 안정적이고 효율적인 프로그램 설계에 필수적이라 할 수 있다. 인체의 움직임을 기술하고 이해하는 것과 관련된 학문에는 생체역학(Biomechanics)과 운동학(Kinesiology)이 있다.

(1) 해부학적 자세

해부학의 올바른 이해는 관련된 용어의 정의에서 시작되며 용어의 이해를 위해서는 인체의 방위가 설정되어야 한다. 이는 위치나 방위에 따라 그 의미가 달라지기 때문이다. 따라서 해부학적 자세라고 정의된 일정한 자세를 기본으로 위치 관계를 설명한다. 이 자세는 인체의 기준이 되어 모든 방향에 대한 설명 시 사용된다. 그리고 건강운동관리사가 기본 용어를 이해하고 사용하는 것은 환자나 고객에게 보다 적절한 운동처방을 적용하기 위해서 중요하다.

부 위	설 명
상위부(Superior)	기준점의 위 머리 방향
하위부(Inferior)	기준점의 아래 발 방향
전방부(Anterior)	인체 앞 방향
후방부(Posterior)	인체 뒤 방향
중앙부(Medial)	신체중앙선에 가까운 쪽
외측(Lateral)	인체의 중앙선에서 먼 쪽

근위(Proximal)	체간이나 중심의 기준점에서 가까운 쪽
원위(Distal)	체간이나 중심의 기준점에서 먼 쪽
천부(Superficial)	신체 표면에 가까운 부위
심부(Deep)	신체 표면에서 먼 부위
반대측(Contralateral)	신체의 반대편에 위치 예 오른손, 왼발
동일측(Ipsilateral)	신체의 같은 면에 위치 예 오른손, 오른발

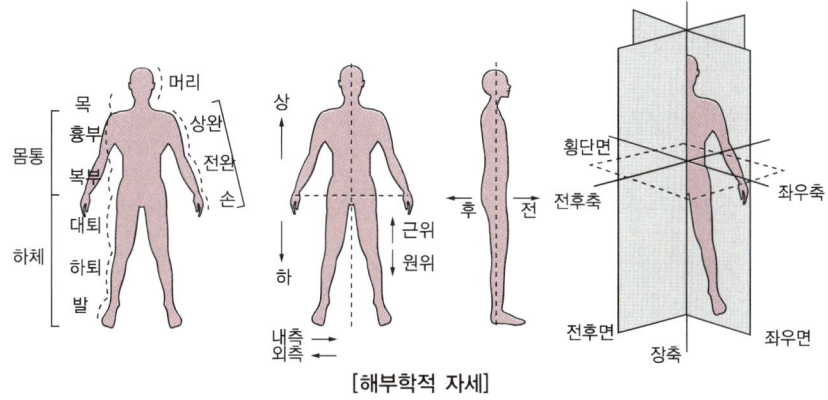

[해부학적 자세]

> **개념 PLUS**
>
> **해부학적 자세**
> 양발을 붙이고 정면을 바라보고 선 자세에서 양팔은 옆구리에 붙이고 손바닥이 앞으로 향하도록 하고 선 자세를 해부학적 자세라 한다.

(2) 인체의 면

① 면(Plane) : 인체는 외형상 앞과 뒤 오른쪽과 왼쪽 위와 아래 이렇게 신체의 정중앙을 기준으로 양분하여 나누어 3개의 평면으로 나누는 것은 인체의 움직임을 보다 쉽게 이해하기 위해서이다.
  ㉠ 전두면(Frontal Plane), 관상면(Coronal Plane) : 인체를 전후로 나눈 가상의 면
  ㉡ 시상면(Sagittal Plane), 정중면(Median Plane) : 인체를 좌우로 나눈 가상의 면
  ㉢ 횡단면(Transverse Plane), 수평면(Horizontal Plane) : 인체를 상하로 나눈 가상의 면

② 축(Axis) : 인체의 움직임은 가상의 면을 따라 일어나며 움직임이 일어나기 위해서는 중심축이 필요하다. 움직임의 중심을 축이라 하며, 면과 축은 서로 직각으로 움직인다.
  ㉠ 전후축(Anterior-posterior Axis) 또는 시상축(Coronal Axis) : 전후축은 신체의 앞뒤 면을 꿰뚫는 축을 의미한다.
  ㉡ 내회축(Medial-lateral Axis) 또는 관상축(Coronal Axis) : 내회축은 신체의 좌우로 꿰뚫는 축을 의미한다.
  ㉢ 수직축(Vertical Axis) 또는 종축(Longitudinal Axis) : 수직축은 신체를 상하로 꿰뚫는 축을 의미한다.

(3) 운동의 용어

① **시상면에서의 움직임** : 시상면에서의 움직임은 굽힘(굴곡 ; Flexion)과 폄(신전 ; Extension) 그리고 관절의 정상 운동 범위를 넘어서 폄하는 과다폄(과신전 ; Hyperextension), 발목 관절의 발등굽힘(배측굴곡 ; Dorsiflexion), 발바닥굽힘(저측굴곡 ; Plantar Flexion)이 있다. 시상면의 움직임의 예로는 걷기, 달리기, 쪼그려 앉았다 일어서기, 덤벨 앞으로 들어올리기 등이 있다.
  - ㉠ 굽힘(굴곡 ; Flexion) : 두 개 이상의 인접한 관절의 각도가 가까워지는 동작
  - ㉡ 폄(신전 ; Extension) : 두 개 이상의 인접한 관절의 각도가 서로 멀어지는 동작
  - ㉢ 과다폄(과신전 ; Hyperextension) : 관절이 정상 운동범위를 넘어서 과도하게 관절이 펴지는 동작
  - ㉣ 발등굽힘(배측굴곡 ; Dorsiflexion) : 발목관절에서만 사용되며 발이 발등쪽으로 가까워지는 동작
  - ㉤ 발바닥굽힘(저측굴곡 ; Plantar Flexion) : 발목관절에서만 사용되며 발이 발바닥쪽으로 향하는 동작

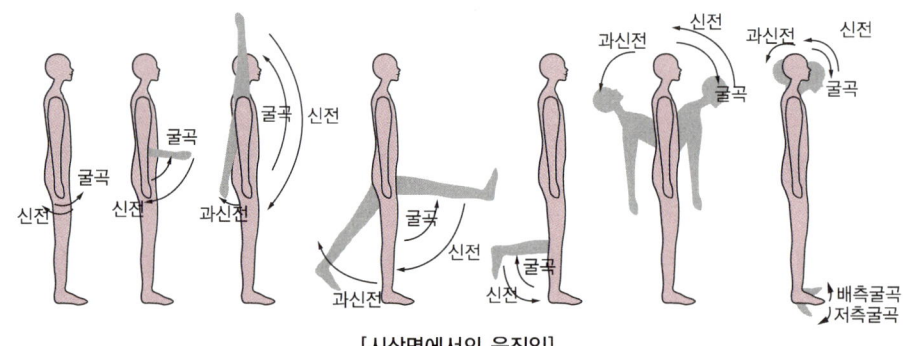

[시상면에서의 움직임]

② **전두면에서의 움직임** : 전두면에서의 움직임은 외전(벌림 ; Abduction)과 내전(모음 ; Adduction), 외측굴곡(가쪽굽힘 ; Lateral Flexion), 외번(가쪽번짐 ; Eversion), 내번(안쪽번짐 ; Inversion)이 있다. 전두면의 움직임의 예로는 양팔 옆으로 들어올리기, 태권도 옆차기, 축구의 인사이드 킥이 포함될 수 있다.
  - ㉠ 벌림(외전 ; Abduction) : 신체의 중심에서 멀어지는 동작
  - ㉡ 모음(내전 ; Adduction) : 신체의 중심으로 가까워지는 동작
  - ㉢ 가쪽굽힘(외측굴곡 ; Lateral Flexion) : 몸통이 같은 쪽 방향으로 가까워지는 동작
  - ㉣ 노쪽굽힘(요측 편위 ; Radial Deviation) : 전두면에서 손목이 신체의 중심에서 멀어지는 동작
  - ㉤ 자쪽굽힘(척측 편위 ; Ulnar Deviation) : 전두면에서 손목이 신체의 중심으로 가까워지는 동작
  - ㉥ 가쪽번짐(외번 ; Eversion) : 발목관절이 신체 중심으로 멀어지는 동작
  - ㉦ 안쪽번짐(내번 ; Inversion) : 발목관절이 신체 중심으로 가까워지는 동작

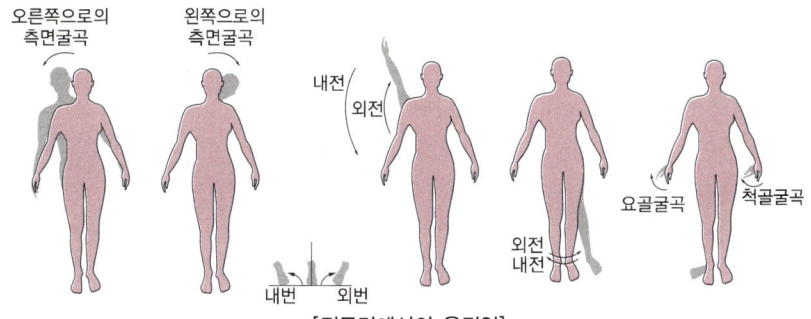

[전두면에서의 움직임]

③ 횡단면에서의 움직임 : 횡단면에서의 움직임은 안쪽돌림(내회전 ; Internal Rotation), 바깥쪽돌림(외회전 ; External Rotation), 수평벌림(수평외전 ; Horizontal Abduction)과 수평모음(수평내전 ; Horizontal Adduction), 엎침(회내 ; Pronation), 뒤침(회외 ; Supination)이 있다. 횡단면의 움직임의 예로는 골프, 야구 스윙, 팔 앞뒤로 손뼉 치기 등이 있다.

㉠ 안쪽돌림(내회전 ; Internal or Medial Rotation) : 수평면에서 인체의 정중선쪽으로 가까워지는 회전 동작

㉡ 바깥쪽 돌림(외회전 ; External or Lateral Rotation) : 수평면에서 인체의 정중선쪽으로 멀어지는 회전 동작

㉢ 수평벌림(수평 외전 ; Horizontal Abduction) : 수평면에서 인체의 정중선으로부터 멀어지는 움직임을 말하며 일반적으로 어깨관절이 90도 굽힘(굴곡 ; Flexion)되었을 때 위팔뼈의 수평적 움직임을 기술하기 위해 사용됨

㉣ 수평모음(수평 내전 ; Horizontal Adduction) : 수평면에서 인체의 정중선쪽으로 움직이는 동작을 말하며 일반적으로 어깨가 90도 굽힘(굴곡 ; Flexion)되었을 때 위팔뼈의 수평적 움직임을 기술하기 위해 사용됨

㉤ 엎침(회내 ; Pronation) : 팔꿈치가 90도 구부러진 상태에서 손바닥이 아래로 향하는 동작

㉥ 뒤침(회외 ; Supination) : 팔꿈치가 90도 구부러진 상태에서 손바닥이 위로 향하는 동작

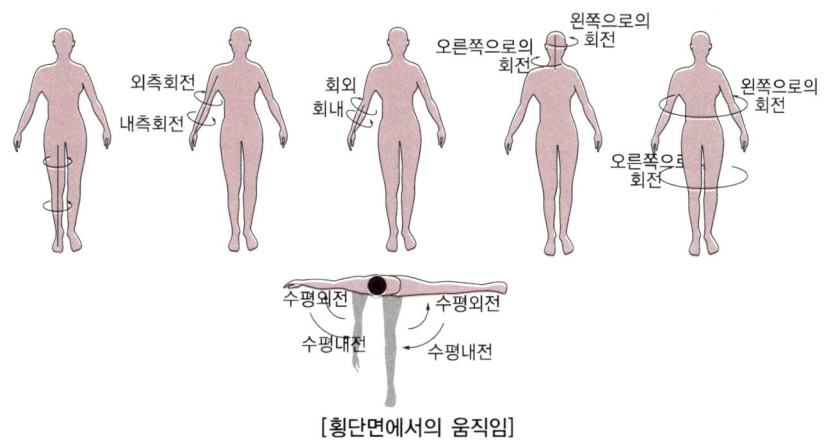

[횡단면에서의 움직임]

④ 견갑골의 움직임 : 견갑골의 움직임은 내밈(전인 ; Protraction), 들임(후인 ; Retraction), 올림(거상 ; Elevation), 내림(하강 ; Depression), 위쪽돌림(상방회전 ; Upward Rotation), 아래쪽돌림(하방회전 ; Downward Rotation)이 있다.
  ㉠ 내밈(전인 ; Protraction) : 수평면에서 견갑골이 척추 쪽에서 멀어지는 동작
  ㉡ 들임(후인 ; Retraction) : 수평면에서 견갑골이 척추 쪽으로 가까워지는 동작
  ㉢ 올림(거상 ; Elevation) : 전두면에서 견갑골이 위쪽으로 움직이는 동작
  ㉣ 내림(하강 ; Depression) : 전두면에서 견갑골이 아래쪽으로 움직이는 동작
  ㉤ 위쪽돌림(상방회전 ; Upward Rotation) : 전두면에서 견갑골의 하각이 상, 외측으로 움직이는 동작
  ㉥ 아래쪽돌림(하방회전 ; Downward Rotation) : 전두면에서 견갑골의 하각이 후, 하방으로 움직이는 동작

> **개념 PLUS**
>
> 발에서의 움직임에 대한 문제 중 엎침(회내 ; Pronation) 동작과 같은 여러 면에서의 결합된 관절의 움직임에 대한 문제가 출제되었다. 정답은 가쪽번짐(외번 ; Eversion) – 벌림(외전 ; Abduction) – 발등굽힘(배측굴곡 ; Dorsiflexion)이다.

2 인체의 구분 및 측정부위

(1) 인체 부위

인체를 해부학적 관점에서 크게 머리, 경부, 체간, 사지 이렇게 4부위로 나눌 수 있으며, 체간은 가슴, 복부, 골반 세 부위로 세분화할 수 있고 사지는 상지와 하지로 나눌 수 있다.

① 머리와 목 : 아래턱(하악골 ; Mandible)의 하연에서 관자뼈(측두골 ; Temporal Bone)의 꼭지돌기(유양돌기 ; Mastoid Process)를 지나 바깥뒤통수뼈 융기(외후두부융기)까지 이르는 선이다.

② 목과 가슴 : 복장뼈(흉골 ; Sternum)의 상연에서 빗장뼈(쇄골 ; Clavicle)의 어깨봉우리뼈(견봉 ; Acromion)에 이르는 선이며, 뒤에서는 제7목뼈의 가시돌기(극돌기 ; Spinous Process)와 수평하게 잇는 선이다.

③ 가슴과 복부 : 전면은 칼돌기(검상돌기 ; Xiphiod Process)에서 좌, 우 갈비뼈(늑골 ; Rib)을 잇는 선이며, 후면은 제12등뼈(흉추 ; Thoracic)의 가시돌기(극돌기 ; Spinous Process)와 수평선을 잇는 선이다.

④ 체간과 상지 : 체간과 상지의 구분선은 어깨세모근(삼각근 ; Deltoids)의 이는 점(기시부)과 좌, 우 어깨뼈(견갑골 ; Scapula)의 외측선상에 의해 나누어진다.

⑤ 체간과 하지 : 체간과 하지는 두덩결합(치골결합 ; Pubis Symphysis) 부위에서 좌, 우 샅고랑인대(서혜인대)로 이어지는 선을 따라 위앞엉덩뼈가시(상전장골극 ; ASIS) 및 엉덩뼈 능선(장골능 ; Iliac Crest), 꼬리뼈(미골 ; Coccyx), 항문을 연결하는 경계선에 의해 구분된다.

(2) 인체의 측정 부위

① **둘레 측정**: 인체의 크기와 관련된 체격 측정에서 정확성을 결정하는 주요 요인은 항목에 따라서 정확한 부위를 설정하는 것이다. 측정은 오른쪽 부위를 보통 3회에 걸쳐 실시하며 측정치의 평균을 구한다. 인체표면에서 제시될 수 있는 주요 측정 부위와 둘레 요인의 계측 부위는 다음과 같다.

[인체 주요 둘레 측정 부위]

측정 부위	측정 위치
목	목젖 부위 측정
가 슴	유두와 날개뼈 아래각을 잇는 부위 측정
허 리	배꼽과 칼돌기 사이의 몸통 중간 부위 측정
엉덩이	엉덩이의 가장 넓은 부위 측정
허벅지	무릎의 무릎뼈 위(약 25cm) 가장 굵은 부위 측정
장딴지	무릎과 발목 사이 중 가장 굵은 부위 측정
상완이두(두갈래근)	어깨와 팔꿈치 사이 중 가장 굵은 부위 측정

② **피부주름 측정**: 체지방률의 측정 방법 중 피하지방 두께의 측정에 의한 방법을 이용하는 경우, 신체 각 부위의 피하지방 두께측정을 위한 정확한 부위의 선정이 측정결과에 중요한 영향을 미치게 된다. 피하지방 두께의 측정 시 체표면상의 정확한 지점은 다음과 같다.

[인체 주요 피하지방 두께 측정 부위]

두겹부위	측정 위치	성 별
가 슴	전액와선과 유두 사이 1/2지점(남) 전액와선과 유두 사이 1/3지점(여)	남성, 여성
겨드랑이	칼돌기 높이의 중앙액와선 부위 측정	남성, 여성
위팔세갈래근	어깨의 봉우리뼈과 팔꿈치머리돌기 중간 부위 측정	남성, 여성, 소년, 소녀
날개뼈 하각	어깨뼈 아래각에서 대각선 아래 1~2cm	남성, 여성
복 부	배꼽에서 오른쪽으로 2cm 떨어진 부위 측정	남성, 여성
엉덩뼈능선	엉덩뼈능선 위 전액와선 부위 측정	남성, 여성
대퇴부	무릎뼈 내측 경계와 사타구니 중간 부위 측정	남성, 여성
종아리	장딴지 중간 부위 측정	소년, 소녀

③ **다리길이 측정 방법**

㉠ 실제 다리길이 측정 방법
- 정확한 다리길이를 측정하기 위해서는 환자의 등을 테이블에 대고 바르게 눕혀야 한다.
- 검사자는 환자의 엉덩관절과 무릎관절을 폄(신전 ; Extension)시키고 인체 중심에서 좌우로 대칭을 이루도록 만든다.
- 측정은 줄자를 이용하여 위앞엉덩뼈가시(상전장골극 ; ASIS)에서 발목관절 안쪽복사(내과 ; Medial Malleolus)까지의 길이를 측정한다.
- 기능적인 다리길이는 배꼽에서 안쪽복사(내측복사뼈 ; Medial Malleolus)까지의 길이이다.

ⓒ 넙다리뼈와 정강뼈 사이의 다리 길이 차이 측정 방법
- 환자의 등을 테이블에 대고 바르게 눕게 한다.
- 검사자는 환자의 양쪽 넙다리뼈(대퇴골)와 무릎관절을 굽힘(굴곡 ; Flexion)시키고 발바닥을 테이블 위에 붙인 상태에서 무릎높이를 확인한다.
- 짧은 쪽의 무릎의 위가 낮으면 정강뼈의 길이가 짧은 것이 원인이며, 긴 쪽의 무릎이 전방으로 돌출되어 있다면 넙다리뼈가 짧은 것이 원인이다.

3 인체의 기본적 구성

(1) 세 포

모든 생물체의 기본단위로 생명활동을 수행하는 최소단위를 말하며 인체를 이루고 있는 세포는 크기와 종류도 다양하며 각각의 고유한 기능을 수행한다.

① **세포의 구조** : 세포의 구조는 종류와 무관하게 세포막(Cell Membrane), 세포질(Cytoplasm), 핵(Nucleus)으로 구성되어 있다.

  ㉠ 세포막 : 두 줄의 인지질 층과 단백질, 탄수화물로 구성되어 있다.
   - 머리 부분의 모양은 구형이며 인산염을 함유하는 수용성 부분이다.
   - 꼬리 부분은 실모양이며 지질로 구성되어 있다.

  ㉡ 세포질 : 세포막과 핵 사이에 있는 세포의 기질을 말하며, 세포질 내 소기관으로는 사립체, 내형질세망(소포체), 리보솜, 골지체, 용해소체(라이소좀) 등이 존재한다.
   - 사립체(미토콘드리아 ; Mitochondria) : 세포호흡과 세포 내 에너지 생산의 기능을 한다.
   - 소포체(Endoplasmic Reticulum) : 지질, 스테로이드 호르몬 합성과 대사에 관여된 기능을 한다.
   - 용해소체(Lysosome) : 세포 내로 들어온 세균이나 각종 이물질들을 식작용으로 소화, 분해하는 세포의 방어기전을 담당한다.
   - 골지복합체(Golgi Complex) : 리보솜에서 합성된 단백질은 골지장치로 이동된 후 소포에 저장되었다가 필요 시 사용된다.

  ㉢ 핵 : 분열하는 세포에 필수적으로 존재하며, 적혈구와 혈소판을 제외한 모든 세포에 존재한다.

(2) 인체의 기본적 조직

세포의 대부분이 형태와 기능에 따라 집단을 형성하여 조직을 이루고, 다시 여러 조직에 의해서 해부학적 구조와 기능적인 단위를 형성하는데 이것을 기관 혹은 기관계라고 하며 우리 신체의 실제적인 기능을 수행하게 된다. 인체에는 네 가지 유형의 근본적 조직이 존재한다. 조직은 형태와 기능에 따라 상피조직, 결합조직, 근육조직, 신경조직으로 나뉘게 된다.

① **상피조직** : 가장 근본적인 조직으로 피부와 내부기관, 외피, 혈관과 분비선의 내부연결 등과 같은 구조를 포함한다. 상피조직의 기본 목적은 조직과 기관을 감싸고 보호하는 역할을 하는 것이다. 또한 이 조직은 혈액공급이 되지 않는 특이한 생리적 특성으로 인해 영양, 산화, 노폐물 배출 등을 하려면 확산(Diffusion)의 과정에 의존해야 한다. 이러한 상피조직에는 세포가 단층인 것, 중층인 것, 또는 이들 층으로부터 관상으로 변하여 샘(선)을 형성하는 것 등이 있다.

② **결합조직** : 결합조직의 세포는 인체에 가장 널리 분포되어 있으며, 상피조직과는 다르게 무생물적인 세포간질이 매우 발달해 있다. 이러한 결합조직은 크게 교원섬유, 탄력섬유, 섬유아세포 3가지로 나눌 수 있다.

  ㉠ 교원섬유 : 가장 일반적인 결합조직 섬유로 탄력성이 없으며 모든 조직을 서로 연결시켜주는 결합체로써 작용한다.

  ㉡ 탄력섬유 : 탄력성이 있어 신장될 수 있고, 자극이 없어지면 제 상태로 돌아온다. 대부분 교원섬유와 혼재해 있지만 특정 부위는 탄력섬유로만 구성되어 있기도 한다.

  ㉢ 섬유아세포 : 결합조직섬유의 형성과 재생에 아주 중요한 역할을 하며, 일부는 소화작용을 갖는 것도 있다.

  ㉣ 섬유성 결합조직의 역할
   - 조직이 손상되었을 때 새로운 결합조직섬유가 형성되어 재결합을 해주며, 상처 치유과정에서 중요한 역할을 담당한다.
   - 하지만 이 결합이 정상 이상으로 진행되면 반흔조직이 형성된다. 이렇게 형성된 반흔 조직을 흔히 흉이라고 하며 굳은 덩어리를 형성하게 되는데, 이것이 근육이나 힘줄에 형성되면 움직임을 방해한다.
   - 결합조직은 그 결합 성분과 형태에 따라 구분할 수 있는데 대표적으로 근막과 활액낭(Fascia and Bursa), 건과 인대(Tendon and Ligament), 연골(Cartilage)과 골(Bone)로 나눌 수 있다.

③ 근육조직(Muscle Tissue) : 근육은 수축을 위한 긴 세포로 된 조직의 일종이며 인체에는 평활근, 심근과 골격근 3가지가 있다.
  ㉠ 평활근 : 소화관 벽이나 혈관벽과 같은 유강성 장기를 둘러싸고 있는 것이 대부분이며, 불수의 근 중의 하나로 수축이 사람의 의지대로 이루어지지 않는다.
  ㉡ 심근 : 심장과 심장 주변 혈관에 국한되며, 평활근과 같은 불수의근이다. 해부학적으로 평활근과 골격근의 중간 형태를 보이며 횡문이 나타난다.
  ㉢ 골격근 : 인체의 움직임을 관장하는 근육으로 우리의 의지대로 수축할 수 있는 수의근이다. 골격근을 이루는 세포는 실과 같은 모양으로 되어 있어 근육섬유라고 불리며, 직경은 1mm 이내로 길이는 약 5cm 정도 된다. 골격근이 심근과 다른 점은 각 섬유들이 평행하지 않고 서로 연결되어있지 않다는 것이다.
④ 신경조직(Nervous Tissue)
  ㉠ 신경조직은 인체 내·외의 자극을 받아들이고 전달하는 역할을 하는 신경세포로 구성되어 있다.
  ㉡ 신경세포 : 거의 원형의 세포체에서 섬유성 돌기가 바깥쪽으로 뻗어나간 형태를 이루고 있으며 이를 신경원이라고 한다.
  ㉢ 신경세포 종말 부분에서 나온 부분을 축삭돌기라고 하고, 그 외돌기를 수상돌기라고 한다.
    • 축삭돌기 : 흥분을 신경세포체에서 멀리 전도하는 역할을 한다.
    • 수상돌기 : 전달된 흥분신호를 신경세포체에 전달하는 역할을 한다.

(3) 기관계

① 골격계
  ㉠ 신체를 지지하는 동시에 기관을 보호한다.
  ㉡ 근육과 협력하여 운동에 참여하며 두개골, 척추, 흉곽, 하지 등이 있다.
② 근육계
  ㉠ 골격에 건의 형태로 부착되어 골격계를 움직이는 역할을 한다.
  ㉡ 골격근, 심장근, 내장근, 근막, 건 등이 있다.
③ 순환기계
  ㉠ 심장과 혈관을 통합하여 지칭하는 것으로, 영양을 세포조직으로 보내며 노폐물을 체외로 배출시킨다.
  ㉡ 일반적으로 혈관계와 림프계로 구분하며 신장, 동맥, 정맥, 림프관, 림프절, 비장 등을 말한다.
④ 소화기계
  ㉠ 음식을 통해 영양분을 섭취하여 이를 소화 및 흡수한다.
  ㉡ 구강, 인두, 식도, 위, 소장, 대장, 간, 췌장 등이 있다.

⑤ 호흡기계
　㉠ 호흡을 통해 공기 중의 산소를 혈액으로 운반하며, 체내에서 발생하는 이산화탄소를 혈액을 통해 체외로 배출하는 기능을 한다.
　㉡ 비강, 인두, 후두, 기관 기관지, 폐 등이 있다.
⑥ 비뇨기계
　㉠ 혈중 노폐물을 소변을 통해 체외로 배설하는 기능을 한다.
　㉡ 신장, 요관, 방광, 요도가 있다.
⑦ 생식기계 : 남성은 정소에서 정자를, 여성은 난소에서 난자를 만든다.
　㉠ 남성 : 정소, 정관, 음경, 전립선
　㉡ 여성 : 난소, 난관, 자궁, 질
⑧ 내분비계
　㉠ 호르몬을 생산하여 혈액을 통해 전신으로 보내어 신체의 발육과 항상성을 유지한다.
　㉡ 뇌하수체, 갑상선, 부갑상선, 췌장, 부신, 정소, 난소 등이 있다.
⑨ 신경계
　㉠ 신체 내부와 외부에서 일어나는 자극에 대한 정보를 구심성으로 전달받은 뒤 정보를 통합하여 다시 원심성 운동감각을 통해 그것에 대응하는 지령을 생체 각 부위로 내려 보내 전신을 통제, 조정하는 역할을 한다.
　㉡ 중추신경계 : 뇌와 척수
　㉢ 말초신경계 : 체성신경, 자율신경
⑩ 감각기계
　㉠ 생체 내외의 자극을 받아들이는 기관으로, 자극은 감각기관에 있는 수용기 세포에서 수용되어 감각신경을 거쳐 중추신경계로 전달된다.
　㉡ 피부, 미각기관, 후각기관, 시각기관, 청각기관, 평형기관 등이 있다.

02 | 근골격계의 이해

> **학습목표**
> - 골격계의 구조와 기능에 대해 학습한다.
> - 신체 주요 관절의 구조와 기능에 대해 학습한다.
> - 부위별 관절과 인대에 대해 학습한다.
> - 신체 주요 근육의 형태와 기능에 대해 학습한다.
> - 인체 주요 근육의 이는 곳, 닿는 곳, 작용, 신경지배에 대해 학습한다.

1 골격계의 구조와 기능

인체의 골격은 몸을 이루는 근간으로 주로 뼈로 구성되고, 각종 연골과 인대도 포함된다. 약 206개의 뼈는 연골과 인대로 연결되어 우리 몸의 형태를 유지하고 지지하는 역할을 하며, 근육과 상호작용하여 움직임(운동)을 만들어 낸다.

(1) 뼈의 기능과 형태

골격(뼈)은 인체의 형태와 구조를 만들고 단단한 지지를 제공하고 인체의 근육에 대한 지레의 역할을 한다. 뼈의 기질에는 인산칼슘 결정체를 함유하고 있으며 이것은 외부 압박의 스트레스로부터 뼈가 잘 견딜 수 있도록 해준다.

① 뼈의 기능 : 뼈는 아주 역동적인 구조로서 신체활동을 통해 적용된 힘에 대한 반응과 칼슘 균형을 조절하는 호르몬의 영향에 대한 반응으로 재형성(Remodeling)이 일어나며 이를 골 재형성(Bone Remodeling)이라 한다. 골화(Ossification) 과정은 막내뼈되기(섬유성골화)와 연골내뼈되기(연골성골화) 두 가지가 있으며, 뼈의 재건은 골수로부터 생기는 파골세포(Osteoclast)에 의해 수행되고 뼈의 치유를 위한 섬유아세포는 골막과 골내막, 뼈의 혈관에 있는 주위 조직에 의해 생긴다. 또한 뼈 속의 골수에는 적혈구, 백혈구 및 혈소판이 생산된다.

　㉠ 인체 구조 보호
　　• 두개골 : 뇌를 보호
　　• 늑골 : 허파와 내장기관을 보호
　　• 척주 : 척수신경을 보호

　㉡ 조혈기능 : 뼈는 칼슘과 무기질을 저장하였다가 필요시 우리 몸에 공급하여 주며, 조혈기능이 있어 적색골수에서 피 세포를 생성한다.

ⓒ 지렛대 역할 : 골격은 가동관절을 통해 지렛대 역할을 수행한다. 근육이 수축하여 힘을 발생시키면 관절을 중심으로 뼈가 움직여 움직임을 만들어 낸다.

② 뼈의 형태 : 뼈는 형태에 따라 긴 뼈, 짧은 뼈, 납작 뼈, 불규칙 뼈, 종자 뼈 5가지로 나눌 수 있다.
㉠ 긴 뼈 : 보통 상지와 하지를 구성 하며 지렛대의 역할과 중력을 지탱하는 데 중요하며 넙다리뼈(대퇴골 ; Femur), 위팔뼈(상완골 ; Humerus)가 대표적이다.
㉡ 짧은 뼈 : 긴 뼈보다 상대적으로 짧은 뼈들을 가리킨다. 손목뼈(수근골 ; Carpal Bone)와 발목뼈(족근골 ; Talsal Bone)가 대표적이며, 짧은 뼈는 긴 뼈에 비해 제한된 움직임만을 허용한다.
㉢ 납작 뼈 : 머리뼈(두개골 ; Skull)와 복장뼈(흉골 ; Sternum)가 대표적이며, 납작 뼈라고 하고 얇고 평평한 것이 특징이다.
㉣ 불규칙 뼈 : 모양이 일정치 않고 복잡하게 구성되어 있으며 척추뼈(추골 ; Vertebra)와 엉덩이뼈(장골 ; Ilium)가 대표적인 불규칙 뼈이다.
㉤ 종자 뼈 : 특수한 형태로 인대나 건과 관련된 종자연골로부터 발생한다. 대표적인 종자 뼈로 무릎뼈(슬개골 ; Patella)가 있다.

[뼈의 특징]

구 분	특 징	예 시
긴 뼈	긴 원통의 줄기 모양을 가지고 있으며 균일하지 못하거나 넓은 끝머리를 가진다.	위팔뼈, 넙다리뼈
짧은 뼈	길이와 너비가 비슷하며 약간 정육면체 모양을 띤다.	손목뼈, 발목뼈
납작 뼈	얇으며 방어적이다	어깨뼈, 무릎뼈
불규칙 뼈	독특한 모양과 기능을 가진다.	척추뼈
종자 뼈	관절주머니 안쪽에 위치하거나 힘줄이 관절 위로 지나가는 위치에 자리 잡은 둥근 형태의 작은 뼈들	무릎뼈

③ 뼈의 구성 요소 : 인체의 사지에 있는 대부분의 긴 뼈는 하나의 골간과 두 개의 골단으로 구성되며, 골단과 골간 사이는 골간단으로 결합된다.
㉠ 골간 : 골수강 주위를 치밀골로 형성되며 태생기에는 이곳에서 적혈구와 백혈구가 생성된다.
㉡ 골수강 : 골간부를 뚫고 들어온 영양동맥으로부터 혈액을 공급받으며 하버스관 내로 들어와 분포하기 때문에, 이 영양동맥은 인체를 구성하는 골의 주된 혈액 공급원이다.
㉢ 골단부 : 긴 뼈의 외막은 치밀골이 얇은 막으로 형성하며, 그 안은 대부분 해면골로 채워져 있다.

(2) 인체의 주요 골격

인체를 구성하는 뼈대는 크게 몸통뼈대와 팔다리뼈대로 나눌 수 있다. 팔다리뼈(Appendicular Skeleton)는 빗장뼈, 어깨뼈, 그리고 골반을 포함한 팔과 다리의 뼈들로 구성되어 있다. 몸통뼈대(Axial Skeleton)는 머리뼈, 척주, 갈비뼈, 복장뼈로 구성되어 있다. 이와 같이 두 뼈대는 복장빗장관절과 엉치엉덩관절에 의해 서로 연결된다.

① 팔다리뼈대 : 팔이음뼈, 팔뼈, 다리이음뼈, 다리뼈로 구분
㉠ 팔이음뼈와 팔뼈(Bone) : 어깨를 구성하고 있는 뼈는 빗장뼈(쇄골 ; Clavicle), 어깨뼈(견갑골 ; Scapula), 위팔뼈(상완골 ; Humerus)로 이루어져 있다.

- 빗장뼈(쇄골 ; Clavicle)
  - 복장뼈자루와 어깨뼈봉우리를 연결하고 있는 가늘고 긴 S자 형태로 되어 있으며, 길이는 약 15cm이다.
  - 안쪽의 2/3 부위는 약간 앞쪽으로 돌출되어 있으며, 가쪽 1/3 지점부터는 뒤쪽으로 휘어져 있다.
- 어깨뼈(견갑골 ; Scapula)
  - 견갑골은 삼각형의 납작한 형태로 위팔뼈머리와 어깨뼈의 접시오목면을 이룬다.
  - 이 뼈의 위치는 흉곽 후방에 위치하며 어깨뼈가시(견갑극 ; Spine), 어깨뼈봉우리(견봉 ; Acromion), 부리돌기(오구돌기 ; Coracoid Process) 등의 3개의 돌출부가 있다.
  - 어깨뼈의 후방에는 가시위오목(극상와 ; Supraspinatus Fossa), 가시아래오목(극하와 ; Infraspinatus Fossa)이 있다.
  - 접시오목(견와와 ; Glenoid Fossa)은 어깨뼈의 외측, 어깨뼈봉우리에 있으며 깊이가 낮아 견와순(Glenoid Labrum)에 의해 접시오목의 깊이를 증가시킨다.
- 위팔뼈(상완골 ; Humerus)
  - 위팔뼈머리(Humeral Head)는 둥근 형태로서 얕고 잘록한 목을 가진다.
  - 어깨뼈의 얕은 접시오목에 대해 상방, 내측 후방으로 접하고 있다.

ⓒ 팔이음뼈 : 견갑골과 쇄골로 구성된다.
ⓓ 팔뼈 : 위팔뼈(상완골 ; Humerus), 노뼈(요골 ; Radius), 자뼈(척골 ; Ulna), 손목뼈, 손바닥뼈, 손가락뼈가 있다.
- 위팔부위 : 1개의 위팔뼈로 구성
- 아래팔 : 노뼈와 자뼈, 두 뼈가 위치하며 해부학적 자세에서 내측에 위치하는 뼈가 자뼈이고 외측에 위치한 뼈가 노뼈이다.
  - 자뼈(척골) : 원위에 비해 근위부가 굵다.
  - 노뼈(요골) : 원위부가 더 굵은데, 이러한 구조로 인해 손목의 비틀림 동작이 가능하다.
- 손목뼈는 모두 8개로 구성되는데 엄지 쪽에서부터 근위열은 손배뼈, 반달뼈, 세모뼈, 콩알뼈가 위치하고 원위열은 큰마름뼈, 작은마름뼈, 알머리뼈, 갈고리뼈로 구성된다. 또한 손은 5개의 손바닥뼈와 14개의 손가락뼈로 구성되어 있다.

ⓔ 다리이음뼈 : 다리이음뼈는 한 쌍의 골반으로 이루어져 있다. 골반은 엉덩뼈, 두덩뼈, 궁둥뼈로 구별되나 성장과 함께 융합되어 하나의 뼈가 된다.
- 엉덩이와 골반에는 엉덩관절, 엉치엉덩관절, 두덩결합 총 3개가 있으며, 골반은 엉덩뼈와 궁둥뼈, 두덩뼈로 구성된다.
- 골반뼈는 뒤쪽에는 엉치뼈가 있는데 이 뼈는 엉덩뼈와 엉치엉덩 관절을 이루고 있으며, 엉치뼈는 척주를 골반에 고정하는 역할을 한다.
- 골반의 가쪽으로는 볼기뼈절구가 있으며, 하방과 가쪽으로 오목하게 되어 있다. 이 볼기뼈절구는 넙다리뼈와 절구관절 형태로 엉덩관절을 구성하고 있다. 볼기뼈절구의 가장자리에는 섬유성 연골인 관절순이 부착되어 있어서 관절이 더 깊고 안정되도록 한다.
- 두덩결합은 골반뼈의 앞쪽에 있는 양쪽 두덩뼈가 구성하는 관절이다.

ⓜ 다리뼈 : 다리뼈는 넙다리뼈, 무릎뼈, 정강뼈, 종아리뼈, 발목뼈, 발바닥뼈, 발가락뼈로 구성된다.
- 넙다리뼈(대퇴골 ; Femur) : 신체에서 가장 긴 뼈이며, 넙다리뼈의 몸쪽은 엉덩관절이고 먼쪽은 무릎관절이 된다.
- 정강뼈(경골 ; Tibia) : 넙다리뼈를 아래쪽에서 받치고 있는 뼈로 신체에서 두 번째로 긴 뼈이다. 정강뼈의 먼쪽은 목말뼈와 함께 발목관절을 이루지만 몸쪽은 넙다리뼈와 무릎관절을 형성한다. 정강뼈의 몸쪽 끝부분, 특히 정강뼈의 가쪽융기는 분화구처럼 움푹 파여 있으며, 상대적으로 안쪽융기는 편평하게 이루어져 있다.
- 종아리뼈(비골 ; Fibula) : 정강뼈 가쪽에 붙어 있어 중력의 영향을 거의 받지 않으며, 정강뼈보다 약간 더 아래쪽에 위치하기 때문에 넙다리뼈와 관절을 이룰 때 마찰이나 충돌과 같은 손상은 없지만 불안정을 초래할 수는 있다.
- 무릎뼈(슬개골 ; Patella) : 무릎움직임에서 매우 중요한 도르래 역할을 한다. 무릎뼈가 있기 때문에 작은 힘으로도 무릎을 굽혔다가 펼 수 있는 것이다. 무릎뼈는 역삼각형 형태이며 무릎관절을 굽힐 때 무릎뼈는 넙다리뼈의 융기사이고랑을 지나간다. 무릎뼈 뒷면은 연골로 덮여 있기 때문에 무릎을 굽히고 펼 때 무릎뼈와 넙다리뼈가 서로 미끄러지듯이 움직일 수 있는 것이다.
- 발과 발목의 뼈 : 발은 총 26개의 뼈로 구성되어 있으며, 크게 전족부와 중족부, 후족부로 구분된다.
  - 전족부 : 발가락뼈 14개와 발허리뼈 5개가 있다.
  - 중족부 : 발배뼈, 제1쐐기뼈(안쪽쐐기뼈), 제2쐐기뼈(중앙쐐기뼈), 제3쐐기뼈(가쪽쐐기뼈), 입방뼈 총 5개가 있다.
  - 후족부 : 발꿈치뼈와 목말뼈 총 2개가 있다.

② **몸통뼈대**
  ㉠ 두개부 : 29개의 뼈로 구성되어 있으며 4개의 봉합(관상봉합, 비늘봉합, 시옷봉합, 시상봉합)과 6종 8개의 두개골(이마뼈1, 관자뼈2, 마루뼈2, 뒤통수뼈1, 나비뼈1, 벌집뼈1)로 구성되며, 얼굴뼈(Facial Bone)는 8종 14개로 이루어져 있다.
  ㉡ 흉곽부 : 1개의 흉골과 12쌍의 늑골로 구성되며, 늑골은 후면의 등뼈와 연결되어 있다.
  ㉢ 척주부 : 척주는 총 33개의 척추뼈로 구성되어 있으며, 총 5개의 영역(목뼈, 등뼈, 허리뼈, 엉치뼈, 꼬리뼈)으로 구분된다. 목뼈는 7개, 등뼈는 12개, 허리뼈는 5개의 척추로 되어 있으며, 총 24개의 척추는 가동성이 있다. 그러나 엉치뼈(5개 척추)와 꼬리뼈(4개 척추)는 척추의 흔적은 남아 있지만 골화되어 1개의 뼈로 되어 있다. 척주는 체중을 지지하고 척수신경을 보호하는 기능을 한다. 특히 척추분절이 연결되어 척주를 구성하고 있지만 척추는 그 뼈가 불규칙하게 형성되어 있으며, 뒤쪽으로는 척수가 지나는 신경궁이 있다.
  - 목뼈(경추 C1~C7) : 목뼈에서 C1과 C2는 고리뼈와 중쇠뼈라고 한다. 이 뼈들은 진정한 의미의 주체는 아니며, 머리뼈를 지지하고 돌림운동이 가능하다. 고리뼈(C1)는 척추의 몸통과 가시돌기가 없으며 굽힘과 폄이 가능하고, 중쇠뼈(C2)는 두 번째 목뼈로 머리뼈와 고리뼈가 돌림이 가능하도록 하며 치아돌기가 존재한다. 3번째 척추부터 6번째 척추는 가시돌기와

가로돌기가 있지만 작고 짧다. 그러나 7번째 척추는 가시돌기가 가장 길게 형성되어 있다. 정상적인 목뼈는 앞쪽으로 기울어져 있는 전만곡을 형성하고 있다.
- 등뼈(흉추 T1~T12) : 등뼈는 총 12개의 척추로 되어 있으며, 가로돌기와 가시돌기가 있다. 등뼈 1번부터 10번까지의 가로돌기에 있는 관절면에는 갈비뼈가 부착되어 있다. 가시돌기는 아래 방향으로 돌출되어 있으며, 아래 척추뼈의 가시돌기와 겹친다. 점차적으로 가시돌기는 허리뼈처럼 뒤쪽으로 똑바르게 된다. 정상적인 등뼈는 뒤쪽으로 기울어져 있는 후만곡을 형성하고 있다.
- 허리뼈(요추 L1~L5) : 허리뼈는 총 5개의 척추로 되어 있으며, 가장 큰 척추와 가시돌기, 가로돌기가 있다. 정상적인 허리뼈는 앞쪽으로 기울어져 있는 전만곡을 형성하고 있다.
- 엉치뼈(천추 S1~S5) : 엉치뼈는 5개의 척추뼈가 하나의 뼈로 융합이 된 것이며, 척주와 골반을 연결하는 넓고 두꺼운 삼각형 형태로 되어 있다. 엉치뼈는 엉덩뼈와 결합되어 엉치엉덩관절을 형성하고 있다. 꼬리뼈는 4개의 척추뼈가 하나의 뼈로 융합이 된 것이며, 큰볼기근이 부착되어 있다.
- 꼬리뼈(미추 ; Coccyx) : 미추는 척주의 가장 아래 부분으로 3~5개의 결합된 척추가 융합되어 있다.
- 척주의 곡선(Curves of the Spine) : 인간의 신체는 직립환경에 적응하기 위해 생리적 곡선이 존재하는데 시상면에서 척주를 관찰해보면 일련의 교대적인 만곡들이 있음을 알 수 있다.
  - 목뼈(Cervical) : 전방으로 볼록하고 후방으로 오목
  - 등뼈(Thoracic) : 전방으로 오목하고 후방으로 볼록
  - 허리뼈(Lumbar) : 전방으로 볼록하고 후방으로 오목

2 관절 계통의 구조와 기능

(1) 관절의 기능과 형태

신체의 움직임은 관절을 중심으로 뼈들의 회전을 통해 일어나며, 신체 내의 중력과 근육작용에 의해 발생하는 힘을 전달 혹은 분산하는 역할을 한다. 일반적으로 관절을 구분할 때 해부학적 구조와 움직임의 정도에 따라 부동관절과 가동관절 등의 2가지 유형으로 나누고 있다.

① 부동관절 : 부동관절은 섬유성 치밀결합 조직에 의해 서로 연결되며 움직임이 없거나 아주 작은 움직임만이 일어난다. 이런 부동관절의 기능은 뼈 사이를 강력하게 연결하고 힘을 전달하며 관절 주위 결합조직에 의해 잘 지지된다. 부동관절은 섬유관절과 연골관절로 좀 더 세분화할 수 있다.

㉠ 섬유관절(Fibrous Joint) : 거의 고농도의 아교질을 가지고 있는 특수화된 치밀 결합조직에 의해 고정되며, 부동관절의 대표적인 예로는 머리뼈(두개골)의 봉합으로 이들의 주요 기능은 뼈들을 결합하고, 한 뼈에서 다음 뼈로 힘을 전달하는 것이다. 이러한 기능은 상대적으로 큰 접촉면을 통해 힘을 분산시키므로 손상의 가능성을 감소한다.

ⓒ 연골관절(반관절 ; Cartilaginous Joint) : 연골관절(반관절)은 흔히 아교질과 혼합된 다양한 형태의 유연한 섬유연골이나 유리연골에 의해 형성된 뼈들 사이의 연결로 가장 흔한 예로 척추의 추체 간 관절이 있으며, 두덩뼈결합(치골결합)과 복장뼈(흉골병)관절이 있다. 이들 관절의 기능은 뼈 사이의 힘을 전달하고 분산하는 것으로 비교적 제한된 움직임을 허용한다.

> **개념 PLUS**
>
> **관 절**
> 우리의 몸은 각각의 뼈들이 서로 연결되어 골격을 형성하며, 이때 뼈와 뼈 또는 여러 개의 뼈들이 연결된 중심점을 관절이라고 한다.

② **가동관절 형태** : 가동관절은 체액으로 차 있는 관절강을 가지고 있는 관절로, 윤활관절이라고도 한다. 이는 윤활막의 존재로 인하며, 상지와 하지의 대부분의 관절이 윤활관절이며 다음과 같은 구조로 이루어져 있다.

ⓐ 가동관절 요소 : 움직임을 위해 관절연골, 관절공간, 관절주머니, 윤활액, 인대로 구성
- 관절연골(초자연골) : 관절의 접촉되는 뼈의 관절면으로 덮여 있으며, 이는 관절의 부하 지지면을 형성하고 관절의 압축력을 흡수한다.
- 관절공간 : 뼈와 뼈 사이에 섬유막과 윤활막으로 싸여 만들어진 공간을 말하며, 윤활액을 분비한다.
- 윤활액 : 관절의 동작 시 작용하는 압력에 의해 관절 안팎으로 이동하며 연골의 영양분을 공급하고 표면을 미끄럽게 하여 마찰을 줄여 준다.
- 관절낭 : 관절낭의 외층면은 인대와 같은 불규칙성 치밀결합 조직으로 구성되어 있는데 이는 관절 구조물의 지지와 내용물의 봉쇄를 제공한다.

③ **가동관절(윤활관절)의 종류** : 관절면의 모양에 따라 경첩관절, 차축관절, 타원관절, 평면관절, 구와관절, 안장관절 형태의 각기 다른 움직임을 나타낸다.

ⓐ 경첩관절 : 속이 빈 원통형과 그 속에 있는 중심 핀이 형성하고 있는 문의 경첩과 유사한 구조이다.
- 경첩관절에서의 각운동은 경첩 또는 돌림축에 직각으로 놓인 운동면에 서로 일어난다. 팔꿈치 관절은 경첩관절의 전형적인 예이다.
- 모든 윤활관절에서처럼 돌림운동 외에도 약간의 병진운동 즉, 미끄러짐이 허용된다.
- 역학적 유사성이 완전히 일치하지는 않으나, 손가락과 발가락의 손가락뼈사이관절 또한 경첩관절로서 분류된다.
- 빈 원동형과 중심핀에 의해 형성된 문의 경첩과 유사한 구조로 굽히기와 펴기 운동을 나타내며 위팔뼈와 자뼈 사이에 형성되는 위팔자뼈관절이 대표적인 예이다.

ⓑ 차축관절 : 원통형에 둘러싸인 중심 핀에 의해 형성되는 모양으로 관절머리가 원형인 뼈가 관절오목을 가진 뼈를 따라 장축으로 회전하며, 축돌림과 같은 일차적인 각운동을 만들어 낸다. 예 몸쪽 노자뼈관절

ⓒ 타원관절 : 볼록관절면과 오목관절면이 만나 형성되는 관절로 타원형의 모양을 이룬다.
예 굽힘 – 폄, 모음 – 벌림의 운동이 일어나며 중수수지관절

ㄹ 평면관절 : 두 개의 편평한 관절면이 짝을 이룬 관절로 한쪽 관절면에 대한 다른 관절면의 미끄러짐과 약간의 회전이 결합된 움직임을 나타내는데, 책이 책상 위에서 미끄러지는 것과 같다. 예 손목뼈사이관절

> **개념 PLUS**
>
> **수근 간 관절**
> 수근골 사이의 움직임을 유발 또는 제한하는 내적인 힘은 근육이나 인대에 의한 장력에 의해 제공된다.

ㅁ 구와관절 : 구형의 볼록관절면이 절구모양의 관절오목과 짝을 이루는 관절로 3평면에서의 운동이 일어난다. 예 견관절과 고관절

ㅂ 안장관절 : 각 관절면이 두 개의 면을 가지고 있는데 한 면은 볼록이고 다른 한 면은 오목이며 서로에 대해 거의 직각으로 놓여 있어 이러한 관절면의 모양이 말안장과 같으며 서로 직각 방향으로 움직인다. 예 수근중수관절

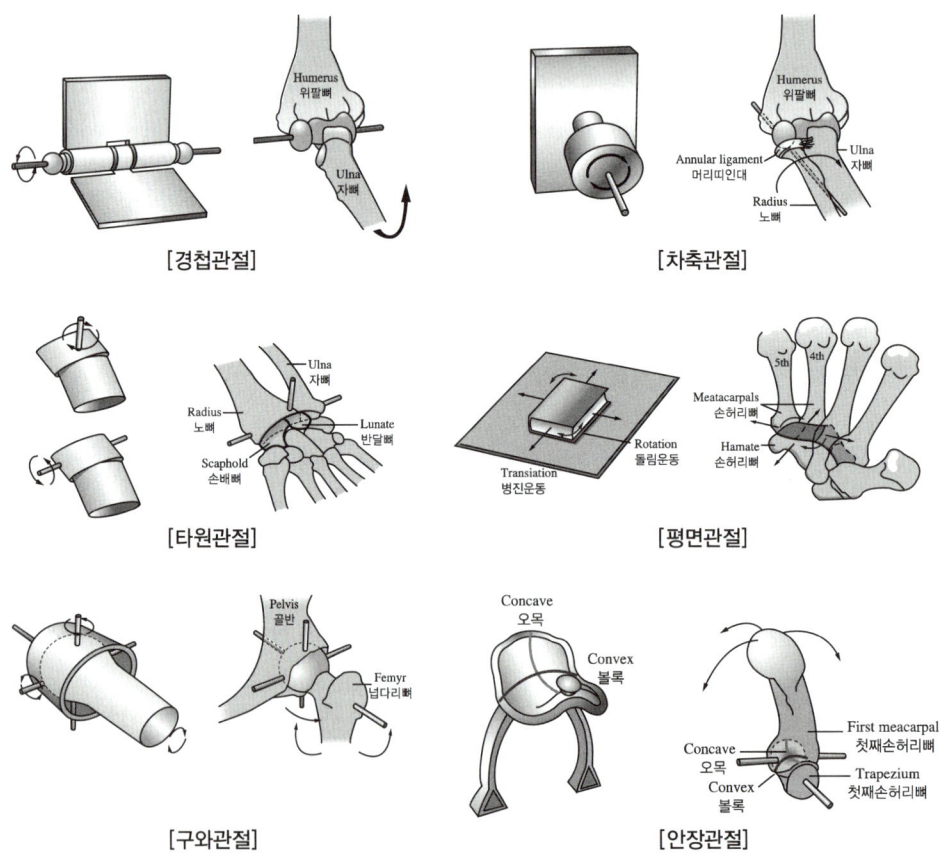

(2) 인체의 주요관절
　① 머리뼈(두개골)의 주요관절 : 턱관절(Temporomandibular) – 두개골에 있는 유일한 윤활관절
　② 척주의 주요관절
　　㉠ 고리뒤통수관절(환추후두관절 ; Atlantooccipital Joint) : 타원관절이며 고개를 전후 및 좌우로 움직이는 작용을 함
　　㉡ 정중고리중쇠관절(환추축추관절 ; Atlantoaxial Joint) : 고리뼈의 앞궁의 후면과 중쇠뼈의 치아돌기 사이의 관절을 말하며 고개를 좌우로 회전시키는 작용을 함
　③ 상지의 관절(팔관절)
　　㉠ 팔이음관절(상지대의 관절 ; Shoulder Girdle)
　　　• 복장빗장관절(흉골쇄골관절 ; Semoclavicular Joint) : 복장뼈의 빗장패임과 빗장뼈의 복장끝과의 관절
　　　• 봉우리빗장관절(어깨쇄골관절 ; Acromioclavicullar Joint) : 빗장뼈와 어깨봉우리끝의 어깨돌기사이의 평면관절
　　㉡ 어깨관절(Shoulder Joint) : 날개뼈의 관절오목과 위팔뼈머리 사이의 절구 관절로 인체에서 가장 운동 범위가 넓음
　　㉢ 팔꿉관절(Elbow Joint)
　　　• 위팔뼈(상완골 ; Humerus), 노뼈(요골 ; Radius), 자뼈(척골 ; Ulna)로 이루어진 복합 관절
　　　• 위팔자뼈관절 : 위팔뼈의 팔꿈치오목과 자뼈의 팔꿈치돌기가 이루는 관절
　　　• 위팔노뼈관절 : 위팔뼈의 가쪽과 노뼈 몸쪽이 이루는 관절
　　　• 몸쪽노자뼈관절 : 노뼈와 자뼈의 몸쪽에서 만나는 관절
　　㉣ 손목관절 : 노뼈 아래끝의 관절면과 3개의 근위손목뼈 사이에 이루어지는 관절
　　㉤ 손목뼈사이관절(Intercarpal Joint) : 8개의 손목뼈 사이에 형성되는 평면관절을 말하며 운동성이 거의 없는 관절
　④ 하지의 관절(다리관절)
　　㉠ 엉덩관절(대퇴관절 ; Hip Joint) : 볼기뼈 절구와 넙다리뼈 머리 사이의 절구 관절로 인체에서 어깨 다음으로 운동범위가 큰 관절
　　㉡ 무릎관절(Knee Joint) : 넙다리뼈와 정강이뼈가 무릎관절의 주축을 이루며 무릎뼈(Patella)가 넙다리뼈의 전면에 접촉하면서 복합관절을 형성
　　㉢ 발목관절(Ankle Joint) : 종아리뼈의 가측복사뼈, 정강이뼈의 아래관절면 내측복사관절면이 하부에 있는 목말골도르래와의 사이를 연결하는 경첩관절
　　㉣ 발목뼈사이관절(Intertarsal Joint) : 7개의 발목뼈 사이에 형성되는 운동성이 제한된 평면관절

(3) 관절의 운동
관절면 사이의 기본적인 움직임은 구름(Roll), 미끄러짐(Slide), 축돌림(Spin)이 있다.
　① 구름(Roll) : 돌림하고 있는 관절면의 여러 점들은 이와 마주보고 있는 다른 관절면의 여러 점들과 만난다.

② 미끄러짐(Slide) : 한 관절면에 있는 한 점은 이와 마주보고 있는 다른 관절면에 있는 여러 점들과 만난다.

③ 축돌림(Spin) : 한 관절면에 있는 한 점은 이와 마주보고 있는 다른 관절면에 있는 한 점과 만난다.

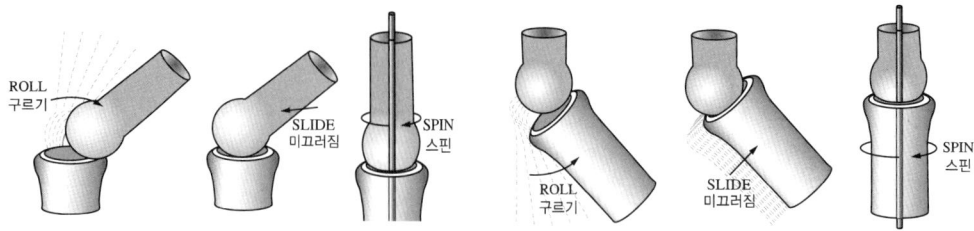

[오목관절에 대한 볼록관절의 관절운동형상학]   [볼록관절에 대한 오목관절의 관절운동형상학]

(4) 관절의 정상 가동범위

① 수동관절 가동범위(Passive Range of Motion) : 수동관절 가동범위는 검사자에 의해서 실시되는 관절의 가동범위이며, 움직임에서의 생리학적 끝 느낌(Physiological End Feel)과 동작에서 관절운동(Joint Play)에 의해 정보를 제공한다.

② 능동관절 가동범위(Active Range of Motion) : 능동관절 가동범위는 대상자가 수의적 수축을 통해 얻어진 관절의 가동범위이다. 수동관절 가동범위와 능동관절 가동범위의 비교는 측정 관절과 주변 연부조직의 완전한 객관적인 정보를 제공한다.

[정상 관절의 가동범위(Kendal & McCreary)]

관 절	작 용	운동범위
어깨관절(견관절)	굴곡(굽힘)	0~180도
	신전(폄)	0~45도
	외전(벌림)	0~180도
	내전(모음)	0~45도
	내회전(안쪽 돌림)	0~70도
	외회전(가쪽 돌림)	0~90도
	수평내전(수평 모음)	–
	수평외전(수평 벌림)	–
팔꿈치(주관절)	굴곡(굽힘)	0~150도
	신전(폄)	0도
아래팔(전완)	회내(엎침)	0~90도
	회외(뒤침)	0~90도
손목관절	굴곡(굽힘)	0~80도
	신전(폄)	0~70도
	요골편위(노쪽 편위)	0~20도
	척골편위(자쪽 편위)	0~30도

엉덩관절	굴곡(굽힘)	0~125도(무릎관절 폄 0~90도)
	신전(폄)	0~10도(무릎관절 굽힘 0도)
	외전(벌림)	0~45도
	내전(모음)	0~10도
	내회전(안쪽 돌림)	0~45도
	외회전(가쪽 돌림)	0~45도
무릎관절	굴곡(굽힘)	0~135도
	신전(폄)	0도(여성 0~15도)
	내회전(안쪽 돌림)	0~10도
	외회전(가쪽 돌림)	0~10도
발목관절	저측굴곡(바닥쪽 굽힘)	0~45도
	배측굴곡(발등 굽힘)	0~20도
	내번(안쪽 번짐)	0~35도
	외번(가쪽 번짐)	0~20도

개념 PLUS

시상면(Sagittal Plane)의 관절운동범위로 가장 큰 것은 무엇인가에 대한 문제가 나올 수 있다. 시상면에서 가장 큰 관절운동범위는 어깨관절의 굽힘이다. 시상면, 전두면, 수평면에 대한 개념을 이해해야 하며 각 관절의 정상 범위를 숙지하고 있어야 한다.

3 근육계의 구조와 기능

근육은 골격에 부착되어 수축을 함으로써 움직임을 만들어 내는 주체이며 체중의 약 40~50% 정도를 차지한다. 우리 인체의 골격근은 약 200쌍 정도로 구성되나 움직임이나 자세에 관여하는 근육은 약 75쌍 정도이며 골격근의 특징으로는 흥분성, 수축성, 신축성, 신장성이 있다.

(1) 근육의 구조

근육은 근원섬유의 다발로 구성되어 있는데 이 다발을 근육섬유라고 부르며, 다시 이 근육섬유가 모여 근육다발을 형성한다. 각각의 근육섬유는 근초라는 세포막으로 싸여 있고 여러 근섬유들은 근섬유막이 느슨하게 연결시키고 있으며, 근육다발은 근외막이라는 결합조직에 의해 싸여 있다. 이 3층의 막은 서로 연결되어 있고 모여서 건을 형성하게 된다.

① 근원섬유
  ㉠ 근원섬유는 근육섬유의 수축 단위인데 골격근뿐만 아니라 평활근과 심근에도 있다.
  ㉡ 근원섬유는 근세사를 함유하는데 이 근세사는 마이오신과 액틴이라는 두 가지 단백질로 구성된다.

ⓒ 한 근육 전체가 수축할 수 있는 범위는 최대한의 완전한 운동 범위에서의 길이이며, 각 근육은 그들이 운동할 수 있는 운동량에 적응되어 있는데 이것은 근육섬유의 길이와 근육섬유 배열에 관계한다.
② **근육섬유의 배열** : 근육은 많은 모양을 가지고 있으며, 이러한 모양은 그 근육의 기본적 기능에 영향을 미친다. 근육의 생리학적 횡단면적은 힘을 발생시킬 수 있는 수축성 단백질의 양을 나타내며 근육의 최대 힘은 횡단면적의 총합에 비례한다. 이런 횡단면적에 영향을 미치는 근육의 가장 흔한 두 가지 모양은 방추와 익상이다.
 ㉠ 방추(방추상근) : 위팔두갈래근과 같은 방추근육은 서로에 대해 그리고 중심 힘줄에 대해 평행하게 주행하는 섬유들을 가지고 있다. 평행 근육섬유는 근육섬유들이 전체 길이를 주행하거나 양쪽 끝에 서로 연결되어 있기 때문에 근육 길이의 약 50%까지 수축할 수 있다. 이에 평행 근육섬유로 구성된 근육은 운동범위가 매우 크다.

> **개념 PLUS**
> 평행 근육으로 혁대근육, 방추형 근육 등이 있다.

 ㉡ 익상(깃근육) : 등세모근과 같은 익상근육은 중심의 힘줄에 대해 비스듬히 부착되는 섬유들을 가지고 있다. 이러한 익상 근육은 많은 수의 섬유를 가질 수 있기 때문에 비교적 큰 힘을 발생시킬 수 있다. 인체의 대부분의 근육은 깃근육으로 이루어져 있다. 일반적으로 이런 깃근육은 같은 용적의 방추근육보다 최대 힘이 더 크다. 왜냐하면 섬유들의 중심 힘줄에 대해 사선을 향하고 있으므로 주어진 근육의 길이에 더 많은 섬유를 가질 수 있기 때문이다. 그에 반해 근섬유 타입이 동일하다면 깃모양이 가락모양근보다 수축 속도가 느리다.

> **개념 PLUS**
> 깃각(Pennaton Angle)
> 근섬유들과 힘줄 사이의 방향 각도를 의미한다.

(2) 근수축의 형태

근육 활성은 등장성(동심성, 편심성), 등척성, 등속성 세 가지 형태가 있다. 접두사 'iso'는 같거나 동일하다는 의미이며 'tonic'은 긴장을 의미하고, 'metric'은 길이를 의미하고, 'kinetic'은 동작을 의미한다.
① **등장성 수축(Isotonic Contraction)** : 근육의 길이가 변하면서 근력을 발생시키는 형태를 말하며, 다시 동심성 수축과 편심성 수축의 두 가지 형태로 나눌 수 있다.
 ㉠ 동심성 수축(Concentric Contraction) : 외부적인 저항을 이겨내면서 근육이 짧아지는 근수축을 의미한다.
 ㉡ 편심성 수축(Eccentric Contraction) : 외부적인 저항이 근력보다 커서 근육 길이가 길어지면서 일어나는 근수축을 의미한다.
 ㉢ 편동심성 수축 : 두 개의 다른 관절을 통과하는 근육의 조절된 동심성 수축과 편심성 수축이 동시에 일어나는 근수축을 의미한다. 예를 들면 누운 자세에서 슬와부근의 수축은 무릎관절의 굴곡을 일으키는 동심성 수축인 동시에 고관절은 오금이 늘어나는 편심성으로 굽힘될 수 있다.

② 등척성 수축(Isometric Contraction) : 근육의 길이가 변하지 않고 저항력과 근수축력이 같을 때 일어난다. 이런 등척성 수축은 일상생활이나 운동과 같은 동작에서 관찰될 수 있다. 등척성 운동은 몸이 원하지 않는 방향으로 이동하지 않도록 정적 및 동적으로 안정화시키기 위해서 사용된다. 예를 들면 달리기나 역도의 파워클린과 같은 동작에서 배가로근(복횡근 ; Transversus Abdominis), 뭇갈래근(다열근 ; Multifidus) 등의 심부근육들은 척추 주변과 몸통을 안정시켜 힘을 원활하게 사용할 수 있도록 한다.

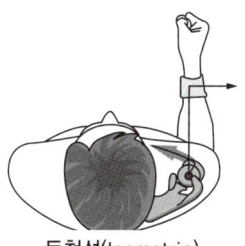
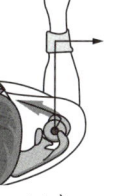
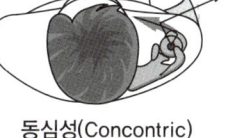
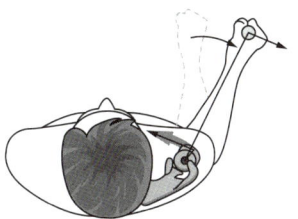

등척성(Isometric) 동심성(Concontric) 편심성(Eccentric)

[3가지 유형의 근육활성]

③ 등속성 수축(Isokinetic Contraction) : 일정한 관절의 운동속도로 근육이 수축되면서 근력을 발휘하는 것을 말한다.
  ㉠ 등척성 수축과 등장성 수축 운동의 장점만을 가졌고 근력, 근지구력, 파워까지 향상 가능
  ㉡ 관절 운동의 전 범위에 걸쳐 일정한 혹은 가변적 저항(N·M)과 속도(°/sec)를 기계적으로 제공
  ㉢ 속도는 24~300°/sec 범위에서 운동 목적에 따라 다양하게 이용
  ㉣ 편심성 수축 운동 요소가 없기 때문에 재활 프로그램에서 많이 활용
  ㉤ 전체 ROM에서 최대의 근수축
  ㉥ 통제된 움직임 속도에 의해 전체 ROM 전반에 걸쳐 최대저항 유지
  ㉦ 마찰, 압축된 공기, 기체, 수압에 의해 저항

> **개념 PLUS**
>
> **힘(Force)**
> 한 물체(대상)가 다른 물체(대상)에 미치는 영향력으로 영향을 받은 물체(대상)의 성질이 빨라지거나 느려지는 것을 말한다.

(3) 인체의 주요근육

① 어깨뼈의 운동에 관여하는 근육과 기능
  ㉠ 어깨관절 주변 근육 : 어깨 복합체에 있는 대부분의 근육들은 근위고정근과 원위 가동근으로 나눌 수 있다.
    • 근위 고정근(Proximal Stabilizer) : 척추, 갈비뼈, 머리뼈에서부터 어깨뼈(견갑골 ; Scapula)와 빗장뼈(쇄골 ; Clavicle)에 까지 붙는 근육들로 구성되며 이러한 근육들의 예로는 앞톱니근(전거근 ; Serratus Anterior)과 등세모근(승모근 ; Trapezius), 마름근(능형근 ; Rhomboid) 등이 있다. 앞톱니근은 엎드려 팔굽혀 펴기 운동의 마지막 동작에서 양쪽 날개뼈의 내밈(전인)

을 수행함으로써 바닥으로부터 더 멀리 가슴을 들어 올리는 역할을 하며, 마름근과 등세모근은 철봉과 같은 매달리기 동작을 수행할 때 어깨뼈의 안쪽 모서리를 아래쪽돌림(하방 회전 ; Downward Rotatjon)시키고 척추쪽으로 가져오는 역할을 한다.
- 원위 가동근(Distal Mobilizer) : 어깨뼈(견갑골 ; Scapula)와 빗장뼈(쇄골 ; Clavicle)에서부터 위팔뼈(상완골 ; Humerus)와 아래팔까지 붙는 근육들로 구성되며 이러한 근육들의 예로는 어깨세모근(삼각근 ; Deltoid)과 위팔두갈래근(상완이두근 ; Biceps) 등이 있다.
- 어깨돌림근(Rotator Cuff) : 오목위팔관절(관절와상완관절 ; Glenohumeral Joint)의 동적 안정성 제공을 제공하며 아래의 근육들로 구성되어 있다.
  - 어깨밑근(Subscapularis) : 안쪽돌림(Internal Rotation)
  - 가시위근(Supraspinatus) : 벌림(Abduction)
  - 가시아래근(Infraspinatus) : 가쪽돌림(External Rotation)
  - 작은원근(Teres Minor) : 가쪽돌림(External Rotation)

ⓒ 어깨관절의 운동형상학
- 어깨 위팔뼈 리듬(견갑상완리듬 ; Scapulohumeral Rhythm) : 인먼(Inman)은 오목위팔관절(관절와상완관절 ; Glenohumeral Rhythm)의 어깨의 벌림이나 굽힘은 어깨뼈의 위쪽돌림과 함께 일어나며, 이를 어깨위팔뼈 리듬이라 하였다. 이러한 리듬은 대부분의 벌림 동작에서 위팔뼈와 날개뼈의 2:1의 비율로 일정하게 유지된다고 보고하였다.
  - 0~30도 : 날개뼈(견갑골 ; Scapula) 움직임이 일어나지 않음
  - 30~90도 : 날개뼈(견갑골 ; Scapula) vs 위팔뼈(상완골 ; Humeral) 1:2 비율로 일어남
  - 90~180도 : 날개뼈(견갑골 ; Scapula) vs 위팔뼈(상완골 ; Humeral) 1:1 비율로 일어남

② 아래팔의 운동에 관여하는 근육
  ㉠ 팔꿈치 주변 근육 : 팔꿈치의 주된 근육은 팔꿈치굽힘근, 팔꿈치폄근, 아래팔뒤침근, 아래팔엎침근으로 구분된다.
  - 팔꿈치굽힘근(주관절 굴곡근) : 위팔두갈래근(상완이두근 ; Biceps Brachii), 위팔근(상완근; Brachialis), 부리위팔근(오훼완근 ; Coracobrachialis), 위팔노근, 원엎침근으로 구성되며 이 모든 근육들은 굽힘(굴곡 ; Flexion)을 일으킨다.
  - 팔꿈치폄근 : 위팔세갈래근(상완삼두근 ; Traceps Brachii), 팔꿈치근(주근 ; Anconeus)에 의해 조절된다.
  - 아래팔뒤침근 : 긴노쪽손목폄근, 짧은노쪽손목폄근, 자쪽손목폄근, 손가락폄근
  - 아래팔엎침근 : 원엎침근(원회내근 ; Pronator Teress), 네모엎침근(방형회내근 ; Pronatus Quadratus)에 의해 조절된다.
  ㉡ 팔꿈치 운동형상학 : 팔꿈치는 경첩관절로서 굽힘과 폄만 일어난다.
  - 팔꿈치의 굽힘 : 당기기, 들어 올리기, 음식 먹기와 같은 생리적 기능을 제공한다.
  - 팔꿈치의 폄 : 던지기, 밀기, 손 뻗기와 같은 동작을 수행한다.

- 팔꿈치의 정상적인 밖굽이각(외번각) or 운반각 : 사람이 물체를 운반할 때 밖굽이팔꿈치에 의해 걷는 동안 물체가 넓적다리의 가쪽면에 걸리지 않도록 넓적다리로부터 물체를 멀리 가져가게 한다는 의미를 반영한 것이다. 일반적인 사람들의 평균 밖굽이팔꿈치 각도는 약 13도이며 표준편차는 약 6도를 보이고 평균적으로 여자들은 남자보다 약 2도정도 더 큰 밖굽이 각도를 가지고 있다.
  - 여성 : 10~15도, 남성 : 5~10도
③ 손의 운동에 관여하는 근육 : 손목과 손은 외측과 내측 근육들의 복합체로 이루어져 있다.
④ 척주관절의 주변 근육과 운동형상학
  ㉠ 척주 주변의 근육 : 척추에 부착되어 있는 근육은 내재근과 외재근으로 구분된다.
    - 내재근 : 호흡기능에 도움을 주며, 팔과 어깨뼈 움직임에 간접적인 영향을 준다. 내재근은 표피층, 중간층, 심층으로 구분된다.
    - 외재근 : 팔을 몸통에 연결시키는 근육군(넓은등근, 어깨올림근, 큰마름근, 작은마름근, 등세모근), 척주의 굽힘, 돌림, 가쪽굽힘시키는 근육군(배곧은근, 배속빗근, 배바깥빗근), 허리뼈와 몸통을 안정시키는 근육(가로배근)으로 분류된다. 척추세움근은 추체에서 갈비뼈까지 연결되며 가장긴장근(Longissimus Muscle Group), 엉덩갈비근군, 가시근군 등이 있다.
  ㉡ 척주의 운동 형상학 : 척주의 움직임은 전방으로의 굽힘과 측면으로의 측면굽힘, 신체 뒤로의 폄, 신체 좌, 우로의 돌림을 할 수 있다.
⑤ 엉덩관절(고관절)의 운동에 관여하는 근육
  ㉠ 엉덩관절 주변 근육 : 엉덩이와 골반의 근육은 앞쪽근육과 뒤쪽근육으로 구분할 수 있다.
    - 앞쪽근육 : 엉덩근, 허리근이 있으며, 이 근육은 엉덩관절을 굽히게 하는 작용
    - 뒤바깥쪽근육 : 넙다리근막긴장근, 큰볼기근, 중간볼기근, 작은볼기근
    - 심부근육 : 궁둥구멍근, 위쌍둥이근, 아래 쌍둥이근, 속폐쇄근, 바깥폐쇄근, 넙다리네모근
    - 안쪽근육 : 큰모음근, 짧은모음근, 긴모음근, 두덩근, 두덩정강근
  ㉡ 엉덩관절의 운동 형상학 : 엉덩관절의 운동 형상학을 설명하기 위해서는 다음의 용어가 사용된다.
    - 골반에 대한 넙다리뼈의 엉덩관절 골운동형상학(Femoral on Pelvic Osteokinematics) : 상대적으로 고정된 골반에 대해 넙다리뼈의 회전운동을 말한다.
    - 넙다리뼈에 대한 골반의 엉덩관절 골운동형상학(Pelvic on Femoral Hip Osteokinematics) : 상대적으로 고정된 넙다리뼈에 대한 골반과 그 위에 놓인 체간의 회전운동을 말한다.
    - 허리골반리듬(Lumbopelvic Rhythm) : 넙다리뼈에 대한 골반의 굽힘이 일어나는 동안 자주 사용되며 두 유형의 허리골반리듬이 일어난다.
      - 같은 쪽 방향의 허리골반리듬 : 팔뻗기를 증가시키기 위한 효율적인 전략으로 사용
      - 반대쪽 방향의 허리골반리듬 : 골반이 한쪽방향으로 돌림운동을 할 때 허리는 이와 동시에 반대쪽 방향으로 돌림운동을 하며, 골반이 넙다리뼈에 돌림운동을 할 때 허리의 몸통을 안정적으로 고정시키는 역할(역학적 분리장치로 작용)

⑥ 하퇴(슬관절)의 운동에 관여하는 근육
  ㉠ 무릎관절 주변의 근육 : 무릎관절 주변에는 무릎관절을 동적으로 안정시키고 움직이게 하는 근육들이 많이 있다.
    • 무릎 관절의 신전근 : 넙다리네갈래근(가쪽넓은근, 중간넓은근, 안쪽넓은근, 넙다리곧은근)
    • 무릎 관절의 굴곡근 : 햄스트링(반힘줄모양근, 반막모양근, 넙다리두갈래근)
  ㉡ 무릎관절의 운동형상학
    • 정강넙다리관절(경대퇴관절 ; Tibiofemoral Joint)은 2도의 자유도를 가지고 있어 시상면에서 굽힘(130~150도)과 폄(0도) 그리고 무릎관절의 굽힘 시 수평면에서의 안쪽돌림과 가쪽돌림이 일어난다. 수평면에서의 축돌림은 약 40~50도의 움직임이 일어난다.
    • 무릎의 나사집 돌림 기전
      - 무릎을 펼 때 정강뼈(Tibia)가 넙다리뼈에 대해 가쪽돌림(Ext. Rotation)되고 굽힐 때 안쪽 돌림(Int. Rotation)되는 이론이다. 이러한 나사집 돌림 기전은 무릎이 완전히 폄되었을 때 큰 안정성을 제공하게 된다.
      - 나사집 돌림 기전이 발생되는 3가지 가설 : 넙다리뼈의 안쪽넙다리융기(Medial Condyle)가 가쪽넙다리융기(Lateral Condyle)보다 크고 정강뼈 안쪽 융기에 비해 가쪽 융기가 더 오목하다. 그리고 십자인대는 무릎을 굽히면 가쪽으로 꼬이고 펴면 꼬이는 반대방향으로 펴지기 때문이다.
    • Q각 : Q각은 앞위 엉덩뼈가시(Anterior Superior Iliac Spine)에서 무릎뼈 중앙을 연결하는 선과 무릎뼈 중앙과 정강뼈 거친면(Tibial Tuberosity)을 연결하는 선을 이루는 각을 의미한다. 정상적인 Q-angle은 남성 10~15도, 여성 15~20도이다.
⑦ 발의 운동에 관여하는 근육
  ㉠ 발과 발목관절의 주변 근육
    • 발목의 앞쪽근육 : 앞정강근(전경골근 ; Tibialis Anterior), 긴엄지폄근(장지신근 ; Extensor Hallucis Longus), 짧은발가락폄근(단지신근 ; Extensor Digitorum Brevis), 긴발가락폄근(Extensor Digitorum Longus), 셋째종아리근(제3비골근 ; Peroneus Tertius)
    • 발목의 가쪽근육 : 긴종아리근(비골근 ; Peroneus Longus), 짧은종아리근(단비골근 ; Peroneus Brevis)
    • 발목의 뒤쪽근육
      - 심층근육 : 뒤정강근(후경골근 ; Tibialis Posterior), 긴발가락굽힘근(Flexor Digitorum Longus), 긴엄지굽힘근(장무지굴근 ; Flexor Hallucis Longus)
      - 표층근육 : 가자미근(Soleus), 장딴지빗근(족척근 ; Plantaris), 장딴지근(비복근 ; Gastrocemius)
  ㉡ 발과 발목 관절의 운동형상학
    • 뒤침(회외 ; Supination) : 발의 모음(발의 내전 ; Foot Adduction), 발목의 안쪽번짐(내번 ; Ankle Inversion), 발바닥굽힘(저측굴곡 ; Plantar Flexion)
    • 엎침(회내 ; Pronation) : 발의 벌림(발의 외전 ; Foot Abduction), 발목의 가쪽번짐(외번 ; Ankle Eversion), 발등굽힘(배측굴곡 ; Dorsiflexion)

- 발목관절이 안쪽번짐(내번 ; Inversion)되는 4가지 이유
  - 뼈의 구조상 목말뼈의 안쪽과 정강뼈의 접촉면은 목말뼈의 가쪽과 종아리뼈의 접촉면에 비해 더 크고 넓기 때문
  - 종아리뼈가 정강뼈에 비해 더 뒤쪽에 위치하고 있어 발목이 대각선으로 움직이는 벡터가 크기 때문
  - 발목관절의 안쪽에는 4개의 짧고 단단한 인대가 지지하고 있지만 가쪽에는 3개의 인대가 지지(안쪽구조물이 가쪽보다 강하기 때문)
  - 안쪽번짐(Inversion)에 관여하는 근육은 장딴지근, 가자미근, 장딴지빗근, 뒤장딴지근, 긴엄지굽힘근, 짧은굽힘근이 있지만 가쪽번짐(Eversion)에 관여하는 근육은 긴종아리근과 짧은종아리근, 셋째종아리근만이 작용하기 때문

> **개념 PLUS**
> 발의 엎침(회내) 시 일어난 동작은 발의 벌림, 발목의 가쪽번짐, 발등굽힘에 의해서 동작이 일어난다.

⑧ **호흡 과정의 근육작용** : 호흡 과정은 이례적으로 많은 근육과 관절이 상호작용함으로써 이루어진다. 정적호흡근(Muscles of Quiet Inspiration)은 가로막, 목갈비근들, 갈비사이근들에 의해서 이루어지며 이 근육무리들은 모든 호흡과정 동안에 사용되므로 주동근으로 간주한다.

㉠ 안정 들숨의 근육들(정적 흡기근)
- 가로막(횡격막) : 일차적 작용으로는 숨을 들이쉬는 동안 가로막은 수축하며 천장은 낮아지고 편평해진다. 이러한 움직임은 가슴의 수직직경을 증가시킨다. 이차적 작용으로는 가로막의 하강은 배에 의해 저항되며, 이것은 가로막의 천장의 위치를 안정시킨다.
- 목갈비근들(사각근들) : 앞, 중, 뒤 목갈비근은 갈비뼈들과 복장뼈를 올림시킴으로써 가슴 속 압력을 증가한다.
- 갈비사이근들(늑간근들) : 갈비뼈들을 올림에 의해 가슴속 용적을 증가시킨다. 숨을 들이쉬는 동안, 모든 갈비뼈사이근들은 가슴벽의 안쪽 붕괴를 방지하기 위해 갈비사이 공간을 안정화한다.

㉡ 강제 들숨의 근육들(강제적 흡기근) : 강제 들숨은 들숨의 일차적 근육들을 보조하기 위해 부가적인 근육들이 요구된다. 일반적으로 강제 들숨의 근육들은 건강한 사람의 흡기율과 공기 흡입량을 증가하고자 할 때 작용한다.

㉢ 강제 날숨의 근육들(강제적 호기근) : 안정 날숨들은 정상적으로 이루어지는 수동적인 과정으로 가슴, 폐, 이완하는 가로막의 탄성반동에 의해 주로 추진된다. 강제 날숨을 하는 동안 능동적인 근육수축은 가슴속 용적을 빠르게 감소하기 위해 필요하다.

> **개념 PLUS**
> 안정 시 들숨은 가로막, 목갈비근들, 갈비사이근들에 의해 이루어지며 날숨은 수동적인 과정에 의해 자동으로 이루어진다.

(4) 인체의 주요 근육 해부

① 어깨관절의 근육 해부

근육			이는 곳	닿는 곳	작용	신경지배
근위고정근	등세모근	위	뒤통수뼈	빗장뼈가쪽, 봉우리	어깨뼈 올림, 위쪽 돌림	척수더부신경
		중간	목덜미인대	어깨뼈가시	어깨뼈 모음, 위쪽 돌림	
		아래	C7, T1-12 가시돌기	어깨뼈가시 뿌리	어깨뼈 내림, 위쪽 돌림	
	큰마름근		1~4번 등뼈의 가시돌기	어깨뼈의 안쪽 모서리	어깨뼈를 안쪽 및 위쪽으로 움직임	등쪽어깨신경
	작은마름근		6~7번 목뼈의 가시돌기	어깨뼈에서 가시 위쪽의 안쪽모서리	어깨뼈를 안쪽 및 위쪽으로 움직임	등쪽어깨신경
	어깨올림근		1~4번 목뼈 가로돌기의 뒤결절	어깨뼈 위각	어깨뼈 위각을 올리고 목을 돌림	등쪽어깨신경과 목신경얼기
	작은가슴근		3~5번 갈비뼈	부리돌기	어깨뼈를 앞쪽, 아래쪽으로 당기고 갈비뼈 위쪽으로 당김	안쪽가슴근신경
	앞톱니근		1~9번 갈비뼈	어깨뼈 안쪽모서리	어깨뼈를 지지하고 내리며 돌리고 앞쪽으로 당김. 팔의 수평면보다 더 높이 올리는 것을 도움	긴가슴신경
원위가동근	큰가슴근		빗장뼈, 복장뼈, 처음 4~6번 갈비연골, 배곧은근집	위팔뼈의 큰결절능선	팔의 모음과 안쪽 돌림	안쪽 및 가쪽가슴근신경
	넓은등근		등허리근막 7번 등뼈-5번 허리뼈의 가시돌기 엉치뼈, 엉덩뼈능선 아래쪽 4번 갈비뼈	위팔뼈의 작은 결절 능선	팔의 모음과 안쪽 돌림	가슴등신경
어깨세모근		앞	빗장뼈가쪽 1/3	위팔뼈의 세모근거친면	굽힘, 안쪽돌림, 수평모음	겨드랑이신경
		중간	봉우리돌기		벌림	
		뒤	어깨뼈가시		폄, 가쪽돌림, 수평벌림	
	가시위근		가시위오목	위팔뼈 큰결절	벌림, 안쪽 및 가쪽돌림	어깨위신경
	가시아래근		가시아래오목	위팔뼈 큰결절	가쪽돌림	어깨위신경
	어깨밑근		어깨뼈 밑오목	위팔뼈 작은결절	팔의 안쪽돌림	어깨밑신경
	큰원근		어깨뼈 가쪽모서리	작은결절능선	안쪽돌림과 팔의 등쪽굽힘과 더불어 모음	어깨밑신경
	작은원근		가시아래근 옆	큰결절	가쪽돌림 및 약한 모음	겨드랑이신경
	부리위팔근		부리돌기	위팔뼈 앞쪽 중간 1/3	팔의 안쪽굽힘, 약한 모음, 안쪽돌림	근육피부신경

> **개념 PLUS**
>
> 철봉 운동에서 매달리기 동작을 수행할 때 많이 사용되며 어깨뼈의 아래쪽 돌림과 들임(후인 ; Retraction)을 하는 근육은 마름근(능형근)이다.

② 팔꿈치 주변 근육 해부

근육		이는 곳	닿는 곳	작용	신경지배
팔꿈치 굽힘근	위팔 두갈래근	• 긴머리 : 어깨뼈 관절오목의 위쪽 거친면 • 짧은머리 : 어깨뼈의 부리돌기	노뼈거친면과 두갈래근 널힘줄을 통해 자뼈	팔꿉의 굽힘과 뒤침	근육피부신경
	위팔근	위팔뼈 앞면의 아래 2/3	자뼈거친면	팔꿉의 굽힘	근육피부신경
	위팔노근	근육사이막과 위팔뼈 가쪽 모서리	노뼈붓돌기	팔꿉의 굽힘. 지나친 엎침과 뒤침자세를 중간자세로 오게 함	노신경
	원엎침근	위팔뼈 안쪽위관절융기과 자뼈의 갈고리 돌기	노뼈 가쪽면의 중간	엎침과 팔꿉의 굽힘	정중신경
팔꿈치 폄근	팔꿈치근	위팔뼈의 가쪽융기. 세갈래근의 안쪽갈래의 계속이다.	팔꿈치머리의 가쪽 가장자리와 자뼈의 뒷면	관절주머니를 팽팽하게 함	노신경
	위팔 세갈래근	• 긴머리 : 어깨뼈 관절오목의 아래쪽 거친면 • 가쪽머리 : 위팔뼈 몸쪽 1/2 뒤쪽면 • 안쪽머리 : 위팔뼈 뒤안쪽면	자뼈의 팔꿈치돌기	팔꿈치 폄	노신경
아래팔 엎침근	위팔노근	근육사이막과 위팔뼈 가쪽 모서리	노뼈붓돌기	팔꿉의 굽힘. 지나친 엎침과 뒤침자세를 중간자세로 오게 함	노신경
	노쪽손목 굽힘근	위팔뼈 안쪽위관절융기	2번 손허리뼈바닥	뒤침, 손목의 굽힘과 가쪽 벌림	정중신경
	네모 엎침근	자뼈 앞면의 아래 1/4	노뼈 앞면의 아래 1/4	엎 침	정중신경
	원엎침근	위팔뼈 안쪽위관절융기와 자뼈의 갈고리 돌기	노뼈 가쪽면의 중간	엎침과 팔꿉의 굽힘	정중신경
아래팔 뒤침근	위팔 두갈래근	• 긴머리 : 어깨뼈 관절오목의 위쪽 거친면 • 짧은머리 : 어깨뼈의 부리돌기	노뼈거친면과 두갈래근 널힘줄을 통해 자뼈	팔꿉의 굽힘과 뒤침	근육피부신경
	손뒤침근	가쪽위관절융기, 가쪽곁인대, 자뼈 뒤침근능선	자뼈 앞면	뒤 침	노신경

개념 PLUS

- 덤벨 암컬 운동은 위팔을 발달하는 데 매우 효과적이다. 덤벨 암컬은 중량을 이용한 팔꿈치굽힘근(굴곡근)의 강화목적으로 사용되는 운동법이다.
- 아래팔의 근육은 못을 빼거나 드라이버를 돌릴 시에 사용되는 근육중의 하나이며 아래팔의 엎침 동작에 주로 사용된다. 근육의 정확한 부착지점과 작용에 대해 이해하고 숙지하고 있어야 한다.

③ 손목관절 주변 근육 해부

근육	이는 곳	닿는 곳	작용	신경지배
벌레근	깊은손가락굽힘근 힘줄	손가락 2~5의 폄근널힘줄	손허리손가락관절에서 손가락 굽힘, 손가락뼈사이관절에서 폄	자신경과 정중신경
등쪽뼈사이근	손허리뼈에서 두갈래로 일어난다	손가락 2~4의 폄근힘줄	가운데손가락을 축으로 2~4 손가락을 벌림, 가운데손가락의 안쪽 및 가쪽 벌림, 손허리손가락관절에서 손가락 굽힘, 손가락뼈사이 관절에서 폄	자신경
손바닥뼈사이근	손허리뼈의 옆	몸쪽 손가락뼈	손가락 모음	자신경
긴엄지벌림근	뼈사이막의 두시면과 이웃한 자뼈와 노뼈의 면	1번 손허리뼈바닥	엄지의 손허리손가락관절의 벌림과 폄	노신경
짧은엄지벌림근	손배뼈와 굽힘근지지띠	가쪽 종자뼈와 엄지의 첫마디	엄지의 벌림과 굽힘	정중신경
엄지맞섬근	큰마름뼈와 굽힘근 지지띠	1번 손허리뼈	엄지의 모음과 맞섬	정중신경
짧은엄지굽힘근	큰마름뼈, 첫째 손허리뼈 바닥, 굽힘근지지띠	가쪽 종자뼈, 엄지의 첫마디뼈	엄지의 모음과 굽힘	자신경
엄지모음근	알머리뼈, 부채꼴손목인대, 3번 손허리뼈	안쪽 종자뼈, 엄지 첫마디뼈바닥의 안쪽면	엄지의 모음과 맞섬	자신경
새끼벌림근	콩알뼈와 굽힘근지지띠	새끼손가락 첫 마디뼈바닥과 폄근널힘줄	새끼손가락의 벌림, 굽힘, 폄	자신경
짧은새끼굽힘근	갈고리뼈 갈고리와 굽힘근지지띠	새끼손가락의 첫마디 뼈바닥	새끼손가락의 손허리손가락관절에서 손가락 굽힘	자신경
새끼맞섬근	갈고리뼈 갈고리와 굽힘근지지띠	5번 손허리뼈몸통과 머리	손바닥쪽으로 새끼손가락을 당김	자신경
짧은노쪽손목폄근	가쪽위관절융기	3번 손허리뼈의 몸쪽 등면	손목의 폄과 벌림	노신경
긴노쪽손목폄근	가쪽근육사이막, 가쪽위관절융기	2번 손허리뼈의 등면	손목의 벌림 폄 및 팔꿉의 굽힘	노신경
자쪽손목폄근	위팔뼈의 가쪽위관절융기, 가쪽곁인대, 자뼈뒷면	5번 손허리뼈바닥	손목의 폄과 모음	노신경
노쪽손목굽힘근	위팔뼈 안쪽위관절융기	2번 손허리뼈바닥	뒤침, 손목의 굽힘과 가쪽벌림	정중신경
자쪽손목굽힘근	안쪽위관절융기, 팔꿈치머리, 자뼈	콩알뼈 및 콩알갈고리인대와 콩알손서리인대를 통하여 갈고리뼈와 5번 손허리뼈	손목의 모음과 굽힘	자신경
긴손바닥근	안쪽위관절융기	손바닥널힘줄	널힘줄을 팽팽히 하고, 손목을 굽히며, 손허리손가락관절에서 2~5 손가락을 굽힘	정중신경

④ 척추 주변 외재 근육들

근육	이는 곳	닿는 곳	작용	신경지배
배곧은근	갈비연골 5~7번	두덩뼈와 두덩결합	몸통을 굽히고 가슴을 내리며 골반을 올림	갈비사이신경 7~12번
배바깥빗근	갈비뼈 5~7번의 바깥면	엉덩뼈능선, 배곧은근집, 백색선	가슴을 내리고 몸통을 돌리며 가쪽으로 굽힘	갈비사이신경 5~12번
배속빗근	가슴등근막, 엉덩뼈능선, 샅고랑인대	갈비뼈 10~12번 배곧은근집	갈비뼈를 내리고 몸통을 앞쪽과 가슴쪽으로 굽힘	• 갈비사이신경 8~12번 • 엉덩아랫배신경 • 엉덩샅굴신경
넓은등근	등허리근막 7번 등뼈-5번 허리뼈의 가시돌기 엉치뼈, 엉덩뼈능선 아래쪽 4번 갈비뼈	위팔뼈의 작은 결절 능선	팔의 모음과 안쪽 돌림	가슴등신경
어깨올림근	1~4번 목뼈 가로돌기의 뒤결절	어깨뼈 위각	어깨뼈 위각을 올리고 목을 돌림	등쪽어깨신경과 목신경얼기
큰마름근	1~4번 등뼈의 가시돌기	어깨뼈의 안쪽 모서리	어깨뼈를 안쪽 및 위쪽으로 움직임	등쪽어깨신경
작은마름근	6~7번 목뼈의 가시돌기	어깨뼈에서 가시 위쪽의 안쪽모서리	어깨뼈를 안쪽 및 위쪽으로 움직임	등쪽어깨신경

⑤ 척추 주변 내재 근육들

근육	이는 곳	닿는 곳	작용	신경지배
허리엉덩갈비근	엉덩뼈능선	5~12번 갈비뼈각	아래쪽척주를 펴고 가쪽으로 굽힘	척수신경의 뒷가지
등엉덩갈비근	아래 6번 갈비뼈각의 안쪽부분	위쪽 6번 갈비뼈각	등뼈를 펴고, 가쪽으로 굽힘	척수신경의 뒷가지
가장긴근	허리뼈, 등뼈, 아래쪽목뼈의 가로돌기	척추 상부 가로돌기	척주와 머리 폄 : 같은 방향으로 머리 돌림	척수신경의 뒷가지
가시근	상부허리뼈, 아래쪽등뼈, 7번 목뼈의 가시돌기	상부등뼈와 목뼈의 가시돌기	척주 폄	척수신경의 뒷가지
뭇갈래근	엉치뼈와 엉덩뼈의 뒤쪽 표면부와 허리뼈, 등뼈, 아래쪽 목뼈의 가로돌기	허리뼈, 등뼈, 목뼈의 가시돌기	척주 폄	척수신경의 뒷가지
돌림근	척주의 가로돌기	척추 상부 가시돌기	척주 폄	척수신경의 뒷가지
가시사이근	가시돌기의 상부포면	척추 상부 가시돌기	척주 폄	척수신경의 뒷가지
반가시근	등뼈와 7번 목뼈의 가로돌기	제4등뼈에서 제2목뼈의 가시돌기와 뒤통수 뼈	척주와 머리의 폄	척수신경의 뒷가지
널판근	상부등뼈와 7번 목뼈의 가시돌기와 목덜미인대	뒤통수뼈, 관자뼈의 유두돌기, 상부 1-3번 목뼈의 가로돌기	머리와 목의 폄 : 같은 쪽 머리 돌림	척수신경의 뒷가지

> **개념 PLUS**
>
> 코어의 심부근육
> - 배가로근(복횡근), 허리뭇갈래근(다열근), 배속빗근(내복사근), 가로막(횡격막), 골반바닥근(골반기저근)
> - 척추분절의 안정화에 기여

⑥ 목 근육

근육	이는 곳	닿는 곳	작용	신경지배
목빗근 (흉쇄유돌근)	복장뼈자루 윗부분, 빗장 빗장뼈 안쪽 1/3	꼭지돌기(유양돌기)	목뼈 굽힘, 반대쪽 돌림, 가쪽굽힘	11 뇌신경
목갈비근(사각근) 전, 중, 후	목뼈 C3~C7 가로돌기	1~2번 갈비뼈	목뼈 굽힘, 가쪽굽힘, 흡기 동안 갈비뼈 올림 보조	배쪽교통가지 C3~C7
긴목근	등뼈 T1~T3 앞쪽 부분	목뼈 C1 앞가쪽	목뼈굽힘, 가쪽굽, 동측 돌림	배쪽교통가지 C2~C8
긴머리근	목뼈 C3~C6 가로돌기	뒤통수뼈 아래쪽	목뼈 굽힘 및 가쪽굽힘	배쪽교통가지 C1~C3

> **개념 PLUS**
>
> - 목의 심부근육 : 긴목근, 긴머리근
> - 어린이 사경 및 작용과 부착점과 연관된 근육 : 목빗근

⑦ 엉덩이와 골반의 근육들

근육			이는 곳	닿는 곳	작용	신경지배
앞쪽 구획		허리근	마지막 등뼈 가 로돌기와 가쪽 몸통, 추간원반 을 포함한 모든 허리뼈	넙다리뼈의 작은돌기	엉덩관절에서 넓적다리의 굽힘 및 바깥돌림, 허리뼈의 폄과 돌림	L2~L4 척수신경가지
		엉덩근	엉덩뼈오목	넙다리뼈 작은돌기	엉덩관절에서 넓적다리의 굽힘, 안쪽 및 가쪽돌림	넙다리신경과 허리신경얼기
뒤 쪽 구 획	표 피 근 육	넙다리근막 긴장근	위앞엉덩뼈가 시 근처	엉덩정강띠로 붙으며 이 띠는 정강뼈거친면 가쪽으로 붙음	엉덩관절에서 넓적다리의 굽힘, 벌림, 안쪽돌림, 무릎관절에서 굽힘, 폄, 돌림	위볼기신경
		큰볼기근	엉덩뼈의 뒤, 바깥면, 엉치뼈, 꼬리뼈, 엉치결절인대	엉덩정강띠, 볼기근거친면, 가쪽근육사이막, 거친선	엉덩관절에서 넓적다리의 폄, 가쪽돌림, 벌림	아래볼기신경
		중간볼기근	엉덩뼈 바깥면	넙다리뼈 큰돌기	엉덩관절에서 넓적다리의 벌림, 안쪽 및 가쪽 돌림, 굽힘, 폄	위볼기신경
		작은볼기근	엉덩뼈 바깥면 에서 앞과 아래 볼기근선 사이	큰돌기	엉덩관절에서 넓적다리의 벌림, 안쪽 및 가쪽돌림, 굽힘, 폄	위볼기신경

심부 근육	궁둥구멍근	엉치뼈 앞면	넙다리뼈 큰돌기	엉덩관절에서 넓적다리의 벌림, 폄, 가쪽돌림	엉치신경얼기
	위쌍둥이근	궁둥뼈가시	속폐쇄근힘줄과 돌기오목	넓적다리의 가쪽돌림, 모음	엉치신경얼기
	아래쌍둥이근	궁둥뼈결절	속폐쇄근힘줄과 돌기오목	넓적다리의 가쪽돌림, 모음, 벌림	엉치신경얼기
	속폐쇄근	폐쇄막 속면과 그 주위	돌기오목	넓적다리의 가쪽돌림, 벌림, 모음	엉치신경얼기
	바깥폐쇄근	폐쇄막의 바깥면과 그 주위	돌기오목	넓적다리의 가쪽돌림과 모음	폐쇄신경
	넙다리네모근	궁둥뼈결절	돌기사이능선	넓적다리의 가쪽돌림과 모음	엉치신경얼기
안쪽 구획	큰모음근	궁둥뼈결절, 궁둥뼈가지	거친선의 안쪽선과 긴 힘줄로 안쪽위관절융기	넓적다리의 모음과 폄	폐쇄신경과 궁둥신경
	짧은모음근	두덩뼈 아래가지	거친선의 안쪽선	넓적다리의 모음, 굽힘, 폄, 가쪽돌림	폐쇄신경
	긴모음근	두덩결합 근처	거친선의 안쪽선	넓적다리의 모음과 굽힘	폐쇄신경
	두덩근	두덩뼈빗	작은돌기 아래 두덩근선	엉덩관절에서 넓적다리의 굽힘, 모음, 가쪽돌림	넙다리 신경과 폐쇄신경
	두덩정강근	큰모음근이 이는 안쪽 두덩뼈 아래가지	정강뼈거친면의 안쪽	넓적다리의 모음, 굽힘, 폄	폐쇄신경

> **개념 PLUS**
>
> **엉덩관절(고관절)과 무릎관절(슬관절)의 운동에 모두 관여할 수 있는 근육**
> 넙다리곧은근(대퇴직근), 넙다리 두갈래근의 긴갈래(대퇴이두근 장두), 넙다리빗근(봉공근)

> **개념 PLUS**
>
> 자세와 관련하여 이는 곳은 마지막 등뼈 가로돌기와 가쪽몸통, 추간원반을 포함한 모든 허리뼈에 붙고 닿는 곳은 넙다리뼈의 작은 돌기에 붙어 있으며 작용은 엉덩관절에서 넓적다리의 굽힘 및 바깥돌림, 허리뼈의 폄과 돌림을 한다. 이 근육이 짧아지면 허리 전만(앞굽이)에 영향을 주며 요통에 영향이 있는 근육은 큰허리근(대요근)이다.

⑧ 무릎관절 주변 근육들

근육		이는 곳	닿는 곳	작용	신경지배
신전근 (넙다리 네갈래근)	가쪽넓은근	큰돌기, 거친선의 가쪽선	넙다리 네갈래근힘줄	무릎관절에서 다리의 폄	넙다리신경
	중간넓은근	넙다리뼈 앞면			
	안쪽넓은근	돌기사이선의 아래부분, 거친선의 안쪽선			
	넙다리 곧은근	곧은갈래-아래앞엉덩뼈가시, 접힌갈래-절구의 위모서리	정강뼈거친면	엉덩관절에서 넓적다리의 굽힘 그리고 무릎관절에서 다리의 폄	

	넙다리 두갈래근의 긴갈래	궁둥뼈결절	종아리뼈머리	엉덩관절에서 폄, 모음, 가쪽돌림 그리고 무릎관절에서 굽힘과 가쪽돌림	궁둥신경
굴곡근	넙다리 두갈래근의 짧은갈래	거친선의 가쪽선	종아리뼈머리	무릎관절의 굽힘과 가쪽돌림	온종아리 신경
	반힘줄근	궁둥뼈결절	정강뼈거친면 안쪽	엉덩관절에서 폄, 안쪽돌림, 모음 그리고 무릎관절에서 굽힘과 안쪽돌림	정강신경
	반막근	궁둥뼈결절	정강뼈 안쪽관절융기와 빗오금인대	엉덩관절에서 폄, 모음, 안쪽돌림 그리고 무릎관절에서 굽힘과 안쪽돌림	정강신경

⑨ 발목관절 주변 근육들

근육	이는 곳	닿는 곳	작용
앞정강근(Tibialis Anterior)	정강뼈의 가쪽융기와 외측 몸쪽 2/3	안쪽쐐기뼈의 안쪽 및 발바닥면과 첫 번째 발허리뼈의 바닥	발등굽힘과 안쪽번짐
긴엄지폄근 (Extensor Hallucis Longus)	종아리뼈 몸체 앞쪽	뼈사이막	엄지 발가락 폄, 발목 발등굽힘 보조
짧은발가락폄근 (Extensor Digitorum Brevis)	뒤꿈치뼈 앞쪽면	1~4번 신근건막	1~4번 폄 보조
긴발가락폄근 (Extensor Digitorum Longus)	정강뼈의 외측, 종아리뼈의 전면 상부 2/3	2~5번의 중간마디뼈, 2~5번의 끝마디뼈	2~5번의 폄, 발목 발등굽힘 보조
셋째종아리근(Peroneus Tertius)	종아리뼈 원위의 앞쪽면	5번째 발허리뼈 기저부	가쪽번짐, 등쪽굽힘 보조
긴종아리근(Peroneus Longus)	정강뼈의 관절융기, 종아리뼈의 머리와 가쪽면 몸통 2/3	안쪽쐐기뼈의 가쪽면과 첫 번째 발허리뼈 바닥의 가쪽면	발바닥쪽 굽힘과 가쪽번짐
짧은종아리근(Peroneus Brevis)	종아리뼈 외측면 아래 2/3	5번째 발허리뼈 기저부	가쪽번짐, 배쪽굽힘 보조
뒤정강근(Tibialis Posterior)	정강뼈와 종아리뼈의 뒤쪽면 가쪽 1/3	목말뼈에서 2~4번째 발허리뼈	발바닥쪽굽힘과 안쪽번짐
긴발가락굽힘근 (Flexor Digitorum Longus)	정강뼈 후부	2~5번 끝마디뼈 바닥면	2~5번 끝마디뼈 굽힘, 발목관절 발바닥굽힘 보조
긴엄지굽힘근 (Flexor Hallucis Longus)	종아리뼈 후면	엄지의 끝마디뼈 저측면	엄지 굽힘, 발목 발바닥 굽힘 보조
가자미근(Soleus)	종아리뼈 머리의 뒤쪽면 및 종아리뼈 몸통의 몸쪽 1/3과 정강뼈의 뒤쪽면	아킬레스힘줄을 지나 발뒤꿈치뼈	발바닥쪽 굽힘
장딴지빗근(Plantaris)	안쪽 및 가쪽넙다리뼈 관절융기의 뒤쪽면	아킬레스힘줄을 지나 발뒤꿈치뼈	발바닥쪽 굽힘
장딴지근(Gastrocemius)	안쪽머리-넙다리뼈 안쪽위관절 융기, 가쪽머리-넙다리뼈 가쪽위관절 융기	아킬레스건으로 되어 발뒤꿈치뼈에 부착	발바닥쪽 굽힘, 무릎관절 굽힘 보조

⑩ 말초신경 계통(Peripheral Nervous System)

말초신경 계통은 인체의 모든 운동 및 감각 신경을 중추신경계로 연결하는 역할을 하며, 말초신경이 처음 시작되는 위치에 따라 12쌍의 뇌신경(Crainal Nerve)과 31쌍의 척수신경(Spinal Nerve)으로 구분된다.

㉠ 뇌신경 : 뇌에 연결된 12쌍의 신경으로 각각의 신경은 청각, 후각, 시각, 얼굴 등의 감각 및 운동 기능을 담당한다.

기 시	뇌신경 이름	구 분	주요 기능
대 뇌	후각신경	특수감각	코의 후각 상피에 연결, 냄새 감각
사이뇌 (간 뇌)	시각신경(시신경)	특수감각	눈의 망막에 연결, 시각 감각
중 뇌	눈돌림신경(동안신경)	운 동	눈의 상, 하, 위곧은근, 안쪽곧은근, 아래곧은근, 아래빗근에 연결 위/옆으로의 눈 움직임과 모양체/홍채의 초점 조절, 동공수축조절
	도르래신경(활차신경)	운 동	눈의 위빗근에 연결, 아래로 응시
다리뇌 (뇌 교)	삼차신경	일반감각	얼굴의 피부, 턱, 혀에 분포, 턱과 혀 등의 안면감각과 저작운동
	갓돌림신경(외전신경)	운 동	눈의 가쪽곧은근에 연결, 바깥쪽으로 보기
	얼굴신경(안면신경)	혼 합	얼굴의 표정짓기, 누선, 하액선 분비, 혀의 2/3 전방의 맛 담당
	속귀신경(전정신경)	특수감각	달팽이관-청각, 전정기관-평형감각
숨 뇌 (연 수)	혀인두신경(설인신경)	혼 합	귀밑샘의 신경분포, 혀의 1/3후방 맛 감각, 인두감각
	미주신경	혼 합	연구개, 후두, 인두, 연하운동, 부교감 신경계의 흉복부 장기, 심근의 신경분포
	더부신경(부신경)	운 동	인두/후두운동, 어깨/목 운동, 목빗근과 등세모근 운동
	혀밑신경(설하신경)	운 동	혀/혀의 근육에 연결, 혀의 구름 운동 및 혀의 위치 감각

㉡ 척수신경(Spinal Nerve) : 척수로부터 뻗어 나오는 척수신경은 척주를 따라 세로로 8쌍의 목신경, 12쌍의 가슴신경, 5쌍의 허리신경, 5쌍의 엉덩이신경, 1쌍의 꼬리신경으로 분포하며 총 31쌍이다. 척수 신경은 감각, 운동, 자율신경으로 나뉘며, 신체 대부분의 팔, 다리 근육의 감각 및 운동을 담당한다. 운동신경의 경우에는 목, 팔, 허리, 엉덩이의 인접한 신경들끼리 얼기를 형성하여 운동기능을 담당한다.

- 팔신경얼기(Brachial Plexus) : 팔의 신경 지배는 C5~T1까지의 신경뿌리(앞가지)들로 형성된 팔신경얼기(Brachial Plexus)에 의해 지배되며, 크게 두 영역으로 나누어진다.
  - 뒤신경다발(Posterior Cord)로 부터 나온 신경 : 겨드랑신경(Axillary Nerve), 어깨밑신경(Subscapular Nerve), 가슴등신경(Thoracodorsal)이 있다.
  - 몸쪽분절로부터 나온 신경 : 등쪽어깨신경(Dorsal Scapular Nerve), 긴가슴신경(Long Thoracic Nerve), 가슴신경(Pectoral Nerve), 어깨위신경(Suprascapular Nerve)이 있다. 이러한 신경다발은 다시 3개로 재편성되며, 겨드랑동맥과의 관계에 따라 명칭을 달리하며, 이 신경가지들은 자신경, 정중신경, 노신경, 겨드랑신경, 근육피부신경으로 나누어진다.

[팔신경얼기로부터 나오고 어깨의 일차적 근육들을 신경지배하는 신경들]

신 경	팔신경얼기와의 관계	일차적인 신경뿌리(들)	지배되는 근육들
겨드랑신경	뒤신경다발	C5, C6	어깨세모근과 작은원근
가슴등신경 (중간어깨밑신경)	뒤신경다발	C6, C7, C8	넓은등근
위어깨밑신경	뒤신경다발	C5, C6	어깨밑근의 위섬유들
아래어깨밑신경	뒤신경다발	C5, C6	어깨밑근의 아래섬유들과 큰원근
가쪽가슴근신경	가쪽신경다발에서 또는 몸쪽	C5, C6, C7	큰가슴근과 때때로 작은가슴근
안쪽가슴근신경	안쪽신경다발에서 또는 몸쪽	C8, T1	큰가슴근(복장갈비갈래)과 작은가슴근
어깨위신경	위신경줄기	C5, C6	가시위근과 가시아래근
빗장밑신경	위신경줄기	C5, C6	빗장밑근
등쪽어깨신경	C5 신경뿌리	C5	큰마름근과 작은마름근, 어깨올림근
긴가슴신경	신경줄기의 몸쪽	C5, C6, C7	앞톱니근

출처 : Kinesiology of the Musculoskeletal System

- 허리신경얼기(Lumbar Plexus)는 T12~L4의 척수신경뿌리의 앞가지들에 의해 형성된다. 이 신경얼기는 다시 넙다리신경(Femoral Nerve)과 폐쇄신경(Obturator Nerve)으로 나눠진다.
- 엉치얼기신경(Sacral Plexus)는 L4~S4의 척수신경뿌리의 앞가지들에 의해 형성된다. 이 신경얼기는 다시 궁둥구엄근으로 가는신경(S1~S2), 속폐쇄근과 위쌍둥이근으로 가는 신경(L5~S1), 넙다리네모근과 아래쌍둥이근으로 가는 신경(L4~S1), 위볼기신경(L4~S1), 아래볼기신경(L5~S2)과 다리를 따라 주행하면서 정강신경과 온종아리신경(L4~S3)으로 나눠진다.

신경얼기	신경줄기		지배되는 근육군
팔신경얼기	C5~C7 근육피부신경		위팔두갈래근, 부리위팔근, 위팔근
	C5~C6 겨드랑신경		어깨세모근, 작은원근
	C5~T1 노신경 (Radial Nerve)	–	위팔세갈래근, 팔꿈치근, 위팔노근, 긴노쪽손목폄근
		깊은 가지	짧은노쪽손목폄근, 손가락폄근, 새끼폄근, 자쪽손목폄근, 뒤침근, 긴엄지벌림근, 짧은엄지벌림근, 긴엄지근, 집게폄근
		얕은 가지	물갈퀴공간(Web Space),먼쪽 아래팔의 뒤- 가쪽면의 감각신경
	C6~T1 정중신경		원엎침근, 노쪽손목굽힘근, 긴손바닥근, 얕은손가락굽힘근, 긴엄지굽힘근,짧은엄지벌림근, 엄지맞섬근, 짧은엄지굽힘근, 벌레근(가쪽절반), 깊은손가락굽힘근(가쪽절반), 네모엎침근
	C7~T1 자신경		자쪽손목굽힘근, 깊은손가락굽힘근(안쪽절반),짧은손바닥근, 새끼벌림근, 새끼맞섬근, 새끼굽힘근, 엄지모음근
허리신경얼기	L2~L4 넙다리신경		큰허리근, 작은허리근, 엉덩근,넙다리빗근, 두덩근, 넙다리네갈래근
	L2~L4 폐쇄신경		바깥폐쇄근, 큰모음근(앞갈래), 두덩근(일부), 짧은모음근, 긴모음근, 두덩정강근
엉치신경얼기	L4~S3 궁둥신경		뒤넙다리근(반힘줄근, 반막근, 넙다리두갈래근긴갈래, 넙다리두갈래근짧은갈래), 큰모음근
	S1~S2 궁둥구멍근으로 가는 신경		궁둥구멍근
	L5~S2 속폐쇄근가 위쌍둥이근으로 가는 신경		속폐쇄근, 위쌍둥이근
	L4~S1 넙다리네모근과 아래쌍둥이근으로 가는 신경		넙다리네모근, 아래쌍둥이근
	L4~S1 위볼기신경		중간볼기근, 작은볼기근, 넙다리근막긴장근
	L5~S2 아래볼기신경		큰볼기근
	L4~S3 정강신경		장딴지근, 오금근, 장딴지빗근, 가자미근, 뒤정강근, 긴발가락굽힘근, 긴엄지굽힘근
	L4~S2 온종아리신경	깊은 가지	앞정강근, 긴발가락폄근, 긴엄지폄근, 셋째종아리근, 짧은발락폄근
		얕은 가지	긴종아리근, 짧은종아리근

(5) 근육의 수축과 힘의 상관관계

① **길이와 장력 관계(Length-tension Relationship)** : 근육이 최대의 힘을 생산할 수 있는 길이는 아래 그림과 같이 근원섬유의 액틴과 마이오신 섬유가 가장 많은 중첩을 이룰 때이다. 이러한 최적의 힘을 생산할 수 있는 근육의 길이는 안정 시 상태이며, 만약 근육이 안정 시 상태보다 길어지게 되면 액틴과 마이오신의 겹치는 부분이 줄어들게 되고 근육의 힘 생산이 감소하게 된다. 또한 근육이 과도하게 수축하게 되면 액틴과 마이오신간의 발생되는 움직임을 막게 되며 그로인해 힘 생산을 감소시키게 된다.

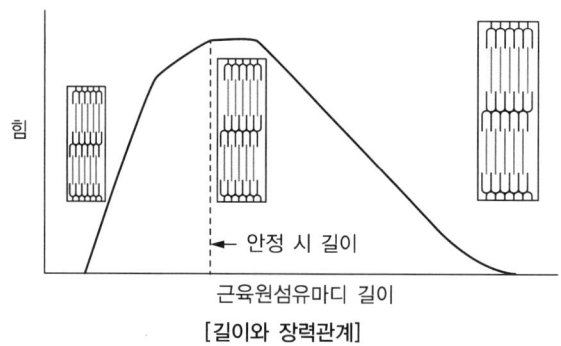

[길이와 장력관계]

② **힘과 속도 관계** : 힘과 속도의 관계는 근육의 힘과 속도가 증가함에 따라 동심성 수축과 편심성 수축에 미치는 영향에 대해 아래 그래프를 통해 알 수 있다.
  ㉠ 동심성 수축 : 근육의 수축 속도가 빨라짐에 따라 힘을 생산하는 능력이 낮아짐
  ㉡ 편심성 수축 : 근육의 수축 속도가 빨라짐에 따라 힘을 생산하는 능력이 높아짐

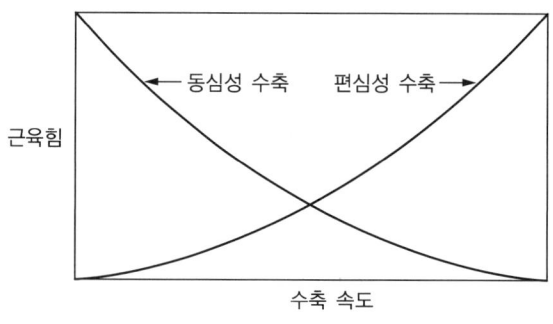

[힘과 속도 관계]

③ **짝힘 관계** : 인체 관절의 움직임을 발생시키기 위해서는 여러 근육들의 협동에 의해 이루어지며 이러한 작용을 짝힘(Force-couple)이라 한다. 이러한 짝힘은 각 근육들이 다른 접합지점을 가지고 서로 다른 위치에서 당기는 힘으로 인해 만들어지며 대표적인 예로는 어깨관절(견관절)의 위쪽돌림 시 위등세모근(상부승모근 ; Uppertapezius), 중간등세모근(중부승모근 ; Middle Trapezius), 아래등세모근(하부승모근 ; Lower Trapezius), 앞톱니근(전거근 ; Serratus Anterior)이 짝힘으로 작용하여 어깨관절의 움직임을 만든다.

03 인체역학

학습목표
- 관절 지레의 구조와 원리에 대해 학습한다.
- 지레의 종류와 인체 지레의 상관관계에 대해 학습한다.
- 인체 관절의 운동에 관여하는 근육들을 학습한다.

1 인체 동작의 원리

(1) 힘과 토크

① 힘 : 힘이란 운동을 일으키거나 운동을 변화시키는 요인을 말한다. 예를 들면 걷기나 달리기와 같이 몸을 움직이려면 몸에 있는 근육들의 힘을 발생시켜야 하며 이때 물체를 움직이게 하거나 운동을 하고 있는 물체의 속도와 방향을 변화시키는 요인이 힘이다.

㉠ 힘의 단위 : 힘의 단위는 일반적으로 미터법과 파운드법의 단위로 사용된다.
- 미터법의 힘 단위
  - 중력 단위 : 질량 × 중력가속도로 나타내며, 3kg중, 10.1kg중으로 표기
  - 뉴턴 단위 : 질량, 거리, 시간의 조합으로 MKS 단위계인 뉴턴(N)으로 표기
  - 1N은 1kg의 물체에 1m/sec²의 가속도가 발생될 때의 힘의 크기를 말한다.
- 파운드법의 힘 단위
  - 힘의 단위 : 파운드(Pound), 온스(Ounce)가 있으며, 표기 방법은 1bs 또는 1b, 온스는 oz로 표기

② 토크

㉠ 물체에 외부적인 힘이 가해져 회전을 만드는 것으로 토크의 일반적인 단위는 뉴턴-미터(N·m)이다(토크의 크기는 힘과 축으로부터 힘의 방향의 수직 거리의 곱).

㉡ 예를 들면 자전거의 바퀴나 시소에 이심력이 작용하여 자전거의 바퀴나 시소가 회전하는 성질이 나타나는데 이러한 회전 효과를 토크(Torque)라 한다.

㉢ 토크와 같은 의미로 사용되는 용어들 : 회전능률(Moment), 염력, 회전력, 힘 모멘트

(2) 인체 동작 관련 주요 힘

① 힘의 작용 특성
  ㉠ 향심력 : 힘이 물체의 무게 중심을 통과하여 회전이 일어나지 않고 직선 방향으로 나아가도록 하는 힘
  ㉡ 편심력 : 힘이 물체의 무게 중심을 통과하지 않고 회전이 일어나도록 하는 힘

> **개념 PLUS**
> 회전 운동의 크기는 작용된 힘과 힘의 연장선과 회전중심 사이의 수직거리에 비례한다.

② 힘의 분류
  ㉠ 효과에 의한 구분
    • 추진력 : 물체를 움직이도록 하는 힘
    • 저항력 : 물체를 움직이지 못하도록 하는 힘을 말하며 여기에는 중력, 마찰력, 공기 및 유체 저항력 등이 있음
  ㉡ 발현처에 의한 구분
    • 외력(External Force) : 정해진 체계 밖에서 발생한 힘
    • 내력(Internal Force) : 체계 안에서 발생한 힘

③ 신체활동과 관련된 힘
  ㉠ 중력 : 외력으로 지구 중심에서 멀어지는 방향으로 운동하는 물체에는 저항으로 작용
  ㉡ 마찰력 : 접촉면과 평행하게 운동의 반대방향으로 작용

> **개념 PLUS**
> 마찰력의 크기는 표면재질, 접촉면의 상태, 운동의 유형이나 상태에 따라 달라진다.

  ㉢ 압력 : 단위면적당 가해지는 힘의 크기이며 힘이 가해지는 범위와 관련됨
  ㉣ 근력 : 내력으로 중력이나 마찰력과 같은 외력이 작용할 때 작용하는 반대방향으로 작용

(3) 무게 중심

① 무게 중심점(COG ; Center Of Gravity) : 모든 물체는 질량을 가지며 그 질량이 한곳에 집중되어 있는 가상점을 질량중심 또는 질점(COM ; Center Of Mass)이라 한다. 인체를 포함한 모든 물체는 지구 중심방향으로 중력을 받는다. 중력을 받는 물체의 힘을 중량이라 하며, 중량이 한곳에 모여 있는 점을 무게 중심이라 한다.

② **중력 중심선** : 인체의 무게 중심이 균형을 잡는 가상의 점으로 중력중심을 통과하는 수직선을 중력선이라고 한다. 우리 신체가 중력선에 위치하게 될 때 근육의 사용이 최소가 되며 가장 효율적으로 에너지를 사용하게 된다. 하지만 인체가 중력선을 벗어나 균형을 잃게 되면 균형을 유지하기 위해 인체의 여러 근육을 더 많이 사용하게 된다.

(4) 인체의 평형과 안정

① **평형** : 평형은 속도가 변하지 않고 가속되지 않는 상태를 의미한다. 평형에는 정적 평형(Static Equilibrium)과 동적 평형(Dynamic Equilibrium)으로 나눌 수 있다.
  ㉠ 정적 평형 : 사람이나 물체가 정지해 있는 상태에서의 유지하는 평형으로 외부에서 작용하는 힘과 토크의 합이 0이 되어야 한다.
  ㉡ 동적 평형 : 사람이나 물체가 일정한 속도로 운동하는 상태에서의 평형이다.

② **안정성**
  ㉠ 안정성은 정적평형 혹은 회전평형을 유지하는 상태를 말하며, 안정은 선안정(Linear Stability)과 회전안정(Rotary Stability)으로 구분된다.
    • 선안정 : 인체나 물체가 지면의 접촉면에서 미끄러지지 않고 본래의 상태를 유지하는 것을 말하며 이때의 안정성은 물체의 관성, 마찰력이 클수록 증가하게 된다.
    • 회전안정 : 어떤 물체의 무게 중심 이외의 지점에서 외적인 힘이 가해질 경우 넘어지지 않으려는 정도를 말한다.
  ㉡ 안정성을 높이기 위해서는 기저면이 넓고, 무게중심이 기저면 중심부위에 낮게 위치해야 한다.

(5) 근골격의 지레

① **지레의 원리** : 지레의 원리는 상대적으로 받침점으로부터 멀리 위치해 있는 힘점에서 작은 힘(F)을 사용하여 받침점에서 가까이 위치한 작용점의 무거운 물체(W)를 효율적으로 들어 올릴 수 있는 원리를 말한다.
  ㉠ 관절의 지레 구조 : 인체의 대부분의 동작은 지레의 원리를 사용한다. 지레는 봉과 같은 단단한 형태로 되어 있고 받침점(Fulcrum), 저항점(Load), 힘점(Effort)으로 구성된다. 신체의 뼈는 지렛대, 관절축은 받침점, 근육은 움직임을 만들어 내는 힘, 무게 혹은 저항은 신체나 덤벨과 같은 물체를 의미한다. 지레의 이득은 저항팔에 대한 힘팔의 길이 비율이다.

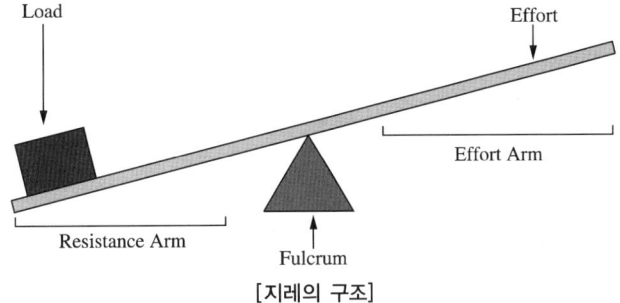

[지레의 구조]

> **개념 PLUS**
>
> 지레의 공식
> 물체의 무게(w) × 작용점까지의 거리(r) = 힘(F) × 힘점까지의 거리(R)

② 인체지레의 종류
　㉠ 1종 지레
　　• 힘과 저항이 지레중심을 기준으로 양쪽에 위치
　　• 힘팔의 저항팔에 대한 비가 상황에 따라 달라지므로 효율성이 일괄적이지 않음
　　• 시소처럼 받침점이 중앙에 위치하며 인체 지레의 예로는 머리를 끄덕일 때 고리뒤통수 관절(OA Joint)이 축이 되며, 머리 무게가 저항점이 되고, 목의 폄근이 힘점이 됨

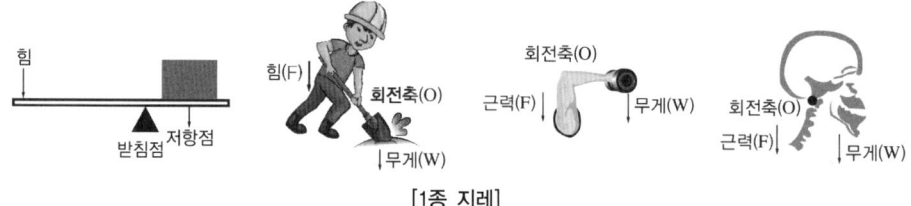
[1종 지레]

　㉡ 2종 지레
　　• 힘과 저항이 같은 방향에 위치
　　• 힘팔의 길이가 저항팔의 길이보다 더 길기 때문에[G(gain) > 1] 힘의 이득이 크다.
　　• 인체 지레의 예로는 팔굽혀 펴기 혹은 종아리 올림시의 행동이다. 이때 발의 발허리뼈머리가 작용점이 되고, 체중이 저항점이 되며, 장딴지근이 힘점으로 작용한다.

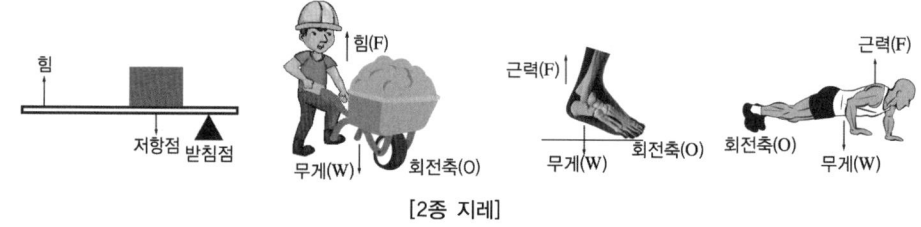
[2종 지레]

　㉢ 3종 지레
　　• 힘과 저항이 같은 방향에 위치
　　• 저항팔의 길이가 힘팔의 길이보다 더 길다(G < 1). 그래서 3종 지레는 발휘되는 힘이 저항보다 더 커야만 저항을 극복할 수 있기 때문에 힘의 효율성이 떨어진다. 하지만 운동범위나 운동속도의 측면에서는 이득을 얻는다.
　　• 위팔뼈가 팔꿉치관절에 대해 굽힘을 할 때 팔꿉치관절이 작용점이 되고, 아래팔의 무게 혹은 손의 저항이 저항점이 되며, 위팔두갈래근・상완근이 힘점으로 작용하는 경우가 대표적이다. 인체의 90% 이상이 3종 지레를 형성하는 만큼 힘의 관점에서 비효율적이므로 훈련을 통해 강화시킬 필요가 있다.

[3종 지레]

2 관절운동과 관련 근육

인체 관절의 운동은 여러 개의 근육들의 협동으로 작용하게 된다. 예를 들어 어깨를 벌림하기 위해서는 어깨세모근과 가시위근, 앞톱니근, 위등세모근, 아래등세모근 등이 서로 협응하여 관절의 움직임을 만들어 낸다. 그렇기 때문에 건강운동관리사는 관절의 움직임과 운동 시에 어느 근육이 어떤 관절로 움직임을 만들어 내는지 이해하고 있어야 한다.

(1) 체간의 운동에 관여하는 근육

동 작	근 육
굽힘(굴곡 ; Flexion)	• 배곧은근(복직근 ; Rectus Abdominis) • 배바깥빗근(외복사근 ; External Oblique) • 배속빗근(내복사근 ; Internal Oblique)
폄(신전 ; Extension)	척추세움근무리(척추기립근 ; Erector Spinae Group)
가쪽굽힘 (외측굴곡 ; Lateral Flexion)	• 척추세움근무리(척추기립근 ; Erector Spinae Group) • 배곧은근(복직근 ; Rectus Abdominis) • 배바깥빗근(외복사근 ; External Oblique) • 배속빗근(내복사근 ; Internal Oblique) • 허리네모근(요방형근 ; Quadratus Lumborum) • 큰허리근(대요근 ; Psoas Major)
돌림(회선 ; Rotation)	• 척추세움근무리(척추기립근 ; Erector Spinae Group) • 배바깥빗근(외복사근 ; External Oblique) • 배속빗근(내복사근 ; Internal Oblique)

(2) 어깨가슴관절(견흉관절 ; Scapulothoracic Joint)의 운동에 관여하는 근육

동 작	근 육
올림(거상 ; Elevation)	• 등세모근(상부승모근 ; Upper Trapezius) • 어깨올린근(견갑거근 ; Levator Scapulae) • 작은 마름근(소능형능 ; Rhomboid Minor) • 큰 마름근(대능형근 ; Rhomboid Major)
내림(하강 ; Depression)	• 어깨밑근(견갑하근 ; Subscapulalis) • 작은가슴근(소흉근 ; Pectoralis Minor) • 큰가슴근의 하부섬유(대흉근 ; Lower Fiber of Pec Major) • 하부등세모근(하부승모근 ; Lower Trapezius) • 앞톱니근의 하부섬유(전거근의 하부섬유 ; Lower Fiber of Serratus Anterior) • 넓은등근의 하부섬유(광배근의 하부섬유 ; Lower Fiber of Latissimus Dorsi)
내밈(전인 ; Protraction)	• 앞톱니근(전거근 ; Serratus Anterior) • 큰가슴근(대흉근 ; Pectoralis Major) • 작은가슴근(소흉근 ; Pectpralis Minor)
들임(후인 ; Retraction)	• 등세모근(승모근 ; Trapezius) • 마름근(능형근 ; Rhomboids) • 넓은등근(광배 ; Latissimus Dorsi)

위쪽 회전(Upward Rotation)	• 등세모근(승모근 ; Trapezius) • 앞톱니근(전거근 ; Serratus Anterior)
아래쪽 회전 (Downward Rotation)	• 마름근(능형근 ; Rhomboids) • 어깨올림근(견갑거근 ; Levator Scapulae) • 작은가슴근(소흉근 ; Pectoralis Minor) • 큰가슴근(대흉근 ; Pectoralis Major) • 넓은등근(광배근 ; Latissimus Dorsi)

(3) 어깨관절의 운동에 관여하는 근육

동작	근육
굽힘(굴곡 ; Flexion)	• 어깨세모근 전 섬유(전면삼각근 ; ant. Portion of Deltoid) • 큰가슴근의 빗장뼈 부위(대흉근의 빗장뼈 부위 ; Clavicular Portion of Pec Major) • 부리위팔근(오훼완근 ; Coracobrachialis), 위팔두갈래근(상완이두근 ; Biceps Brachii)
폄(신전 ; Extension)	• 어깨세모근의 후 섬유(후면삼각근 ; post. Fibers of Deltoid) • 넓은등근(광배근 ; Latissimus Dorsi) • 큰가슴근의 복장뼈 부위(대흉근 흉골 부위 ; Sternocostal Fibers of the Pec Major) • 작은원근(소원근 ; Teres Minor) • 큰원근(대원근 ; Teres Major) • 위팔세갈래근의 긴갈래(상완삼두근의 장두 ; Long Head of the Triceps Brachii)
벌림(외전 ; Abduction)	• 어깨세모근(삼각근 ; Deltoid) • 가시위근(극상근 ; Supraspinatus)
모음(내전 ; Adduction)	• 큰가슴근(대흉근 ; Pec Major) • 넓은등근(광배근 ; Latissimus Dorsi) • 큰원근(대원근 ; Teres Major) • 부리위팔근(오훼완근 ; Coracobrachialis) • 위팔세갈래근의 긴갈래(상완삼두근 장두 ; Long Head of the Triceps)
안쪽돌림 (내회전 ; Internal Rotation)	• 어깨밑근(견갑하근 ; Subscapularis) • 큰가슴근(대흉근 ; Pec Major) • 넓은등근(광배근 ; Latissimus Dorsi) • 앞쪽어깨세모근(전면삼각근 ; Anterior Deltoid) • 큰원근(대원근 ; Teres Major)
가쪽돌림 (외회전 ; External Rotation)	• 가시아래근(극하근 ; Infraspinatus) • 작은원근(소원근 ; Teres Minor) • 뒤쪽어깨세모근(후면 삼각근 ; post. Fiber of Deltoid)

(4) 팔꿈치 운동에 관여하는 근육

동 작	근 육
폄(신전 ; Extension)	• 위팔세갈래근(상완삼두근 ; Triceps) • 팔꿈치근(주근 ; Anconeus)
굽힘(굴곡 ; Flexion)	• 위팔근(상완근 ; Brachialis) • 위팔두갈래근(상완이두근 ; Biceps) • 위팔노근(상완요골근 ; Brachioradialis) • 엎침근(원외내근 ; Pronator Teres)
뒤침(회외 ; Supination)	• 손뒤침근(회외근 ; Supinator) • 위팔두갈래근(상완이두근 ; Biceps)
엎침(회내 ; Pronation)	• 엎침근(원회내근 ; Pronator Teres) • 네모엎침근(방형회내근 ; Pronator Quadratus)

(5) 손목관절의 운동에 관여하는 근육

동 작	근 육
폄(신전 ; Extension)	• 긴노쪽손목폄근(장요측수근신근 ; Extensor Carpi Radialis Longus) • 짧은노쪽손목폄근(단요측수근 신근 ; Extensor Carpi Radiallis Brevis) • 손가락폄근(총지신근 ; Extensor Digitorum) • 자쪽손목폄근(척측수근신근 ; Extensor Carpi Ulnaris) • 새끼폄근(소지신근 ; Extensor Digiti Minimi)
굽힘(굴곡 ; Flexion)	• 자쪽손목굽힘근(척측수근굴근 ; Flexor Carpi Ulnaris) • 긴손바닥근(장장근 ; Palmaris Longus) • 얕은손가락굽힘근(천지굴근 ; Flexor Digitorum Superficialis) • 노쪽손목굽힘근(요측수근굴근 ; Flexor Carpi Radialis)

(6) 엉덩관절의 운동에 관여하는 근육

동 작	근 육

폄(신전 ; Extension)	• 일 차
	  – 넙다리두갈래근(대퇴이두근 ; Biceps Femoris)
	  – 반힘줄모양근(반건양근 ; Semitendinosus)
	  – 반막모양근(반막양근 ; Semimembranosus)
	  – 큰볼기근(대둔근 ; Gluteus Maximus)
	  – 큰모음근 후부섬유(대내전근 ; Posterior of Adductor Magnus)
	• 이차 : 중간볼기근(뒤섬유)

굽힘(굴곡 ; Flexion)	• 일 차
	  – 큰허리근(장요근 ; Psoas Major)
	  – 넙다리근막긴장근(대퇴근막장근 ; Tensor Fasciae Latae)
	  – 넙다리곧은근(대퇴직근 ; Rectus Femoris)
	  – 넙다리빗근(봉공근 ; Sartorius)
	  – 큰모음근 전부섬유(대내전근 ; Anterior of Adductor Magnus)
	  – 긴모음근(장내전근 ; Adductor Longus)
	  – 두덩근(치골근 ; Pectineus)
	• 이차 : 짧은모음근, 두덩정강근, 작은볼기근(앞섬유)

동작	근육
벌림(외전 ; Abduction)	• 일 차 　- 중간볼기근(중둔근 ; Gluteus Medius) 　- 작은볼기근(소둔근 ; Gluteus Minimus) 　- 넙다리근막긴장근(대퇴근막장근 ; Tensor Fasciae Latae) • 이차 : 궁둥구멍근(이상근), 넙다리빗근(봉공근)
모음(내전 ; Adduction)	• 일차 : 두덩근, 긴모음근, 두덩정강근, 짧은모음근, 큰모음근 • 이차 : 넙다리두갈래근(긴가래), 큰볼기근(아래섬유들), 넙다리네모근
가쪽돌림 (외회전 ; External Rotation)	• 일차 : 큰볼기근, 궁둥구멍근, 속폐쇄근, 위쌍동이근, 아래쌍동이근, 넙다리네모근 • 이차 : 중간볼기근(뒤섬유), 작은볼기근(뒤섬유), 바깥폐쇄근, 넙다리빗근, 넙다리두갈래근(긴갈래)
안쪽돌림 (내회전 ; Internal Rotation)	이차 : 작은볼기근(앞섬유), 중간볼기근(앞섬유), 넙다리근막긴장근, 긴모음근, 짧은모음근, 두덩근

개념 PLUS

상체의 기울기가 커지면 엉덩관절의 저항 토크값이 증가하게 되므로 후면 근육인 큰볼기근, 햄스트링, 큰모음근 등의 근육의 활성도가 증가하게 되고 무릎각의 감소는 저항 토크 값이 줄어들고 그로 인해 넙다리네갈근의 활성도는 감소하게 된다.

(7) 무릎의 운동에 관여하는 근육

동 작	근 육
폄(신전 ; Extension)	• 가쪽넓은근(외측광근 ; Vastus Lateralis) • 중간넓은근(중간광근 ; Vastus Intermedius) • 안쪽넓은근(내측광근 ; Vastus Medialis) • 넙다리곧은근(대퇴직근 ; Rectus Femoris) • 넙다리근막긴장근(대퇴근막장근 ; Tensor Fascia Latae)
굽힘(굴곡 ; Flexion)	• 넙다리두갈래근(대퇴이두근 ; Biceps Femoris) • 반힘줄모양근(반건양근 ; Semitendinosus) • 반막모양근(반막양근 ; Semimembranosus) • 넙다리빗근(봉공근 ; Sartorius) • 두덩정강근(박근 ; Gracilis) • 장딴지근(족척근 ; Plantaris) • 오금근(슬와근 ; Popliteus)

(8) 발의 운동에 관여하는 근육

동 작	근 육
발바닥굽힘(저측굴곡)	• 장딴지근(비복근) • 가자미근(넙치근) • 뒤정강근(후경골근) • 장딴지빗근(족척근) • 긴종아리근(장비골근) • 짧은종아리근(단비골근) • 긴엄지굽힘근(장모지굴근) • 긴발가락굽힘근(장지굴근)
발등굽힘(배측굴곡)	• 앞정강근(전경골근) • 긴엄지폄근(장모지신근) • 긴발가락폄근(장지신근) • 셋째종아리근(제3비골근)
안쪽번짐(내번 ; Inversion)	• 앞정강근(전경골근) • 뒤정강근(후경골근) • 긴발가락굽힘근(장지굴근)
가쪽번짐(외번 ; Eversion)	• 긴종아리근(장비골근) • 짧은종아리근(단비골근) • 셋째종아리근(제3비골근)

(9) 목의 운동과 관련 근육

동 작	근 육
굽힘(굴곡 ; Flexion)	• 목빗근(흉쇄유돌근 ; Sternocleidomastoid) • 목갈비근 전, 중[사각근 ; Scalenes(Anterior, Medius)] • 머리널판근(두판상근 ; Splenius Capitis) • 목널판근(경판상근 ; Splenius Cervics)
폄(신전 ; Extension)	• 머리널판근(두판상근 ; Splenius Capitis) • 목널판근(경판상근 ; Splenius Cervics) • 등세모근(승모근 ; Trapezius)
가쪽굽힘 (외측굴곡 ; Lateral Flexion)	• 목빗근(흉쇄유돌근 ; Sternocleidomastoid) • 목갈비근 전, 중, 후[사각근 ; Scalenes(Anterior, Medius, Posterior)] • 머리널판근(두판상근 ; Splenius Capitis) • 목널판근(경판상근 ; Splenius Cervics) • 등세모근(승모근 ; Trapezius)
돌림(회선 ; Rotation)	• 목빗근(흉쇄유돌근 ; Sternocleidomastoid) • 머리널판근(두판상근 ; Splenius Capitis) • 목널판근(경판상근 ; Splenius Cervics) • 등세모근(승모근 ; Trapezius)

(10) 호흡 운동에 관여하는 근육

동 작	근 육
안정 들숨의 근육들 (정적 흡기근 ; Quiet Inspiration)	• 가로막(횡격막) • 목갈비근들(사각근들) • 갈비사이근(늑간근)
강제 들숨의 근육들 (Muscles of Forced Inspiration)	• 위뒤톱니근 • 아래뒤톱니근 • 긴갈비올림근과 짧은갈비올림근 • 목빗근 • 넓은등근 • 등엉덩갈비근 및 목엉덩갈비근(척주세움근) • 큰가슴근(복장갈비갈래) • 허리네모근
강제 날숨의 근육들 (Muscles of Forced Expiration)	• 배곧은근 • 배바깥빗근 • 배속빗근 • 배가로근 • 가슴가로근 • 속갈비사이근(뼈사이섬유들)

04 | 자세와 보행의 인체역학

> **학습목표**
> - 바른 자세에 대한 개념을 이해하고 설명할 수 있다.
> - 정상적인 보행의 요소에 대한 개념을 이해하고 설명할 수 있다.
> - 보행 시 사용되는 근육에 대해 이해하고 설명할 수 있다.
> - 달리기와 보행의 차이점과 활성화되는 근육에 대해 설명할 수 있다.

1 자 세

(1) 자세조절

① 자세조절 체계
  ㉠ 자세의 조절을 위해서는 신체의 지각과 반응이 필요
   - 지각 : 공간에서 인체의 행위나 위치를 알기 위한 감각 정보의 통합
   - 반응 : 인체 위치체계를 조절하기 위해 힘을 생성하는 능력
  ㉡ 근골격계 : 인체의 적절한 관절의 가동범위와 분절들 사이의 이상적인 생체역학적 관계
  ㉢ 신경계 : 시각, 전정기관, 체성감각을 통해 신체는 자세를 조절하고 예측하며 움직임에 따른 반응과 적응을 함

② 자세조절 요소
  ㉠ 신체운동을 감지하는 감각시스템
  ㉡ 중추신경계의 통합과정
  ㉢ 신체운동을 조절하는 운동시스템

③ 기립자세 조절(Stance Postural Control)
  ㉠ 운동전략 : 공간에서 인체의 자세를 조절하기 위해 효율적인 동작을 만드는 전략
  ㉡ 감각전략 : 자세조절을 위해서 시각, 체성감각, 전정계통 등을 이용하여 감각정보를 만드는 전략
  ㉢ 정적기립자세의 운동조절
   - 인체의 정렬
   - 근긴장
   - 자세긴장

④ 운동전략
  ㉠ 자동적 자세반응 : 길을 걷다가 미끄러지는 경우와 같이 예상 못 한 교란이나 자극에 대해 반응하여 자동적으로 자세를 조절하는 것으로, 지지기저면(BOS) 위에 중력중심(COG)을 효율적으로 유지하기 위해 작용
  ㉡ 선행적 자세 반응 : 멈춘 버스가 출발하는 경우와 같이 이미 알고 있는 정보에 대해 신체는 예견된 교란이나 자극에 대한 준비를 하게 되며 이런 경우 중력중심의 예측된 움직임과 이동에 대해 근육이 선행적으로 수축을 하게 됨
  ㉢ 수의적 자세 움직임 : 의식하에 조절되는 움직임을 말하며 무거운 물건을 들기, 가방을 들 때의 움직임은 스스로에 의해 교란된 것이며 이러한 교란은 경험에 의해 영향을 받음

(2) 정적 자세와 동적 자세
  일상적으로 신체활동은 자세와 밀접하게 관계가 있다. 앉거나 가만히 서 있기와 같은 정적인 자세와 스포츠나 움직임과 같은 동적인 자세로 나눌 수 있다.
  ① 정적 자세(Static Posture) : 정적 자세는 물리적 자세라고도 하고, 움직임을 위한 기본적인 토대이다. 이런 정적인 자세는 몸의 정렬을 통해 보여지며 사지를 움직이기 위한 필수적인 요소이다.

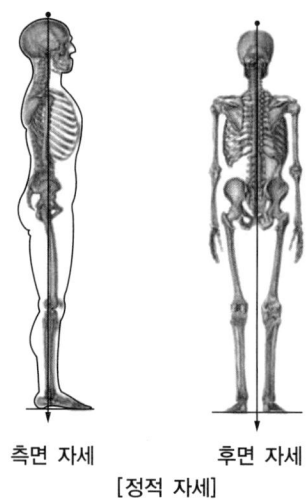

측면 자세   후면 자세
[정적 자세]

  ㉠ 측면, 중력선
    • 관상봉합의 첨부에서 약간 뒤
    • 유양돌기
    • 중간경추체(Midcervical Vertebral Bodies)
    • 어 깨
    • 중간요추체(Midlumbar Vertebral Bodies)
    • 고관절 회전축의 약간 뒤
    • 슬관절 회전축의 약간 앞쪽
    • 외측 복사뼈의 약간 앞쪽

ⓒ 후면, 중력선
- 정중선 통과
- 유양돌기, 어깨, 장골능, 무릎, 발목과 같이 양쪽 구조가 같은 수평면상에 있어야 함

② **동적 자세(Dynamic Posture)** : 개인이 어떠한 기능적인 동작을 수행하고자 할 때 균형을 유지하며 안정적인 자세를 유지할 수 있는 능력이라 할 수 있다.
ⓐ 동적 자세와 관성 : 운동 중인 인체는 계속해서 관성의 영향을 받게 되는데 이런 관성에 순응하는 방향으로 동적 자세를 유지하는 것이 효율적이며, 관성과 반대 방향으로 자세를 유지하기 위해서는 관성을 극복하기 위해 많은 에너지가 요구된다.
ⓑ 동적 자세와 균형 : 운동 중에 자연스러운 동작 연결을 위해 신체의 중심을 적절하게 유지하는 것을 밸런스라고 하며, 이런 밸런스의 유지 능력은 운동의 효율성과 인체에 작용하는 스트레스를 분산하며 최대의 수행능력을 발휘하는 데 필수적인 요소이다.

2 보 행

(1) 보행의 정의

① 보행(Walking)은 인간이나 한 개체가 자신의 의도로 한 장소에서 다른 장소로 이동하는 것
② 신경계와 골격계, 근육계가 상호 협력적으로 사용되는 복잡한 과정
③ 상지와 하지, 몸통의 많은 근육들과 관절들이 협력이 될 때 가능한 복합적인 동작
④ 보행은 인간이 태어나면서부터 선택이 아닌 필수적으로 습득해야만 하는 기본적인 동작

(2) 정상보행과 병적 보행

① 정상적인 보행의 요소
ⓐ 양발의 넓이 : 양 발뒤꿈치 사이의 거리는 5~10cm가 유지된다.
ⓑ 수직 골반 이동 : 몸의 중심은 수직선상에서 5cm 정도 위아래로 움직인다.
ⓒ 가쪽 골반 이동 : 체중 부하 쪽으로 약 2.5~5cm 정도 움직인다.
ⓓ 보행 수 : 성인이 1분 동안 걷는 평균 보행 수는 대략 90~120 걸음이다.
ⓔ 골반의 돌림 : 다리가 이동됨에 따라 앞쪽으로 약 4° 돌려지며, 반대쪽 골반은 뒤쪽으로 4° 돌려진다.
ⓕ 보행속도 : 성인의 평균보행 속도는 1분에 82m 정도이다.

② 정상적인 보행 주기
ⓐ 걸음(Step) : 보행이 시작되면 한쪽 발뒤꿈치에서 다른 쪽 발뒤꿈치로 움직이는 것을 말하며, 일분 동안 걷는 수를 분당 걸음 수(Cadence)라 한다.
ⓑ 활보(Stride) : 한쪽 발뒤꿈치가 닿는 것에서 또다시 같은 발의 뒤꿈치 닿기까지의 동작을 말하며, 활보는 걸음의 한 주기가 된다.

ⓒ 보행 주기의 세분화 : 지면과의 접촉 여부에 따라 크게 디딤기(Stance Phase)와 흔듦기(Swing Phase)로 나뉜다.
- 입각기(Stance Phase) : 발이 지면에 닿아있는 상태를 말하며, 5가지의 과정이 일어난다.
  - 발뒤꿈치 닿기(Heel Strike = Initial Contact) : 발꿈치가 지면에 닿는 순간에서 시작
  - 발바닥 닿기(Foot Flat = Loading Response) : 발전체가 지면에 닿을 때
  - 중간 디딤기(Mid Stance) : 신체가 체중이 부하된 발 위로 통과
  - 발뒤꿈치 떼기(Heel off = Terminal Stance) : 뒤꿈치가 지면에서 들리는 순간
  - 발가락 떼기(Toe off = Free Swing) : 엄지발가락이 지면에서 들리는 순간
- 유각기(Swing Phase) : 보행 주기 중 발이 지면과 떨어져 있는 상태
  - 초기 흔듦기(Early Swing = Initial Swing) : 발가락을 떼는 순간부터 중간 입각기 바로 전까지의 시기
  - 중기 흔듦기(Mid Swing) : 흔듦기에 있는 하지의 발이 디딤기에 있는 하지의 발을 넘어서 통과할 때를 말함
  - 후기 흔듦기(Late Swing = Terminal Swing) : 중간 흔듦기에서부터 발이 지면에 접촉하려는 순간까지를 말함

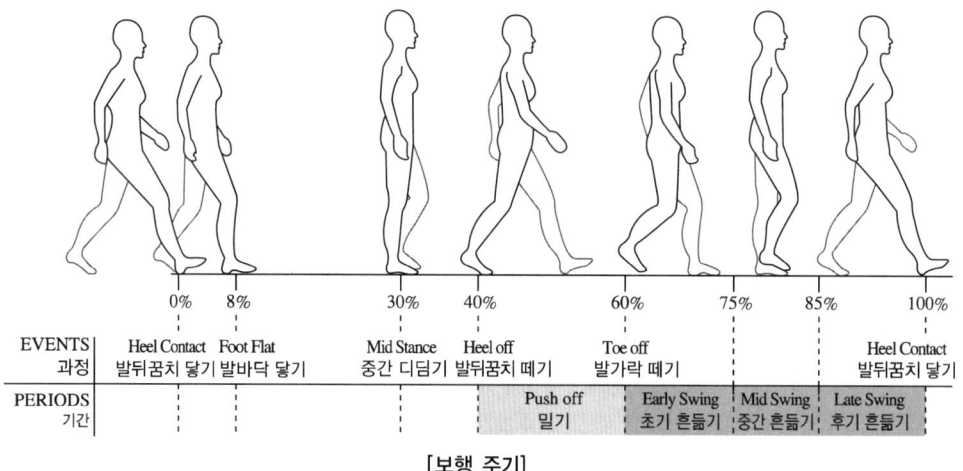

[보행 주기]

③ 병적 보행
  ㉠ 개념 : 병적 보행은 신체의 구조적인 이상, 통증, 신경 및 근육의 이상이 있는 경우로 분류
  ㉡ 이상 보행의 종류
    • 구조의 이상으로 인한 병적 보행
      - 골격 : 좌우 다리 길이 차이
      - 관절 : 엉덩관절, 무릎, 발목관절의 구축
    • 동통성 보행
      - 일반적 동통 : 아픈 쪽의 다리에 체중부하를 피하며 걷기
      - 요통 : 요통이 있는 경우 보행의 속도가 느리고 보폭이 줄어듦
      - 엉덩관절, 무릎, 족관절 동통

- 중추 신경계 질환에 의한 병적 보행
  - 편마비 보행 : 움직임이 강직되어 있음
  - 실조성 보행 : 조절력의 약화로 인한 불안한 보행
  - 대뇌 기저핵의 이상보행 : 보폭이 좁고 총총 걸음
  - 말초신경 이상의 의한 병적 보행 : 근육의 이완성 마비를 일으켜 보행 시 근육들이 각자의 일을 수행하지 못해 병적 보행을 함

(3) 정상인의 보행 시 근육의 활성화(Muscle Activity in Gait)

① 뒤꿈치 닿기 : 뒤꿈치 닿기에서 관절별로 보면 발목은 중립 상태고 무릎은 최대로 폄한 상태이다.
  - ⊙ 발목(Ankle) : 체중 이동을 준비해야 하기 때문에 앞정강근(전경골근), 긴발가락폄근(장지신근), 긴엄지폄근(장모지 신근)은 신장성 수축(Eccentric Contraction) 상태를 유지한다.
  - ⓒ 무릎(Knee) : 넙다리네갈근과 넙다리두갈래근이 이전 보행주기에 있는 후기 흔듦기에서의 접지면과의 접촉 상태를 유지하여 무릎관절을 안정화시킨다. 후기 흔듦기에서 몸통이 25° 정도 전방으로 기울어짐에 따라 엉덩관절의 굽힘이 일어나고, 이때 신체가 전방으로 넘어지는 것을 막기 위해 큰볼기근과 넙다리두갈래근이 활성되며, 고관절의 안정화를 위해 중간볼기근이 활성된다.

② 발바닥 닿기
  - ⊙ 발목관절 : 발을 디디면서 오는 충격 흡수와 전방으로 이동하는 움직임을 유지하기 위해 발목에서는 앞정강근(전경골근), 긴발가락폄근, 긴엄지폄근이 편심성으로 속도를 조절한다.
  - ⓒ 무릎관절 : 15~18° 정도 굽힘될 때 넙다리네갈래근이 편심성 수축으로 작용한다.
  - ⓒ 엉덩관절 : 엉덩뼈의 큰볼기근, 넙다리두갈래근, 모음근들은 엉덩관절의 충격을 흡수하고 몸통과 엉덩뼈의 굽힘을 막는다.

③ 중간입각기(Mid Stance)
  - ⊙ 발목관절 : 중간입각기 초기에 발목관절 부위는 발바닥쪽 굽힘이지만 후기에는 발등쪽 굽힘으로 끝난다. 장딴지근과 가자미근이 발등쪽 굽힘의 속도를 조절하며, 또한 정강뼈의 앞으로의 진행을 돕는다.
  - ⓒ 무릎관절 : 넙다리네갈래근의 폄 각도가 감소하며, 큰볼기근은 엉덩관절의 폄보다는 벌림근으로써 엉덩관절의 안정성을 높여주고 골반의 기울어짐을 막는다.

④ 뒤꿈치 떼기
  - ⊙ 발목관절 : 발목관절 부위에서 최대로 발등굽힘이 되는 시기이다. 장딴지근과 가자미근은 정강뼈의 부러짐을 방지하고, 발꿈치 부위가 올라갈 수 있게 함으로써 앞으로 진행할 준비를 한다.
  - ⓒ 무릎관절 : 어떠한 근육의 도움 없이도 안정된 상태를 유지한다.
  - ⓒ 엉덩관절 : 넙다리근막긴장근이 골반이 기우는 것을 방지하기 위해 전반적으로 활성화된 상태를 유지하며, 엉덩관절의 과도한 폄을 방지하기 위해 엉덩관절 굽힘근들이 긴장된다.

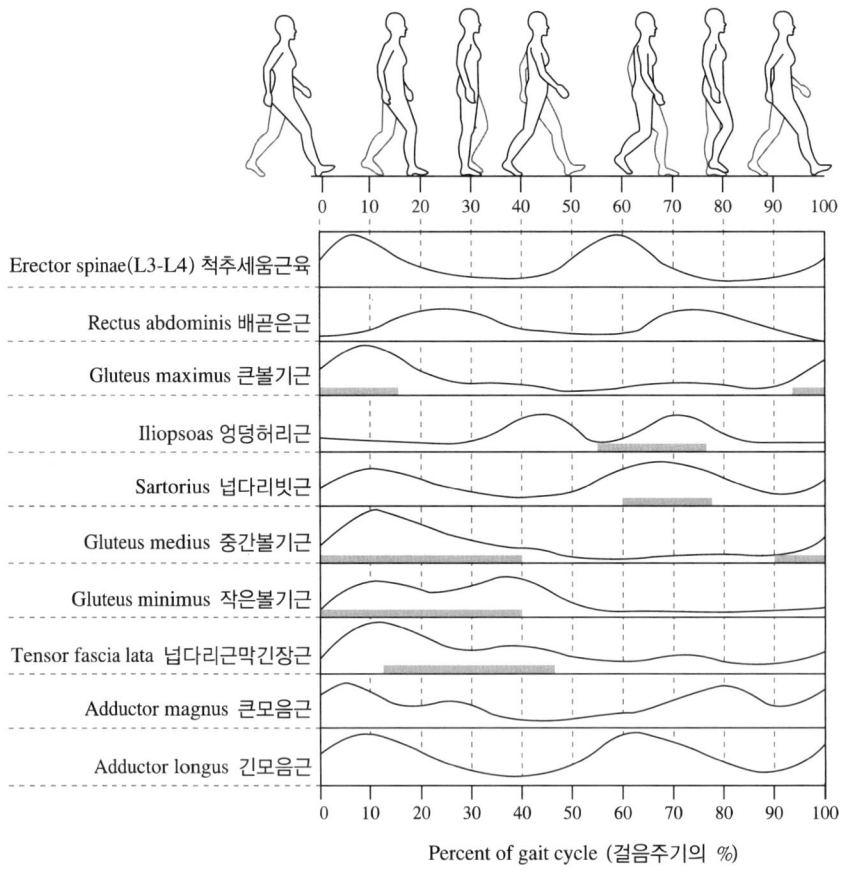

[걸음 동안 EMG의 타이밍과 상대적인 강도]

⑤ 발가락 떼기
  ㉠ 발목관절 : 발등쪽 굽힘에서 발바닥쪽 굽힘으로 급격히 변한다. 발허리발가락 관절이 60° 정도로 폄되면서 무릎이 수동적으로 굽힘된다.
  ㉡ 엉덩관절 : 넙다리곧은근, 넙다리빗근, 긴모음근에 의해 중립자세로 유지된다. 넙다리뼈가 중력과 긴모음근, 넙다리곧은근에 의해 전방으로 굽힘된다.

⑥ 초기 흔듦기
  ㉠ 발목관절 : 앞정강근, 긴발가락폄근, 긴엄지폄근에 의해 발목이 발바닥쪽굽힘이 되고 발이 들린다.
  ㉡ 무릎관절 : 엉덩관절의 굽힘으로 더 많이 굽힘되어 앞으로 전진하기에 알맞게 된다.
  ㉢ 엉덩관절 : 엉덩허리근, 넙다리곧은근, 넙다리빗근, 두덩정강근에 의해 굽힘된다.

⑦ 중기 흔듦기
  ㉠ 발목관절 : 지면으로부터 발이 떨어져 있는 상태를 유지하기 위해 앞정강근, 긴발가락폄근, 긴엄지폄근이 활성화되어 있다.
  ㉡ 무릎관절 : 정강뼈가 움직이면 자연스럽게 무릎관절이 폄되고 넙다리두갈래근이 무릎이 폄되는 속도를 줄이는 역할을 한다.
  ㉢ 엉덩관절 : 두덩정강근, 넙다리빗근, 엉덩허리근은 중기 흔듦기의 중반부에 작용을 멈추고 넙다리두갈래근이 긴장되면서 움직이는 속도를 줄인다.
⑧ 후기 흔듦기
  ㉠ 발목관절 : 앞정강근, 긴발가락폄근, 긴엄지폄근이 다음 보행 주기인 발뒤꿈치 닿기를 위하여 수축한다.
  ㉡ 무릎관절 : 넙다리네갈래근이 다음 발뒤꿈치 닿기를 위해 무릎관절을 폄한다.
  ㉢ 엉덩관절 : 넙다리두갈래근과 큰볼기근의 긴장으로 움직이는 속도를 줄이면서 엉덩관절이 더 이상 굽힘되는 것을 막는다. 넙다리두갈래근은 긴장으로 속도를 줄이는 것 이외에 무릎관절을 안정화시키고, 엉덩관절의 굴곡을 막아주는 역할을 한다.

3 주행(달리기)

(1) 주행의 정의

달리기 운동은 역학적으로 걷기 운동과 비교 분석할 때 지면에 접촉하는 시간이 짧고 두 발의 지지가 없으며 한 발의 지지와 두 발의 비약 행위를 이루고 있다. 또한 걷기에 비하여 달리기는 상체의 전경각도 팔다리의 동작이 크다는 특징이 있다.

① 달리기 동작의 분석 : 달리기는 발이 지면에 접촉되어 있는 지지기(Supporting Phase)와 체공기로 구분되며 2회의 접지기와 2회의 체공기가 1주기를 이루는 주기 형태의 운동이다.
  ㉠ 접지기는 접근하고 있는 발이 신체중심의 전방에 위치한 억제기와 접지하고 있는 발이 신체중심의 후방에 위치한 추진기로 구분된다.
    • 억제기 : 전방으로의 킥(Kick)단계
    • 추진기 : 후방으로의 킥(Kick)단계
  ㉡ 회복 국면(Recovery Phase)은 발이 지면을 이륙하여 다음 착지를 위하여 전방으로 되돌리는 단계로의 킥이 끝난 후에 신체 중심선을 통과하여 신체의 전방으로 착지할 때까지의 후반부 단계로 세분화된다.
  ㉢ 한쪽 다리를 기준으로 할 때 다리의 접지 국면과 회복 국면에서 총 소요 시간의 1/4 정도가 접지 국면에 소요되며, 나머지 3/4 정도가 회복 국면에 소요된다.
  ㉣ 다리의 주기 속도(Pitch)를 빨리하기 위해서는 회복 단계의 소요 시간이 짧을수록 효과적이다.

(2) 주행 부상

① 주행 손상의 요인
  ㉠ 대부분의 주행 손상은 훈련에서의 오류가 많음
    • 훈련 빈도, 지속시간, 급격한 훈련강도의 변화 등
    • 주행 손상원인의 2/3를 차지

② 걷기와 주행의 힘의 작용
  ㉠ 걷기 : 무릎뼈 주위에 체중의 4~6배의 힘이 작용
  ㉡ 주행 : 무릎뼈 주위에 체중의 7~11배의 힘이 작용

③ 주행 부상의 종류
  ㉠ 넙다리근막긴장근증후군(장경인대 마찰증후군) : 주행 중에 엉덩관절과 무릎관절의 강한 안굽이 모멘트는 넙다리근막긴장근(장경인대증후군)을 유발할 수 있음
  ㉡ 아킬레스건염(Achilles Tendinitis) : 종아리근육의 유연성 결여, 목발밑관절의 엎침의 증가 등이 아킬레스건염을 유발할 수 있음

(3) 팔다리 동작과 속도, 보폭, 보수와의 관계

주행에서 몸통은 직선 운동이지만 팔, 다리 운동은 회전 운동이다. 팔 운동은 어깨를 축으로 하여 팔꿈치와 손이 회전을 하고 다리의 동작은 발목이 반원 운동을 한다. 이러한 운동에서 원의 회전력이 빠르고 회전 반경이 클수록 좋은 현상이라 할 수 있다. 주자가 빨리 달릴수록 보폭은 커지며 일반적으로 주자가 다른 주자를 앞지를 때에는 보수(걸음의 수)를 많이 하는 것이 아니고 보폭을 크게 하여 앞지른다.

① 팔다리 동작과 주행속도 : 주행 속도는 보폭과 보수의 곱으로 구할 수 있고, 팔과 다리의 회전력이 빠르고 회전 반경이 크면 힘의 이용 능력이 좋아지며 보다 강한 힘을 발휘할 수 있다.

② 보폭과 속도 : 공중에 떠있는 다리의 각을 크게 하여 전방으로 내딛는 속도를 올리거나 보폭을 크게 하는 것이 유리하다.

③ 보수와 속도 : 주행 시 엉덩관절의 각이 작아 보수가 많아지면 같은 거리를 이동할 때 더 많은 에너지 손실이 요구된다.

> **개념 PLUS**
> 주행 속도를 보다 효율적으로 높이기 위해서는 보폭의 크기를 크게 하고 육상 종목특성에 연관지어 이해하는 것이 좋다.

06 출제예상문제

01 〈보기〉에서 운동 동작에 대한 설명 중 벡터에 해당하는 것을 모두 고른 것은?

┌─ 보기 ──────────────────────────────
│ ㉠ 축구공 임팩트 동작 시점에서 차는 다리의 고관절 각도
│ ㉡ 야구공을 던지는 투수의 어깨 각속도
│ ㉢ 등속성 운동 시 측정되는 관절 토크
│ ㉣ 100m 단거리 선수의 질주 시 최대 속력
└─────────────────────────────────

① ㉠, ㉡
② ㉠, ㉣
③ ㉡, ㉢
④ ㉢, ㉣

해설 ㉡·㉢ 벡터에 해당한다.
㉠·㉣ 스칼라에 해당한다.
- 벡터(Vector) : 크기와 방향을 함께 가지고 있는 물리량을 말하며, 힘, 속도, 가속도, 운동량, 충격량, 변위 등이 있다.
- 스칼라(Scalar) : 크기만으로 충분히 설명할 수 있는 물리량을 말하며, 길이, 넓이, 속력, 질량, 시간 등이 있다.

02 목의 축돌림(Rotation)에서 단축성 수축으로 반대쪽(Contralateral) 돌림에 작용하는 근육은?

① 목널판근(경판상근 ; Splenius Cervicis)
② 머리널판근(두판상근 ; Splenius Capitis)
③ 아랫머리빗근(하두사근 ; Oblique Capitis Inferior)
④ 목빗근(흉쇄유돌근 ; Sternocleidomastoid)

해설 ④ 목빗근의 이는 곳은 복장뼈자루와 빗장뼈 안쪽이고 닿은 곳은 꼭지돌기이다. 목빗근 근섬유의 주행방향이 사선방향(안쪽에서 바깥쪽)이므로 우측 목빗근이 수축하면 목의 동측 외측굽힘과 왼쪽(반대방향)으로 회전이 일어난다.

03 척추의 가로돌기가시근군(횡돌기극근군 ; Transversospinalis Group)에 포함되지 않는 것은?

① 뭇갈래근(다열근 ; Multifidus)
② 가시근(극근 ; Spinalis)
③ 돌림근(회선근 ; Rotators)
④ 반가시근(반극근 ; Semispinalis)

해설 ② 가시근은 등의 깊은 층에 있는 짧은분절근육무리 근육 중 하나이다.

정답 01 ③ 02 ④ 03 ②

04 〈보기〉의 오목위팔관절에서의 관절운동형상학적 관계들에 대한 설명 중 괄호 안에 들어갈 말로 옳은 것은?

뼈운동형상학	운동면	관절운동형상학
(㉠)	이마면	관절의 세로 지름을 따라 구르기와 미끄러짐
안쪽돌림과 가쪽돌림	(㉡)	관절의 가로 지름을 따라 구르기와 (㉢)
굽힘과 폄, 안쪽돌림과 가쪽돌림(90도 벌림상태에서)	시상면	위팔뼈머리와 관절오목 사이의 (㉣)

	㉠	㉡	㉢	㉣
①	벌림과 모음	이마면	스 핀	구르기
②	굽힘과 폄	시상면	활 주	스 핀
③	벌림과 모음	수평면	활 주	스 핀
④	굽힘과 폄	시상면	스 핀	구르기

해설 오목위팔관절에서의 관절운동형상학은 이마면에서는 앞–뒤쪽 돌림축에 의해 벌림과 모음 동작이 일어나며, 안쪽돌림과 가쪽돌림의 운동면은 수평면에서 일어나고, 관절의 가로 지름을 따라 구르기와 활주가 일어난다. 굽힘과 폄·안쪽돌림과 가쪽 돌림의 운동면은 시상면이며, 위팔뼈머리와 관절오목 사이의 스핀이 일어난다.

05 횡단면의 움직임에 대한 설명으로 옳지 않은 것은?

① 안쪽돌림(내회전 ; Internal or Medial Rotation) – 수평면에서 인체의 정중선 쪽으로 가까워지는 회전 동작
② 바깥쪽 돌림(외회전 ; External or Lateral Rotation) – 수평면에서 인체의 정중선 쪽으로 멀어지는 회전 동작
③ 뒤침(회외 ; Supination) – 팔꿈치가 90도 구부러진 상태에서 손바닥이 아래로 향하는 동작
④ 수평벌림(수평 외전 ; Horizontal Abduction) – 수평면에서 인체의 정중선으로부터 멀어지는 동작

해설 뒤침(회외)은 팔꿈치가 90도 구부러진 상태에서 손바닥이 위로 향하는 동작이다.

06 견갑골의 움직임에 대한 설명으로 옳지 않은 것은?

① 내밈(전인 ; Protraction) - 시상면에서 날개뼈(견갑골)가 척추 쪽에서 멀어지는 동작
② 들림(후인 ; Retraction) - 수평면에서 날개뼈(견갑골)가 척추 쪽으로 가까워지는 동작
③ 위쪽돌림(상방회전 ; Upward Rotation) - 전두면에서 날개뼈(견갑골)의 아래각(하각)이 상, 외측으로 움직
④ 내림(하강 ; Depression) - 전두면에서 날개뼈(견갑골)가 아래쪽으로 움직이는 동작

해설 내밈(전인) 동작은 수평면에서 어깨뼈가 척추 쪽에서 멀어지는 동작이다.

07 목뼈(경추 ; Cervical Vertebrae)에 대한 설명으로 옳지 않은 것은?

① 고리뼈(환추 ; Atlas)는 가장 큰 척추뼈구멍(척주공 ; Vertebral Foramen)을 지니고 있다.
② 목뼈의 척추뼈구멍은 아래로 내려갈수록 내경이 넓어진다.
③ 중쇠뼈(축추 ; Axis)의 가로돌기는 뭉툭하고 머리와 목의 위치를 조절하는 근육이 부착된다.
④ 솟을뼈(융추 ; Vertebra Prominens)의 가시돌기는 다른 목뼈에 비해 길며, 앞쪽으로 굽은 목굽이와 뒤쪽으로 굽은 등굽이에 경계에 위치한다.

해설 ② 목뼈의 척추뼈구멍(척추관)은 세포 형태로 고리뼈(C1)에서 가장 크고 아래로 내려갈수록 내경이 좁아진다.

08 팔신경얼기(Brachial Plexus)에 대한 설명으로 옳은 것은?

	신 경	신경뿌리	지배되는 근육들
①	겨드랑신경	C7, C8	넓은등근
②	가슴등신경	C5, C6	앞톱니근
③	어깨위신경	C5, C6	가시위근과 가시아래근
④	빗장밑신경	C8, T1	승모근

해설 어깨위신경(Suprascapular Nerve)은 팔신경얼기의 위신경줄기로부터 나오며 일차적인 신경뿌리는 C5·C6이고 가시위근과 가시아래근을 지배한다. 등세모근(승모근 ; Trapezius)은 팔신경얼기를 통해 신경지배를 받지않고 제XI뇌신경으로부터 신경지배를 받는다.

09 인체의 둘레 측정 부위에 대한 설명으로 바르게 짝지어진 것은?

― 보기 ―
㉠ 목 – 목젖 부위를 측정
㉡ 가슴 – 유두와 견갑골 하각을 잇는 부위 측정
㉢ 허리 – 배꼽과 검상돌기 사이의 몸통 중간 부위 측정
㉣ 엉덩이 – 엉덩이의 가장 넓은 부위 측정
㉤ 허벅지 – 무릎의 슬개골 위 약 10cm 부위 측정
㉥ 장딴지 – 무릎과 발목 사이 중 가장 굵은 부위 측정
㉦ 위팔두갈래근 – 어깨와 팔꿈치 사이 중 가장 굵은 부위 측정

① ㉠, ㉡, ㉢, ㉣
② ㉡, ㉤, ㉥, ㉦
③ ㉡, ㉢, ㉣, ㉥, ㉦
④ ㉠, ㉡, ㉢, ㉣, ㉥, ㉦

해설 허벅지 부위를 측정할 때에는 무릎의 슬개골 위 약 25cm 정도의 가장 굵은 부위를 측정한다.

10 어깨가슴관절(Scapulothoracic Joint)에 작용하는 일차적인 근육들로 바르게 짝지어진 것은?

① 올림근육들 – 위등세모근, 앞톱니근
② 뒤당김근육들 – 마름근들 아래등세모근, 작은가슴근
③ 내림근육들 – 넓은등근, 마름근들
④ 위쪽돌림근육들 – 앞톱니근, 위등세모근과 아래등세모근

해설 어깨가슴관절의 위쪽돌림근육들은 팔의 올림에 있어 필수적이며, 일차적인 위쪽돌림근육(Upward Rotator)들에는 앞톱니근(전거근 ; Serratus Anterior)・위등세모근(상부승모근 ; Upper Trapezius)・아래등세모근(하부승모근 ; Lower Trapezius)이 있다.
① 올림근육들에는 위등세모근, 어깨올림근(Levator Scapulae)이 있다.
② 뒤당김근육들에는 중간등세모근(Middle Trapezuus), 마름근들(Rhomboids), 아래등세모근이 있다.
③ 내림근육들에는 아래등세모근(Lower Trapezius), 넓은등근(Latissimus Dorsi), 작은가슴근(Pectoralis Minor)이 있다.

11 〈보기〉에서 설명하는 척주의 인대로 옳은 것은?

보기
- 한 고리판의 앞면과 아래 고리판의 뒷면 사이 부착되어 있다.
- 척주의 굽힘을 제한하는 역할을 한다.
- 탄력소의 비율이 높으며, 척수의 바로 뒤쪽에 위치한다.
- 허리 영역에서 가장 두껍다.

① 앞세로인대(Anterior Longitudial Ligament)
② 황색인대(Ligamentum Flavum)
③ 뒤세로인대(Posterior Longitudial Ligament)
④ 가로돌기사이인대(Intertransverse Ligament)

해설 황색인대는 한 고리판(Lamina)의 앞면에서 시작하여 아래쪽에 있는 고리판에 부착하며, 척주 전체에 걸쳐 위쪽 분절과 아래쪽에 있는 고리판의 뒷면에 부착한다. 특히 척주 내에서 굽힘의 크기가 가장 크게 발생하는 허리 영역에서 가장 두껍다.

12 결합조직에 대한 설명으로 옳지 않은 것은?

① 교원섬유는 상처 치유과정에서 중요한 역할을 담당하며 이 결합이 정상 이상 진행되면 반흔조직이 형성된다.
② 탄력섬유는 탄력성이 있어 신장될 수 있고, 자극이 없어지면 제 상태로 돌아온다.
③ 섬유아세포는 결합조직섬유의 형성과 재생에 아주 중요한 역할을 하며 일부는 소화 작용을 갖는 것도 있다.
④ 섬유성 결합조직은 결합 성분과 형태에 따라 근막과 활액낭(Fascia and Bursa), 건과 인대(Tendon and Ligament), 연골(Cartilage)과 골(Bone)로 나눌 수 있다.

해설 교원섬유는 가장 일반적인 결합조직 섬유로 탄력성이 없으며 모든 조직을 서로 연결시켜 주는 결합체로 작용한다. ① 섬유아세포에 대한 설명이다.

13 근육조직과 신경조직에 대한 설명으로 옳지 않은 것은?

① 평활근은 소화관 벽이나 혈관 벽과 같은 유강성 장기를 둘러싸고 있는 것이 대부분이며, 사람의 의지대로 움직일 수 있다.
② 심근은 심장과 심장 주변 혈관에 국한되며, 평활근과 같은 불수의근이다. 해부학적으로 평활근과 골격근의 중간 형태를 보이며 횡문이 나타난다.
③ 골격근은 인체의 움직임을 관장하는 근육으로 우리의 의지대로 수축할 수 있는 수의근이다.
④ 신경세포는 거의 원형의 세포체에서 섬유성 돌기가 바깥쪽으로 뻗어나간 형태를 이루고 있으며 이를 신경원이라고 한다.

해설 평활근은 불수의근 중의 하나로 수축이 사람의 의지대로 이루어지지 않는다.

정답 11 ② 12 ① 13 ①

14 팔이음뼈와 팔뼈에 대한 설명으로 옳지 않은 것은?

① 빗장뼈(쇄골 ; Clavicle)는 복장뼈자루와 어깨뼈봉우리를 연결하고 있는 가늘고 긴 S자 형태로 되어 있으며, 길이는 약 15cm이다.
② 어깨뼈(견갑골 ; Scapula)는 삼각형의 납작한 형태로 위팔뼈머리와 어깨뼈의 접시오목면을 이룬다.
③ 위팔뼈(상완골 ; Humerus)의 위팔뼈머리(Humeral Head)는 둥근 형태로서 얕고 잘록한 목을 가진다.
④ 아래팔에는 노뼈(요골)와 자뼈(척골) 두 뼈가 위치하며 해부학적 자세에서 내측에 위치하는 뼈가 노뼈이고 외측에 위치한 뼈가 자뼈이다.

해설 해부학적 자세에서 내측에 위치하는 뼈가 자뼈이고 외측에 위치한 뼈가 노뼈이다.

15 다리이음뼈와 다리뼈에 대한 설명으로 옳지 않은 것은?

① 엉덩관절은 큰 구형의 넙다리뼈머리와 골반절구(Acetabulum) 사이에서 형성된 관절이다.
② 골반뼈 뒤쪽에는 엉치뼈가 있으며, 이 뼈는 엉덩뼈와 엉치엉덩 관절을 이루고 있으며, 엉치뼈는 척주를 골반에 고정하는 역할을 한다.
③ 볼기뼈에는 엉덩관절, 엉치엉덩관절, 두덩결합 총 3개가 있으며 엉덩뼈와 넙다리뼈머리, 두덩뼈로 구성된 결합체이다.
④ 넙다리뼈(대퇴골 ; Femur)는 신체에서 가장 긴 뼈이며, 넙다리뼈의 몸쪽은 엉덩관절이고 먼쪽은 무릎관절이 된다.

해설 볼기뼈는 3개의 뼈인 엉덩뼈(장골 ; Ilium)와 궁둥뼈(좌골 ; Ischium), 두덩뼈(치골 ; Pubis)로 구성된 결합체이다.

16 몸통뼈대에 대한 설명으로 옳은 것은?

① 흉곽부는 1개의 복장뼈(흉골 ; Sternum)와 11쌍의 갈비뼈(늑골 ; Rib)로 구성되며, 갈비뼈(늑골 ; Rib)은 후면의 등뼈(흉추 ; Thoracic)와 연결되어 있다.
② 척주부는 총 30개의 척추뼈로 구성되어 있으며, 총 5개의 영역(목뼈, 등뼈, 허리뼈, 엉치뼈, 꼬리뼈)으로 구분된다.
③ 등뼈는 총 12개의 척추로 되어 있으며, 가로돌기와 가시돌기가 있다. 등뼈 1번부터 8번까지의 가로돌기에 있는 관절면에는 갈비뼈가 부착되어 있다.
④ 허리뼈는 총 5개의 척추로 되어 있으며, 가장 큰 척추와 가시돌기, 가로돌기가 있다. 정상적인 허리뼈는 앞쪽을 기울어져 있는 전만곡을 형성하고 있다.

해설 갈비뼈는 12쌍으로 구성되며 척주는 총 33개의 척추뼈로 구성되어 있다. 등뼈는 1~10번의 가로돌기에 있는 관절면에 갈비뼈가 부착된다.

17 〈보기〉에서 설명하고 있는 관절로 옳은 것은?

> **보기**
> 이 관절은 치밀결합 조직에 의해 서로 연결되며 움직임이 없거나 아주 작은 움직임만이 나타난다. 부동관절의 대표적인 예로는 두개골의 봉합으로 이들의 주요 기능은 뼈들을 결합시키고, 한 뼈에서 다음 뼈로 힘을 전달시키는 것이다. 이러한 기능은 상대적으로 큰 접촉면을 통해 힘을 분산시키므로 손상의 가능성을 감소시킨다.

① 윤활관절(가동관절 ; Diarthrosis) ② 섬유관절(Fibrous Joint)
③ 평면관절(Plane Joint) ④ 안장관절(Saddle Joint)

해설 섬유관절은 고농도의 아교질을 가지고 있는 치밀 결합조직으로 뼈들 사이를 강력하게 연결하고 힘을 전달하며 아주 작은 움직임이 허용된다.

18 가동관절 요소에 대한 설명으로 옳지 않은 것은?

① 관절연골(초자연골)은 관절의 접촉되는 뼈의 관절면으로 덮여 있으며, 혈관들로부터 영양을 공급받지 못한다.
② 관절공간은 뼈와 뼈 사이는 섬유막과 윤활막으로 싸여 만들어진 공간을 말하며, 윤활액을 분비한다.
③ 윤활액은 관절의 동작 시 작용하는 압력에 의해 관절 안팎으로 이동하며 연골의 영양분을 공급하고 표면을 미끄럽게 하여 마찰을 감소시켜 준다.
④ 관절낭의 외층면은 인대와 같은 불규칙성 치밀결합 조직으로 구성되어 있는데 이는 관절 구조물의 지지와 내용물의 봉쇄를 제공한다.

해설 관절연골은 혈관들로부터 영양을 공급받는다.

19 가동관절(윤활관절)의 움직임은 관절면의 모양에 따라 결정되는데 〈보기〉에서 설명하는 관절로 옳은 것은?

> **보기**
> 원통형에 둘러싸인 중심 핀에 의해 형성되는 모양으로 관절머리가 원형인 뼈가 관절오목을 가진 뼈를 따라 장축으로 회전하며, 축 돌림과 같은 일차적인 각운동을 만들어 낸다. 이 관절의 대표적인 예로는 위팔노관절과 고리중쇠관절이 있다.

① 경첩관절(Hinge Joint) ② 타원관절(Ellipsoid Joint)
③ 중쇠관절(Pivot Joint) ④ 구와관절(Ball and Socket Joint)

해설 축 돌림 같은 일차적인 운동을 만들어내는 관절은 중쇠관절이다.

정답 17 ② 18 ① 19 ③

20 뇌의 기능에 대한 설명으로 옳지 않은 것은?

① 소뇌(Cerebellum) - 혈압 호흡과 같은 정보를 직접적으로 처리하여 조절한다.
② 대뇌겉질(Cerebral Cortex) - 부위에 따라 감각, 운동, 언어와 같은 여러 가지 기능을 수행한다.
③ 시상하부(Hypothalamus) - 소화, 배뇨, 성적 활동과 관련된 활동을 직접적으로 처리하여 조절한다.
④ 시상과 중간뇌(Thalamus and Mesencephalon) - 시각 및 청각반사, 운동 조절 역할을 하고 시상(Thalamus)은 수용체로부터 감각정보를 받아들이고 대뇌피질로 정보를 보내는 역할을 한다.

해설 ① 좌측 소뇌는 좌측 신체의 운동에 관여하고 우측 소뇌는 우측 신체의 운동에 관여하며, 눈과 귀, 관절과 근육으로부터 몸의 각 부위가 어떤 자세를 취하고 있는지에 대한 감각신호를 받아들이는 역할을 한다.

21 추간판(Intervertebral Disks)에 대한 설명으로 옳지 않은 것은?

① 추간판은 중심부의 수핵과 이를 둘러싸고 있는 섬유륜으로 구성되어 있다.
② 수핵(Nucleus Pulposus)은 추간판의 중심에서 전방부위에 위치한다.
③ 수핵은 70~90% 수분으로 구성되며 척추들 사이의 부하를 분산시키고 충격을 흡수하는 기능을 한다.
④ 수핵은 II형 교원섬유, 탄력섬유, 비교원성 단백질을 가지고 있다.

해설 수핵(Nucleus Pulposus)은 추간판의 중심에서 후방부위에 위치한다.

22 근육의 길이와 장력, 힘과 속도의 관계에 대한 설명으로 옳은 것은?

① 근육이 과도하게 수축하게 되면 액틴과 마이오신 간의 발생되는 움직임을 막게 되며 그로 인해 힘 생산을 감소시키게 된다.
② 근육이 안정 시 상태보다 길어지게 되면 액틴과 마이오신의 겹치는 부분이 증가하게 되고 그로 인해 근육의 힘 생산이 증가하게 된다.
③ 편심성 수축은 근육의 힘이 증가하고 수축 속도가 빨라짐에 따라 힘을 생산하는 능력이 낮아진다.
④ 동심성 수축은 근육의 힘이 증가하고 수축 속도가 빨라짐에 따라 힘을 생산하는 능력이 높아진다.

해설 근육이 안정 시 상태보다 길어지면 액틴과 마이오신의 겹치는 부분이 감소하게 되며, 그로 인해 힘 생산이 감소하게 된다. ③ 힘의 생산 능력이 높아지고, ④ 힘의 생산 능력이 낮아진다.

23 근육 수축과 근섬유의 형태에 대한 설명으로 옳지 않은 것은?

① 등장성 수축 – 근육의 길이가 변하면서 근력을 발생시키는 형태를 말하며, 다시 동심성 수축과 편심성 수축의 두 가지 형태로 나눌 수 있다.
② 등척성 수축 – 근육의 길이가 변화 없이 근의 긴장도가 증가하는 형태로 예를 들면 사람이 서서 고정되어 있는 벽을 밀 때와 같은 상황에서 발생되는 힘의 형태이다.
③ 편심성 수축 – 외부적인 저항이 근력보다 작아서 근육 길이가 짧아지면서 일어나는 근 수축을 의미한다.
④ 편동심성 수축 – 두 개의 다른 관절을 통과하는 근육의 조절된 동심성 수축과 편심성 수축이 동시에 일어나는 근 수축을 의미한다.

해설 편심성 수축(Eccentric Contraction)은 외부적인 저항이 근력보다 커서 근육의 길이가 길어지면서 일어나는 근 수축을 의미한다.

24 〈보기〉에서 근육의 수축 형태에 대한 설명 중 올바른 것을 모두 고른 것은?

|보 기|
㉠ 지근섬유는 수축 속도가 느리며 제1형 근섬유로 호기성 대사 작용을 통해 에너지를 얻는다.
㉡ 지근섬유는 근섬유의 크기가 크고 무산소 운동 시 주로 사용된다.
㉢ 지근섬유의 에너지는 산소를 이용하기 때문에 헤모글로빈을 많이 필요로 한다. 따라서 지근은 붉은색을 띠며 적근이라고도 한다.
㉣ 수축 속도가 빠른 속근은 빠르고 강한 수축으로 인해 높은 강도의 운동을 가능하게 해준다.
㉤ 속근은 무산소적 수축을 하기 때문에 헤모글로빈이 적어 백근이라고도 불린다.

① ㉠, ㉡, ㉤
② ㉡, ㉢, ㉤
③ ㉠, ㉡, ㉢, ㉣
④ ㉠, ㉢, ㉣, ㉤

해설 지근섬유는 근섬유의 크기가 작고 유산소 운동 시 주로 사용된다.

25 인체 지레의 설명으로 옳지 않은 것은?

① 제2형 지레는 힘과 저항이 같은 방향에 위치하며, 힘팔의 길이가 저항팔의 길이보다 더 길기 때문에 힘의 이득이 크다.
② 제1형 지레의 예로는 팔굽혀 펴기 혹은 종아리 올림 시의 행동이다.
③ 제1형 지레는 힘과 저항이 지레중심을 기준으로 양쪽에 위치하며 힘팔이 저항팔에 대한 비가 상황에 따라 달라지므로 효율성이 일괄적이지 않다.
④ 제3형 지레는 인체의 90% 이상을 형성하는 만큼 힘의 관점에서 비효율적이므로 훈련을 통해 강화시킬 필요가 있는 구조이다.

해설 팔굽혀 펴기, 종아리 올림은 제2형 지레의 예이다.

정답 23 ③ 24 ④ 25 ②

26 〈보기〉의 설명에 해당하는 근육은?

┤보 기├

㉠ 이는 곳(기시점 ; Origin) – T 7 등뼈에서 엉덩뼈능선까지의 등허리근막(흉요근막), 제 3또는 4갈비뼈(늑골 ; Rib), 어깨뼈 아래각(Inferior Angle of Scapula)
㉡ 닿는 곳(정지점 ; Insertion) – 위팔뼈의 두갈래근고랑(상완골의 이두근구 ; Bicepital Groove of Scapula)
㉢ 작용(Action) – 어깨관절의 폄(신전 ; Extension) 모음(Adduction)과 안쪽 돌림(Internal Rotation)

① 허리네모근(요방형근 ; Qudratus Lumbarum)
② 넓은등근(광배근 ; Latissimusdorsi)
③ 큰가슴근(대흉근 ; Pectoralis Major)
④ 큰원근(대원근 ; Teres Major)

해설 허리네모근은 엉덩뼈능성 뒷면에서 제12갈비뼈 허리뼈 가로돌기에 붙어 있고, 큰가슴근은 빗장뼈머리와 복장뼈머리에 닿는 점을 가지고 있으며, 큰원근은 어깨뼈의 아래각에 닿는 점을 가지고 있다.

27 〈보기〉에서 날개뼈의 올림에 작용하는 근육을 모두 고른 것은?

┤보 기├

㉠ 큰가슴근(대흉근 ; Pectoralis Major)
㉡ 앞톱니근(전거근 ; Serratus Anterior)
㉢ 어깨올린근(견갑거근 ; Levator Scapulae)
㉣ 등세모근(상부승모근 ; Upper Trapezius)

① ㉠, ㉢
② ㉡, ㉢
③ ㉡, ㉣
④ ㉢, ㉣

해설 큰가슴근과 앞톱니근은 날개뼈의 올림에 관여하지 않는다.

28 〈보기〉에서 어깨뼈의 바깥돌림(외회전 ; External Rotation)에 작용하는 근육을 모두 고른 것은?

―| 보 기 |―
㉠ 가시아래근(극하근 ; Infraspinatus)
㉡ 어깨올린근(견갑거근 ; Levator Scapulae)
㉢ 작은원근(소원근 ; Teres Minor)
㉣ 큰원근(대원근 ; Teres Major)

① ㉠, ㉢
② ㉡, ㉢
③ ㉡, ㉣
④ ㉢, ㉣

해설 어깨의 가쪽 돌림근은 가시아래근, 작은원근, 뒤쪽어깨세모근이다.

29 〈보기〉의 설명에 해당하는 근육은?

―| 보 기 |―
팔꿈치관절의 굽힘(주관절 굴곡 ; Flexion of Elbow)과 아래팔 바깥돌림(전완회외 ; Supination of Forearm)에 주로 사용되는 근육으로서 이는 곳(기시점 ; Origin)은 어깨뼈의 상결절과 어깨뼈의 부리돌기(견갑골의 오훼돌기 ; Coracoid Process of Scapula)이며 닿는 곳(정지점 ; Insertion)은 노뼈 거친면(요골조면 ; Tuberosity)에 위치한다.

① 위팔근(상완근 ; Brachialis)
② 위팔세갈래근(상완삼두근 ; Triceps Brachii)
③ 위팔두갈래근(상완이두근 ; Biceps Brachii)
④ 부리위팔근(오훼완근 ; Coracobrachialis)

해설 팔꿈치관절의 굽힘과 바깥돌림에 주로 사용되는 근육은 위팔두갈래근이다.

정답 28 ① 29 ③

30 아래팔의 운동에 관여하는 근육과 관련된 설명으로 옳지 않은 것은?

① 팔꿈치굽힘근(주관절 굴곡근 ; Flexor of Elbow)은 위팔근(상완근 ; Brachialis), 위팔세갈래근(상완삼두근 ; Triceps Brachii), 부리위팔근(오훼완근 ; Coracobrachialis)으로 젓가락으로 음식을 먹을 때에 사용된다.
② 팔꿈치폄근(주관절 신전근 ; Extensor of Elbow)은 위팔 세갈래근(상완삼두근 ; Triceps), 팔꿈치근(주근 ; Anconeus)이다.
③ 아래팔뒤침근은 손뒤침근(회외근 ; Supinator), 위팔두갈래근(상완이두근 ; Biceps)이다.
④ 아래팔엎침근은 엎침근(원회내근 ; Pronator Teres), 네모엎침근(방형회내근 ; Pronator Quadratus)이다.

해설 팔꿈치굽힘근은 위팔근, 위팔두갈래근, 위팔노근이다.

31 어깨위팔뼈리듬(Scapulohumeral Rhythm)에 대한 설명으로 옳지 않은 것은?

① 오목위팔관절(관절와상완관절 ; Glenohumeral Rhythm)의 어깨의 벌림이나 굽힘은 어깨뼈의 위쪽돌림과 함께 일어나며, 이를 어깨위팔뼈리듬이라 한다.
② 어깨위팔뼈리듬은 대부분의 벌림 동작에서 위팔뼈와 날개뼈가 1:1의 비율로 일어난다.
③ 초기 어깨의 벌림 0~30도 사이에는 날개뼈(견갑골 ; Scapula)의 움직임이 일어나지 않는다.
④ 중기 어깨의 벌림 30~90도 사이에는 날개뼈(견갑골 ; Scapula)와 위팔뼈(상완골 ; Humeral)가 1:2의 비율로 일어난다.

해설 어깨위팔뼈리듬에서 어깨의 벌림 동작은 위팔뼈와 날개뼈가 2:1의 비율로 일어난다.

32 엉덩관절의 운동에 관여하는 근육과 작용에 대한 설명 중 옳지 않은 것은?

① 넙다리뼈(대퇴골 ; Femur)의 앞쪽근육은 엉덩근(장골근), 허리근(대요근)이 있으며, 이 근육은 엉덩관절(고관절)을 굽힘(굴곡 ; Flexion)하는 작용을 한다.
② 넙다리뼈(대퇴골 ; Femur)의 뒤쪽근육으로는 넙다리근막긴장근(대퇴근막장근 ; Tensor Fasciae Latae), 큰볼기근(대둔근 ; Gluteus Maximus), 중간볼기근(중둔근 ; Qluteus Medius), 작은볼기근(소둔근 ; Gluteus Minimus)이 있으며, 엉덩관절을 폄(신전 ; Extension), 벌림(외전 ; Abduction)하는 역할을 한다.
③ 엉덩뼈의 심부근육으로는 궁둥구멍근, 위쌍둥이근, 아래쌍둥이근, 속폐쇄근, 바깥폐쇄근, 넙다리네모근이 있으며, 엉덩관절을 안쪽돌림(내회전 ; Internal Rotation)하는 역할을 한다.
④ 넙다리뼈(대퇴골 ; Femur)의 안쪽근육으로는 큰모음근, 짧은모음근, 긴모음근, 두덩근, 두덩정강근이 있으며 일차적으로 엉덩관절의 모음하고 이차적으로 굽힘, 안쪽돌림하는 역할을 한다.

해설 궁둥구멍근, 위쌍둥이근, 아래쌍둥이근, 속폐쇄근, 바깥폐쇄근, 넙다리네모근은 엉덩관절의 바깥돌림(외회전 ; External Rotation)하는 역할을 한다.

33 〈보기〉의 무릎 나사집 돌림기전에 대한 설명으로 옳은 것을 모두 고른 것은?

┤보 기├
㉠ 무릎을 펼 때 정강뼈(Tibia)가 넙다리뼈에 대해 가쪽돌림(Ext. Rotation)되고 굽힐 때 안쪽돌림(Int. Rotation)되는 이론이다.
㉡ 넙다리네갈래근(대퇴사두근 ; Quadriceps)의 외측당김으로 인해 발생한다.
㉢ 넙다리뼈의 안쪽넙다리융기(Medial Condyle)의 관절면은 융기사이고랑쪽으로 접근할 때 가쪽으로 약 30도의 만곡곡선을 이루고 있다.
㉣ 뒤십자인대의 수동장력으로 인해 발생한다.

① ㉠, ㉡, ㉣
② ㉡, ㉢, ㉣
③ ㉠, ㉡, ㉢
④ ㉠, ㉡, ㉢, ㉣

해설 앞십자인대의 수동장력으로 인해 나사집 돌림기전이 발생한다.

34 〈보기〉의 설명에 해당하는 근육으로 옳은 것은?

┤보 기├
- 이는 곳(기시점 ; Origin) – 위앞엉덩뼈가시(상전장골극 ; Anterior Superior Iliac Spine)
- 닿는 곳(정지점 ; Insertion) – 정강뼈의 내측상부(Upper Medial Shaft of Tibia)
- 작용(Action) – 엉덩관절에서 넙적다리의 굽힘(굴곡 ; Flexion), 벌림(외전 ; Abduction), 가쪽돌림 보조(외회전 ; External Rotation Assist). 무릎관절에서 굽힘(굴곡 ; Flexion), 폄(신전 ; Extension), 안쪽 돌림 보조(내회전 ; Internal Rotation Assist)

① 넙다리근막긴장근(대퇴근막장근 ; Tensor Fasciae Latae)
② 큰허리근(대요근 ; Psoas Major)
③ 넙다리빗근(봉공근 ; Sartorius)
④ 두덩정강근(박근 ; Gracilis)

해설 넙다리빗근은 인체에서 가장 길고 표층에서 있는 넙다리 근육이다.

35 〈보기〉에서 설명하고 있는 움직임으로 옳은 것은?

> **보기**
> - 1차 – 큰볼기근, 궁둥구멍근, 속폐쇄근, 위쌍둥이근, 아래쌍둥이근, 넙다리네모근
> - 2차 – 중간볼기근(뒤섬유), 작은볼기근(뒤섬유), 바깥폐쇄근, 넙다리빗근, 넙다리두갈래근(긴갈래)

① 엉덩관절의 폄(신전 ; Extension)
② 엉덩관절의 벌림(외전 ; Abduction)
③ 엉덩관절의 안쪽돌림(내회전 ; Internal Rotation)
④ 엉덩관절의 가쪽돌림(외회전 ; External Rotation)

해설 골반의 심부근육군들과 이차적으로 작용하는 볼기근, 넙다리두갈래근 등은 엉덩관절의 가쪽돌림 근육들이다.

36 바닥에 떨어진 물건을 잡기 위해 상체를 숙였다가 다시 상체를 일으키는 과정에서 근육의 활성도 변화에 대해 바르게 설명한 것은?

① 큰모음근(대내전근 ; Adductor Magnus)의 증가, 큰볼기근(대둔근)의 감소, 반힘줄근(반건양근 ; Semitendinosu)의 감소
② 큰모음근(대내전근 ; Adductor Magnus)의 감소, 큰볼기근(대둔근)의 증가, 반힘줄근(반건양근 ; Semitendinosu)의 감소
③ 큰모음근(대내전근 ; Adductor Magnus)의 증가, 큰볼기근(대둔근)의 증가, 반힘줄근(반건양근 ; Semitendinosu)의 증가
④ 큰모음근(대내전근 ; Adductor Magnus)의 감소, 큰볼기근(대둔근)의 증가, 반힘줄근(반건양근 ; Semitendinosu)의 증가

해설 상체가 바닥에서 위쪽으로 올라옴에 따라 체중의 힘은 좀 더 뒤로 이동시킨다. 엉덩관절의 줄어든 굽힘은 뒤넙다리의 모멘트 팔을 감소시키게 되며, 그로 인해 큰모음근과 반힘줄근의 활성도는 감소하게 되고, 큰볼기근의 활성도는 증가하게 된다.

37 〈보기〉의 설명에 해당하는 근육으로 옳은 것은?

> **보 기**
> 엎드려 팔굽혀 펴기 동작을 수행할 때 마지막 단계를 수행하는 데 중요한 근육으로 초기 단계는 큰가슴근(대흉근 ; Pectoralis Major), 위팔세갈래근(상완삼두근 ; Tripeps Brachii), 어깨세모근(삼각근 ; Deltoid)에 의해 수행되며 팔꿈치가 완전히 폄(신전 ; Extension)된 후에는 양쪽 날개뼈(견갑골)의 내밈(전인 ; Protracion)을 수행함으로써 바닥으로부터 더 멀리 가슴을 들어 올리는 역할을 하는 근육이다. 이 근육의 약화 시 날개뼈 내측이 갈비뼈로부터 뜨게 된다.

① 부리위팔근(오훼완근 ; Coracobrachialis)
② 앞톱니근(전거근 ; Serratus Anterior)
③ 작은가슴근(소흉근 ; Pectoralis Minor)
④ 마름근(능형근 ; Rhomboid)

해설 앞톱니근의 약화는 날개뼈를 불안정하게 만들고 삼각근의 당김에 저항할 수 없게 된다.

38 근육들의 역할에 대한 설명으로 옳지 않은 것은?

① 주동근(Agonist) - 특정 운동을 직접적으로 일으키는 데 사용되는 근육으로 예를 들어 팔굽혀 펴기와 같은 동작 시 사용되는 주동근은 어깨세모근이다. 보통 이 근육이 수축하게 되면 수축방향으로 운동을 수행하게 된다.
② 길항근(Antagonist) - 주동근의 작용과 반대로 작용하는 근육이다. 예를 들어 팔꿈치 관절이 굽힘하기 위해서는 위팔두갈래근이 주동근으로 수축하고 위팔세갈래근은 길항근으로 작용한다. 이러한 길항근의 역할은 운동을 보다 효율적으로 할 수 있게 주동근의 움직임을 조절하도록 하는 역할을 한다.
③ 협력근(Synergist) - 주동근이 작용할 때 원치 않는 운동이 일어나지 않도록 동시에 수축하여 원하는 운동 동작이 원활히 작용할 수 있도록 돕는다.
④ 안정근(Stabilizer) - 주요 작용근과 협력근이 움직임을 수행하는 동안 신체를 안정화 또는 지지해 주는 근육이다. 이러한 모든 동작이 효율적으로 일어나기 위해서는 상호보완적으로 동작이 일어나야 한다.

해설 팔굽혀 펴기와 같은 동작 시 사용되는 주동근은 큰가슴근이다.

정답 37 ② 38 ①

39
〈보기〉의 정적 자세(Static Posture) 측면 정렬을 관찰하고자 할 때 올바른 위치를 모두 고른 것은?

| 보 기 |

 ㉠ 관상봉합의 첨부에서 약간 앞
 ㉡ 꼭지돌기(유양돌기 ; Mastoid Process)
 ㉢ 중간경추체(Midcervical Vertebral Bodies)
 ㉣ 어 깨
 ㉤ 중간요추체(Midlumbar Vertebral Bodies)
 ㉥ 엉덩관절(고관절) 회전축의 약간 앞
 ㉦ 무릎관절(슬관절) 회전축의 약간 뒤
 ㉧ 가쪽 복사(외측 복사뼈)의 약간 앞쪽

① ㉠, ㉡, ㉢, ㉣, ㉥
② ㉡, ㉢, ㉤, ㉥, ㉦
③ ㉡, ㉢, ㉣, ㉤, ㉧
④ ㉠, ㉢, ㉣, ㉥, ㉦, ㉧

해설 측면 정렬 자세 관찰 시 올바른 위치는 관상봉합 첨부의 약간 뒤, 고관절 회전축의 약간 뒤, 슬관절 회전축의 약간 앞이다.

40
〈보기〉에서 안정성에 대한 설명 중 옳은 것을 모두 고른 것은?

| 보 기 |

 ㉠ 안정성은 정적평형 혹은 회전평형을 유지하는 상태를 말한다.
 ㉡ 안정은 선안정(Linear Stability)과 회전안정(Rotary Stability)으로 구분된다.
 ㉢ 선안정은 인체나 물체가 지면의 접촉면에서 미끄러지지 않고 본래의 상태를 유지하는 것을 말하며 이때의 안정성은 물체의 관성, 마찰력이 클수록 증가하게 된다.
 ㉣ 회전안정은 어떤 물체의 무게 중심 이외의 지점에서 외적인 힘이 가해질 경우 넘어지지 않으려는 정도를 말한다.
 ㉤ 안정성을 높이기 위해서는 기저면이 좁고, 무게중심이 기저면 중심부위에 높게 위치해야 한다.

① ㉠, ㉡, ㉢, ㉣
② ㉡, ㉢, ㉣, ㉤
③ ㉡, ㉢, ㉣
④ ㉠, ㉢, ㉣, ㉤

해설 안정성을 높이기 위해서는 기저면이 넓고, 무게중심이 기저면 중심부위에 낮게 위치해야 한다.

41 〈보기〉의 정상적인 보행의 요소에 대한 설명 중 옳은 것을 모두 고른 것은?

┌─ 보 기 ──────────────────────────────────┐
㉠ 양발의 넓이 – 양 발뒤꿈치 사이의 거리는 5~10cm 유지된다.
㉡ 수직 골반 이동 – 몸의 중심은 수직선상에서 3cm 정도 위아래로 움직인다.
㉢ 가쪽 골반 이동 – 체중 부하 쪽으로 약 2.5~5cm 정도 움직인다.
㉣ 보행 수 – 성인이 1분 동안 걷는 평균 보행 수는 대략 90~120 걸음이다.
㉤ 골반의 돌림 – 다리가 이동됨에 따라 앞쪽으로 약 2° 돌려지며, 반대쪽 골반은 뒤쪽으로 2° 돌려진다.
㉥ 보행속도 – 성인의 평균보행 속도는 1분에 82m 정도이며, 걸음 수는 대략 100~115 걸음이다.
└───┘

① ㉠, ㉡, ㉣, ㉥
② ㉡, ㉢, ㉤, ㉥
③ ㉡, ㉢, ㉣, ㉤
④ ㉠, ㉢, ㉣, ㉥

해설 정상적인 보행 시 수직 골반이동은 위아래로 5cm 움직이며, 골반의 돌림은 앞뒤로 4° 돌려진다.

42 〈보기〉 보행 주기의 순서에 대해 올바르게 나열한 것은?

┌─ 보 기 ──────────────────────────────────┐
㉠ 발뒤꿈치 닿기(Heel Strike = Initial Contact)
㉡ 발바닥 닿기(Foot Flat = Loading Response)
㉢ 후기 흔듦기(Late Swing = Terminal Swing)
㉣ 중간 디딤기(Mid Stance)
㉤ 초기 흔듦기(Early Swing = Initial Swing)
㉥ 발가락 떼기(Toe off = Free Swing)
㉦ 중기 흔듦기(Mid Swing)
㉧ 발뒤꿈치 떼기(Heel off = Terminal Stance)
└───┘

① ㉠ → ㉡ → ㉢ → ㉣ → ㉥ → ㉤ → ㉦ → ㉧
② ㉡ → ㉠ → ㉢ → ㉦ → ㉥ → ㉤ → ㉣ → ㉧
③ ㉠ → ㉡ → ㉣ → ㉧ → ㉥ → ㉤ → ㉦ → ㉢
④ ㉡ → ㉢ → ㉠ → ㉧ → ㉣ → ㉥ → ㉤ → ㉦

해설 보행의 단계는 디딤기에서 흔듦기로 넘어간다.

43 〈보기〉의 설명에서 빈칸에 들어갈 내용으로 적절한 것은?

> **보기**
>
> 뒤꿈치 닿기에서 관절별로 보면 발목은 중립 상태고 무릎은 최대로 폄한 상태이다. 발목(Ankle)은 체중 이동을 준비해야 하기 때문에 앞정강근(전경골근), 긴발가락폄근(장지신근), 긴엄지 폄근(장모지 신근)은 (㉠) 상태를 유지한다.
> 무릎(Knee)은 넙다리네갈근과 넙다리두갈래근이 이전 보행주기에 있는 후기흔듦기에서의 접지면과의 접촉 상태를 유지하여 무릎관절을 안정화시킨다. 후기 흔듦기에서 몸통이 25° 정도 전방으로 기울어짐에 따라 엉덩관절의 굽힘이 일어나고, 이때 신체가 전방으로 넘어지는 것을 막기 위해 (㉡)과 (㉢)이 활성되며, 고관절의 안정화를 위해 중간볼기근이 활성된다.

	㉠	㉡	㉢
①	편심성 수축	큰볼기근	넙다리두갈래근
②	구심성 수축	중간 볼기근	두덩정강근
③	편심성 수축	큰볼기근	큰모음근
④	등척성 수축	중간 볼기근	넙다리두갈래근

해설 발뒤꿈치 닿기에서 정강뼈의 앞쪽근육들은 편심성 수축을 유지하며, 후기 흔듦기에서 몸통이 전방으로 넘어지는 것을 막기 위해 엉덩관절의 폄근육들이 활성된다.

44 〈보기〉에서 설명하는 근육 기능의 특징과 관련 깊은 근육은?

> **보기**
> - 엉덩관절 90도 굽힘에서 벌림근육으로 작용한다.
> - 엉덩관절 깊은가쪽돌림근육 중 가장 위쪽에 있는 근육이다.
> - 넙다리뼈머리를 절구 안으로 견고하게 잡아 두기 위한 안정성 역할을 한다.

① 짧은종아리근(단비골근 ; Peroneus Brevis)
② 속폐쇄근(내폐쇄근 ; Obturator Internus)
③ 궁둥구멍근(이상근 ; Piriformis)
④ 긴발가락굽힘근(장지굴근 ; Flexor Digitorum Longus)

해설 깊은가쪽돌림근 군은 볼기근 아래의 뒤쪽 골반에 위치한 6개의 근육들로 구성된다. 위치상 위에서 아래로 나열하면 궁둥구멍근, 위쌍둥이근, 속폐쇄근, 아래쌍둥이근, 바깥폐쇄근, 넙다리네모근 순이다. 여기서 설명하고 있는 궁둥구멍근은 라틴어로 서양배(Pear)과 같은 모양이라는 뜻이며, 근육의 기능은 넙다리를 가쪽돌림, 넙다리 수평 폄, 넙다리 안쪽돌림(넙다리가 60도 이상 굽힘되었을 때), 고관절의 안정화, 반대편으로 골반 회전이다.

45 보행 시 근육의 활성화에 대한 설명으로 옳은 것은?

① 중간입각기 초기에 발목관절 부위는 발바닥쪽 굽힘이지만 후기에는 발등쪽 굽힘으로 끝난다. 장딴지근과 가자미근이 발등쪽 굽힘의 속도를 조절하며, 또한 정강뼈의 앞으로의 진행을 돕는다.
② 중간입각기 초기 무릎관절은 넙다리네갈래근의 폄 각도가 증가하며, 큰볼기근은 엉덩관절의 폄 보다는 벌림근으로써 엉덩관절의 안정성을 높여주고 골반의 기울어짐을 막는다.
③ 뒤꿈치 떼기에서 발목관절은 발목관절 부위에서 최대로 발바닥굽힘이 되는 시기이다. 장딴지근과 가자미근은 정강뼈의 부러짐을 방지하고, 발꿈치 부위가 올라갈 수 있게 함으로써 앞으로 진행할 준비를 한다.
④ 뒤꿈치 떼기에서 엉덩관절은 모음근들이 골반이 기우는 것을 방지하기 위해 전반적으로 활성화된 상태를 유지하며, 엉덩관절의 과도한 폄을 방지하기 위해 엉덩관절 굽힘근들이 긴장된다.

해설 중간입각기 초기에 무릎관절의 폄 각도는 감소하고 뒤꿈치 떼기에서 발목관절은 발등굽힘된다. 발꿈치 떼기에서 골반이 기우는 것을 방지하는 근육은 넙다리근막긴장근이다.

46 초기 흔듦기에 대한 설명으로 옳은 것은?

① 엉덩관절 - 두덩정강근, 넙다리빗근, 엉덩허리근은 중기 흔듦기의 중반부에 작용을 멈추고 넙다리두갈래근이 긴장되면서 움직이는 속도를 줄인다.
② 발목관절 - 앞정강근, 긴발가락폄근, 긴엄지폄근과 긴발가락 폄근들에 의해 발목이 발바닥쪽굽힘이 되고 발이 들린다.
③ 발목관절 - 지면으로부터 발이 떨어져 있는 상태를 유지하기 위해 앞정강근, 긴발가락폄근, 긴엄지폄근이 활성되어 있다.
④ 발목관절 - 앞정강근, 긴발가락폄근, 긴엄지폄근이 다음 보행 주기의 발뒤꿈치 닿기를 위하여 수축한다.

해설 ①·③·④ 중기와 후기 흔듦기에 대한 설명이다.

47 들숨을 할 때 사용되는 일차적인 근육으로 옳지 않은 것은?

① 가로막(횡경막)
② 갈비사이근들(늑간근들)
③ 목갈비근(사각근)
④ 목빗근(흉쇄유돌근)

해설 목빗근은 강제적으로 들숨을 할 때 사용되는 근육이다.

정답 45 ① 46 ② 47 ④

48 〈보기〉의 빈칸에 들어갈 말로 옳은 것은?

> **보기**
> 근육이 발현하는 힘의 크기는 (㉠) 수와 (㉡)에 의해 좌우된다.

① ㉠ 운동단위, ㉡ 신경자극빈도
② ㉠ 신경단위, ㉡ 신호의 세기
③ ㉠ 근 절, ㉡ 아세틸콜린
④ ㉠ 근원섬유, ㉡ 섬유의 수

해설 근육이 발현하는 힘의 크기는 운동단위와 신경의 자극빈도에 의해 결정된다.

49 신경자극이 근섬유에 전달될 때 신경자극의 강도가 충분하지 않으면 해당운동단위 내의 근섬유들은 전혀 수축하지 않고 신경자극이 특정수준을 넘으면 강도에 관계없이 일정하게 수축하는데, 이러한 원칙으로 옳은 것은?

① 실무율
② 역 치
③ 강 축
④ 단 축

해설 역치는 자극이 주어졌을 때 반응이 나타나는 최소의 자극을 말하며, 강축과 단축은 근육 성질의 변화와 관련이 있다.

50 넙다리네갈래근의 힘줄 속에 있는 뼈로, 무릎부위 뼈와 힘줄 사이의 마찰을 방지하고 힘의 방향을 바꿔주는 도르래 역할을 수행하는 뼈는?

① 넙다리뼈
② 종아리뼈
③ 무릎뼈
④ 정강뼈

해설 무릎뼈는 무릎관절 폄 동작 시 지레작용의 증대를 통해 내적인 모멘트팔을 증가시킴으로써 넙다리네갈래근의 토크를 증대시킨다.

미래가 어떻게 전개될지는 모르지만, 누가 그 미래를 결정하는지는 안다.

- 오프라 윈프리 -

파트별 출제비중

구 분	2025	2024	2023	2022	2021	2020	2019	합 계
기본적인 질병 과정	4	2	2	3	2	2	2	17
심혈관계 질환	4	4	6	4	5	3	7	33
호흡계 질환	2	2	2	2	2	2	2	14
척추관절 질환	1	3	1	1	2	3	2	13
골 질환	1	2	2	2	2	1	2	12
대사계 질환	5	2	4	4	3	3	2	23
신경계 질환	3	3	3	4	2	3	3	21
기 타	–	2	–	–	2	3	–	7

※ 출제빈도는 문제 분석에 따라 달라질 수 있습니다.

최근 기출 분석

병태생리학은 부정맥, 골다공증, COPD, 천식, 알츠하이머, 파킨슨병 등 매년 출제되는 내용이 어느 정도 정해져 있습니다. 질환에 대한 병리기전, 증상, 치료 약물과 운동치료에 관한 문제가 꾸준히 출제되고 있으며, 심혈관계 질환에서는 심전도에 관련된 문제들이 같이 나오고 있습니다. 기출문제를 바탕으로 필수 개념을 잘 암기해 두어야 합니다.

제7과목

병태생리학

01 기본적인 질병 과정
02 심혈관계 질환
03 호흡계 질환
04 척추관절 질환
05 골 질환
06 대사계 질환
07 신경계 질환

출제예상문제

제7과목 병태생리학

01 기본적인 질병 과정

학습목표
- 질병과 관련된 기전들을 이해한다.
- 양성종양과 악성종양을 비교하고 증상을 이해한다.

1 질병 기전

질병은 편안함을 느끼지 못하는 억압된 상태로 사회생활에 지장을 주는 기능적 장애이다. 그리고 신체의 일부 혹은 전체가 해부학적이나 생리학적으로 비정상적인 상태에 있는 것을 말하는데, 그러한 질병의 원리와 구조를 이해하는 것을 질병 기전이라 한다.

(1) 질병의 원인과 손상 유형

① 분류
  ㉠ 급성 질병
    - 증상이 빠르게 시작하며, 한정된 짧은 기간 동안 지속됨 예 감기, 설사 등
    - 생명에 위협이 될 수는 있지만, 의학적 중재를 요하지 않는 경한 상태
  ㉡ 만성 질병
    - 서서히 시작되고 완화와 악화가 번갈아 나타남 예 콩팥(신장)질환, 당뇨병, 폐질환 등
    - 건강으로부터 신체적, 정신적 변화를 포함하는 손상

② 원인
  ㉠ 병원체 요인
    - 화학적 병원체
      - 내인성 화학물질 : 인체에서 분비되는 물질의 대사이상으로 과잉 또는 부족으로 인해 간장 및 신장 등에 장애가 있을 때 화학물질이 신체 내에 축적되어 질병 발생
      - 외인성 화학물질 : 구강, 피부, 호흡, 섭취, 접촉을 통해 들어오는 생물학적 병원체 요인을 제외한 모든 유해물질을 의미
    - 물리적 병원체 : 열, 방사능, 과다한 자외선 노출 등
    - 생물학적 병원체 : 바이러스, 박테리아, 진균 등

ⓒ 숙주 요인
  - 생물학적 요인 : 감염에 대한 숙주의 저항력을 감소 또는 증가하는 요소
    예 연령, 종족, 성 등
  - 생활형태 요인 : 병인과의 접촉을 억제하거나 용이하게 하는 요소
    예 위생습관, 식습관, 취미 등
  - 일반적인 방어기전 : 병원체가 숙주에 침범하는 것을 막아주는 외부보호벽
    예 점액, 눈물, 위액 등
  - 면역 : 특수 감염성 질환을 감염시키는 병원체에 작용하는 항체나 세포의 존재
ⓒ 환경 요인 : 병원체뿐만 아니라 인간 숙주를 포함한 모든 숙주를 외적으로 둘러싸서 병원 질병 발생에 직·간접적으로 영향을 미침
  - 물리적 환경 : 공기, 고열, 한랭, 소음, 지리적 조건
  - 사회적 환경 : 기술적, 문화적, 정치적, 인구학적 특성
  - 생물학적 환경 : 미생물, 동식물, 감염성 질환의 매개체

> **개념 PLUS**
>
> **바이러스**
> 핵산과 단백질로 이루어진 비세포성 생물로, 스스로 에너지와 유기물을 만들어내지 못해 살아있는 생물체의 세포를 숙주로 삼아야 생존과 번식이 가능하다. 바이러스는 유전물질로 DNA나 RNA 가운데 하나를 가지는데 DNA를 유전물질로 가진 바이러스를 DNA 바이러스, RNA를 유전물질로 삼는 바이러스를 RNA 바이러스라고 한다.
> - DNA 바이러스 : 유전물질이 이중가닥으로 이루어져 비교적 돌연변이가 적다. 예 헤르페스, B형간염 등
> - RNA 바이러스 : 유전물질이 단일가닥으로 이루어져 돌연변이가 쉽게 일어난다. 예 코로나 바이러스, 에볼라, 인플루엔자, 메르스, 사스 등

(2) 감염 과정 및 경로

① 감염 : 미생물이 숙주와 접촉한 후 서로 상호작용을 일으킨 상태를 감염이라 한다.
  ㉠ 불현감염 : 미생물의 침입과 증식으로 감염이 되었으나, 뚜렷한 증상이 없어 진단은 힘들어도 진단 부위에 병리적 변화와 항체가 보이는 감염을 말한다.
  ㉡ 증상감염 : 감염으로 병리적 변화와 미생물에 대한 항체뿐만 아니라 증상도 나타나는 감염을 말한다.
  ㉢ 감염의 단계
    - 잠복기 : 병원체에 의해 신체가 침범되어 감염증상이 나타나기 전 기간을 말하며 유기체는 성장 증식한다.
    - 전구기 : 초기 질병의 증상은 막연하며 피로, 권태 그리고 미열이 나타나고 기간은 짧거나 길 수 있다(보균자라는 사실을 파악하기 어려워 전염이 많이 일어난다).
    - 발병기 : 특이 증상과 징후가 나타나며 질병의 기관 심각성에 따라 유형이 나뉜다.
    - 회복기 : 감염에서 회복되는 시기로 건강을 되찾게 되는 시기이다.

② 염증 : 조직이 손상을 입었을 때 체내에 일어나는 방어적 반응을 말한다.
  ㉠ 분 류
    • 급성염증
      - 급성염증은 부상에 대한 내재적 면역이며 즉각적인 반응이다. 짧은 기간 동안 나타나며 염증반응의 주요증상은 발열, 발적, 종창, 통증, 기능장애 등이 있다.
      - 급성염증의 혈류역학적 변화 : 초기의 일시적인 혈관수축, 대규모의 혈관이완은 프로스타글란딘, 브레디키닌, 히스타민에 의해 조정된다.

> **개념 PLUS**
>
> **증가된 혈관 투과성**
> • 증가된 투과성의 화학적 매개체에는 히스타민, 세로토닌, 브레디키닌, 류코트리엔이 있다.
> • 증가된 혈관 투과성의 매커니즘은 내피세포와 주피세포 수축, 직접적인 내피세포의 손상, 내피세포의 백혈구에 의한 손상 등이 있다.
> • 증가된 점성 때문에 혈류의 흐름이 느려지고 호중구는 혈관벽의 상피세포에 축적 또는 부착된다(Margination).

    • 만성염증 : 감염이나 손상에 대한 경과가 길며 몇 주, 몇 달에서 몇 년까지 오래된 기간 동안의 동시에 발생되는 활성 염증반응, 조직 손상, 회복 과정을 말한다.
  ㉡ 원 인
    • 미생물감염 : 세균, 바이러스, 진균 등
    • 물리적 요인 : 화상, 자외선, 방사선, 전기 등
    • 화학적 요인 : 산, 알칼리, 알코올 등
    • 면역반응 : 자가면역
    • 조직의 괴사 : 허혈

> **개념 PLUS**
>
> **괴사(Necrosis)**
> • 지방괴사(Fat Necrosis)
>   - 지방용해효소의 작용에 의한 효소성 괴사이며, 칼슘침착이 동반되고 비누거품 모양의 형태를 가지고 있다.
>   - 주로 췌장의 손상 혹은 급성 췌장염과 관련이 있다.
> • 건락괴사(Caseous Necrosis) : 결핵의 육아종(Granuloma) 안에서 보이는 괴사이다. 치즈모양의 형태를 가지고 있다.
> • 응고괴사(Coagulative Necrosis) : 허혈과 경색에 의해서 산소공급이 원할 하지 못해 생겨나는 괴사이다.
> • 액화괴사(Liquefactive Necrosis or Colliquative Necrosis)
>   - 액화 괴사에서 영향반응 조직은 가수분해성 효소에 의해 액체성의 점착성의 덩어리 형태로의 변화가 나타난다.
>   - 그 결과로 농과 액체성 성분들이 병변에서 생겨난다.
>   - 중추신경계에서 발생하면 낭포(Cyst)가 생길 수 있다.

(3) 회복기전과 회복과정

① 염증 손상 치유과정
  ㉠ 염증반응기 : 조직 손상 후 바로 진행되며 백혈구나 대식세포 등이 손상세포로 이동하여 주변 상해로 인한 부산물을 제거하여 회복기로 접어들게 된다.
  ㉡ 섬유형성기 : 염증반응기가 끝나고 나타나며 이 시기에는 반흔형성과 손상조직 회복으로 이루어지는 증식과 재형성이 이루어진다.
  ㉢ 숙성재형성기 : 장기 치유과정을 말하며, 형성된 반흔이 정상조직과 비슷한 외형과 기능을 찾아가는 기간을 말한다.

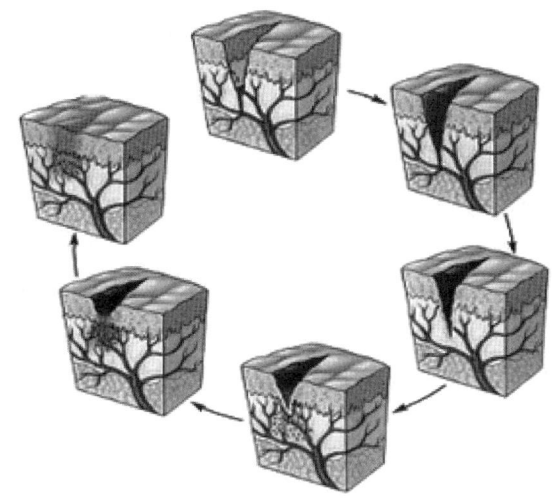

[조직 복구의 단계]

② **면역** : 인체에서 여러 유발 인자에 대한 감염과 질병에 대한 감수성을 의미한다.
  ㉠ 특이적 면역 : 이물질이 체내에 들어온 후 면역계가 이를 인식하여 선택적 제거하는 구별성, 특이성, 다양성, 협동성, 기억작용의 5가지 특성을 가진다.
  ㉡ 비특이적 면역 : 우리 몸의 일차적 방어작용이며, 침입자의 종류를 가리지 않고 반응한다.
    • 피부와 점막은 구조적 방어벽으로서, 외부 미생물의 침입을 막는 역할 수행
    • 체온, 기침, 위의 산성, 화학물질이 생리적 방어벽 역할 수행
    • 대식세포, 단핵구, 호중구, 백혈구 등 감염된 조직에서 박테리아와 바이러스 등을 식작용에 의해 제거
    • 보체단백질은 비특이적 또는 특이적 반응에 활성화되어 미생물 제거
    • 인터페론은 바이러스에 감염된 세포에 의해 생성되며 바이러스 감염으로부터 보호
    • 조직 손상과 세균 감염은 염증반응을 일으키며 비특이적 방어의 중요한 요소

> **개념 PLUS**
>
> **특이적 면역 특성**
> - 자기관용성 : 자기와 비자기를 구별하여 구성성분에 대해서 면역 반응이 일어나지 않게 한다.
> - 특이성 : 특정 항원에 대해 특이적 반응이다.
> - 다양성 : 항원에 대해 특이성을 보이는 림프구 수가 방대하다.
> - 기억성 : 동일한 항원에 노출되었을 때 더 즉각적이고 강한 반응을 보인다.
> - 협동성 : T-림프구는 항체생성은 못하나 B-림프구를 도와준다.
>
> **면역글로불린의 종류**
> - IgG : 혈액에서 약 70~80%의 면역 글로불린이며 항체 기초형태의 미생물에 대한 장기적 보호를 담당한다.
> - IgA : 총 혈청 면역글로불린의 약 15% 담당, 타액·눈물·호흡기 및 위장 분비물, 모유에서도 발견되며 호흡기 및 위장 기관 등 신체의 점막부위 감염을 보호한다.
> - IgM : 새로운 감염의 첫 번째 반응으로 생산되며 단기적인 보호를 담당한다. IgG가 생산이 시작되면 감소한다.
> - IgD : IgD에 대해서는 아직 밝혀진 정보가 없다.
> - IgE : 기생충과 알레르기를 담당한다.

2 신생물과 암

새로 생기는 이상 조직으로 보통은 병적으로 생기는 종양을 신생물이라 하며, 비정상적인 덩어리를 형성하고 정상 조직 및 장기에 침입하여 기존의 구조를 변형·파괴하는 것을 암이라고 한다.

(1) 양성종양과 악성종양

① 양성종양 : 비교적 성장 속도가 느리고 전이되지 않는 성질을 가지는 종양을 말한다.

② 악성종양 : 성장 속도가 빠르고 조직에 침윤되어 잘 확산되거나 전이된다. 피막이 없어 주위 조직으로 침윤이 잘되며, 정상 또는 비정상의 분열상이 많고 세포가 미성숙하다. 수술 후 재발 가능성이 있으며, 예후는 종양의 크기, 림프절 침윤 여부, 전이 여부에 따라 달라진다.

(2) 신생물의 임상적 양상

악성종양과 양성종양은 다음과 같은 문제를 만들어낸다.

① 암 생성 위치와 주변 조직에 대한 압박
  ㉠ 혈관 주변에 암이 생길 경우 암조직이 커져 장기로 가는 혈관이 압박받을 수 있다.
  ㉡ 장기 주변에 암이 생길 경우 조직을 압박하게 된다.

② 호르몬합성 같은 기능적 활성 및 부종양증후군(Paraneoplastic Syndrome)의 발전
  ㉠ 부종양증후군은 다양하며 많은 다른 암과 연관되어 있다.
  ㉡ 신장암, 신장낭, 간암, 소뇌 혈관모세포종 등에 의해서 에리트로포이에틴(Erythropoietin) 생성으로 산소를 전달할 필요가 없는 적혈구의 과잉생산이 나타나 이차성 적혈구 증가증이 나타날 수 있다.

③ 암환자의 10~15%에서 나타나며 아래와 같은 이유로 부종양증후군을 인식하는 것이 중요하다.
  ㉠ 증상들은 숨은 신생물에 의해 초반에 나타날 수 있다.
  ㉡ 영향받은 환자들에게서 임상적 문제가 나타날 수 있으며, 치명적인 손상을 줄 가능성이 있다.
  ㉢ 원인이 대사질환이 아님에도 불구하고 대사질환으로 생각되어 치료에 혼란을 줄 수 있다.
④ 종양이 주변 표면에 궤양을 유발할 때 나타나는 출혈과 감염 : 암종, 육종, 괴저 등에 의해서 조직의 괴사나 발생이 되어 백혈구가 증가할 수 있다.
⑤ 종양의 경색 또는 파열에 의해 나타나는 증상
⑥ 악액질(Cachexia)
  ㉠ 많은 암 환자들은 심각한 쇠약, 식욕 부진 및 빈혈이 동반 된 체지방과 제지방량의 점진적인 감소를 겪고, 이것은 악액질과 연관되어 있다.
  ㉡ 정확한 원인은 알 수 없으며 음식에 대한 거부감이 나타난다.

[양성종양과 악성종양의 특성 비교]

구 분	양성종양	악성종양
정 의	비교적 성장 속도가 느리고 전이되지 않는 성질을 가지는 종양	비교적 성장 속도가 빠르고 조직에 침윤되어 잘 확산되거나 전이되는 종양을 말하며, 암이라고 함
성장속도	• 천천히 자람 • 성장이 멈추거나 휴지기를 가짐	• 빨리 자람 • 저절로 없어지는 경우가 매우 드묾
성장양식	• 커지면서 성장하거나 범위가 한정 • 주변 조직 침윤 없음	주위조직으로 침윤하면서 자람
피막형성 여부	• 피막이 있어서 종양이 주위조직으로 침윤을 방지 • 피막이 있어서 수술이 용이	피막이 없어서 주위조직으로 침윤이 잘됨
세포의 특성	• 분화가 잘되어 있음 • 분열상은 없거나 적음 • 세포가 성숙함	• 분화가 잘 안되어 있음 • 정상 또는 비정상의 분열상이 많음 • 세포가 미성숙함
인체에의 영향	인체에 거의 해가 없음	항상 인체에 해가 됨
전이 여부	없 음	흔 함
재발 여부	수술로 제거 시 재발 거의 없음	수술 후 재발 가능함
예 후	좋 음	종양의 크기, 림프절 침윤 여부, 전이 여부에 따라 달라짐

(3) 암의 유발인자 및 위험인자

① 암의 분류
  ㉠ 암종 : 피부나 장기의 바깥쪽 상피에 발생하는 암
  ㉡ 육종 : 뼈, 근육, 인대 등의 결합조직에 생기는 암

ⓒ 림프종 : 림프구에 발생하는 암
② 장기에 생긴 암 : 유방암, 전립선암, 뇌종양 등
⑩ 발생 부위 형질 : 혈액암, 고형암 등

② 암의 유발인자
㉠ 흡 연
㉡ 성 별
㉢ 직업가족력
㉣ 고지방 저섬유질 식단
㉤ 만성 알코올 중독
㉥ 장기간 햇빛의 노출
㉦ 스트레스 등

(4) 암의 국소/전신 증상
① 열 : 암세포와 면역계의 대사활동의 증가로 미열이 나타남
② 피로 : 에너지 수용의 증가 및 근육과 다른 조직의 이화작용은 지속적이고 진행적인 피로를 초래
③ 림프종 : 림프절과 림프계에서 시작되어 암은 다발성 림프절에 부종을 야기, 흔한 전이 부위
④ 야간증상 : 야간 통증에서 수면장애, 발한 등은 암의 조기 징후, 부교감적 신경계에 의해 조절되는 기관계(소화기, 간담, 신장생식기)는 야간에 활동적이라 암에 의해 손상되는 경우가 많다.
⑤ 근육과 관절의 이상 통증 : 자세와 움직임의 변화 없이 시간이 지남에 따라 진행적으로 악화되는 근육, 관절통증 등

> **개념 PLUS**
>
> **미국암협회의 7대 위험 징후**
> ① 잘 치유되지 않는 상처
> ② 배변 또는 배뇨 습관의 변화
> ③ 비정상적인 출혈과 분비물
> ④ 소화불량과 연하곤란
> ⑤ 조직의 비후화
> ⑥ 사마귀와 점의 뚜렷한 변화
> ⑦ 잦은 기침 혹은 쉰소리

(5) 암의 치료요법
① 항암요법 : 수술요법, 화학요법, 방사선요법, 면역요법 등

구 분	일시적 효과	장기적 효과
수 술	통증, 피로, ROM 제한	통증, 유연성 상실, 신경손상
방사선	통증, 피로, 피부, 폐, 염증	유연성 상실, 심장/폐에 생채기, 골절
화학치료	피로, 욕지기, 빈혈, 신경손상, 근통증, 체중증가	심근질환, 폐 상처, 신경손상, 피로, 골손실, 백혈병
면역치료	체중 증가/감소, 피로, 감기같은 증상, 신경손상	신경손상, 근질환

② 운동요법
  ㉠ 운동 프로그램 권고사항
    • 기능적 능력의 유지 및 개선을 통해 부작용을 줄임
    • 건강하고 활기찬 수준으로 복귀하여 피로감 감소
    • 운동의 일상 생활화를 통해 삶의 질과 만족감 향상
  ㉡ 암환자에 대한 운동 프로그램(ACSM)

유형	목표	강도/빈도/시간	목표시간
유산소 운동, 대근육활동(걷기, 노젓기, 사이클, 수중 에어로빅)	• 수행능력 향상/유지 • 체중 조절 • 기분 개선 • 피로 감소 • 삶의 질 향상	• 증상은 제한적 : 중간 강도 • 적어도 이틀에 한 번 운동 15~40분/session	–
근력운동 (Free Weights, Weight Machines, Isokinetic Machines, Theraband, Circuit Training)	• 팔, 다리, 몸통의 근력 유지/향상 • 최대 수의적 수축, 최대 위력/파워증대	• 증상-제한적 강도 • 1RM의 50% • 20~30분간 2~3일/주 실시 • 3~5회 반복하여 2~3set • 10~12회 반복까지 증가	–
• 유연성 운동 • 스트레칭	• ROM 유지/증대 • 비사용으로 인한 뻣뻣함 감소	5~7일/주	6~12주
• 기능적 훈련 • 일상생활활동 • 보행/균형 운동	• 가능한 자립성 유지 • 업무로의 복귀 • 보행 개선 • 균형감 개선	매 일	–

  ㉢ 운동 시 고려 사항
    • 골수 이식을 했거나 낮은 백혈구 수를 가진 환자들의 경우 미생물 오염이 높은 공공장소 운동은 피한다.
    • 혈소판 감소증의 경우 출혈의 위험을 고려하며, 혈압과 뇌압이 상승되는 것을 방지하여 호흡 조절에 신경 쓴다.
    • 생식기계나 하복부 골반 부위의 암으로 서혜부 림프절을 절제한 경우엔 림프부종이 생기므로 스트레칭이 중요하다.
    • 카테터를 삽입한 환자와 중추선 카테터나 영양튜브를 삽입한 환자 그리고 방사선 치료를 받은 환자는 수영을 금한다.

> **개념 PLUS**
>
> **암에 대한 운동의 효과**
> • 결장암(대장암), 유방암, 자궁내막암에 대해서는 운동의 효과가 상당하다.
> • 전립선암, 난소암, 폐암에 대해서는 운동의 효과에 대한 약간의 증거가 존재한다.
> • 그 외 암에 대해서는 운동의 효과에 대한 증거가 충분하지 않은 상태이다.

02 심혈관계 질환

학습목표
- 부정맥의 종류를 구분하여 정의하도록 한다.
- 관상동맥질환에서 협심증과 심근경색의 기전을 구분한다.
- 고혈압의 분류와 진단 기준을 이해한다.
- 심부전의 정의와 원인을 이해한다.

1 부정맥

심장의 전기자극형성이나 자극전도에 이상이 있을 때 발생하며, 규칙적인 수축이 계속되지 않고 심장 박동이 비정상적으로 불규칙한 상태를 말한다.

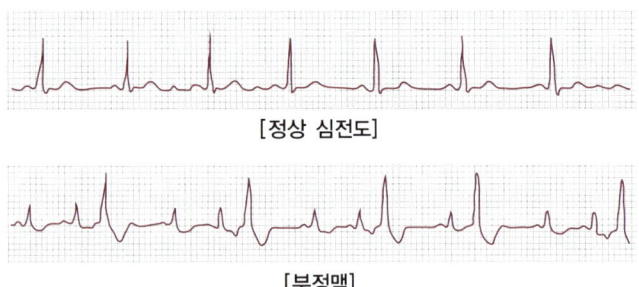

[정상 심전도]

[부정맥]

(1) 부정맥의 분류

빈맥성 부정맥	상실성 빈맥	• 심방세동(AF ; Atrial Fibrillation) • 심방조동(Atrial Flutter) • PSVT ; Paroximal Super Ventricular Tachycardia • Long QT Syndrome • Wolf-parkinson-white Syndrome • Sinus Tachycardia
	심실성 빈맥	• VT ; Ventricular Tachycardia • VF ; Ventricular Fibrillation
서맥성 부정맥		• 동기능 부전 • 방실결절 차단(AV block ; Conduction Block)

(2) 부정맥의 원인 및 증상과 치료법

① **빈맥성 부정맥** : 정상 심장의 박동수가 60~100회인 데 반해 심장의 박동수가 100회 이상 불규칙한 맥박을 보이는 상태를 말한다.

　㉠ 동성 빈맥 : 동결절에서 시작된 자극이 분당 100회 이상인 경우를 말하며, 동성 빈맥을 일차적인 부정맥으로 여겨 치료하진 않는다.

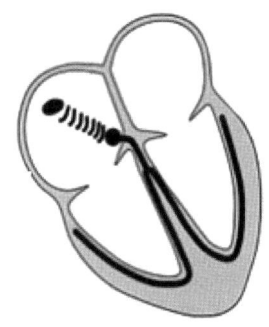

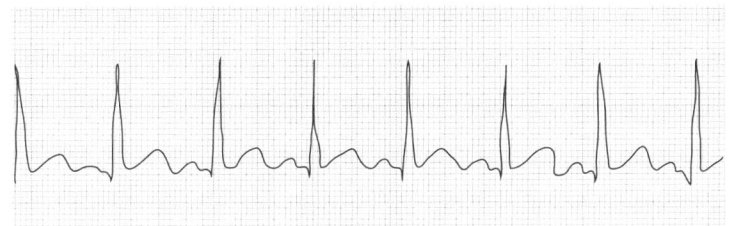

[동성 빈맥]

　㉡ 심방세동 : 발작적으로 계속 나타나며 심방의 수축이 없어지는 상태에서 불규칙적이고 국소적인 수축파가 작은 물결처럼 퍼지기만 하여 심장의 박출량이 감소하는 것을 말한다.

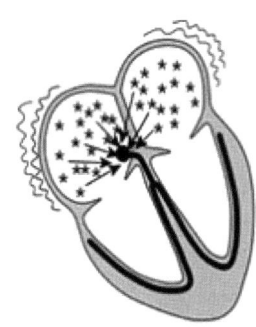

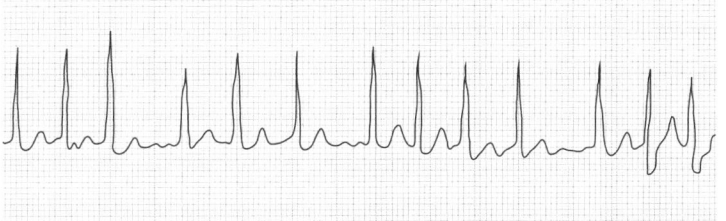

[심방세동]

- 원인 : 심방세동은 급성과 만성으로 나뉘는데, 급성은 알코올, 운동, 격한 감정에 의해 나타나며 만성은 승모판막 질환과 고혈압, 관상동맥질환, 만성폐질환, 선천성 심장병에 의해 나타난다.
- 증상 : 심방의 빠른 박동에 예민하게 반응하여 불규칙적으로 가슴이 두근거리는 증상을 호소하며 심할 경우 심부전으로 인한 호흡곤란과 졸도를 일으킬 수 있다.
- 치료법 : 심방세동 유발 요인인 폐렴, 갑상선기능항진증, 알코올 중독, 고열, 폐색전증, 심부전증, 심낭염 등의 원인을 먼저 찾아 제거하는 것이 일차적 방법이며, 약물로는 칼슘길항제, 디지탈리스 또는 베타 차단제를 투여한다.

ⓒ 발작성 상심실성 빈맥 : 안정 시에 심장이 갑자기 두근거리고 터질 듯한 느낌이 발작적으로 나타나는 것을 말한다.

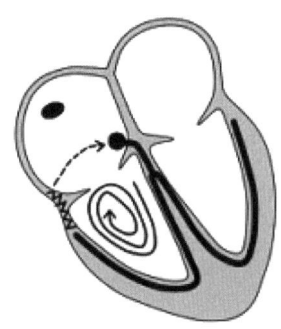

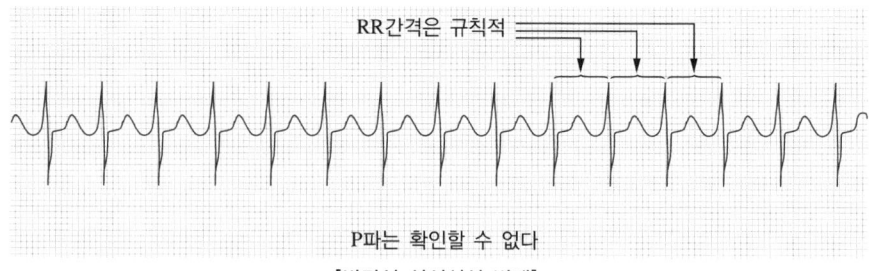

[발작성 상심실성 빈맥]

- 원인 : 심장 내 심방과 심실 사이에 비정상적인 전기회로가 하나 더 있어 발생한다.
- 증상 : 평상시 과로, 과음, 과도한 카페인 복용, 심한 흡연, 심한 운동, 스트레스로 인해 가슴 통증과 두근거림 그리고 현기증과 구토를 호소한다.
- 치료법 : 응급 치료로는 미주신경을 흥분시키기 위해 경동맥을 눌러 심박수를 떨어뜨리게 하나, 이에 반응하지 않을 시엔 항부정맥제로 치료하게 된다.

ⓓ 심실성 빈맥
- 심실에서 정상보다 지나치게 빠르게 뛰는 것을 말하는 것으로 지속성 심실빈맥과 비지속성 심실빈맥으로 나눌 수 있다.
  - 지속성 심실빈맥 : 조기심실수축이 30초 이상 지속되는 경우를 말한다.
  - 비지속성 심실빈맥 : 조기심실수축이 30초 미만으로 연속 3개 이상 나타나는 경우를 말한다.

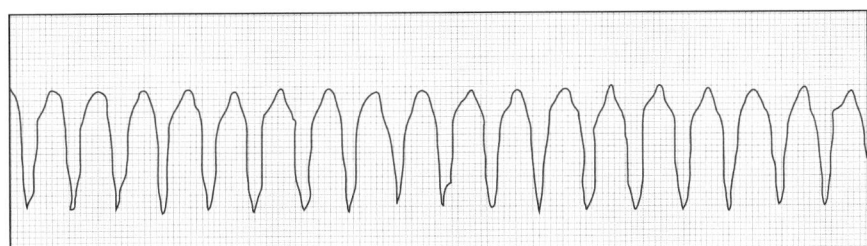

[심실성 빈맥]

- 원인 : 심근경색증 등의 관상동맥질환과 심장 근육이 무력해지는 병인 심근증 등의 심장근육과 관련한 질환이며, 심한 저혈압과 체내 대사이상 또는 수술 후 응급상황에서도 발생한다.
- 증상 : 빈맥으로 인한 저혈압으로 무력감, 졸도 그리고 심한 경우 심장마비나 급사를 초래한다.
- 치료법 : 원인이 되는 요소를 제거하는 것이 우선이지만, 발작이 일어나면 정맥에 항부정맥제를 투여하며, 응급 시에는 직류전기충격요법을 시행한다.

② 서맥성 부정맥 : 맥박이 1분에 60회 이하인 경우를 말한다.
  ㉠ 동성 서맥 : 심박수가 분당 60회 이하를 말하지만, 반드시 병적인 상태를 의미하진 않으며 갑상선 기능저하증과 저체온증 그리고 진행성 간질환 등의 질환과 관련되어 나타날 수 있다.

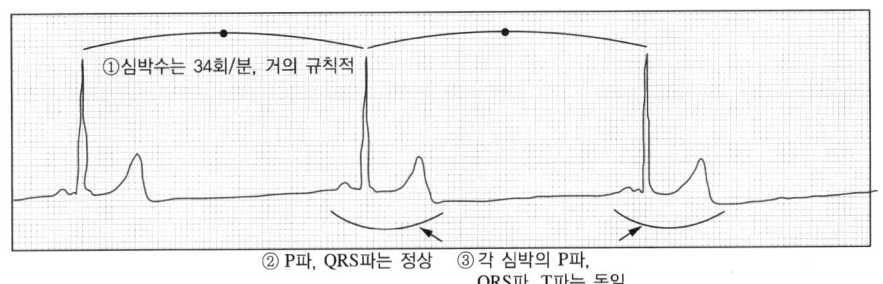

[동성 서맥]

개념 PLUS

일반인의 심박수가 분당 60회 이상이라고 봤을 때, 훈련된 운동선수의 경우 미주신경의 활성화로 50회 이하의 심박수를 보이기도 한다.
예 축구선수 박지성 선수의 경우 심박수가 40이라고 하며, 마라토너 황영조 선수의 경우 심박수가 38이라고 한다.

  ㉡ 동결절 기능부전 증후군 : 동결절에 전기 자극생성과 심방 안에서의 전달 문제 등을 포함하는 기능 부전을 의미한다.
    - 원인 : 나이가 들면서 퇴행적 변화로 동결절에 기능부전이 나타나기도 하고, 서맥을 유발하는 심장질환과 약물이 원인이다.
    - 증상 : 의식혼미와 어지러움증 그리고 무력감이 있다.
    - 치료법 : 원인 제거를 위한 약물투여나 영구적 심장박동기 삽입이 원칙이다.

ⓒ 방실 차단
- 1도 방실 차단은 방실 사이에 자극 전달이 되지만 전달 속도가 지연되는 경우

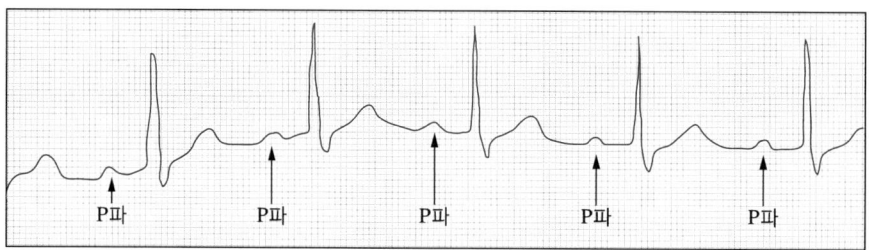

[1도 방실 차단]

- 2도 방실 차단은 자극전달이 되었다 안 되었다 하는 경우

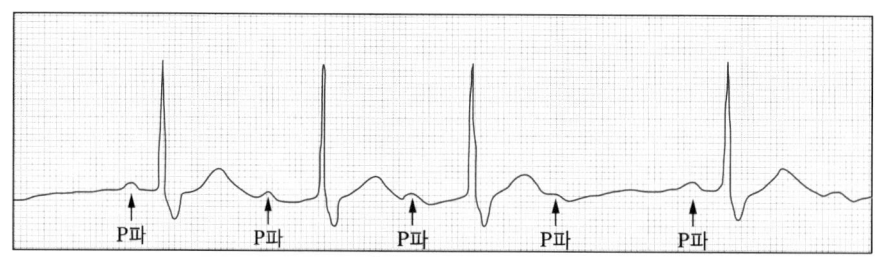

[2도 방실 차단]

- 3도 방실 차단은 심방에서의 전기 자극이 심실로 전혀 전달되지 않는 경우

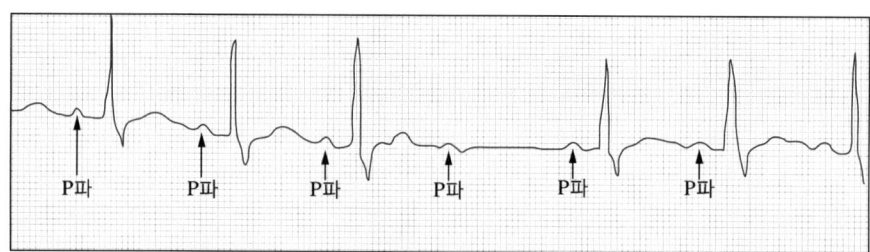

[3도 방실 차단]

- 원인 : 특별한 원인 없이 발생할 수 있으며, 만성판막 질환, 약물, 대동맥 협착증, 관상동맥질환 등이 관여한다.
- 증상
  - 1도와 2도 차단의 경우 증상이 없으나, 3도 차단의 경우 심실박동수가 40 이하이면 증세가 나타난다.
  - 일시적 피로감 및 무력감 그리고 경련이 일어날 수 있다.
- 치료법 : 증상이 있는 2도 방실 차단 시 일시적 심장박동기 삽입이 원칙이다.

개념 PLUS

심장병 치료제의 종류
- 아드레날린 차단제(Adrenergic-blocking Drugs)

작용		• 교감신경흥분제 작용을 방해 • 사용 가능한 노르에피네프린의 감소 • 콜린성 약물 작용 방해
종류	알파 아드레날린 차단제 (α-blocker)	• 정확한 작용 원리는 알려지지 않음 • 혈관 평활근 이완 및 혈관 확장을 통해 국소혈류를 감소하고, 혈압을 감소함
	베타 아드레날린 차단제 (β-blocker)	• 혈관과 다른 평활근 및 심장 세포에 많이 존재하는 β수용체를 차단하여, 흥분 정도를 저하함 • 베타1 수용체는 주로 심장에 위치하며, 베타2 수용체는 주로 기관지, 혈관, 자궁에 위치함 • 베타 차단제에 의해서 심장 수축력과 심장박동수를 줄어들게 만들어 혈압을 저하함

- 이뇨제(Diuretics)
  - 조직 내에 함유된 Na^+의 농도를 감소시켜, 부종을 치료하기 위한 용도로 사용됨
  - 체내의 수분을 감소시켜 혈압을 조절함
  - 고혈압을 동반한 울혈성 심장기능부전(Congestive Heart Failure) 환자에게 유용함
- 혈관 확장제(Vasodilator)
  - 혈관을 확장시켜 혈압을 감소시킴
  - 고혈압, 심부전증, 협심증 치료에 사용함
  - 어지럼증, 실신 등의 부작용의 우려가 있어 투약 후 모니터링이 필요함
  - 니트로글리세린, 이질산이소소르비드 등

개념 PLUS

좌심실 비대
- 고혈압, 대동맥 판막질환, 심근증 등 질병에 의해 나타날 수 있으며, 운동선수에게서는 트레이닝에 의한 생리적 적응으로 나타나기도 한다.
- V5~6에서 R파는 높아지고, QRS 간격은 증가하며, ST분절 하강 및 T파의 역전이 나타날 수 있다.
- V1~2에서는 S파가 깊어진다.
- 좌축편위(Left Axis Deviation)가 나타난다.

우심실 비대
- 폐동맥 협착증, 폐질환, 선천성 심장질환, 좌심실부전 등 질병에 의해 나타날 수 있다.
- V1에서 R파가 S파보다 크다.
- V5~6에서 S파가 계속 보인다.
- 우축편위(Right Axis Deviation)가 나타난다.

WPW증후군
- 정상 전도로 이외에 방실결절보다 전도속도가 빠른 부전도로가 존재하는 부정맥의 한 종류이다.
- 심전도상으로 델타파가 출현하는 특징이 있고 짧은 PR간격, QRS의 폭이 넓어진다.

> **부르가다 증후군**
> - 심장 관련 유전성 질환으로 심실세동으로 인한 실신, 돌연사에 이르기도 한다.
> - 심전도 양상-우각차단 양상과 동시에 우흉부유도상 ST분절이 상승한다.

2 관상동맥 질환

(1) 관상동맥의 퇴행성 변화

관상동맥은 대동맥으로부터 심장에 혈액을 공급하는 3가지 굵은 혈관을 말하며, 왕관 모양처럼 생겼다 하여 관상동맥이라 한다.

① **죽상경화증** : 혈관 내벽의 내피손상으로 혈구세포인 혈소판이 응집되고 내벽 평활근세포의 증식을 자극하는 펩타이드 생산으로 인해 혈관이 좁아져서 지질물질인 지방선조(Fatty Streak)가 쌓이게 되고, 이것이 섬유성 플라크(Plaque)를 형성하여 혈류 장애를 일으키게 된다.

예 오래된 수도관에 녹이 슬고 이물질이 생겨 지름이 좁아지는 원리

② **동맥경화증** : 혈관 중간층에 퇴행적 변화가 일어나서 섬유화가 진행되고 혈관의 탄력성이 줄어들어 나타나는 퇴행적 질환이다. 예 노화현상의 일종

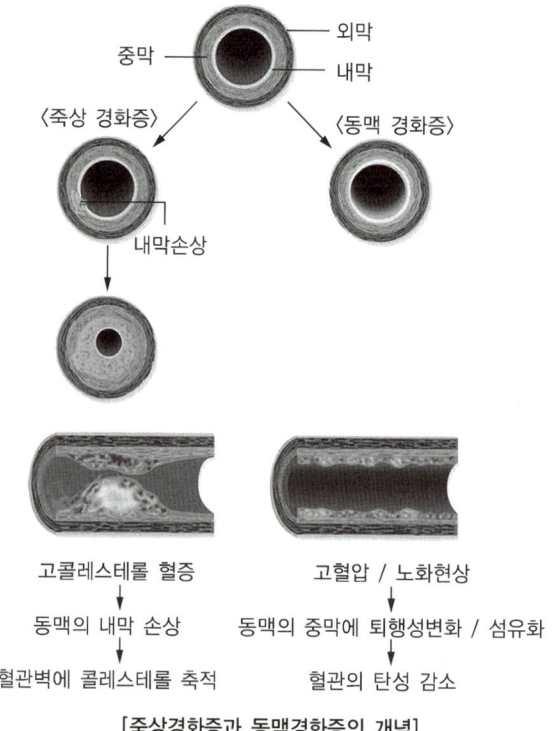

[죽상경화증과 동맥경화증의 개념]

(2) 관상동맥 주요 질환의 증상과 치료법

① 협심증 : 심장근육의 산소 요구량이 산소 공급량을 초과할 때 발생되는 심근 허혈의 질환으로 50% 정도 막히면 허혈 상태가 된다.

　㉠ 원인과 기전
　　• 추운 날씨, 혈압 상승, 심실비대 등이 원인이 되어 수축기의 심근 긴장이 증가되고, 운동과 흥분을 통해 심박수가 증가하는 경우에 발생
　　• 협심증은 관상동맥이 좁아지긴 했으나 완전히 폐쇄된 상태는 아니며, 안정 시에는 혈액 순환이 정상이지만 운동으로 심근 수축력이 증가되면, 좁아진 혈관으로의 혈액순환이 원활하지 않아 심근허혈이 유발됨

　㉡ 증상과 진단
　　• 안정형 협심증 : 발병 후 증상의 악화 없이 2~3개월 이상 경과된 협심증
　　• 불안정형 협심증 : 발병한 지 2개월 미만이거나 점점 악화되거나 심근경색증과 감별되지 않을 정도로 심한 협심증으로, 관상동맥의 70% 이상 폐쇄로 인해 발생하며 주로 새벽이나 아침에 흉통이 발생. 심전도 양상은 ST분절의 변화, T파의 역위가 발생
　　• 이형 협심증 : 운동과 상관없이 안정 시에 관상 동맥의 경련에 의해 유발
　　• 무증상 심근 허혈 : 통증이 없음
　　• 심전도와 운동부하 검사, 심장 초음파, 심장 동위원소 검사, 홀터(Holter) 심전도검사를 통해 협심증 진단

　㉢ 치료법
　　• 약물 요법 : 나이트 레이트제제, 칼슘 차단제, 베타 차단제, 저용량 아스피린(1일 100mg)으로 관상동맥경화증 예방
　　• 수술 요법 : 경피적 관상동맥 성형술, 관상동맥 우회술을 시행

　㉣ 운동 효과
　　• 비만 예방
　　• 고혈압 예방
　　• 고지혈증, 관상동맥질환 예방
　　• 당뇨병의 예방

정상소견
비교적 정상적인 관상동맥

협심증의 경우
관상동맥 내벽에 심한 동맥경화증이 발생하여 혈관을 심하게 압착하고 있다.

심근경색증의 경우
심하게 좁아진 관상동맥이 혈전(핏덩어리)으로 완전히 막혀 있다.

[관상동맥 내벽의 좁아짐]

> **개념 PLUS**
>
> **급성관상동맥질환/협심증을 시사하는 심전도 소견**
> - Ischmia : Tall T Wave
> - Injury : ST Segment Elevation
> - Infarct : Abnormal Q Wave

② **심근경색** : 지속적인 심근 허혈로 인해 심근 세포가 비가역적으로 파괴된 상태를 말한다.
   ㉠ 원인과 기전
      - 심장근육에 혈액을 공급하는 관상동맥이 여러 가지 원인에 의해 괴사하였기 때문에 발생
      - 심장에서 전신으로 가는 심박출량이 감소되어 관상동맥의 관류가 저하되는 악순환이 일어남
   ㉡ 증상과 진단
      - 급성 상태에선 안색 창백, 식은땀, 맥박 증가 등이 나타남
      - 심한 흉통과 함께 팔과 목으로 뻗침, 소화불량, 호흡곤란, 오심, 구토, 전신피로감, 현기증 등
      - 평소에 느끼던 협심증 증상이 악화되어 30분에서 수 시간 동안 지속
   ㉢ 치료법
      - 응급요법 : 심근경색 후 1시간 내에 심방세동이 발현하여 사망에 이르기 쉬우므로 빠른 시간 내에 심폐소생술을 시행하여 뇌사를 방지하고 속히 병원으로 이송
      - 약물요법 : 재관류를 위해 혈전 용해제를 정맥 내로 투여 또는 관상동맥 내로 직접 투여
   ㉣ 운동효과
      - 운동은 심근경색의 진행을 막고 심근의 운동수행능력을 향상시킴
      - 부정맥 예방을 위한 운동 전후 가벼운 스트레칭과 운동 중요
      - 초기 수주일간 유산소 운동이 효과적이며 30~60분 운동을 일주일에 3회씩 최대심박수의 65%로 수행

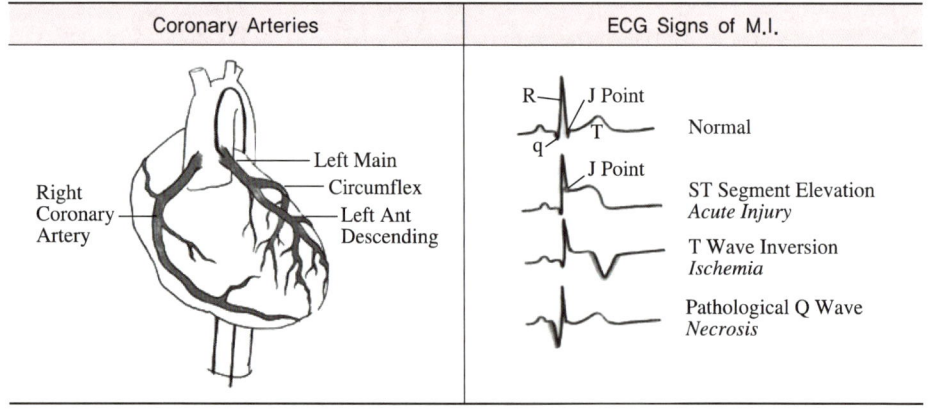

[STEMI(ST Elevation M.I.)의 시간에 따른 심전도의 변화]

> 개념 PLUS

심장표지자(Cardiac Biomarker)
심근이 손상됐을 때 혈중으로 분비되는 물질로, 급성관상동맥증후군(ACS ; Acute Coronary Syndrome)이 의심되는 환자를 진단·평가·모니터링 하기 위해 이용된다.

구 분	CK	CK-MB	Myoglobin	Troponin
설 명	에너지 대사 관련 효소로 3가지 동종효소 존재	심장 관련 CK 동종효소	산소 저장 단백	T와 I, 2개의 심장 특이 Isoform
조직 출처	심장, 뇌, 골격근	심장, 골격근	심장, 근육세포	심 장
증 가	심장, 근육세포 손상	심장, 근육세포 손상	심장, 근육세포 손상	심 장
증가 시간	손상 후 4~6시간 후 증가, 18~24시간 내 최고	심근 손상 후 4~6시간 후 증가, 12~20시간 내 최고	손상 후 2~3시간 후 증가, 8~12시간 내 최고	4~8시간
정상화 시간	48~72시간	24~48시간	24시간 이내	7~14일간 상승지속
이 용	CK-	트로포닌보다 비특이적	조기 진단을 위해 트로포닌과 함께 시행	심근 손상 진단, 손상 정도 평가

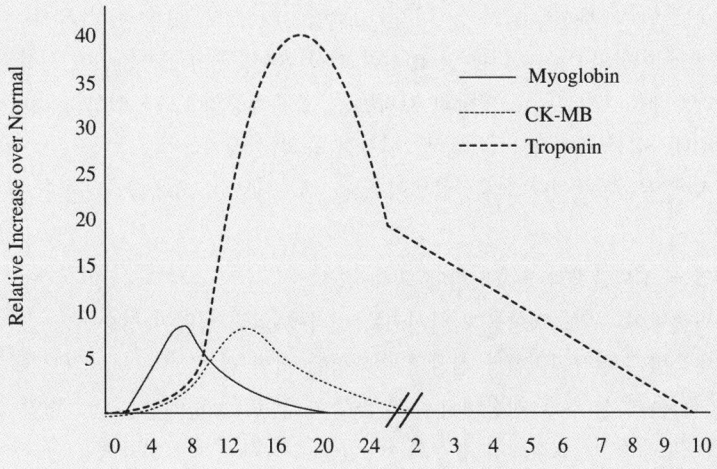

3 고혈압

(1) 고혈압의 원인과 분류
혈액이 혈관 벽에 가하는 힘이 큰 것을 의미하며, 성인 40대 이후 중년층에 많이 발생하여 뇌출혈, 심장병, 신장병 등의 합병증을 초래한다.

① 본태성 고혈압
  ㉠ 전체 고혈압의 80~90%를 차지하며, 유전적 요인이 많음
  ㉡ A형 성격에서 많이 발생, 짠 음식, 술, 담배, 스트레스에 의해 유발
  ㉢ 비만자는 3배 이상 많이 발생, 생활환경과 기후, 직업조건 등도 관련

② 속발성(이차성) 고혈압
  ㉠ 내분비계 이상 : 쿠싱증후군, 신장질환, 갈색종, 신혈관질환, 부신피질종양, 부갑상선항진증, 말단비대증 등
  ㉡ 대동맥 협착증, 노인성 동맥경화, 임신중독, 납중독, 뇌종양 등으로 초래
  ㉢ 수면성 무호흡증, 정신적 긴장상태, 음주, 흡연, 경구피임제, 항정신성 약물도 일시적인 혈압 상승

③ 위험인자
  ㉠ 인종(흑인 > 백인), 남자 > 여자, 고혈압(DBP 115mmHg 이상 유지)
  ㉡ 일 10g 이상의 식염 섭취, 일 10개비 이상 흡연, 혈당 120mg/dL 이상
  ㉢ 콜레스테롤 220mg/dL 이상의 고지혈증, 표준체중의 120% 이상의 비만증
  ㉣ 심비대, 심전도 이상, 심근경색, 심부전 등의 심장이상
  ㉤ 안저에 유두부종이나 삼출, 출혈이 있을 때, 신부전, 요독증, 뇌졸중 등

④ 기 전
  ㉠ 혈압 = 심박출량과 말초저항에 의해 결정
  ㉡ 심박출량이나 말초저항을 자극시키는 인자에 의해 혈압이 상승
  ㉢ 심박출량은 심장회귀혈과 심장의 수축력에 의해 결정
    예 짠 음식 섭취 후 신장에서 수분 배출이 없음 → 혈액량 ↑ → 혈압 ↑
        스트레스 → 교감신경 활성화 → 심근 수축력 ↑ → 심박출량 ↑ → 혈압 ↑

(2) 고혈압의 증상과 진단

① 증 상
  ㉠ 두통, 어지럼증, 피로감, 심계항진, 흉부 동통, 일시적인 운동 장애, 마비증세, 코피, 경련, 실신
  ㉡ 갈색종은 절반이 발작적 고혈압 발생(두통, 발한, 심계항진)의 3가지 특징적 증상

② 진단 : 혈압은 적어도 3~4일간, 하루에도 3~4회를 안정 상태에서 측정하여 파악하는 것이 정확
  ㉠ 정상혈압 : 120/80mmHg 이하

ⓒ 고혈압 : 140/90mmHg 이상(수축기 또는 이완기 혈압에서 둘 중 한쪽만 높아도 고혈압 범주로 포함)
   ⓒ 경계성 고혈압 : 정상혈압과 고혈압 사이(경계성 고혈압도 고혈압으로 취급)
   ② 수축기 혈압(SBP) = 측정 시 환경에 따라 다른 수치를 나타냄
   ⓜ 이완기 혈압(DBP) = 거의 항상 일정함

(3) 치료 및 예방

① 비약물요법 : 최초 치료로 최소한 3~6개월 정도 시도
② 식사요법
   ⓐ 식염제한과 정상체중 유지
   ⓑ 칼륨이 많이 함유된 과일, 야채, 콩과 양질의 단백질 섭취는 혈압강하에 도움
③ 생활요법
   ⓐ 알코올 제한(일 30cc 이하), 금연
   ⓑ 규칙적인 생활, 섬유질 수분 많이 섭취
④ 약물요법(이완기혈압)

비약물요법	3개월 단위 측정	약물 투여시기	약물 치료
90mmHg 이하	90~104mmHg 사이	최저혈압이 105mmHg 이상인 경우	160/100mmHg 이상

⑤ 고혈압 치료제의 종류와 부작용

종류	합병증, 병발증, 병태		부작용
	추천	주의, 금기	
이뇨제	부종, 심부전, 고령자	당뇨병, 통풍, 저칼륨혈증, 신부전	저칼륨혈증, 고뇨산혈증, 고혈당증
베타 차단제	빈맥, 협심증, 젊은 환자	기관지 천식, 서맥, 심부전, 말초순환장애, 당뇨병	서맥, 심부전, 불면증, 성욕감퇴, 천식악화
칼슘 길항제	협심증, 고혈압성 긴급증, 고령자, 당뇨병	자극전도장애 심부전	두통, 안면조홍, 빈맥, 변비, 하지부종
ACE 억제제	당뇨병, 심부전, 고령자	신부전, 신동맥 협착이상, 임신고혈압, 기관지염	기침, 미각이상, 단백뇨, 발진
알파 차단제	고지혈증, 배뇨장애, 당뇨병	기립성 저혈압	기립성 저혈압, 안구충혈, 코막힘

⑥ 운동요법
   ⓐ 유산소 운동은 혈압 감소, 비만 예방에 도움을 주고, 동맥경화를 방지함
   ⓑ 적절한 체중 유지 및 감소는 혈압 감소에 효과적

구 분	내 용
운동 빈도	일주일에 격일로 3회 정도 시작하여, 매일 운동할 수 있도록 한다.
운동 강도	• 유산소 운동 40~60% VO_2R (HRR), 운동자각도(RPE) 11~13 이상 • 저항성 운동 1RM의 60~80%

운동 시간	• 하루에 30~60분을 지속하거나 10분 단위로 간헐적 유산소 운동을 실시한다. • 저항성 운동은 최소 1시트에 8~12회 반복한다. • 추운 겨울에 새벽운동을 하는 것은 적정 혈압 유지에 불리하므로 피하도록 한다.
운동 형태	• 유산소 운동 위주로 하며, 저항 운동을 병행한다. • 저항성 운동은 대근육군 대상 8~10가지 다른 운동을 실시한다. • 원칙은 유산소 운동을 먼저 하는 것으로 한다. • 적절한 운동 프로그램에 따라 수축기 혈압이 평균 6mmHg 감소한다. • 이완기 혈압이 평균 5mmHg 감소하는 효과가 있다.
점 증	건강한 성인의 프로그램을 원칙으로 하나 다른 합병증을 고려하며 큰 강도의 증가는 피한다.

4 심부전

심장의 기능이 떨어져 몸 전체로 혈액을 충분히 공급하지 못하는 상태를 말하며 심박출량 감소가 나타난다.

(1) 원인과 유형

① 좌심부전(좌심실 기능부전) : 좌심부전은 폐에서 넘어온 혈액을 받아 전신으로 보내는 역할을 하며, 좌심부전 시 폐에 혈액이 정체되어 폐울혈증상과 심박출량 감소가 일어난다(체순환 좌심실 → 대동맥 문제).

② 우심부전(우심실 기능부전) : 우심부전은 전신을 순환하고 돌아온 정맥혈을 받아 폐로 보내주는 역할을 하며, 우심부전 시 폐동맥색전증, 승모판협착증, 폐동맥판막증, 신부전 등의 기능부전을 초래한다(폐순환 우심실 → 폐동맥 문제).

③ 심부전의 원인
㉠ 노 령　　　㉡ 고혈압　　　㉢ 관상동맥질환
㉣ 심장판막질환　㉤ 당 뇨　　　㉥ 비 만
㉦ 폐기능 장애　㉧ 흡 연　　　㉨ 심전도 이상(좌심실 비대)

④ 심박출률에 따른 심부전의 분류

심부전 분류		박출률 감소 심부전	경계형 박출률 심부전	박출률 보존 심부전
진단 기준	1	증상과 징후		
	2	좌심실 박출률 < 40%	좌심실 박출률 40~49%	좌심실 박출률 ≥ 50%
	3	-	• BNP 혹은 NT-proBNP의 상승 • 한 가지 이상의 추가 소견 　- 구조적 심장 질환(좌심실 비대 혹은 좌심방 확대 소견) 　- 이완기 장애	

(2) 증상과 징후

좌심부전 증상	• 호흡곤란, 피로, 허약, 무기력증 • 야간뇨 • 중추신경계 증상 • 빈맥, 발한
우심부전 증상	• 사지부종, 복수 • 오심, 구토, 복부 팽만감

(3) 심부전의 진단

① 심전도

② 흉부 방사선 촬영

③ 심장 초음파 검사

④ 관상동맥 조영술

⑤ 운동 부하검사

⑥ 혈액 검사

(4) 치료 및 예방

① 약물치료

  ㉠ 강심제 : 숨찬 증상 완화

  ㉡ 이뇨제 : 몸이 붓고 숨찬 증상 완화

  ㉢ 항응고제(와파린, 쿠마딘) : 뇌졸중 예방

  ㉣ 베타 차단제 : 해로운 스트레스 호르몬 효과 차단

  ㉤ 안지오텐신 전환효소 억제제, 안지오텐신 수용체 차단제

② 수술요법

  ㉠ 심장 재동기화 치료

  ㉡ 삽입형 제세동기 삽입술

  ㉢ 좌심실 보조장치

  ㉣ 심장이식수술

③ 운동요법

  ㉠ 심부전 정도에 따라 호흡곤란과 피로감이 있으므로 상태 파악이 우선

  ㉡ 유산소 운동으로 걷기운동부터 시작하는 것이 좋음

  ㉢ 주관적 운동 강도 '약간 힘들다' 수준으로 수행

  ㉣ 근력운동은 20회씩 2세트로 시작

03 호흡계 질환

학습목표
- 만성 폐쇄성 폐질환의 기전을 이해한다.
- 천식의 원인을 이해한다.
- 기흉의 정의를 이해한다.

1 만성 폐쇄성 폐질환

원인이 되는 폐질환이나 심장질환이 없이 기도폐쇄가 발생하여 공기 흐름의 속도가 감소하는 질환군을 말하며, 만성 기관지염과 폐기종의 두 질환이 대표적이다.

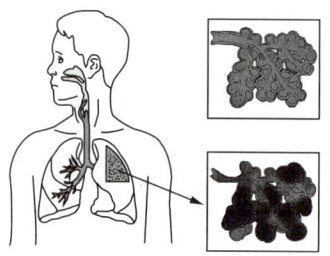

[만성 폐쇄성 폐질환]

개념 PLUS
- 만성 기관지염 : 점차적으로 기도가 좁아져서 공기의 유출이 제한되는 질환(비가역적 기도폐쇄)
- 폐기종 : 말단 기도 부위 폐포에서의 파괴와 불규칙적인 확장 상태

(1) 발병 원인과 기전

① 원 인
  ⊙ 흡연, 대기오염
  ⓒ 유전적 소인, 유아기의 반복적인 호흡기 감염

② 기 전
　㉠ 만성 기관지염 : 세기관지의 염증이 일어나 기관지 점막이 붓고 섬유성 염증반응으로 좁아지게 되면 기도점막 내 점액선과 분비세포의 숫자 및 크기가 증가하여 비후됨으로써 기도폐쇄 발생
　㉡ 폐기종 : 호흡세기관지가 약해지고 폐포의 지주능력이 없어져, 숨을 내쉴 때 함몰되어 기류의 폐쇄를 일으킴

> **개념 PLUS**
> - 만성기관지염 기전 : 세기관지의 염증 → 기관지 점막이 붓고 섬유성 염증반응 → 기도점막 내 점액선과 분비세포의 숫자 및 크기 증가 → 기도폐쇄 발생
> - 폐기종 기전 : 세기관지 약화 → 폐포의 지주능력 소실 → 숨을 내쉴 때 기류의 폐쇄 발생

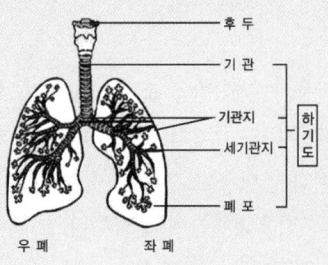

(2) 증상·징후 판정
① 만성 폐쇄성 폐질환 : 40대에서 만성적 기침, 호흡기 질환의 재발 등으로 시작하며 15% 정도는 소아기에 천식음을 동반하여 호흡곤란을 경험한 병력이 나타난다. 증상을 보이는 환자에게서 70% 이하의 FEV1/FVC 비율이 측정될 때 만성폐쇄성폐질환 환자로 정의하며 추가적으로 FEV1은 예상수치의 80% 미만으로 나타난다.
② 만성 기관지염 : 기침과 가래가 주 증상으로 아침에 제일 심하며 기도점액의 분비증가와 객담 동반한 기침이 2년 연속 지속된다. 흉부 X-선상에 호흡기 증상을 유발시키는 특별한 원인이 없다.
③ 폐기종 : 호흡곤란이 주 증상으로 40대부터 운동 시 호흡곤란을 느끼기 시작해 진행되면서 안정 시에도 호흡곤란으로 일상생활에 지장을 준다. 체중이 감소하는 것이 특징인데, 흡기보다 호기 시 폐쇄로 인한 호흡 에너지가 많이 쓰인다.

(3) 치료 및 예방
① 약물요법
　㉠ 기도폐색이 있는 경우는 기관지 확장제를 사용
　㉡ 베타2-아드레날린수용체 자극제로 천식 또는 만성폐쇄성 폐질환과 같은 호흡기 질환에 사용
　㉢ 매년 가을 인플루엔자 백신을 접종하여 독감의 발생을 예방하고 진정제 사용을 금함
② 운동요법
　㉠ 복식호흡
　㉡ 심혈관계 기능과 폐기능 개선을 위한 유산소 운동
　㉢ 운동 강도는 운동자각도(RPE)를 이용

2 천 식

천식은 기관지가 좁아지면서 숨이 차고 기침을 하며 목에서 거친 숨소리가 분 단위 혹은 시간 단위로 반복하여 나타나는 질환을 말한다. 짧은 시간에 많은 호흡을 하게 되는 축구나 농구, 스키, 하키 등에서 더 많이 유발되고, 겨울 스포츠나 차고 건조한 날씨에 운동을 하는 경우도 잘 발생한다. 관리되지 않으면 만성염증이 기도재형성을 초래하여 COPD처럼 비가역적인 기도 폐쇄로 발전할 수도 있다.

(1) 발병 원인과 기전

천식은 유전적 요인과 환경적 요인이 합쳐져 생기는 대표적인 알레르기 질환이다. 원인 물질에는 알레르겐이라하여 집먼지진드기, 꽃가루, 식품, 약물 등이 있고 악화 요인에는 감기, 담배, 실내 오염, 황사, 스트레스 등이 있다.

① 알레르기성 천식 : 과민 반응과 면역 반응 소견을 보이며, 환경 알레르기원에 대한 TH2와 IgE-매개성 면역반응에 의해 발생되며, 급성기(즉시) 및 후기 반응이 특징적이다.

② 특발성 천식 : 알레르기성 과민 반응 소견 없으며, 천식 유발인자는 아직 불분명하지만 바이러스 감염과 체내로 흡입되는 공기오염원들이 포함된다.

③ 원인(기관지 폐색의 3대 원인)
　㉠ 기관지 평활근의 수축
　㉡ 기관지벽의 부종, 충혈 및 염증세포의 침윤
　㉢ 기관지 강내의 점액전

④ 기 전
　㉠ 기도염증에 의한 기전이 가장 주목
　㉡ 여러 가지 염증성 물질의 분비가 기도의 평활근과 모세혈관의 투과성에 영향

(2) 증상·징후 판정

① 증상 징후
　㉠ 발작적 기침
　㉡ 천명(진단에 필수적)
　㉢ 호흡 곤란

② 판 정
　㉠ 폐기능 검사 : 폐활량과 호기 속도 측정을 통해 기관지가 좁아진 정도를 알 수 있으며, 기관지 확장제 흡입 후 변화여부를 보기도 함
　㉡ 기관지 유발시험 : 기도과민증의 정도를 검사하여 천식을 진단함
　㉢ 피부단자시험 : 공기 중의 원인 물질을 확인할 수 있음

③ 운동유발성 천식 : 모든 천식 환자 중 70~80%, 천식 환자가 아닌 아토피 환자의 30~40%에서 운동 유발성 천식이 발생한다.
    ㉠ 증 상
        • 힘든 운동 6~8분 경과 후 기침, 천명, 흉부 압박감, 호흡곤란 증상이 5~10분 뒤 최고조로 나타남
        • 증상은 1시간 후에 저절로 호전되며, 폐기능은 30~60분에 이르러 정상으로 돌아옴
        • 그 후 수 시간 동안 운동에 경련이 발생하지 않는 불응기를 보임
    ㉡ 진 단
        • 운동 전·후 폐 기능 측정, 5분 이상 격렬한 운동(> 140회/분) 후 측정
        • 운동부하검사
        • 폐활량계

[운동 유발성 기관지 천식의 중증도 분류]

중증도	진단기준
경 도	FEV1 10~25% 감소
중등도	FEV1 25~50% 감소
중 증	FEV1 50% 이상 감소

(3) 치료 및 예방

① 비약물적 요법 : 회피요법, 면역요법, 수액요법, 객담배출, 산소요법
② 약물요법
    ㉠ 기관지 확장제 : 베타2 항진제(속효성/지속성 약물), 메틸잔틴제(테오필린/아미노필린), 부교감신경 차단제
    ㉡ 항염증제 : 부신피질 스테로이드계(흡입용, 경구용, 주사용 약물), 크로몰린제
    ㉢ 항알레르기제 : 아라키돈산 대사물 조절제
③ 운동요법
    ㉠ 운동수행이 기관지 이완의 대체 역할을 담당하여 기관지 저항 감소
    ㉡ 천식환자는 기관지 수축이 운동 중 발생하나 수영은 거의 일으키지 않음

3 기 흉

폐를 담고 있는 흉강은 정상상태에서는 폐 이외에는 빈공간이 없으나 외적 또는 내적 요인으로 흉강 내에 공기가 들어와 폐를 허탈시키는 질병을 기흉이라 한다.

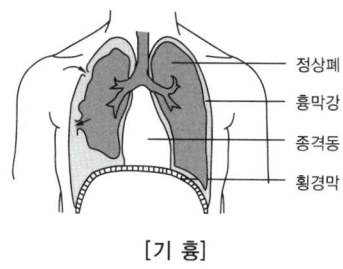

[기 흉]

(1) 발병 원인과 기전

① **일차성(원발성) 자연기흉** : 외적인 요인이 없이 발생하여 자연성 기흉이라 하며, 발생 당시 기흉의 원인이 되는 폐의 기저질환을 모르기 때문에 일차성이라 하나 폐기포들의 파열이 기흉의 원인이 되는 것으로 알려져 있다(일차성 자연기흉 환자의 90%가 흡연자).

② **이차성(속발성) 자연기흉** : 만성 폐쇄성 폐질환, 폐결핵, 폐렴, 천식 등의 이미 질환을 앓고 있는 경우에 발생되는 기흉을 말한다.

③ **외상성 기흉** : 말 그대로 자상, 낙상, 교통사고 등 외상에 의하여 생기는 기흉을 말한다.
　㉠ 단순 기흉 : 흉간 내에 공기가 차있으며, 자연기흉과 유사한 양상 보인다.
　㉡ 개방성 기흉 : 칼이나 총 등에 의해 흉곽에 외상을 입은 경우 흉벽에 관통된 상처가 개방형으로 남아 있어 허탈이 발생한다.

④ **의원성 기흉** : 병원에서 흉부천자, 중심정맥도관 삽입술 등을 시술하는 중 폐에 실질적인 손상이 가해져 발생하는 인위로 인한 기흉을 말한다.

⑤ **긴장성 기흉** : 어떤 원인에 의해 환자가 숨을 들이쉴 때에는 공기가 흉강 속으로 유입되지만, 숨을 내쉴 때에는 흉강속의 공기가 배출되지 못하여 흉강 속의 압력이 점점 높아지는 상태를 말한다.

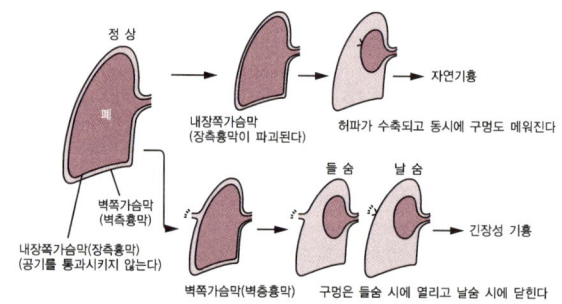

[자연기흉과 긴장성 기흉 발생 기전]

(2) 증상
① 흉통(가슴통증)은 보통 24시간 이내 사라진다.
② 호흡곤란은 기흉 정도에 따라 심각한 정도가 다르며, 일반적인 경우 가벼운 호흡곤란이 발생한다.

(3) 진단
① 흉부 X선 촬영으로 대부분 확진(기흉 크기 계산 가능)
② CT 촬영으로 일차성 자연기흉의 경우 소기포의 위치 파악

(4) 치료 및 예방
① **일차치료** : 먼저 산소를 투여하며 기다리는 것이 우선이나, 대부분의 환자들은 흉관 삽관을 통해 지속적인 공기 누출 속에서 폐의 팽창을 효과적으로 이루어지게 한다.
② **화학치료** : 공기 누출을 막기 위해 흉막유착술을 시행하는데, 활석가루나 요오드화 오일, 자가 혈액을 이용한다.
③ **수술치료** : 공기 유출이 일주일 이상 지속되거나 재발성 기흉이 생긴 경우, 폐 양쪽에 동시에 기흉이 생기거나 X선 검사에서 아주 큰 공기주머니가 보이는 경우, 직업적인 요인, 혈흉, 농흉 등 합병증이 있는 경우 수술한다.
④ **운동치료** : 수술 후 맑은 공기에서 적당한 운동을 하여 폐기포가 발생하지 않도록 관리한다.

> **개념 PLUS**
>
> **폐질환의 임상 증상**
> - 쌕쌕거림(천명 ; Wheezing)
>   - 호흡 시 기도와 기관지에서의 공간이 좁아진 상태(폐쇄에 가깝게 좁아진)에서 공기의 흐름이 방해를 받고, 이로 인해 발생함
>   - 세기관지 질환에서는 보통 호기 시 나타남
>   - 이러한 환자들에게서는 호기시최대호기유속(PEFR ; Peak Expiratory Flow Rate)이 정상보다 50% 이하로 나타남
> - 그렁거림(협착음 ; Stridor)
>   - 완전한 흡기 또는 부분적인 흡기 시 나타나는 소리를 말함
>   - 종종 흉곽보다 목에서 크게 나타남
>   - 후두 또는 기도의 부분적인 폐쇄와 관련이 있음

04 척추관절 질환

학습목표
- 척추질환의 정의를 구분하고 기전을 이해한다.
- 추간판탈출증의 진행 단계를 이해한다.

1 경부 추간판탈출증

경부 척추 사이 추간판에서 수핵이 섬유륜 밖으로 돌출함에 따라 신경근 또는 척수를 압박하여 나타나는 질환을 말한다. 대부분의 환자들이 50대 이상이며 남성이 여성보다 약 3배 정도 많고, 과거에 목에 충격을 받은 경험이 있는 경우가 많다.

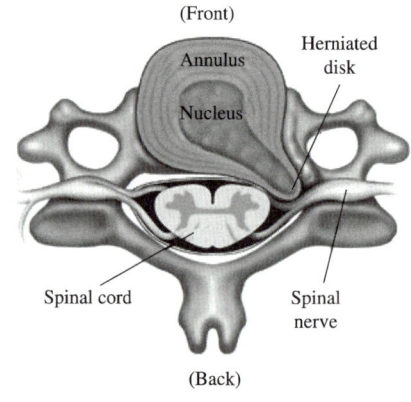

[경부 추간판 탈출증]

(1) 구조와 기능

① 구조 : 경부의 척추는 7개로 이루어져 있으며(C1 ~ C7), 척추 사이 추간판은 관절연골의 일종으로 아래 2가지로 구성된다.

  ㉠ 섬유륜(Annulus Fibrosis) : 추간판의 외부를 둥글게 감싸는 질긴 섬유조직으로, 수핵을 담고 있는 65도 방향의 나선형 구조로 되어 있어 굴곡-신전뿐만 아니라 회전력에서도 물리적 저항력을 높인다. 그리고 촘촘한 나이테 형식으로 앞쪽은 15겹 뒤쪽은 12겹으로 싸여있어 상대적 앞쪽보다 뒤쪽이 취약하다.

ⓒ 수핵(Nucleus Pulposus) : 추간판 중심 부위의 젤라틴 성분의 조직으로 구성되어 있으며 70~90%가 수분으로 구성되어 있다.
② 기 능
　　㉠ 척주의 안정성을 제공하며 수핵은 압박력을, 섬유륜은 인장력을 견딘다.
　　ⓒ 경부 척추 움직임과 충격을 흡수하는 완충작용을 한다.
　　ⓒ 종말판 중앙 혈관을 통해 모세혈관과 척추원반 사이의 액체 확산에 관여한다.
　　ⓔ 전만은 후천적 커브이고, 후만은 선천적 커브이다.
③ 특징 : 역학적으로 굴곡되어 비틀리는 것에 취약하며, 경부의 추간판탈출증은 제6번과 제7번 사이에서 주로 발생한다.

(2) 증상 · 징후 및 원인
① 원 인
　　㉠ 외상 또는 만성적인 자극에 의해 발생할 수 있으며, 경추추간판의 노화와 자세 불균형으로 나타나기도 한다.
　　ⓒ 수핵 내의 수분 함량 감소로 추간판의 탄력과 충격 흡수 능력이 떨어지면서 발생하기도 한다.
② 증 상
　　㉠ 초기 증상으로 목 부분의 동통과 근육 강직이 일어나는데, 증상이 나타났다가 사라지기를 반복하고 어깨나 가슴 쪽으로 통증이 전해지기도 한다.
　　ⓒ 신경증상은 목 디스크 발생 부위에 따라 압박된 신경근이 내려가는 팔의 어느 특정 부위에 감각 이상과 운동능력 약화 건반사의 변화 등을 나타내나 통증은 한 신경근만 눌려도 넓게 나타날 수 있다.

4~5번 경추 추간판탈출증	• 압박되는 신경 : 5번 경추신경(C5) • 증상이 발생하는 부위 : 어깨와 삼각근 부위
5~6번 경부 추간판탈출증	• 압박되는 신경 : 6번 경추신경(C6) • 증상이 발생하는 부위 : 팔의 바깥쪽, 엄지와 두 번째 손가락
6~7번 경부 추간판탈출증	• 압박되는 신경 : 7번 경추신경(C7) • 증상이 발생하는 부위 : 팔의 뒤쪽 및 가운데 손가락
7번 경추~1번 흉추 간 추간판탈출증	• 압박되는 신경 : 8번 경추신경(C8) • 증상이 발생하는 부위 : 넷째와 다섯째 손가락, 아래팔의 안쪽 부위

③ 진단 : 목의 통증과 어깨 및 손끝으로 내려가는 방사통이 특징적이고 목을 뒤로 젖히면 방사통이 가중되고 팔을 머리 위로 올리면 통증이 완화되는 특징이 있다.
　　㉠ 요추 단순 X선 검사
　　ⓒ CT와 MRI(자기공명검사)
　　ⓒ 근력검사, 감각검사, 반사검사 등

(3) 치료 및 예방
① 보존적 요법 : 2~3주간은 적극적인 신체활동 중지, 절대안정, 소염진통제와 근육이완제사용, 더운물 찜질 등
② 수술적 요법 : 신경차단술, 경막외신경성형술, 고주파 수핵성형술, 추체간 고정술 등
③ 운동적 요법
　㉠ 초기에는 등척성을 이용하여 목과 어깨의 근육 강화운동을 한다.
　㉡ 근육이 경직되지 않게 유연성 운동과 바른 자세를 통하여 목의 하중을 줄인다.

2 요부 추간판탈출증

요부 척추 사이 추간판에서 수핵이 섬유륜 밖으로 돌출함에 따라 신경을 압박하여 나타나는 질환을 말한다. 연령이 증가함에 따라 추간판이 탄력성을 잃고 섬유륜이 균열을 일으키는 등 외력에 의해 주로 발생되지만, 50대 이상의 고령층에서만 주로 발생되는 것은 아니다.

(1) 구조와 기능
① 구조 : 요부의 척추는 5개로 이루어져 있으며(L1 ~ L5), 척추 사이 추간판은 관절연골의 일종으로 아래 2가지로 구성된다.
　㉠ 섬유륜(Annulus Fibrosis) : 추간판의 외부를 둥글게 감싸는 질긴 섬유조직으로, 수핵을 담고 있는 65도 방향의 나선형 구조로 되어 있어 굴곡-신전뿐만 아니라 회전력에서도 물리적 저항력을 높인다. 그리고 촘촘한 나이테 형식으로 앞쪽은 15겹 뒤쪽은 12겹으로 싸져있어 상대적 앞쪽보다 뒤쪽이 취약하다.
　㉡ 수핵(Nucleus Pulposus) : 추간판 중심 부위의 젤라틴 성분의 조직으로 구성되어 있으며 70~90%가 수분으로 구성되어 있다.
② 기 능
　㉠ 척주의 안정성을 제공하며 수핵은 압박력을, 섬유륜은 인장력을 견딘다.
　㉡ 요부 척추 움직임과 충격을 흡수하는 완충작용을 한다.
　㉢ 종말판 중앙 혈관을 통해 모세혈관과 척추원반 사이의 액체 확산에 관여한다.
　㉣ 전만은 후천적 커브이고, 후만은 선천적 커브이다.

(2) 증상·징후 및 원인
① 증상과 징후
　㉠ 요부 추간판탈출증은 4~5번 요추에 빈번하게 발생하며 요통뿐만 아니라 하퇴부, 발가락까지 방사되는 통증을 호소하게 된다.

ⓒ 섬유륜으로부터 밀려나온 수핵이 신경을 압박해서 요통의 증상을 느끼는 것이지 수핵 내 풍부한 감각신경지배로 통증을 느끼는 것은 아니다.

4~5번 요추 간 추간판탈출증	• 압박되는 신경 : 4번 요추신경(L4), 5번 요추신경(L5) • 엉덩이 부위에서 다리의 뒤쪽(약간 바깥쪽)으로 감각이 무디어지고 저리거나 당기는 듯한 통증이 발등과 엄지발가락까지 뻗친다. • 심한 경우 엄지발가락이나 발목을 뒤로 젖히는 근육이 마비되어 걸을 때 발끝을 끌면서 걷게 되는 증상이 발생하기도 한다.
5번 요추~1번 천추 간 추간판탈출증	• 압박되는 신경 : 5번 요추신경(L5), 1번 천추신경(S1) • 엉덩이 부위에서 다리 뒤쪽 정중앙과 종아리쪽으로 감각이 무디어지고 저리거나 당기는 듯한 통증이 발바닥과 새끼발가락까지 뻗친다. • 심한 경우 발가락과 발목을 발바닥쪽으로 구부리는 근육이 마비되어 발꿈치를 들고 걷기가 힘들다.

② 원 인
  ㉠ 흡연과 비만
  ㉡ 퇴행적 변화 또는 반복적 외상에 의해 발생하며, 수핵 내의 수분 함량 감소로 추간판이 탄력과 충격 흡수 능력이 떨어지면서 발생

> **개념 PLUS**
>
> **추간판탈출증 진행 단계**
> • 1단계 – 추간판 팽윤(Bulging) : 섬유륜이 추간판 정상 범위에서 바깥쪽으로 3mm 정도 대칭적으로 밀려나 있는 상태
> • 2단계 – 추간판 돌출(Protrusion) : 섬유륜의 외부는 온전한 상태를 유지하나 수핵이 파열되어 섬유륜 속으로 밀고 나온 상태
> • 3단계 – 추간판 탈출(Extrusion) : 수핵이 파열되어 섬유륜의 바깥까지 밀고 나온 상태
> • 4단계 – 추간판 부골화(Sequestration) : 탈출된 수핵이 추간판 조직에서 떨어져 나온 상태
>
>
> 추간판 팽윤   추간판 돌출   추간판 탈출   추간판 부골화
>
> [추간판 탈출증 진행 단계]

③ 진 단
  ㉠ 요추단순 X선 검사
  ㉡ CT와 MRI(자기공명영상)
  ㉢ 방사선 검사
  ㉣ 자세 및 척추 외관 검사, 근력검사, 감각검사, 반사검사 등
  ㉤ 대퇴신경 견인검사
  ㉥ 하지직거상 : 검사를 통해 다리 뒤로 전기가 흐르듯이 뻗치는 통증이 발생하며, 다리 감각이나 근력이 떨어진다.

(3) 치료 및 예방

① 보존적 요법 : 허리 견인과 마사지, 열, 초음파, 전기치료가 있으며, 약물로는 소염 진통제 복용 등이 있다.

② 수술적 요법 : 보존적 요법을 6~12주 이상 하여도 효과가 없으며, 하지마비가 개선되지 않는 경우 수핵 절제술과 화학적 수핵 용해술 등을 시행한다.

③ 운동적 요법 : 초기에는 등척성을 이용한 허리 주변 근육과 복근 강화 운동 그리고 유산소 걷기 운동이 도움이 된다.

개념 PLUS

신경학적 평가

구 분	피부분절 (Dermatome)	근육 움직임 (Muscle Action)	깊은 힘줄반응 (Deep Tender Reflex)
C5	Lateral Arm	Arm Abduction Forearm Flexion	Biceps Brachii
C6	Lateral Forearm to Thumb, 2nd Finger	Wrist Extension	Brachioradialis
C7	Middle Finger, 3rd	Wrist Flexion Finger Extension	Triceps
C8	4-5th Finger to Inner Forearm	Finger Flexion	None
T1	Medial Elbow	Finger Abduction Finger Adduction	None
L1-L3	Inguinal Region (L1) Oblique Blow L1 (L2) Oblique Across The Knee (L3)	Hip Flexion	None
L2-L4		Hip Flexion & Adduction, Knee Extension	None
L4	Medial Leg to Big Toe	Inversion & Dorsiflexion	Patellar
L5	Lateral Leg Across Dorsum Of Foot to Big Toe	Toe Extension, Heel Walk, Hip Abduction	Hamstring
S1	Lateral Foot & Plantar Surface of Foot	Eversion Plantar Flexion Hip Extension	Achiles

개념 PLUS

목뼈 추간판탈출증(Cervical Herniated Intervertebral Disc)
목 근육의 과한 긴장이나 경직은 추간판에 영향을 미친다. 거북목이 원인이 될 수 있다. 증상으로는 손 저림, 뻐근함, 두통 등이 있으며, 심한 경우 전신마비를 유발할 수 있다.

3 만성 요통

(1) 요통의 원인과 증상

구 분	비기질적 요통	기질적 요통
원 인	기능적, 정서적, 정신적 원인에 의해 발생 (긴장, 불안 등)	골격, 근육질환, 골반과 복부질환 등 (척추나 주변 조직)에 의해 발생
		심한 운동, 사고, 척추질환, 노화, 잘못된 자세와 운동부족이 원인
증 상	• 휴식 시에도 통증을 호소 • 저림, 무기력, 치료 무반응이거나 더 악화	전반적 허리통증

(2) 만성 요통 진단

만성 요통은 여러 가지 요인에 의해 만성화된 통증으로 질병이기 보다 하나의 증상이다. 일반적으로 척추 후관절통, 천장골 관절통증, 디스크 통증으로 분류되며 이에 따라 진단법이 달라진다.

① 병력 청취
② 이학적 검사
③ 방사선학적 검사
④ 전기 생리 검사

(3) 치료 및 예방

① **생활요법** : 초기 2~3주간은 적극적인 신체활동 중지, 절대안정, 소염진통제와 근육이완제 사용, 더운 물 찜질
② **운동요법** : 복부와 허리근육 강화, 몸통과 하지관절의 유연성을 회복시키는 운동법
   예 바른 자세로 걷기, 등산, 허리강화 체조, 자전거 타기, 평행봉 매달리기, 수영 등

4 척추측만증

척추의 만곡이 정상적이지 않고 3차원적으로 휘어져 있어 추체 자체의 회전과 변형이 동반된 것을 말한다.

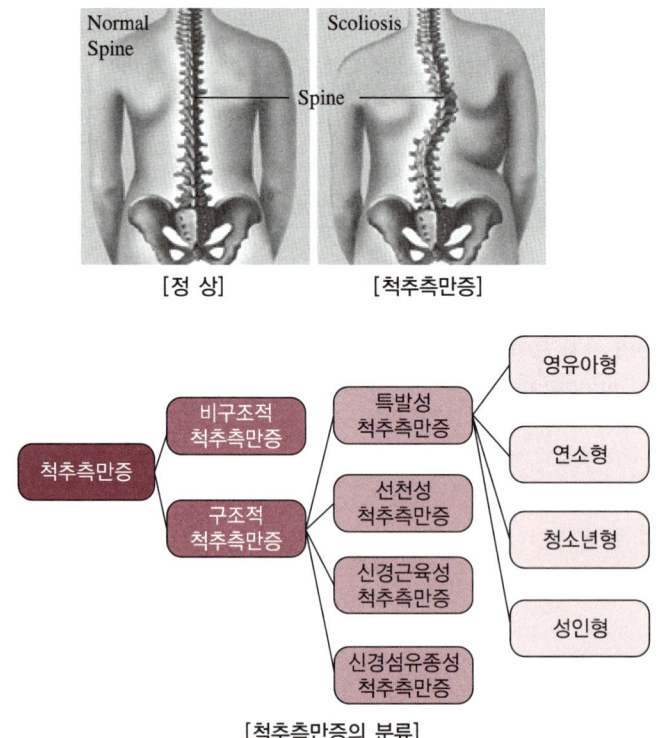

[척추측만증의 분류]

(1) 원인과 분류

① 구조적 측만
  ㉠ 특발성 척추측만증 : 그 원인을 알 수 없는 측만증을 말하며 전체 측만증의 85~90%를 차지하며, 유소년기 여성의 비율이 높다.
  ㉡ 선천성 척추측만증 : 태아 때 척추 생성 과정에 이상이 생겨 발생된 측만증을 말한다.
  ㉢ 신경 근육성 척추측만증 : 중추신경계나 신경학적 이상으로 발생된 측만증을 말한다.
  ㉣ 신경섬유종성 측만증 : 신경섬유종이 척추뼈 침범하여 뼈 연하게 만들고, 이로 인해 발생한 측만증을 말한다.

② 비구조적 측만(기능적 측만) : 심한 허리 디스크와 다리 길이 차이로 발생한다(스스로 인지하여 자세를 바르게 하면 측만증 커브가 사라짐).

(2) 증상과 진단

① 증 상
   ㉠ 보통 척추측만증 환자의 경우 척추의 기형만을 호소하나 드물게 증상이 있는 경우 요통을 호소한다.
   ㉡ 심한 측만의 경우 점차적으로 폐활량의 감소가 있을 수 있으며, 호흡곤란이 있을 수 있다.
② 진단 : 육안으로 봤을 때 서 있는 위치에서 양 어깨의 높이가 다르고, 뒤에서 봤을 때 견갑골이 유난히 튀어나온 경우가 있으며, 자가 진단법으론 아담스검사(Adams Test)를 통해 선 자세에서 허리를 90도로 굽힌 뒤 등의 높이를 보는 방법 및 체형 교정 장비나 X-ray를 통해 진단할 수 있다.

(3) 치료 및 예방

① 운동 요법 : 척추측만증의 만곡도가 20도 미만인 경우 4~6개월마다 정기적 관찰을 하며, 보존적 요법으로 일상에서의 자세 교정과 3차원적인 운동을 병행한다.
② 보조기 요법 : 척추측만증의 만곡도가 20~40도 사이인 경우, 척추가 휘어진 방향에 따른 3차원적인 보조기를 착용하며 교정 운동을 병행한다.
③ 수술 요법 : 척추측만증의 만곡도가 45도 이상으로 일상의 통증과 불편감이 클 경우, 척추골 사이에 골이식을 통해 척추골을 유합하는 척추유합술을 하게 된다.
④ 생활 요법 : 척추측만증은 성장하는 청소년 시기에 잘못된 자세와 습관으로 발생할 수 있기에 항상 바른 자세를 통해 척추 건강을 지켜야 한다.

05 골 질환

학습목표
- 골다공증의 진단 수치와 분류를 이해한다.
- 관절염에서 퇴행성 관절염과 류머티즘 관절염을 구분하여 익힌다.

1 골다공증

골량이 감소되어 외부의 작은 충격에도 쉽게 뼈가 부러질 수 있는 상태가 되는 질환을 말한다.

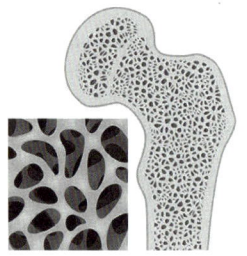
[정상인의 뼈]

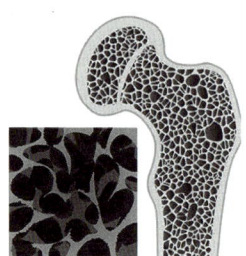
[골다공증 환자의 뼈]

(1) 원인과 분류

① 분류
  ㉠ 제1형(폐경 후) 골다공증 : 폐경 후 에스트로겐이 결핍되면 골흡수가 현저히 증가되어 혈중 칼슘은 높아지는데, 부갑상선호르몬의 분비가 감소하여 장 내 칼슘 흡수가 낮아짐으로써 생기는 골다공증이다.
  ㉡ 제2형(노인성) 골다공증 : 연령이 증가함에 따라 신장에서 비타민 D의 생성이 적어지면, 이에 따라 장 내 칼슘 흡수가 적어지고 조골세포의 감소가 동반되어 나타나는 골다공증이다.
  ㉢ 이차성 골다공증
    • 다른 질환이나 약물에 의해 발생하는 골다공증
    • 갑상선 기능항진증, 부갑상선 기능항진증, 쿠싱증후군, 류머티즘성 관절염
    • 스테로이드, 갑상선 호르몬제
    • 술, 흡연, 비활동 등

② 원인과 기전
  ㉠ 원 인
    - 칼슘섭취 부족
    - 카페인 섭취
    - 흡연(최대 골량 형성 억제)
    - 알코올 섭취(골형성 억제)
    - 과도한 동물성 단백질 섭취(칼슘을 소변으로 배출)
  ㉡ 기전 : 골흡수와 골형성의 균형이 파괴되거나 최대 골량의 형성이 부족하여 발병

(2) 증상과 진단

골밀도가 최대골밀도 T-score에서 -2.5 표준 편차값 미만이면 골다공증이라고 진단하며, -1 ~ -2.5 표준편차값 사이는 골감소증이라고 진단한다.

① 골밀도 검사
  ㉠ 이중에너지 X선 흡수계측법(DXA ; Dual Energy X-ray Absorptiometry)
  ㉡ 초음파
  ㉢ 정량 전산화단층촬영술(Quantitative CT)

② 골밀도 진단 수치표

정 상	> -1.0
골감소증	-1.0~-2.5
골다공증	< -2.5
심한 골다공증	< -2.5와 골절동반

③ 증 상
  ㉠ 제1형 골다공증 : 척추나 손목에 골절이 발생
  ㉡ 제2형 골다공증 : 대퇴골에 골절이 발생

(3) 치료 및 예방

① 생활요법 : 가장 좋은 치료는 예방으로 하루 적절한 칼슘의 섭취(1,500~1,800mg)와 신체활동, 그리고 1주일에 2회씩은 약 15분 정도 햇볕을 쬐어 뼈에 필요한 비타민 D를 충분히 합성하도록 하는 것이다.

② 약물요법
  ㉠ 골흡수 억제 치료제 : 에스트로젠, 칼시토닌, 비스포스포네이트 등
  ㉡ 골형성 촉진제 : 불소화나트륨, 부갑상선 호르몬, 활성화된 비타민 D 등

③ 운동요법 : 뼈조직에 무게가 실리는 등장성 웨이트 운동이 권장되며 유산소성 지구력 운동도 권장한다. 단, 수영의 경우 적정 자극을 주어 뼈에 스트레스를 주어야 하나 부력으로 인해 적절한 스트레스를 주기 힘들기 때문에 효과적인 운동이라 하기 어렵다.

> **개념 PLUS**
>
> **뼈괴사(무혈관괴사 = 허혈성괴사 = 무균성괴사)**
> - 뼈로 가는 혈액 공급의 차단으로 인해 발생하는 통증성 질환으로 주로 30~50대에서 많이 발생한다. 여성보다 남성의 발생률이 더 높다.
> - 모든 관절에서 발생할 수 있지만 대퇴골두(고관절)에서 흔하게 발생하며, 양측 고관절을 침범하는 경우가 많다.
> - 위험인자는 알콜 과다복용과 스테로이드 과량 복용이 대표적이며, 대퇴골두의 혈액순환에 영향을 줄 수 있는 고관절 탈구·골절, 잠수병, 크론씨병, 동맥 색전 등과 같은 내과적 질환들이 있다.
> - 증상으로는 사타구니와 엉덩이에서 묵직한 박동성 통증이 발생한다. 질병이 진행되면서 병변 측 엉덩이로 서있거나 무게를 지탱하기가 어렵고, 고관절을 움직일 때 통증이 발생한다.
> - 치료법으로는 약물 치료 및 목발 사용 등 비수술적 치료로 통증경감 및 병의 진행을 늦출 수는 있으나 가장 효과적인 방법은 수술이다. 수술법으로는 중심부 감압술, 혈관 부탁 비골 이식술, 대퇴골 절골술, 고관절 전치환술 등이 있다.

2 관절염

뼈와 뼈가 만나는 부위의 관절 염증뿐만 아니라 관절의 병변을 의미한다.

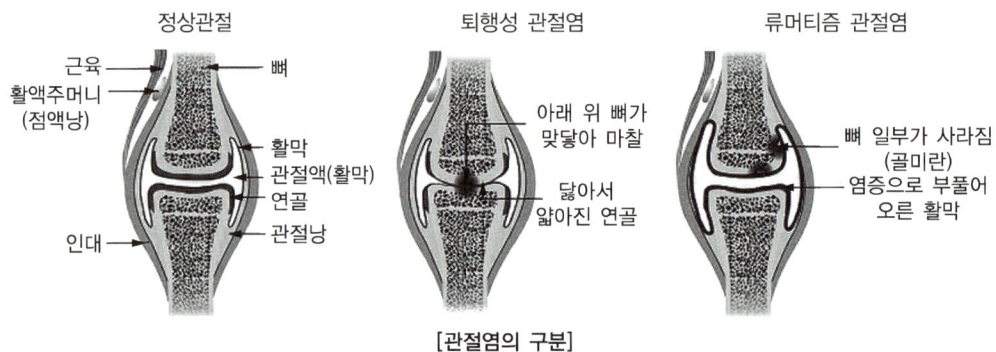

[관절염의 구분]

(1) 관절염 분류와 증상 및 치료법

① **퇴행성 관절염** : 관절 연골이 닳아 없어지면서, 국소적인 퇴행성 변화가 나타나는 질환을 말하며, 원인이 밝혀지지 않은 나이, 성별 유전적 요소에 의한 일차성(특발성)관절염과 외상이나 질병 및 기형의 원인으로 나타나는 이차성 관절염이 있다.
  ㉠ 원인 : 고령의 나이, 비만, 유전, 외상, 성별(여성 > 남성), 관절의 모양, 호르몬 등
  ㉡ 관절염의 진행 과정 : 연골이 닳아서 약해지고 갈라진다 → 연골이 계속 파괴되어 뼈가 드러난다 → 뼈에 돌기가 생기고 관절이 붓고 통증이 심해진다.
  ㉢ 증상 : 통증, 뻣뻣함, 이상음, 관절변형
  ㉣ 퇴행성 관절염 진단(임상기준 6개 항목 중 3개 이상 만족 시)
    • 50세 이상

- 강직현상이 30분 이내
- 이상음
- 관절의 압통
- 관절뼈의 비대(종창)
- 열감이 없어야 함

ⓜ 치료요법
- 관절보호 : 보조기, 신발, 지팡이
- 약물치료 : 진통소염제, 관절내강주사
- 수술적 치료 : 관절세척, 인공관절 치환술, 골막이식법 및 자가연골세포 배양 및 이식술
- 물리치료 : 열, 전기치료 등
- 운동치료 : 관절 연골과 관절주위 인대나 근육의 강화를 위한 운동과 스트레칭
  예 수영, 고정식 자전거 타기, 노 젓기, 걷기 등

② 류머티즘 관절염 : 아침에 일어나면 관절운동이 유연하지 못하며 피로감, 전신무력감, 의욕감소 현상, 관절통이나 종창이 대칭으로 나타나는 것이 특징으로 하며, 주로 40~50대 여성들에게 많이 발생한다.

㉠ 원 인
- 관절에 균이 없으면서 염증반응이 생겨 파괴되는 자가면역용 이상으로 인해 생김
- 진행 단계 : 윤활막염(Synovitis) → 판누스(Pannus)형성 → 연골 미란(Cartilage Erosion) → 관절 섬유화(Fibrosis) → 관절 강직(Ankyloses)의 순으로 진행한다.

㉡ 증 상
- 초기 : 염증반응 때문에 관절 종창과 통증 초래
- 중기 : 연골 조직 침식을 통해 관절틈새가 협소해지고 관절 가동범위는 제한
- 만기 : 관절의 아탈구와 골성강직 등의 변형 유발과 가동성 소실

㉢ 류머티즘 관절염 진단(진단 7가지 항목 중 4개 이상 만족 시)
- 한 시간 이상 조조강직
- 류머티즘인자 양성
- 3개 이상 관절의 관절염
- 수부 X-ray상의 골결핍증
- 수부관절의 관절염
- 대칭성 관절염
- 류머티즘 결절

㉣ 치료요법
- 약물치료 : 비스테로이드성 항염증제, 항류머티즘제
- 수술적 치료 : 활막절제술, 관절성형술, 관절고정술 등
- 운동치료 : 지나친 운동은 염증을 악화시키기 때문에 근력소실 예방과 관절 가동범위 개선에 초점

[퇴행성 관절염과 류머티즘 관절염의 비교]

구 분	퇴행성 관절염	류머티즘 관절염
빈 도	10~15%	1%
연 령	50대 이후(여성 약 2배)	소아 이상(여성 75%)
원 인	연령, 기타 원인	자가면역기능 이상
부 위	무릎, 고관절(체중부하)	손가락, 손목(작은 관절)에서 시작
병 리	연골변성	활액막 염증
증 상	국소적인 통증(간헐적 경과)	전신 피로감과 통증
타 증상	없 음	있 음
진 행	느리다	빠르다
면역검사	정 상	비정상

개념 PLUS

강직성 척수염(Ankylosing Spondylitis)
- 천장관절과 척추의 인대와 건 부착부가 염증반응에 의해서 뼈 상태로 변화되는 만성 염증성 질환이다.
- 주로 여자보다는 남자에서 발병하며 나이는 15~35세이다.
- 환자의 약 90% 정도가 LAP 검사에서 HAL B27, ESR 양성이다.
- 환자는 3개월 이상의 허리통증이 지속되며, 새벽 혹은 아침에 통증과 뻣뻣함이 있다. 운동하거나 움직이면 상태가 좋아지지만 휴식 시에는 그렇지 않다.
- 염증에 의해서 인대와 건들이 뼈화되면서 허리 척추뼈의 움직임이 제한된다.
- 병변의 시작 부위는 천장관절이며 병의 진행이 허리뼈를 넘어 흉곽까지 진행 시, 흡기 시에 늑골 확장의 감소가 나타난다.
- 방사선 검사에서 천장관절이 흐릿해지고(천장관절염) Shiny Conner Sign, Bilateral Marginal Syndesmophytes, Bamboo Spine, Dagger Sign, Trolley Track Sign이 나타난다.

통풍성 관절염(Gouty Arthritis)
- 통풍에 의해 발생하는 관절염이다.
- 통풍(Gout)은 관절에 과(過)생산된 요산(퓨린 유도체)의 축적으로 발생하는 대사성 질환으로 주로 40세 이상의 남성에게서 나타난다.
- 퓨린(Purine)이 많이 함유된 음식의 과다 섭취와 연관이 있다.
- 갑작스러운 심한 관절통증과 급성으로 주로 엄지발가락의 부종(Podagra)이 나타날 수 있으며 통풍결절(Tophus)이 관절(팔꿈치, 무릎 등 단순관절 형태)등에서 발견될 수도 있고 만성 통풍일 경우 귀에서 발견된다.
- 방사선 검사에서 연주조직의 붓기가 보이며, 경계부가 떠 있는 Bony Erosion이 나타난다.

06 대사계 질환

학습목표
- 당뇨병의 정의를 분류하여 익힌다.
- 고지혈증의 진단 기준을 이해한다.
- 대사증후군의 정의와 진단 기준을 이해한다.

개념 PLUS

자가면역질환
자가면역질환에는 다발성 경화증(Multiple Sclerosis), 류머티즘 관절염(Rheumatoid Arthritis), 중증 근무력증(Myasthenia Gravis), 제1형 당뇨병(Type 1 Diabetes)이 있다.

1 당뇨병

혈액 속의 포도당 농도가 비정상적으로 높아서 생기는 질환으로, 인슐린의 분비가 부족하거나 정상적인 기능이 이루어지지 않아서 생기는 대사 질환이다.

(1) 원인과 분류

① 원인 : 비만, 노화, 임신, 감염, 수술, 스트레스, 약물남용, 가족력, 만성췌장염 등
② 분 류
　㉠ 인슐린 의존성 당뇨(제1형 당뇨병) : 췌장에서 인슐린이 분비되지 않아 발생하는 당뇨로 바이러스 감염, 화학물질, 약물 등에 의해 췌장의 베타세포가 파괴되어 인슐린의 요구량만큼 공급하지 못하여 발생하며 소아당뇨라고도 불린다.
　㉡ 인슐린 비의존성 당뇨(제2형 당뇨병) : 인슐린 호르몬이 체내에서 정상적으로 역할을 하지 못해 신체 세포들의 인슐린에 대한 반응이 떨어지며 혈당이 높아져 발생한다.

© 제1형 당뇨병과 제2형 당뇨병의 차이

구 분	제1형 당뇨병	제2형 당뇨병
발병 연령	소아 및 젊은 연령(30세 이전)	성인(연령에 따른 분류는 모호함)
발병 양상	갑자기 발병	서서히 진행
원 인	자가면역기전, 바이러스 감염 등에 의한 췌장의 파괴	유전적 경향이 강하며 비만, 노화 등 환경적 요인에 의해 진행
비만과의 연관성	적 음	있 음
췌장의 인슐린 분비	완전 결핍	상대적 결핍
치 료	인슐린	경구약제 및 인슐린

개념 PLUS

당뇨의 대표적인 세 가지 병태 생리 현상
- 췌장에서의 인슐린 분비 이상
- 간에서 내인성 포도당 생성 증가
- 말초 조직에서 당 이용도 저하

(2) 증상과 진단

① 증 상
   ㉠ 다음 : 심한 갈증을 느껴 물을 많이 마심
   ㉡ 다뇨 : 소변으로 포도당이 빠져나가면서 물을 끌고 나가기 때문에 소변량이 많음
   ㉢ 다식 : 포도당이 제대로 사용되지 못하여 에너지 부족으로 공복감을 느낌

② 진 단
   ㉠ 요당검사 : 혈당이 180mg/dL 이상인 경우에만 소변으로 당이 배출
   ㉡ 혈당검사
      - 8시간 금식한 후에 측정한 혈당이 126mg/dL 이상
      - 경구 당부하 검사 2시간 이후 혈당이 200mg/dL 이상인 경우
      - 식사와 무관하게 측정한 혈당이 200mg/dL 이상인 경우

[당뇨병 진단 기준(ACSM)]

정 상	당뇨병 전기	당뇨병
공복 시 혈당 < 100mg/dL	IFG = 공복 시 혈당 100mg/dL~125mg/dL	증상이 있는 일상적인 혈당 ≥ 200mg/dL
		공복 시 혈당 ≥ 126mg/dL
	IGT = 식후 2시간 뒤 혈당 140mg/dL~199mg/dL	OGTT 동안 포도당 경구투여 후 2시간 혈당 ≥ 200mg/dL

※ IFG : 공복 시 혈당장애(적어도 8시간), IGT : 내당능 장애, OGTT : 경구내당검사

(3) 합병증

① 급성 합병증
  ㉠ 당뇨병 케톤산증(DKA ; Diabetic Ketoacidosis) : 인슐린 분비가 거의 안 되는 제1형 당뇨병 환자에게 인슐린 주사를 중단할 경우 나타남. 절대적인 인슐린 부족으로 인해 혈중 포도당이 세포 내에서 이용되지 못하고 대신 축적되었던 지방이 분해되어 사용되는데, 이에 따라 지방의 분해산물인 케톤(Ketone)이 쌓이면서 산증(Acidosis)이 생기는 질환. 젊은 연령층에서 흔히 나타남
  ㉡ 고삼투성 고혈당 비케톤 혼수(HHS ; Hyperosmolar Hyperglycemic Syndrome) : 평소보다 더 많은 인슐린을 필요로 할 때 필요한 양만큼 인슐린이 공급되지 않아 발생함. 혈중 포도당 수치와 혈중 삼투압의 급격한 상승으로 인해 소변량이 급증함에 따라 체내 수분량이 고갈되어 구토, 설사, 탈수 증세가 나타나는 질환. 주로 제2형 당뇨병 환자, 특히 고령층에서 흔히 나타남
  ㉢ 위의 두 가지 합병증 모두 증상이 악화될 경우 혼수상태로 진행될 수 있으니, 즉시 병원으로 후송하여 응급치료가 필요

② 저혈당증
  ㉠ 혈당이 50mg/dL 이하로 떨어졌을 때
  ㉡ 증상으로는 배가 고프고 기운이 없으며, 식은땀이 나고 입술 주위나 손끝이 저리고, 의식이 흐려지며 경련을 일으키거나 정신을 잃음

③ 만성 합병증
  ㉠ 눈에 발생하는 합병증 : 백내장
  ㉡ 콩팥에 생기는 합병증 : 단백뇨, 요독증 등
  ㉢ 신경에 생기는 합병증 : 말초신경병증, 자율신경장애 등
  ㉣ 혈관과 심장에 생기는 합병증 : 협심증, 심근경색증, 뇌졸중, 고혈압, 동맥경화증, 족부병증 등

(4) 치료 및 예방

당뇨병의 치료는 그 목적이 당뇨병으로 인한 증상 개선과 급·만성 합병증을 막는 데 있다.

① 식사요법
  ㉠ 탄수화물 55~60%, 지방 20~25%, 단백질 15~20%로 하여 개인의 식습관에 따라 조절
  ㉡ 대부분의 환자가 비만이기 때문에 칼로리 제한이 중요

② 약물요법
  ㉠ 경구 혈당강하제 : 장의 베타세포 자극을 통해 인슐린 분비를 촉진하거나 인슐린이 세포에 작용하는 것을 도와줌
  ㉡ 인슐린(인슐린 주사 : 피하주사 < 근육주사 < 혈관주사)
    • 속효성 인슐린 : 피하주사 후 15분~2시간 정도에 최대효과를 보인 후 5~7시간 유지됨
    • 중간형 인슐린 : 피하주사 후 8~10시간에 최대효과를 보인 후 24시간 지속됨
    • 혼합형 인슐린 : 위의 두 종류를 3 : 7 정도로 혼합하여 만듦

③ 운동요법
  ㉠ 운동 지침
   • 초기에는 가벼운 운동으로 시작하여 점진적으로 강도를 증가시키며, 규칙적인 전신운동이 좋다.
   • 운동은 가급적 식후에 하며 인슐린 주사를 맞은 뒤 1시간 후에 운동을 하고 주사부위의 중점적인 운동은 피한다.

구 분	당뇨 운동 가이드
유산소 운동 (Aerobic Exercise)	• 빈도 : 주당 3~7일로 활동 없는 날이 2일 이상 지속되지 않게 함 • 강도 : 중강도~고강도(주관적 느낌은 힘들다~매우 힘들다) • 시간 : 제1형과 제2형 당뇨병은 중강도~고강도로 150분/주 • 형태 : 대근육군을 이용한 지속적이면서 율동적인 운동(걷기, 자전거타기, 수영), 지속적인 운동이나 고강도 인터벌 트레이닝(HIIT)
저항 운동 (Resistance Exercise)	• 빈도 : 비연속적으로 최소 주당 2일, 주당 3일 권고 • 강도 : 근력 향상을 위해 중강도(1-RM의 50~69%)에서 고강도(1-RM의 70~86%)로 실시 • 시간 : 트레이닝 초기 세트당 최소 8~10가지 운동을 10~15회 반복하여 피로해질 때까지 1~3세트 실시 • 형태 : 저항 머신, 프리 웨이트, 탄성 밴드, 체중부하운동
유연성 운동 (Flexibility Exercise)	• 빈도 : 유연성과 평형성 운동 모두 주당 2~3일 이상 • 강도 : 당기는 느낌이나 경미한 불편감이 느껴질 때까지 스트레칭, 평형성 운동은 저강도에서 중강도로 • 시간 : 정적 스트레칭을 각 동작당 10~30초간 2~4회 반복, 평형성 운동은 상관 없음 • 형태 : 정적, 동작, 다양한 형태의 스트레칭, 요가

  ㉡ 운동의 효과
   • 근육에서 당 이용이 증가되어 혈당이 내려감
   • 근육량 증가와 표준체중 유지에 도움
   • 유리지방산 이용이 증가되어 고지혈증을 감소시켜 심근경색 등 심혈관계 질환이 감소
  ㉢ 인슐린 비의존성 당뇨의 운동효과
   • 인슐린 과잉상태에서 운동 : 간에서의 포도당 신생이 억제되고 유리지방산 동원도 억제되어, 근육의 포도당 이용 증가를 통해 혈장 포도당 농도가 저하된다.
   • 인슐린 결핍상태에서 운동 : 간에서의 포도당 생성이 과도하게 증가되어 고혈당을 초래하고 혈중 유리지방산과 케톤 농도도 증가
   • 인슐린 비의존성에서 운동 : 당뇨병 환자에서 인슐린 감수성을 개선하고 열량 소비 증가를 통해 비만증 개선

개념 PLUS

당화혈색소(HbA1c) 검사
• 혈액 내에서 산소를 운반해 주는 적혈구 내의 혈색소가 어느 정도로 당화(糖)되었나를 확인하는 검사이다.
• 적혈구의 평균 수명기간에 따라 최근 2~3개월 정도의 혈당 변화를 반영한다.

- 우리의 혈액 내에는 혈색소가 어느 정도 당화되어 있는데, 검사 방법에 따라 정상치의 차이가 있으나 대개 5.6%까지가 정상이다.
- 당화혈색소
  - 정상 : < 5.7
  - 당뇨병 전단계 : 5.7~6.4
  - 당뇨병 : ≧ 6.5

2 고지혈증

콜레스테롤이나 중성지방의 증가 또는 고밀도 지단백이 감소된 것을 의미하며 죽상동맥경화증이나 췌장염 등의 질환을 일으켜 생명을 위협한다.

(1) 원인과 분류

① 1차성 고지혈증의 원인 : 유전성
② 2차성 고지혈증의 원인 : 포화지방의 과량 섭취, 갑상선 기능 저하증, 신증후군, 만성 간질환, 쿠싱증후군 당질 코르티코이드나 경구 피임제 등의 약물 등

(2) 진단과 문제점

① 고지혈증 진단 (NCEP ATPIII)
  ㉠ 총콜레스테롤 240mg/dL 이상
  ㉡ LDL 콜레스테롤 160mg/dL 이상
  ㉢ HDL 콜레스테롤 40mg/dL 미만
  ㉣ 중성지방 200mg/dL 이상
② 문제점 : 고지혈증에 의한 동맥경화와 허혈성 심질환 그리고 뇌혈관질환과 같은 합병증을 유발한다.
③ ATP III 가이드라인

검사항목	기 준	수 준
총 콜레스테롤	200mg/dL 미만	적 정
	200~239mg/dL	경 계
	240mg/dL 이상	높 음
TG(중성지방)	150mg/dL	적 정
	150~199mg/dL	경 계
	200mg/dL 이상	높 음

HDL(고밀도 지단백 콜레스테롤)	40mg/dL 미만	낮음
	60mg/dL 이상	높음 (좋음)
LDL(저밀도 지단백 콜레스테롤)	100mg/dL 미만	적정
	100~129mg/dL	적정 경계
	130~159mg/dL	경계
	160~189mg/dL	높음
	190mg/dL 이상	매우 높음

개념 PLUS

급성관상동맥증후군(Acute Coronary Syndrome)
급성관상동맥증후군(Acute Coronary Syndrome) 환자의 LDL콜레스테롤 목표치는 70mg/dL 미만이다.

운동 전 공복혈당
운동 전 공복혈당이 250~300mg/dL 이상이고 소변검사 시 케톤체가 확인되면, 운동을 할 수 없고 인슐린 투여량을 늘려야 한다.

중성지방의 농도가 400mg/dL 이하인 경우에는 Friedwald 공식을 이용해 간편하게 저밀도 지단백의 농도를 계산할 수 있다.

$$저밀도\ 지단백 = 총\ 콜레스테롤 - (고밀도\ 지단백 + \frac{중성지방}{5})$$

(3) 치료 및 예방

① 약물요법

종류	기능	부작용
스타틴 계열 약물	콜레스테롤 합성 저해	횡문근융해증, 근염
에제티미브	소장의 콜레스테롤 재흡수 억제	소화기계 증상, 변비
니아신	LDL을 낮추고 HDL 올려줌	홍조, 간기능 장애
피브레이트	중성지방을 낮추고, HDL 올려줌	소화기계 장애, 담석

② 운동요법
　㉠ 운동 구성은 5~10분간의 준비운동과 본운동 그리고 5~10분간의 정리운동으로 나누어 한다.
　㉡ 과체중 및 비만자는 1회 30~45분, 주 5~7회 시행한다.
　㉢ 규칙적인 운동은 고밀도 지단백 증가, 저밀도 저단백 감소, 인슐린 감수성은 증가, 포도당 대사를 개선하여 체중감량을 촉진시킨다.

구 분	이상지질혈증 운동 가이드
유산소 운동 (Aerobic Exercise)	• 빈도 : 에너지 소비를 최대화하기 위해 주당 5일 이상 • 강도 : 여유산소섭취량(VO_2R) 또는 여유심박수(HRR)의 40~75% • 시간 : 30~60분/일, 체중감량을 유지하거나 지속하기 위하여 매일 50~60분 이상 권고 • 형태 : 대근육군을 이용한 지속적이면서 율동적인 운동(걷기, 자전거타기, 수영)
저항 운동 (Resistance Exercise)	• 빈도 : 주당 2~3일 • 강도 : 근력 향상을 위해 중강도(1-RM의 50~69%)에서 고강도(1-RM의 70~85%)로 실시 • 시간 : 근력을 위해서는 2~4세트로 8~12회 반복, 근지구력을 위해서는 2세트 이하로 12~20회 반복 • 형태 : 저항머신, 프리 웨이트, 체중부하운동
유연성 운동 (Flexibility Exercise)	• 빈도 : 주당 2~3일 이상 • 강도 : 긴장감이나 경미한 불편감을 느낄 때까지 스트레칭 • 시간 : 정적 스트레칭을 10~30초간 2~4회 반복 • 형태 : 정적, 동적, PNF 스트레칭

3 대사증후군

만성적인 대사 장애로 인하여 내당능장애, 고혈압, 고지혈증, 비만, 심혈관계 죽상동맥경화증 등의 여러 가지 질환이 한 개인에게 한꺼번에 나타나는 증후군을 말한다.

(1) 원인과 분류

체내에 인슐린 작용이 잘되지 않는 인슐린 저항성이 원인이므로 인슐린저항성 증후군이라고도 한다.

> **개념 PLUS**
>
> **대사증후군과 연관된 5가지 질환**
> ① 내당능장애
> ② 고혈압
> ③ 고지혈증
> ④ 비만
> ⑤ 심혈관계 죽상동맥경화증

(2) 증상 및 진단기준

대개는 무증상이지만, 대사증후군의 요소에 따른 당뇨병 증상이나 죽상경화증이 나타난다.

[미국 콜레스테롤 교육프로그램(NCEP) 진단기준(5가지 지표 중 3가지 이상일 경우)]

복부비만	• 남성 허리둘레 102cm(동양인 90cm) 이상 • 여성 허리둘레 88cm(동양인 85cm) 이상
중성지방	• 혈관 내 중성지방 150mg/dL 이상 • 또는 고지혈증(이상지질혈증) 치료약제 복용 중
고밀도 콜레스테롤	• 남성 40mg/dL 미만, 여성 50mg/dL 미만 • 또는 이상지질혈증 치료약제 복용 중
공복혈당	공복혈당 100mg/dL(6.1mmol/L) 이상 또는 당뇨병 치료약제 복용 중
혈압	• 수축기 130mmHg 이상 또는 이완기 85mmHg 이상 • 또는 고혈압 치료약제 복용 중

(3) 치료 및 예방

① 약물요법
  ㉠ 비만 : 체중조절제
  ㉡ 인슐린 저항성/고혈당 : 메포민
  ㉢ 고지혈증 : 스타틴
  ㉣ 고혈압 : ACE 억제제, 안지오텐신 수용체 차단제 등
  ㉤ 항응고 : 아스피린
  ㉥ 항염증

② 식이요법 : 칼로리 섭취를 줄이고 평소보다 500~1,000kcal 덜 섭취하는 것을 권장하며, 1년 이내 5~10% 체중감량을 목적으로 한다.

③ 운동요법 : 주 5일 이상 30분 정도 중강도 유산소 운동을 하며, 무산소 운동은 주요 근육 부위를 대상으로 8~10가지의 서로 다른 운동으로 구성한다.

> **개념 PLUS**
>
> **부종**
> 인체의 세포 사이에 혈액이나 림프액 등 체액이 과량으로 고여 얼굴·팔·다리·배 등의 피하조직이 눈에 띄게 부어오른 상태를 말한다. 부종은 주기적으로 나타나기도 하는데 흔히 여성에게 나타나며 월경 전 부종이 대표적이다. 월경 전에 손·얼굴·몸이 붓고 체중이 증가하며 월경 시작과 함께 붓기가 빠지는데 이는 에스트로겐이라는 호르몬에 의한 수분 및 염분 저류 때문에 일어나는 현상이다.
> • 부종의 증상 : 하루 중 심한 체중의 변화, 소변 양의 감소, 누우면 기침이 나고 숨찬 증세 등
> • 부종의 구분
>   – 전신부종 : 심장·신장·간·내분비계의 이상에 의해 발생하며, 여성의 경우는 임신에 의해 나타나기도 함
>   – 국소부종 : 신체의 일부분에 국한된 부종으로 염증이나 종양으로 정맥이나 림프관이 폐쇄된 경우 발생함. 오랜 부동자세에 의해 발생할 경우 비대칭적 분포를 보이고, 누워서 사지를 높게 두어도 부종이 빠지지 않음

07 신경계 질환

학습목표
- 뇌졸중을 분류하고 차이점을 이해한다.
- 파킨슨병의 주 증상들을 이해한다.
- 알츠하이머병의 정의를 익히고 증상을 구분한다.

개념 PLUS

뇌 염
뇌염(Encephalitis)은 감염성, 혈관염성, 종양성, 화학성, 특발성 등의 원인이 있다.

1 뇌졸중

우리의 뇌에 혈액을 공급하고 있는 혈관이 막히거나 터짐으로써 정상적인 혈액공급이 이루어지지 못해 그 부분의 뇌 기능이 갑작스럽게 손실되어 나타나는 신경학적 증상을 뇌졸중이라 하며, 국소 신경학적 손상이 적어도 24시간 이상 존재하였다가 회복되는 데 3주 이상 걸릴 때를 말한다.

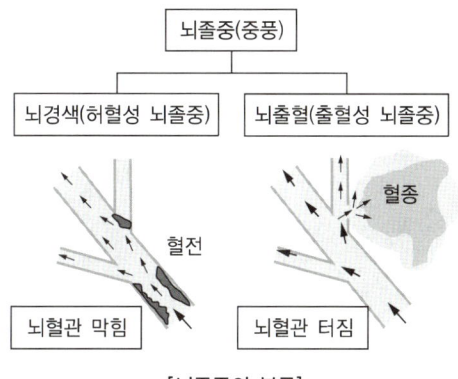

[뇌졸중의 분류]

(1) 원인과 종류

① 출혈성 뇌졸중(뇌출혈)
  ㉠ 혈관이 파괴되어 혈액이 혈관 밖으로 유출되는 것을 말하며, 이로 인해 국소적·전체적으로 압박이 발생한다.
  ㉡ 외상이나 혈관 이상으로 발생한다.
  ㉢ 심한 두통과 신경학적 이상을 동반한다.
  ㉣ 출혈의 위치에 따라 거미막밑출혈(Subarachnoid Hemorrhage)과 뇌속출혈(Intracerebral Hemorrhage)로 나뉘며, 16~21%가 출혈성 뇌졸중으로 보고되고 있고 뇌출혈의 빈도가 낮아지는 경향을 보이고 있다.

② 폐쇄성 뇌졸중(뇌경색)
  ㉠ 허혈이 발생하는 원인은 색전증, 혈전증, 체계적 관류의 감소(Decreased Systemic Perfusion)로 세분할 수 있으며, 뇌혈관이 좁아지다가 막히는 것을 말한다.
  ㉡ 고지혈증 등 혈관 축소로 발생한다.
  ㉢ 일반적으로 중풍으로 구분한다.

③ 일과성 허혈 발작(TIA)
  ㉠ 증상이나 발현 기간이 24시간 이내일 때 일과성 허혈 발작이라 부르며, 임시적인 혈관의 막힘에 의해 발생한다.
  ㉡ 미니 뇌졸중이라고도 하며 경고 징후가 매우 심각하다. 혈전이나 미세색전과 관련된 가역적 허혈상태로 인한 일시적인 뇌기능의 국소적인 조실을 말하며, 증상은 대개 2~15분 동안 지속되는 것이 많고 24시간 이내에 신경학적 증상이 완전히 회복된다.

④ 위험인자
  ㉠ 고혈압
  ㉡ 심혈관질환
  ㉢ 당 뇨
  ㉣ 가족력
  ㉤ 담배와 비만
  ㉥ 인 종

(2) 증상과 진단

① 증 상
  ㉠ 반신불수
  ㉡ 감각이상 및 감각소실
  ㉢ 두통과 구토
  ㉣ 어지럼증
  ㉤ 언어장애(실어증)
  ㉥ 안면신경마비
  ㉦ 시각장애
  ㉧ 연하곤란 : 왼쪽 대뇌반구는 언어기능을 하고 오른쪽 대뇌반구는 시공간 개념을 담당하기 때문에 왼쪽 반구 손상은 언어상실증을, 오른쪽 반구 손상은 공간 지각 능력 저하를 유발한다.

② 진 단
- ㉠ 전산화 단층촬영(CT)
- ㉡ 자기공명영상(MRI)
- ㉢ 혈관조영술
- ㉣ 초음파검사 : 경동맥초음파, 심장초음파

(3) 치료 및 예방

① **약물치료** : 혈전용해제, 항응고제, 항혈소판제제
② **운동치료** : 뇌졸중으로 인해 신체적 마비가 발생한 사람은 근육약화와 관절의 구축을 경험하게 된다. 따라서 신체를 지속적으로 활용하여 운동을 해야 약화된 신체 기능을 회복할 수 있다.
- ㉠ 수동적 관절운동 : 마비로 인한 관절 구축 및 변형 그리고 근 긴장이 심하므로 초기에 관절 운동이 중요하다.
- ㉡ 능동적 관절운동 : 스스로 일어나 앉기, 돌아눕기, 앉은 자세 유지하기 등 일상 활동에 대한 관절 운동이 중요하다.
- ㉢ 균형 운동 : 감각기능 이상과 운동 조절 장애로 보행에도 어려움이 생기므로 균형 능력이 중요하다.

구 분	뇌졸중 운동 가이드
유산소 운동 (Aerobic Exercise)	• 빈도 : 주당 최소 3일에서 5일까지 권장 • 강도 : 최근 운동부하검사를 통한 자료 있을 시 여유심박수의 40~70%, 없거나 심방세동이 있는 경우 운동자각도 RPE 11~14 • 시간 : 하루 20분에서 60분으로 점진적 증가, 하루 10분씩 간헐적 운동 방식 고려 • 형태 : 자전거 에르고미터와 반좌위 착석 스태퍼 기능 및 인지 손상에 기초해서 수정 필요, 적절한 균형과 최소한의 보조로 보행이 가능하다면 트레드밀에서 걷기도 고려
저항 운동 (Resistance Exercise)	• 빈도 : 주당 최소 2일, 운동 일이 연속되지 않게 수행 • 강도 : 1RM의 50~70% • 시간 : 8~15회 반복의 1~3세트 • 형태 : 근력, 근지구력, 동작, 평형성의 결함이 있는 환자의 안전을 향상하는 장비와 종목을 사용(머신 대 프리웨이트, 바벨 대 덤벨, 앉기 대 일어서기)
유연성 운동 (Flexibility Exercise)	• 빈도 : 주당 2~3일 이상, 매일 하는 것이 가장 효과적 • 강도 : 당기는 느낌 또는 약간 불편함을 느끼는 수준까지 스트레칭 • 시간 : 10~30초간 정적 스트레칭, 각 동작별 2~4회 반복 • 형태 : 동적 또는 PNF 스트레칭

> **개념 PLUS**
>
> **혈전용해제**
> 뇌경색 발생 후 3~6시간 이내 혈전용해제를 주사함으로써 치료가 가능하다.

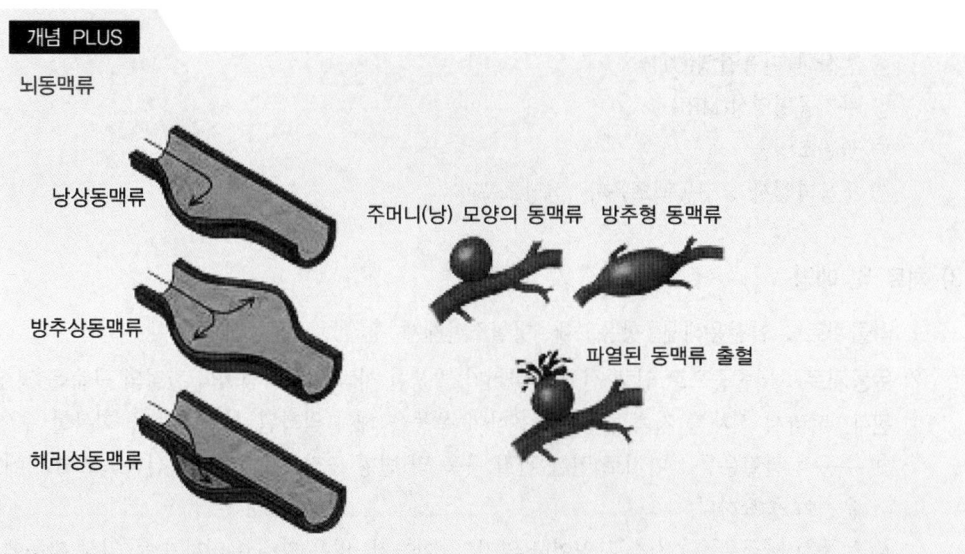

> **개념 PLUS**
>
> 뇌동맥류
>
> - 정의 : 뇌혈관의 내막과 중막이 손상되어 혈관벽이 부풀어 올라 새로운 혈관 내 공간을 형성하는 질환이다.
> - 원인 : 정확하게 밝혀지지 않았으나 주로 윌리스 고리라고 불리는 동맥가지 근위부에서 발생하는 것을 근거로 하여, 혈역학적으로 높은 압력이 가해지는 부위에 후천적으로 혈관벽 손상이 생겨 발생하는 것으로 추정한다.
> - 증상 : 극심한 두통과 어지러움, 구토, 시각장애 등이 있다.
> - 치료방법 : 개두술 및 뇌동맥류 결찰술, 혈관 내 코일 색전술이 있으며 환자의 나이, 건강 상태, 동맥류의 위치, 모양과 크기 등을 고려하여 진행한다.

2 파킨슨병

뇌에 도파민이라는 신경물질이 부족하게 되어 생기는 만성 퇴행성 질환으로, 뇌의 흑색질이라는 부위에서 생성되는 도파민의 신경세포가 점차 소실되어 발생하는 신경계의 질환이다. 신경세포 내에 비정상적인 단백질이 축적되어 신경퇴행성 단백질병증(Neurodegenerative Proteinopathy)을 유발한다.

> **개념 PLUS**
>
> 흑색질의 세포는 뇌의 기저핵에 연결되어 있는데, 이곳에서는 몸의 운동을 부드럽고 조화롭게 수행하도록 연결해준다. 근본적으로 죽어버린 도파민 신경세포를 되돌릴 순 없으나, 부족해진 도파민을 외부에서 레보도파를 통해 보충하면 상당기간 정상적인 운동기능을 유지시킬 수 있다.

(1) 원인과 분류

흑색질의 신경세포가 파괴되는 병으로 정확한 원인은 알 수 없으며 바이러스성 뇌염, 면역기전의 이상, 유전 이상, 유리기 생성 등으로 추정한다.

(2) 증상과 진단

① 증 상
- ㉠ 경직 : 근육의 긴장도가 증가된 상태, 관절이 굳은 것처럼 잘 안 움직인다. 한쪽에서 시작해서 양쪽으로 진행
- ㉡ 떨 림
  - 파킨슨 환자의 75%에서 나타남
  - 손에서 가장 흔함
  - 휴식 시 심해짐
- ㉢ 서동증(천천히 움직인다)
  - 가장 심한 운동기능 장애를 초래하는 증상
  - 행동이 느려져 움직임이 줄어들고 운동이 멈출 수도 있음
- ㉣ 균형유지 장애 : 걷다가 방향을 바꾸거나 누군가 조금만 밀어도 쉽게 쓰러짐
- ㉤ 보행장애
  - 보행의 시작과 끝이 어려우며, 방향전환이 어려움
  - 팔의 흔들림 줄어들고, 짧은 보폭의 종종 걸음
  - 급작스럽게 발이 땅에 붙은 듯 움직이지 못함
- ㉥ 자율신경계 장애 : 심박수 감소와 기립성 저혈압이 발생하는데, 이것은 갑작스런 움직임 감소와 연관 있는 것으로 추측하고 있음

> **개념 PLUS**
>
> **파킨슨병의 4대 증상**
> ① 떨 림 ② 경 직
> ③ 운동완서 ④ 자세이상

② 진단과 검사
- ㉠ 혼(Hoehn)과 야(Yahr)의 척도는 증상의 중증도에 따라 5단계로 구분한다.

구 분	내 용
1단계	• 일측성 침범 • 떨림이나 강직이 한쪽 팔이나 다리에만 있음
2단계	• 양측성 침범, 자세 균형 이상은 나타나지 않음 • 떨림이나 강직이 양쪽 팔다리에도 나타남
3단계	• 양측성 침범, 경미한 자세 불균형, 독립적 생활 수행은 가능 • 넘어질 듯 비틀거림
4단계	• 양측성침범, 자세 불균형, 일상생활 수행을 위해 도움 필요 • 혼자 잘 일어나지 못하고 보조기구가 필요함
5단계	• 중증, 완전히 진행된 상태로 휠체어 및 침상만 가능 • 누워서만 지내게 됨

ⓒ 뇌 자기공명영상촬영(뇌 MRI), 단일혈류광자방출단층촬영(SPECT), 양전자방출단층촬영(PET) 등
ⓒ 다른 원인 배제를 위해 혈액화학검사, 갑상선기능검사, 자율신경계검사 등
ⓔ 정상인에 비해 선조체에 분포하는 도파민 신경세포가 비대칭적으로 감소함을 알 수 있다.

(3) 치료 및 예방

① 약물치료 : 아만타딘, 항콜린제제, 엘도파, 도파민효능제, 데프레닐 등
② 수술치료 : 정의적 뇌수술(심부자극술), 이식수술
③ 운동치료 : 병의 진행을 막거나 증상을 호전시키는 목적이 아닌 현재 환자의 운동능력을 최대한 발휘되도록 돕고 관절이 굳지 않게 하는 목적이며, 걷기와 몸을 곧게 뻗는 운동 그리고 근력운동이 중요하다.

구 분	파킨슨병 운동 가이드
유산소 운동 (Aerobic Exercise)	• 빈도 : 주 3~4일 • 강도 : 경증에서 중등도 파킨슨병에는 고강도(80~85% 최대심박수 HRmax), 건강상태가 저하된 환자 또는 진행성 파킨슨병 환자의 경우 중강도(60~65% HRmax 시작하며 80~85% HRmax까지 가능) • 시간 : 30분간의 지속적 혹은 누적된 운동 • 형태 : 대근육군을 이용한 지속적 동적 활동(걷기, 사이클, 수영, 춤)
저항 운동 (Resistance Exercise)	• 빈도 : 주 2~3일 • 강도 : 근력 향상을 시작하는 환자의 경우 1-RM의 30~60%, 운동을 잘하는 환자의 경우 1-RM의 60~80% • 시간 : 1~3세트 8~12회 반복, 1세트부터 최대 3세트까지 운동 • 형태 : 질병 단계가 심한 환자는 안전을 위해 프리 웨이트를 피함, 웨이트 머신 기구 및 기타 저항 장치(밴드, 체중에 초점을 둔다)
유연성 운동 (Flexibility Exercise)	• 빈도 : 주 2~3일 이상 매일 하는 것이 가장 효과적 • 강도 : 완전히 펴고, 굽히고 하거나 약간의 불편함이 있는 수준까지 스트레칭 • 시간 : 정적 스트레칭을 10~30초간 유지, 각 운동을 2~4회 반복 • 형태 : 모든 대근육군의 느린 정적 스트레칭
신경운동 (Nerve Exercise)	• 빈도 : 주 2~3일 • 강도 : 해당 없음 • 시간 : 30~60분 • 형태 : 태극권, 요가, 다방향 스텝 트레이닝, 불안정성 트레이닝과 같은 운동기술과 관련된 운동(평형성, 민첩성, 협응, 보행, 이중 작업)

3 알츠하이머병(치매)

대뇌피질이 위축되어 일상생활에 장애를 줄 정도로 인지능력과 지적능력이 감소된 상태를 말하며 치매는 정상적인 노화현상이 아니고 신경질환의 하나이다(알츠하이머 치매는 전체 치매 환자의 약 50~80%).

(1) 원인과 종류

① **알츠하이머형 치매** : 신경세포가 서서히 퇴화되어 소실되는 병으로 현재의 의학으로는 완치가 어려우며, 유전적인 요인은 약 40~50%로 추정한다. 단, 직계 가족 중 알츠하이머를 앓은 사람이 있는 경우 발병 위험이 높아진다.

② **혈관성 치매** : 혈관 질환에 의해 생기는 치매이며 대표적으로 다발성 뇌경색이 있다. 완치는 어렵지만, 악화되는 것을 막을 수는 있다.

> **개념 PLUS**
>
> **알츠하이머 원인**
> - 뇌실 확장과 함께 점진적으로 신경세포 소실이 나타난다.
> - 신경세포 안에 타우(τ) 단백질의 과인산화로 인해 신경원섬유매듭이 증가한다.
> - 신경세포 밖에 베타 아밀로이드(β-amyloid) 단백결합인 아밀로이드 플라크와 노인반이 형성된다.

(2) 증상과 진단

① **증 상**
  ㉠ 기억장애 : 흔히 가장 먼저 나타나며 건망증처럼 단기기억이 어려워진다.
  ㉡ 언어장애 : 물건의 이름이 금방 떠오르지 않는다.
  ㉢ 실행증 : 근력이나 명령을 이해하는 데 이상이 없어도 일상적인 생활동작, 요리하기, 세수하기, 옷 갈아입기 등에서 장애를 보인다.
  ㉣ 실인증 : 시력은 정상인데, 사물을 구별하지 못한다.
  ㉤ 시공간능력장애 : 방향감각이 떨어져서 길을 잃고 헤맬 수 있다.
  ㉥ 판단력장애 : 계산력이 떨어져서 물건을 사고 돈 계산을 틀리게 한다.
  ㉦ 행동증상 : 집을 나가거나 남을 때리는 행동을 한다.
  ㉧ 우울증 : 병의 초기부터 나타난다.
  ㉨ 조급증 : 안절부절못하고, 이리저리 서성이며 묻고 또 물으며 걱정한다.
  ㉩ 감정변화 : 감정상태가 불안정하여 사소한 일에도 화를 자주 내고 쉽게 울거나 웃기도 한다.
  ㉪ 정신증적 증상들 : 악화된 중기에 보이며 주위의 물건과 사람을 잘못 인식하여 나타난다.

② **진단 및 검사**
  ㉠ 신체검사와 신경학적 검사
  ㉡ 정신상태 검사
  ㉢ 일상생활동작 검사
  ㉣ 혈액검사 등의 실험실 검사
  ㉤ 뇌 영상검사
  ㉥ 신경심리검사
  ㉦ 인지기능검사 DSM-IV
  ㉧ NINCDS-ADRDA 기준이 가장 널리 사용

(3) 치료 및 예방

① 약물치료

㉠ 콜린성 신경전달계통 강화 : 알츠하이머병 환자들의 경우 아세틸콜린 기능이 현저히 저하되어 있어 콜린성 신경전달계통을 강화시키는 전략을 사용한다.

㉡ 신경세포 보호가 있는 약물 : 흥분성 신경 전달물질에 의한 신경 독성과 유리산소물질로부터 신경세포 손상을 막아주는 것이 치매 치료에 유용한 전략이 될 수 있다.

㉢ 정신행동 치료 약물 : 알츠하이머병 환자들의 경우 우울・망상・장애・불안・초조 등의 증상이 나타나는데, 항정신병 약물이나 항우울제, 기분 조절제, 수면제 등이 사용된다.

② 식이치료

㉠ 과도한 음식 섭취를 피하고, 좋은 지방(오메가3)을 섭취한다.

㉡ 적절한 비타민과 항산화식품을 섭취한다.

㉢ 물을 충분히 마시며, 카페인 섭취를 줄인다.

③ 운동치료 : 운동은 노화를 늦추고, 퇴행성 뇌신경 질환의 진행을 막는 데 도움이 된다.

구 분	알츠하이머 운동 가이드
유산소 운동 (Aerobic Exercise)	• 빈도 : 주당 3일 • 강도 : 질병의 중증도에 따라 저강도로 시작하여 환자의 수행 능력에 맞춰 중강도로 진행(40~59% VO_2R 또는 HRR, 운동자각도 RPE 12~13) • 시간 : 질병의 중증도에 따라 10분 미만의 수회 운동으로 시작하여 편안한 비율로 점진적으로 진행, 운동은 30~60분 동안 지속적이거나, 수회 운동으로 총 운동시간을 수행 • 형태 : 대근육군을 사용하는 장시간의 동적 활동(걷기, 자전거 타기, 수영, 춤)
저항 운동 (Resistance Exercise)	• 빈도 : 주 2~3일 • 강도 : 근력을 향상하기 위해 시작하는 개인의 경우 1-RM의 40~50%, 운동 상급자의 경우 1-RM의 60~70%, 이러한 수준의 수정이 필요할 수 있는 동시 발생 가능한 상태의 존재는 물론 인지자의 중증도를 항상 고려 • 시간 : 8~12회 반복하여 1세트 이상, 운동 프로그램을 시작하는 알츠하이머병 성인 환자의 경우 10~15회 반복 • 형태 : 안전을 위해 프리 웨이트를 피함, 웨이트 머신과 기타 저항 운동 기구(밴드, 체중)에 중점
유연성 운동 (Flexibility Exercise)	• 빈도 : 주 2~3일 이상, 매일하는 것이 가장 효과적 • 강도 : 최대로 펴고, 굽히고, 회전하거나 또는 약간의 불편함을 느끼는 지점까지 스트레칭 • 시간 : 10~30초 동안 정적 스트레칭 유지, 각 운동을 2~4회 반복 • 형태 : 모든 대근육군에 대해 느린 정적 스트레칭

07 출제예상문제

01 천식에 관한 설명으로 옳지 않은 것은?

① 부교감신경 차단제를 사용한다.
② 기도재형성은 급성적이며 가역적인 기류폐쇄를 일으킨다.
③ 비아토피성 천식은 기도의 바이러스감염과 오염된 공기와 관련 있다.
④ 아토피성 천식은 가장 일반적인 유형이며 유전적인 영향이 크다.

해설 ② 천식이 관리되지 않아 만성염증이 기도 재형성을 초래하여 COPD처럼 비가역적인 기도 폐쇄로 발전할 수 있다.

02 고혈압에 관한 설명으로 옳지 않은 것은?

① 고혈압은 후부하의 증가로 발생한다.
② 속발성(이차성) 고혈압은 원인을 치료하면 정상 혈압으로 돌아올 수 있다.
③ 본태성 고혈압은 혈액량이 증가하더라도 세동맥의 말초저항은 감소된다.
④ 7차 국가공동위원회(JNC-7)는 콩팥질환자나 당뇨환자의 경우 수축기/이완기혈압이 130/80mmHg 이상을 고혈압으로 규정한다.

해설 ③ 고혈압은 심박출량이나 말초저항을 자극하는 인자에 의해 혈압이 상승한다. 예를 들어 짠 음식 섭취 후 신장에서 수분을 배출하지 않으면 혈액량이 늘고 혈압은 상승한다.

03 척추옆굽음증(척추측만증, Scoliosis)에 관한 설명으로 옳지 않은 것은?

① 솟은 어깨 쪽의 반대 측 골반이 상대적으로 높을 수 있다.
② 특발성(Idiopathic)이 전체 환자의 약 80~90%를 차지한다.
③ 주로 유소년기에 발병하며 여성보다 남성에게 더 많이 발병한다.
④ 견갑골이 유난히 튀어나온 경우가 있으며, 흉추에 붙어 있는 갈비뼈가 비대칭 될 수 있다.

해설 척추측만증은 유소년기 여성의 비율이 높다.

정답 01 ② 02 ③ 03 ③

04 특이적 면역의 특성으로 옳지 않은 것은?

① 동일한 항원에 노출되었을 때 더 즉각적이고 강한 반응이 나타난다.
② 특정 항원에 대한 특이적 반응을 보인다.
③ 항원에 대해 특이성을 보이는 림프구 수는 제한적이다.
④ T 림프구는 항체 생성을 못하므로 B-림프구를 도와준다.

해설 항원에 대해 특이성을 보이는 림프구 수는 방대하다.

05 감염의 단계로 옳지 않은 것은?

① 잠복기 – 병원체에 의해 신체가 침범되어 감염증상이 나타나기 전 기간이며, 유기체는 아직 성장·증식하지 않는다.
② 전구기 – 초기 질병의 증상은 피로, 권태, 미열이 나타나나 사실 파악이 어려워 전염이 많다.
③ 발병기 – 특이 증상과 징후로 심각성을 가지는 단계를 말한다.
④ 회복기 – 감염에 회복되는 시기로 건강을 되찾게 되는 시기를 말한다.

해설 잠복기 동안 유기체는 성장·증식을 하게 된다.

06 방실차단에 대한 설명으로 옳지 않은 것은?

① 1도 방실 차단은 방실 사이 자극에 전달 속도가 지연되는 것을 말한다.
② 2도 방실 차단은 자극 전달이 되었다 안 되었다 반복하는 것을 말한다.
③ 3도 방실 차단은 심방에서의 전기 자극이 심실로 전달되지 않는 것을 말한다.
④ 1, 2, 3도 방실 차단은 특별한 원인이 없이 발생되며 자각증상이 없다.

해설 3도 방실 차단의 경우 심실박동수가 40 이하면 증세가 나타난다.

07 협심증의 원인으로 옳지 않은 것은?

① 추운 날씨에 산소 요구량이 공급량을 초과하여 나타난다.
② 운동과 흥분을 통해 심박수가 증가할 경우 나타난다.
③ 관상동맥이 폐쇄되어 혈액순환이 원활하지 않아 발생한다.
④ 심근 수축력이 증가하여 허혈이 유발되어 나타난다.

해설 협심증은 관상동맥이 좁아지긴 했으나 폐쇄된 상태는 아니다.

08 심박출량과 말초혈관 저항을 곱한 값은 무엇인가?

① 심장 부담률
② 심장 구축률
③ 폐활량
④ 혈 압

해설 심박출량과 말초혈관 저항을 곱한 것은 혈압이다.

09 혈중지질조절에 관한 설명으로 옳지 않은 것은?

① 남성의 경우 HDL(High Density Lipoprotein) 콜레스테롤은 40mg/dL 이상 유지해야 한다.
② 급성관상동맥증후군(Acute Coronary Syndrome) 환자의 LDL콜레스테롤 치료목표는 130mg/dL 미만이다.
③ LDL(Low Density Lipoprotein) 콜레스테롤은 동맥경화증을 일으키는 주요한 물질이다.
④ 약물요법으로 스타틴 계열 약물을 사용하며, 콜레스테롤 합성을 저해하고 부작용으로는 횡문근 융해증, 근염이 있다.

해설 ② 급성관상동맥증후군(Acute Coronary Syndrome) 환자의 LDL 콜레스테롤 치료목표는 70mg/dL 미만이다.

10 강직성 척추염에 대한 설명으로 옳지 않은 것은?

① 척추와 인대의 건 부착부가 염증반응에 의해 뼈 상태로 변화되는 급성 염증성 질환이다.
② 주로 여자보다는 남자에게서 많이 발생된다.
③ 병변의 시작 부위는 천장관절에서 먼저 시작된다.
④ 운동하거나 움직이면 상태가 좋아졌다가 휴식 시에는 다시 돌아간다.

해설 강직성 척추염은 천장관절에서 시작하며, 급성이 아닌 만성 염증성 질환이다.

11 고혈압 치료제에 대한 설명으로 옳지 않은 것은?

① 알파 차단제는 교감신경 차단제로서 혈관 수축을 감소시킨다.
② 베타 차단제는 급성 기관지 수축 작용을 하므로 기관지 천식 환자는 주의해야 한다.
③ 칼슘 길항제는 칼슘 이온을 막아 혈관을 수축시키는 작용을 한다.
④ ACE 억제제는 심부전 환자에게도 도움이 된다.

해설 칼슘채널 차단제(= 칼슘 길항제)는 칼슘 이온을 막아 혈관을 확장시켜 혈압을 낮춘다.

정답 08 ④ 09 ② 10 ① 11 ③

12 심부전의 원인으로 옳지 않은 것은?

① 노 령　　　　　　② 당 뇨
③ 폐기능 장애　　　 ④ 부 종

해설　부종은 심부전의 원인이 아닌 증상 중 하나이다.

13 천식에서 기관지 폐색의 3대 원인으로 옳지 않은 것은?

① 기관지 강내의 점액전　　② 기관지 세포의 변형
③ 기관지 평활근 수축　　　④ 기관지벽의 출혈

해설　기관지 세포의 변형과는 관계가 없다.

14 만성기관지염의 기전으로 옳은 것은?

① 세기관지 염증 → 기관지 폐포 염증반응 → 기도 점막과 폐포의 지주능력 소실 → 기도 폐쇄
② 세기관지 약화 → 기관지 점막 염증반응 → 기도점막 내 점액선 분비세포 증가 → 기류 폐쇄
③ 세기관지 염증 → 기관지 폐포 염증반응 → 기도 점막과 폐포의 지주능력 소실 → 기류 폐쇄
④ 세기관지 염증 → 기관지 점막 염증반응 → 기도점막 내 점액선 분비세포 증가 → 기도 폐쇄

해설　만성기관지염 기전 : 세기관지의 염증 → 기관지 점막이 붓고 섬유성 염증반응 → 기도점막 내 점액선과 분비세포의 숫자 및 크기 증가 → 기도 폐쇄 발생

15 기관지 천식의 3대 증상으로 옳지 않은 것은?

① 천 명　　　　　② 객 담
③ 발작적 기침　　④ 호흡 곤란

해설　객담은 기관지 천식의 3대 증상이 아니다.

16 기흉에 대한 설명으로 옳지 않은 것은?

① 일차성 자연기흉은 외적인 요소에 의해 발생하며 폐기포의 파열로 발생한다.
② 이차성 자연기흉은 이미 질환을 앓고 있는 경우에 발생되는 기흉을 말한다.
③ 외상성 기흉은 자상, 작상 등에 의해 생기는 기흉을 말한다.
④ 의원성 기흉은 병원에서 중심정맥관 삽입술 등을 실시할 경우 발생하는 기흉을 말한다.

해설 일차성 기흉은 외적인 요소 없이 발생한다 하여 자연성 기흉이라 한다.

17 경부 추간판탈출증에 대한 설명으로 옳지 않은 것은?

① 목의 외상 또는 만성적인 자극에 의해 발생하며 자세불균형이 나타나기도 한다.
② 목과 어깨 및 손끝으로 가는 방사통이 특징적이다.
③ 팔을 머리 위로 올리면 목에서 내려가는 특정 부위에 감각이상이 동반되어 불편하다.
④ 한 신경근만 눌려도 운동능력 약화와 건반사의 변화 등이 동반된다.

해설 팔을 머리 위로 올리면 통증이 완화되는 특징이 있다.

18 요부 추간판탈출증에 대한 설명으로 옳지 않은 것은?

① 척추 사이 추간판을 감싸고 있는 섬유륜이 밖으로 돌출되어 나타난다.
② 흡연이 요부 추간판탈출증의 원인이 된다.
③ 비만이 요부 추간판탈출증의 원인이 된다.
④ 추간판의 탄력성과는 관련이 없으며, 반복적 외상과 자극으로 발생한다.

해설 추간판의 탄력과 충격 흡수 능력이 떨어지면서 발생한다.

19 추간판탈출증의 진행 단계로 옳지 않은 것은?

① 섬유륜이 추간판 정상범위에서 바깥쪽으로 3mm정도 밀려난 것을 추간판 팽윤이라 한다.
② 섬유륜의 외부는 온전한 상태이나 수핵이 파열되어 섬유륜 바깥까지 밀고 나온 것을 추간판 돌출이라고 한다.
③ 수핵이 파열되어 섬유륜의 바깥으로 밀고 나와서 신경을 압박할 수 있는 것을 추간판 탈출이라고 한다.
④ 탈출된 수핵이 추간판 조직에서 떨어져 나온 상태를 추간판 부골화라고 한다.

해설 수핵이 파열되어 섬유륜의 바깥까지 밀고 나온 상태는 추간판 탈출이다.

정답 16 ① 17 ③ 18 ④ 19 ②

20 기질적 요통에 관한 설명으로 옳지 않은 것은?

① 심한 운동과 사고로 인해 발생한다.
② 잘못된 자세와 운동 부족으로 발생한다.
③ 노화로 인해 발생하기도 한다.
④ 긴장과 불안으로 발생한다.

해설 긴장과 불안으로 발생하는 것은 비기질적 요통이다.

21 척추측만증에 관한 설명으로 옳지 않은 것은?

① 태아 때 척추 생성에 이상이 생겨 발생된 측만증을 선천성 측만증이라 한다.
② 그 원인을 알 수 없는 측만증을 특발성 측만증이라고 한다.
③ 측만증의 경우 대부분 요통을 호소한다.
④ 척추의 만곡도가 20도 미만인 경우 보존적 치료를 우선시한다.

해설 측만증의 경우 척추의 기형만을 호소하나 드물게 통증을 호소하기도 한다.

22 골다공증의 원인으로 옳지 않은 것은?

① 알코올 섭취   ② 흡 연
③ 과도한 동물성 단백질 섭취   ④ 비 만

해설 비만이 골다공증의 원인이라 볼 수는 없다.

23 골다공증의 종류가 다른 것은?

① 에스트로겐이 결핍됨
② 신장에서의 비타민 D 생성이 적어짐
③ 조골세포의 감소가 동반됨
④ 장 내 칼슘 흡수가 적어짐

해설 에스트로겐 결핍으로 인한 골다공증은 제1형(폐경 후) 골다공증이다.

24 자가면역질환(Autoimmune Disease)으로 옳지 않은 것은?

① 다발성 경화증(Multiple Sclerosis)
② 제1형 당뇨병(Type 1 Diabetes)
③ 중증 근무력증(Myasthenia Gravis)
④ 뇌염(Encephalitis)

해설 자가면역질환은 다발성 경화증(Multiple Sclerosis), 중증 근무력증(Myasthenia Gravis), 제1형 당뇨병(Type 1 Diabetes)이 있으며, 뇌염(Encephalitis)은 감염성, 혈관염성, 종양성, 화학성, 특발성 등의 원인이 있다.

25 이차성 골다공증과 관련이 없는 것은?

① 술과 흡연
② 갑상선 호르몬제제
③ 갑상선 기능항진증
④ 퇴행성 관절염

해설 이차성 골다공증은 류머티즘성 관절염과 연관성을 가진다.

26 퇴행성 관절염의 증상으로 옳지 않은 것은?

① 통 증
② 이상음
③ 관절변형
④ 근무력증

해설 퇴행성 관절염의 증상으로는 통증, 뻣뻣함, 이상음, 관절변형 등이 있다.

정답 23 ① 24 ④ 25 ④ 26 ④

27 당뇨의 만성 합병증으로 옳지 않은 것은?

① 단백뇨　　　　　　② 케톤산증
③ 요독증　　　　　　④ 고혈압

해설　당뇨병 케톤산증은 급성 합병증으로 인슐린 분비가 거의 안 되는 제1형 당뇨병 환자에게 인슐린 주사를 중단할 경우 나타나게 된다.

28 퇴행성 관절염과 류머티즘 관절염에 대한 비교로 옳지 않은 것은?

① 퇴행성 관절염이 50대 이후 발생한다면, 류머티즘 관절염은 소아 이상에서 발생한다.
② 퇴행성 관절염에서 연골변성이 나타난다면, 류머티즘 관절염은 활액막 염증이다.
③ 퇴행성 관절염은 진행이 빠르고, 류머티즘 관절염은 진행이 느리다.
④ 퇴행성 관절염은 타 증상이 없다면, 류머티즘 관절염은 타 증상이 있다.

해설　퇴행성 관절염에서 진행이 느리게 나타나는 반면, 류머티즘 관절염은 진행이 빠르다.

29 당뇨에서의 대표적인 세 가지 병태 생리현상으로 옳지 않은 것은?

① 간에서 내인성 포도당 생성 증가
② 지방에서 포도당 이용 감소
③ 말초 조직에서 당 이용도 저하
④ 췌장에서의 인슐린 분비 이상

해설　대표적인 세 가지 병태 생리현상 : 췌장에서의 인슐린 분비 이상, 간에서 내인성 포도당 생성 증가, 말초 조직에서 당 이용도 저하

30 내당능 장애(IGT)의 혈당 수치로 옳은 것은?

① 100~125mg/dL　　　　② 100~126mg/dL
③ 140~199mg/dL　　　　④ 140~200mg/dL

해설　내당능 장애(IGT) = 식후 2시간 뒤 혈당 140~199mg/dL

31 당뇨병의 만성 합병증과 관련이 적은 것은?

① 심근경색　　　　　　② 요독증
③ 자율신경장애　　　　④ 흑색종

해설　당뇨의 만성 합병증으로 흑색종은 거리가 멀다.

32 당뇨병의 운동방법으로 옳은 것은?

① 운동은 가급적 식전에 하여, 위의 부담감을 덜게 한다.
② 운동 강도는 유산소 운동과 저항 운동 모두 중강도~고강도로 실시한다.
③ 운동은 가볍게 시작하여 점진적으로 하며 하체 중심의 운동이 좋다.
④ 인슐린 주사 후 2시간 후에 운동을 하는 게 좋으며, 주사 부위의 중점적인 운동은 피한다.

해설 당뇨환자는 여유 심박수의 50~80% 정도 강도로 운동하며, 운동자각도는 '약간 힘들다' 느낌으로 운동한다.

33 2차성 고지혈증의 원인으로 옳지 않은 것은?

① 쿠싱증후군
② 갑상선 기능저하
③ 유전적 문제
④ 포화지방 과량 섭취

해설 유전적 문제는 1차성 고지혈증의 원인으로 볼 수 있다.

34 고지혈증 치료제에 대한 설명으로 옳은 것은?

① 스타틴 계열의 약물은 무조건 횡문근 융해증을 야기하므로, 이에 대한 처방이 병행되어야 한다.
② 에제티미브는 소장에서 콜레스테롤 재흡수를 억제하는 역할을 수행한다.
③ 니아신은 중성지방 수치를 낮추고 HDL 수치를 높여주지만, 담석을 야기할 수 있다.
④ 피브레이트는 부작용으로 얼굴을 붉게 하는 홍조를 야기할 수 있다.

해설 에제티미브는 소장에서 콜레스테롤 재흡수를 억제해 지질 수치를 낮추는 데 탁월하지만 변비, 소화기계 같은 부작용을 야기할 수 있다.

35 고지혈증 환자의 운동방법에 대한 설명으로 옳지 않은 것은?

① 유산소 운동의 경우 에너지 소비를 최대화하기 위해 주당 5일 이상 실시한다.
② 근지구력을 기르기 위해서는 2세트 이하로 12~20회 반복한다.
③ 유연성 운동을 할 경우 긴장감이나 경미한 불편감을 느낄 때까지 스트레칭한다.
④ 저항 운동은 근력 향상을 위해 저강도~중강도로 실시한다.

해설 근력 향상을 위해서는 중강도(1RM의 50~69%)에서 고강도(1RM의 70~85%)로 저항 운동을 실시해야 한다.

정답 32 ② 33 ③ 34 ② 35 ④

36 당뇨에 대한 설명으로 옳지 않은 것은?

① 제1형 당뇨의 경우 갑자기 발병한다.
② 제2형 당뇨는 유전적 경향이 강하며, 환경 요인에도 영향을 받는다.
③ 췌장의 인슐린 분비가 부분 결핍된 상태를 제1형 당뇨라고 한다.
④ 제2형 당뇨의 경우 비만과의 연관성이 높고 서서히 진행된다.

> **해설** 제1형 당뇨의 경우 췌장의 인슐린 분비가 완전 결핍된 상태를 말한다.

37 심방세동의 유발 요인으로 옳지 않은 것은?

① 폐 렴
② 불안 장애
③ 알코올 중독
④ 고 열

> **해설** 심방세동 유발 요인에는 폐렴, 갑상선 기능항진증, 알코올 중독, 고열, 폐색전증, 심부전증, 심낭염 등이 있다.

38 대사증후군과 연관된 5가지 질환과 관련이 없는 것은?

① 고혈압
② 내당능장애
③ 골다공증
④ 심혈관계 죽상동맥경화증

> **해설** 대사증후군과 연관된 5가지 질환은 내당능장애, 고혈압, 고지혈증, 비만, 심혈관계 죽상동맥경화증이다.

39 대사증후군에 해당되는 진단 기준으로 옳지 않은 것은?

① 남성 허리 둘레 100cm(동양인 88cm) 이상
② 수축기 130mmHg 이상 또는 이완기 85mmHg 이상인 경우
③ 혈관 내 중성지방 150mg/dL 이상
④ 고혈압 치료약제 복용 중

> **해설** 미국 콜레스테롤 프로그램(NCEP) 진단 기준에 따르면 남성의 경우 허리둘레가 102cm(동양인 90cm) 이상인 경우에 대사증후군으로 진단된다.

36 ③ 37 ② 38 ③ 39 ①

40 대사증후군 치료와 관련된 약물로 옳지 않은 것은?

① 메포민
② 스타틴
③ 아스피린
④ 시스플라틴

해설 시스플라틴은 암 치료에 쓰이는 항암제 중 하나이다.

41 뇌졸중 환자의 운동방법에 대한 설명으로 옳지 않은 것은?

① 유산소 운동의 경우 하루 60분에서 시작하여 점진적으로 증가시킨다.
② 유산소 운동의 경우 주당 최소 3일에서 5일까지 권장한다.
③ 저항 운동은 1RM의 50~70% 강도로 실시한다.
④ 유연성 운동은 당기는 느낌 또는 약간 불편함을 느끼는 수준까지 스트레칭한다.

해설 유산소 운동의 경우 하루 20분에서 시작하여 60분까지 점진적으로 증가시킨다.

42 폐쇄성 뇌졸중의 특징으로 옳지 않은 것은?

① 뇌혈관이 좁아지다 막힌 것을 의미한다.
② 일반적 중풍으로 구분한다.
③ 미니 뇌졸중이라고도 불린다.
④ 고지혈증 등 혈관 축소로 발생한다.

해설 일과성 허혈 발작(TIA)을 미니 뇌졸중이라고 한다.

43 파킨슨병의 발병 원인으로 옳지 않은 것은?

① 흑색질의 신경세포 파괴
② 바이러스성 뇌염
③ 면역기전 이상
④ 뇌경련 이상

해설 파킨슨병의 발병 원인으로 뇌경련은 아무 관련이 없다.

정답 40 ④ 41 ① 42 ③ 43 ④

44 파킨슨병 환자의 운동방법에 대한 설명으로 옳은 것은?

① 진행성 파킨슨병 환자의 경우 고강도 유산소 운동이 가능한다.
② 운동을 잘하는 환자의 경우 근력운동을 1RM의 60~80% 강도로 실시한다.
③ 질병 단계가 심한 환자는 안전을 위해 프리 웨이트 운동을 실시한다.
④ 유연성 운동의 경우 주 1~2일 실시한다.

> **해설** 진행성 파킨슨병 환자의 경우 중강도 유산소 운동까지만 가능하다. 질병 단계가 심한 환자는 안전을 위해 프리 웨이트 운동을 피해야 한다. 유연성 운동의 경우 주 2~3일 이상 매일 하는 것이 가장 효과적이다.

45 알츠하이머병에 대한 설명으로 옳지 않은 것은?

① 신경세포가 서서히 퇴화되어 소실되는 병이다.
② 완치는 어렵지만, 악화되는 것을 막을 수 있다.
③ 뇌 활동이 줄어들면서 나타나는 노화현상의 부분이다.
④ 인지능력과 지적능력이 감소되는 병이다.

> **해설** 치매는 정상적인 노화현상이 아니고 신경질환의 하나이다.

46 알츠하이머병의 증상으로 옳지 않은 것은?

① 물건의 이름이 금방 떠오르지 않는다.
② 시력은 정상인데 사물을 구별하지 못한다.
③ 집을 나가거나 남을 때리는 행동을 한다.
④ 신체가 떨리고 행동이 느려진다.

> **해설** 신체가 떨리고 행동이 느려지는 것은 파킨슨병의 증상이다.

47 만성폐질환의 운동요법에 대한 설명으로 옳지 않은 것은?

① 운동과 휴식을 번갈아 할 수 있도록 구성한다.
② 심혈관계와 폐기능 개선을 위한 유산소 운동이 좋다.
③ 운동자각도(RPE)보다는 심박수를 통해 운동 강도를 정하는 것이 좋다.
④ 호흡은 복식호흡을 통해 운동하는 것이 좋다.

해설 운동 강도는 운동자각도(RPE)를 이용한다.

48 기관지 수축이 있는 천식 환자에게 있어 좋은 운동은?

① 달리기
② 수 영
③ 축 구
④ 배드민턴

해설 수영은 기관지 수축을 거의 일으키지 않는다.

49 만성 폐쇄성 폐질환에 대한 설명으로 옳은 것은?

① 만성 폐쇄성 폐질환은 기침과 가래가 주 증상으로 아침이 가장 심하다.
② 만성 폐쇄성 폐질환은 기도점액의 분비 증가와 객담이 2년 연속 지속된다.
③ 만성기관지염 환자 중 15% 정도는 소아기에 천식음을 동반한 호흡곤란을 경험한 병력이 있다.
④ 폐기종은 호흡곤란이 주 증상으로 안정 시에도 호흡곤란으로 체중이 감소한다.

해설
- 만성 폐쇄성 폐질환 : 40대에서 만성적 기침, 호흡기 질환 등의 재발 등으로 시작, 15% 정도는 소아기에 천식음을 동반한 호흡곤란을 경험한 병력이 있다.
- 만성 기관지염 : 기침과 가래가 주 증상으로 아침에 제일 심함, 기도점액의 분비 증가와 객담을 동반한 기침이 2년 연속 지속, 흉부 X선 상에 호흡기 증상을 유발시키는 특별한 원인이 없다.
- 폐기종 : 호흡곤란이 주 증상으로 40대부터 운동 시 호흡곤란을 느끼기 시작하며, 시간이 지나면 안정 시에도 호흡곤란으로 일상생활에 지장을 준다. 체중이 감소하는 것이 특징인데, 흡기보다 호기 시 폐쇄로 인한 호흡 에너지가 많이 쓰인다.

정답 47 ③ 48 ② 49 ④

파트별 출제비중

구 분	2025	2024	2023	2022	2021	2020	2019	합 계
스포츠심리학의 개관	-	-	-	-	-	2	-	2
인간운동행동의 이해	10	10	10	10	8	8	8	64
스포츠수행의 심리적 요인	6	6	4	7	4	7	4	38
스포츠수행의 사회 심리적 요인	2	2	4	1	3	-	2	14
운동심리학	2	2	2	2	4	3	5	20
스포츠심리상담	-	-	-	-	1	-	1	2

※ 출제빈도는 문제 분석에 따라 달라질 수 있습니다.

최근 기출 분석

스포츠심리학 과목은 [인간운동행동의 이해] 영역에서 가장 많은 문항이 출제되었습니다. 이 영역은 7년 연속으로 가장 높은 출제 비중을 보여주고 있으며, 특히 운동제어, 운동학습, 운동발달과 관련된 핵심 이론과 개념에 대한 이해가 중요하였습니다. 이번 시험에서는 구체적인 사례를 제시한 응용형 문항도 다수 포함되어, 이론의 단순 암기보다 실제 상황에 적용할 수 있는 해석 능력이 요구되었습니다. 또한 [스포츠수행의 심리적 요인] 영역에서도 자신감, 심상, 루틴과 같은 심리기법의 적용과 이와 관련된 심리이론을 바탕으로 한 문항들이 출제되었습니다. 이와 더불어 [운동심리학]에서는 운동의 심리적 효과, 동기 유발, 행동 변화 중재 전략 등에 관한 실용적 개념 중심의 문제가 포함되었습니다. 이러한 경향은 스포츠심리학이 단순한 이론 암기를 넘어, 이론과 실제의 연결, 사례 중심의 분석 및 응용 능력을 종합적으로 평가하고 있음을 보여줍니다.

제8과목

스포츠심리학

- **01** 스포츠심리학의 개관
- **02** 인간운동행동의 이해
- **03** 스포츠수행의 심리적 요인
- **04** 스포츠수행의 사회 심리적 요인
- **05** 운동심리학
- **06** 스포츠심리상담

출제예상문제

08 스포츠심리학의 개관

학습목표
- 스포츠심리학의 정의에 대해 이해하고 서술할 수 있다.
- 스포츠심리학의 역사에 대해 이해하고 설명할 수 있다.
- 스포츠심리학의 영역과 역할에 대해 이해하고 설명할 수 있다.

1 스포츠심리학의 정의 및 의미

(1) 스포츠심리학의 정의

스포츠심리학은 스포츠나 운동과 같은 상황에서 인간행동을 과학적이고 체계적으로 탐구하고 그 지식의 현장보급에 초점을 둔 스포츠과학의 한 분야이다. 실제 스포츠 상황에서 행동에 대해 기술, 설명, 예측하는 데 중점을 두고 연구하는 학문으로 크게 두 가지 목적을 가진다.
① 다양한 심리적 변인이 개인의 운동참가와 수행에 미치는 영향의 이해
② 스포츠와 운동참여가 개인의 다양한 심리적 발달 및 정신건강에 미치는 영향의 규명

(2) 스포츠심리학의 의미

① 넓은 의미의 스포츠심리학 : 일반적인 심리학의 정의를 포괄적으로 응용한 개념으로 스포츠와 그와 관련된 상황에서 관찰되는 인간행위의 전반적인 측면 즉, 운동행동의 연구라고 정의할 수 있다.
② 좁은 의미의 스포츠심리학 : 스포츠행동의 한 측면인 운동행동 혹은 스포츠수행에 초점을 맞추고 있다.

> **개념 PLUS**
>
> **스포츠심리학의 목적**
> 연구대상을 운동수행, 스포츠수행에 국한시켜 이러한 수행에 영향을 미치는 사회적, 심리적 요인을 알아내고 규명하는 것이다.

2 스포츠심리학의 역사

(1) 스포츠심리학의 발전과정

① **스포츠심리학의 태동기(1895~1920)** : 1890년대 트리플렛(N. Triplett)은 최초의 스포츠 심리연구가로서 사회적 촉진 현상을 연구하였다.

② **스포츠심리학의 창립기(1921~1938)**
  ㉠ 1920년에 디엠(C. Diem)이 독일의 라이프치히에서 스포츠심리실험실을 설립하였다.
  ㉡ 1925년에 그리피스(C. Griffith)가 미국 일리노이 주립대학에 운동연구소(Athletic Research Laboratory)를 설립하였고, 같은 해에 퓨니(Puni)는 구소련의 레닌그라드에 체육문화연구소(Institute of Physical Culture)를 설립하였다. 이 시기에 코칭심리학, 심리학과 운동경기, 검사도구 및 심리적 프로파일을 개발했다.

③ **스포츠심리학의 정착기(1939~1965)** : 스포츠심리학 분야의 과학적 이론 적용을 시도했으나 응용 분야는 미흡했다.

④ **스포츠심리학의 도약기(1966~1979)**
  ㉠ 국제스포츠심리학 총회가 개최되었고, 국제스포츠심리학회지가 창간되었다.
  ㉡ NASPSPA, CSPLSP가 창설되었다.
  ㉢ 스포츠심리학이 독립 학문 분야로서 기틀을 마련하였으며, 스포츠심리학 발전의 획기적인 계기를 마련했다.

⑤ **스포츠심리학의 번영기(1980~현재)**
  ㉠ 응용스포츠심리학 지식이 발달하였다.
  ㉡ 스포츠심리학의 연구와 현장 적용이 활발하다.

(2) 우리나라의 스포츠심리학

① 1953년 한국체육학회 창립
② 1955년 한국체육학회지 창간호 발간
③ 1960년대부터 형식적인 논문이 발표되면서 연구가 시작됨
④ 1970년 한국체육학회 산하에 스포츠심리 분과위원회가 구성되고, 대학교에 체육학과가 생겨나면서 체계적인 논문이 나오기 시작
⑤ 1980년 본격적인 연구가 이루어지기 시작하였고, 1986년 아시안 게임과 1988년 서울올림픽 학술대회를 계기로 발전의 기틀 마련
⑥ 1989년 한국체육학회의 분과학회로는 처음으로 한국 스포츠심리학회 창립, 한국스포츠심리학회지 발간
⑦ 1990년 이후 많은 스포츠심리학자 배출되어 스포츠심리학의 세부적인 영역까지 연구가 활발히 이루어짐
⑧ 2002년 한국연구재단 등재학술지 선정

3 스포츠심리학의 영역과 역할

[스포츠심리학의 연구영역]

(1) 스포츠심리학

① 연구영역 : 운동제어(Motor Control), 운동학습(Motor Learning), 운동발달(Motor Development), 운동심리학(Exercise Psychology) 등

② 역할 : 심리적 · 사회적 요인이 스포츠 경기력에 미치는 영향에 대해 원인을 규명하고 분석

(2) 운동제어

① 연구영역 : 정보처리이론, 운동제어이론, 운동의 법칙, 반사와 운동, 협응 구조 등

② 역할 : 인간이 운동을 생성하는 기전 및 적용되는 원리를 규명하는 것

(3) 운동학습

① 연구영역 : 운동행동모형, 운동학습과정, 운동기억, 전이, 피드백, 연습의 원칙 등

② 역할 : 운동기능의 습득에 관한 원리를 분석 · 규명하여 알아내는 것

(4) 운동발달

① **연구영역** : 유전과 경험, 운동기능의 발달, 학습 및 수행 적정연령, 노령화 등

② **역할** : 인간이 성장하고 발달함에 따라 운동기능이 어떻게 나누어지고 다시 합해져서 발달하고 변화되는지를 알아내기 위해 분석하는 영역. 최적 학습기, 수행기, 쇠퇴기 등의 과정에 관한 다양한 정보를 제공하며 유전적 영향과 환경적인 영향 중에 어떠한 영향을 더 많이 받는지에 대한 분석도 가능

(5) 운동심리학

① **연구영역** : 운동참가동기, 운동중지 지속, 정신건강, 운동의 심리적 효과(정신건강 효과) 등

② **역할** : 개인이 왜 지속적으로 운동 프로그램에 참여하지 못하고 실패하는지를 환경과 관련된 요인들을 분석하고 알아내는 연구를 수행

제8과목 스포츠심리학

02 인간운동행동의 이해

학습목표
- 운동제어의 개념과 제어체계를 학습한다.
- 운동학습의 본질 및 과정에 대해서 학습한다.
- 운동발달의 개념과 영향요인 및 발달의 원리와 특징에 대해서 학습한다.

1 운동제어

(1) 운동제어의 개념

일반적으로 인간이 사용하는 각종 기계의 제어체계는 자동제어체계와 반자동제어체계, 수동체계로 구분할 수 있다.

① **자동제어체계** : 어떤 과제를 수행할 때 어떠한 기계적 오류를 알아내고 이를 자동적으로 수정
② **반자동제어체계** : 인간이 오류탐지와 수정을 해줌으로써 작동
③ **수동체계** : 전적으로 인간에 의해 작동

> **개념 PLUS**
>
> **정보처리**
> - 정보이론(Information Theory)
>   여러 가지 상황에서 정보를 어떻게 전달하고 다루는지 알기 위한 이론을 말하며 인간의 사고과정을 전자계산기와 같은 기계의 처리과정과 비교하여 인간이 받아들인 정보가 어떻게 기억되고 출력되는지를 나타낸다.
> - 슈미츠(1982)의 정보처리의 3가지 단계
>   - 자극확인단계 : 자극이 발생된 것을 인지하고 확인하는 단계로, 처리 속도에 영향을 미치는 요인으로 자극의 명료도와 자극의 강도가 있다.
>   - 반응선택단계 : 자극의 확인이 끝난 뒤에 어떠한 반응을 할 것인지에 대해 결정하는 단계이다.
>   - 반응계획단계 : 적절한 반응이 선택된 뒤에 알맞은 동작이 수행되도록 준비를 하는 단계이다.
> - 정보처리단계의 순서
>   감각지각단계 → 반응선택단계 → 반응실행단계

(2) 기억체계 및 운동제어 체계

① 기억체계
  ㉠ 감각기억
    • 환경으로부터의 자극이 인간의 기억체계로 들어오는 첫 단계
    • 감각시스템을 통해서 들어온 정보는 병렬적으로 처리되며 아주 짧은 시간 동안에 많은 양의 정보가 감각기억에 저장
  ㉡ 단기기억
    • 감각기억보다 다소 긴 시간 동안 정보를 보유할 수 있음
    • 단기기억은 감각시스템으로부터 유입된 모든 정보를 처리할 수 없기 때문에 필요한 정보만을 선택하여 처리
  ㉢ 장기기억
    • 단기기억에 저장된 정보들은 자극의 수용자가 더 많은 주의를 기울이거나 특별한 조처를 할 때 장기기억으로 전환
    • 저장되어 있는 정보의 양은 비교적 무제한이며 정보가 기억의 체제 속에 그대로 머무는 기간은 장기적이며 비교적 영속적임

구 분	감각기억, 단기감각 저장	단기기억-활동기억	장기기억
용 량	무제한	제한적	무제한
양 식	감각적	선택처리	조직화 혹은 의미화
기 간	매우 짧음(0.5초 이하)	단기간(20~30초)	영구적
소 멸	시간경과	치환 혹은 암송 실패	인출실패 혹은 간섭

② 운동제어체계
인간이 사용하는 다양한 기계적 제어체계는 몇 가지 형태로 분류할 수 있다. 목표나 과제를 달성하기 위해 기계 스스로가 문제나 오류를 알아내고 수정하여 자동적으로 제어하는 자동제어체계와 인간에 의해 문제나 오류를 확인하고 수정이 됨으로써 반자동적으로 이루어지는 반자동제어체계, 인간에 의해 모든 것이 이루어지는 수동체계로 분류할 수 있다.
  ㉠ 폐쇄회로체계
    • 개념 : 과제를 수행함에 있어 오류의 탐지와 수정이 저절로 이루어지는 제어체계
      - 체계가 실행해야 할 목표가 설정됨
      - 연속적인 피드백이 주어짐
      - 참조기제에 에러가 계산됨
      - 계산된 에러를 명령기관에서 효과기로 수정을 지시
    • 감각정보화 피드백
      - 내장 수용기 : 배고픔이나 속쓰림과 같은 내장기관의 상태를 인지시켜주는 수용기
      - 자기감각 수용기 : 근육, 건(힘줄), 관절수용기, 세반고리관 등에 존재하며 신체의 움직임에 관한 정보를 알 수 있도록 해주는 수용기
      - 외적 수용기 : 눈, 귀와 같은 신체의 지각능력과 같은 정보를 알려주는 수용기

ⓒ 개방회로체계
- 개념 : 지시가 미리 설정되어 있어 그것이 환경에 미치는 영향에 관계없이 실행되는 체계를 말한다. 이 체계는 피드백에 크게 관여하지 않으며 정확성 참조준거가 없는 것이 특징이다.
  예 교통신호등, 자동세탁기, 전자레인지 등

> **개념 PLUS**
>
> **개방회로체계의 예**
> - 교통신호등 : 도로의 교통 상황과 무관하게 정해진 순서와 시간에 따라 작동
> - 자동세탁기, 전자레인지 : 설정된 프로그램과 시간에 따라 일정하게 작동

- 개방회로체계의 실험적 증거
    - 피드백 회로를 차단하는 접근방법 : 구심성신경의 전달 경로를 차단하는 방법으로 피드백이 없어도 운동수행에 큰 영향을 받지 않음
    - 피드백 정보의 처리 과정 : 인간은 피드백정보를 처리하고 동작을 수정하는 데 많은 어려움을 겪는다는 사실을 밝히기 위한 접근 방법

ⓒ 인간행동체계
- 개념 : 인간이 복잡하고 어려운 운동과제를 수행함에 있어 인지과정이 많은 영향을 미치게 되는데 숙련된 운동수행은 그와 연관된 기관을 통하여 필요한 정보가 적절하게 처리됨으로써 이루어지게 된다.
- 인간행동체계의 처리과정
    - 감각저장 : 인간의 행동체계에서 들어온 자극을 받아 그것을 잠시 동안 저장하고 탐지할 수 있도록 자극을 급히 지각기제로 보내거나, 기억과의 접촉을 위하여 장기기억으로 보내는 역할을 한다.
    - 장기저장 : 장기저장에 전달된 정보는 과거 경험과 접촉하여 유관가가 제시된다. 어떤 특정한 자극과 경험을 많이 갖게 되면 될수록 그 자극에 할당되는 유관가는 점점 커지게 된다. 즉, 매우 친숙한 항목들은 장기저장 내에서 매우 높은 유관성을 갖게 되고 지각기제로의 접근을 촉진하게 한다.
    - 지각기제 : 지각과정의 주된 역할은 과중하게 부과된 정보를 여과하는 일이다. 지각과정이 완료됨으로써 인간행동체계는 관련 특징을 분석하고 이러한 특징들이 인지할 수 있는 단위로 통합 정리되며 입력정보에 의미를 부여하게 된다.
    - 단기저장 : 단기저장 상태에서 중추신경은 자기의 행동을 어떻게 할 것인가를 결정하게 된다. 따라서 단기저장은 인간행동체계에서 가장 중요한 기제이다. 일단 운동이 완료되면 반응의 결과는 감각저장과 장기저장을 통하여 단기저장으로 전달되어 오류를 수정하게 된다.
    - 운동발생기 : 운동을 수행하는 데 알맞는 적절한 근육조직을 선택하여야 하며 선택된 근육군에 일련의 원심성 운동명령을 전달함으로써 운동 프로그램의 실행을 개시한다. 동시에 운동발생기는 체계가 앞으로 수행하게 될 동작의 감각귀결을 준비하도록 단기저장으로 피드포워드 신호, 즉 계통방전을 방출한다.

- 효과기 : 반응을 산출하는 사지를 조절하는 근육으로 구성되고 운동발생기에서 일단 근육 선택 과정이 수행이 이루어지고 나면 효과기는 알맞은 순서로 그 운동을 실행하고 반응산출피드백을 유도한다.
- 피드백 : 수행자 본인의 노력으로 다양한 감각수용기를 통하여 받을 수 있는 반응 산출정보를 말한다.

(3) 운동 프로그램과 특성

① 운동 프로그램의 개념 : 말초적 피드백 없이 수행되는 운동의 발현을 위하여 사전에 준비된 근육 명령의 체계(Keele, 1968)

② 운동 프로그램의 특성
  ㉠ 운동 프로그램의 가변적 요소
   - 전체 지속시간 변수
   - 근육선택 변수
   - 전체 힘 변수
   - 공간적 변수
  ㉡ 운동 프로그램의 불변적 요소
   - 순서 : 동작이나 반응요소의 순서를 의미
   - 순서화 : 순서의 정형화를 의미
   - 시상화 : 근육수축의 시간적 구조가 불변임을 의미
   - 조력 : 근육 활동의 필요한 힘의 양을 선택된 각 근육에 알맞은 비율로 분배하는 과정
  ㉢ 움직임이 발생하기 전에 그 움직임에 대한 계획이 하나의 프로그램 형태로 기억 속에 저장되고, 이렇게 가장 높은 대뇌피질 수준에서 구성되어 있는 프로그램이 움직임을 실행할 능력이 있는 가장 낮은 중추로 전달
  ㉣ 연습에 따른 운동기술 수행의 질적인 변화에 대하여 동작을 계획하는 프로그램 자체가 변하는 것을 설명함

(4) 운동기능

① 운동기능 : 운동기술에 대한 지식과 그 지식을 활용하여 기술 동작을 실행하는 능력
② 운동기능수준요인(Johnson의 분류)
  ㉠ 속도(Speed) : 설정된 목표에 대해 가능한 빨리 운동을 수행해낼 수 있는 능력
  ㉡ 정확성(Accuracy) : 어떠한 동작을 수행할 때 바르고 정확하게 운동을 수행해낼 수 있는 능력
  ㉢ 자세(Form) : 자세가 좋으면 정확성이 증가하고, 일관성·효율성이 있음
  ㉣ 적응력(Adaptability) : 다양하게 변화하는 상황에서도 상황을 정확히 파악하여 올바른 판단을 하고 상황에 효과적으로 대처해 나가는 능력을 말하며, 수행자의 인지 능력과도 상관이 있음

③ 동작의 연속성 정도에 따른 분류 : 수행동작 사이에 중지 상태가 일어나는지의 여부와 수행동작의 시간적 길이에 따라 결정
　㉠ 연속적 기능 : 스피드 요인이 자주 요구
　㉡ 비연속적 기능 : 정확성과 자세 등의 요인이 강조
④ 환경을 예측할 수 있는 정도에 따른 분류
　㉠ 폐쇄기능 : 환경을 예측할 수 있고 비교적 안정되어 있는 상황에서 사용되는 운동기능
　　예 체조, 육상, 수영, 골프, 사격, 양궁, 농구의 자유투, 축구의 페널티 킥
　㉡ 개방기능 : 환경을 예측하기 어렵고 끊임없이 변화하는 상황에서 사용되는 기능
　　예 구기와 투기의 여러 종목

2 운동학습

(1) 운동학습의 정의
운동학습은 계획된 연습이나 기술 트레이닝 또는 경험에 의해 달성하고자 하는 운동행동의 향상이나 변화가 오랜 시간 지속적으로 발생되는 것을 말한다.

(2) 운동학습의 본질(이론과 모델)
① 일반학습 이론
　㉠ 연합설 : 교육의 기본전제를 행동에 두고 설명하려는 이론
　㉡ 인지설 : 과제상황 전체의 구조 또는 학습이 성립될 수 있는 요건들을 중시하는 학습이론을 총칭
② 운동학습 이론과 모델
　㉠ 폐쇄회로 이론 : 기억체계에 저장되어 있는 정확한 동작과 관련된 정보와 실제로 이루어진 동작 간의 오류를 수정하려는 노력에 의하여 기술의 향상을 가져온다는 주장(Adams, 1971)
　㉡ 개방회로 이론(운동 프로그램 이론) : 빠른 운동의 정보처리를 설명하는 이론을 말하며 피드백이 없어도 운동을 정상적으로 수행할 수 있다고 주장(자동시스템으로 운동을 수행)

(3) 운동학습의 과정
① 운동기능학습 : 어떤 기술동작의 수행을 통해 목표를 달성하는 능력을 습득하는 과정
　㉠ 주어진 상황에 가장 적절한 기술 동작을 선택(학습과제의 선택) : 학습자의 신체적 조건이나 기능수준을 충분히 고려해야 함
　㉡ 선택된 기술 동작을 정확히 수행할 수 있도록 구체적으로 학습 : 지각과정·변환과정·반응과정·동작과정·피드백과정을 반복하며, 동작에 대한 운동상(신체의 시간적·공간적 움직임에 대한 상)과 운동 계획의 세분화가 이루어지면 운동기능이 학습됨(시범)

ⓒ 운동계획의 세분화
- 실행규정
  - 동작에 필요한 각 근육의 움직임을 시간적·공간적으로 규정
  - 주어진 상황에서 동작의 정확성을 높이는 데 기여
- 통제규정
  - 근육의 움직임이 제대로 이루어지고 있는지를 점검
  - 내외적인 상황의 변화에 대한 동작의 적응성과 일관성을 높이는 데 기여

② 위시번(Washburne)의 학습의 과정 분류(7단계)
  ㉠ 방향결정(Orientation) : 학습이 일어나는 제1단계로 학습자-장해-목표의 관계를 통찰하는 것으로 행동의 방향이 주어짐
  ㉡ 탐색(Exploration) : 장해의 방향에 대하여 관심을 갖고 동기유발의 종류나 강도가 중요한 의미를 가지는 단계
  ㉢ 추정(Elaboration) : 머릿속에서 열심히 추정하여 과거의 경험이나 반응에 의한 피드백 정보와 대조가 이루어짐
  ㉣ 명료화(Articulation) : 주어진 장면 전체의 구조에 대하여 인지가 성립하기 시작하고 추정한 것과 관찰정보의 결합에 의하여 인지의 질이 높아짐
  ㉤ 단순화(Simplification) : 불필요한 것에 대한 주의나 반응을 제거하고 과제해결에 있어서 본질적인 근거를 주의의 대상으로 삼게 됨
  ㉥ 자동화(Automatization) : 자신과 환경 혹은 목표와의 관계에 대해서 입력, 대조, 인지, 판단, 의사결정, 행동, 수정의 복잡한 과정을 단순화하여 용이하게 동작을 수행하게 됨
  ㉦ 재방향 결정(Re-orientation) : 다음 과제로 넘어가 새로운 학습이 이루어짐

③ 피츠(Fitts)와 포스너(Posner)의 3단계
  ㉠ 인지 단계(Cognitive Stage) : 학습자가 학습할 운동기술의 특성을 이해하고 이를 수행하기 위해 사용되는 전략을 개발하는 단계
  ㉡ 연합 단계(Associative Stage) : 과제 수행에 있어 수행 전략을 결정하고, 수행이 적절치 않은 경우에 대한 해결책을 찾아나가는 단계
  ㉢ 자동화 단계(Automatic Stage) : 동작이 거의 자동적으로 이루어지기 때문에 움직임에 대한 의식적인 주의가 크게 요구되지 않으며 다른 활동에 의해 간섭을 적게 받고 수행할 수 있는 단계

④ 고원 현상과 슬럼프 현상
  ㉠ 고원(Plateau) : 연습을 하는데도 운동기능 수준이 발달하지 않고 제자리에 머물러 있는 현상
  ㉡ 슬럼프(Slump) : 기능수준이 오히려 퇴보된 채로 머무는 현상
  ㉢ 고원 현상과 슬럼프의 원인과 극복방안
    - 학습자가 자신이 행하는 동작에 대한 운동 감각적 정보들을 제대로 처리하지 못하기 때문이다. 자신의 동작 중 어떤 부분이 오류인지를 모르는 것이며, 지도자는 비디오나 필름 등을 통해 이 오류를 정확히 제시해주고 고쳐 연습하도록 한다.

- 학습자 자신의 운동 동작에 고정적인 오류가 있기 때문이다. 최적 수행에 부적합한 운동패턴(기술)을 습득한 것이며, 어려움이 따르지만 보다 적절한 새로운 운동패턴을 다시 습득해야 한다.
- 기술 습득에 필요한 학습자의 체격적, 체력적 조건이나 기본 기능 수준이 결여되어 있기 때문이다. 학습자에 맞게 기본적인 개선사항을 숙고하여 결정한다.
- 특히 슬럼프 현상은 기량의 향상을 위해 자신의 동작 패턴을 바꿀 때 많이 나타난다. 기존의 동작 패턴은 거의 자동화되어 어떤 자극에 의해 자동적으로 실행되는 것이므로 새로운 동작이 완전히 자리를 잡기 전에는 기존의 동작과 혼합 및 상충이 있다. 동작 패턴을 바꿀 때는 충분한 시간을 가져야 하며, 학습자가 두 동작의 차이를 명백히 파악하도록 지도하여야 한다.

⑤ 학습효과의 파지

㉠ 파 지
- 이전의 어떠한 반응으로 인하여 획득된 능력이 지속되고 있는 상태를 말함
- 과제의 본질, 과제가 학습자에게 갖는 의미, 처음 학습된 시점과 회상 사이의 시간 경과 등 다양한 요인들에 의해 달라질 수 있음

㉡ 파지의 측정
- 재인 : 사지선다형 시험의 일종인 필기시험에서 주로 사용되는 방법
- 재학습 : 피험자가 과제를 재학습하는 데 필요한 시행횟수
- 회상 : 얼마나 많은 것을 잘 기억하고 있는가를 나타내는 정보

㉢ 파지와 망각이론
- 소멸이론 : 어떤 과제를 학습할 때 기억흔적이 형성되고 이러한 기억흔적은 학습자가 기억하려는 정보를 계속해서 활성화하지 않으면 시간이 흘러감에 따라 소멸하게 된다.
- 간섭이론 : 어떤 과제나 내용을 학습하게 되면 이것은 기억에 영원히 남게 되는데 이전 혹은 이후에 다른 학습의 간섭으로 인해서 망각이 된다.
- 형태주의 이론 : 어떤 기억이 소멸이나 흐려지면서 일어나는 것이 아니라 시간이 지남에 따라 질적인 왜곡이나 변화를 일으키게 된다.
- 통합이론 : 학습이 이루어지면 신경흔적이 통합현상을 보이는데 이러한 통합이 이루어지기 전에 신경활동에 또 다른 어떤 자극의 간섭이나 방해를 받게 되면 이전에 학습된 경험에 대한 기억이 망각되거나 훼손된다.

(4) 운동학습 시 주요 요인

① 숙련된 운동수행을 위한 개인 능력의 비교적 영구적인 변화를 유도하는 일련의 내적 과정
② 운동할 수 있는 능력을 습득하는 것
③ 과정 자체를 직접적으로 관찰하기는 어려움
④ 연습과 경험에 의해서 나타나는 현상을 말하며, 성숙이나 동기 또는 훈련 등에 의해 일시적으로 수행이 변화하는 것을 포함하지 않음

(5) 효율적인 운동학습

① 운동 학습의 기법
  ㉠ 피드백
   • 내재적(감각) 피드백 : 자신의 감각(시각, 청각)에 의한 피드백
   • 외재적(보강) 피드백 : 지도자나 타인의 충고에 의한 피드백
   • 정보기능 : 올바르지 못한 반응의 실수를 수정할 수 있도록 정보를 제공
   • 강화기능 : 칭찬(긍정강화)과 지적(부정강화)을 통한 운동학습 독려
   • 동기유발기능 : 행동의 원동력, 정서적 흥분, 목표의 선택과 결과에 작용
  ㉡ 모델링 기법
   • 직접 모델 : 직접 시범
   • 상징적 모델 : 시청각 자료

② 운동 학습의 유형
  ㉠ 연습의 가변성 : 연습 시 다양한 움직임과 환경 상황을 경험하게 하는 것
  ㉡ 맥락간섭 : 학습 사이에 개입된 사건이나 경험에 의하여 학습이나 기억에 방해를 받는 것
  ㉢ 전습법 : 과제를 한 번에 전체적으로 학습
  ㉣ 분습법 : 과제를 하위 단위로 분할 학습
  ㉤ 구획연습 : 과제를 순차적으로 제시
  ㉥ 무선연습 : 과제 순서를 무작위로 제시
  ㉦ 집중연습 : 연습 사이의 휴식시간이 아주 짧음
  ㉧ 분산연습 : 연습 사이의 휴식시간을 상대적으로 길게 줌

(6) 운동기능의 구조와 분류

① 운동기능은 일반적으로 요구되는 과제를 성공적으로 수행하기 위한 신체의 작동 능력을 말한다.
② 운동기능의 특성
  ㉠ 선천적, 유전적인 영향을 받지만 후천적으로 인간의 행동 중에서 습득되는 능력이다.
  ㉡ 신체적인 움직임과 관계된 능력을 말하지만 운동수행을 위해서는 정서적·인지적 요인의 영향을 받는다.
  ㉢ 운동기능의 수준은 정확한 타이밍과 공간지각 능력과 일치한다.
  ㉣ 운동기능의 수준은 절대적이기보다는 상대적인 성향을 가진다.
  ㉤ 운동기능은 한계가 존재한다.
  ㉥ 운동기능은 속도 + 정확성 + 자세 + 적응력이다.

③ 운동기능의 분류
　㉠ 대근과 소근운동기능
　　• 대근운동기능 : 신체의 대근육을 사용하는 운동기능을 말하며 일반적인 스포츠기능은 대근운동기능으로 볼 수 있다.
　　• 소근운동기능 : 신체의 분절이 정확하고 안정적인 반응을 발생시키기 위해 제한된 구간에서 예리하고 섬세하게 작용하는 것을 말하며, 컴퓨터 타자를 치거나 피아노 건반을 누르는 것은 소근운동기능으로 볼 수 있다.
　㉡ 폐쇄기능과 개방기능
　　• 폐쇄기능 : 정적인 상태에서 행하여지는 기능을 말함
　　• 개방기능 : 환경이 공간적, 시간적, 동적으로 움직이는 상태에서 행하여지는 기능을 말함
　㉢ 연속적 기능과 비연속적 기능
　　• 연속적 기능 : 시작과 끝을 인식할 수 없으며 수영과 자동차 운전 등이 여기에 속함
　　• 비연속적 기능 : 시작과 끝을 인식할 수 있으며 던지기, 성냥불 켜기, 자동차 기어 넣기 등이 여기에 속함
　㉣ 조작기술과 무조작기술
　　• 조작기술 : 테니스와 골프, 야구 스윙과 같이 도구를 사용하는 것을 말함
　　• 무조작기술 : 야구의 도루, 체조의 공중돌기 등과 같이 물체나 도구와는 관련이 없는 것을 말함

3 운동발달

(1) 운동발달의 개념

운동발달은 운동행동의 시간적 흐름에 따라서 계열적·연속적으로 변화해 가는 과정을 말한다. 이것은 기능적 분화와 복잡화, 통합화를 이루어 환경에 보다 잘 적응하는 과정으로 하나의 상태에서 다른 상태로 변화하는 과정을 말한다.

(2) 운동발달 영향 요인

① 개인적 요인
  ㉠ 유전, 호르몬, 영양
    - 성장과 성숙에 영향
    - 출생 시의 체중에는 15~20%의 영향
    - 뼈의 크기에는 60%의 영향
  ㉡ 사회적 지지자 : 가족 간의 유대관계, 부모의 운동에 대한 긍정적인 인식과 직·간접적 참여는 정서발달과 규칙적인 신체활동에 참여할 수 있게 도와줌
  ㉢ 자신의 심리 요인 : 신체적 자긍심, 내적 동기는 운동참여 및 운동발달에 영향을 미침

② 사회, 문화적 요인
  ㉠ 성역할 : 장난감과 놀이 환경에서 성에 따른 운동발달의 형태가 스포츠 활동의 성별 차이 발생
  ㉡ 대중매체 : 운동에 필요한 정보를 제공하는 것 중 가장 큰 비중을 차지하며 매체를 통해 운동에 관심을 가지게 됨으로써 운동발달에 간접적으로 영향을 줌
  ㉢ 인종과 문화적 배경 : 개인이 속한 가치의 개념이 운동발달에 미치는 영향이 다를 수 있음

(3) 운동발달의 단계와 특징

① 운동발달의 단계
  ㉠ 반사운동단계
    - 반사 : 신경계통의 체계가 완전히 성숙되지 않아 나타나는 불수의적인 움직임으로 출생부터 1년까지의 신생아기에 나타나고 자세반사와 이동반사로 분류됨
    - 유아의 생존을 돕는 역할
    - 미래의 움직임을 예측
    - 유아의 운동행동에 대한 진단의 역할
  ㉡ 기초단계
    - 신경체계 성숙으로 반사적 단계의 운동이 사라지고 수의적인 움직임이 나타나는 단계
    - 출생부터 2년까지의 유아기
    - 기거나 걷는 이동운동과 물체를 잡는 물체조작운동

ⓒ 기본움직임단계
- 기본적인 움직임의 능력이 현저하게 나타나는 시기
- 2~6세의 유아기와 아동기
- 자신의 신체에 대해서 인식, 균형감이 발달, 이동운동이 더욱 발전
- 조작운동인 던지기와 차기의 운동기술이 나타남
- 회전하기, 비틀기, 뻗기, 굽히기 등의 운동기술이 어색하지만 다양하게 나타남

ⓔ 스포츠기술단계
- 초등학교시기
- 동작의 협응력이 발달하여 각각의 움직임 동작을 하나의 동작으로 형성
- 레크리에이션 활동과 스포츠에 참여

ⓜ 성장과 세련단계
- 청소년기
- 호르몬 분비의 증가로 인해 체격이 커짐
- 운동능력이 현저하게 발달

ⓑ 최고수행단계
- 20~30세
- 근력과 심폐기능 그리고 정보처리 능력이 최고조
- 최상의 운동수행력

ⓢ 퇴보단계
- 30세 이후
- 심장혈관, 근력, 지구력, 신경기능, 유연성 등이 서서히 감소
- 정보처리 속도의 감소로 신체반응속도가 떨어짐

② 운동발달의 특징
㉠ 운동발달은 일정한 성숙률에 따라 이루어지며 개인차가 존재함
㉡ 신체는 머리에서 발끝으로, 몸통에서 말초부분으로 발달이 이루어짐
㉢ 운동발달은 분화와 통합의 과정에 의해 이루어짐
㉣ 운동발달은 일정한 단계에 따라 이루어짐

03 | 스포츠수행의 심리적 요인

학습목표
성격, 정서 시합불안, 동기, 목표설정, 자신감, 심상, 주의집중, 루틴 등의 스포츠수행 심리적 요인에 대해서 학습한다.

1 성 격

(1) 성격의 개념

어떤 사람을 다른 사람과 구분되는 독특한 존재로 변별하여 주는 여러 특성들의 총합이라고 정의할 수 있다(웨인버그와 굴드, 1995).

(2) 성격 이론

① **정신역동 이론** : 행동을 지배하는 무의식적인 동기를 밝히려는 것으로 다음과 같은 가정에 입각하고 있다.
  ㉠ 심리적 결정주의로 인간의 행동은 결코 우연히 일어나지 않으며 의식적이거나 무의식적인 동기가 있음
  ㉡ 인성기능의 주요 측면들은 상황적 측면에 반응하는 적응과정의 산물
  ㉢ 인간의 행동을 본능적인 측면에서 파악
  ㉣ 인간의 사고와 정서 및 행동에서의 무의식적인 결정체를 강조
  ㉤ 목적주의적인 동기체계를 강조
② **현상학적 이론** : 현재 일어나고 있는 것에 관한 개인의 주관적 관점에 관심을 가지는 이론이다.
  ㉠ 로저스(Rogers)의 자기실현 경향 : 인간은 자신이 타고난 잠재력을 실현하는 선천적인 동기와 자신이 무엇인가 되고자 하는 자아상을 충족하려는 동기를 가짐
  ㉡ 매슬로우(Maslow)의 욕구 체계(5단계) : 인간행동의 기초적 욕구를 5단계로 도식화
    • 인간의 본능적 욕구인 배고픔, 목마름, 수면, 성욕 등의 생리적 욕구를 기저
    • 정서적, 신체적 위험으로부터 보호 받으려는 안전의 욕구
    • 친밀과 애정 및 소속의 욕구인 소속과 사랑의 욕구
    • 목표달성, 권력이나 사회적 지위에 대한 욕구인 존중의 욕구
    • 자기만족을 위한 자아실현의 욕구

③ **특성 이론** : 개인의 행동은 외부환경의 영향보다 개인 내에 존재하고 있는 일관적이고 안정된 특성들에 의해 결정된다는 것이다.
   ㉠ 올포트(Allport)의 성격특성
   • 공통특성 : 공통적인 경험과 문화적인 영향 때문에 사람들에게 일관적으로 나타나는 현상
   • 개인적 성향 : 개인에게만 독특한 방식으로 작용하는 특성
     - 기본성향 : 고도로 일반화된 성향으로 개인은 이것을 중심으로 자기의 생활을 체계화함
     - 중심성향 : 기본성향보다 행동을 다소 적게 지배하는 것으로, 상당히 포괄적으로 행동에 영향을 미침
     - 이차성향 : 아주 제한된 방식으로 개인의 행동을 이끄는 특성으로, 상황이나 대상에 따라 달라짐
   ㉡ 카텔(Cattell)의 성격특성
   • 표면특성 : 인사하고 미소 짓는 것과 같이 밖으로 드러나면서 공존하는 것으로 보이는 특성
   • 근원특성 : 표면특성을 일으키고 표면특성으로 하여금 일관성을 갖도록 하는 성격으로 전형적인 반응은 상황(환경)과 성격 경향성의 기능. 즉, R = f(S × P)로 R은 반응, S는 상황, P는 성격임. 또한 16개의 성격요인 질문지(16PF)를 통해 근원특성을 측정하였음
   ㉢ 아이젠크(Eysenck)의 성격특성
   • 내향성과 외향성 : 각성수준과 관계되어 있어서 행동과 조건화에 영향을 미침
   • 안정성과 불안정성(신경과민) : 정서적인 안정을 나타내는 차원
④ **사회학습 이론** : 개인의 행동은 사회적 학습의 기능이고 상황에 대처하는 힘으로 환경의 제약에 모순되지 않게 행동하기 위하여 습득한 바에 따라 행동한다.
   ㉠ 특정한 상황에서 개인의 행동은 상황의 특징, 상황에 대한 개인의 평가 및 그와 비슷한 상황에서 한 행동에 대한 과거의 강화에 달려 있다고 봄
   ㉡ 동기적 특성들보다는 인지적 발달과 사회적 학습경험에서의 개인차를 중요시하며, 환경적 조건과 상호작용하여 행동에 영향을 줌

(3) 성격의 측정

① **특성과 상태의 측정**
   ㉠ 상태-특성불안 검사 STAI[스필버거(Spielberger) 등, 1970]
   ㉡ 주의대인관계유형 검사 TAIS[니드퍼(Nideffer), 1976]
   ㉢ 무드상태 프로파일 POMS[맥네어(McNair) 등, 1971]
   ㉣ 아이젠크성격 검사 EPI[아이젠크(Eysenck), 1968]
② **질문지법** : 구조화된 질문지를 피험자에게 주고 자기보고식 방법으로 각 문항에 체크하는 것으로써 관리하기 편하고 수량화하기에도 용이
   ㉠ 미네소타 다면적 인성 검사(MMPI)
   ㉡ 카텔(Cattell)의 성격요인 검사(16PF)
   ㉢ 아이젠크(Eysenck)의 성격차원 검사(EPQ)

③ **투사법** : 피험자에게 무엇을 검사하려는지 알 수 없는 애매한 자극을 제시하고 그에 대한 반응을 분석함으로써 피험자의 성격을 파악하는 방법
  ㉠ 로르샤하 검사 : 잉크의 얼룩이 무엇으로 보이는지를 검사하여 그 사람의 성격이나 정신내부의 상태를 알아내려는 방법
  ㉡ 주제통각 검사 : 인물, 상황 등 애매한 장면이 그려져 있는 그림판을 제시하여 과거, 현재, 미래에 대한 이야기를 하게 하여 이야기에 나타난 욕구, 행동의 체계와 수준, 행동의 종류, 행동의 결말 등을 단서로 하여 판정하는 방법
  ㉢ 문장완성형 검사 : 언어를 이용하여 개인의 욕구와 감정 그리고 무의식적인 경향 등을 파악하는 방법

> **개념 PLUS**
>
> **평정척도**
> 사전에 여러 가지 질문을 준비하여 피험자 수준에 맞는 단계를 평정하는 방법으로 주로 인터뷰와 관찰법을 사용한다.

(4) 성격과 경기력과의 관계

① 선수와 비선수의 성격특성
  ㉠ 단체운동선수 : 추상적인 사고를 덜하며 외향적 성격이 더 강하고, 종속적이며 선수의 자아강도가 낮음
  ㉡ 개인운동선수 : 객관성이 높고 독립성이 강하며, 불안수준이 낮고 추상적 사고를 덜 함
② 여자선수의 성격특성
  ㉠ 윌리엄스(Williams) : 여자선수와 남자선수의 성격특성의 차이와 동일한 양상의 성격차이가 있음을 발견
  ㉡ 우수여자선수는 일반여성과 비교하여 더 성취 지향적이고 독립적이며, 공격성이 강하고 정서적으로 안정되어 있으며 단호한 성격을 소유
③ 우수선수와 일반선수의 성격특성
  ㉠ 윌리엄스(Williams)의 대학농구선수 중 주전선수와 후보선수 및 일반학생의 성격특성 조사 결과
    • 주전선수 : 후보선수와 일반학생들과 비교하여 지적능력이 높고 자기 통제력이 강함
    • 후보선수 : 정서적 안정성이 낮음
  ㉡ 캐인(Kane)의 조사에서 영국의 프로축구선수 100명과 일반축구선수들의 성격을 비교해 본 결과 프로선수들은 일반선수들과 비교하여 정서적으로 안정된 상태이며, 더 외향적 성향이 강하고 자기 통제력이 강함

2 정서와 시합불안

(1) 재미와 몰입

① 재미의 개념
- ⊙ 재미는 운동에 참여하는 경험에서 개인이 느끼는 긍정적 정서반응을 말하며 즐거움과 좋아함 같이 보편적인 느낌을 나타내는 운동 체험에 대한 반응을 말함
- ⓒ 운동참여 요인 : 운동에 대한 흥미와 동기유발이 되는 경우 운동에 지속적 참여를 이끌어 낼 수 있음

② 몰입의 개념
- ⊙ 어떤 스포츠에 지속해서 참가하는 개인의 욕구와 결심을 표현하는 심리적 구조를 말하며 스포츠에 참가하기 위한 애착의 심리상태
- ⓒ 몰입의 구성요소 : 분명한 목표의식과 즉각적인 피드백, 기술 습득과 도전의 균형, 과제에 대한 집중력, 활동과 인식의 통합, 자아의식의 상실, 시간 감각의 왜곡, 통제감, 자기목적 경험

(2) 정서의 모형과 측정

① 정서의 정의 : 정서란 주관적인 느낌으로 기쁨과 슬픔, 유쾌함 불쾌함, 공포, 즐거움 등을 말함

② 정서의 분류
- ⊙ 혼합관점
  - 정서를 기본정서와 혼합정서로 구분
  - 정서의 분류개념은 원소주기율의 개념과 유사함
  - 플러칙(Plutchik)의 8가지 기본정서 : 두려움, 놀람, 슬픔, 혐오, 분노, 예견, 기쁨, 수용
  - 플러칙의 구조모형 : 강도차원, 유사성 차원, 양극성 차원
- ⓒ 차원관점
  - 정서가 기본정서로 환원되는 것이 아니라 비정서적인 몇 개의 차원들로 환원
  - 모든 정서가 쾌-불쾌와 각성-비각성의 두 차원으로 이루어진 평면상의 좌표로 표현

③ 정서의 측정 : 자기보조 측정, 생리적 측정, 얼굴표정 측정, 뇌기능 측정 등

(3) 불안의 측정

① 불안의 개념 : 불안은 신체적 각성을 고조하는 주관적인 감정으로 불쾌감 또는 짜증감을 동반하는 부정적 정서 상태로 정의

[불안과 유사개념]

개 념	정 의
각 성	깊은 수면에서 극도의 흥분에 이르는 연속선상에서 변화하는 일반적인 생리적, 심리적 활성화 상태

상태불안	일시적인 상황적 측면이 강한 개념. 즉, 상황에 따라 다양하게 변화하는 정서 상태로서 자율신경계의 활성화와 관련된 주관적이고 의식적으로 지각된 공포, 우려 및 긴장감을 지닌 일시적이고 지속적으로 변화하는 정서 상태로 정의. 또한 상태불안은 인지적 상태불안과 신체적 상태불안으로 분류됨
특성불안	어떤 사람의 성격의 한 측면으로서 개인적 특성 및 기질. 즉, 객관적으로 위협적이지 않은 상황에서도 그것을 위협적으로 지각하여 객관적 위협의 정도와 관계없이 상태불안 반응을 나타내는 행동경향
경쟁불안	스포츠 경기상황에서 경쟁과정에 수반하여 나타나는 불안의 한 형태. 개인의 요인과 관련하여 외부의 자극을 어떻게 받아들이느냐에 따라 경쟁불안의 수준이 결정. 또한 경쟁불안은 경쟁특성불안과 경쟁상태불안으로 분류되며 경쟁상태불안은 인지적 상태불안과 신체적 상태불안으로 분류됨
인지적 상태불안	상황에 따라 변하는 걱정이나 부정적 생각
신체적 상태불안	상황에 따라 변하는 지각된 생리적 반응

② 불안의 측정
  ㉠ 자기보고식 측정 방법(Self-report)
    • 테일러(Taylar)의 표출불안척도(MAS)
    • 스필버거(Spielberger)의 상태-특성불안척도(STAI)
    • 마튼스(Martens)의 스포츠경쟁불안척도(SCAT, CSAI-2)
  ㉡ 생리적 측정 방법
    • 뇌파검사(EEG) : 두피에 전극을 붙여 뇌의 전기적 활동을 기록하는 검사
    • 피부전기저항(GSR) : 피부에 전류를 통했을 때 체표부위에 생기는 전기저항을 측정
    • 심전도(EKG) : 심장의 박동에 따라 심근에서 발생하는 활동 전류를 체표면의 적당한 2개소로 유도해서 전류계로 기록할 수가 있는데 이와 같이 얻어진 심근 활동전류의 기록을 측정
    • 근전도(EMG) : 골격근의 전기적 활동을 표면 전극 또는 침전극으로 검출하여 기록을 측정
    • 기타 : 발한율(Palmar Sweat Index), 심박수, 혈압, 안면근육 패턴을 조사하는 방법
  ㉢ 불안의 심리적 척도
    • 표출불안척도(MAS ; Manifest Anxiety Scale) : 일상생활에서 높은 불안수준을 보이는 사람의 정서적 반응의 정도는 선천적인 욕구 수준을 보이는 가정하에 타고난 특성으로의 불안을 측정하는 것
    • 상태-특성불안척도(STAI ; State-Trait Anxiety Inventory) : 상태불안과 특성불안을 동시에 측정할 수 있는 간편한 자기보고형 단일척도로 정신적 이상이 없는 성인의 불안 현상을 조사하기 위한 도구로 제작
    • 스포츠경쟁불안척도(SCAT ; Sports Competitive Anxiety Test) : 스포츠경쟁불안을 측정할 수 있는 도구로 제작
  ㉣ 행동적 척도 : 행동적으로 나타나는 불안의 증상 또는 어떤 과제의 수행상태를 측정하여 수행차에 근거해 불안상태를 파악하는 방법

(4) 스트레스와 탈진

① 스트레스 : 적응하기 어려운 환경에 처할 때 느끼는 심리적·신체적 긴장 상태를 의미하며 긍정적인 스트레스와 부정적인 스트레스로 구분하여 모든 스트레스를 부정적으로 받아들일 필요가 없다는 주장도 있다(셀리, 1974).
  ㉠ 스트레스 반응 : 적절한 환경이 제공되지 못하거나 개인의 능력이 환경적 요인을 감당하기 어려울 때 발생하며 근육의 피로도가 높거나 과도한 훈련 등에 의해 나타남
  ㉡ 운동과 스트레스
    - 유산소 운동을 지속하는 사람은 그렇지 않은 사람과 비교해 심리적인 스트레스에 대해 덜 민감하게 반응
    - 단기적으로 운동을 하는 것보다 오랜 시간 운동을 지속하는 사람이 효과가 큼

② 탈 진
  ㉠ 개념 : 어떠한 활동에 신체가 완전히 지쳐버린 상태로 운동탈진은 극한의 운동수행을 요하는 훈련과 필요하지 않은 요소를 적절히 해결하지 못해서 발생하는 심리적·생리적으로 지친 반응을 말함
  ㉡ 탈진의 원인
    - 인간소외
    - 개인의 성취감 감소
    - 고 립
    - 정서적·신체적 운동 탈진

(5) 경쟁불안과 경기력 관계 이론

① 욕구 이론
  ㉠ 개인의 운동수행 : 불안이 향상됨에 따라 운동수행이 비례적으로 증가(스펜스, 1956)
  ㉡ 욕구 이론의 제한점
    - 운동수행연령을 정확하게 측정하기 어려움
    - 복잡하고 어려운 기술을 요하는 운동 과제를 설명하기에는 불충분함

② 적정수준 이론(역U 가설)
  ㉠ 개 념
    - 불안이 증가할수록 운동수행은 증진
    - 적정수준의 각성상태에서 운동수행이 극대화
    - 각성수준이 더욱 증가하여 과각상태가 되면 수행은 저하
  ㉡ 현장 적용을 위한 고려 사항
    - 개인의 특성불안 수준
    - 수행자의 과제에 대한 학습단계
    - 과제의 난이도

③ 최적수행지역 이론
  ㉠ 선수들의 상태불안 수준의 개인차가 매우 큼
  ㉡ 최고의 수행을 발휘하는 데 있어서 자신만의 고유한 불안 수준이 있다는 개념
④ 다차원적 불안 이론
  ㉠ 인지적 불안
    • 초조함이나 걱정과 같은 감정으로 운동수행에 부정적 영향
    • 인지적 불안 수준이 높은 경우 인지재구성 훈련과 같은 인지적 방법으로 불안을 감소
  ㉡ 신체적 불안
    • 생리적 각성 상태가 적정 수준이면 운동수행에 긍정적인 영향을 줌
    • 신체적 불안 수준이 높은 경우 점진적 이완 기법을 사용
⑤ 격변 이론(카타스트로피 이론)
  ㉠ 개 념
    • 신체적 불안과 운동수행의 관계가 인지적 불안이 낮을 경우에만 역U자 형태를 이룸
    • 인지적 불안 수준이 높을 경우 신체적 불안이 어느 수준에 이르면 수행에 급격한 변화를 초래함
  ㉡ 불안의 두 차원을 따로 분리한 다차원 이론보다 실제 불안 현상을 더 타당하게 설명할 수 있음
⑥ 전환 이론
  ㉠ 자신의 각성수준은 어떻게 해석하느냐에 따라 각성과 정서의 관계가 달라짐
  ㉡ 각성을 어떻게 받아들이느냐에 따라 부정적일 수도 있고 긍정적일 수도 있음
  ㉢ 우수한 선수일수록 경기 중 불안한 상황에서 긍정적으로 해석
  ㉣ 불안의 개인차를 이해하는 데 많은 공헌을 함

(6) 불안, 스트레스 관리 기법
  ① 불안의 조절 기법
    ㉠ 자신이 조절할 수 있는 것에 주의집중하기
    ㉡ 마음속으로 연습하기
    ㉢ 최악의 시나리오를 생각해보기
    ㉣ 활동성을 유지하기
    ㉤ 인지적 전략을 활용하기
  ② 불안의 해소 기법
    ㉠ 명 상
    ㉡ 자생훈련법
    ㉢ 점진적 이완훈련
    ㉣ 생체피드백 훈련
    ㉤ 심상훈련

③ 스트레스 관리 기법
  ㉠ 스트레스원의 변화
  ㉡ 사고의 변화
  ㉢ 지각유형에 따른 관리 기법
    • 심상을 수반한 인지적 리허설
    • 자율이완훈련
    • 긍정적 혼잣말
    • 점진적 근육이완
    • 복식호흡
    • 심상을 수반한 인지적 리허설
    • 적절한 운동

3 동 기

(1) 동기의 개념

어떤 목표를 향해서 행동을 시작하도록 하는 내적 과정을 말한다. 이는 인간이 취하는 행동의 근원적 이유를 설명하려는 개념으로 구체적으로 왜 특정의 행동을 선택하고 일정한 방향과 강도를 가지고 지속하느냐에 관련된 문제를 설명하기 위한 심리학적 개념으로 인간 행동의 선택, 방향, 강도 및 지속을 결정지어 주는 심리적 요인이 있다.

① **외적 동기(Extrinsic Motivation)** : 힘의 근원이 외부에서 오는 자극에 있다는 입장으로 외적 보상에 의하여 통제되는 동기를 말한다.
② **내적 동기(Intrinsic Motivation)** : 외부에서 오는 자극 없이 순수하게 기쁨과 만족감을 추구하고자 스스로 활동에 참여하는 것을 의미하며, 운동 자체 속에서 유능감(Competence)과 자결성(Self-determination), 관계성(Relatedness)과 관계된 동기를 말한다.
③ **무동기(Amotivation)** : 무력감과 유사하며, 행동과 결과 사이에 어떤 기대도 할 수 없는 상황으로 운동의 지속 여부와 참여 이유도 없고 보상에 대한 관심이 없는 상태이다.

(2) 동기유발의 기능과 종류

① 동기유발 기능
  어떠한 행동이 발생될 경우 시작에서부터 끝날 때까지의 과정을 설명하기 위해 상정된 가설적 구성체라고 할 수 있다.
  ㉠ 시발기능 : 행동을 일으킴
  ㉡ 선택기능 : 무조건적이 아닌 특수한 반응을 설정
  ㉢ 지향기능 : 행동의 목표에 방향을 설정
  ㉣ 강화기능 : 목표에 도달할 경우 그 행동의 재현 가능성을 높임

② 동기유발 종류 : 머레이(Murray)동기의 특성에 따라 분류
  ㉠ 평형상태 동기(Homeostatic Motive) : 기아, 갈증, 수면 등(고통의 회피)
  ㉡ 정서 동기 : 외적으로 환기되는 특수한 동기(스포츠를 통해 경험되는 흥분이나 희열)
  ㉢ 내인적 동기
    • 활동성 동기 : 신체를 활발히 움직이려는 행동
    • 감성 동기 : 무료함을 탈피하고 자극을 요함
    • 호기성 동기 : 새로운 기술을 경험하고 기술의 복합성을 찾음
  ㉣ 사회적 동기 과제
    • 성취 동기 : 목표를 설정하여 성공하기를 원함
    • 친화성 동기 : 우정이나 애정으로 우호관계를 형성
    • 공격과 방어 동기 : 공격과 방어 등의 경쟁 속에서 형성
    • 사회적 동기 : 칭찬과 존경을 받으며 경기의 결과로 얻어지는 인정과 자율, 굴욕 등의 스포츠와 관련된 동기

(3) 동기 이론

인간 행동의 근본적인 원인과 이유를 본능(Instinct), 욕구(Drive), 유인(Incentive), 동인(Motive) 등 어느 것으로 보느냐에 따라 서로 다른 이론이 있을 수 있다.

① 내적 동기 이론
  ㉠ 인지평가 이론 : 유능성과 자결성이 높아지면 내적 동기의 증가
  ㉡ 통제적 측면
    • 내적 : 자결성 증가하면 내적 동기가 증가
    • 외적 : 자결성이 감소하면 내적 동기도 따라서 감소
  ㉢ 정보적 측면
    • 긍정적 : 유능성이 증가하면 내적 동기가 증가
    • 부정적 : 유능성이 감소하면 내적 동기가 감소
  ㉣ 외적 보상과 내적 동기 : 외적 보상은 통제적 측면과 정보적 측면으로 나눌 수 있음
② 귀인 이론(Attribution Theory) : 사람들이 성공과 실패의 원인이 무엇이라고 생각하는지를 다룬다. 쉽게 말해 성공과 실패의 원인이 무엇 때문인지를 규명하는 분야라 할 수 있다.
  ㉠ 귀인의 차원스포츠에서 귀인이론을 처음 소개한 학자는 와이너이다. 귀인은 실제로 수없이 많은 사건의 원인을 다음 3가지 차원으로 묶을 수 있다.
    • 안정성(Stability) : 사건의 원인이 안정적인지 불안정한 것인지를 말함
    • 인과성(Causality) : 내적 요인과 외적 요인으로 구분
    • 통제성(Control) : 사건의 원인이 개인이 통제가 가능한지 불가능한지를 말함
  ㉡ 와이너의 3차원 분류 : 주요 귀인개념에는 개인능력(Ability), 개인노력(Effort), 과제난이도(Task Difficulty), 운(Luck) 등이 포함되며 일반적인 특성은 다음과 같다.
    • 개인능력은 내적이며, 안정적이고, 통제가 불가능하다.
    • 개인노력은 내적이며, 불안정하고, 통제가 가능하다.

- 과제난이도는 외적이며, 안정적이고, 통제가 불가능하다.
- 운은 외적이며, 불안정적이고, 통제가 불가능하다.

③ 성취 목표 성향 이론(Achievement Goal Orientation Theory) : 내적 동기의 향상 전략
  ㉠ 성공 경험
    - 성공 경험이 많아질수록 자신의 능력에 대한 자신감이 높아짐
    - 어린 선수들의 농구골대를 낮추는 것은 성공 경험의 기회를 많이 주는 한 방법
    - 연습할 때 모든 사람들이 성공 경험을 겪도록 하면 유능성의 느낌이 높아짐
    - 어린 선수들이 잘했을 경우 긍정적인 피드백을 자주 줄 필요가 있음
  ㉡ 언어적·비언어적 칭찬
    - 남을 자주 칭찬
    - 칭찬은 긍정적인 피드백을 제공, 지속적인 노력의 촉매역할을 함
    - 후보 선수, 운동재능이 없는 학생들에게 칭찬은 더욱 중요
    - '잘했다'라는 말과 따뜻한 격려는 생각보다 큰 효과가 있음
  ㉢ 연습 내용과 순서의 변화
    - 운동연습을 잘못하면 지루한 느낌을 줌
    - 연습의 단조로움을 극복하기 위해 연습의 내용과 절차를 변화시킬 필요가 있음
    - 공격선수와 수비선수의 역할을 서로 바꿈
    - 기술연습과 연습게임의 순서를 바꿈
    - 연습의 재미를 느끼게 하며 동료선수를 이해하는 기회를 가질 수 있음

(4) 귀인과 귀인훈련

① 귀인 이론 : 발생한 사건의 원인을 어떻게 생각하는가, 무엇으로 지각하는가에 따라 개인의 동기에 차이가 발생한다는 이론으로 승리와 패배의 원인을 인과성, 안정성, 통제성 세 가지 차원으로 분석한다.
② 귀인훈련 : 성공의 원인을 자신의 능력에서 찾으려고 하고 실패의 원인을 자신의 노력 부족이나 전략적인 실수 때문이라고 생각하도록 귀인을 바꾸는 것은 자신감을 높이기 위함이다.

(5) 동기유발의 방법

① 행동수정 전략
  ㉠ 의사결정의 단서를 제공
  ㉡ 운동 출석률을 제시
  ㉢ 출석에 따른 보상
  ㉣ 운동기능향상에 대한 피드백
② 인지행동 전략
  ㉠ 목표 설정
  ㉡ 계약서 작성

ⓒ 운동일지 작성
　　　ⓔ 운동 강도 모니터링
　③ 내적 동기 전략
　　　㉠ 재미를 제공하고 몰입 체험을 유도
　　　㉡ 꿈을 설계하고 이루려는 과정에서 얻어지는 기쁨을 유도
　　　㉢ 목표를 설정하고 목표를 이루었을 때 발생하는 성취감
　④ 기타 전략
　　　㉠ 건강신념 모형 : 운동실천으로 얻는 혜택을 인식시킴
　　　㉡ 계획행동 이론 : 운동방해요인에 대한 대책을 마련
　　　㉢ 자기효능감 이론 : 자기효능감을 높임
　⑤ 동기유발의 구체적인 방법
　　　㉠ 목표설정의 명확화
　　　㉡ 결과의 지식을 활용
　　　㉢ 성공과 실패의 경험을 부여
　　　㉣ 상벌의 활용
　　　㉤ 사회적 동기의 활용
　　　㉥ 내인적 동기의 활용

개념 PLUS

링겔만 효과(Ringelmann Effect)
집단의 인원수가 늘어날수록 개개인의 공헌도가 낮아지는 현상으로 집단 인원수의 증가가 집단의 역량과 비례하지 않는다는 사실을 말해 준다.

4 목표설정

(1) 목표설정의 개념
① **목표설정의 정의** : 목표설정은 특정한 시간 내에 과제에 대해 정해진 효율성의 기준을 성취하는 것이다. 목표는 내용과 강도의 속성을 갖고 있다.
② **목표설정의 이점(로크와 라댐, 1985)**
  ㉠ 목표는 기술이 수행되는 동안 중요한 요소에 주의를 집중하게 한다.
  ㉡ 목표는 선수를 노력하게 한다.
  ㉢ 목표는 선수의 인내심을 지속시킨다.
  ㉣ 목표는 선수의 새로운 학습전략을 개발하도록 촉진한다.

(2) 목표설정의 원리
① 가능하면 참여자가 직접 측정할 수 있고 실제 행동에 옮길 수 있는 구체적인 목표를 설정
② 참여자에게 어느 정도 어려워 도전감을 주는, 그러나 실제적으로 달성할 수 있는 목표를 설정
③ 장기목표와 함께 단계적 단기목표들도 반드시 함께 설정
④ 남과의 비교보다는 자신의 수행향상에 관한 목표를 설정
⑤ 참여자의 목표에는 수행이나 기록에 관한 목표 외에 행동 등에 관한 목표도 함께 수립
⑥ 목표를 달성할 수 있는 구체적인 전략을 명시
⑦ 목표달성의 진척 상황을 자주 참여자에게 이야기해줌
⑧ 목표달성에 주위의 모든 사람이 참여자의 목표를 확실히 이해, 인식하고 적극적으로 지원
⑨ 한꺼번에 너무 많은 목표를 세우는 것은 지양
⑩ 참여자가 목표를 자발적으로 수용하도록 하는 데 유의
⑪ 목표가 현실적으로 달성 불가능하다고 판단될 때에는 적극적으로 수정

> **개념 PLUS**
> 목표설정은 구체적이며 실현가능성이 높아야 하며 자발적으로 수용할 수 있도록 해야 한다.

(3) 목표설정의 실제
① **준비단계** : 단체로 목표설정 훈련을 실시하는 경우 지도자는 상당시간을 투자하여 목표설정에 관한 사전 준비를 해야 한다.
② **교육단계** : 지도자가 팀의 목표와 개개 선수들의 요구에 대한 파악을 끝내면 팀 전체를 대상으로 한 목표 설정 오리엔테이션을 진행한다.
③ **평가단계** : 목표를 설정하고 실천에 옮기기 시작하면 목표의 달성 여부를 주기적으로 평가한다.

5 자신감

(1) 자신감의 개념
① 주어진 과제에 대해 성공적으로 해낼 수 있다는 마음상태를 의미한다.
② 웨인버그와 굴드(1995)는 자신감을 성공에 대한 확신이라고 하였다.

(2) 자신감 이론
① **자기효능감 이론** : 특수한 상황에서의 성공에 대한 기대감으로 당면한 과제를 해결하기 위해 다양한 지식과 기술을 상황에 맞게 조직하고 행동으로 옮기는 능력에 대한 믿음
② **유능성동기 이론**
  ㉠ 동기지향성 : 특정한 과제에 대해 흥미를 느끼고 해볼 만한 가치가 있다고 느끼는 정도
  ㉡ 지각된 유능성 : 특정한 과제와 관련된 자부심의 정도
  ㉢ 통제감 : 특정한 과제의 성공과 실패에 관한 책임감의 인식 정도
③ **스포츠 확신모델** : 개인이 스포츠에서 성공적이기 위해서 그들 능력에 대하여 가지는 믿음이나 확실한 정도

(3) 자신감을 향상하는 방법
① 자신감 있는 선수들의 특징
  ㉠ 모든 일을 긍정적으로 바라봄
  ㉡ 정서적으로 안정되어 있음
  ㉢ 자신의 일은 스스로 처리함
  ㉣ 호기심이 많아 무엇이든 알고 싶어 함
  ㉤ 매사에 능동적이며 적극적인 성향
  ㉥ 용기가 있음
② 웨인버그와 굴드의 자신감을 발달하는 방법
  ㉠ 성공적인 경기수행 : 자신감 증대와 성공적인 행동 유도
  ㉡ 자신감 있는 행동 : 더욱더 자신감을 상승함
  ㉢ 자신감 있는 생각 : 긍정적인 생각과 태도는 자신감 향상과 직결
  ㉣ 심상 : 자신감 발달의 중요한 심리적 기술
  ㉤ 신체의 상태 : 체력이 강한 선수는 자신감이 더 높음
  ㉥ 마음의 준비 : 어떤 일을 수행하기 전에 충분한 준비는 자신감을 높임

6 심상

(1) 심상의 개념과 유형
① 심상의 개념
- ㉠ 심상은 모든 감각을 동원하여 마음속으로 어떤 경험을 떠올리거나 새로 만드는 것이다(빌리와 왈터, 1993).
- ㉡ 실제 어떠한 일을 겪지 않고도 이미지를 상상하고 느끼고 소리 등을 마음속으로 떠올릴 수 있다.
- ㉢ 심상훈련이란 심상을 통제하면서 체계적으로 이용하는 방법을 배우는 과정이라고 할 수 있다.

② 심상의 유형
- ㉠ 내적 심상 : 자신의 신체가 직접적으로 운동을 수행하는 것처럼 느끼는 것
- ㉡ 외적 심상 : 외부 관찰자의 시점에서 자신의 수행 모습을 보는 것과 같은 시각

(2) 심상의 이론
① 심리신경근 이론 : 심상이 실제 동작을 하는 것과 유사하게 근육이 어떠한 반응을 하여 근육의 운동기억을 향상해 준다는 이론이다.
② 상징학습 이론 : 심상이 어떤 동작을 뇌에 부호로 만들어 그 동작을 보다 잘 이해할 수 있도록 하거나 자동화해 준다는 이론이다.
③ 심리생리적 정보처리 이론 : 다른 용어로 생물정보이론(Bioinformational Theory)이라고 한다. 심리생리적 정보처리 이론에서 심상 또는 이미지는 기능적으로 만들어져 뇌에 장기기억에 저장되어 있는 구체적인 전제이다.
④ 심리기술향상 가설 : 스포츠심리학자들이 제기한 가설이며 심상은 심리기술 발달에 영향을 미치는 역할을 한다는 주장이다.

(3) 심상의 측정과 활용
① 심상의 측정 : 마튼스(Martens, 1987)가 개발한 스포츠심상 질문지 'Sport Imagery Questionnaire'로 측정
- ㉠ 질문지는 스포츠 상황을 상상하는 능력을 시각, 청각, 운동감각, 기분상태, 조절력으로 세분화하여 측정
- ㉡ 질문지 분석을 통해 심상기술의 장단점을 파악
- ㉢ 질문지를 토대로 프로그램에서 강조되어야 할 영역을 결정

② 심상의 활용
- ㉠ 연습 전후
  - 선수들이 장시간 집중하기 어려우므로 10분 정도 심상을 하는 것이 좋음
  - 연습 전에 집중력을 높임
  - 연습이 끝난 직후에 연습한 기술과 전략에 대해 복습의 목적으로 심상

ⓒ 시합 전후
    - 실제 시합에서 어떻게 할지에 대해 마음속으로 상상하면 시합에 대한 집중력이 높아짐
    - 동작이나 상대에 대한 반응을 섬세하게 다듬을 수 있음
    - 시합 이후에 성공적인 장면을 연상하고 그 장면을 선명하게 조절할 수 있도록 연습하면 그 동작에 대한 청사진이 더욱 뚜렷해짐
  ⓒ 휴식 시간 : 다음 연습이나 시합에 대비
  ⓔ 부상 기간 : 부상 기간 동안 회복에 대한 긍정적인 장면을 떠올리면 부상 회복에 도움이 됨
③ 심상훈련에 필요한 요소
  ⊙ 적합한 장소를 마련
  ⓒ 편안한 상태에서 활용
  ⓒ 훈련에 대한 충분한 동기와 확신이 필요
  ⓔ 선명하고 마음대로 조절이 가능한 상을 만듦
  ⓜ 영상이나 녹음파일 제작
  ⓑ 실제로 걸리는 시간과 동일한 속도로 상상
  ⓢ 심상일지를 기록

7 주의집중

(1) 주의집중의 개념

스포츠 현장에서 심리기술은 집중력 향상에 꼭 필요한 부분이다. 축구경기의 연장전이나 마라톤의 후반 상황과 같은 체력적으로 힘든 상황에서 집중력과 강한 정신력은 중요한 요소이다.

① 주의와 집중
  ⊙ 주의 : 특별한 상황이나 대상을 선정하는 능력
  ⓒ 집중 : 가장 효율적으로 주의를 유지하는 능력
② 주의의 세 가지 특성
  ⊙ 주의 용량 : 스포츠나 운동 상황에서 매순간 주의와 집중을 요하게 된다. 대부분의 인간이 한 번에 여러 가지 상황들을 주시하며 해결하는 것은 제약이 따른다. 운동을 수행하는 과정에서 인간이 주의를 하며 문제나 상황을 해결하기 위한 용량이 제한되어 있다.

> **개념 PLUS**
>
> **자동적 처리**
> 운동수행이나 동작을 할 때 의식적으로 주의를 기울이지 않고 평소 연습을 통하여 만들어진 무의식적인 상황에서 동작이나 기술을 수행하는 것이다. 운동수행능력의 수준과 별개로 반복적인 연습이 필요하다. 이것은 주의 용량의 한계를 반복적인 연습을 통해 충분히 극복할 수 있도록 만들어 준다.

ⓒ 주의 준비 : 운동선수들은 시합 시작 전에 어떤 것에 주의를 기울여야 할지 생각해야 한다. 여기서는 운동수행수준을 높이기 위해 적정 각성수준에 이해가 필요하다.
- 높은 각성수준 상태 : 라이벌 관계의 선수와 경기를 하는 상황에서 선수들은 극도의 불안감으로 인해 주의집중력과 판단력에 방해를 받게 되면 선수의 주의가 좁아지며 성공적으로 운동을 수행하는 데 실패하게 된다.
- 낮은 각성수준 상태 : 낮은 각성수준 상태일 때 주위 상황을 인지하는 능력이 빨라지며 정보를 처리하는 능력이 떨어지므로 운동수행에 충분한 능력을 발휘하기 어렵다.

ⓒ 주의 선택 : 선수들이 주의 집중할 대상이나 목표를 선정하는 것을 말하며 엘리트 선수와 아마추어 선수는 확연한 차이가 있다.
- 엘리트 선수 : 엘리트 선수는 불필요한 다른 정보들을 효율적으로 배제하고 더욱 효과적으로 주의를 기울일 수 있다.
- 아마추어 선수 : 아마추어 선수는 프로선수나 정상급의 선수와는 다르게 적절하지 못한 방법으로 주의 전략을 사용한다.

(2) 주의집중의 유형과 측정

① 주의집중의 유형 : 주의집중은 범위와 방향에 따라 넓은-외적, 넓은-내적, 좁은-외적, 좁은-내적 주의 등으로 분류할 수 있다.
  ㉠ 넓은 주의집중 : 시합이나 경기 중에 선수는 넓은 주의집중에서 시합의 상황을 판단하고 이에 맞는 계획을 수립한다.
  ㉡ 좁은 주의집중 : 시합이나 경기 중에 선수는 좁은 주의집중에서 시합의 상황을 판단하고 최적의 심리상태를 유지할 수 있다.
  ㉢ 내적 방향 : 시합이나 경기 중에 선수는 주의집중을 신체모니터링, 감각기능의 집중과 같이 초점을 내부 방향으로 향하도록 하는 것을 말한다.

[주의집중의 4가지 유형별 세부내용]

주의집중 유형	내 용
넓은-외적 주의집중	상황적 판단
넓은-내적 주의집중	분석 및 계획수립
좁은-외적 주의집중	1~2개의 외적 단서에 초점
좁은-내적 주의집중	심리적 연습, 감정상태 조절

② 주의집중의 측정 : 현재 일반적으로 주의집중의 측정을 위해 사용되고 있는 방법은 검사지 기법, 생각추출 기법, 관찰분석법, 심리생리적 기법, 격자판 검사, 인터뷰, 실제 경기력 측정 등이 있다(한국스포츠심리학회, 2005).
  ㉠ 니드퍼(Nideffer) : 주의의 폭과 방향의 2차원적 조합에 대한 주의 측정
  ㉡ 뇌전도 검사(EEG), 심박수검사(HR), 피질의 과제 잠재력 검사(ERP)
  ㉢ 주의의 측정으로 운동선수의 주의력에 대한 강점과 약점을 인식

(3) 주의와 경기력의 관계
  ① 에첼(Etzel)의 주의집중 요소
    ㉠ 용량 : 주어진 스포츠 상황에서 과제와 관련된 정보를 처리하는 데 요구되는 정신적 에너지량
    ㉡ 지속시간 : 경계성이라고 알려진 특성으로 오랫동안 주의를 집중할 수 있는 능력
    ㉢ 융통성 : 수행자가 주의의 범위와 초점을 정하기도 하고 또 전환할 수 있는 능력
    ㉣ 선택성 : 정보의 분석적 처리 능력
  ② 운동수행과의 관계
    ㉠ 각성수준이 증가함에 따라 수행관련 단서에 주의력이 감소
    ㉡ 수행의 효율성이 떨어진다는 과제 수행 관련 단서의 질과 이들 간의 조화에 의하여 각성과 수행 간의 상호작용
    ㉢ 수행과제에서 요구되는 주의 형태와 과제의 숙련도에 따른 수행결과의 차이

(4) 주의집중 향상 기법
  ① 모의 훈련 : 경기를 위해 유니폼을 갖추어 입는 것이나 경기 중 행하는 의례적인 절차부터 경기의 진행에 이르기까지 실제경기와 똑같은 상황을 만들어 연습하는 것
  ② 과정지향 목표
    ㉠ 경기결과보다는 자신의 수행에 관련된 목표이기 때문에 스스로 통제가 가능
    ㉡ 당면하고 있는 과제를 해결하는 데 주의를 집중하도록 도움
  ③ 기능의 과학습
    ㉠ 연습은 한 가지 이상의 수행을 동시에 할 수 있도록 주의의 배분 기술을 향상함
    ㉡ 선수로 하여금 기능을 자동적으로 처리하도록 함으로써 한정된 주의용량을 넘어 더 많은 것을 처리할 수 있게 함
  ④ 주의집중 훈련 프로그램 : 스트룹 훈련이나 격자판 훈련과 같은 각종 프로그램을 사용하여 주의집중 향상
  ⑤ 신뢰 훈련 : 동작을 의식적으로 수행하려는 생각을 없애버리면 동작이 자동적으로 이루어진다는 것에 대한 신뢰를 기르기 위한 것으로 주의를 집중하는 데 있어서 자신의 기술에 대한 신뢰가 중요
  ⑥ 주의연합과 분리 전략
    ㉠ 연합 전략 : 내적인 변화에 주의를 기울이는 방법
    ㉡ 분리 전략 : 과거의 즐거웠던 일을 생각하거나 변화하는 생각에 주의를 기울이는 방법

8 루 틴

(1) 루틴의 개념과 활용

① 루틴의 개념 : 선수들이 최상의 운동수행을 발휘하는 데 필요한 이상적인 상태를 갖추기 위한 자신만의 고유한 동작이나 절차로 선수들이 습관적으로 수행하는 습관화된 동작을 말하며 시합 루틴과 수행 전 루틴으로 구분할 수 있다.
  ㉠ 시합 루틴 : 시합장에 도착하여 자신만의 특유한 행동으로 몸을 풀거나 시합을 하고, 경기장을 빠져나갈 때까지 하는 일관된 행동을 말한다.
  ㉡ 수행 전 루틴 : 일반적으로 수행 전 루틴을 루틴이라 부르며 이것은 선수가 경기를 수행하기 바로 전에 하는 습관화된 동작을 말한다.

② 루틴의 중요성
  ㉠ 선수들이 시합 전 내적, 외적 주의집중의 방해로 인해 집중력이 떨어지거나 산만해질 때 불필요한 상황을 차단시켜 준다.
  ㉡ 선수가 경기 중 다음에 일어날 상황에 대해 상기하고 친숙해질 수 있도록 해준다.
  ㉢ 일관되고 안정적인 수행을 할 수 있도록 도와준다.

③ 루틴의 적용
  ㉠ 시합 전날 밤에서부터 시합장 이동 중
  ㉡ 시합장 도착 후 준비운동을 할 때
  ㉢ 장비와 용구를 정비할 때
  ㉣ 시합 직전, 시합 중, 시합이 끝난 후

④ 루틴 적용 시 고려해야 할 사항(빌리, 2005)
  ㉠ 자신이 원하는 신체적, 정신적 느낌을 창조
  ㉡ 자신만의 리듬을 개발
  ㉢ 수행을 시연
  ㉣ 자신만의 '단서 고정화'를 개발

(2) 인지재구성의 개념과 활용

① 인지재구성의 개념 : 인지의 재구성은 부정적인 생각을 긍정적인 생각으로 대체하는 방법과 관련된 인지적인 기법으로, 자기가 걱정하고 있는 것이 과연 자신이 통제할 수 있는가를 인식한 다음 자신이 통제할 수 있는 것에 대해서만 신경을 쓰고 그렇지 못한 것은 걱정을 하지 않는 것을 말한다.

② 인지재구성의 활용 : 인지재구성의 단계
  ㉠ 인지재구성의 일반적 원리를 설명
  ㉡ 내담자 유형에 따라 각자의 비합리적인 사고를 탐구
  ㉢ 내담자 스스로 문제를 분석하게 하고 해결 방법이 무엇인지를 탐구
  ㉣ 행동의 실천 및 실제 연습을 통해 합리적인 대처 행동을 일으키는 방법을 습득

(3) 자기 암시의 개념과 활용

① 자기 암시의 개념 : 반복적으로 어떠한 관념에 대해 자신에게 일정한 암시를 주는 일을 말하며 심리적인 문제나 신체적인 문제를 개선하고자 할 경우에 사용됨

② 자기 암시의 활용
  ㉠ 야구 선수가 타석에 들어서서 공을 치기 전에 심리적인 문제를 개선하고자 방망이를 돌리며 투수의 공을 칠 수 있다는 자기 암시를 함
  ㉡ 농구 선수가 자유투를 하기 전에 심리적인 문제를 개선하고자 농구공을 바닥에 튀기며 정확하게 슛을 성공할 수 있다는 자기 암시를 함
  ㉢ 축구선수가 프리킥을 차기 전에 심리적인 문제를 개선하고자 호흡을 가다듬으며 골을 넣을 수 있다는 자기 암시를 함
  ㉣ 마라톤 선수가 시합 중 심리적 문제를 개선하고자 결승선까지 통과할 수 있다는 자기 암시를 함

04 | 스포츠수행의 사회 심리적 요인

학습목표
- 집단응집력의 개념과 응집력에 영향을 미치는 다양한 요소에 대해 학습한다.
- 리더십의 개념과 자질 향상을 위한 적절한 강화와 처벌에 대해 학습한다.
- 사회적 촉진의 개념과 요인 및 이론에 대해 학습한다.
- 사회성 발달에 대해서 학습한다.

1 집단응집력

(1) 집단응집력의 정의
집단의 구성원을 집단에 머무르도록 작용하는 힘들의 총합(페스팅어 등, 1950)이다.
① 응집력은 다차원적인 개념
② 응집력은 역동적인 것인 것
③ 응집력은 수단적인 것
④ 응집력은 정서적 측면이 포함

(2) 집단에서 사회적 태만
혼자일 때보다 집단에 속해 있을 때 더 게을러지는 현상을 말하며 다음과 같은 몇 가지 측면에서 설명할 수 있다.
① 할당 전략(Allocation Strategy) : 혼자일 때 최대의 노력을 발휘하기 위해 집단 속에서는 에너지를 절약한다는 전략
② 최소화 전략(Minimizing Strategy) : 가능한 최소의 노력을 들여 일을 성취하려는 전략
③ 무임승차 전략(Free Rider Strategy) : 집단 상황에서 개인은 남들의 노력에 편승해서 그 혜택을 받기 위해 자신의 노력을 줄인다는 전략
④ 반무임승차 전략(Sucker Effect) : 열심히 노력을 하지 않는 사람들이 무임승차를 하는 것을 원하지 않기 때문에 자신도 노력을 줄이는 전략

⑤ 사회적 태만을 방지하는 방법
  ㉠ 누가 얼마나 노력했는지를 확인할 수 있도록 한다.
  ㉡ 팀 내의 상호작용을 촉진시켜 개인의 책임감을 높인다.
  ㉢ 목표설정을 할 때 팀 목표와 개인 목표를 모두 설정한다.
  ㉣ 사회적 태만이 일어나지 않도록 대화의 창을 열어둔다.
  ㉤ 개인의 독특성이나 창의성을 발휘하여 팀에 공헌하도록 한다.
  ㉥ 일시적으로 동기가 떨어지는 것은 누구에게나 일어날 수 있다고 생각한다.
  ㉦ 포지션을 바꾸어 연습시켜 태만이 팀 전체에 미치는 영향을 깨닫게 한다.
  ㉧ 재충전을 할 수 있도록 강도 높은 훈련 뒤에는 휴식시간을 준다.

(3) 집단응집력 이론
① 스타이너 이론 : 스타이너(Steiner, 1972)는 팀에 소속된 개인이 갖고 있는 능력과 팀이 어떤 성과를 나타내는지에 관한 이론을 제시하였다.
  ㉠ 잠재적 생산성 : 팀의 구성원들이 가지고 있는 실력을 최대로 발휘했을 때 이룰 수 있는 최상의 결과
  ㉡ 과정 손실 : 조정 손실과 동기 손실 등 2가지 이유로 발생
    • 조정 손실(Coordination Loss) : 구성원 사이에 타이밍이 맞지 않거나 잘못된 전략 때문에 팀의 잠재적 생산성에 나쁜 영향을 미치는 것
    • 동기 손실(Motivation Loss) : 코치와 선수 등 팀 구성원이 자신의 최대 노력을 기울이지 않을 때 생기는 손실
  ㉢ 스타이너 이론에 따른 팀의 성적이 가장 좋은 이유
    • 과정 손실이 동일한 상태라면 필요한 자원을 더 많이 갖추고 있어야 팀의 수행이 높아짐
    • 자원의 양이 같다면 과정 손실이 적을수록 팀의 수행이 좋아짐
    • 자원의 양이 많고 과정 손실이 더 적을 때 팀의 수행이 좋아짐
  ㉣ 스포츠 종목에 따른 과정 손실의 유형
    • 축구, 배구, 농구 등과 같이 선수들 사이에 협동이 중요한 역할을 하는 상호작용 종목에서는 조정 손실이 팀의 수행에 큰 영향을 미침
    • 수영, 육상, 체조 등과 같은 공행 종목에서는 선수들 사이의 상호작용이나 협동이 그다지 요구되지 않기 때문에 이들 종목에서는 동기 손실을 막는 데 중점을 두어야 함

> **개념 PLUS**
>
> 스타이너 이론
> 집단의 실제 생산성 = 잠재적 생산성 - 과정 손실

(4) 집단응집력과 운동수행 관계

① 집단응집과 운동수행 효율성과의 관계

　㉠ 팀 응집력과 팀 성공 간의 정적인 관계에 대한 연구

볼과 캐론 (Ball & Carron)	성공적인 아이스하키팀과 농구팀이 팀워크, 친밀감, 팀 구성원에 대한 가치 등에 비추어 평가했을 때 응집력이 높았다는 것을 알아냄
아놀드와 스트라웁 (Arnold & Straub)	10개의 고등학교 농구선수 107명을 대상으로 시즌 전·후에 응집력을 측정하고 경기성적과 비교한 결과, 성공률이 높은 팀에 소속된 선수들이 낮은 팀의 선수보다 응집력이 더 높게 측정됨
마튼스와 피터슨 (Martens & Peterson)	• 시즌 전 응집력이 팀 성공에 미치는 영향 : 응집력이 높은 팀이 낮은 팀보다 승률이 높음 • 팀 성공이 시즌 후 응집력에 미치는 영향 : 성공한 팀이 실패한 팀보다 응집력이 높음

② 집단응집력과 운동수행 관계가 긍정적인 경우
　㉠ 응집력이 높으면 운동지속 실천도 높아짐
　㉡ 선수들 간의 친밀감과 경기 성적이 비례적으로 높아짐
　㉢ 집단의 응집력과 공격의 성공률은 긍정적인 상호관계

③ 집단응집력과 운동수행 관계가 부정적인 경우
　㉠ 시합 시즌 초기의 집단응집력과 팀 성적과의 관계는 거의 없음
　㉡ 구성원 간의 친밀도와 경기 결과는 긍정적인 결과만을 주지 않음

(5) 팀 빌딩과 집단응집력 향상기법

집단의 응집력을 높이기 위한 전략을 지도자와 구성원의 측면으로 나누어 설명할 수 있다.

① 지도자의 역할
　㉠ 팀 내의 갈등을 해소하도록 정기적으로 팀 회의와 모임의 기회를 갖는다.
　㉡ 개인의 노력이 팀 성공에 어떤 역할을 하는지 설명해 준다.
　㉢ 조금 어려우면서 실현 가능한 팀 목표와 개별목표를 설정하도록 선수들을 지도한다.
　㉣ 팀의 하위 단위(수비수, 공격수, 신입)별로 긍지와 자부심을 높여준다.
　㉤ 학연, 지연, 학년 등을 바탕으로 파벌을 만들지 않도록 한다.
　㉥ 다른 팀과는 다른 특별한 느낌을 갖도록 팀의 정체성을 찾아준다.
　㉦ 갑작스런 선수이동은 피한다.
　㉧ 팀 분위기를 주도하는 리더를 파악하고 긴밀한 관계를 유지한다.
　㉨ 팀 구성원의 생일이나 좋아하는 것을 미리 알고 배려해 준다.
　㉩ 실수에 대해 질책하기 전에 개인이나 팀의 긍정적인 면을 먼저 부각한다.

② 구성원의 역할
  ㉠ 연습과 시합 때 항상 100% 노력하는 모습을 보여 헌신과 전념의 모범이 되도록 한다.
  ㉡ 팀 동료를 개인적으로 이해하기 위해 힘쓴다.
  ㉢ 실수에 대해 남을 탓하지 말고 건설적인 변화의 계기로 삼는다.
  ㉣ 동료들 간에 칭찬과 격려를 많이 해 준다.
  ㉤ 갈등이나 불만이 있으면 가급적 빨리 해결하도록 한다.
  ㉥ 동료들의 일을 서로 도와서 처리해 준다.

③ 응집력 향상의 원칙
  ㉠ 명확한 집단 목표
  ㉡ 집단 구성원 모두가 수긍할 수 있고 동기를 부여할 수 있는 목표의 설정
  ㉢ 집단의 목표와 개개인의 목표의 조화
  ㉣ 의사소통의 기회 제공
  ㉤ 구성원 간의 친밀감을 형성
  ㉥ 선수와 지도자, 선수들 간의 소통이 모두 중요함
  ㉦ 공식적인 집단 구조
  ㉧ 구성원 간의 역할 분담과 명확한 집단의 규범이 필요
  ㉨ 역할 분담과 집단 규범은 공정하고 지속적일 것

④ 구체적인 실천 방안
  ㉠ 독특성 : 팀의 독특한 개성 구축(팀 명칭, 팀 티셔츠 등)
  ㉡ 개인의 위치 : 구성원의 레벨 표시, 회원의 자리를 정하고 지키게 함
  ㉢ 집단의 규범 : 공동의 목표 설정, 회원끼리 운동 파트너가 되도록 권장
  ㉣ 개인의 공헌 : 기존 회원에게 공헌할 기회 제공(목표 설정, 신입 회원 도와주기 등)
  ㉤ 상호작용 : 구성원 간의 상호 교류를 증진(예 교대로 시범을 보이는 일 등)
  ㉥ 민주적 리더십 : 지도자가 민주적인 행동을 보임
  ㉦ 외적, 내적 보상 : 성과에 따라 즉각적인 보상을 실시

2 리더십

(1) 리더십의 정의(카트라이트, 1968)
① 집단 목표를 설정하는 활동
② 집단 목표를 실현시키는 활동
③ 구성원 간의 상호작용의 질을 높이는 활동

(2) 리더십 이론
① 보편적 특성 이론
  ㉠ 리더십의 본질을 지도자의 개인적 특성에서 찾아내려는 이론
  ㉡ 훌륭한 지도자는 태어날 때부터 타고난다는 가정
  ㉢ 지도자의 신체적, 성격적, 사회적 특성과 능력에 초점을 두어 연구
② 보편적 행동 이론 : 성공적인 리더는 집단을 효율적으로 이끄는 어떤 보편적인 행동 특성을 가지고 있어서 이러한 행동 특성을 찾아내어 가르치면 어느 누구나 훌륭한 리더가 된다는 주장이다.
③ 상황적 접근 : 상황적 접근은 리더의 권위와 재량, 과제의 본질과 추종자의 능력과 동기, 리더에 대한 환경의 요구와 같은 상황적 요구의 중요성을 강조한다.

> **개념 PLUS**
> 특성 이론은 리더십이 리더의 안정적인 성격특성에 의해 결정된다는 이론이다.

(3) 리더십의 효과와 상황요인
① 리더십의 효과 : 조직 안의 구성원들과 집단들 간의 상호작용관계, 조직 문화, 집단 성격, 집단 규범, 집단 활동의 제약 조건과 이러한 요인들에 대한 인식과 태도 등에 따라 리더십의 효과가 달라질 수 있다.
② 리더십에 영향을 미치는 상황요인들
  ㉠ 당면 과제, 스포츠 유형, 팀 크기, 시간제약, 전통 등
  ㉡ 팀스포츠와 개인스포츠 상황에서 리더의 역할은 달라짐
  ㉢ 팀 구성원이 많은 경우 시간과 조정 등의 문제로 인하여 민주적 리더십 스타일은 사용하기 힘듦
  ㉣ 시간이 부족한 경우 민주적 스타일보다 권위적이며, 과제지향적인 리더십 스타일이 효과적임
  ㉤ 특정 리더십 스타일에 익숙해져 있는 경우 새로운 리더십 스타일은 큰 효과가 없을 수 있음

(4) 강화와 처벌

① 강화(Reinforcement)

㉠ 강화의 개념 : 강화는 어떤 행동이 나타난 다음 자극을 제시해 줌으로써 미래에 그 반응이 나타날 확률을 높여주는 것을 말하며, 이때 부여되는 자극을 강화물(Reinforcer)이라 한다. 강화에는 정적 강화(Positive Reinforcement)와 부적 강화(Negative Reinforcement)로 분류된다.
  - 정적 강화 : 어떤 반응의 빈도를 높이기 위해 제안되거나 주어지는 자극을 의미한다. 예를 들어 득점을 한 선수에게 '멋지다'라고 칭찬해주는 것은 정적 강화에 해당된다.
  - 부적 강화 : 불쾌하거나 고통스러운 자극을 사라지게 함으로써 긍정적인 반응의 확률을 높이는 것을 의미한다.

㉡ 긍정적 강화의 방법 : 긍정적 강화는 올바른 동작을 다시 할 수 있도록 격려하므로 보상(Rewards)의 의미를 가지고 있다. 이러한 보상을 해줄 때에는 선수에게 어떠한 보상 형태로 해줄 것인지 선택할 필요가 있다.

[선수가 가장 원하는 강화물(Reinforcer)의 유형]

유 형	사 례
사회형	• 표정 : 밝은 미소 짓기, 고개 끄덕여 주기, 윙크하기 • 손짓, 몸짓 : 박수 치기, 엄지 들어주기, 기립박수 치기 • 신체접촉 : 등 토닥여주기, 악수하기, 포옹해주기 • 개인칭찬 : 멋지다, 잘했다, 자랑스럽다고 칭찬해주기 • 기술칭찬 : 구체적 기술(포핸드 스윙, 백스윙)을 칭찬하기
활동형	• 자유 연습시간　　　　　　　　• 연습 게임 • 코치역할 대신하기　　　　　　• 시범 보이기 • 포지션 바꿔서 연습하기
물질형	• 유니폼 제작　　　　　　　　　• 트로피 • 완장(리본)
특별행사형	• 스포츠 영화 감상　　　　　　• 스포츠 시설 견학 • 단체 회식　　　　　　　　　　• 시합 관람 • 프로팀 연습훈련 참관　　　　• 선배 선수 초대 행사

㉢ 강화의 빈도와 시점
  - 효과적인 강화물을 선택한다.
  - 바람직한 행동을 찾아 강화하고 결과보다는 수행과정에 관심을 둔다.
  - 강화의 빈도는 초보자에게는 자주 하고 숙련자에게는 간헐적으로 한다.
  - 결과지식에 대해 제공한다.
  - 강화는 가능한 바람직한 반응이 일어난 즉시 해줄 때 효과가 크다.
  - 만약 강화의 기회를 놓쳤다면 이후에 꼭 그 행동에 대한 칭찬을 해주는 것이 좋다.

② 처벌(Punishment)
　㉠ 처벌의 개념 : 어떤 특정한 자극에 대한 반응이 일어날 확률을 낮추는 것을 의미한다. 처벌은 강화의 반대 효과를 가져온다. 처벌에도 정적 처벌(Positive Punishment)과 부적 처벌(Negative Punishment)이 있다.
　　• 정적 처벌 : 어떤 행동이 일어난 이후에 불쾌하거나 좋지 못한 자극을 제시하거나 부여해줌으로써 그런 행동이 다시 일어나는 빈도를 낮추는 것이다.
　　• 부적 처벌 : 이는 금지형 처벌로 어떤 반응이 일어날 가능성을 줄이기 위해서 해당 선수의 유쾌자극을 박탈하는 것이다.
　㉡ 처벌의 부정적 영향
　　• 체벌을 포함한 처벌은 선수들에게 실패 공포(Fear of Failure)를 불러일으키며 이러한 선수는 승리를 위한 노력보다는 실패를 회피하려는 동기가 강하게 나타날 수 있다.
　　• 처벌 위주의 지도는 기능 향상을 오히려 방해할 수 있으며 지나친 처벌은 선수들로 하여금 반항심과 같은 부정적 결과를 초래한다.
　　• 처벌의 효과는 예측 가능성이 낮다. 보상은 어떤 행동에 대해 지속하라는 메시지를 주지만 처벌은 지시만 있을 뿐 대안이 없다.
　㉢ 처벌지침 : 많은 스포츠 심리학자들은 선수들의 행동을 개선하기 위해 처벌과 칭찬의 비율은 '2 : 8, 1 : 9' 정도로 사용하기를 권유한다. 만약 선수의 옳지 못한 행동을 제거하기 위해서 불가피하게 처벌이 필요할 경우에는 아래와 같은 지침을 따를 필요가 있다(웨인버그와 굴드, 1995).
　　• 동일한 규칙위반에 대해서는 누구든지 관계없이 동일한 처벌을 하는 일관성을 지킨다.
　　• 사람이 아니라 행동을 처벌한다.
　　• 규칙 위반에 관한 처벌규정을 만들 때 선수의 의견을 반영한다.
　　• 신체활동을 처벌로 이용하지 않는다.
　　• 개인적인 감정으로 처벌하지 않는다.
　　• 연습 중에 실수한 것에 대해서는 처벌하지 않는다.
　　• 전체 선수나 학생 앞에서 개개 선수에게 창피를 주지 않는다.
　　• 처벌을 자주 하는 것은 좋지 않지만 필요한 경우에는 단호하게 한다.

(5) 코칭 스타일과 코칭행동 평가

① 코칭 스타일
  ㉠ 권위적 스타일
    • 승리에 관심을 가짐
    • 명령을 내리는 스타일
    • 과제 지향적
  ㉡ 민주적 스타일
    • 선수들 중심적으로 생각
    • 직접 참여하는 스타일
    • 협동적인 스타일
  ㉢ 바람직한 리더 스타일
    • 융통성이 있어야 함
    • 과제와 선수를 모두 배려

② 효율적 리더십을 위한 전략(빌리, 2005)
  ㉠ 통찰력 : 미래에 일어날 수 있는 일들을 예측하여 보이지 않은 어떤 것을 알아내는 능력
  ㉡ 대인관계 능력 : 리더로서 좋은 인간관계를 가지고 필요한 정보를 선수들에게 제공해줄 수 있는 능력
  ㉢ 조절력 : 리더십을 발휘하는 정확한 시점을 말하며 효율적인 리더십을 발휘하기 위해서는 반드시 시기를 고려하여야 함
  ㉣ 강화력 : 어린 선수들의 운동지속과 자신감 형성에 큰 영향을 주어 스포츠를 즐기고 리더에게 더 좋은 감정을 느끼도록 함

  > **개념 PLUS**
  > **강화전략을 적절하게 사용하기 위한 고려 사항**
  > • 리더의 비전, 철학, 행동 계획 등을 고려하여 사용
  > • 상호 격려와 존중을 강조
  > • 인지를 강화인자로 사용

  ㉤ 정보력 : 리더는 선수들을 위해 정확한 정보를 적시에 제공하는 역할을 하여야 함

3 사회적 촉진

(1) 사회적 촉진의 개념과 이론

① 사회적 촉진의 개념 : 타인의 존재가 과제 수행에 미치는 효과를 관중효과(Audience Effect) 또는 사회적 촉진(Social Facilitation)이라고 하며, 과제수행결과에 영향을 미치는 외적 요인 중 하나인 단순한 관중의 존재가 수행결과에 정적, 부적인 영향을 미치는 힘을 사회적 촉진의 효과라고 한다.

② 사회적 촉진 이론
  ㉠ 자기이론
    - 자기과시 동기 가설(본드, 1982) : 수행자가 관중의 존재 상황에서 자기과시를 위해 동기화 된다고 주장
    - 객관적 자기인식 이론(위클런드와 두발) : 타인의 존재가 수행자의 객관적 자기인식을 증가시킨다고 주장
    - 자기감시적 분석(계랑, 1986) : 개인은 감시 가능한 조건하에서는 타인들을 감시할 것이라고 주장
  ㉡ 사회적 추동이론 : 단순존재가설(자욘스)
    - 타인의 단순한 존재가 각성을 유발하며 이 각성이 지배적인 반응의 방출을 촉진한다는 가설을 제안
    - 단순한 관중이거나 공행자이거나 간에 타인의 존재 그 자체는 각성이나 추동을 유발시킴
    - 각성수준이 높아지면 지배적인 반응이 일어날 확률이 증가
    - 수행할 기능이 단순하거나 잘 학습되어 있다면 지배적인 반응은 정확한 반응이 되며 따라서 수행은 향상
    - 수행할 기능이 복잡하고 잘 학습되지 않았다면 지배적인 반응은 부정확한 반응이 되며 그에 따라 수행이 감소

(2) 경쟁과 협동의 효과

① 경쟁과 협동의 개념
  ㉠ 경쟁 : 둘 이상의 집단이나 사람이 어떠한 목표나 정당을 놓고 겨루는 것을 말하며, 일반적으로 한정된 자원이나 이익을 얻기 위해 한 사회나 조직에 공존하는 집단이나 개인들 사이에서 발생됨
  ㉡ 협동 : 어떠한 공통의 목적이나 목표를 달성하기 위해 개인이나 집단이 활동을 결합 또는 서로 의지하고 도우며 같이 일하는 것을 말함

② 경쟁의 구분(콘, 1957)
　㉠ 구조적 경쟁 : 상황에 관한 것을 말하며 경기의 승패의 구조와 관련(외적 요소)
　㉡ 의도적 경쟁 : 태도에 관한 것(내적 요소)
③ 경쟁과 협동의 효과
　㉠ 경쟁을 통해 상호간에 배타적인 목표를 보다 빠르게 달성
　㉡ 협동을 통해 개인이 쉽게 얻을 수 없는 목표를 보다 빠르게 달성
　㉢ 팀이나 그룹의 구성원은 다른 팀이나 그룹의 구성원과 경쟁을 통해 발전
　㉣ 협동과 경쟁의 관계에 있어서는 협동적인 측면이 경쟁적 부분보다 팀이나 사회적으로도 효과적임

(3) 모델링 방법과 효과

① 모델링 방법
　㉠ 관찰학습 : 수행자가 다른 선수의 자세를 관찰하고 모방하여 학습
　㉡ 직접 모델링 : 지도자나 자세가 좋은 선수 등의 모델이 직접 시범을 보임
　㉢ 상징적 모델링 : 비디오 영상물과 같은 시청각 자료를 통해 시범을 보임
② 모델링 효과
　㉠ 전문적인 모델과 일반적인 모델의 효과 : 지도자나 우수한 선수 등의 전문적인 모델링보다 일반적인 선수나 사람의 모델링이 더 효과가 큼
　㉡ 학습 초기 : 학습 초기에는 정확한모델 보다 실수가 다소 있는 모델과 적절한 피드백을 통해 많은 학습이 이루어짐

(4) 주요 타자의 사회적 영향

① 가족 : 가장 중요한 사회화 주관자
② 동료 집단 : 가정 밖의 친구
③ 학 교
　㉠ 공식적 사회화 기관
　㉡ 사회화 과정의 학습 기회 제공
④ 지역 사회 : 지자체가 중심이 되어 지역 주민의 생활 체육 참여를 촉진
⑤ 대중 매체
　㉠ 지식과 정보 제공
　㉡ 새로운 스포츠 소개
　㉢ 스포츠 영웅 소개
　㉣ 역할 모형 제시
　㉤ 스포츠 사회화에 중요한 역할

05 운동심리학

학습목표
- 운동의 심리적 효과에 대해 학습하고 이해한다.
- 운동심리 이론의 가설과 특성에 대해서 학습한다.
- 운동실천 중재전략에 대해서 학습한다.

1 운동의 심리적 효과

(1) 운동과 성격

① 성격 : 자신과 다른 사람을 구별하기 위한 독특한 특성들의 전체를 말함
② 운동과 A형 행동 성격
　㉠ A형 행동(Type A Behavior) 성격 : 시간의 긴급함과 과도한 경쟁심리, 쉽게 각성되는 적대감 등의 특징을 가짐
　㉡ B형 행동(Type B Behavior) 성격 : A형 행동 성격과 상반되는 특징을 가짐
③ 운동과 자기개념/자긍심 : 운동을 지속적으로 하게 되면 신체의 이미지(신체상)를 변화시킬 수 있으며, 그로 인하여 자기개념(Self-concept)과 자긍심(Self-esteem)을 높일 수 있음

(2) 운동의 심리적 효과

① 운동의 심리 효과
　㉠ 불안과 우울증
　　• 정기적으로 운동을 하면 불안과 우울증이 감소한다.
　　• 운동 형태는 유산소성의 운동이 좋다.
　　• 운동 강도는 최대심박수의 60~80% 정도가 좋다.
　　• 운동 시간은 20~30분 정도 하는 것이 좋다.
　㉡ 기분(운동과 기분 변화) : 유산소성 > 무산소성, 저강도 > 고강도, 운동 지속자 > 미운동자
　㉢ 자아개념 : 운동은 자아개념 발달에 기여, 체력 향상, 목표 성취, 신체적 행복감, 자신 경험, 자아개념에 긍정적 영향을 줄 수 있음
　㉣ 강건함 : 스트레스에 저항하거나 극복하게 하는 성격 형태로 강건한 사람의 세 가지 특성은 자신의 통제성, 목표 설정과 몰입, 긍정적 사고 있음

② 운동의 생리적 효과
  ㉠ 1회 박출량, 최대 산소섭취량의 증가
  ㉡ 신경 근육성 긴장의 완화
  ㉢ 안정기의 심박수, 스트레스 호르몬 감소
  ㉣ 엔도르핀의 발생

(3) 신체활동의 심리 측정
① 질문지
  ㉠ 자기보고식 질문지
  ㉡ 인터뷰식 질문지
  ㉢ 대리응답 질문지
② 주관적 운동 강도 척도(RPE) : 운동 강도의 주관적 측정 도구
③ 일지기록 : 하루의 운동 양과 형태에 대한 운동일지 형식으로 기록
④ 행동관찰 : 신체활동을 자신이 직접 관찰하고 기록

(4) 심리적 효과의 과정
① **열발생 가설** : 운동을 통해 체온이 상승하면 뇌에서 근육에 이완 반응을 유발하여 불안감 감소
② **모노아민 가설** : 운동을 하면 세로토닌과 노르에피네프린, 도파민 등의 신경전달물질의 분비로 감정과 정서 개선
③ **뇌변화 가설**
  ㉠ 운동 중 대뇌 피질의 혈관 밀도가 높아지게 되며 뇌 구조에 변화가 생김
  ㉡ 뇌 혈관의 변화와 혈류량 증가는 운동에 따른 인지적 혜택을 제공하게 됨
④ **생리적 강인함 가설** : 스트레스에 자주 노출되면 스트레스에 대한 적응력이 좋아지고 정서적으로 안정성이 향상되기 때문에 불안감이 감소됨
⑤ **사회 심리적 가설**
  ㉠ 운동을 하게 되면 기분이 좋아질 것이라는 기대심리로 운동 후에 플라시보 효과가 발생
  ㉡ 운동을 하면서 만나게 되는 지도자들과 동료 등의 상호작용은 심리적, 정서적 모두에게 긍정적인 영향을 가져다줌

2 운동심리 이론

(1) 합리적행동 이론과 계획행동 이론

① 합리적행동 이론 : 개인의 행동이 얼마나 열심히 하려고 하는가에 따라 직접적으로 결정된다는 것
  ㉠ 개인의 태도 : 수행결과의 효과와 관계된 신념과 결과에 대한 개인의 평가에 의해 결정
  ㉡ 주관적 규준 : 자기 자신에게 중요한 타인들의 기대에 대한 지각과 그들의 기대를 따르려는 순응동기에 의해 결정

② 계획행동 이론 : 운동행동을 설명하는 연구의 틀로 폭넓게 사용되고 있는 이론
  ㉠ 의도(Intention)
  ㉡ 태도(Attitude)
  ㉢ 주관적 규범(Subjective Norm)
  ㉣ 행동통제인식(Perceived Behavioral Control)

(2) 변화단계 이론

① 무관심, 관심, 준비, 실천, 유지의 5단계
  ㉠ 무관심 단계
    • 운동의 실천에 대한 가치를 인식하지 못함
    • 현재 운동을 하지 않고 있으며 6개월 이내에 운동을 시작할 의사가 없음
    • 운동과 관계된 행동 변화의 필요성을 거부하는 단계
  ㉡ 관심 단계
    • 혜택과 손실이 중간 정도 예상되는 단계를 말함
    • 현재 운동은 하지 않고 있지만 6개월 이내에 운동을 시작할 의사가 있음
  ㉢ 준비 단계
    • 운동을 하게 됨으로써 얻을 수 있는 혜택에 대한 인식이 커진 단계
    • 현재 운동을 진행하고 있거나 기준에는 미치지 못하는 상태
    • 30일 이내에 운동 기준에 부합하는 수준으로 시작할 의사가 있음
  ㉣ 실천 단계
    • 운동의 동기가 충분하고 적정 기준에 6개월 미만의 상태
    • 가장 불안한 단계이며 하위 단계로 떨어질 가능성이 있음
  ㉤ 유지 단계
    • 운동을 중간 정도 강도로 매일 30분씩 6개월 이상 유지하고 있는 상태
    • 운동이 안정 상태로 접어들어 하위 단계로 내려갈 가능성이 낮은 상태

② 행동 변화의 요인 : 자기효능감, 의사결정 권한의 균형, 변화의 과정

(3) 통합 이론

① 개념 : 많은 선행 이론들을 포괄적으로 수용하여 운동 지속에 영향을 미치는 요인들을 통합적으로 제시하는 이론
  ㉠ 운동을 지속하거나 멈추는 것에 대한 책임이 자신에게 있다고 봄
  ㉡ 긍정적인 운동 태도와 건강, 체력, 외모에 큰 가치를 부여하는 사람이 운동에 더 적극적
② 운동참여 요인
  ㉠ 운동 통제 소재 : 운동을 통제하는 사람이 자신인가, 타인인가의 문제
  ㉡ 운동 태도 : 운동을 긍정적으로 보는가, 부정적으로 보는가의 문제
  ㉢ 자기 개념 : 자신을 긍정적으로 보는가, 부정적으로 보는가의 문제
  ㉣ 운동의 가치(건강, 체력, 외모 등) : 운동의 가치를 어디에 두는가의 문제

(4) 사회생태학 이론

① 개인, 지역사회, 국가 수준에서 연구와 중재를 목표
② 운동과 관련된 환경이나 정책은 개인 수준을 넘는 것으로 개인의 운동에 영향을 미침
③ 개인 차원의 요인과 개인 수준을 넘는 상위 차원의 요인을 모두 고려

> **개념 PLUS**
>
> 계획행동 이론은 아젠(1985)에 의해 제안된 이론으로 운동수행을 위한 의도는 행동에 대한 태도, 주관적 규준, 행동통제지각의 세 가지 요소에 영향을 받는다는 이론이다.

3 운동실천 중재전략

(1) 운동실천의 영향 요인

① 운동실천의 개인 요인
  ㉠ 개인 배경 : 연령, 성, 직업, 교육수준, 건강상태
  ㉡ 심리적 요인 : 운동방해 요인(시간), 자기효능감, 태도와 의도, 재미, 신체이미지, 변화의 단계, 운동에 대한 지식
  ㉢ 운동특성 요인 : 운동 강도, 운동 지속시간, 운동 경력
② 운동실천의 집단 요인
  ㉠ 집단 환경
  ㉡ 집단 구조
  ㉢ 집단 과정

③ 운동실천의 환경 요인
  ㉠ 운동지도자의 영향 : 리더십 스타일
  ㉡ 운동집단의 영향 : 집단응집력
  ㉢ 사회적 지지의 영향 : 도구적 지지, 정서적 지지, 정보적 지지, 동반자 지지, 비교확인 지지
  ㉣ 물리적 환경의 영향 : 날씨, 운동시설, 접근성 등
  ㉤ 사회와 문화의 영향 : 행동, 신념, 운동 규범의 변화 등

(2) 지도자, 집단, 문화의 영향
① 지도자의 영향
  ㉠ 지도자의 행동 수정이 선수의 운동실천을 향상하는 데 효과적임
  ㉡ 적절한 상과 처벌을 부여하고 자극을 조절하는 방법이 효과적임
  ㉢ 중재전략을 어떻게 적용하는가에 따라서 운동실천에 미치는 영향이 다름
② 집단의 영향 : 공동의 목표를 지향하며 뚜렷한 집단을 형성하고 있을수록 개인차원이나 가족차원에 비해 동기부여나 운동의 지속력이 높음
③ 문화의 영향 : 사회적 지지의 영향을 많이 받을수록 운동이 지속되는 기간이 증가함

(3) 이론에 근거한 전략
① 혜택 인식
  ㉠ 건강과 체력 증진
  ㉡ 외모와 체형 개선
  ㉢ 정신적·정서적 건강 향상
  ㉣ 대인관계 개선
② 방해요인 극복
  ㉠ 실제 방해요인 : 편리성(접근성), 환경적, 생태적 요인, 신체적 제약
  ㉡ 인식된 방해요인 : 시간부족, 지루함과 흥미부족
  ㉢ 인식된 방해요인 극복 전략
    • 하루 계획에 운동 시간을 정하고 매일 같은 시간에 운동하기
    • 운동 시간을 방해하는 일들의 처리방법 배우기
    • 운동을 사치가 아닌 우선적으로 해야 할 일로 만들기
    • 다양한 즐거운 형태의 활동에 참여하기
    • 음악 맞춰 운동하기
    • 단체로 운동하기
    • 의욕적인 지도자와 함께 운동하기
③ 자기효능감 향상 : 과거 수행경험, 간접경험, 언어적 설득, 신체와 감정 상태

(4) 행동수정 및 인지 전략

① 행동수정 전략
 ㉠ 의사결정 단서 : 행동의 실천 여부를 결정하는 과정을 시작하게 하는 자극을 말한다.
 ㉡ 출석상황 게시 : 출석 상황과 운동수행 정도를 공공장소에 게시하면 운동 프로그램 참여자의 동기를 유발하는 효과가 있다.
 ㉢ 보상제공 : 출석 행동이 강화되는 효과가 있다.
 ㉣ 피드백 제공 : 운동 기능 향상과 동기부여 측면에서 매우 중요하다.

② 인지 전략
 ㉠ 목표설정 : 구체적이고 측정 가능하며 현실적이고 약간 어려운 목표를 설정한다는 원칙을 지켜야 한다.
 ㉡ 의사결정균형표 : 운동을 통해 얻게 되는 혜택과 발생하는 손실의 리스트를 적어 비교하는 방법이다.
 ㉢ 운동일지 : 운동태도를 스스로 모니터링하고 운동 진도에 따라 체력 향상 정도를 시각적으로 보여주는 효과가 있다.
 ㉣ 운동계약 : 운동실천에 관한 의사결정 과정에 참여할 기회가 주어지면 운동실천에 대한 책임감이 증대된다.
 ㉤ 운동 강도 모니터링 : 운동 강도를 스스로 인식하고 조절할 수 있는 방법을 익힐 필요가 있다. RPE는 6부터 20까지 숫자로 구성되어 있기 때문에, 숫자의 범위로 운동 강도를 표현할 수 있는 장점이 있다.
 ㉥ 내적 집중과 외적 집중 : 운동 중에 몸에서 나타나는 반응보다는 외부의 환경에 신경을 쓰는 것이 피로감을 줄이는 데 더욱 효과적이다.
  • 내적 집중 : 근육, 심장, 호흡 등 신체 내부로부터의 피드백 정보에 주의를 기울이는 것
  • 외적 집중 : 외부 환경의 정보, 주변 경관을 구경하거나 음악을 듣는 것처럼 외부환경에 주의를 기울이는 것

06 스포츠심리상담

제8과목 스포츠심리학

학습목표
- 스포츠심리상담의 개념에 대해 이해하고 설명할 수 있다.
- 스포츠심리상담의 역할과 영역에 대해 숙지한다.
- 적절한 상담 기술에 대해 이해하고 실시할 수 있다.
- 적절한 경청 기술과 방법에 대해 숙지하고 적용할 수 있다.

1 스포츠심리상담의 개념

(1) 스포츠심리상담의 이론

① 개념 : 도움을 필요로 하는 사람 즉, 운동선수들의 수행능력향상과 선수들 개인의 성향과 특성을 파악하고 전반적인 문제를 해결하고 생각하며, 행동 및 감정 측면의 인간적 성장을 위해 노력하고 중재자로서의 역할을 하는 과정이라 할 수 있으며 운동선수들의 심리적 안정과 경기력 향상을 위해 스포츠심리기술과 상담을 적용하여 최대의 경기수행능력을 발휘할 수 있도록 하는 것이 목적이다.

② 접근방법
  ㉠ 인간과 환경의 상호작용에 주목
  ㉡ 운동이 지속된 기간과 운동에 대한 만족도에 주목
  ㉢ 운동을 통해 개인적 성장에 초점

(2) 스포츠심리상담의 모형

① 관점
  ㉠ 심한 비정상인보다는 정상인에게 주목
  ㉡ 경기력 향상보다는 운동 지속 및 운동만족도 향상에 주목
  ㉢ 운동을 통한 개인적 성장(신체적, 정신적, 사회적 측면)에 관심
  ㉣ 인간과 환경과의 상호작용에 주목

② 상담과정의 3단계 모형(힐과 오브라이언, 1999)
  ㉠ 탐색 : 내담자가 자신의 사고와 감정, 행동 등을 탐색할 수 있도록 도움
  ㉡ 통찰 : 내담자가 탐색한 내용을 이해할 수 있도록 도움
  ㉢ 실행 : 탐색과 통찰에 근거하여 내담자가 어떠한 행동을 할 수 있게끔 구체적인 행동 방식을 제시해줌

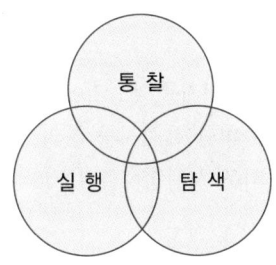

[상담과정의 3단계 모형]

2 스포츠심리상담의 적용

(1) 스포츠심리상담 프로그램

① 집단 운동 상담 프로그램의 절차(정덕선, 2002)
  ㉠ 방향제시 및 선수소개 : 참여소감에 대한 선수들의 반응
  ㉡ 타인이 보는 나 : 나의 장단점에 대한 선수들의 반응
  ㉢ 경험 나누기 : 운동을 하면서 좋거나 힘들었던 경험에 대한 선수들의 반응
  ㉣ 소집단 만남 : 자기노출과 이해에 대한 선수들의 반응
  ㉤ 고민상황 털어놓기 : 선수들끼리 부딪히는 문제에 대한 선수들의 반응
  ㉥ 목표 계획하기 : 목표수립에 대한 선수들의 반응
  ㉦ 상담평가와 마무리 : 상담결과와 평가에 대한 선수들의 반응

(2) 스포츠심리상담의 절차와 기법

① 신뢰형성
  ㉠ 상담자와 내담자 간의 신뢰관계 형성은 상담의 가장 기초임
  ㉡ 내담자가 원하는 것이 무엇인지 정확히 파악해야 함
  ㉢ 긍정적인 기대를 갖게 해야 함
  ㉣ 상담자가 전문성을 가져야 함

② 경청 : 내담자의 말과 행동에 스포츠 상담자가 선택적으로 주목하는 것
  ㉠ 내담자의 말을 평가하거나 판단하려 하지 말고 수용적으로 듣기
  ㉡ 정신적·행동적으로 들을 준비를 철저히 하기
  ㉢ 내담자의 관점에서 감정이입하면서 듣기
  ㉣ 상담 시 내담자에게만 집중하기
  ㉤ 내담자의 언어적 표현 외에 비언어적 메시지를 파악하도록 노력하고, 두 메시지가 일치하는지 확인(귀, 눈, 마음으로 듣기)
③ 성실한 응대 : 상담자가 자신의 에너지를 내담자에게 집중하는 것을 의미. 성실한 응대는 내담자들의 음성적·비음성적 언어에 의한 메시지를 주의 깊게 듣고 알아차릴 수 있게 함
  ㉠ 내담자를 바로 보고, 부드러운 시선접촉을 유지
  ㉡ 개방적인 자세
  ㉢ 상대방쪽으로 몸을 기울이며 편안하고 자연스러운 자세

> **개념 PLUS**
> 스포츠 상담은 상담자가 내담자와의 신뢰를 형성하기 위해 경청, 성실한 응대, 공감적 이해를 통해 이루어진다.

08 출제예상문제

01 운동발달에 영향을 미치는 사회·문화적 요인이 아닌 것은?

① 대중매체
② 성역할
③ 문화적 배경
④ 체력의 발달

해설 운동발달의 영향을 미치는 사회·문화적 요인에는 성역할, 대중매체, 문화적 배경, 사회적 지지자 등이 있다. 체력의 발달은 개인적 요인에 해당된다.

02 운동역학적(Biomechanics) 측정에 가장 적합한 것은?

① 지면반력기
② 적외선 카메라
③ 관성센서
④ 각도계

해설 ① 운동역학은 움직임의 원인(힘)을 탐구하는 학문으로 운동역학적 측정장비에는 지면반력기, 근전도 측정장비 등이 있다.
②~④는 운동학적(Kinematics) 측정에 적합한 장비이다. 운동학은 운동을 만들어내는 힘이나 토크는 고려하지 않고 물체 운동만을 묘사하는 역학의 한 분야이며, 물체의 속도, 가속도, 위치, 시간 등 물체의 운동 상태를 다룬다.

정답 01 ④ 02 ①

03 스미츠와 리스버그(Schmidt & Wrisberg, 2000)가 제시한 운동학습의 3단계를 옳게 나열한 것은?

① 언어인지 단계 → 연합 단계 → 숙련 단계
② 인지 단계 → 협응 단계 → 자동화 단계
③ 언어인지 단계 → (언어)운동 단계 → 자동화 단계
④ 인지 단계 → 제어 단계 → 숙련 단계

> **해설** 운동학습의 과정은 움직임의 지각 → 움직임 구성 수준의 결정과 운동구조의 형성 → 오류수정 → 자동화 순이다.
>
> | 학 자 | 운동학습의 단계 |
> | --- | --- |
> | 피츠와 포스너(Fitts & Posner) | 인지, 연합, 자동화 단계 |
> | 번스타인(Bernstein) | 자유도 고정 단계, 자유도 풀림 단계, 반작용 활용 단계 |
> | 아담스(Adams) | 언어적 운동 단계, 운동 단계 |
> | 젠타일(Gentile) | 움직임의 개념습득 단계, 고정화 및 다양화 단계 |
> | 뉴웰(Newell) | 협응과 제어 단계로 구분 |
> | 스미츠와 리스버그(Schmidt & Wrisberg) | 인지 단계, 언어 단계, 운동 단계, 자동화 단계 |

04 〈보기〉에서 설명하는 플레시먼(Fleishman, 1972)의 지각운동능력 범주는?

── 보 기 ──
지속적으로 움직이는 목표나 물체의 속도 및 방향 변화에 대한 반응으로 연속적인 예측성 동작조절의 시간을 추정하는 능력

① 비율제어
② 팔-손의 안정성
③ 조 준
④ 반응시간

> **해설** 보기의 내용은 비율제어에 해당한다.
> ② 팔-손의 안정성 : 힘과 속도가 거의 요구되는 않는 상황에서 팔-손의 위치 동작을 정교하게 수행하는 능력
> ③ 조준 : 신속하고 정확하게 작은 물체로 손을 이동시키는 능력
> ④ 반응시간 : 신호가 제시될 때 신속하게 반응하는 능력

05 〈보기〉의 각성과 운동수행의 관계에 대한 설명 중 옳은 것을 모두 고른 것은?

―| 보 기 |―
㉠ 욕구 이론 – 홀(Hull, 1943)에 의하여 제안되었으며 각성이 높아질수록 경기력이 좋아진다는 설명이다.
㉡ 역U 이론 – 열키스(Yerkes, 1908)에 의해 제안되었으며, 각성 수준이 상승함에 따라 수행도 서서히 상승하다가 각성이 적정 수준을 넘어서면 서서히 하강할 것이라고 가정한다.
㉢ 최적수행지역 이론 – 이스터브룩(Easterbrook, 1959)이 제안하였으며, 인간의 뇌는 정보처리 능력에 한계가 있고 각성이 지나치면 처리할 수 있는 정보의 양이 감소한다고 한다.
㉣ 격변 이론 – 하디(Hardy, 1990)가 제안한 격변 이론은 생리적 각성과 인지 불안의 역동적 관계에 따라 수행이 달라진다는 주장이다.

① ㉠, ㉡
② ㉠, ㉡, ㉢
③ ㉠, ㉡, ㉣
④ ㉡, ㉣

해설 최적수행지역 이론은 Hanin(1986)이 역U 이론의 대안으로 제안하였다. 선수들의 각성 수준은 개인차가 크기 때문에 최고의 수행을 발휘하는 데 반드시 특정 수준의 각성이 필요한 것이 아니며, 선수 개개인이 최고의 수행을 발휘할 때 자신만의 고유한 각성 수준이 있다는 이론이다.

06 〈보기〉의 설명 중 바르게 설명한 것을 모두 고른 것은?

―| 보 기 |―
㉠ 운동제어의 개념은 개인적 특성을 바탕으로 연습이나 경험을 통해 과제와 환경적인 변화에 부합하는 가장 효율적인 협응 동작을 형성시켜 나가는 과정이다.
㉡ 폐쇄회로체계는 오류의 탐지와 수정을 위한 참조기제가 있기 때문에 출력이 피드백되어 참조기제와 비교됨으로써 오류의 탐지와 수정이 저절로 이루어지는 제어체계를 말한다.
㉢ 감각정보화 피드백은 중추신경계가 근방추, 골지건수용기, 관절수용기, 피부수용기 등에서 온 정보를 종합하고 통합시켜 자극 신호를 해결한다.
㉣ 개방회로체계는 지시가 미리 설정되어 있어 그것이 환경에 미치는 영향에 관계없이 실행되는 체계를 말한다.

① ㉠, ㉡, ㉢
② ㉡, ㉢
③ ㉠, ㉢
④ ㉡, ㉢, ㉣

해설 ㉠ 운동학습에 대한 설명이다.

정답 05 ③ 06 ④

07 운동기능에 대한 설명으로 옳지 않은 것은?

① 운동기능은 운동기술에 대한 지식과 그 지식을 활용하여 기술 동작을 실행하는 능력을 말한다.
② 적응력(Adaptability)은 다양하게 변화하는 상황에서도 상황을 정확히 파악하여 올바른 판단을 하고 상황에 효과적으로 대처해 나가는 능력을 말한다.
③ 동작의 연속성 정도에 따른 분류는 수행동작 사이에 중지 상태가 일어나는지의 여부와 수행동작의 시간적 길이에 따라 결정된다.
④ 폐쇄기능은 환경을 예측하기 어렵고 끊임없이 변화하는 상황에서 사용되는 기능이다.

> **해설** ④ 개방기능에 대한 설명으로, 폐쇄기능은 환경 예측이 가능하고 비교적 안정되어 있는 상황에서 행해지는 운동기능을 말한다.

08 〈보기〉의 피드백(Feedback)을 설명하는 용어로 바르게 묶인 것은?

보기
㉠ 무릎재활운동 시 치료사는 환자가 무릎신전의 목표 각도에 도달할 때 버저가 울리도록 설정한다. ㉡ 벽에 걸린 표적을 향해 다트를 던질 경우 다트가 표적에 도달하는 지점을 관찰한다.

	㉠	㉡
①	내재적 피드백	결과지식
②	수행지식	결과지식
③	결과지식	수행지식
④	결과지식	내재적 피드백

> **해설** 재활운동 시 버저가 울리도록 설정하는 것은 환자(수행자)의 수행목표 성취에 관한 정보를 제공하는 것이며, 이는 보강적 피드백의 범주에 해당하는 결과지식에 대한 설명이다. 다트가 표적에 도달하는 지점을 관찰하는 것은 수행자의 시각적인 감각 정보를 입수하여 이용하는 내재적 피드백이다.

09 효율적인 운동기능 학습의 기본원칙에 대한 설명으로 옳지 않은 것은?

① 충분한 성공 경험이나 지도자의 자신감 있는 시범과 현실적이며 도전감을 주는 목표 설정 등은 학습자에게 높은 학습 동기가 유지되도록 한다.
② 적합한 학습과제를 선택한다.
③ 학습자에게 주는 언어 지도는 오류 수정에 한계가 있고 효율성이 떨어진다.
④ 학습자의 능력에 적합하게 피드백을 제시한다.

해설 학습자에게 주는 언어의 지도는 오류의 수정에 구체적이며 직접 도움이 되도록 한다.

10 운동학습과 전이에 대한 설명으로 옳지 않은 것은?

① 전이란 과거의 수행 또는 학습경험이 새로운 운동기술의 수행과 학습에 영향을 미치는 것을 말한다.
② 전이에 영향을 미치는 요인은 수행지식과 결과지식이 있다.
③ 양측성 전이란 어느 한 쪽 손이나 발로 특정의 운동기술을 발전하면 그것의 반대편의 수족 혹은 대각선의 수족에 영향을 미치는 전이의 한 형태이다.
④ 피드백 정보는 운동기술 수행과 학습과정에 필수적인 요소로서 운동수행에 유용한 정보를 제공한다.

해설 전이에 영향을 미치는 요인은 과제 간의 유사성, 선행과제의 연습, 훈련의 방법 등이 있다.

11 다음 중 정신역동 이론에 대한 설명으로 옳은 것을 모두 고른 것은?

|보기|
- ㉠ 심리적 결정주의에 따르면 인간의 행동은 결코 우연히 일어나지 않으며 의식적이거나 무의식적인 동기로 인해 유발됨
- ㉡ 인성기능의 주요 측면들은 상황적 측면에 반응하는 적응 과정의 산물
- ㉢ 인간의 행동을 이성적인 측면에서 파악
- ㉣ 인간의 사고와 정서 및 행동에서 무의식적인 결정체를 강조
- ㉤ 개인의 행동은 사회적 학습의 기능이고 상황에 대처하는 힘으로 환경의 제약에 모순되지 않게 행동하기 위하여 습득한 바에 따라 행동

① ㉠, ㉡, ㉣
② ㉡, ㉣, ㉤
③ ㉠, ㉢, ㉤
④ ㉡, ㉢, ㉤

해설 ㉢ 정신역동 이론에서는 인간의 행동을 본능적인 측면에서 파악한다.
㉤ 사회학습 이론에 대한 설명이다.

정답 09 ③ 10 ② 11 ①

12 우수선수의 빙산형 프로파일에 대한 설명으로 옳지 않은 것은?

① 모건(Morgan)의 빙산모형윤곽의 개념은 심리적 요인과 성공적인 운동수행 사이의 중요한 관계를 나타냄
② 마음상태검사(POMS)에서 국제적 수준의 운동선수는 용기(활력)를 제외한 모든 마음상태에서 집단 평균 이하이고 활력은 평균 이상을 나타냄
③ 국제적 수준의 운동선수의 윤곽은 매우 빙산과 같이 보이는 반면, 비우수선수는 오히려 편평한 윤곽을 가짐
④ 일반적으로 국제적 수준의 운동선수는 불안과 신경과민의 특성 측정에서는 높고 외향성에서는 낮음

해설 일반적으로 국제적 수준의 운동선수들은 불안과 신경과민의 특성 측정에서는 낮고 외향성에서는 높다.

13 불안과 유사개념에 대한 개념과 정의 중 옳지 않은 것은?

① 각성 – 깊은 수면에서 극도의 흥분에 이르는 연속선상에서 변화하는 일반적인 생리적, 심리적 활성
② 상태불안 – 스트레스에 지속적으로 노출될 경우 특정한 자원을 고갈하고 이 고갈된 자원이 보충되지 못하여 심각성을 내포
③ 특성불안 – 어떤 사람의 성격의 한 측면으로서 개인적 특성 및 기질. 즉, 객관적으로 위협적이지 않은 상황에서도 그것을 위협으로 지각하여 객관적 위협의 정도와 관계 없이 상태불안은 반응을 나타내는 행동경향
④ 경쟁불안 – 스포츠 경기상황에서 경쟁과정에 수반하여 나타나는 불안의 한 형태. 개인의 요인과 관련하여 외부의 자극을 어떻게 받아들이느냐에 따라 경쟁불안의 수준이 결정. 또한 경쟁불안은 경쟁 특성불안과 경쟁 상태불안으로 분류되며 경쟁 상태불안은 인지적 상태불안과 신체적 상태불안으로 분류됨

해설 ② 스트레스로 인한 탈진에 대한 설명이다.

14 경쟁불안과 운동수행과의 관계 이론 중 욕구 이론에 대한 설명으로 적절한 것은?

① 운동수행의 결과가 각종 경기불안 원인으로부터 발생된 불안의 정도 또는 그 상관물로서의 각성 수준과 비례하여 증가한다는 개념
② 불안이 증가할수록 수행은 증진되며 적정수준의 각성상태에서 운동수행이 극대화되다가 각성수준이 더욱 증가하여 과각상태가 되면 수행은 저하된다는 개념
③ 선수들의 상태불안 수준의 개인차가 매우 크며 최고의 수행을 발휘하는 데 있어서 반드시 특정수준의 불안이 필요한 것이 아니라 자신만의 고유한 불안 수준이 있다는 개념
④ 인지적 불안은 초조함, 걱정과 같은 감정으로 주로 운동수행에 부정적인 영향을 주는 반면, 신체적 불안은 생리적 각성으로 적정수준이면 운동수행에 긍정적인 영향을 줌

해설 ② 적정수준 이론, ③ 최적수행지역 이론, ④ 불안의 다차원적 이론에 관한 설명이다.

15 〈보기〉에서 설명하고 있는 이론은?

| 보 기 |

- 신체적 불안과 운동수행의 관계가 인지적 불안이 낮을 경우에만 역U자 형태를 이루고, 인지적 불안 수준이 높을 경우 신체적 불안이 어느 수준에 이르면 수행에 급격한 변화를 초래함
- 생리적 각성과 인지적 불안의 상호작용에 따라 운동수행 수준이 결정됨. 따라서 불안의 두 차원을 따로 분리한 다차원이론보다 실제 불안 현상을 더 타당하게 설명할 수 있음
- 인지적 불안 수준에 따라 생리적 각성이 운동수행에 미치는 효과가 다르다는 점은 현장의 지도자와 선수에게 중요하며, 불안의 두 요소와 운동수행 사이에 질서정연한 관계가 있다고 보고 있지 않기 때문에 실제 운동 상황을 설명하는 데 더 적합할 수 있음

① 심리에너지 이론
② 적정수준 이론
③ 카타스트로피 이론
④ 전환 이론

해설 보기는 격변 이론(카타스트로피 이론)에 대한 설명이다. 카타스트로피 이론은 신체적 불안과 운동수행의 관계가 인지적 불안이 낮을 경우에는 역U자 형태를 이루다가, 인지적 불안이 높은 경우 신체적 불안이 어느 수준에 이르면 수행에 급격한 변화를 초래한다고 본다.

정답 14 ① 15 ③

16 불안의 해소 기법에 대한 설명으로 옳지 않은 것은?

① 명 상
② 자생훈련법
③ 최악의 시나리오를 생각해보기
④ 심상훈련

> **해설** 최악의 시나리오를 생각하는 것은 불안의 조절 기법에 해당한다.

17 빈칸 안에 들어갈 용어를 순서대로 적절하게 짝지어 놓은 것은?

> 스포츠에서 귀인이론을 처음 소개한 학자는 와이너(1986)이다. 귀인은 실제로 수없이 많은 사건의 원인을 3가지 차원으로 묶을 수 있는데 (㉠), 인과성, (㉡) 등이 포함된다.

	㉠	㉡
①	과제난이도	통제성
②	안정성	통제성
③	개인능력	안정성
④	운	안정성

> **해설** 귀인이론은 성공과 실패의 원인이 무엇 때문인지를 규명하는 분야를 말하며 사건의 원인이 안정적인지 불안정적인지 개인이 통제가 가능한지 불가능한지 등을 포함하고 있다.

18 내적 동기의 향상 전략을 위해 성공경험을 주고자 할 때 옳지 않은 것은?

① 기술연습과 연습게임의 순서를 바꿈
② 어린 선수들에게 농구골대를 낮추는 것은 성공경험의 기회를 많이 주는 한 방법
③ 연습할 때 모든 사람들이 성공경험을 겪도록 하면 유능성의 느낌이 높아짐
④ 어린 선수들이 잘했을 경우 긍정적인 피드백을 자주 줄 필요가 있음

> **해설** ① 성공경험이 아닌 연습 내용과 순서의 변화를 통한 내적 동기의 향상 전략을 말하고 있다.

19 심상의 효과를 설명하는 이론 중 옳은 것을 모두 고른 것은?

> ⊙ 심리신경근 이론 – 심상이 실제 동작을 한 것과 같이 근육에 어떤 반응을 하여 근육의 운동기억을 강화해 준다.
> ⓒ 심리생리적 정보처리 이론 – 심상은 상황(자극전제)과 심상결과(반응전제)를 포함한다는 이론이다.
> ⓒ 상징학습 이론 – 서브 동작을 마음속으로 상상을 해도 동일한 근육과 신경경로를 발달할 수 있다.
> ② 심리기술향상 가설 – 선수들은 심상을 이용하여 불안과 각성을 조절하고 자신감을 향상하는 등 여러 심리기술을 발달할 수 있다.

① ⊙, ⓒ
② ⓒ, ⓒ, ②
③ ⓒ, ②
④ ⊙, ⓒ, ②

해설 상징학습 이론은 심상이 어떤 동작을 뇌에 부호로 만들어 그 동작을 잘 이해하게 만들거나 자동화해 준다는 이론을 말한다.

20 목표설정의 과정에 대한 설명으로 옳지 않은 것은?

① 실행해야 할 목표와 과제를 명확히 해야 한다.
② 목표를 향한 과정을 어떻게 측정할지 결정한다.
③ 도달하고자 하는 기준을 세분화한다.
④ 목표에 도달하는 시간은 불확실해야 한다.

해설 목표에 도달하는 시간은 명확한 것이 좋다.

21 심상의 활용에 대한 설명으로 옳지 않은 것은?

① 기술의 학습과 연습 – 시간적·공간적·환경적 제약 없이 기술의 특정 연습을 반복 또는 창조
② 전략의 학습과 연습 – 가상적 상대를 설정하고 수비나 공격 전략을 상상 속에서 연습
③ 집중력의 향상 – 심상을 통하여 성공적으로 수행하는 모습을 떠올림으로써 대처 방안을 구상하고 과제에 집중함으로써 불안과 긴장을 조절
④ 부상의 회복 – 심상을 통하여 통증에 대한 지각을 완화시키고 병상에 누워서도 기능이나 전략을 연습

해설 ③ 각성반응의 조절에 대한 설명이다.

정답 19 ④ 20 ④ 21 ③

22 〈보기〉에 제시된 심상 훈련 프로그램 개발 단계에 대한 순서가 바르게 연결된 것은?

> **보기**
> ㉠ 교육 단계　　　　　㉡ 측정 단계
> ㉢ 습득 단계　　　　　㉣ 연습 단계
> ㉤ 수정 단계

① ㉡ → ㉠ → ㉣ → ㉢ → ㉤
② ㉠ → ㉡ → ㉣ → ㉢ → ㉤
③ ㉡ → ㉢ → ㉠ → ㉣ → ㉤
④ ㉡ → ㉠ → ㉤ → ㉢ → ㉣

해설　심상 훈련 프로그램의 단계는 우선 측정을 하고 교육, 연습, 습득, 수정 단계를 거치게 된다.

23 다음 빈칸 안에 들어갈 용어를 순서대로 적합하게 짝지어 놓은 것은?

> ㉠ - 스포츠나 운동 상황에서는 매순간 주의와 집중을 요하게 된다. 하지만 대부분의 인간은 한 번에 여러 가지 상황들을 주시하며 해결하는 것에 제약이 따른다. 이 말은 운동을 수행하는 과정에서 인간이 주의를 하며 문제나 상황을 해결하기 위한 용량이 제한되어 있다는 것을 의미한다.
> ㉡ - 운동선수들은 시합 시작 전에 어떤 것에 주의를 기울여야 할지 생각해야 한다. 여기서는 운동수행수준을 높이기 위해 적정 각성수준에 대한 이해가 필요하다.
> ㉢ - 선수들이 주의 집중할 대상이나 목표를 선정하는 것을 말하며 엘리트 선수와 아마추어 선수 사이에는 확연한 차이가 있다.

	㉠	㉡	㉢
①	주의 용량	주의 선택	주의 준비
②	주의 선택	주의 준비	주의 용량
③	주의 용량	주의 준비	주의 선택
④	주의 선택	주의 용량	주의 준비

해설　대부분의 인간은 한 번에 여러 가지 상황들을 주시하며 해결하는 것에 제약이 따르기 마련인데 이러한 것은 주의 용량의 한계가 있기 때문이다. 운동선수들이 시합 시작 전에 어떤 것에 주의를 기울여야 할지 생각하는 것을 주의 준비라고 한다. 주의 선택은 선수들이 주의 집중할 대상이나 목표를 선정하는 것으로, 엘리트 선수와 아마추어 선수 사이에는 확연한 차이가 있다.

24. 반두라(Bandura, 1986)의 자기효능감 이론의 형성 요인에 대한 설명으로 옳지 않은 것은?

① 성공경험 – 과제 난이도가 낮고 투입되는 노력이 양이 적을수록 자기효능감이 높아진다.
② 대리경험 – 자기와 유사한 사람의 성공적인 모습을 관찰하면 자기효능감이 높아진다.
③ 언어적 설득 – 타인의 칭찬이나 격려와 같은 언어적 설득은 정도가 약하지만 자기효능감에 영향을 준다.
④ 정서적 상태 – 불안이나 긴장 등의 부정적인 정서 상태는 자기효능감을 떨어뜨린다.

해설 성공경험 : 과제 난이도가 높고 투입되는 노력의 양이 많을수록 자기효능감이 높아진다.

25. 주의집중 향상전략 및 향상방안에 대한 설명으로 옳지 않은 것은?

① 모의 훈련 – 경기 중 행하는 의례적인 절차부터 경기의 진행에 이르기까지 실제경기와 똑같은 상황을 만들어 연습하는 것
② 과정지향 목표 – 경기결과보다는 자신의 수행에 관련된 목표이기 때문에 스스로 통제가 가능
③ 기능의 과학습 – 오로지 한 번에 하나의 수행만을 여러 번 연습하여 기술을 향상함
④ 신뢰 훈련 – 동작을 의식적으로 수행하려는 생각을 없애버리면 동작이 자동적으로 이루어진다는 것에 대한 신뢰를 기르기 위한 것

해설 기능의 과학습은 한 번에 여러 개의 수행을 동시에 연습하여 주의의 배분 기술을 향상하는 것을 말한다.

26. 루틴에 대한 설명으로 옳지 않은 것은?

① 내적인 변화에 주의를 기울이는 방법이다.
② 시합 루틴은 시합장에 도착하여 자신만의 특유한 행동으로 몸을 풀거나 시합을 하고, 경기장을 빠져나갈 때까지 하는 일관된 행동을 말한다.
③ 인지적 루틴 전략은 가변적인 경기상황에서 순간대처능력과 심리적 동요를 조절하는 사고체계의 일관성을 유지하는 것을 말한다.
④ 선수들마다 행동적 루틴 전략과 인지적 루틴 전략이 다르다.

해설 내적인 변화에 주의를 기울이는 방법은 루틴에 대한 설명이 아니라 주의연합과 분리에 대한 설명이다.

정답 24 ① 25 ③ 26 ①

27 집단응집력을 향상하는 방안에 대한 요인과 사례의 설명이 적절하게 짝지어진 것은?

① 독특성 – 기술과 체력 수준에 따른 분할, 실력에 따라 기술 동작 바꿔주기, 위치 선택권 부여하기
② 개인위치 – 팀 이름 정하기, 팀 단체 티셔츠 제작, 팀의 포스터나 슬로건 제작
③ 집단규범 – 신입회원 도와주기, 개인 목표 설정하기
④ 상호작용 – 서로 소개하고 파트너와 같이 운동하기, 옆 사람에게 자신 소개하기, 여러 명이 한 조가 되어 운동하기

해설 ① 개인의 위치, ② 독특성, ③ 개인의 공헌에 관한 설명이다.

28 〈보기〉에서 설명하는 현상으로 알맞은 것은?

| 보 기 |
| 집단에서 나타나는 사회적 태만 현상을 최초로 연구한 학자의 이름을 딴 명칭. 모일수록 책임감이 분산되는 현상으로 '나 하나쯤이야' 하는 심리, 특히 집단의 잠재 능력에 비해 실제 능력이 줄어드는 이유는 각자의 동기가 줄어들기 때문. 즉 동기가 감소하는 사회적 태만 현상이 나타남 |

① 나비 효과
② 스테이너 이론
③ 링겔만 효과
④ 토마토 효과

해설 모일수록 책임감이 분산되는 현상으로 '나 하나쯤이야'와 같은 심리를 의미하는 것은 링겔만 효과이다. 토마토 효과는 어떤 요법이 효과가 있음에도 불구하고 사람들이 외면하는 현상을 말한다.

29 사회적 태만(Social Loafing) 현상에 대한 설명으로 옳지 않은 것은?

① 할당 전략(Allocation Strategy) – 혼자일 때 최대의 노력을 발휘하기 위해 집단 속에서는 에너지를 절약한다는 전략
② 최소화 전략(Minimizing Strategy) – 가능한 최소의 노력을 들여 일을 성취하려는 전략
③ 무임승차 전략(Free Rider Strategy) – 집단 상황에서 개인은 남들의 노력에 편승해서 그 혜택을 받기 위해 자신의 노력을 줄인다는 전략
④ 반무임승차 전략(Sucker Effect) – 열심히 노력을 하지 않는 사람들이 무임승차를 하는 것을 방지하기 위해 자신의 노력을 높이는 전략

해설 반무임승차 전략이란 열심히 노력을 하지 않는 사람들이 무임승차를 하는 것을 원치 않아 그로 인해 자신의 노력도 줄이는 전략을 의미한다.

30 집단응집력을 기르기 위한 지도자의 역할에 대한 설명으로 옳지 않은 것은?

① 개인의 노력이 팀 성공에 어떤 역할을 하는지 설명해 준다.
② 실현 가능성이 낮아도 목표는 최대한 높이 잡는 것이 좋다.
③ 학연, 지연, 학년 등을 바탕으로 파벌을 만들지 않도록 한다.
④ 다른 팀과는 다른 특별한 느낌을 갖도록 팀의 정체성을 찾아준다.

해설 목표는 실현 가능한 목표와 개별목표를 설정하는 것이 좋다.

31 집단응집력을 기르기 위한 구성원의 역할에 대한 설명으로 옳지 않은 것은?

① 연습과 시합 때 항상 100% 노력하는 모습을 보여 헌신과 전념의 모범이 되도록 한다.
② 팀 동료를 개인적으로 이해하기 위해 힘쓴다.
③ 경기에 졌을 때 본인의 실수보다는 남의 실수에 대해 확실하게 지적한다.
④ 동료들 간에 칭찬과 격려를 많이 해 준다.

해설 실수에 대해서 남을 탓하지 말고 건설적인 변화의 계기로 삼는다.

32 리더의 유관성 모형에 대한 설명으로 옳지 않은 것은?

① 리더십의 효율성은 지도자의 상황적 특성과 집단의 인적 조건에 의존한다.
② 지도자의 인적 특성은 지도자의 추종자들을 동기화시키는 방법을 의미하며, 지도자가 추종자를 동기화하는 방법에는 '인간관계 중심 방법'과 '과제 중심 방법'이 있다.
③ 과제 지향적 지도자는 상황적 호의성이 가장 좋거나 가장 나쁠 때 최상의 리더십을 발휘하고, 인간관계 지향적 지도자는 중간 정도의 호의성 상황에서 지도력이 가장 효율적임을 알 수 있다.
④ 집단-과제 상황은 호의성의 정도에 따라 달라지고 지도자들은 과제 인간 지향적 연속체를 따라 다양할 것이며, 적정한 호의성 상황과 일치하는 리더십 유형을 갖는 지도자가 가장 효율적인 지도자가 될 수 있다.

해설 리더십의 효율성은 지도자의 인적 특성과 집단의 상황적 조건에 의존한다.

33 강화의 빈도와 시점에 대한 설명으로 옳지 않은 것은?

① 선수마다 선호하는 것이 다르므로 효과적인 강화물을 선택한다.
② 경기 중 행한 바람직한 행동을 찾아 강화하고 결과보다는 수행과정에 관심을 둔다.
③ 강화는 초보자에게는 간헐적으로, 숙련자에게는 자주 적용한다.
④ 강화는 가능한 바람직한 반응이 일어난 즉시 해줄 때 효과가 크다.

해설 강화의 적절한 빈도와 시점은 초보자에게는 자주 하고 숙련자에게는 간헐적으로 하는 것이 좋다.

정답 30 ② 31 ③ 32 ① 33 ③

34 빈칸 안에 들어갈 용어를 순서대로 나열한 것은?

> 처벌은 어떤 특정한 자극에 대한 반응이 일어날 확률을 줄이는 것을 의미한다.
> - (㉠) - 어떤 행동이 일어난 이후에 불쾌하거나 좋지 못한 자극을 제시하거나 부여해줌으로써 그런 행동이 다시 일어나는 빈도를 낮추는 것이다.
> - (㉡) - 이는 금지형 처벌로 어떤 반응이 일어날 가능성을 줄이기 위해서 해당 선수를 박탈하는 자극을 말한다.

① ㉠ 동적 처벌 ㉡ 사적 처벌
② ㉠ 정적 처벌 ㉡ 부적 처벌
③ ㉠ 정적 처벌 ㉡ 동적 처벌
④ ㉠ 부적 처벌 ㉡ 정적 처벌

해설 보통 원치 않는 자극을 주는 것을 정적 처벌이라 하고, 원하는 자극을 제거하는 것을 부적 처벌이라고 한다.

35 〈보기〉의 웨인버그와 굴드의 처벌 지침에 대한 설명으로 바르게 짝지은 것은?

> ─보 기─
> ㉠ 동일한 규칙위반에 대해서는 누구든지 관계없이 동일한 처벌을 하는 일관성을 지킨다.
> ㉡ 행동이 아니라 사람을 처벌한다.
> ㉢ 규칙 위반에 관한 처벌규정을 만들 때 선수의 의견을 반영한다.
> ㉣ 신체활동을 처벌로 이용하지 않는다.
> ㉤ 개인적인 감정으로 처벌하지 않는다.

① ㉠, ㉡, ㉢, ㉣
② ㉠, ㉢, ㉣, ㉤
③ ㉡, ㉢, ㉣, ㉤
④ ㉠, ㉡, ㉣, ㉤

해설 사람보다는 행동을 처벌해야 한다.

36 관중효과 중 관중의 특성에 대한 설명으로 옳지 않은 것은?

① 경기 - 홈팀에는 동기부여가 되고 원정팀의 운동수행은 손상된다.
② 홈 관중의 기대 - 위기에서는 유리하고 결승에서는 불리하다.
③ 관중의 규모 - 홈팀에 대하여 심리적 압력으로 작용한다.
④ 집단의 크기 - 규모가 큰 집단이 작은 집단보다 영향이 작다.

해설 집단의 크기는 관중효과 중 관중의 특성이 아닌, 집단의 특성이다.

37 공격성의 이론 중 빈칸 안에 들어갈 용어를 순서대로 짝지은 것은?

- (㉠) – 본능적으로 분출되어 나오는 공격 에너지가 공격행동을 일으킨다는 것으로 이 이론에 의하면 스포츠는 공격 에너지를 사회가 인정하는 방법으로 분출하는 밸브역할을 한다.
- (㉡) – 공격행위를 환경 속에서 관찰과 강화에 의하여 학습한 것으로 설명하며 개인이 다른 사람의 공격행위를 관찰하면 이를 모방하는 경향이 있다는 것이다.
- (㉢) – 공격행위는 내적인 욕구와 학습의 결과로 일어나며 목표를 성취하려는 행동이 방해받을 때 내적 욕구가 억압을 받아 이로 인해 좌절을 느끼고 분노를 경험한다.

	㉠	㉡	㉢
①	사회학습 이론	단서촉발 이론	생물학적 본능 이론
②	단서촉발 이론	생물학적 본능 이론	사회학습 이론
③	생물학적 본능 이론	단서촉발 이론	사회학습 이론
④	생물학적 본능 이론	사회학습 이론	단서촉발 이론

해설 ㉠ 본능적으로 분출되어 나오는 공격 에너지가 공격행동을 일으킨다고 설명하는 생물학적 본능 이론이다.
㉡ 환경 속에서의 관찰과 강화에 의하여 공격행위를 학습한 것으로 설명하는 사회학습 이론이다.
㉢ 공격행위는 내적 욕구와 학습의 결과로 일어난다는 단서촉발 이론이다.

38 스포츠와 공격행동의 원인에 대한 설명으로 옳지 않은 것은?

① 종목의 특성 – 신체적 충돌이 많은 종목일수록 공격행동이 일어날 소지가 많음
② 스코어 차이 – 경기가 팽팽한 접전일 때보다 스코어 차이가 많이 날 때 승리에 대한 좌절감으로 인해 공격행동을 많이 하는 경향이 있음
③ 초청경기와 방문경기 – 원정경기를 할 때 선수들은 상대선수뿐만 아니라 관중에도 민감하게 반응하기 때문에 공격행동을 많이 하는 경향이 있음
④ 경기의 시점 – 시합의 후반보다는 초반에 공격행동이 더 많이 일어나는 경향이 있음

해설 시합의 초반보다는 후반부에 공격행동이 더 많이 일어나는 경향이 있음

39 〈보기〉에서 설명하고 있는 성격 이론은 무엇인가?

|보 기|
개인의 행동은 사회적 학습의 기능이고 상황에 대처하는 힘으로 환경의 제약에 모순되지 않게 행동하기 위하여 습득한 바에 따라 행동한다.

① 사회적 추동 이론 ② 정신분석 이론
③ 사회학습 이론   ④ 인지발달 이론

해설 보기의 설명은 개인의 심리적 특성 또한 사회적 대인관계를 통해 학습된다는 사회학습 이론에 대한 내용이다.

정답 37 ④ 38 ④ 39 ③

40 〈보기〉에서 설명하는 개념은 스포츠수행의 심리적 요인 중 무엇인가?

> **보기**
>
> 인간이 취하는 행동의 근원적 이유를 설명하려는 개념으로 구체적으로 왜 특정의 행동을 선택하고 일정한 방향과 강도를 가지고 지속하느냐에 관련된 문제를 설명하기 위한 심리학적 개념으로 인간 행동의 선택, 방향, 강도 및 지속을 결정지어 주는 심리적 요인이 있다.

① 정서와 시합불안 ② 동 기
③ 성 격 ④ 목표설정

해설 보기는 동기의 개념에 대한 내용으로, 어떤 목표를 향해서 행동을 시작하도록 하는 내적 과정이다.

---

41 〈보기〉에서 설명하고 있는 이론은 무엇인가?

> **보기**
>
> - 개인의 의도 – 행동을 예측하는 단 하나의 변인
> - 의도 – 행동에 대한 태도와 주관적 규범에 의해 형성
> - 태도 – 특정 행동의 실천 결과에 대한 신념과 결과에 대한 평가에 영향을 받고, 주관적 규범은 타인의 기대에 대한 인식과 기대에 부응하려는 동기에 영향을 받음

① 사회생태학 이론 ② 계획행동 이론
③ 변화단계 이론 ④ 합리적 행동 이론

해설 개인의 의도와 태도에 대한 이론은 행동을 예측하는 하나의 변인으로서, 합리적인 행동을 하기 위함이다.

---

42 운동실천의 환경 요인에 대한 설명으로 옳지 않은 것은?

① 운동지도자의 영향 – 리더십 스타일
② 운동집단의 영향 – 집단응집력
③ 문화의 영향 – 도구적 지지, 정서적 지지, 정보적 지지, 동반자 지지, 비교확인
④ 물리적 환경의 영향 – 날씨, 운동시설, 접근성 등

해설 도구적 지지, 정서적 지지와 같은 것은 사회적 지지의 영향이다.

43 〈보기〉에서 설명하고 있는 것은 무엇인가?

> ─보 기─
> - 의사결정 단서 - 행동의 실천 여부를 결정하는 과정을 시작하게 하는 자극을 말한다.
> - 출석상황 게시 - 출석 상황과 운동수행 정도를 공공장소에 게시하면 운동 프로그램 참여자의 동기를 유발하는 효과가 있다.
> - 보상제공 - 출석 행동이 강화되는 효과가 있다.
> - 피드백 제공 - 운동 기능 향상과 동기부여 측면에서 매우 중요하다.

① 중재 전략
② 행동수정 전략
③ 인지 전략
④ 실천 전략

해설 의사적 결정이나 출석상황 게시와 같이 행동수정을 변화시킴으로써 운동수행 능력을 향상할 수 있다.

44 인지 전략에 대한 내용과 설명으로 옳지 않은 것은?

① 목표설정 - 현실 가능성이 다소 낮더라도 추상적이고 어려운 목표를 설정한다는 원칙을 지켜야 한다.
② 의사결정 균형표 - 운동을 통해 얻게 되는 혜택과 발생하는 손실의 리스트를 적어 비교하는 방법이다.
③ 운동일지 - 운동태도를 스스로 모니터링하고 운동 진도에 따라 체력 향상 정도를 시각적으로 보여주는 효과가 있다.
④ 운동계약 - 운동실천에 관한 의사결정 과정에 참여할 기회가 주어지면 운동실천에 대한 책임감이 증대된다.

해설 목표설정은 구체적이고 현실적이며 약간 어려운 목표를 설정하여야 한다.

45 스포츠심리상담의 관점에 대한 설명 중 옳지 않은 것은?

① 정상인보다는 심한 비정상인에게 주목한다.
② 경기력 향상보다는 운동 지속 기간 및 운동만족도 향상에 주목한다.
③ 운동을 통한 개인적 성장(신체적, 정신적, 사회적 측면)에 관심을 둔다.
④ 인간과 환경과의 상호작용에 주목한다.

해설 비정상인보다 정상인에 주목한다.

정답 43 ② 44 ① 45 ①

46 〈보기〉에 제시된 스포츠심리상담 프로그램을 적용하는 순서가 바르게 연결된 것은?

---보기---
㉠ 목적과 목표의 설정
㉡ 해결책 모색을 위한 정보 수집
㉢ 욕구와 문제해결을 위한 대안 진술
㉣ 결과의 평가와 효과의 측정
㉤ 욕구진단을 위한 실제 생활과 환경 조사
㉥ 해결을 위한 프로그램의 선정 및 시행

① ㉡ → ㉣ → ㉤ → ㉠ → ㉢ → ㉥
② ㉢ → ㉠ → ㉡ → ㉣ → ㉥ → ㉤
③ ㉢ → ㉤ → ㉠ → ㉣ → ㉡ → ㉥
④ ㉤ → ㉢ → ㉠ → ㉡ → ㉥ → ㉣

해설 스포츠심리상담 프로그램의 단계
1단계(욕구진단을 위한 실제 생활과 환경 조사) → 2단계(욕구와 문제해결을 위한 대안 진술) → 3단계(목적과 목표의 설정) → 4단계(해결책 모색을 위한 정보 수집) → 5단계(해결을 위한 프로그램의 선정 및 시행) → 6단계(결과의 평가와 효과의 측정)

47 〈보기〉의 스포츠심리상담의 절차와 기법을 바르게 나열한 것은?

---보기---
㉠ 심리기술훈련 – 심리기술, 심리기법, 회기
㉡ 평가 및 해석 – 심리기술 프로파일 분석, 개별적 접촉, 팀 접촉, 심리기술 교육, 선호하는 심리기술 선택
㉢ 개인 및 팀 접촉 – 스포츠관련 질문지, 구조화된 상담, 상담자의 현지 관찰, 자기관찰, 타인의 정보 이용
㉣ 스포츠상담의 안내 및 교육 – 친밀감 형성, 상담의 목적 확인, 헌신적인 참여, 개별 또는 팀 요구의 수용
㉤ 접수 및 신청 – 신청서 작성, 선수 정보, 호소문제, 개인 및 팀의 상담방향 설정

① ㉤ → ㉣ → ㉢ → ㉡ → ㉠
② ㉣ → ㉤ → ㉢ → ㉠ → ㉡
③ ㉤ → ㉡ → ㉢ → ㉣ → ㉠
④ ㉣ → ㉢ → ㉤ → ㉡ → ㉠

해설 신청서 작성을 시작으로 안내 및 교육을 받고 질문지를 작성한 뒤 평가 및 해석을 통한 심리기술훈련을 현장에 적용해야 한다.

48 〈보기〉에 설명하고 있는 것은 스포츠상담 윤리 중 무엇에 대해 설명한 내용인가?

> **보기**
> 상담자는 내담자가 호소하는 문제를 해결함으로써 내담자의 복리를 증진해야 할 의무가 있다. 그러나 내담자가 상담에서 이득을 얻지 못할 때, 상담자 자신의 능력, 한계, 또는 소속기관의 사정상 상담을 계속할 수 없을 때 상담자는 다른 기관이나 상담자에게 의뢰하여야 한다.

① 상담자의 책임감
② 내담자와의 관계
③ 비밀보장의 문제
④ 상담자의 알권리

해설 보기의 내용은 스포츠심리상담의 윤리 중 상담자의 책임감에 대한 설명이다. 이와 같이 상담자는 내담자가 문제를 해결하기까지 최대한 노력을 기울여야 한다.

49 〈보기〉에 제시된 적절한 경청 방법을 모두 고른 것은?

> **보기**
> ㉠ 내담자의 말을 적절히 평가하고 판단하여 듣기
> ㉡ 정신적·행동적으로 들을 준비를 철저히 하기
> ㉢ 상담자의 관점에서 감정이입하면서 듣기
> ㉣ 상담 시 내담자에게만 집중하기
> ㉤ 내담자의 언어적 표현 외에 비언어적 메시지를 파악하도록 노력

① ㉠, ㉢, ㉣
② ㉡, ㉢, ㉤
③ ㉡, ㉣, ㉤
④ ㉠, ㉡, ㉣

해설 상담자가 내담자의 말을 평가하거나 판단하는 것은 좋은 경청 방법이 아니며, 내담자의 관점에서 감정을 이입하면서 듣는 것이 좋다.

정답 48 ① 49 ③

50 운동의 협응에 관한 설명으로 옳은 것은?

① 질서변수는 제어변수의 변화를 일으킨다.
② 임계요동은 상변이(Phase Transition) 직후에 발생한다.
③ 상변이는 안정성의 변화로 인해 협응구조의 형태가 변하는 것이며, 선형성의 원리를 따른다.
④ 켈소(Kelso, 1984)의 양 손가락 협응 실험에서 빠른 움직임의 경우, 같은 위상(In-phase)은 반대 위상(Out-phase)에 비해 안정성이 높다.

해설 협응은 환경적 물체나 현상의 패턴에 비례하는 머리, 신체, 사지 동작의 패턴을 말한다.
④ 켈소(Kelso, 1984)의 양 손가락 협응 실험은 양쪽 집게손가락을 사용한 움직임 패턴이 움직임 빠르기에 의해 갑자기 변화할 수 있음을 보여 주며, 움직임 시스템의 구성 요소들이 스스로 조직화되어 나타난 현상이다.
① 질서변수는 제어변수의 체계적인 변화에 의해 영향을 받으므로 질서변수를 변화시키는 원인이 되는 것을 말한다.
② 임계요동은 시스템의 변이가 일어나는 임계점에 접근함에 따라 요동의 증폭이 증가하다 변이가 일어나는 임계점 바로 직전에 커지는 현상을 말한다.
③ 상변이는 변화에 따라 새로운 조건에 적합한 운동 형태로 갑작스럽게 전환되는 비선형의 원리를 따른다.

가장 큰 영광은 한 번도 실패하지 않음이 아니라
실패할 때마다 다시 일어서는 데에 있다.

- 공자 -

PART 02
실기과목

제1과목	건강·체력 측정평가
제2과목	운동 트레이닝 방법
제3과목	운동손상 평가 및 재활

시대에듀 건강운동관리사

제1과목

건강 · 체력 측정평가

01 위험군 분류 및 평가
02 건강 · 체력측정 평가 및 해석
03 운동부하검사 및 해석

출제예상문제

제1과목 건강·체력 측정평가

01 위험군 분류 및 평가

학습목표
- 운동 전 사전 검사로 적절한 위험군을 분류할 수 있다.
- 각 위험군마다 적용하는 운동과 관리감독이 필요한지 판단할 수 있다.

1 운동관련 위험요인

운동을 실시하기 전 주의해야 할 위험요인은 각 대상자별로 다르게 나열될 수 있다. 이는 나이, 가족력, 흡연, 고혈압, 이상지질혈증, 혈당, 비만, 좌식생활 등으로 나눌 수 있으며 이에 따라 심혈관 위험 요인을 알 수 있다.

2 신체활동 참여자의 위험요인

심혈관질환과 관련된 위험요인을 확인해 볼 필요가 있다. 현재 국내에서 쓰이는 가장 신뢰할 수 있는 근거자료는 미국대학스포츠의학회(ACSM ; American College of Sports Medicine)에서 권장하는 가이드라인이다. 그 분류 기준은 다음과 같다.

(1) ACSM 위험분류

① ACSM 심혈관 위험요인

양성 위험요인	기준 정의
연령	남성 45세 이상, 여성 55세 이상
가족력	부친, 형제 중 55세 이전에 또는 모친, 자매 중 65세 이전에 심근경색, 관상동맥혈관 재개통술 또는 급사한 가족 있음
흡연	현재 흡연자, 6개월 이내의 금연자 또는 간접흡연자
신체활동	중강도에서 고강도 신체활동이 최소 역치인 500~1,000MET·min 또는 75~150min/wk에 미달
체질량지수/ 허리둘레	체질량지수 30kg/m² 이상 또는 허리둘레 기준 남성 102cm(40인치) 초과, 여성 88cm(35인치) 초과
혈압	다른 시간대에 2회 측정한 평균 혈압에서 수축기 혈압 130mmHg 이상 또는 이완기 혈압 80mmHg 이상 또는 항고혈압 약물 복용

지 질	저밀도 지단백 콜레스테롤(LDL-C) 130mg/dL 이상 또는 고밀도 지단백 콜레스테롤(HDL-C) 남성 40mg/dL 미만, 여성 50mg/dL 미만 또는 non-HDL-C 130mg/dL 초과 또는 지질을 낮추는 약물 복용. 총 혈청 콜레스테롤을 사용할 수 있다면 200mg/dL 이상
혈중 포도당	공복 시 혈장 글루코스 100mg/dL 이상 또는 경구당부하검사(OGTT)에서 2시간 후 혈장 글루코스 140mg/dL 이상 또는 HbA1C 5.7% 이상

음성 위험요인	기준 정의
HDL-C	60mg/dL 이상

② 심혈관, 폐, 대사성 질환을 나타내는 증상과 징후(ACSM)
  ㉠ 가슴, 목, 턱, 팔 혹은 허혈로 인해 발생하는 다른 부위의 통증 혹은 불편함(다른 허혈성 증상)
    : 비정상적인 피로나 정상적인 활동에서 느끼는 심장질환, 특히 관상동맥질환의 주요 증상
    • 허혈성 요인
      - 특징 : 오그라들고, 쥐어짜고, 타는 듯한, '중압감'이나 '무거운 느낌'
      - 위치 : 흉골 하, 흉곽 중앙을 가로질러 전방으로 팔과 어깨 모두, 목과 턱, 이, 전박과 손가락, 어깨 사이 부위
      - 유발요인 : 운동과 과로, 흥분, 다른 형태의 스트레스, 추위, 식후
    • 허혈성 요인이 아닌 다른 요인
      - 특징 : 둔한 통증, '칼로 베는 듯한', 날카롭고, 찌르는 듯한, 호흡으로 인해 악화되는 '쿡쿡 찌르는 듯한' 통증
      - 위치 : 왼쪽 겨드랑 하부, 왼쪽 흉곽(가슴 우리)
      - 유발요인 : 운동 후, 특정한 몸동작으로 유발
  ㉡ 휴식 중 혹은 경도의 피로로 유발되는 호흡곤란
    • 호흡곤란 : 호흡하기가 비정상적으로 불편한 상태로 심장과 호흡기 질환의 주요 증상 중 하나
    • 호흡곤란은 건강하고 잘 훈련된 사람은 심한 운동 중에 발생하고, 건강하지만 잘 훈련되지 않은 사람에게서는 중등도의 운동 중에도 발생
    • 이런 증상을 유발하리라고 예상하지 못했던 수준의 운동 중에 발생했다면 비정상
    • 비정상적인 운동 유발성 호흡곤란은 심장 호흡기 질환의 존재를 의심하게 하며, 특히 왼쪽의 호흡기 기능 부전이나 만성적인 폐쇄성 질환을 의심할 수 있음
  ㉢ 어지럼이나 실신(의식의 소실)
    • 실신은 뇌의 순환이 감소할 때 가장 흔히 발생
    • 어지럼증과 운동 중의 실신은 심박출의 정상적인 상승(실제적인 강하)이 차단되는 심장장애로 발생
    • 이런 심장장애는 생명을 위협할 수 있고, 심각한 관상동맥질환, 비후성 심근증, 대동맥 협착, 심실성 부정맥이 포함
    • 운동 직후에 발생하는 실신이나 어지럼증은 간과되어서는 안 되는 증상이기는 하지만, 건강한 사람에게서도 심장의 정맥회귀량이 감소되어 일어날 수 있음
  ㉣ 기좌성 호흡이나 발작성 야간 호흡곤란증
    • 기좌호흡은 횡와위에서 쉬고 있을 때 발생하는 호흡곤란으로, 똑바로 앉거나 서면 곧바로 회복됨

- 발작성 야간 호흡곤란증은 잠들기 시작한 지 보통 2시간에서 5시간 후에 발생하고 침대에 기대어 앉거나 일어나면 회복됨. 이 둘 모두 왼쪽 심실장애로 인한 증상임
- 비록 야간성 호흡곤란증이 만성폐쇄성 호흡기 질환이 있는 환자에게서도 발생하지만, 앉으면 회복되는 것이 아니라 분비물을 뱉어내면 회복된다는 면에서 다름

ⓜ 발목 부종
- 밤에 주로 나타나는 양측성 발목의 부종은 심부전이나 만성 정맥부전증의 특징적인 증상
- 사지의 일측성 부종은 종종 정맥혈전증이나 사지의 림프관 폐쇄로 나타나기도 함
- 신증, 심각한 심부전, 간경변을 가진 환자에게서 전반적인 부종(전신부종)이 나타남

ⓗ 심계항진이나 빈맥
- 심계항진은 심장이 심하게 두근거리는 것을 불쾌하게 인지하는 것으로 심장 리듬의 다양한 장애로 유발될 수 있음
- 빈맥이나 서맥의 갑작스러운 발생, 이소성 박동, 보상적인 일발열, 갑상선 중독 발작, 동맥정류 특발성 과운동성 심증후군으로 인한 높은 심박출 상태에서도 유발

ⓢ 간헐성 파행
- 간헐성 파행은 운동이 과부하되어 부적절한 혈액 공급으로 인해 근육에 발생하는 통증을 의미(주로 죽상경화증으로 인함)
- 이 통증은 서 있거나 앉아 있으면 발생하지 않으나 날마다 재현되며, 계단이나 언덕을 걸어 올라갈 때 가장 심함
- 쥐어짜는 듯한 통증으로 종종 표현되고 운동을 멈추면 1~2분 안에 사라짐
- 관상동맥질환은 간헐성 파행증을 가진 환자에게 더 많으며 당뇨도 이 증상을 높이는 요인임

ⓞ 심잡음
- 일부 심잡음은 정상이지만, 일부는 판막이나 심장혈관질환으로 발생
- 안전한 운동의 관점에서 보면, 이는 비후성 심근증과 대동맥 폐쇄증을 원인에서 배제하는 것이 중요. 이 질환들은 이보다는 과로와 관련된 갑작스러운 심장마비의 원인으로 더 지목되기 때문에 이들 증상이 은근히 나타날지라도 심혈관질환, 호흡기, 대사성 질환의 전조증상이 될 수도 있음

3 운동참여 전 평가(문진 등 포함)

① 운동을 하기 전에 기본적인 평가가 필요하며 이는 사전 설문지 조사, 문진, 의학적 검사와 이학적 검사 등이 있다.
② 의학적 검사와 이학적 검사, 문진 같은 경우 의사의 상담하에 이루어지는 것이 원칙이다.
③ 검사 요소로 체중, 안정 시 심박수와 혈압, 심폐 쪽의 청진, 피부 시진, 당뇨병의 경우 하지 관찰, 정형외과적인 상태 등을 알아본다.
④ 머리부터 발끝까지 철저한 검사를 시행하며, 검사자의 시진과 촉진에 의하여 이상소견을 찾는 것이 필요하다. 질환, 수술 혹은 시술, 협심증, 혈관질환 등의 진단이 포함되며 이는 의학적인 위험 분류를 할 수 있다.
⑤ 건강운동관리사의 경우 이를 토대로 관련 검사와 프로그램 진행 방향에 대해서 선택을 할 수 있다.

02 건강·체력측정 평가 및 해석

학습목표
- 각 측정 평가에 대하여 정확한 방법 및 절차, 주의사항을 이해한다.
- 측정 평가에서 이해한 내용을 대상자에게 잘 전달할 수 있도록 한다.

1 혈압 측정(자동식, 수동식)

(1) 혈압 측정 방법

① 아날로그형(수은계) 혈압계의 사용 방법
  ㉠ 대상자의 팔을 심장과 같은 높이에 놓은 후 청진기를 귀에 착용하고 청진기의 머리를 팔꿈치 안쪽의 팔과 커프 사이에 올려놓는다.
  ㉡ 고무펌프를 이용하여 커프에 공기를 빠르게 주입한다. 이때 압력은 평상시 예측되는 자신의 수축기 혈압보다 30~40mmHg 정도 더 올린다.
  ㉢ 고무펌프의 밸브를 열어서 초당 2~3mmHg 정도로 커프 압력을 낮춘다. 밸브를 너무 많이 열면 압력이 빨리 떨어져 정확한 혈압을 읽을 수 없으니 천천히 낮춘다.
  ㉣ 커프의 공기를 빼면서 청진기로 들려오는 첫 번째 심장 박동음이 들리는 수은 지점이 수축기 혈압이 된다. 계속 공기가 빠지면서 박동음이 들리게 되는데 더 이상 박동음이 들리지 않는 압력 지점이 이완기 혈압이다.

② 디지털 혈압계의 사용방법
  ㉠ 커프를 팔에 감은 후 혈압계의 스위치를 킨다.
  ㉡ 혈압계의 커프에 공기가 들어가도록 한 후 커프의 압력이 일정 수준에 도달하면 자동으로 공기의 압력이 조금씩 빠지면서 액정판에 수축기 혈압과 이완기 혈압을 표시해 준다.
  ㉢ 재측정이 필요하면 2~3분 후에 위의 과정대로 다시 측정한다.

(2) 주의사항

① 식사 직후에는 측정을 피하도록 한다.
② 측정 30분 전부터는 금연 및 카페인 섭취를 금한다.
③ 측정 전 배변, 배뇨를 마친 후 측정한다.

④ 측정 전 5분간은 안정 상태를 유지한다.
⑤ 항상 동일한 상황에서 측정하며 손은 심장과 동일 선상에 유지하여 측정한다.
⑥ 재측정이 필요하면 2~3분 간격을 두고 측정한다.
⑦ 커프의 크기는 의사와 상의 후 결정하는 것을 권장한다.

2 신체조성

신체조성을 검사하는 생체 전기 임피던스(인바디)는 생물학적 신체의 조직 특성을 전기적 전도차를 이용하여 신체구성을 예측하는 것이다. 여기서 체성분은 인체를 구성하는 성분으로 지방과 제지방으로 분류한다. 체성분을 분석할 수 있는 필수 5인자는 신장, 체중, 성별, 나이, 임피던스(저항)가 있다. 측정 기기의 오차가 있는 경우는 다음과 같다.

① 금속 종류의 액세서리를 제거하지 않는 경우
② 측정 시마다 자세를 다르게 할 경우
③ 전극이 정확히 부착되지 않은 경우
④ 측정자에게 신체접촉을 하는 경우

(1) 체성분 분석(인바디) 측정 방법

① 양팔을 30도 가량 벌리고 측정 자세를 취한다.
② 측정 시 움직이지 않으며 고정된 자세에서 측정을 실시한다.

(2) 체성분 분석 해석

체성분 분석 결과지를 보며 분석표의 표준을 기준으로 표준치에 들어갈 수 있도록 결과를 분석하고 지도한다. 가장 중요한 지표들은 체중, 골격근량, 체지방량, 제지방량이다.

	측정치	체수분	근육량	제지방량	체 중
체수분 (L) Total Body Water	27.5 (26.3~32.1)	27.5	35.1 (33.8~41.7)	37.3 (35.8~43.7)	59.1 (43.9~59.9)
단백질 (kg) Protein	7.2 (7.0~8.6)				
무기질 (kg) Minerals	2.63 (2.44~2.98)	Non-Osscous			
체지방 (kg) Body Fat Mass	21.8 (10.3~16.5)				

[체성분 분석]

	표준 이하	표 준	표준 이상
체 중 (kg) Weight	55 70 85	100 115 130 **59.1**	145 160 175 190 205 %
골격근량 (kg) Skeletal Muscle Mass	70 80 90	100 110 **19.6**	120 130 140 150 160 170 %
체지방량 (kg) Body Fat Mass	40 60 100	160 220 **21.8**	280 340 400 460 520 %

[골격근 · 지방분석]

① 체중 : 체지방과 제지방의 합
② 골격근량 : 인체 내에 있는 근육의 양
③ 체지방량 : 인체 내에 있는 지방의 양
④ 제지방량 : 전체 체중에서 체지방을 제외한 양이며 근육과 무기질로 구성

[피부두겹 측정 부위]

측정 부위	측정 위치	잡는 방법
복 부	배꼽에서 우측 2cm 지점	수 직
위팔세갈래근 [위팔(뒤)]	팔을 자연스럽게 두고 위팔 뒷면 중앙선에서 어깨 봉우리와 팔꿈치 사이 중앙 부위 지점	수 직
위팔두갈래근 [위팔(앞)]	위팔두갈래근 중앙면에서 위팔세갈래근 위치보다 1cm 위쪽 지점	수 직
가슴(흉부)	앞면 겨드랑선 기준 젖꼭지 사이 1/2(남성), 1/3(여성) 지점	대각선
종아리 중앙	안쪽 경계 부위 종아리의 최대 둘레 지점	수 직
겨드랑이 중간	• 복장뼈 칼돌기 위치에서 중간 겨드랑선 교차 지점 • 중간 겨드랑선에서 칼돌기/흉골연 위치의 수평 지점	수 직
어깨뼈 아래	어깨뼈 아래각에서 1~2cm 아래 지점	대각선
엉덩뼈 능선	엉덩뼈 능선 바로 위 지점인 앞면 겨드랑이선과 교차하는 엉덩뼈 능선과 자연스러운 각의 지점	대각선
넙다리	넙다리 앞쪽 중앙선에서 무릎뼈 몸쪽 가장자리와 샅굴 부위 주름 사이의 중앙 부위	수 직

[일반적인 피부두겹 측정 방법]

남 자	가슴, 복부, 넙다리
여 자	위팔세갈래근[위팔(뒤)], 엉덩뼈 능선, 넙다리

• 표준화를 위하여 모든 측정은 신체의 오른쪽을 측정한다.
• 피부를 수직으로 잡고, 잡힌 피부의 최고점과 최저점의 중간에 두면서 엄지와 검지에서 1cm 떨어진 피부표면을 측정한다.
• 측정 부위를 교대로 재거나 정상적인 피부로 돌아올 때까지 시간간격을 잰다.
• 각 부위를 반복 측정하며 오차가 1~2mm 이상이 되면 재측정한다.
• 캘리퍼(측정 장비)를 읽는 동안 피부두겹을 잡고 있어야 한다.

3 심폐체력

체력검사는 대상자에게 검사의 목적, 방법, 주의 사항을 잘 설명하는 것이 중요하다. 시범을 보여주면서 쉽게 이해하도록 돕는다.

① 심폐체력 평가는 주로 운동 중에 단위 시간당 최대한으로 섭취할 수 있는 산소의 양(VO_2max)으로 측정할 수 있다.
② 단위는 ml/kg/min을 사용하고, 실내 검사로는 트레드밀, 자전거 에르고미터, 스텝테스트가 있으며, 실외검사는 12분 달리기, 1,500m 달리기 등이 있다.
③ 심근산소소모량(RPP ; Rate Pressure Product)은 수축기 혈압 × 심박수로 심장근육이 부담하는 수치를 추정할 수 있다.

4 근력 및 근지구력

(1) 근력 검사

① 악력 검사
  ㉠ 악력 검사는 악력계를 사용하며, 손의 쥐는 힘을 통해서 최대 근력을 측정한다.
  ㉡ 악력계를 편하게 쥐고 손가락 두 번째 마디가 직각이 되도록 잡는다.
  ㉢ 몸통 옆면과 나란하게 위치시킨 다음, 팔이나 자세를 비틀지 않고 악력계를 3초간 세게 움켜쥔다.
  ㉣ 2회 측정하여 좋은 수치를 기록한다.

② 배근력 검사
  ㉠ 배근력 검사 장비로 측정하며 최대한의 힘으로 근력을 검사한다.
  ㉡ 몸을 30° 정도 구부린 자세에서 바를 두 손으로 편하게 잡고 몸을 위로 펴면서 당긴다.
  ㉢ 2회 측정하여 좋은 수치를 기록한다.

(2) 근지구력검사

① 윗몸 일으키기 검사
  ㉠ 바닥에 편하게 누워 양발을 어깨너비로 자세를 잡고 무릎을 직각으로 세운 후 두 발을 고정시킨다.
  ㉡ 양손은 교차시키고 가슴 부위에 둔 후 등을 매트에 대고 눕는다.
  ㉢ 1분 동안 상체를 들어 팔꿈치가 무릎에 닿고 등을 바닥에 붙이는 동작을 최대한 많이 반복한다.

② 팔굽혀 펴기 검사
  ㉠ 남자는 양손을 어깨너비로 벌려 30cm 높이의 팔굽혀 펴기 봉을 손끝이 앞으로 가도록 잡고 앞발을 모아 붙인다.
  ㉡ 팔은 지면에 직각이 되도록 하고 머리, 어깨, 골반, 다리 등이 일직선이 되도록 한다.
  ㉢ 속도는 2초에 1회 실시하고, 속도를 지키지 못할 때나 더 이상 반복할 수 없을 때까지 실시하고 기록한다. 여자는 무릎을 바닥에 대고 동일하게 팔굽혀 펴기를 한다.

5 유연성 검사(앉아 윗몸 앞으로 굽히기)

① 바닥에 측정 기구를 놓고, 두 발 사이는 모으고 두 발바닥이 측정 기구의 수직면에 완전히 닿도록 무릎을 펴고 바르게 앉는다.
② 양 손끝을 포개고 허리를 앞으로 굽히면서 손끝은 가능한 멀리 보낸다.
③ 몸에 반동을 주거나 무릎이 굽혀지는 것을 유의해야 한다.
④ 2회 측정 후 가장 잘 나온 수치를 기록한다.

6 평형성 검사(눈감고 외발서기)

① 편평한 바닥에서 한 쪽 다리를 들고 서있는 자세에서의 무릎 위치까지 올린다.
② 양손은 균형을 잡기 위해 양 옆으로 들고 대상자가 할 수 있는 시간까지 측정한다.

> **개념 PLUS**
>
> 평형성 오류 시스템(BESS ; Balance Error Scoring System) ACSM 지침
>
>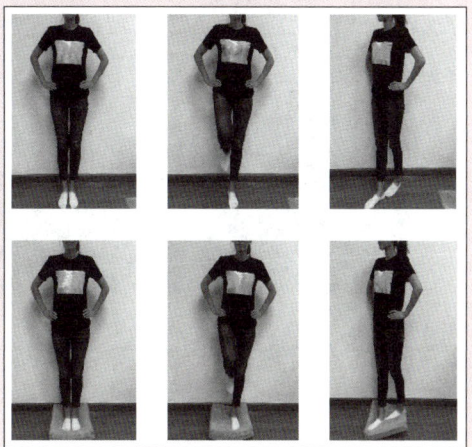
>
> ※ 출처 : Zhu, M., Huang, Z., Ma, C., & Li, Y. (2017)
>
> - BESS 검사는 정적 평형성을 평가하는 검사로서, 검사 절차는 다음과 같다.
>
>   1. 처음 세 가지 검사는 바닥에 서서 맨발로 수행한다. 그런 다음 폼 패드 위에 서서 세 가지 검사를 반복한다. 모든 검사는 눈을 감고 골반에 손을 얹은 상태에서 수행한다. 모든 검사 자세들은 20초 동안 유지되어야 한다.
>   2. 검사 1(자세 1) : 피검사자는 양발을 나란히 놓는다(Romberg 자세).
>   3. 검사 2(자세 2) : 피검사자는 자주 쓰지 않는 발로 선다(한 발 서기 자세).
>   4. 검사 3(자세 3) : 피검사자는 자주 쓰는 발의 뒤꿈치 뒤에 자주 쓰지 않는 발의 발가락 끝을 위치시킨다(직렬서기 자세).
>   5. 중간 밀도 폼 패드(두께 45㎠ x 13cm) 또는 Airex사의 파란색 패드 위에 서서 세 가지 자세를 동일하게 실시한다.
>   6. 검사자는 각각의 검사들을 6번 실시하고 발생한 오류 수를 센다.

- 발생한 오류의 예는 다음과 같다.
  - 엉덩이에서 손을 떼는 것
  - 눈을 뜨는 것
  - 발을 딛거나 비틀거리는 것
  - 균형을 바로잡기 위한 과도한 엉덩관절 굽힘 또는 벌림(30° 초과)
  - 발 앞이나 뒤꿈치가 들리는 것 등이 포함됨
- 만약 오류가 발생하면, 피검사자는 가능한 한 빨리 자세를 수정해야 한다.
- 발생한 오류의 수를 합산한다. 각각 20초 시행에서 카운트 되는 최대 오류 수는 10이다. 20초 시도 중 적어도 5초 동안 서 있는 자세를 유지할 수 없는 경우는 최대 오류 점수인 10으로 한다.

개념 PLUS

Y-balance Test 감독을 위한 ACSM 지침
- Y-balance Test는 동적 평형성을 평가하는 검사이다.
- 움직임 시에 인체 중심 제어 능력을 측정하는 검사로서 검사 장비가 필요하다.
- 검사 전 피검자의 위앞엉덩뼈가시(ASIS)에서 안쪽 복사뼈(Medial Malleolus)까지의 다리 길이를 측정한 후, 맨발로 장비 중앙 블록에 검사하는 발을 지탱한다.
- 반대발로 정해진 방향을 향해 블록을 최대한 밀고 이동한 거리를 측정한다.
- 각 거리(AT, PM, PL)를 측정 후 스코어를 통해 백분율로 환산하여 양측 수치를 비교한다.

$$\frac{\text{Maximum Anterior} + \text{Maximum Posteromedial} + \text{Maximum Posterolateral}}{3 \times \text{limb lengh}} \times 100$$

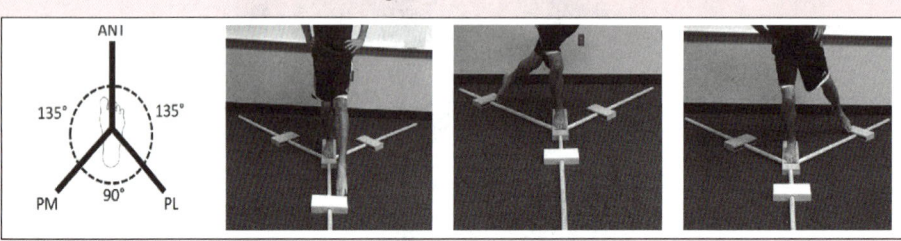

※ 출처 : Powden, C. J., Dodds, T. K., & Gabriel, E. H. (2019)

7 민첩성 검사

(1) 사이드 스텝

① 검사 대상자는 깔판 중앙에 서서 양쪽 선 사이를 투스텝으로 빠른 속도로 움직인다.
② 시간은 20초를 기준으로 하며 실시한 횟수를 기록한다.

(2) 체공(반응) 시간 검사

① 도약판 위에 올라서서 어깨너비로 다리 간격을 두고 무릎을 약간 굽혀 준비자세를 취한다.
② 시작 신호에 따라 재빠르게 도약판 위로 반동 없이 수직으로 뛰어오른다.
③ 2회 실시하여 좋은 기록을 선택한다.

8 순발력 검사(제자리 높이 뛰기, 서전트 점프)

① 설치된 측정판 위에서 반동 없이 위로 뛰고 손끝을 친다.
② 2회 실시하여 좋은 기록을 선택한다.

> **개념 PLUS**
>
> **나이대별 체력측정항목**(국민체육진흥공단 '국민체력100' 기준)
>
> • 유소년기(만 11~12세) 체력측정항목
>
> | 구 분 | 요 인 | 측정항목 |
> |---|---|---|
> | 체 격 | 신체조성 | 신장, 체중, 허리둘레, BMI, 허리둘레-신장비(WHtR) |
> | | | 허리둘레-신장비(WHtR) |
> | 건강체력 | 심폐지구력 | 15m 왕복오래달리기 |
> | | 근 력 | 상대악력 |
> | | 근지구력 | 윗몸말아올리기 |
> | | 유연성 | 앉아윗몸앞으로굽히기 |
> | 운동체력 | 민첩성 | 반복옆뛰기 |
> | | 순발력 | 제자리멀리뛰기 |
> | | 협응력 | 눈-손 협응력 검사 |
>
> • 청소년기(만 13~18세) 체력측정항목
>
> | 구 분 | 요 인 | 측정항목 |
> |---|---|---|
> | 체 격 | 신체조성 | 신장, 체중, 체지방률, 허리둘레, BMI |
> | 건강체력 | 심폐지구력 | 20m 왕복오래달리기, 트레드밀 검사, 스텝 검사 |
> | | 근 력 | 상대악력 |
> | | 근지구력 | 윗몸말아올리기, 반복점프 |
> | | 유연성 | 앉아서 윗몸 앞으로 굽히기 |
> | 운동체력 | 민첩성 | 일리노이 민첩성 검사 |
> | | 순발력 | 체공시간 검사 |
> | | 협응력 | 눈-손 협응력 검사 |

- 성인기(만 19~64세) 체력측정항목

구 분	요 인	측정항목
체 격	신체조성	신장, 체중, 체지방률, 허리둘레, BMI
건강체력	심폐지구력	20m 왕복오래달리기, 트레드밀 검사, 스텝 검사
	근 력	상대악력
	근지구력	교차윗몸일으키기
	유연성	앉아서 윗몸 앞으로 굽히기
운동체력	민첩성	10m 왕복달리기, 반응시간 검사
	순발력	제자리멀리뛰기, 체공시간 검사

- 노인기(만 65세 이상) 체력측정항목

구 분	요 인		측정항목
체 격	신체조성		신장, 체중, 체지방률, 허리둘레, BMI
건강체력	심폐지구력		6분 걷기(m), 2분 제자리 걷기
	근 기능	상 지	상대악력
		하 지	의자에 앉았다 일어서기(회/30초)
	유연성		앉아서 윗몸 앞으로 굽히기
운동체력	평형성		의자에 앉아 3m 표적 돌아오기(초)
	협응력		8자 보행(초)

9 SFT 노인체력평가(Senior Fitness Test)

30초간 의자에 앉았다 일어서기(Chair Stand Test)
- 검사 목적 : 노인체력평가를 위한 하지 근력 검사
- 검사 방법 : 손목은 가슴 앞에 교차시킨 후 일어섰다가 앉은 상태를 1회로 하며 30초간 실시한 횟수를 기록한다. 의자가 움직이거나 밀리지 않도록 검사자가 의자를 잡고 있거나 벽면에 붙여 놓고 실시한다. 또한 검사자는 넘어지거나 낙상에 대해 주의하면서 검사를 실시한다.

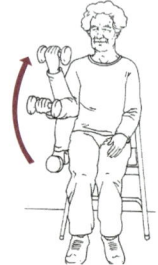

30초간 덤벨들기(Biceps Curl Test)
- 검사 목적 : 노인체력평가를 위한 상지 근력 검사
- 검사 방법 : 등을 곧게 편 상태로 발바닥이 지면에 닿도록 의자에 앉는다. 덤벨을 잡고 팔을 몸통 옆에 가까이 붙이며 시작과 동시에 팔꿈치를 굽히는 동작으로 손바닥이 얼굴 방향으로 팔꿈치를 굽힌다. 의자에 앉아서 팔꿈치가 고정된 상태에서 들어 올렸다가 내리는 것을 1회로 하며 30초간 실시한 횟수를 기록한다. 여성일 경우 2.27kg(5lb), 남성일 경우 3.63kg(8lb) 무게를 설정하여 검사를 실시한다.

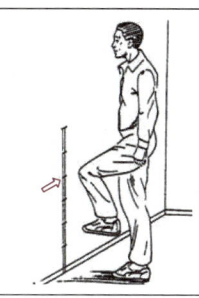
2분 제자리 걷기(2-minute Step Test)
- 검사 목적 : 노인체력평가를 위한 심폐지구력 검사
- 검사 방법 : 무릎 중앙부터 엉덩뼈능선(illiac crest) 사이의 중간 지점까지 기준선을 정하고 기준점까지 무릎을 올리도록 한다. 총 2분간 실시한 횟수를 기록하도록 한다. 검사자는 넘어지거나 낙상에 대해 주의하면서 검사를 실시한다.

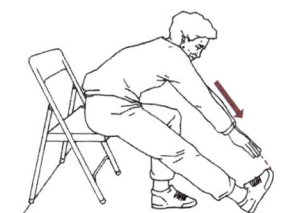
앉아 윗몸 앞으로 굽히기(Chair Sit and Reach Test)
- 검사 목적 : 노인체력평가를 위한 하지의 유연성 검사
- 검사 방법 : 의자 끝부분에 앉아서 한쪽 다리는 뻗고 한쪽 다리는 엉덩이 쪽에 위치한다. 양 손 끝을 모아 최대한 내려온 만큼에서 2초간 정지하며, 손가락의 중지와 뻗은 다리의 발끝 사이의 거리를 자를 이용하여 cm 단위로 기록한다. 손가락이 발끝을 지나가는 경우 (+)로, 닿지 않을 경우 (-)로 기록하도록 한다. 반동을 주거나 급격한 자세 변동이 되지 않도록 주의한다.

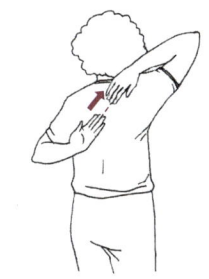
등 뒤로 손닿기 검사(Back Scratch Test)
- 검사 목적 : 노인체력평가를 위한 상지의 유연성 검사
- 검사 방법 : 편안히 선 상태에서 한 손을 머리 뒤로 넘기고, 반대쪽 손은 등 뒤로 돌려 손바닥이 보이도록 실시한다. 측정은 자를 이용하여 측정하며 손가락이 닿지 않으면 (-)로 중지가 겹치면 (+)로 기록한다. 단위는 cm 단위로 실시하고 무리한 동작으로 부상을 입지 않도록 주의한다.

의자에 일어나 장애물 돌아오기(2.45m Up-and-Go Test)
- 검사 목적 : 노인체력평가를 위한 민첩성 및 동적균형 검사
- 검사 방법 : 대상자가 의자에 앉아서 출발 신호와 함께 의자에 일어나서 전방 2.45m 표적을 최대한 빨리 걸어서 제자리에 앉기까지의 시간을 측정한다. 초 단위로 기록하며, 넘어지거나 낙상에 대해 주의하면서 검사를 실시한다.

※ 그림 출처 : 「노인 체력 검사와 평가」, Roberta E. Riki, C. Jessie Jones 공저

03 운동부하검사 및 해석

학습목표
- 운동부하검사의 장비 선택과 방법에 대하여 이해한다.
- 운동부하검사 후 결과 해석에 대해서 이해한다.

1 운동부하검사 방법 및 프로토콜

(1) 운동부하검사 장비 선택

① 트레드밀
  ㉠ 운동부하검사는 지속적이면서 점차 늘어나는 단계로 조정되어야 하는데, 트레드밀로 실시하는 검사가 가장 효과적이다.
  ㉡ 트레드밀 검사는 가장 널리 사용되는 검사 방법으로 정확도가 높지만, 고가이며 전신을 사용하기 때문에 상체가 불안정해 측정이 어렵다는 단점이 있다.

② 자전거 에르고미터
  ㉠ 과체중과 상관없이 지속할 수 있으며, 심전도나 혈압 등을 측정하기에 편리하다.
  ㉡ 정확도가 상대적으로 높아 측정에 적합하다.
  ㉢ 최대 수치에 도달하기 전에 국부근육피로나 다리에 피로를 느껴 운동중단이 되는 경우가 많아 최대 수치까지 올리기가 쉽지 않다.

(2) 프로토콜 선택

① 브루스 프로토콜(Bruce Protocol)
  ㉠ 운동부하검사에서 가장 일반적으로 사용하는 프로토콜이다.
  ㉡ 초기 부하는 정상인의 경우 속도 1.7mph, 경사도 10%로 설정한다.
  ㉢ 위험요인이 있는 사람은 속도 1.7mph, 경사도 5%로 초기 부하를 설정한다.
  ㉣ 일반적으로 속도 1.7mph에서 3분마다 0.8~0.9mph 증가, 경사도는 2%씩 증가시킨다.
  ㉤ 속도와 경사도가 동시에 증가하는 폭이 커서 심장질환이 있거나 노인의 경우에는 적응하기가 힘들다.
  ㉥ 부하증가도 빨라서 측정하는 데 오차가 생길 가능성이 있다.

② 수정된 브루스 프로토콜(Modified Bruce Protocol)
  ㉠ 일반적으로 실시하는 브루스 프로토콜의 증가폭을 적게 한 것이다.
  ㉡ 초기 속도는 1.7mph로 시작하고, 경사도는 9분까지 3분마다 5%씩 증가시키고 이후 3분마다 2%씩 증가시킨다.
  ㉢ 주로 고위험군이나 심혈관질환자들에게 많이 사용한다.
③ 발크 프로토콜(Balke Protocol)
  ㉠ 주로 여성들을 대상으로 할 수 있다.
  ㉡ 속도가 3.4mph으로 고정되어 있으며, 경사도는 1분마다 2% 증가시킨다.
  ㉢ 큰 운동량의 증가보다는 1MET씩 증가, 단계별로 점차 강도를 증가시킨다.
④ 램프 프로토콜(Ramp Protocol)
  ㉠ 체력이 약한 대상자들에게 유용하며 각 단계별로 검사시간이 줄어들고, 속도와 경사도의 부하량을 줄이는 방법이다.
  ㉡ 건강한 사람이 하기에는 다소 무리가 있으며, 노인이나 체력이 약한 대상자의 경우에 고려한다.

2 운동부하검사 결과 및 해석

(1) 운동부하검사 관련 용어

① 심박수(HR ; Heart Rate) : 적절한 유산소 운동 프로그램을 위해 가장 기본이 되는 지표이며 1분 동안 측정한 박동수를 기준으로 한다. 꾸준한 운동에 적응된 사람은 안정 시 심박수가 낮을 수도 있으며, 심폐기능이 좋다고 판단할 수 있다. 단위는 bpm으로 나타낸다.

② 혈압(BP ; Blood Pressure) : 혈관에서 작용하는 압력을 말하며 운동을 통한 적절한 심혈관계 기능을 유지하는지 평가할 수 있는 지표가 된다. 단위는 mmHg로 나타낸다.

③ 호흡교환율(RQ ; Respiratory Quotient) : 인체 내에서 쓰이는 이산화탄소 배출량과 산소섭취량에 대한 비율이다. 에너지를 어느 정도 활용했는지 알 수 있으며, 간접적인 운동 강도를 확인할 수 있다.

④ 분당 환기량(MV ; Minute Ventilation) : 1분 동안 하는 호흡량이다. 환기량은 운동 강도에 비례하여 증가한다.

⑤ 무산소성 역치(AT ; Anaerobic Threshold) : 장시간 운동을 지속하였을 때 혈중 피로물질이 급격하게 증가하기 시작하는 지점을 말한다. AT 시점은 운동 프로그램을 만들 때 적절한 운동 강도를 설정하기 위해 주로 활용된다.

⑥ 산소섭취량(Oxygen Uptake ; VO_2) : 체내에서 활용하는 산소의 섭취량이다. 이러한 산소 섭취량의 기준은 운동 강도에 따라 적절하게 반응한다. 체형과 비례하며 대상자에 따라 체중 1kg 단위로 상대적인 평가가 가능하다. 운동을 할 때 산소섭취량이 높을수록 이에 따른 심폐기능이 좋은 것으로 평가한다. 최대산소섭취량은 최대한으로 섭취할 수 있는 산소량으로 심폐능력을 평가하기에 중요한 척도가 된다. 단위는 ml/kg/min이다.

⑦ 안정 시 대사량(MET ; Metabolic Equivalent) : 안정 시 1분 동안 이용하는 산소량으로 활동에 따른 에너지 소비 정도를 알 수 있다. 단위는 1MET로 3.5ml/kg/min으로 나타낸다.
⑧ 심전도(ECG ; Electrocardiography) : 전기적 신호에 의한 심장의 반응을 그래프로 나타낸다. 안정 시부터 지속적으로 측정하며, 검사 중 운동 반응에 따른 심장의 기능적인 변화를 볼 수 있는 지표이다. 부정맥, 협심증, 심근허혈증, 허혈성 심장질환 등 이상소견을 나타날 수 있으며, 심전도상의 ST분절 상승 혹은 하강, 심실빈맥, 연속적인 조기심실수축(PVC) 등을 관찰할 수 있다. 지속적으로 관찰하며 이상소견이 관찰되면 검사를 중단해야 한다.

개념 PLUS

심전도 검사에서 전극 부착 위치
- V1 : 4번째 늑간 부위의 흉골 오른쪽 끝자락
- V2 : V1과 대칭되는 왼쪽 끝자락
- V3 : V2와 V4를 잇는 선의 중간부
- V4 : 5번째 늑간 부위의 쇄골 중앙부에서 내려오는 선과 만나는 지점
- V5 : V4와 동일한 높이의 전액와선과 만나는 지점
- V6 : V5와 같은 높이의 중액와선과 만나는 지점

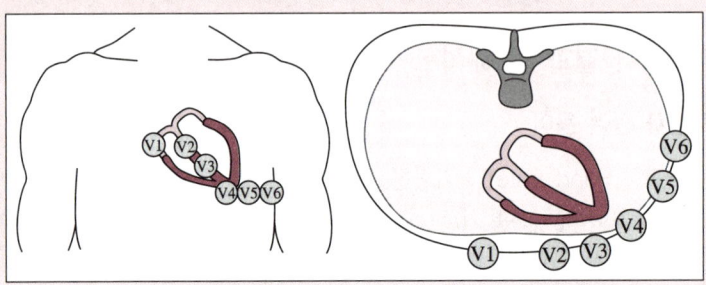

[흉부유도의 앞면과 위에서 본 모습]

개념 PLUS

큰 칸을 이용한 심박수 계산

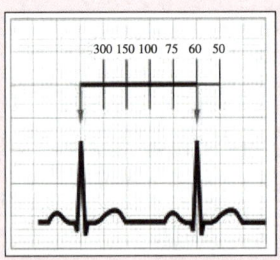

일반적으로 일정한 심박수일경우, 두 개의 R파 사이의 큰 정방형(작은 칸으로 5개)의 개수를 계산하여 "300-150-100-75-60" 순으로 측정한다.

⑨ 목표심박수(THR ; Target Heart Rate) : 운동부하검사를 통해 얻은 결과로 적정 운동 강도를 설정하여 운동 프로그램을 만들 수 있다. 이는 카보넨(Karvonen) 공식을 이용하여 원하는 강도의 심박수를 산출할 수 있다.

> **개념 PLUS**
>
> - 목표 심박수(Target Heart Rate) = 운동 강도(%) × (최대 심박수 − 안정 시 심박수) + 안정 시 심박수
>   예) 최대 심박수 = 168회, 안정 시 심박수 = 65회, 운동 강도 = 60~80%HRR
> - 목표 심박수(Target Heart Rate) 범위 60 − 80%HRR
>   60%HRR = 0.6 × (168 − 65) + 65 = 127회
>   80%HRR = 0.8 × (168 − 65) + 65 = 147회
>   따라서 위 대상자는 심박수 127~147회 사이의 강도에서 유산소 운동을 실시하면 된다.

⑩ 자각 인지도(RPE ; Rating Scales of Perceive Exertion) : 대상자가 스스로 인지하는 운동의 강도를 나타내주는 지표이다. 운동자각도는 6~20의 수치로 나타나며 이는 안정 시 심박수로 시작하여 운동 시 나타날 수 있는 최대심박수 60~200bpm을 의미한다.

(2) 최대 능력을 확인할 수 있는 생리학적 기준

다음은 대상자가 최대한의 능력을 내고 있는지 확인할 수 있는 생리학적 기준이며 이러한 상태가 지속된다면 운동부하검사 중 최대 상태에 도달하였다고 가정할 수 있다.

① 운동부하가 증가해도 심박수와 산소섭취량이 더 이상 증가하지 않는 경우
② 자각인지도(RPE)가 6~20 척도에서 17 이상 또는 0~10 척도에서 7 이상인 경우
③ 정맥의 젖산 농도가 8.0mmol/L에 도달한 경우
④ 호흡교환율(RER)이 1.10 이상인 경우

(3) 무산소성 역치(Anaerobic Threshold)의 판단기준

① 피로의 증가시점, 최적의 운동 강도
② RER = 1.0 직전
③ 최대산소섭취량의 60~80% 수준
④ 환기량이 급증, 또는 CO_2가 급증하는 지점

(4) 예후검사(Duke 노모그램을 이용한 심장질환자의 예후 검사)

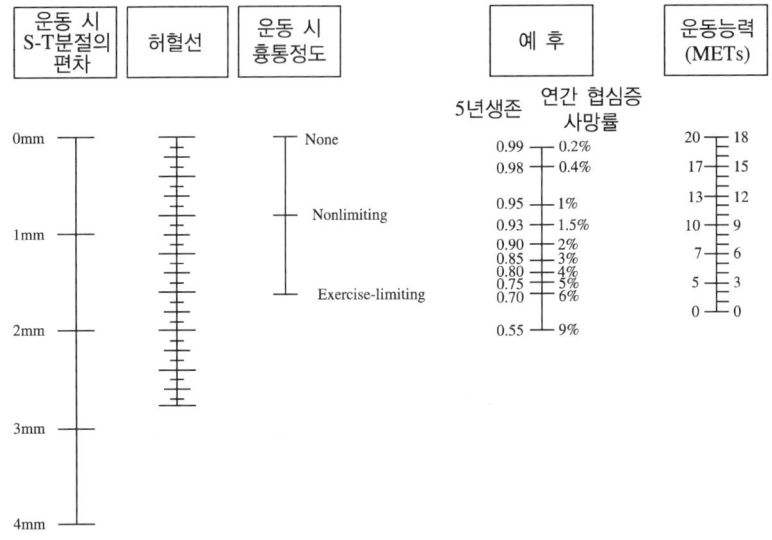

① ST분절의 하강 수치 눈금에 표시
② 흉통이 있는 정도를 눈금에 표시
③ ①, ②번에 표시한 두 지점을 이어서 허혈선과 만나는 지점을 표시
④ 검사 후 측정된 운동능력(METs)을 표시
⑤ 허혈선과 운동능력을 표시한 두 지점을 이어서 예후선과 만나는 지점을 읽음

제1과목 건강·체력 측정평가

01 출제예상문제

01 체성분을 분석한 후 설명하시오.

체성분 분석

	측정치	체수분	근육량	제지방량	체중
체수분 (L) Total Body Water	27.5 (26.3~32.1)	27.5	35.1 (33.8~41.7)	37.3 (35.8~43.7)	59.1 (43.9~59.9)
단백질 (kg) Protein	7.2 (7.0~8.6)				
무기질 (kg) Minerals	2.63 (2.44~2.98)	Non-Osseous			
체지방 (kg) Body Fat Mass	21.8 (10.3~16.5)				

골격근·지방분석

	표준 이하	표준	표준 이상
체중 (kg) Weight	55 70 85	100 115 130	145 160 175 190 205 % 59.1
골격근량 (kg) Skeletal Muscle Mass	70 80 90	100 110 120	130 140 150 160 170 % 19.6
체지방량 (kg) Body Fat Mass	40 60 80	100 160 220	280 340 400 460 520 % 21.8

해설 체성분 분석 해석

체 중	체지방과 제지방의 합
골격근량	인체 내에 있는 근육의 양
체지방량	인체 내에 있는 지방의 양
제지방량	전체 체중에서 체지방을 제외한 양이며 근육과 무기질로 구성

체성분 분석 결과지를 보며 분석표의 표준을 기준으로 표준치에 들어갈 수 있도록 결과를 분석하고 지도한다. 가장 중요한 지표들은 체중, 골격근량, 체지방량, 제지방량이다.
"OOO 님의 경우 현재 체중이 59.1kg이며 적정 체중에 포함되어 있습니다. 골격근량은 19.6kg으로 표준 범위에 있으나 건강 증진을 위해 더 증가시켜야 하며, 체지방량은 21.8kg으로 기준치의 표준 이상으로 측정되었습니다. 그래서 목표량을 설정하여 단계별 비만 프로그램을 실시하는 것을 권장합니다."

02 악력검사에 대하여 체력검사를 실시하시오.

해설 체력검사는 대상자에게 검사의 목적, 방법, 주의사항을 잘 설명하는 것이 중요하다. 시범을 보여주면서 쉽게 이해하도록 돕는다.
1. 검사 목적 설명
   ① "이 검사는 전완의 근력을 측정하는 검사입니다. 검사 방법은 다음과 같습니다."
   ② 설명 후 직접 자세를 잡는다.
2. 검사 방법 설명
   ① 악력 검사는 악력계를 사용하며, 손의 쥐는 힘을 통해서 최대 근력을 측정한다.
   ② 몸통 옆면과 나란하게 위치시킨 다음, 팔이나 자세를 비틀지 않고 악력계를 3초간 세게 움켜쥔다.
3. 주의사항 설명
   악력계를 편하게 쥐고 손가락 두 번째 마디가 직각이 되도록 잡는다. 총 2회 측정하여 좋은 수치를 기록한다.

03 다음 대상자의 목표 심박수를 구하시오.

> 54세 남성으로 부하검사 결과 안정 시 심박수는 72bpm이고 최대 심박수는 158bpm으로 측정되었다. 이 대상자가 70% 강도로 운동하기에 적절한 목표 심박수는 얼마인가?

해설 목표 심박수(Target Heart Rate) 공식
목표 심박수 = 운동 강도(%) × (최대 심박수 − 안정 시 심박수) + 안정 시 심박수
목표 심박수(Target Heart Rate) = 0.7 × (158 − 72) + 72 = 132bpm
따라서 위 대상자는 132bpm 강도로 운동을 실시하면 된다.

04 최대산소섭취에 대하여 설명하시오.

해설 산소섭취량(Oxygen Uptake ; VO_2)은 체내에서 활용하는 산소의 섭취량이다. 이러한 산소 섭취량의 기준은 운동 강도에 따라 적절하게 반응한다. 체형과 비례하며 대상자에 따라 체중 1kg 단위로 상대적인 평가가 가능하다. 운동을 할 때 산소섭취량이 높을수록 이에 따른 심폐기능이 좋은 것으로 평가한다. 여기에 최대산소섭취량은 최대한으로 섭취할 수 있는 산소량으로 심폐능력을 평가하기에 중요한 척도가 된다. 단위는 ml/kg/min이다.

05 피부두겹 측정 방법에 대하여 설명하시오.

해설 남자는 가슴, 복부, 넙다리 부위를 측정하며, 여자는 위팔세갈래근[위팔(뒤)], 엉덩뼈 능선, 넙다리 부위를 측정한다. 남녀의 측정부위 차이를 기억하고, 측정할 때 다음을 주의한다.
- 표준화를 위하여 모든 측정은 신체의 오른쪽을 측정한다.
- 피부를 수직으로 잡고 잡힌 피부의 최고점과 최저점의 중간에 두면서 엄지와 검지에서 1cm 떨어진 피부표면을 측정한다. 측정부위를 교대로 재거나 정상적인 피부로 돌아올 때까지 시간간격을 잰다.
- 각 부위를 반복 측정하며 오차가 1~2mm 이상이 되면 재측정한다.
- 캘리퍼(측정 장비)를 읽는 동안 피부두겹을 잡고 있어야 한다.

[피부두겹 측정 부위]

측정 부위	측정 위치	잡는 방법
복 부	배꼽에서 우측 2cm 지점	수 직
위팔세갈래근 [위팔(뒤)]	팔을 자연스럽게 두고 위팔 뒷면 중앙선에서 어깨 봉우리와 팔꿈치 사이 중앙 부위 지점	수 직
위팔두갈래근 [위팔(앞)]	위팔두갈래근 중앙면에서 위팔세갈래근 위치보다 1cm 위쪽 지점	수 직
가슴(흉부)	앞면 겨드랑선 기준 젖꼭지 사이 1/2(남성), 1/3(여성) 지점	대각선
종아리 중앙	안쪽 경계 부위 종아리의 최대 둘레 지점	수 직
겨드랑이 중간	• 복장뼈 칼돌기 위치에서 중간 겨드랑선 교차 지점 • 중간 겨드랑선에서 칼돌기/흉골연 위치의 수평 지점	수 직
어깨뼈 아래	어깨뼈 아래각에서 1~2cm 아래 지점	대각선
엉덩뼈 능선	엉덩뼈 능선 바로 위 지점인 앞면 겨드랑이선과 교차하는 엉덩뼈 능선과 자연스러운 각의 지점	대각선
넙다리	넙다리 앞쪽 중앙선에서 무릎뼈 몸쪽 가장자리와 샅굴 부위 주름 사이의 중앙 부위	수 직

06 SFT 2분 제자리 걷기 검사를 실시하시오.

해설 2분 제자리 걷기(2-Minutes Step Test)
1. 슬개골 중앙에서부터 장골능(관골 앞 부위)까지 길이를 잰 후 중간지점 대퇴에 체크한다.
2. 대퇴의 표시한 지점과 같은 높이로 고무줄을 측정대에 매달고 높이를 조절한다.
3. 시작 신호와 함께 피검자는 우측발부터 시작하여 무릎을 고무줄 높이까지 들어올린다.
4. 2분 동안 우측발부터 시작하여 양발 모두 완전하게 걸었을 때 1회로 계수한다.

07 근감소증 원인과 측정법 3가지씩 말하시오

해설
- 근감소증(근육감소증 ; Sarcopenia)의 개념 : 근감소증은 노화, 질병, 활동 부족 등 다양한 원인으로 인해 근육량과 근력이 감소되는 것이다.
- 근감소증의 원인 : 노화, 근육량 감소, 호르몬 변화, 단백질 합성 감소, 신체활동 부족, 근육 사용 감소, 운동 부족, 영양 불균형 및 질병 등이 있다.
- 근감소증 측정법

구 분	이중에너지 X선 흡수계측법 (Dual-Energy X-ray Absorptiometry ; DEXA)	생체전기저항분석법 (Bioelectrical Impedance Analysis ; BIA)	컴퓨터단층촬영(CT) 및 자기공명영상(MRI)
원 리	X선을 이용해 신체의 구성 요소(지방, 무기질, 근육 등)를 측정한다.	전류가 신체를 통과하는 데 걸리는 저항을 측정하여 체수분, 지방, 근육량을 추정한다.	CT와 MRI는 신체의 단면 이미지를 통해 근육의 부피와 밀도를 정확히 측정할 수 있다.
장 점	높은 정확도와 신뢰성으로 전체 신체와 특정 부위의 근육량을 평가할 수 있다.	간편하고 비침습적이며 비용이 저렴하다.	높은 정확도로 근육의 질과 양을 상세하게 평가할 수 있다.
단 점	비교적 고가의 장비가 필요하며, 방사선 노출이 있다.	수분 상태, 음식 섭취 등에 따라 측정치가 변동될 수 있어 정확도가 다소 떨어질 수 있다.	비용이 많이 들고, CT의 경우 방사선 노출이 있다.

작은 기회로부터 종종 위대한 업적이 시작된다.

- 데모스테네스 -

시대에듀 건강운동관리사

제2과목

운동 트레이닝 방법

01 유산소 트레이닝 방법
02 저항성 트레이닝 방법
03 유연성 트레이닝 방법
04 소도구 운동
05 플라이오메트릭 운동

출제예상문제

01 유산소 트레이닝 방법

학습목표
- 유산소 운동의 개념에 대해 학습하고 설명할 수 있다.
- 유산소 운동의 종류와 특성을 이해하고 설명할 수 있다.
- 대상자(선수, 일반인, 환자)에게 유산소 운동 프로그램을 설계할 수 있다.
- 대상자(선수, 일반인, 환자)에게 유산소 운동을 지도할 수 있다.

1 심폐지구력 트레이닝

(1) 심폐트레이닝의 개요

심폐트레이닝이란 유산소 대사과정(Aerobic Metabolism)을 통해서 에너지를 생산하여 수행하는 모든 운동을 말하며, 심폐체력은 지속된 신체활동 동안 산소가 풍부한 혈액을 해당 골격근에 공급하는 순환기계와 호흡기계의 능력을 나타낸다.

> **개념 PLUS**
>
> **유산소 대사**
> 탄수화물, 지방, 단백질과 같은 영양소를 체내에서 분해하고 산소와 결합하면서 ATP를 만들어내는 행위를 말한다.

(2) 심폐트레이닝의 효과

① 심폐기능의 향상은 심박수와 호흡률을 증가시킨다.
② 고혈압, 동맥경화, 당뇨병 등의 생활습관병을 적절히 예방할 수 있다.
③ 비만 해소와 노화현상을 지연시킬 수 있다.

(3) 심폐지구력 트레이닝의 방법(저강도 장거리 트레이닝)

휴식 인터벌 등에 의하여 운동이 중단되지 않고 오랜시간 지속되는 트레이닝을 말하며, 준비기 또는 지구력 훈련의 초기 단계에 심폐계와 근육, 관절의 적응력을 향상시키기 위해 실시한다.

① 장거리 육상선수는 저강도 장거리 지속주 트레이닝을 24~48km 정도 실시하며 주당 160~320km 정도를 소화한다. 이 운동 방법은 근육의 산소이용능력과 무산소성 역치를 향상한다.

② 순수한 심폐지구력 트레이닝 목적 : 운동 강도는 동일하게 최대심박수의 60~80%로 유지하고 훈련 거리는 30분에서 1시간 내외가 소요되는 5~8km 정도로 하며, 훈련이 경과하면서 10~15km까지 증가시킨다. 전체 계획기간을 3등분하여 점진적으로 거리와 스피드를 늘려가는 것이 효과적이다.

(4) 준비운동과 정리운동

① **준비운동과 정리운동의 원리** : 준비운동은 주 운동 전에 체온을 높여 호흡계, 순환계, 근육계 등을 안정 상태에서 운동하기 적당한 상태로 유도한다. 또한 운동 후 빠른 피로회복과 안정성 확보를 위해서는 정리운동도 필수적이다.

② **구체적인 준비운동과 정리운동의 효과**
  ㉠ 골격근의 대사를 증가시킨다. 이는 골격근의 혈류와 산소 공급을 증대시키며, 자극에 대한 반사시간을 단축시킨다.
  ㉡ 준비운동은 신체의 가동범위를 증가시켜 근육 및 관절의 손상을 예방할 수 있다.
  ㉢ 준비운동은 관상동맥의 혈류량을 증가시켜 운동과 관련된 심장문제의 발생 위험을 줄여준다.
  ㉣ 준비운동은 젖산의 초기 생성을 막아주며, 이는 피로감을 지연시켜 신체의 운동능력을 향상시킨다. 또한 근신경의 전달 속도를 증가시켜 신체의 동작을 더 용이하게 해준다.
  ㉤ 정리운동은 순환계를 안정 상태로 적응시켜 운동 후 실신과 현기증을 감소시키고, 근육통과 같은 손상을 예방할 수 있다.
  ㉥ 정리운동은 정적 회복에 비해 젖산제거 속도가 빠르기 때문에 운동 후 피로에서 빠르게 회복할 수 있다.
  ㉦ 정리운동은 정맥혈환류를 정상적으로 유도하여 운동 직후 발생할 수 있는 심혈관계 합병증 발생을 감소시킨다.

(5) 걷기와 조깅

① **걷기 운동**
  ㉠ **특 성**
    • 편리성, 실질성, 자연스러움의 이점이 있음
    • 과체중자, 신체적 상태가 좋지 않은 사람, 조깅이 곤란한 관절의 소유자에게 적합
  ㉡ **운동요령**
    • 정적 스트레칭과 준비운동으로 시작
    • 저속으로 시작하여 목표 심박수에 도달할 때까지 점증적으로 속도 증가
    • 팔은 자연스럽게 흔들고, 골반경사를 약간 후방으로 하며 동체를 바로 세움
    • 발은 항상 전방을 향함
      ※ 보통보폭 = 신장 - 100, 빠른보폭 = 신장 - 90
  ㉢ **운동부하조절**
    • 거리와 속도로 운동량을 증가시킬 수 있으며, 점증적으로 늘려나감
    • 목표거리에 도달하거나 또는 걷기운동(적응훈련)이 종료되면 조깅에 필요한 운동수준으로 유도

ⓛ 효 과
- 시간과 장소의 제약을 거의 받지 않음
- 심장병, 당뇨병, 고혈압 등 성인병 예방에 효과가 큼
- 비만, 골다공증 예방
- 스트레스 해소에 도움

② 조 깅
ⓘ 특 성
- 6.4~8km 정도 걸을 수 있을 때나 운동으로 목표심박수에 도달하지 못하거나 호흡순환기능의 향상을 원할 때 권유
- 걷기로 목표 심박수를 유지할 경우 조깅보다는 걷기의 속도나 거리를 늘림
- 스트레스에 견딜 수 있는 관절기능 고려
  ※ ACSM : 5mile(8km) 이상을 조깅으로 간주

ⓛ 운동요령
- 자세는 기본적으로 걷기와 동일
- 팔꿈치 굴곡(약 90도 정도)자세로 전, 후 방향으로 스윙
- 발의 착지 순서 : 족궁 → 중족 → 앞꿈치(속도증가에 따라 착지 발바닥은 편평하게 닿게 함)
- 과다호흡은 피함(코와 입을 통해 호흡)

ⓒ 운동부하 조절
- 운동과 휴식 인터벌을 병행하여 대화가 충분히 가능한 낮은 속도로 실시
- 초보자 : 느린 조깅 → 걷기 → 느린 조깅 → 걷기로 운동부하량 조절
- 목표 심박수 수준에서 지속적으로 4.8km의 조깅이 가능한 시점에서 프로그램 변경이 가능

ⓛ 효 과
- 근력과 심폐지구력 향상을 통해 신체활동 능력을 향상
- 대사율을 높이고 에너지소모율을 증가시킴으로 체중조절에 효과
- 비만, 고혈압, 당뇨병 등의 생활습관병 예방
- 백혈구 증가로 면역력 향상 및 회복속도 증가

(6) 사이클링과 수중운동(무부하운동)

① 사이클링
- ㉠ 특성
  - 조깅 및 각종 스포츠에 부적합한 과체중자, 비만자, 근골격계 질환자
  - 조깅 거리의 3~5배가 적합
  - 앉았을 때 편해야 하며 안장의 높이는 페달이 가장 낮은 부위에 위치해 있을 때 무릎이 약간 구부러질 정도가 적합(약 15도)
  - 운동 강도는 근육의 통증 없이 현재 단계의 운동조건을 완료한 후 다음 단계로 발전
- ㉡ 운동요령
  - 안장 높이를 비롯한 적합한 사이클 선택
  - 시작 전 반드시 장비점검 실시
  - 호흡은 정상적으로 하며 장거리 이동 시 수분 및 음료와 간단한 간식 준비
- ㉢ 부하조절
  - 초보자는 짧은 거리에서 장거리의 순서로 실시
  - 목표 심박수 수준에서 최대심박수의 60%~80%, 다양한 거리 및 코스 변경 가능
- ㉣ 효과
  - 달리기보다 무릎에 충격을 줄여줌
  - 하체 근육 강화에 효과적
  - 심폐기능 향상
  - 남녀노소 누구나 가능

② 수중운동
- ㉠ 특성
  - 체중부하 없음(관절에 가해지는 부담 최소화 → 운동 상해자에게 적합)
  - 수면의 높이(강도조절)
  - 목표 칼로리 소비 가능(수영의 에너지 소비율은 달리기의 4배 수준)
  - 400m 수영 시 소비 칼로리는 1,600m 달리기의 소비 칼로리와 비슷
  - 운동 부하조절 : 기능적 용량이 극히 저조한 심근경색 수술환자도 물 속에서 걷기운동을 통하여 체력향상(운동효과 달성)이 가능하다.
- ㉡ 효과
  - 손상률이 낮아 고령자, 비만자에게 가장 효과적
  - 냉온환경 순응을 통한 방위체력 향상
  - 심폐기능 발달
  - 근육 및 골격강화와 관절치료에 효과적

02 | 저항성 트레이닝 방법

학습목표
- 저항트레이닝의 기초에 대해 학습하고 설명할 수 있다.
- 대상자(선수, 일반인, 환자)에게 저항 운동을 지도할 수 있다.

1 저항성운동의 기초

(1) 근수축의 종류

① 등척성 수축(Isometric Contraction) : 근육의 길이 변화 없이 관절을 특정 각도에 고정시킨 상태에서 힘을 거의 최대(MVC ; Maximal Voluntary Contraction)로 발휘하여 일정 시간 동안 유지하는 운동법을 말한다.
  ㉠ 효과적으로 근력을 높일 수 있는 장점
  ㉡ 운동을 행한 각도에서만 효과가 나타나는 장점
  ㉢ 운동 각도를 다양하게 설정하여 연습하여야 함
  ㉣ 손상 후 초기 재활운동으로 적합
  ㉤ 관상동맥질환이나 고혈압이 있는 경우에 등척성 운동방법은 흉곽내압을 높이고 정맥혈 회귀를 감소시켜 심장에 부담을 주어 혈압 상승을 유발할 수 있기 때문에 가급적 삼가는 것이 좋음

  [등척성 근기능 운동의 일반 지침(헤이워드, 2006)]

형 태	강 도	시 간	빈 도	반복 횟수	기 간
정적 근력	100% MVC	5초 유지	3~5	5~10회	4주 <
정적 근지구력	60% MVC	피로시까지	3~5	1회	4주 <

② 등장성 수축(Isotonic Contraction) : 동심성 수축과 편심성 수축으로 구분한다.
  ㉠ 단축성 수축(동심성 수축 ; Concentric Contraction) : 근육의 길이가 짧아지면서 수축하는 형태를 말한다.
  ㉡ 신장성 수축(편심성 수축 ; Eccentric Contraction) : 근육의 길이가 길어지면서 수축하는 형태를 말한다.
  ㉢ 등장성 운동은 주로 프리웨이트와 머신 형태의 운동 기구에서 사용되며, 운동 강도는 1RM을 기준으로 한다. 또 다른 강도의 변수로는 세트, 휴식, 반복 횟수, 운동량이 있다.

- 세트 : 한 동작을 반복해서 행하는 횟수
- 운동량 : 각 동작에서 든 무게, 횟수, 세트 수를 곱한 값
- 근력 : 외부저항에 대해 내부에서 힘을 발휘하는 능력
- 근지구력 : 가벼운 무게로 반복횟수를 많이 하는 방식(크레이머와 랫메스, 2004)
- 정상인들이 근력과 근지구력을 동시에 향상하고자 할 때에는 8~12RM이 권장됨(ACSM)

[등장성 근기능 운동의 지침(ACSM)]

운동목적	운동 형태	강도(RPE)	반복 횟수	세트	빈도	동작 수	속도
근력/근지구력	등장성	초기 12~13 후기 15~16	8~12	1	2~3회/주	8~12	구심 3초 원심 3초

③ 등속성 수축(Isokinetic Contraction) : 일정한 관절의 운동속도로 근육이 수축되면서 근력을 발휘하는 것을 말한다.
  ㉠ 등척성 수축과 등장성 수축 운동의 장점만을 가졌고 근력, 근지구력, 파워까지 향상이 가능
  ㉡ 관절 운동의 전 범위에 걸쳐 일정한 혹은 가변적 저항(N·M)과 속도(°/sec)를 기계적으로 제공
  ㉢ 속도는 24~300°/sec 범위에서 운동 목적에 따라 다양하게 이용
  ㉣ 편심성 수축 운동 요소가 없기 때문에 재활 프로그램에서 많이 활용
  ㉤ 전체 ROM에서 최대의 근 수축
  ㉥ 통제된 움직임 속도에 의해 전체 ROM 전반에 걸쳐 최대저항 유지
  ㉦ 마찰, 압축된 공기, 기체, 수압에 의해 저항

[등속성 근기능 운동의 일반 지침(헤이워드, 2006)]

형태	강도	횟수	세트	속도(°/sec)	빈도(회/주)	기간
등속성 근력	최대	2~15	3	24~180	3~5	6주 ≤
등속성 근지구력	최대	피로시점	1	≥180	3~5	6주 ≤

개념 PLUS

1RM(Repetition Maximum)
저항 운동 시 최대노력으로 1회 반복할 수 있는 최대 중량을 의미한다.

(2) 근육의 기능과 명칭

① 주동근과 길항근
  ㉠ 주동근(Prime Mover, Agonist) : 어떤 운동을 할 때 주로 작용하는 근육
  ㉡ 길항근(Antagonist) : 주동근과 반대 역할을 하는 근육
② 협력근과 고정근
  ㉠ 협력근(Synergis) : 주동근을 도와 하나의 팀으로 작용하는 근육들
  ㉡ 고정근(Stabilizer, Fixator) : 주동근이 수축할 때 인체의 지지대를 유지하기 위해 다른 관절을 고정시키는 근육

[초급자를 위한 등장성 근기능 운동 지침(헤이워드, 2006)]

운동목적	운동 강도	운동량	운동속도	운동빈도	휴식 간격
근 력	60~70% 1RM	1~3세트, 8~12회	느린 → 보통	2~3회/주	• 다관절 2~3분 • 단관절 1~2분
근비대	70~85% 1RM	1~3세트, 8~12회	느린 → 보통	2~3회/주	1~2분
근지구력	50~70% 1RM	1~3세트, 10~15회	느 린	2~3회/주	1~2분
파 워	• > 80% 1RM : 근력 • 30~60% 1RM : 스피드	1~3세트, 3~6회	보 통	2~3회/주	중심운동 2~3분

[중급자를 위한 등장성 근기능 운동 지침(헤이워드, 2006)]

운동목적	운동 강도	운동량	운동속도	운동빈도	휴식 간격
근 력	70~80% 1RM	1~3세트, 6~12회	보 통	• 전신 : 2~3회/주 • 분리 : 3~4회/주	• 다관절 2~3분 • 단관절 1~2분
근비대	70~85% 1RM	1~3세트, 1~12회	느린 → 보통	2~4회/주	1~2분
근지구력	50~70% 1RM	1~3세트, 10~15회	• 느린-중간 반복 • 보통-많은 반복	2~4회/주	1분 >
파 워	> 80% 1RM : 근력 30~60% 1RM : 스피드	1-3세트, 3~6회	빠 른	2~4회/주	• 다관절 2~3분 • 단관절 1~2분

[상급자를 위한 등장성 근기능 운동 지침(헤이워드, 2006)]

운동목적	운동 강도	운동량	운동속도	운동빈도	휴식 간격
근 력	80~100% 1RM, 운동 강도 조절	3세트 <, 1~12회 운동량 조절	느린 → 빠른	4~6회/주	• 다관절 2~3분 • 단관절 1~2분
근비대	70~100% 1RM	3~6세트, 1~12회 운동량 조절	느린 → 보통	4~6회/주	• 다관절 2~3분 • 단관절 1~2분
근지구력	30~80% 1RM	3세트 <, 10~25회	• 느린 : 10-15회 • 보통 → 빠른 : 15~25회	4~6회/주	• 10~15회 → 1분 > • 15~25회 → 1~2분
파 워	• 85~100% 1RM : 근력 • 30~60% 1RM : 스피드	3~6세트, 1~6회 운동량 조절	빠 른	4~6회/주	중심운동 2~3분

(3) 저항 운동의 기본적인 운동 기술

① 그립과 스탠스
  ⊙ 오버핸드그립 : 회내 그립(Pronated Grip)이라고도 하며, 벤치 프레스와 같은 동작에서 사용
  ⓒ 언더핸드그립 : 회외 그립(Supinated Grip)이라고도 하며, 바벨 컬과 같은 동작에서 사용
  ⓒ 뉴트럴그립 : 뉴트럴 그립은 악수하듯이 두 손이 서로 맞잡은 그립의 형태이며, 해머 컬과 같은 동작에서 사용

② 얼터네이티드그립 : 한 손은 오버그립, 다른 한 손은 언더그립으로 잡는 그립의 형태이며 데드리프트와 같은 고중량을 들 때 사용
③ 닫힌그립 : 섬어라운드그립이라고도 하며 양손의 엄지손가락이 바를 감싸는 형태를 말하며 가장 일반적으로 많이 사용
④ 열린그립 : 섬레스그립이라고도 하며 양손의 엄지손가락이 바를 감싸지 않고 나머지 손가락들과 같은 위치에 있는 그립의 형태를 말하며 일반적으로 많이 사용하지 않음

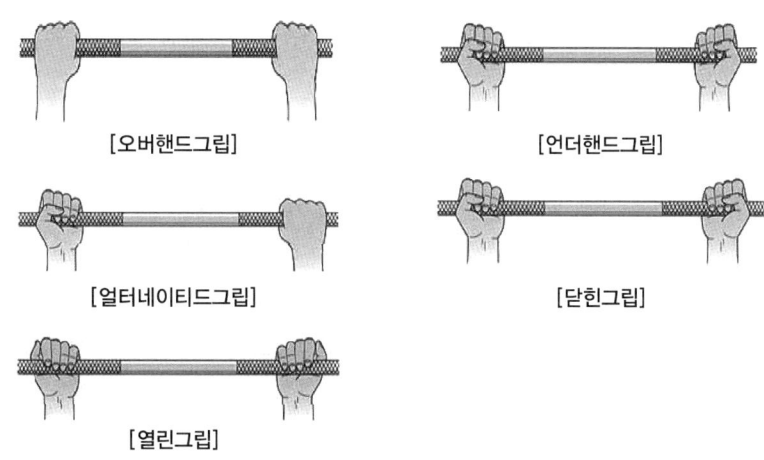

② 네 가지의 표준 그립 너비
  ㉠ 와이드 스탠스
  ㉡ 내로우 스탠스
  ㉢ 골반 너비
  ㉣ 어깨 너비

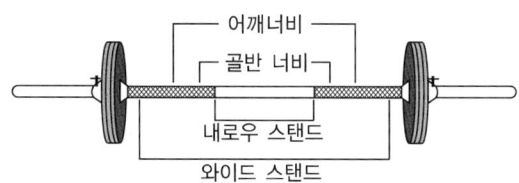

③ 시작자세
  ㉠ 서서하는 운동 : 바벨 컬, 스쿼트, 덤벨 레터럴 레이즈, 숄더 프레스 등이 있으며 스탠스는 엉덩이 너비, 어깨너비로 잡을 수 있다.
  ㉡ 기계를 이용하는 운동 : 대상자의 몸에 맞게 기계를 맞추어야 한다. 우선 안장의 높이와 몸통과 사지의 패드를 적당하게 조절하고 기계의 축과 운동에 관여하는 관절의 정렬을 맞춘다. 예를 들면 레그 익스텐션 운동을 할 때 등받이 위치와 발목 패드의 위치를 몸에 맞게 조절해야 한다.

ⓒ 기립자세(Standing)
- 양 다리와 발을 고정하고 체간부위 근육(복근, 척추기립근)에 힘을 주어 상체를 안정시킴
- 중량을 머리 위로 높게 드는 운동 시 체간 근육들을 긴장시켜 상체와 허리를 안정시킴

ⓔ 앉은 자세(Seating)
- 발바닥과 엉덩이 부위가 접지면에 고정
- 상체의 흔들림을 방지하기 위해 다리의 위치를 확고하게 함
- 허리를 펴 체간부위를 긴장시킴
- 하체운동 시 양손으로 벤치의 가장자리를 붙잡아 상체를 안정화

ⓜ 누운 자세(Lying)
- 바닥, 엉덩이, 어깨가 접지면에 고정
- 인체 중심이 낮아 안정성이 높음
- 양 다리를 벤치에 올리고 실시 : 한 부분에 정신을 집중 시
- 양 다리를 벤치에 내리고 실시 : 보다 강한 힘을 발휘할 때
- 양 발과 다리를 바닥에 고정, 허리와 배 전체 긴장
- 복근을 긴장시키고 엉덩이가 뜨지 않도록 유의

ⓗ 다리 구부린 자세(Squat)
- 허리와 체간부위의 긴장이 풀리지 않도록 척추기립근을 긴장시켜 척추를 곧게 폄
- 가슴부위를 펴고 시선은 전방
- 구부렸다가 일어나는 과정의 운동방향이 바뀌는 부분에서 긴장이 풀리지 않도록 주의

ⓢ 상체 엎드린 자세(Bent)
- 체간부위와 허리를 긴장시켜 척주를 최대한으로 폄
- 무릎은 항상 구부림

④ 호흡법
ⓐ 흡기 : 근육이 신장되는 편심성(Eccentric Phase) 구간에서 호흡을 들이마신다.
ⓑ 호기 : 근육이 짧아지는 동심성(Concentric Phase) 구간 중에 운동이 가장 힘든 부분을 지나서 호흡을 내쉰다.
ⓒ 발살바 호흡법(Valsalva Maneuver) : 이 호흡법은 운동 시 후두(Golttis)를 막고 숨을 멈추어 복부와 가슴의 근육에 압력을 가하는 행위를 말한다. 그러나 운동 시 지속적으로 발살바 호흡법을 사용하면 가슴의 압력 증가로 인해 심장이 압박되고 정맥 환류 감소, 현기증, 실신 등의 부작용이 있을 수 있으므로 주의해야 한다.

> **개념 PLUS**
> - Sticking Point : 등장성 운동 중 단축성 수축과 이완성 수축이 일어나는 동안에 가장 어려운 부분을 말하며 이 구간은 신장성 수축에서 단축성 수축으로 전환된 직후에 발생한다.
> - 발살바 호흡법 : 운동 시 사용하는 호흡법으로, 성문이 복부와 흉곽의 근육들이 수축하는 동안 폐 속에 공기를 머물게 하기 위해 닫혀지는 것을 말한다.

(4) 머신 운동과 프리 웨이트의 차이점

① 머 신
- ㉠ 모든 개인의 특성에 맞게 설계되지 않음(비만, 신체적 장애, 키가 크거나 작은 사람 등)
- ㉡ 관절가동범위(ROM) 제한
- ㉢ 기능적 움직임과 실제 운동을 반영하지 못함
  - 고립된 근육 및 근육군 운동
  - 목표로 하는 근육 강화
  - 보조자 불필요
  - 초보자에게 적합

② 프리 웨이트
- ㉠ 모든 개인에게 쉽게 적용 가능
- ㉡ 머신보다 실제 움직임에 가까움
- ㉢ 협력근과 안정화 근육의 작용이 요구

2 부위별 트레이닝 방법

(1) 상체 운동

① 벤치 프레스
- ㉠ 방 법
  - 대상자의 다리를 지면에 고정하고 자리에 눕는다.
  - 시선은 바벨 아래쪽에 위치하고 그립은 어깨너비로 닫힌 회내 그립으로 잡는다.
  - 준비가 되면 그립이 흔들리지 않도록 고정하고 양팔을 전방으로 뻗어 바를 들어올린다.
  - 바가 아래로 내려가는 동안 호흡을 들이마시고 올라가는 동안 호흡을 내쉰다.
  - 숙련정도에 따라 무게, 반복횟수, 세트, 휴식시간을 조절하여 대상자의 요구에 맞게 운동을 실시한다.
- ㉡ 주의사항 : 바를 하방에서 상방으로 들어올릴 때 반동을 이용하면 안 되며, 벤치에서 과도하게 엉덩이를 들어올리거나 운동 중에 벤치에서 머리를 들어올리면 위험하다. 그리고 하방 동작에서 팔꿈치가 어깨 위치나 그보다 위쪽에 위치하게 되면 어깨의 충돌을 야기할 수 있다.
- ㉢ 훈련되는 주요근육
  - 주동근(Agonist) : 큰가슴근(대흉근 ; Pectoralis Major)
  - 협력근(Synergist) : 앞어깨세모근(전면삼각근 ; Anterior Deltoid), 위팔세갈래근(상완삼두근 ; Tricep)
  - 안정근(Stabilizer) : 돌림근띠(회선근개 ; Rotator Cuff)
  - 길항근(Antagoist) : 뒤어깨세모근(후면삼각근 ; Posterior Deltoid)

② 프론트 랫 풀-다운
  ㉠ 방 법
    - 대상자는 닫힌 회내 그립으로 어깨보다 넓게 바를 잡는다.
    - 넙다리네갈래근 중간 부위에 패드를 위치시키고 발은 바닥에 밀착시킨 후 기계를 바라보고 앉는다.
    - 양손을 이용하여 동일한 힘으로 바를 상방에서 하방 가슴상단 부위로 당겨 내린다. 이때 몸통은 중립자세를 유지하여야 한다.
    - 호흡은 하방으로 움직일 때 내쉬고, 상방으로 올라갈 때 들이마신다.
  ㉡ 주의사항 : 운동 시 열린 그립으로 바를 잡으면 자칫 그립이 바에서 빠지면서 위험한 상황이 일어날 수 있다. 또한 하방 운동단계에서 보조적으로 복부 근육을 수축하고 몸통을 구부리는 것은 관절의 정상적인 움직임을 방해하고 이러한 잘못된 움직임은 운동 손상과 좋지 못한 자세를 만들 수 있다.
  ㉢ 훈련되는 주요근육
    - 주동근(Agonist) : 넓은등근(광배근 ; Latisimus Dorsi)
    - 협력근(Synergist) : 큰원근(대원근 ; Teres Major), 마름근(능형근 ; Rhomboid), 뒤어깨세모근(후면삼각근 ; Posterior Deltoid)
    - 안정근(Stabilizer) : 돌림근띠(회선근개 ; Rotator Cuff)
    - 길항근(Antagoist) : 앞어깨세모근(전면삼각근 ; Anterior Deltoid), 큰가슴빗장뼈머리부위(대흉근쇄골두 부위 ; Pectoralis Major Clavicular Part)

③ 숄더 프레스
  ㉠ 방 법
    - 대상자는 바를 어깨너비보다 약간 넓게 닫힌 회내 그립으로 잡는다.
    - 대상자는 의자에 앉아 등은 등받이에 받치고 양발은 어깨너비로 벌리고 지면에 고정한다.
    - 양손은 바가 움직이지 않도록 고정하고 팔꿈치가 머리 위로 완전히 펴질 때까지 들어올린다. 이때 몸통은 중립자세를 유지하여야 한다.
    - 호흡은 상방으로 움직일 때 내쉬고, 하방으로 내려올 때 들이마신다.
  ㉡ 주의사항 : 대상자는 바가 상방으로 올라가는 것을 돕기 위해서 다리를 밀거나 의자에서 일어나지 않도록 하고 상방 운동단계에서 등이 과도하게 폄되지 않도록 한다. 이러한 문제는 유연성이 부족하거나 과도한 중량을 사용할 때 발생한다.
  ㉢ 훈련되는 주요근육
    - 주동근(Agonist) : 어깨세모근(삼각근 ; Deltoid)
    - 협력근(Synergist) : 위팔세갈래근(상완삼두근 ; Triceps Brachii), 팔꿈치근(주근 ; Anconeus)
    - 안정근(Stabilizer) : 돌림근띠(회선근개 ; Rotator Cuff)
    - 길항근(Antagoist) : 넓은등근(광배근 ; Latissimus Dorsi)

④ 바이셉스 컬
  ㉠ 방 법
    • 대상자는 바를 어깨너비보다 약간 넓게 닫힌 회외 그립으로 잡는다.
    • 상체는 중립자세를 만들고 양발은 어깨너비로 서서 무릎을 살짝 구부린다.
    • 팔꿈치를 완전히 편한 상태로 대상자의 허벅지 앞에 바가 오도록 하고 바닥에서 수직으로 팔을 몸통 옆에 붙인다.
    • 팔꿈치를 구부리며 어깨를 향해 원을 그리듯이 바를 들어 올리고 다시 시작자세로 팔꿈치를 서서히 펴면서 내린다.
    • 호흡은 팔꿈치를 구부리며 내쉬고, 펴면서 들이마신다.
  ㉡ 주의사항 : 대상자가 바를 들어 올릴 때 상체를 갑자기 잡아당기거나 어깨를 움츠리는 것, 무릎을 펴는 것, 바를 흔들어 올리는 것, 발끝을 들어 바를 올리는 것 등을 주의해야 한다.
  ㉢ 훈련되는 주요근육
    • 주동근(Agonist) : 위팔두갈래근(상완이두근 ; Biceps Brachii)
    • 협력근(Synergist) : 위팔근(상완근 ; Brachialis), 위팔노근(상완요골근 ; Brachioradialis)
    • 안정근(Stabilizer) : 돌림근띠(회선근개 ; Rotator Cuff)
    • 길항근(Antagoist) : 위팔세갈래근(상완삼두근 ; Triceps Brachii)

⑤ 트라이셉스 푸쉬 다운
  ㉠ 방 법
    • 대상자는 바를 어깨너비보다 약간 넓게 닫힌 회내 그립으로 잡는다.
    • 상체는 중립자세를 만들고 무릎은 약간 구부려 어깨너비로 다리를 벌리고 선다.
    • 케이블의 바를 당겨내려 팔꿈치를 굽힌 상태로 몸통 옆에 붙인다.
    • 대상자는 안정적으로 케이블의 바를 잡아 팔꿈치가 펴질 때까지 바를 아래로 내린 뒤 다시 시작자세로 되돌아간다.
    • 호흡은 팔꿈치를 펴면서 내쉬고, 굽힐 때 들이마신다.
  ㉡ 주의사항 : 운동하는 동안 팔꿈치가 몸통에서 떨어지거나 앞, 뒤로 움직이지 않도록 하고 하방운동단계에서 몸통이 구부러지거나 운동하는 동안 머리를 옆으로 돌리지 않도록 한다.
  ㉢ 훈련되는 주요근육
    • 주동근(Agonist) : 위팔세갈래근(상완삼두근 ; Triceps Brachii)
    • 협력근(Synergist) : 팔꿈치근(주근 ; Anconeus)
    • 안정근(Stabilizer) : 돌림근띠(회선근개 ; Rotator Cuff)
    • 길항근(Antagoist) : 위팔두갈래근(상완이두근 ; Biceps Brachii)

(2) 하체 운동

① 스쿼트
  ㉠ 방 법
    - 대상자는 바를 어깨너비보다 약간 넓게 닫힌 회내 그립으로 잡는다.
    - 대상자는 머리를 바 아래로 집어넣고 몸은 바가 목에서 후면 어깨세모근 위에 위치하도록 하고 팔꿈치를 들어 바가 움직이지 않도록 고정한다.
    - 양손은 바가 움직이지 않도록 고정하고 팔꿈치가 머리 위로 완전히 펴질 때까지 들어올린다. 이때 몸통은 중립자세를 유지하여야 한다.
    - 시선은 정면을 향하고 몸통이 구부러지지 않도록 척주의 중립자세를 유지한다.
    - 준비가 되면 몸통은 유지한 상태로 엉덩관절을 구부리고 이어서 무릎관절을 구부리며 아래로 내려간다.
    - 몸통과 바닥이 평형하게 되면 엉덩관절과 무릎관절을 펴면서 시작자세로 돌아온다.
    - 호흡은 상방으로 움직일 때 내쉬고, 하방으로 내려올 때 들이마신다.
  ㉡ 주의사항 : 하방자세에서 몸통이 앞으로 과도하게 숙여지거나 등이 둥글게 굽혀지면 허리에 과도한 부담을 주게 된다. 그리고 동작을 하는 동안 무릎이 안정되지 않고 안이나 밖으로 움직이지 않도록 한다.
  ㉢ 훈련되는 주요근육
    - 주동근(Agonist) : 큰볼기근(대둔근 ; Gluteus Maximus), 넙다리네갈래근(대퇴사두근 ; Quadriceps)
    - 협력근(Synergist) : 슬굴곡근(Hamstring)
    - 안정근(Stabilizer) : 배가로근(복횡근 ; Transversus Abdominis), 배속빗근(내복사근 ; Internal Oblique)
    - 길항근(Antagonist) : 큰허리근(대요근 ; Psoas Major)

② 레그 익스텐션
  ㉠ 방 법
    - 대상자의 등은 패드의 중앙에 위치하고 무릎은 기계의 축과 일직선상에 놓이도록 한다.
    - 발목 패드는 발등과 정강이뼈 말단부위에 닿도록 하고 양손은 손잡이를 잡아 고정한다.
    - 대상자는 무릎이 넙다리뼈와 일직선이 될 때까지 펴고 다시 시작자세로 돌아온다.
    - 시선은 정면을 향하고 몸통이 구부러지지 않도록 척주의 중립자세를 유지한다.
    - 호흡은 상방으로 움직일 때 내쉬고, 하방으로 내려올 때 들이마신다.
  ㉡ 주의사항 : 대상자가 다리를 펼 때 의자에서 엉덩이가 떨어지지 않도록 하고 반동을 사용하거나 무릎관절을 과도하게 폄하지 않도록 한다.
  ㉢ 훈련되는 주요근육
    - 주동근(Agonist) : 넙다리네갈래근(대퇴사두근 ; Quadriceps)
    - 협력근(Synergist) : 넙다리근막긴장근(대퇴근막장근 ; Tensor Fascia Latae)
    - 길항근(Antagonist) : 슬굴곡근(Hamstring)

③ 레그 컬
- ㉠ 방 법
  - 대상자는 기계에 배를 대고 엎드려 몸통과 골반이 패드의 중앙에 위치하도록 한다.
  - 양팔은 손잡이를 잡아 고정하고 무릎은 기계의 축과 일직선이 되도록 하며, 발목 패드는 아킬레스힘줄 사이에 놓이도록 한다.
  - 대상자는 무릎을 엉덩이 쪽으로 굽힘하고 다시 시작자세로 돌아간다.
  - 호흡은 무릎을 구부릴 때 내쉬고, 시작자세로 내려올 때 들이마신다.
- ㉡ 주의사항 : 운동을 하는 동안 엉덩이가 들리지 않도록 하고 하방으로 내려갈 때 끝에서 무릎이 과도하게 펴지지 않도록 한다.
- ㉢ 훈련되는 주요근육
  - 주동근(Agonist) : 슬굴곡근(Hamstring)
  - 협력근(Synergist) : 넙다리빗근(봉공근 ; Sartorius), 두덩정강근(박근 ; Gracilis), 장딴지근(비복근 ; Gastrocnemius), 장딴지빗근(족척근 ; Plantaris), 오금근(슬와근 ; Popliteus)
  - 길항근(Antagoist) : 넙다리네갈래근(대퇴사두근 ; Quadriceps)

④ 카프레이즈
- ㉠ 방 법
  - 대상자는 바를 어깨너비보다 약간 넓게 닫힌 회내 그립으로 잡는다.
  - 대상자는 머리를 바 아래로 집어 넣고 몸은 바가 목에서 후면 어깨세모근 위에 위치하도록 하고 팔꿈치를 들어 바가 움직이지 않도록 고정한다.
  - 양손은 바가 움직이지 않도록 고정하고 팔꿈치가 머리 위로 완전히 펴질 때까지 들어올린다. 이때 몸통은 중립자세를 유지하여야 한다.
  - 시선은 정면을 향하고 몸통이 구부러지지 않도록 척주의 중립자세를 유지한다.
  - 무릎은 완전히 펴고 발뒤꿈치를 디딤대보다 아래로 떨어뜨린다.
  - 대상자는 준비를 마치면 발목을 완전히 발바닥쪽 굽힘이 되도록 뒤꿈치를 바닥에서 들어 올리고 다시 시작자세로 돌아온다.
  - 호흡은 상방으로 움직일 때 내쉬고, 하방으로 내려올 때 들이마신다.
- ㉡ 주의사항 : 운동 중에 발바닥이 안쪽이나 바깥쪽으로 보이게 발목을 돌리지 않도록 하고, 반동을 주거나 무릎을 굽히고 펴는 것을 하지 않는다. 이렇게 좋지 않은 습관과 운동 방법은 발목 손상이나 문제를 야기할 수 있다.
- ㉢ 훈련되는 주요근육
  - 주동근(Agonist) : 장딴지근(비복근 ; Gastrocnemius), 가자미근(넙치근 ; Soleus)
  - 협력근(Synergist) : 긴종아리근(장비골근 ; Peroneus Longus), 짧은종아리근(단비골근 ; Peroneus Brevis), 뒤정강근(후경골근 ; Tibialis Posterior)
  - 안정근(Stabilizer) : 배가로근(복횡근 ; Transversus Abdominis), 배속빗근(내복사근 ; Internal Oblique)
  - 길항근(Antagoist) : 앞정강근(전경골근 ; Tibialis Anterior), 긴발가락폄근(장지신근 ; Extensor Digitorum Longus), 셋째종아리근(제3비골근 ; Peroneus Tertius)

(3) 전신 운동

① 파워 클린

㉠ 방 법
- 대상자는 다리를 어깨너비 사이 정도로 벌리고 발끝을 약간 바깥으로 향하도록 놓는다.
- 바는 양손으로 닫힌 회내 그립으로 잡고 어깨너비보다 약간 넓게 무릎바깥으로 잡는다.
- 등은 중립자세를 유지하고 가슴은 살짝 들어주며, 어깨의 위치는 바의 위, 앞쪽에 위치하도록 한다.
- 준비가 되면 대상자는 첫 번째 당기기를 시작한다.
- 엉덩이와 무릎을 펴면서 바를 바닥에서 들어올린다. 이때 등의 자세는 곧게 유지하고 팔꿈치는 완전히 펴진 상태를 유지한다.
- 첫 번째 당기기가 끝나면 다음은 올리기 동작으로 이어진다.
- 바를 무릎 위로 올릴 때 엉덩이를 앞으로 밀어 넣고 무릎을 약간 다시 굽혀 대퇴와 무릎이 바 아래에 놓이도록 한다.
- 올리기 동작이 끝나면 두 번째 당기기를 한다.
- 대상자는 힘차고 빠르게 엉덩이와 무릎을 펴고 발목을 발바닥 쪽 굽힘시킨다.
- 그 다음으로 얹기 동작으로 이어진다.
- 하체가 완전히 펴지고 바가 거의 최대 높이에 다다른 후에 바 아래로 몸을 당기고 팔은 위로 올려 바의 아래에 위치시킨다.
- 올리는 동작이 끝나면 다시 시작자세로 돌아간다.

㉡ 주의사항 : 첫 번째 당기기에서 등 상부가 둥글게 굽어지지 않도록 하고, 무릎이 엉덩이보다 빠르게 펴지지 않도록 한다. 부적절한 자세와 기술은 손상을 야기한다.

㉢ 훈련되는 주요근육 : 큰볼기근(대둔근 ; Gluteus Maximus), 슬굴곡근(Hamstring), 넙다리네갈래근(대퇴사두근 ; Quadriceps), 가자미근(넙치근 ; Soleus), 장딴지근(비복근 ; Gastrocnemius), 어깨세모근(삼각근 ; Deltoid), 등세모근(승모근 ; Trapezius)

03 유연성 트레이닝 방법

학습목표
- 유연성 운동의 기본지침에 대해 학습한다.
- 스트레칭의 3가지 기본적 형태 정적, 동적, PNF 스트레칭에 대해 숙지하고 실시할 수 있다.
- 유연성에 영향을 주는 요인과 트레이닝에 대한 반응에 대해 학습한다.
- 수행을 위한 안전하고 효과적인 스트레칭 방법을 제시할 수 있다.
- 대상자에게 간단한 유연성 프로그램을 제공할 수 있어야 한다.

1 유연성 운동의 기초

(1) 개 요

유연성이란 근·골격계가 정상적으로 기능을 발휘하기 위해 모든 관절이 적절한 가동범위를 유지하는 능력을 말하며, 이는 관절의 가동성과 근육의 신장성, 인대의 탄력성에 의해 복합적으로 결정된다. 스트레칭은 관절의 가동범위(ROM) 증가를 위해 사용되는 방법으로 ACSM에서는 적어도 2~3일/주, 주요 근육군에 대한 일반적인 스트레칭 운동의 포함을 권고하고 있다.

(2) 유연성 운동 시 주의사항

① 스트레칭 전 가벼운 준비운동을 실시한다.
② 올바른 자세로 실시한다.
③ 스트레칭 동작 시 적절한 호흡 및 속도로 실시한다.
④ 스트레칭 유지시간은 6~12초가 적당하다.
⑤ 약간 당기는 느낌이 있는 지점까지 스트레칭한다.
⑥ 손상된 근육군의 스트레칭은 금지한다.
⑦ 스트레칭 순서는 심장에서 먼 부위부터 시작한다.

2 유연성의 결정요인(Determinants of Flexibility)과 이점

(1) 유연성의 결정요인

① 관절 구조 : 뼈의 모양
② 관절 주변 연부조직 : 과도한 지방, 인대의 강직은 가동범위를 제한
③ 길항근의 길이, 크기, 강직
④ 조직의 온도
⑤ 관절 주변 조직의 점탄성적 특성
⑥ 나이 : 노화에 따라 유연성이 감소하게 된다. 주요 원인은 결합조직의 콜라겐 섬유의 변화, 엘라스틴 감소, 연골, 인대, 건, 활액, 근육의 쇠퇴, 신체활동의 감소 등이 있다.
⑦ 성별 : 유연성은 평균적으로 여성이 남성보다 좋은데, 이러한 원인은 골격의 형태, 결합조직의 형태학, 호르몬의 차이 등이 있다.
⑧ 신체활동력

(2) 유연성 트레이닝의 이점

① 관절의 가동범위 개선
② 일상생활의 활동을 위한 수행능력 개선
③ 부상의 가능성을 줄임
④ 근육의 불균형을 개선하고 예방

3 유형별 스트레칭 방법

(1) 스트레칭의 종류

① 능동적 스트레칭 : 대상자가 외부의 도움 없이 스스로 신체를 움직여 근육을 신장시키는 기법을 말한다.
② 수동적 스트레칭 : 대상자가 직접 근육을 신장시키지 않고 보조자의 도움에 전적으로 의지하여 행하여지는 기법을 말한다.
③ 스트레칭의 3가지 형태
  ㉠ 정적 스트레칭
   • 근육을 최대한 신전시킨 상태에서 정지한 후 일정시간 동안 자세를 유지하여 근육의 신장력을 향상시키는 방법으로 가장 많이 사용되고 있다.
   • 스트레칭 동작 시 천천히 움직이고 최고 장력으로 유지한다.
   • 방법은 능동적, 수동적으로 할 수 있다.
   • 유지 시간은 20~30초가 적당하다.
   • 손상의 위험이 낮고 안전하게 실시할 수 있다.

    ⓒ 동적 스트레칭
     • 동적 스트레칭은 정적으로 자세를 멈추지 않고 움직임의 속도를 이용하여 해당 근육을 반복적으로 늘려주는 방법이다.
     • 동적 스트레칭은 움직임과 근육의 장력을 유발시킨다.
     • 방법은 능동적 스트레칭이 있다.
     • 주로 운동선수들이 스포츠의 특성에 맞게 준비운동으로 사용한다.
     • 자세의 불균형이나 운동손상이 없는 선수에게 적용한다.
    ⓒ PNF 스트레칭 : PNF 스트레칭 방법은 해당 근육(주동근)을 능동적 또는 수동적 신장 후 보조자에 의해 등척성 수축을 유도한다. 이때 기계적 수용기 중의 하나인 골지건 기관의 반사를 촉진함으로써 해당 근육을 이완한다. PNF 방법에는 수축-이완-수축 방법과 수축-이완 방법이 있다.

(2) 호흡법
올바른 호흡법은 스트레칭 시 이완에 도움을 주며, 보다 편안한 자세로 움직일 수 있도록 돕는다.
① 호기 : 스트레칭의 마지막 지점으로 향할 때 호흡을 내쉰다.
② 흡기 : 자세를 유지하고 처음 시작자세로 되돌아올 때 호흡을 들이마신다.

(3) 자 세
스트레칭 시 올바른 자세를 유지하는 것은 안정성과 효율성을 높이기 위해 중요하다. 척주의 자세는 중립자세(Neutral Position)로 유지한다.

4 유연성 운동 프로그램 계획(유연성 프로그램의 변수)

(1) FIDM
① 빈도(Frequency)
② 강도(Intensity)
③ 시간(Duration)
④ 방법(Mode)

(2) 빈도와 반복 횟수
유연성 향상을 위해서는 최소 하루에 2~6회, 1주일에 3~4일은 하여야 한다.

(3) 강 도
① 정적 스트레칭의 강도는 약간 불편한 정도까지 신장된 상태를 유지한다.
② PNF 스트레칭의 적정 강도는 최대하 등척성 수축을 권장한다.

(4) 스트레칭 유지 시간

① 능동적 정적 스트레칭은 10~30초 정도 유지한다.
② PNF 스트레칭은 6초 정도 능동적 수축 후 보조자에 의해 수동적으로 10~30초간 유지한다.

5 유연성 운동 실습

(1) 정적 스트레칭

① 목 가쪽굽힘 근육들의 스트레칭
  ㉠ 방 법
    - 대상자는 정면을 바라보며 머리를 좌측으로 기울인다.
    - 왼손으로 반대편의 머리를 잡아 고정하고 오른쪽 어깨를 아래로 내린다.
    - 목표근육이 신장되면 20~30초 동안 자세를 유지하고 시작자세로 되돌아온다.
  ㉡ 주의사항 : 손으로 목을 과도하게 당기지 말고 척추와 머리의 중립자를 유지한 상태로 안전하게 실시하여야 한다.
  ㉢ 목표근육 : 위등세모근(상부승모근 ; Upper Tapezius), 어깨올림근(견갑거근 ; Levator Scapula), 목갈비근(사각근 ; Scalene), 목빗근(흉쇄유돌근 ; Sternocleidomastoid)

② 목 폄(신전 ; Extension) 근육들의 스트레칭
  ㉠ 방 법
    - 대상자는 정면을 바라보며 척주와 머리를 중립자세로 유지한다.
    - 대상자는 머리가 복장뼈(흉골병)에 닿을 때까지 고개를 숙인다.
    - 목표근육이 신장되면 20~30초 동안 자세를 유지하고 시작자세로 되돌아온다.
    - 대상자는 목뼈(경추)을 뒤로 폄하여 머리가 천장과 수평에 가깝게 유지한다.
    - 목표근육이 신장되면 20~30초 동안 자세를 유지하고 시작자세로 되돌아온다.
  ㉡ 주의사항 : 목뼈의 추간판 탈출증이 있는 경우는 전방 굽힘(굴곡 ; Flexion)을 주의하고, 돌기관절염이나 척추관협착증(Stenosis)이 있는 경우 스트레칭을 주의해서 진행하며, 문제가 있는 경우 스트레칭을 중단한다.
  ㉢ 목표근육 : 위등세모근(상부승모근 ; Upper Trapezius), 어깨올림근(견갑거근 ; Levator Scapula), 머리널판근(두판상근 ; Splenius Capitis), 목널판근(경판상근 ; Splenius Cervicis)

> **개념 PLUS**
>
> 목을 뒤로 폄한 상태에서 고개를 왼쪽으로 돌리고 턱을 들어올리면 오른쪽의 목빗근(흉쇄유돌근)이 스트레칭 된다.

③ 어깨관절의 수평내전근 스트레칭
　㉠ 방 법
　　• 대상자는 모퉁이나 문의 프레임을 향해 상체를 바로 세우고 선다.
　　• 다리는 어깨너비로 벌리고 한 다리를 반대편 다리 앞으로 놓는다.
　　• 양팔은 어깨 높이보다 위로 들어 올리고 아래팔은 도어프레임이나 벽에 고정한다.
　　• 대상자는 몸 전체를 앞으로 기대어 근육이 신장되도록 한다.
　　• 목표근육을 20~30초 유지하고 반대편을 실시한다.
　　• 한 팔씩 교대로 실시할 수도 있다.
　㉡ 주의사항 : 어깨의 전방탈구나 불안정증이 있는 경우는 주의해야 하며 어깨후방 결합조직들의 충돌이 일어나지 않도록 정확한 자세로 실시하여야 한다.
　㉢ 목표근육 : 큰가슴근(대흉근 ; Pectoralis Major), 작은가슴근(소흉근 ; Pectoralis Minor), 전면어깨세모근(전삼각근 ; Anterior Deltoid), 부리위팔근(오훼완근 ; Coracobrachialis), 위팔두갈래근(상완이두근 ; Biceps Brachii)

④ 어깨관절의 수평외전근 스트레칭
　㉠ 방 법
　　• 대상자는 벽면을 향해 상체를 바로 세우고 선다.
　　• 발은 어깨너비로 벌리고 발끝은 정면을 향하도록 한다.
　　• 대상자의 왼쪽 팔을 오른쪽 어깨로 가져온다.
　　• 대상자는 왼쪽 어깨의 후면이 신장되는 느낌이 올 때까지 안쪽으로 몸통을 회전한다.
　　• 왼쪽 어깨후면을 20~30초 동안 유지한 후 반대편도 동일하게 실시한다.
　㉡ 주의사항 : 어깨 봉우리빗장관절(견쇄관절 ; Acromioclavicular Joint)의 문제가 있는 경우에는 동작을 주의한다.
　㉢ 목표근육 : 뒤와 중간어깨세모근(중간과 후면 삼각근 ; Posterior and Middle Deltoid), 넓은등근(광배근 ; Latissimus Dorsi), 위팔세갈래근(상완삼두근 ; Triceps Brachii), 중간등세모근(중승모근 ; Middle Trapezius), 마름근(능형근 ; Homboids).

⑤ 팔꿈치, 어깨관절 폄근 스트레칭
　㉠ 방 법
　　• 대상자는 발은 어깨너비로 벌리고 발끝은 정면을 향하도록 한다.
　　• 대상자 왼팔의 팔꿈치를 완전히 굽힘한 상태에서 어깨를 굽힘한다.
　　• 대상자는 왼쪽 위팔세갈래근이 신장되는 느낌이 올 때까지 오른손으로 왼쪽 팔꿈치를 아래로 누른다.
　　• 20~30초 동안 유지한 후 반대편도 동일하게 실시한다.
　㉡ 주의사항 : 어깨 충돌증후군(Impingement)이 있는 경우에는 동작을 금기하고, 동작을 30초 이상 장시간 유지하면 혈액 순환이 제한될 수 있다.
　㉢ 목표근육
　　• 주요근육 : 위팔세갈래근(상완삼두근)
　　• 이차근육 : 넓은등근(광배근), 큰원근(대원근), 작은원근(소원근)

⑥ 손목관절 굽힘근과 폄근 스트레칭
  ㉠ 방 법
    • 대상자 왼팔의 어깨를 90도 벌림하고 팔꿈치를 완전히 폄한 상태에서 손목를 굽힘한다.
    • 대상자는 왼쪽 아래팔의 폄근들과 굽힘 근육들이 신장될 때까지 오른손으로 왼쪽 손끝을 잡아당긴다. 20~30초 유지한 후 반대편도 동일하게 실시한다.
  ㉡ 주의사항 : 아래팔과 손목관절은 작고 많은 근육과 힘줄(건), 인대들로 구성되어 있기 때문에 너무 과도하게 빠른 힘으로 과신장되지 않도록 한다.
  ㉢ 목표 근육
    • 아래팔 굽힘 동작의 주요근육 : 위팔노근(상완요골근 ; Brachioradialis), 짧은 노쪽 손목 폄근(단요측 수근 신근 ; Extensor Carpi Radialis Brevis, 긴 노쪽 손목 폄근(장요측수근신근 ; Extensor Carpi Radialis Longus), 자쪽손목폄근(척측 수근 신근 ; Extensor Carpi Ulnaris).
    • 아래팔 폄의 동작의 주요근육 : 원엎침근(원회내근 ; Pronator Teres), 노쪽손목굽힘근(요측수근굽근 ; Flexor Carpi Radialis), 자쪽손목굽힘근(척측수근굽근 ; Flexor Carpi Ulnaris), 긴손바닥근(장장근 ; Palmaris Longus)

⑦ 몸통 가쪽굽힘 스트레칭
  ㉠ 방 법
    • 대상자는 몸통을 바르게 세우고 의자에 앉는다.
    • 몸통이 정면을 향하도록 유지하고 오른쪽으로 몸통을 가쪽굽힘한다.
    • 왼쪽의 몸통 가쪽 굽힘근들이 늘어나는 것을 느낄 때까지 오른쪽으로 몸통을 기울인다.
    • 20~30초 유지한 후 반대편도 동일하게 실시한다.
    • 동일한 스트레칭을 선 자세에서도 실시할 수 있다.
  ㉡ 주의사항 : 몸통이 가쪽 굽힘되는 동안 골반이 돌림하거나 몸통이 틀어지지 않도록 해야 한다. 만약 통증이 발생한다면 문제를 해결하고 스트레칭을 실시한다.
  ㉢ 목표 근육 : 왼쪽의 배바깥빗근(외복사근 ; External Oblique), 배속빗근(내복사근 ; Internal Oblique), 허리네모근(요방형근 ; Quadratus), 넓은등근(광배근 ; Latissimus Dorsi)

⑧ 몸통 폄근(신전근 ; Extensor) 스트레칭
  ㉠ 방법 : 대상자는 몸통을 바르게 세우고 의자에 앉는다. 몸통이 정면을 향한 상태에서 전방으로 몸통을 굽힘한다.
    • 몸통 폄근(신전근)들이 늘어나는 것을 느낄 때까지 전방으로 몸통을 숙인다.
    • 20~30초 동안 유지한 후 시작자세로 돌아온다. 동일한 동작을 바닥에 무릎을 꿇고 앉아 실시할 수 있다.
  ㉡ 주의사항 : 급성 추간판 탈출증이 있는 경우 스트레칭을 피하는 것이 좋다.
  ㉢ 목표 근육 : 척추세움근(척추기립근 ; Erector Spine), 등허리근막(흉요근막 ; Thoracolumbar Fascia)

⑨ 몸통근육굽힘근(골곡근) 스트레칭
  ㉠ 방 법
    • 대상자는 몸통을 바르게 세우고 몸통이 정면을 향하도록 선다.
    • 양다리는 어깨너비만큼 벌리고 발끝은 정면을 향하도록 한다.
    • 몸통 굽힘(굴곡)근들이 늘어나는 것을 느낄 때까지 후방으로 몸통을 젖힌다.
    • 위 동작을 20~30초 정도 유지한 뒤 시작자세로 돌아온다.
    • 동일한 동작을 바닥에 엎드려서 실시할 수 있다.
  ㉡ 주의사항 : 척추의 전방전위증이나 분리증, 요추협착증 등의 질환이 있는 경우 위 스트레칭 동작을 피해야 하며, 통증이 없는 범위 내에서 실시한다.
  ㉢ 목표 근육
    • 주요 근육 : 배곧은근(복직근 ; Rectus Abdominis), 배바깥빗근(외복사근 ; External Oblique), 배속빗근(내복사근 ; Internal Oblique)
    • 이차근육 : 큰허리근(대요근 ; Psoas Major), 엉덩근(장골근 ; Iliacus)

⑩ 엉덩관절굽힘근 스트레칭
  ㉠ 방 법
    • 대상자는 바닥에 무릎을 꿇고 몸통을 바르게 세워 앉는다.
    • 왼쪽 다리를 앞으로 이동하여 왼쪽 무릎과 엉덩관절을 90도 굽힌다.
    • 대상자의 발바닥이 바닥에 닿게 하고 발가락이 정면을 향하도록 한다.
    • 엉덩관절의 굽힘근들이 늘어나는 것을 느낄 때까지 몸통을 전방으로 이동한다.
    • 위 동작을 20~30초 정도 유지한 뒤 반대편도 실시한다.
    • 보조자의 도움으로 수동으로 실시할 수 있다.
  ㉡ 주의사항 : 몸통이 전방으로 이동될 때 골반이 움직이지 않도록 고정하고 왼쪽의 발뒤꿈치가 바닥에서 떨어지지 않도록 한다. 만약 허리 통증이 생기면 몸통이 적절하게 고정되지 않아 허리에 과도한 스트레스가 주어지고 있기 때문이다.
  ㉢ 목표 근육
    • 주요근육 : 오른쪽 큰허리근(대요근 ; Psoas Major), 엉덩근(장골근 ; Iliacus)
    • 이차근육 : 넙다리근막긴장근(대퇴근막장근 ; Right Tensor Fascia Lata), 넙다리곧은근(대퇴직근 ; Rectus Femoris)

⑪ 엉덩관절폄근 스트레칭(넙다리두갈래근, 반막모양근, 반힘줄모양근, 큰볼기근)
  ㉠ 방 법
    • 대상자는 몸통을 바르게 세우고 선다.
    • 대상자의 오른쪽 엉덩관절을 50~70도 정도 굽힘하고 무릎을 편 상태로 다리를 들어 상자 위에 발뒤꿈치를 올린다.
    • 엉덩관절의 폄근들이 늘어나는 것을 느낄 때까지 몸통을 전방으로 이동한다.
    • 위 동작을 20~30초 정도 유지한 뒤 반대편도 실시한다.
    • 보조자의 도움으로 바닥이나 테이블에 누워 수동으로 실시할 수 있다.

ⓛ 주의사항 : 몸통이 전방으로 이동될 때 골반이 움직이지 않도록 고정하고 왼쪽의 무릎의 구부러지거나 골반이 후방경사되지 않도록 한다. 만약 다리가 저리거나 허리 통증이 생기면 동작을 멈춘다.
ⓒ 목표 근육
- 주요근육 : 오른쪽 넙다리두갈래근(대퇴이두근 ; Biceps Femoris), 반힘줄모양근(반건양근 ; Semitendinosus), 반막모양근(반막양근 ; Semimembranosus)
- 이차근육 : 오른쪽 큰볼기근(대둔근 ; Gluteus Maximus), 오금근(슬와근 Popliteus), 장딴지빗근(족척근 ; Plantaris)

⑫ 엉덩관절바깥돌림근 스트레칭
ⓐ 방 법
- 대상자는 바닥이나 테이블에 등을 대고 편하게 눕는다.
- 대상자는 양쪽 무릎관절을 90도 굽히고 오른쪽 엉덩관절을 바깥돌림하여 왼쪽 무릎 위에 오른발의 외측을 올린다.
- 대상자는 양손을 이용하여 왼쪽 무릎을 잡아 엉덩관절의 돌림근들이 늘어나는 것을 느낄 때까지 가슴 쪽으로 당긴다.
- 위 동작을 20~30초 정도 유지한 뒤 반대편도 실시한다.
- 보조자의 도움으로 바닥이나 테이블에 누워 수동으로 실시할 수 있다.
ⓛ 주의사항 : 대상자가 고관절 안쪽에 충돌이나 불편함을 호소하면 문제를 해결하고 스트레칭을 실시한다. 이 스트레칭 기법은 주로 좌골신경이 압박되거나 고관절의 안쪽돌림이 제한되었을 때 사용할 수 있는 기법이다.
ⓒ 목표 근육 : 궁둥구멍근(이상근 ; Piriformis), 위쌍둥이근(상쌍자근 ; Gemellus Superior), 아래쌍둥이근(하쌍자근 ; Gemellus Inferior), 바깥폐쇄근(외폐쇄근 ; Obturator Externus), 속폐쇄근(내폐쇄근 ; Obturator Internus), 넙다리네모근(대퇴방형근 ; Quadratus Femoris)

⑬ 엉덩관절벌림근 스트레칭
ⓐ 방 법
- 대상자의 오른쪽 어깨가 벽면을 향하도록 하고 바르게 선다.
- 대상자는 왼쪽 엉덩관절과 무릎관절을 굽힘하고 오른쪽 다리를 왼쪽 다리 뒤로 교차하여 대각선 방향으로 뻗는다.
- 대상자는 체중을 이용하여 엉덩관절의 벌림근이 늘어나는 것을 느낄 때까지 대각선으로 다리를 뻗으며 몸통을 벽면 가까이로 밀어준다.
- 위 동작을 20~30초 정도 유지한 뒤 반대편도 실시한다.
ⓛ 주의사항 : 몸통과 골반이 기울어지거나 돌아가지 않도록 주의한다.
ⓒ 목표 근육 : 넙다리근막긴장근(대퇴근막장근 ; Tnesor Fascia Latae), 중간볼기근(중둔근 ; Gluteus Medius), 작은볼기근(소둔근 ; Gluteus Minimus)

⑭ 엉덩관절모음근 스트레칭
  ㉠ 방 법
    - 대상자는 바닥에 다리를 펴고 앉는다.
    - 대상자는 몸통을 바르게 세우고 양쪽 다리를 최대한 수평 벌림한다.
    - 대상자는 엉덩관절의 모음근이 늘어나는 것을 느낄 때까지 다리를 뻗은 상태로 체중을 이용하여 몸통을 앞으로 숙인다.
    - 위 동작을 20~30초 정도 유지한 뒤 시작자세로 돌아온다.
  ㉡ 주의사항 : 엉덩관절 모음근의 긴장이 심한 경우 보상작용에 의해 허리에 과도한 굽힘이 일어나 통증을 유발할 수 있다.
  ㉢ 목표 근육 : 큰모음근(대내전근 ; Adductor Magnus), 긴모음근(장내전근 ; Adductor Longus), 짧은모음근(단내전근), 두덩정강근(박근 ; Gracillis), 두덩근(치골근 ; Pectineus)

⑮ 무릎관절폄근(넙다리네갈래근) 스트레칭
  ㉠ 방 법
    - 대상자는 몸통을 바르게 세우고 선다.
    - 대상자의 오른쪽 무릎관절을 굽힘하고 오른손으로 발목을 잡아 고정한다.
    - 무릎관절의 폄근들이 늘어나는 것을 느낄 때까지 오른손을 이용하여 뒤로 당긴다.
    - 위 동작을 20~30초 정도 유지한 뒤 반대편도 실시한다.
    - 보조자의 도움으로 바닥이나 테이블에 누워 수동으로 실시할 수 있다.
  ㉡ 주의사항 : 균형감각이 부족하거나 고관절의 구축이 심한 경우 보조자의 도움을 받아 실시하는 것이 효과적이며, 몸통을 과도하게 기울이거나 다리를 당기기보다는 골반의 후방돌림을 이용하여 목표근육을 늘려주는 것이 효과적이다.
  ㉢ 목표 근육 : 넙다리곧은근(대퇴직근 ; Rectus Femoris), 가쪽넓은근(외측광근 ; Vastus Lateralis), 중간넓은근(Vastus Intermedius), 안쪽넓은근(내측광근 ; Vastus Medialis)

⑯ 발목발바닥쪽굽힘근 스트레칭
  ㉠ 방 법
    - 대상자는 벽면 가까이에 몸통이 정면을 바라보도록 하고 바르게 선다.
    - 대상자는 스트레칭되는 다리를 뒤로 이동시키고 뒤꿈치를 바닥에 붙이고 발끝이 정면을 향하도록 한다.
    - 대상자는 왼쪽 엉덩관절과 무릎관절을 굽힘하고 오른쪽 발목 저측굽힘근들이 늘어나는 것을 느낄 때까지 무게 중심을 앞으로 이동한다.
    - 위 동작을 20~30초 정도 유지한 뒤 반대편도 실시한다.
  ㉡ 주의사항 : 스트레칭되는 다리의 뒤꿈치가 바닥에서 떨어지지 않도록 한다.
  ㉢ 목표 근육
    - 주요근육 : 장딴지근(비복근 ; Gastrocnemius), 가자미근(넙치근 ; Soleus)
    - 이차근육 : 장딴지빗근(족척근 ; Plantaris), 긴엄지굽힘근(장모지굴근 ; Flexor Hallucis Longus), 긴발가락굽힘근(장지굴근 ; Flexor Digitorum Longus)

(2) 동적 스트레칭 실습

① 능동적 상부 승모근 사각근 스트레칭
  ㉠ 중립 자세로 바르게 선다.
  ㉡ 배꼽을 안쪽으로 당긴다.
  ㉢ 같은 쪽 어깨 복합체를 뒤로 당기고 아래로 내리는 동안 한쪽 귀가 같은 쪽 어깨 쪽으로 당겨지도록 턱을 당기고 머리를 천천히 바깥으로 가쪽굽힘시킨다.
  ㉣ 1~2초 동안 유지하고 5~10회 반복한다.

② 능동적 가슴근육 스트레칭
  ㉠ 팔을 90도의 각도로 해서 물체에 기대어 선다.
  ㉡ 배꼽을 안쪽으로 당긴다.
  ㉢ 약간의 스트레치가 앞쪽 어깨와 가슴 부위에 느껴질 때까지 앞으로 천천히 기댄다.
  ㉣ 1~2초 동안 유지하고 5~10회 반복한다.

③ 능동적 무릎 꿇은 자세 엉덩이 굽힘근 스트레칭
  ㉠ 앞쪽 다리는 무릎을 꿇고 뒤쪽 다리는 90도 구부린다.
  ㉡ 큰허리근을 목표로 하기 위해 뒤쪽 엉덩이를 안쪽돌림시키거나 넙다리곧은근을 목표로 하기 위해 중립 자세를 유지한다.
  ㉢ 배꼽을 안쪽으로 당기고 팔을 머리 위로 들어올린다.
  ㉣ 골반을 뒤쪽으로 회전하는 동안 스트레칭되고 있는 쪽의 엉덩이 근육들을 조인다.
  ㉤ 스트레칭되고 있는 엉덩이의 앞쪽에 약간의 긴장이 있을 때까지 천천히 몸을 앞쪽으로 움직인다. 옆으로 구부리고 뒤쪽으로 회전한다.
  ㉥ 1~2초 동안 유지하고 5~10회 반복한다.

④ 능동적 누운 자세 햄스트링 스트레칭
  ㉠ 다리를 편평하게 해서 바닥에 눕는다.
  ㉡ 무릎의 굽힘을 유지하는 동안 스트레칭되는 쪽의 엉덩이를 굽힘, 모음, 그리고 약간 바깥돌림 한다.
  ㉢ 반대쪽 손은 스트레칭되는 무릎 뒤에 위치하게 한다.
  ㉣ 배꼽을 안쪽으로 당긴다.
  ㉤ 손으로 다리를 지지하여 무릎을 신전한다.
  ㉥ 1~2초 동안 유지하고, 5~10회 반복한다.

⑤ 능동적 종아리 근육 스트레칭(Active Gastrocnemius Stretching)
  ㉠ 벽이나 단단한 물체 가까이 선다.
  ㉡ 지지를 위해 한쪽 다리를 앞으로 가져온다. 상체를 이용하고 물체에 기댄다.
  ㉢ 배꼽을 안쪽으로 당긴다.
  ㉣ 반대 엉덩이를 굽힘하고 뒤쪽 발을 땅에 유지한다.
  ㉤ 하지의 조절된 회내와 회외을 하면서 천천히 엉덩이를 움직인다.
  ㉥ 1~2초 동안 유지하고 5~10회 반복한다.

(3) 루틴 스트레칭

3~5개 정도의 스트레칭 동작을 연속적으로 실시하는 방법으로 신체의 특정 부위에서 시작하여 순서대로 전신이나 원하는 스트레칭 부위를 신장시키는 방법이다. 예를 들면 엉덩관절모음근 스트레칭 후에 엉덩관절굽힘근, 몸통굽힘근 그리고 몸통 가쪽굽힘근 등의 순서대로 실시할 수 있다. 이러한 유연성 기법은 유연성향상과 근력 운동의 효과도 어느 정도 얻을 수 있다.

(4) 수동적 스트레칭

수동적 스트레칭 기법은 대상자가 능동적으로 하는 스트레칭 운동이 보조자에 의해 행해지는 수동적인 방법이라 할 수 있다. 예를 들어 대상자의 큰가슴근을 스트레칭하고자 할 경우에 대상자는 테이블이나 의자에 힘을 빼고 편안하게 자세를 취한다. 그리고 보조자는 대상자의 테이블 옆이나 의자의 뒤편에 앉거나 서서 스트레칭 할 부위의 관절을 고정한 뒤 근육 작용의 반대방향으로 힘을 서서히 가하며 해당 근육이 신장될 때까지 늘려준다. 이때 보조자는 확실하게 해부학적 위치나 기능을 이해하여야 하며 적당한 힘과 방법으로 실시해야 한다. 이런 수동적인 스트레칭 방법은 관절의 가동범위를 더욱 향상하는 데 매우 효과적이지만 보조자의 정확한 동작 및 기술 습득이 절대적으로 요구되며, 과도한 자극이나 동작은 금지하도록 해야 한다.

(5) 고유수용성 신경근촉진 스트레칭(PNF ; Proprioceptive Neuromuscular Facilitation)

① PNF 스트레칭의 원리 및 개념 : 일반적으로 PNF 기법은 근력 향상과 동작 범위를 증가시키기 위한 목적으로 재활에 사용되었지만, 최근에는 건강한 일반인에게도 유연성 향상 및 근력향상을 위해 사용되고 있다. PNF 방법에는 수축 – 이완 – 수축의 3단계로 이루어지는 방법과 수축 – 이완의 두 단계로 이루어지는 방법이 있다.

② PNF 스트레칭의 방법 : 수축 – 이완 – 수축의 방법은 세 단계로 구분되는데, 최초에는 보조자의 저항에 대해 등척성 수축을 가하고, 다음 단계에서 근육의 긴장을 풀고, 마지막 단계에서 길항근의 수축에 의해 목표 근육을 스트레칭한다. 또한 이러한 방법을 변형한 것이 수축 – 이완의 방법이다.

③ PNF 스트레칭의 장점과 단점
  ㉠ 장점 : 이론적으로 PNF 방법은 보조자와 함께 하는 스트레칭이므로 근육을 길게 늘릴 수 있다.
  ㉡ 단점 : 스트레칭을 도울 상대방이 필요하고, 등척성 수축 단계 동안에 최대수축이 되도록 권장하며, 신장운동의 단계 동안에 외부적인 힘을 근육에 이용하게 되므로 근육의 과도한 신장이 이루어져 상해의 위험이 따른다.

(6) PNF 스트레칭 실습

① 대상자는 목표근육을 관절가동범위(ROM) 끝까지 당겨 늘린다.
② 늘어난 근육을 보조자에 의해 등척성 수축(5~6초)을 하게 한다.
③ 대상자는 수축되었던 목표 근육을 이완시키고 보조자에 의해 수동적으로 더 늘려준다.
④ CRAC 기법의 경우 대상자가 길항근을 능동적인 최대하 등척성 수축으로 5~6초 동안 늘려준다.

> **개념 PLUS**
>
> **PNF 스트레칭의 종류**
> - 수축-이완(CR ; Contract-Relax)법
> - 수축-이완-주동근 수축(CRAC ; Contract-Relax-Agonist-Contract)법

04 소도구 운동

학습목표
- 소도구들의 활용과 개념을 이해한다.
- 대상자(선수, 일반인, 환자)에게 소도구를 활용하여 운동을 지도할 수 있다.

1 밴드 운동

(1) 밴드 운동의 활용

① 재활치료를 목적으로 사용되었지만, 현재는 저항성운동 도구로 활용된다.
② 안정성이 높고, 방향과 각도, 속도 등 다양한 동작을 연출할 수 있다.
③ 운동 강도의 점진적 증가를 통해 과학적 운동이 가능하다.
④ 자신의 근력에 따라 강도 조절이 가능하다.
⑤ 휴대가 편리하고 장소의 제한이 없어서 어디서나 가능하다.

규 격	튜 빙	강 도	권장사용 대상
길이 2m 폭 15cm 내외	노란색	약 함	노약자 및 어린이
	빨간색	보 통	일반 여성
	초록색	중 간	
	파란색	강 함	일반 남성
	검은색	조금 강함	
	은 색	아주 강함	전문적인 근력 트레이닝
	금 색	아주 강함	

(2) 밴드 운동 실습

① 밴드를 이용한 상체 운동
  ㉠ 밴드 시티드 로우(Band Seated Row)
    • 준비자세
      - 대상자는 몸통을 수직으로 세우고 매트나 바닥에 앉아 뉴트럴 그립으로 저항 밴드의 손잡이를 잡는다.
      - 무릎은 살짝 구부리고 양발을 모아 발끝이 위로 가도록 하고 밴드를 양발에 감아 고정한다.

- 동 작
  - 손잡이를 잡아 뒤로 당긴다. 이때 팔꿈치를 구부리고 어깨가 뒤로 폄되도록 한다.
  - 손잡이가 양쪽 옆구리에 닿으면 다시 구부렸던 팔을 펴면서 시작자세로 돌아간다.
  - 호흡은 당기면서 내쉬고 펴면서 들이마신다.
- 주의사항 : 대상자가 손잡이를 뒤로 당길 때 몸을 갑자기 당기거나 등을 뒤로 기대는 자세는 원하는 근육을 적절하게 사용하기 어렵게 만든다. 그리고 손잡이를 몸 쪽으로 말아 당기거나 시작자세로 돌아올 때 몸통을 앞으로 굽힘되는 것을 주의해야 한다.
- 훈련되는 주요근육 : 넓은등근(광배근 ; Latissimus Dorsi), 큰원근(대원근 ; Teres Major), 마름근(능형근 ; Rhomboid), 뒤어깨세모근(후면삼각근 ; Posterior Deltoid)

ⓒ 바이셉 컬(저항밴드)
- 준비자세
  - 대상자의 양발은 어깨너비로 벌리고 발바닥의 중간 부분에 밴드를 놓고 양발로 밟아 고정시킨다. 닫힌 뒤침그립으로 밴드의 손잡이를 잡는다.
  - 무릎은 살짝 구부리고 몸통은 수직으로 편다. 그리고 양팔은 옆구리에 붙이고 손바닥이 정면을 향하도록 한다.
- 동 작
  - 팔꿈치를 굽힘하여 어깨쪽으로 손잡이가 오도록 당긴다.
  - 저항 밴드의 손잡이가 어깨부위에 다다르면 다시 팔꿈치를 펴며 시작자세로 천천히 내린다. 이 때 몸통이나 위팔뼈는 움직이지 않도록 고정한다.
  - 호흡은 당기면서 내쉬고 펴면서 들여 마신다.
- 주의사항 : 저항 밴드의 손잡이를 위로 쉽게 올리기 위해 어깨를 움츠리는 것은 등세모근의 과도한 긴장을 유발한다. 또한 팔꿈치가 몸통에서 떨어지거나 팔을 완전히 펴지 않고 부분적인 동작만 반복하는 것은 목표근육을 정확하게 단련하기 어렵게 만든다.
- 훈련되는 주요근육 : 위팔근(상완근 ; Brachialis), 위팔두갈래근(상완이두근 ; Biceps Brachii), 위팔노근(상완요골근 ; Brachioradiallis)

ⓒ 체스트 프레스(Band Chest Press)
- 준비자세
  - 대상자의 양발은 어깨너비로 벌리고 저항밴드를 젖꼭지 높이에 위치시킨 후, 닫힌 엎침그립으로 밴드의 손잡이를 잡는다.
  - 몸통은 수직으로 곧게 펴고 배에 적당히 힘을 주어 허리가 젖혀지지 않도록 한다.
- 동 작
  - 대상자의 팔꿈치가 완전히 펴질 때까지 전방으로 저항밴드의 손잡이를 내민다. 이때 팔은 바닥과 수평이 되도록 한다.
  - 팔이 전방으로 완전히 펴지면 다시 팔꿈치는 굽힘하고 어깨관절은 수평 벌림하며 시작자세로 돌아온다.
  - 호흡은 전방으로 밀면서 내쉬고 후방으로 들어올 때 들이마신다.

- 주의사항
  - 저항 밴드의 손잡이를 전방으로 미는 동작의 끝에서 과도하게 펴는 동작은 팔꿈치 관절에 부담을 준다.
  - 동작 중에 어깨가 올라가거나 허리가 뒤로 젖혀지지 않도록 주의해야 한다.
- 훈련되는 주요근육 : 가슴근(대흉근 ; Pectoralis Major), 앞어깨세모근(전면삼각근 ; Anterior Deltoid), 위팔세갈래근(상완삼두근 ; Triceps Brachii)

② 밴드를 이용한 하체 운동
  ㉠ 밴드 스쿼트(Band Squat)
   - 준비자세
     - 대상자는 다리를 어깨너비만큼 벌리고 몸통은 수직으로 곧게 세우고 선다.
     - 밴드의 손잡이는 어깨높이만큼 올리고 닫힌 엎침 그립으로 손잡이를 잡는다.
     - 밴드는 양발의 중앙에 오도록 밟고 발끝은 바깥으로 향하도록 한다.
   - 동 작
     - 대상자는 몸통을 안정적으로 유지한 상태로 엉덩관절과 무릎을 구부리며 바닥으로 앉는다.
     - 넙다리뼈가 바닥과 수평이 되면 다시 구부렸던 관절을 펴면서 시작자세로 돌아온다.
     - 호흡은 아래로 내려가면서 들이마시고, 위로 올라오면서 내쉰다.
   - 주의사항 : 대상자가 운동을 하는 동안 뒤꿈치가 바닥에서 떨어지거나 무릎이 안쪽이나 바깥으로 돌림되거나, 몸통이 앞으로 숙여지고 등이 둥글게 휘는 등의 보상작용이 일어나지 않도록 주의한다.
   - 훈련되는 주요근육 : 볼기근(대둔근 ; Gluteus Maximus), 넙다리네갈래근(대퇴사두근 ; Quadriceps), 햄스트링(슬굴곡근 ; Hamstrings)

2 메디신볼 운동

메디신볼 운동은 무게 있는 공을 이용하는 운동으로 볼의 무게는 1~10kg, 지름은 20~30cm까지 다양하게 있기 때문에 운동 강도를 점진적으로 증가시키면서 운동할 수 있다. 이러한 메디신볼은 오랫동안 웨이트트레이닝 전문가들 사이에서 근력 및 파워 향상을 위한 보조도구로 사용되어 왔고, 특히, 볼을 던지고 받는 동작으로 파워를 기르기에도 매우 적합한 도구이다.

(1) 메디신볼 운동 실습

① 로테이션 체스트 패스(Rotation Chest Pass)
  ㉠ 준비자세
   - 대상자는 벽이나 보조자로부터 90도 정도 몸을 돌리고 선다.
   - 체중의 10~15% 정도의 무게의 메디신볼을 가슴높이에서 팔꿈치를 굽히고 양손으로 잡는다.

ⓛ 동작 : 복부의 근육들과 엉덩관절의 볼기근 무리의 근육들을 사용하여 벽이나 보조자 쪽으로 향하여 빠르고 폭발적으로 몸통을 돌려 던진다.
ⓒ 주의사항
- 정적 자세와 동적 자세의 바른 정렬과 안정성이 확보되었을 때 이 운동을 실시한다.
- 뒤쪽에 있는 다리의 엉덩관절, 무릎관절의 폄과 발목관절의 발바닥 쪽 굽힘이 확실하게 나오도록 한다.

② 메디신볼 던지기(Medicine Ball Pullover Throw)
㉠ 준비자세
- 대상자는 짐볼 위에 허리의 아래 부분이 위치하도록 하여 눕는다. 이때 무릎관절은 90도로 굽히고 발바닥은 바닥과 편평하게 놓고 발끝은 정면을 향하도록 한다.
- 대상자의 머리 위로 양팔을 뻗어 양손으로 체중의 10~15% 정도의 메디신볼을 잡고 유지한다.
ⓛ 동 작
- 복부근육을 사용하여 가능한 빠르게 몸통을 앞으로 굽히며 메디신 볼을 던진다.
- 운동하는 동안 턱이 움직이지 않도록 잘 고정한다.
ⓒ 주의사항
- 정적 자세와 동적 자세의 바른 정렬과 안정성이 확보되었을 때 이 운동을 실시한다.
- 이 운동을 하기 이전에 넓은등근과 같은 어깨관절의 폄근을 먼저 트레이닝해야 한다.

3 짐볼 운동

(1) 개 요
① 현재 즐겨 사용하고 있는 짐볼은 큰 비닐 공으로 이탈리아 장난감 회사에서 최초로 개발하였다.
② 그 후 1963년 Gymnastic이라는 이름으로 사용되고 Gymnic으로 명칭이 변경되었다.
③ 스위스의 소아과 의사가 신경학적 재활에 이용하여 오던 것이 시초가 되어 지금까지 많은 사람들에 의해 사용되고 있다.

(2) 짐볼의 특성 및 효과
① 큰 모양의 탄력성 있는 짐볼을 이용하는 저항성 운동은 신체에 무리를 주지 않으며, 자세 및 체형 교정에도 매우 효과적이다.
② 짐볼 위에서 균형을 잡는 동안 근신경 조절능력이 향상되어 평형성을 함께 향상시킬 수 있다.
③ 더욱이 신체가 피로한 상태라면 짐볼 위에서 하는 운동만으로도 피로를 해소할 수 있다.

(3) 짐볼 사용 금기 사항

다음과 같은 증상이 있는 사람은 짐볼 사용을 금기한다.

① 통증 증가

② 현기증/오심

③ 귀에 울림소리

④ 볼 운동을 두려워하는 환자

(4) 짐볼을 이용한 운동 실습

① 짐볼을 이용한 허리와 골반의 가동성 운동(골반 앞뒤 경사 운동)

㉠ 준비자세
- 대상자의 무릎과 엉덩관절이 직각이 되도록 키 높이에 맞는 짐볼을 선택한다.
- 엉덩뼈 아래에 짐볼의 중앙이 위치하도록 하여 몸통을 바르게 세우고 앉는다.
- 양발은 골반너비만큼 벌리고 발끝이 정면을 향하도록 한다.

㉡ 동 작
- 두 발이 바닥에서 떨어지지 않도록 고정하고 골반을 전방으로 굽힌다. 이때 머리와 어깨의 위치는 변하지 않도록 한다.
- 골반이 전방으로 이동되고 나면 다시 후방으로 기울여 후방경사를 만든다.
- 골반과 허리의 리듬이 개선될 때까지 움직여 준다.

㉢ 주의사항 : 등뼈와 다리의 움직임이 과도하게 일어나지 않도록 해야 하며 몸통과 골반이 분리되어 움직일 수 있도록 교육해야 한다. 잘못된 동작은 허리의 통증을 더욱 악화할 수 있다.

② 볼(Ball)을 이용한 근력강화 운동

㉠ 볼 푸쉬업
- 준비자세
  - 대상자의 시선은 바닥을 향하도록 하고 엎드린다.
  - 대상자의 양발의 끝을 공위에 올려놓고 무릎을 편다. 이때 양팔은 어깨너비보다 조금 더 넓게 벌리고 팔꿈치는 완전히 펴진 상태로 몸통은 바닥과 평행하게 유지한다.
- 동 작
  - 몸통이 안정된 상태를 유지하고 팔꿈치를 굽히며 바닥으로 내려간다.
  - 대상자의 팔꿈치와 어깨 사이의 각도가 90도 정도 되면 팔꿈치를 펴면서 다시 시작자세로 돌아온다.
  - 호흡은 내려갈 때 들이마시고, 올라올 때 내쉰다.
- 주의사항 : 허리가 과도하게 젖혀지거나 어깨가 위로 올라가거나 목이 앞으로 이동되지 않도록 한다.

ⓛ 볼 스쿼트
- 준비자세
  - 공을 벽에 놓고 등 하부가 공의 중앙과 마주하도록 한다.
  - 양발은 어깨너비만큼 벌리고 서서 발끝은 정면을 향하도록 한다.
  - 무릎은 두 번째와 세 번째 발가락 사이의 방향과 일직선이 되도록 한다.
- 동 작
  - 대상자는 천천히 엉덩관절과 무릎관절을 굽혀 아래로 내려간다. 이때 발끝은 정면을 향하도록 하고 무릎과 발이 일직선상에 놓이도록 한다.
  - 다리뼈가 바닥과 평행할 때까지 내려가면 굽혔던 관절을 펴면서 시작자세로 올라온다.
- 주의사항
  - 목관절의 발등굽힘이 제한되는 경우 발목관절의 가동성을 먼저 회복해야 하며, 만약 불가피하게 운동을 해야 한다면 양발을 조금 앞으로 이동해서 실시한다.
  - 허리에 과도한 전만이 생긴다면 의도적으로 복부의 근육을 사용하도록 지시하고, 그래도 허리에 문제가 발생한다면 복부의 근육을 먼저 활성화시켜야 한다.
  - 이상작용이 나타나는지 관찰한다.

(5) 몸통 운동

① 볼 플랭크
  ㉠ 준비자세
  - 상자는 볼 뒤에 무릎을 꿇고 아래팔과 팔꿈치가 볼의 가쪽에 놓는다.
  - 몸통은 일직선이 되도록 하고 발끝을 바닥에 닿게 하고 뒷꿈치는 뗀다.
  ㉡ 동 작
  - 바닥에서 무릎을 들어올리고 굽혔던 팔꿈치는 직각이 되도록 편다.
  - 6~10초 정도 정적으로 자세를 유지하고 다시 시작자세로 돌아온다.
  - 호흡은 올라갈 때 내쉬고, 내려올 때 들이마신다.
  ㉢ 주의사항
  - 허리가 과도하게 젖혀지거나 어깨가 위로 올라가거나 목이 앞으로 빠지는 보상작용이 나타나지 않도록 주의한다.
  - 동작을 유지하고 있을 때에는 호흡은 짧게 나누어서 하고, 심혈관계 질환이 있는 환자의 경우 정적으로 멈추는 동작은 피하도록 한다.

05 플라이오메트릭 운동

학습목표
- 플라이오메트릭 운동의 개념과 원리에 대해 학습하고 설명할 수 있다.
- 대상자(선수, 일반인, 환자)에게 플라이오메트릭 운동을 지도할 수 있다.

(1) 플라이오메트릭 운동의 개념

플라이오메트릭 운동은 편심성 수축 후에 빠르고 신속하게 유발되는 동심성 근육의 수축 과정으로 강력한 힘과 속도를 만들어내는 운동을 말한다. 이것은 다시 3단계로 나누어 설명할 수 있다.

① 편심기(적재기) : 이 단계에서는 근육이 신장되면 근방추의 역할이 증가하게 되고 잠재적 에너지가 근육에 저장되는 과정을 말한다.

② 전환기 : 편심기와 수축기 사이를 말하며 이 단계에서는 근육이 힘을 견뎌내는 단계에서 원하는 방향으로 힘을 전달하도록 전환된다. 전환기가 길어지면 탄력적 잠재 에너지가 손실되므로 편심기에서 신속하게 수축기로 전환되어야 더 큰 힘을 발현시킬 수 있다.

③ 수축기(방출기) : 이 단계는 전환기 뒤에 바로 나타나며 근육의 동심성 수축이 일어난다. 이 과정을 통해 신경계의 활성이 빨라지며 에너지의 효율이 높아진다.

(2) 플라이오메트릭 운동 실습

① 스쿼트 점프
  ㉠ 준비자세 : 대상자는 다리는 어깨너비로 벌리고 양발의 발끝이 정면을 향하도록 하고 상체를 바르게 펴고 선다. 무릎은 정렬을 맞추고 양팔은 몸통의 옆에 두고 유지한다.
  ㉡ 움직임
  - 바닥으로 엉덩관절과 무릎관절을 굽혀 근육이 신장되도록 쪼그려 앉는다.
  - 넙다리 네갈래근과 큰볼기근이 충분히 신장되면 양도단계를 가능한 짧게 가지고 굽혔던 관절을 빠르게 폄하면서 수직으로 점프한다.
  - 점프가 마무리되고 바닥으로 착지할 때는 발끝부터 바닥에 닿게 하고 천천히 무릎관절과 엉덩관절을 굽히며 부드럽게 착지한다.
  - 위의 동작을 가능한 빠르게 10~12회 반복한다.

ⓒ 주의사항 : 점프동작 시 무릎과 발은 정렬을 항상 맞추어야 하며, 착지동작에서 무릎이 안쪽이나 바깥으로 움직이지 않도록 해야 한다. 좋지 못한 점프동작과 착지자세는 무릎과 발목의 손상원인이 될 수 있다.

② 박스점프
  ㉠ 준비자세
    • 대상자는 박스를 마주보고 정면을 향해 선다.
    • 양발은 어깨너비만큼 벌리고 발끝과 무릎이 정면을 향하도록 한다.
  ㉡ 움직임
    • 대상자는 바닥으로 엉덩관절과 무릎관절을 굽히며 근육이 신장되도록 쪼그려 앉는다.
    • 넙다리네갈래근과 큰볼기근이 적당히 신장되면 양도단계를 가능한 짧게 가지고 팔과 굽혔던 관절들을 사용하여 박스 위로 점프하여 가볍게 착지한다. 이때 체공시간을 가능한 오래 가진다.
    • 박스 착지 후 바닥으로 내려올 때는 발끝부터 부드럽게 닿게 하고 뒤이어 무릎과 고관절을 굽히며 바닥으로 쪼그려 앉는다.
    • 위의 동작을 10~12회 반복한다.
  ㉢ 주의사항 : 박스의 높이는 개인의 신체적 능력과 상태를 고려하여 선택한다. 과도한 높이나 미끄러운 바닥과 균형이 맞지 않는 박스는 손상의 원인이 될 수 있다.

③ 아이스 스케이터
  ㉠ 준비자세 : 대상자는 양발을 어깨너비만큼 벌리고 몸의 정렬을 유지하고 정면을 보고 선다.
  ㉡ 움직임
    • 대상자는 가능한 빠른 속도로 왼쪽에서 오른쪽으로 그리고 다시 오른쪽에서 왼쪽으로 동작을 실시한다. 이때 측면에서 점프 움직임을 유지하는 동안 몸은 최적의 동적 자세를 유지한다.
    • 조절가능한 가장 빠른 속도로 위의 동작을 10회 반복한다.
  ㉢ 주의사항 : 좌우로의 점프동작은 전두면에서의 안정성이 요구되는데 정적인 안정성이 충분히 확보된 이후에 실시하는 것이 안전하다.

02 출제예상문제

01 허리에 허리뼈(요추 ; Lumbar) 전만증(Lordosis)이 있는 20대 여성이 운동을 하고자 한다. 운동 참여 전 이 20대 여성을 위한 적절한 스트레칭 유형과 방법을 적용해 보시오.

> **해설** 허리의 척추전만증은 일반적으로 유지되는 정상적인 허리 관절의 각도보다 병적으로 증가된 상태를 의미하며 이런 여성 고객의 경우 스쿼트와 같은 근력운동을 바로 시작하는 것은 허리의 통증이나 관절 등에 문제를 야기할 수 있다. 따라서 프리웨이트나 머신운동과 같은 근력운동을 통해 근육의 불균형을 개선하여야 한다. 근육의 불균형을 개선할 수 있는 방법은 엉덩관절(고관절 ; Hip Joint) 굽힘근(굴곡근 ; Flexor Muscle)과 등허리근육(척추세움근, 흉요근막) 스트레칭을 실시하여 정상적인 근육의 길이 회복과 코어의 심부근육(배가로근, 배속빗근, 뭇갈래근, 골반기저근, 가로막), 배곧은근, 배바깥빗근, 큰볼기근과 같은 근육을 강화해 근육의 불균형을 개선할 수 있다.

02 40대의 남성 고객이 어깨 근력강화를 위해 덤벨 숄더프레스(Dumbbell Shoulder Press)를 실시하고 있다. 하지만 어깨관절의 굽힘 제한이 있어 완전한 범위로 운동을 실시하지 못하고 있는 경우 이 고객을 위한 적절한 스트레칭을 적용해 보시오.

> **해설** 어깨관절의 굽힘이 제한되는 원인은 통증이나 근육의 길이 변화 어깨관절의 굽힘근의 약화, 관절의 운동형상학의 상실 등이 있을 수 있다. 이 40대 남성 고객과 같이 어깨관절의 제한이 있는데도 불구하고 숄더프레스와 같은 운동을 지속할 경우, 불가피하게 신체의 보상작용이 발생하여 이를 보상할 수 있으므로 정확한 원인을 파악하여 운동을 지도하여야 한다. 어깨관절 제한 개선을 위해 어깨관절 폄근 특히, 넓은등근(광배근 ; Latissimus Dorsi), 큰원근(대원근 ; Teres Major) 등을 능동적, 정적 스트레칭이나 수동적 스트레칭 기법을 이용하여 고객의 관절가동범위(ROM)를 개선할 수 있다.

03 발목의 발등쪽굽힘(배측굴곡 ; Dorsi Flexion)제한이 있는 고객을 위한 유연성 향상 스트레칭 방법을 적용해 보시오.

> **해설** 발목의 발등쪽굽힘제한은 종아리근육(장딴지근, 가자미근)의 긴장이나 발등쪽굽힘 근육의 약화, 발목관절의 정상적인 관절의 움직임이 일어나지 않아 제한되는 경우가 있다. 능동적 정적스트레칭이나 보조자의 도움을 받아 발목발바닥쪽굽힘근 스트레칭을 실시하여 발등쪽굽힘근의 제한을 개선할 수 있다.

04 컨벤셔널 데드리프트와 루마니안 데드리프트 각각 3회씩 실시하시오.

해설
- 컨벤셔널 데드리프트 : 컨벤셔널 데드리프트는 보디빌딩 운동 중 가장 많은 관절과 근육을 사용하는 전신운동으로, 대둔근·광배근·대퇴사두근·척추기립근·슬굴곡근(햄스트링)·장요근의 근력 향상 목적으로 많이 진행하는 운동법이다.
- 루마니안 데드리프트 : 루마니안 데드리프트는 대둔근·광배근·대퇴사두근·척추기립근·슬굴곡근(햄스트링)·장요근이 관여하는 동작으로, 루마니아의 역도 선수 니쿠 블라드가 미국 훈련장에 방문하였을 때 처음 시범을 보여 유명해진 운동법이다.

05 넓은등근(광배근 ; Latissimus Dorsi) 강화를 위한 트레이닝을 고객에게 적용해 보시오.

해설 넓은 등근은 어깨관절의 강력한 폄근으로 작용하며 모음과 안쪽돌림의 기능을 한다. 넓은 등근 운동은 랫풀다운 장비나 밴트로우와 같은 동작을 통해 강화시킬 수 있으나 실기시험장에 장비의 배치가 어려운 관계로 밴드와 같은 소도구를 이용하여 실시할 가능성이 높다. 밴드를 이용한 방법은 밴드 밴트로우나 시티드 로우 등과 같은 동작을 실시할 수 있다.

06 60대 여성이 밴드를 이용하여 위팔두갈래근의 근지구력을 강화시키고자 한다. 적절한 강도와 방법을 적용해 보시오.

해설 노약자나 어린이는 노란색 or 빨간색 밴드를 선택하고, 근지구력을 강화시키기 위해서는 15~20회 정도의 횟수를 반복할 수 있는 밴드를 선택하여 실시하는 것이 좋다.

07 트레이닝의 원리 중 3가지와 근트레이닝의 생리적 효과에 대해 설명하시오.

해설
- 트레이닝의 원리
  - 과부하의 원리 : 훈련 효과를 얻기 위해서는 신체의 적응능력 이상의 부하로 적응 수준을 높여야 한다.
  - 가역성의 원리 : 과부하가 이루어지지 않거나 운동이 중지되었을 때 운동 능력이 빠르게 저하되어 운동 전의 상태로 돌아간다.
  - 특수성(특이성)의 원리 : 훈련의 효과는 운동 중에 사용된 근육에만 영향을 미친다. 주로 활용되는 에너지 대사 체계 또는 근육 수축의 형태에 따라서도 운동 효과가 달라진다.
  - 점진성의 원리 : 트레이닝의 처방 요건에 따라 운동의 강도를 점증적으로 늘려가는 것을 의미한다.
  - 개별성의 원리 : 개인의 운동 능력 수준에 따라 운동의 종류나 강도를 조절해야 한다.
  - 다양성의 원리 : 운동이 몸에 적절한 자극으로 작용하고, 프로그램이 지루해지지 않도록 다양하고 새로운 트레이닝 프로그램을 개발하여야 한다.
  - 적극 참여의 원리 : 트레이닝의 목적을 알고 트레이닝에 자발적이고 적극적으로 참여하는 태도는 트레이닝의 결과에 긍정적인 영향을 주게 된다.
  - 전면성의 원리 : 다양한 체력 요소가 골고루 발전되도록 운동해야 한다.
  - 반복성의 원리 : 같은 운동을 단기간이 아닌, 장기간 반복적으로 실시해야 한다.
- 근트레이닝의 생리적 효과
  - 기초대사량이 향상되어 체중 관리에 도움을 준다.
  - 근육의 크기를 키워 건강하고 탄력 있는 몸매를 유지케 한다.
  - 근력과 근지구력이 향상되어 피로감을 줄일 수 있다.
  - 관절을 보호하고 강화한다. 연령이 증가하면서 발생할 수 있는 관절염을 예방할 수 있다.
  - 골밀도를 늘려 골다공증이나 골감소증 예방에 도움을 준다.
  - 근위축(근감소) 현상을 예방할 수 있다.

08 플라이오메트릭 운동을 실시해 보시오.

해설 플라이오메트릭 운동은 편심성 수축 후에 빠르고 신속하게 유발되는 동심성 근육의 수축 과정으로 강력한 힘과 속도를 만들어내는 운동을 말하며 주로 뛰기, 한발 도약, 두발 도약과 같은 폭발적인 동작을 이용하여 운동수행능력을 향상하기 위한 운동의 한 형태이다. 일반적으로는 관절의 퇴행성 질환이나 손상이 있는 선수나 사람에게는 플라이오메트릭 운동은 적합하지 않다. 플라이오메트릭 운동은 스쿼트 점프, 한 발 스쿼트 점프, 전방 멀리뛰기, 측방, 돌림 등과 같은 다양한 면과 박스와 허들 콘과 같은 소도구를 이용할 수도 있다.

시대에듀 건강운동관리사

제3과목

운동손상 평가 및 재활

01 운동손상 평가
02 운동손상 재활
03 테이핑

출제예상문제

01 운동손상 평가

학습목표
- 상지 운동손상 평가 방법을 이해한다.
- 하지 운동손상 평가 방법을 이해한다.

1 상지 운동손상 평가

(1) 어깨 충돌증후군 검사(Hawkin's Test)

① 검사자세
  ㉠ 환자는 상지를 이완한 채로 앉거나 선다.
  ㉡ 검사자는 서서 한손으로 환자 주관절을 잡고 다른 손으로 손목을 잡는다.
② 검사 : 검사자는 견관절을 90도 전방 굴곡한 후 내회전한다.
③ 검사소견 : 견관절 동통과 불안은 견관절 충돌, 특히 극상근건의 충돌을 의미한다.

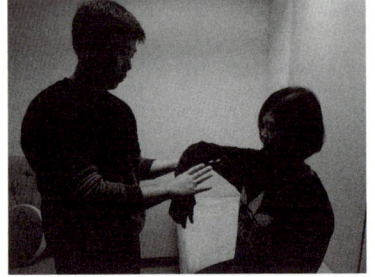

(2) 극상근의 약화와 파열 유무(Empty Can Test)

① 검사자세
  ㉠ 환자는 어깨를 중립 위치로 하여 견관절을 90도 외전하며 손은 빈 캔을 손에 쥐고 바닥으로 물을 비우듯이 엄지를 아래로 향하게 한다.
  ㉡ 검사자는 양손으로 환자의 손목 위 전완에 가볍게 올려놓는다.
② 검사 : 환자는 엄지가 바닥을 보는 자세로 양팔을 그대로 위로 올려주고, 검사자는 양손을 손목 위쪽에 놓고 아래로 저항을 준다.
③ 검사소견 : 환자가 극상근건이나 근육에 동통을 호소하며 근력의 약화가 나타나면 양성이다.

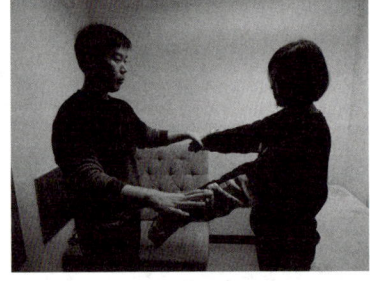

(3) 주관절 내측 불안정성 검사(Valgus Test)

① 검사자세
  ㉠ 환자는 앉아서 환측 주관절을 20~30도 굴곡한다.
  ㉡ 검사자는 서서 한손으로 환자의 수근관절(내측)을 잡고 다른 한손으로 주관절(외측)을 잡는다.
② 검사 : 수근관절을 고정한 상태에서 주관절에서 외반력을 가한다.
③ 검사소견 : 건측과 비교하여 내측 주관절 부위의 동통을 호소하거나 막히는 느낌 없이 과도한 외반 움직임이 나타나는 경우 일차적으로 내측 측부인대 손상을 의미한다.

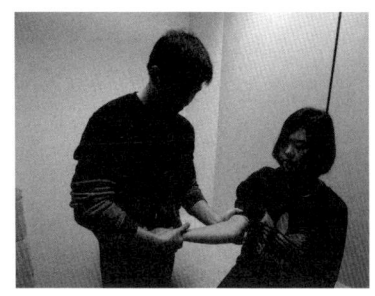

(4) 정중신경 테스트(Phalen Test)

① 검사자세
  ㉠ 환자는 앉거나 선 자세에서 양팔의 팔꿈치를 어깨 높이까지 올린다.
  ㉡ 그다음 수근관절을 손등이 마주보게 최대한 굴곡하여 손가락 끝이 바닥을 향하게끔 자세를 취한다.
② 검사 : 손목의 수근관절이 최대한 굴곡되게끔 자세를 취하여 1분간 유지한다.
③ 검사소견 : 엄지와 검지, 중지와 약지의 외측반이 저리면 양성이다.

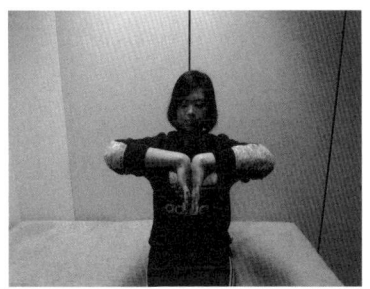

(5) 손목의 건초염 테스트(Finkelstein Test)

① 검사자세 : 네 손가락으로 엄지를 감싸서 주먹을 쥔다.
② 검사방법 : 손목을 아래 척골방향으로 편위하여 최대한 굴곡한다.
③ 검사소견 : 손목을 척골방향으로 굽힐 때 손목 부위에서 시큰거리는 동통이 나타나면 양성이다.

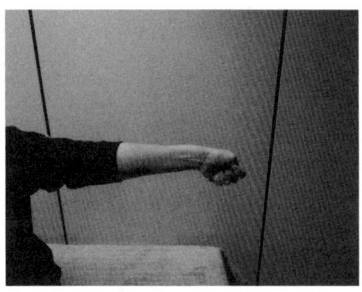

2 하지 운동손상 평가

(1) 무릎 전방 전위 검사(Anterior Drawer Test)

① 검사자세
  ㉠ 환자는 앙와위 자세로 검사하는 쪽의 고관절을 45도 굴곡, 슬관절은 90도 굴곡, 발은 중립자세를 취한다.
  ㉡ 검사자는 환자의 발 위에 앉아서 양손을 경골 근위부 후방에 두고 무지는 경골 고평부(Tibial Plateau)에 놓는다.

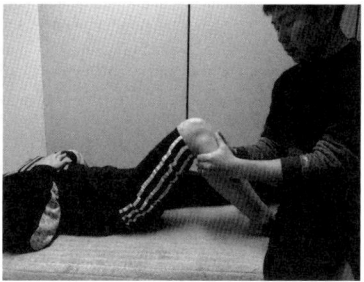

② 검사 : 경골 근위부를 앞쪽으로 끌어당긴다. 슬개건이 이완되었는지 인지를 이용하여 수시로 확인하도록 한다.
③ 검사소견 : 건측에 비해 경골의 전방전위가 증가한 소견은 전방십자인대의 부분파열 또는 완전파열을 나타낸다.

(2) 발목 전방 전위 검사(Anterior Drawer Test)

① 검사자세
  ㉠ 환자는 슬관절을 90도 굴곡한 상태로 검사대에 걸터앉아 환측 족근관절을 약간 족저굴곡한 상태로 이완한다.
  ㉡ 검사자는 한 손으로 경골과 비골을 고정하고 다른 손으로 종골을 잡는다. 환자가 복와위로 엎드린 상태에서도 검사를 시행할 수 있다.

② 검사 : 원위 경골 및 비골을 고정한 상태에서 종골과 거골에 전방 전위력을 증가한다.
③ 검사소견 : 족근격자로부터 거골의 전방전위가 반대쪽보다 크면 전거비인대 염좌를 의미하는 양성소견이다.

(3) 아킬레스건 기능 검사(Thomson's Test)

① 검사자세 : 환자는 복와위로 검사대에 눕고 발꿈치가 검사대 밖으로 나오게 한다.
② 검사 : 근육이 완전히 이완된 상태에서 비복근 가자미근 복합체의 근복을 움켜잡는다.
③ 검사소견 : 근복을 움켜잡았을 때 족부가 족저굴곡되는 것이 정상반응이다. 만약, 정상적인 족저굴곡이 없다면 양성소견이며, 이는 아킬레스건의 파열 가능성을 의미한다.

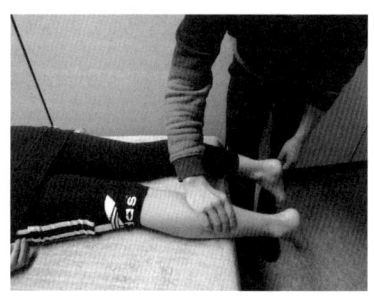

(4) 대퇴근막장근 구축 검사(Ober's Test)

① 검사자세

    ㉠ 환자는 옆으로 누운 자세에서 검사하려는 반대쪽 다리는 고관절을 굴곡해 주고, 검사하려는 다리는 무릎만 90도로 굴곡한다.

    ㉡ 검사자는 환자 뒤편에 서서 검사하려는 다리의 대퇴부를 몸통과 일직선이 되게 서포트해주고 다른 한 손으로는 골반의 측방을 잡아주어 흔들리지 않게 한다.

② 검사 : 검사자가 서포트하던 환자의 다리를 놓는다.

③ 검사소견 : 검사자가 환자의 서포트하던 다리를 놓아도 대퇴부가 바닥으로 떨어지지 않으면 양성이다.

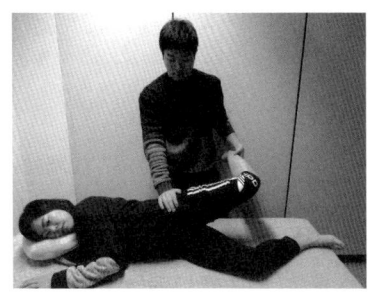

(5) 하지직거상 검사(SLR Test) + 요추신경근 압박 검사(Bragard Test)

① 검사자세

    ㉠ 환자는 앙와위 자세로 눕는다.

    ㉡ 검사자는 환자의 다리 옆에 서서 한 손으로는 발뒤꿈치를 잡고 다른 한 손으로는 슬관절을 누르면서 다리를 60~70도 정도 들어 올린다.

② 검 사

    ㉠ SLR Test : 검사자가 환자의 다리를 60~70도 정도 들어 올린다.

    ㉡ Bragard Test : 검사자가 환자의 다리를 들어 올리다 동통이 일어난 위치에서 약간 덜 아픈 위치로 다리를 내린다. 그다음 발목관절을 배측굴곡(Dorsi Flexion)한다.

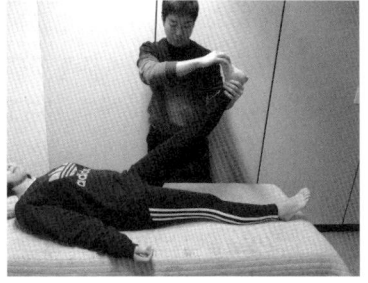

③ 검사소견

    ㉠ SLR Test : 검사자가 다리를 들어 올릴 때 요추 신경근에 압박이 있는 경우 허리에서 동통이 유발되면 양성이다. 하지만 햄스트링 단축이 있어도 동통이 발생하므로 좌골신경을 따라 동통이 유발되는지 감별하는 것이 중요하다.

    ㉡ Bragard Test : 검사자가 다리를 올린 상태에서 환자의 발목관절을 배측굴곡했을 때 다리 뒤쪽에 당기거나 저린 느낌이 있으면 요추신경근 문제이고, 당기지 않는다면 햄스트링 단축 문제로 판단할 수 있다.

제3과목 운동손상 평가 및 재활

02 운동손상 재활

학습목표
- 상지 운동손상 재활에서 치유 단계를 이해한다.
- 하지 운동손상 재활에서 치유 단계를 이해한다.

1 상지 운동손상 재활

(1) 어깨 손상(Shoulder Impingement)

① 손상 상황 : 17세의 여자 중거리 핀 수영 선수가 시합을 앞두고 연습량을 늘리며 운동을 하다 물을 당기는 자세에서 오른쪽 어깨에 기분 나쁜 통증을 호소하기 시작했다.

② 증상 및 징후 : 오른쪽 팔을 머리 위로 올릴 때 딱 소리와 함께 극상근 주변으로 찌르는 통증이 나타나며, 견봉 아래 부분을 만지면 불편감이 더 심해졌다. 주로 자유형 운동 시 물을 당기는 동작에서 통증이 악화되었으며, 평소 어깨 내회전근에 비해 외회전근의 약화와 Round Shoulder 도 있는 것으로 나타났다. 그리고 Empty Can Test 시 극상근 동통으로 양성 반응이 나왔다.

③ 치료 계획 : 치료는 수영을 하는 동안 견봉 아래 공간에서 극상근건이 지속적으로 충돌하지 않게 공간을 확보하며, 후면 관절낭과 외회전근의 강화를 통한 어깨 정렬을 바로잡는다.

㉠ 1단계(급성 손상기)
- 목표 : 통증과 염증을 조절한다.
- 예상기간 : 1~6일
- 치료 : RICE와 전기 자극 치료를 통해 초기 통증을 조절하고, 초음파와 항염증성 약물치료는 염증을 완화하는 데 도움이 된다.
- 운동 재활 : 초기에는 염증이 가라앉을 때까지 오른팔을 쓰지 않도록 주의하며, 문제를 야기한 과도한 연습량을 조정하도록 한다. 수영장에서 팔 사용을 제한한 발차기 위주의 연습을 하고, 실내에서는 고정식 자전거와 트레드밀에서 유산소 운동을 권장한다. 오른쪽 어깨는 가벼운 스트레칭으로 먼저 관리하도록 한다.

ⓛ 2단계(치유기)
- 목표 : 충돌을 일으킬 수 있는 견관절의 생체 역할을 바꾼다.
- 예상기간 : 1~2주
- 치료 : 전기 자극과 얼음을 이용하여 통증을 줄이며, 초음파와 항염증성 약물을 통해 약물치료를 한다.
- 운동재활 : 이제 수영장에 들어가서 짧은 훈련은 가능하나, 통증의 정도나 관절 강직의 여부에 따라 다음 단계로 이동할 수 있는지 결정을 한다. 운동으로는 회전근개 강화를 위한 운동을 하며, 견갑골을 외전, 거상시키는 운동과 외회전시키는 근육들을 강화한다. 그리고 후방과 하방 견와낭의 강직을 완화시키기 위해 후방 및 하방 견와 운동을 실시해야 한다.

ⓒ 3단계(재구성기)
- 목표 : 자유로운 활동으로의 완전 회복
- 예상기간 : 2주~완전 회복까지
- 치료 : 훈련 전에 초음파를 사용하고 훈련 후에 얼음을 대며, 항염증성 약물 치료는 계속한다.
- 운동재활 : 머리 위로 팔을 들어 올리는 동작에서의 충분한 가동범위를 얻기 위해 강화 운동을 증가시키며, D1, D2 동작들을 세라밴드를 이용해 저항 운동을 할 수 있다. 2단계에서 견갑골 강화 운동은 지속하며, 하방 및 후방 견와낭 스트레칭도 계속한다.

(2) 어깨 탈구(Anterior Glenohumeral Dislocation)
① 손상상황 : 미식축구 선수가 볼을 가지고 앞쪽으로 뛰어가고 있는데, 뒤쪽 옆에서 빠르게 달려오는 상대편 선수를 보지 못했다. 거구의 상대편이 앞쪽에서 막을 때 뒤에서 달려오던 상대편 선수가 공을 뺏기 위해 오른쪽 어깨 뒤를 그대로 강하게 박아 버렸다.
② 증상 및 징후 : 퍽 소리와 함께 어깨의 상완골두가 빠져버린 느낌으로 팔에 힘이 들어가지 않았다. 그리고 삼각근의 모양이 편평해졌으며, 상완골두가 돌출되어 있었다.
③ 치료 계획 : 바로 어깨뼈를 정복하기보다 먼저 팔을 옷으로 감아 고정을 시킨 다음 바로 의사를 찾아가 X-ray 검사를 받게 한다. 골절이 없는 것을 확인하고 탈구된 견관절을 정복한다. 그리고 고정된 후 어깨 안정화를 위한 근력 운동을 시작해야 한다.
㉠ 1단계 급성 손상기
- 목표 : 통증과 부기를 조절하고, 견관절 가동 범위를 회복한다.
- 예상기간 : 1~5일
- 치료 : 며칠간 계속 RICE를 진행하며, 어깨에 아래에 작은 타월을 넣고 메는 보조기는 붕대를 사용하여 안전한 자세로 고정하며 보조기는 정복 후 일주일간 지속한다.
- 운동재활 : 어깨가 고정되어 있는 동안 내/외회전 등척성 운동을 통해 회전근개를 강화하며 코드만 진자 운동을 통해 견관절 가동 범위를 부드럽게 한다.

ⓛ 2단계 치유기
- 목표 : 완전한 가동범위를 가지고 근력을 증가시킨다.
- 예상기간 : 5~12일
- 치료 : 통증 조절을 위해 얼음 외에 전기자극과 초음파를 해주며, 통증이 참을 만하면 보조기를 서서히 제거한다.
- 운동재활 : 가동 범위를 내는 데 있어 도르래와 손으로 벽 오르기 그리고 T자형 막대기를 사용할 수 있으며, 밴드를 통해 회전근개 강화 운동을 할 수 있다.

ⓒ 3단계 재구성기
- 목표 : 정상적인 근력 회복과 정상 활동으로의 복귀
- 예상기간 : 12일~3주
- 치료 : 근육 재활을 위해 전기적 자극 및 초음파를 사용하여 혈류를 촉진한다.
- 운동재활 : 근력 재활 운동은 등속성 운동을 진행하며, 선수 능력에 맞는 메디신볼을 통한 플라이오메트릭 운동을 병행하고, 근 신경학적 운동 능력을 향상하기 위한 오버헤드 동작과 던지기 같은 다양한 활동들도 도움이 된다.

2 하지 운동손상 재활

(1) 전방십자인대 수술적 재활

① 손상 상황 : 여자 축구 선수가 오른발을 지면에 고정한 상태로 방향을 급작스럽게 바꾸다가 오른쪽 무릎에 부상을 입었다.

② 증상 및 징후 : 선수는 무릎이 뒤틀릴 때 '뻑' 하는 소리와 함께 심한 통증을 느꼈다. 수분 후에 걸을 순 있었으나 다리에 힘이 없고, 무릎이 제멋대로 이동하는 것을 느꼈다. 무릎 전방 전위검사에서 양성 반응이 나타났다.

③ 수술 전 단계(손상 후 3~6주) : 이 단계의 목적은 손상 후 부종과 통증 해소 및 가동범위 회복이다. 통증이 없는 범위 내에서 관절 운동을 하며 근력운동을 가능한 범위에서 시작해야 한다. 선수는 이 단계에서 수술에 대한 심리적 준비를 해야 한다.

④ 수술 후 단계
ⓐ 1단계 급성손상기
- 목적 : 수술 후 부종과 통증 및 출혈의 최소화, 완전한 무릎 신전의 유지, 양호한 대퇴사두근 조절, 무릎 굴곡 상태에서 활동 시작, 근신경 조절 등
- 예상기간 : 1주

- 치료 : 부종 조절을 위해 하루에 3~4회씩 RICE 처치와 통증 조절과 근수축을 위한 전기적 근 자극, 일정한 수동 움직임(CPM) 기구
- 재활 운동 : 첫 주까지 가동 범위는 완전한 무릎 신전에 도달하도록 하며 대퇴사두근 운동이 중요하다. 무릎 신전해서 버티는 등척성 운동이 중요하며, 능동적 슬와근 수축을 하여 2주 말까지 90도 굴곡이 가능하게 만든다. 무릎 완전 신전의 잠김 자세에서는 보조기를 사용하여 체중을 지지한다.

ⓒ 2단계 치유기
- 목적 : 정상적 보행 유형 회복과 완전 신전 자세 유지, 대퇴사두근과 슬와근 강화 및 무릎 굴곡 증가, 근신경 조절 개선
- 예상기간 : 1~6주
- 치료 : 전기적 근자극과 부종 조절을 위한 RICE 실시, 부종의 양은 대퇴사두근의 수축 능력을 결정하게 된다. 근수축 촉진을 위한 전기적 근자극을 실시한다.
- 재활 운동 : 초기에는 완전 신전 자세에서 버팀대를 착용하고 이동하며, 환자가 견딜 수 있는 범위까지 가동 범위를 점진적으로 증가시킨다. 3~4주까지 보조기를 제거하며, 4주까지 절뚝거림 없이 전 체중 부하를 실시한다. 슬와부 근력 강화에 집중하며 폐쇄사슬 운동과 동시 수축을 이용하는데 Mini Squat, Step-up 동작이 있다.

ⓒ 3단계 재구성기
- 목적 : 기능적 진보를 중심으로 고강도 운동을 수행한다.
- 예상기간 : 7주~4개월
- 치료 : 전기적 자극을 주어 근수축을 촉진하며, 초음파를 이용해 혈행을 개선한다. 그리고 관절 가동술을 통해 관절을 부드럽게 만들어 준다.
- 재활 운동 : 장비로 등속성 운동과 스포츠 특수성 훈련을 실시한다. 4개월 후 달리기 프로그램으로 복귀하며 통증이 없고 근력 차이가 없으면 스포츠로 복귀한다.

03 테이핑

학습목표
- 부위별 테이핑을 이해한다.
- 하지 운동손상재활에서 치유 단계를 이해한다.

1 부위별 테이핑

(1) 발목 테이핑(Ankle Inversion-Eversion 방지)

① 거즈 패드(Gauze Pad) : 발목 아픈 부위 보호를 위해 거즈 패드를 대준다.
② 언더랩(Underwrap) : 피부 손상 방지를 위해 언더랩을 감아 준다.
③ 앵커 스트립(Anchor Strips) : 기준점을 잡아주기 위해 발목 복숭아뼈 위쪽과 발등쪽에 잡는다.
④ Option A Stirrups : 옵션 선택하는 것으로 Vertical Support 한다.
⑤ Option B Stirrups : 옵션 선택하는 것으로 Vertical Support 한다.
⑥ 말굽 편자 스트립(Horseshoe Strips) : Horizontal Support 한다.
⑦ Option C : Vertical Support와 Horizontal Support 한다.
⑧ 기초 힐락(Basic Heel Lock) : Heel Lock은 Rear Foot의 과도한 움직임을 제한하는 데 이용된다.
⑨ 이중 힐락(Double Heel Lock)
⑩ Double Heel Lock Continue
⑪ 반 8자 모양(Half Figure-eight) : 발목의 저측 굴곡을 잡아준다.
⑫ 8자 모양(Figure-eight) : 발목의 저측 굴곡을 잡아준다.

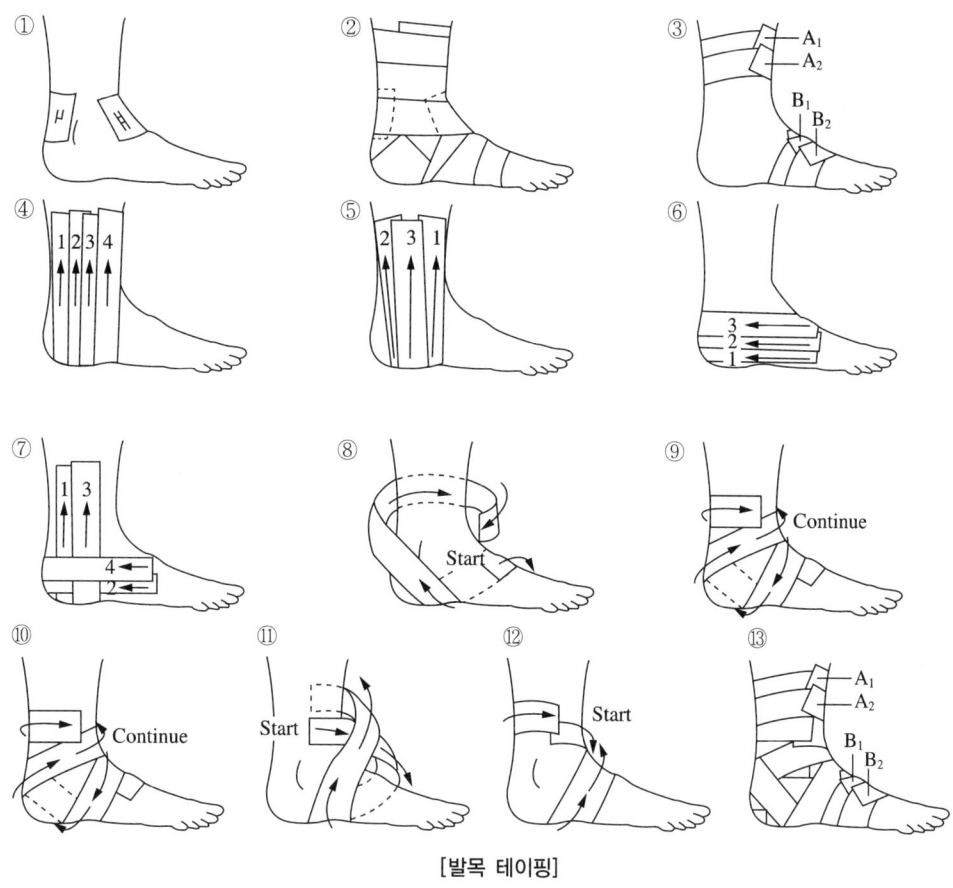

[발목 테이핑]

(2) 팔꿈치 테이핑(Elbow Hyperextension 방지)

① 팔꿈치를 30도 정도 굴곡한다.
② C-tape를 Fan모양으로 만든다.
③ 전완과 상완에 앵커를 해서 Fan을 고정한다.

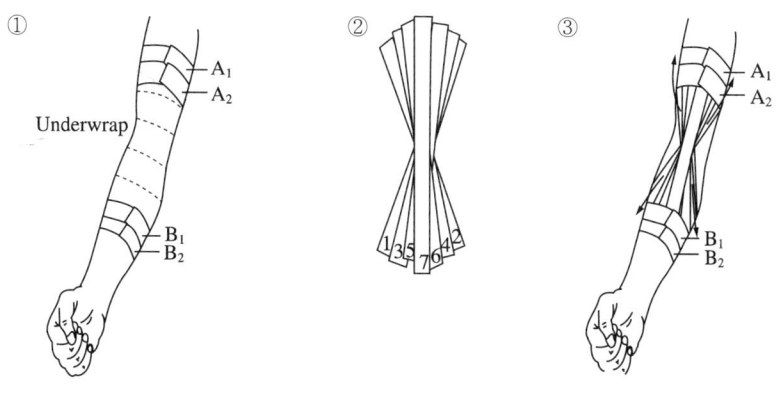

[팔꿈치 테이핑]

(3) 무릎 테이핑(Knee Hyperextension 방지)

① Underwrap & Gauze Pad : 발뒤꿈치 아래에 남은 C-tape를 밟고 서서 무릎을 살짝 30도 정도 굽힌 상태를 만들며 무릎 뒤쪽에는 거즈 패드 하나를 대 준다. 그리고 무릎 위 허벅지 부분과 무릎 아래 종아리 부분에 앵커를 한다.

② Posterior View : 긴 Fan을 만들어서 무릎 뒤쪽에 붙여준다.

③ Posterior Viex : Option A로 Fan이 고정되게 감아 주는 방법이다.

④ Anterior View : Option B로 Cruciate Ligament Support이다.

⑤ Option B Continue

⑥ Option B Continue

⑦ Option B Continue

⑧ Posterior View : C-tape가 타이트할 경우 순환을 위해 끝 부분을 절개하는 방법이다.

⑨ Posterior View

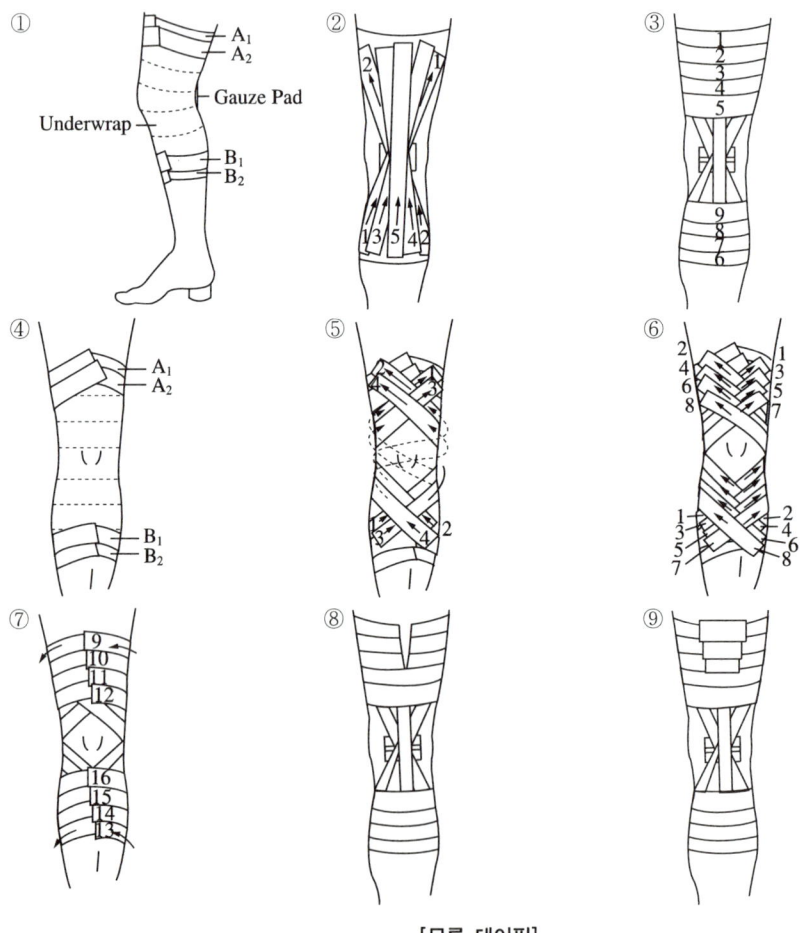

[무릎 테이핑]

(4) 고관절 붕대 감기(Internal Rotation 방지 & External Rotation 방지)

① Internal Rotation Wrap : External Rotation 방지(①-②-③)

② External Rotation Wrap : Internal Rotation 방지(④-⑤-⑥-⑦)

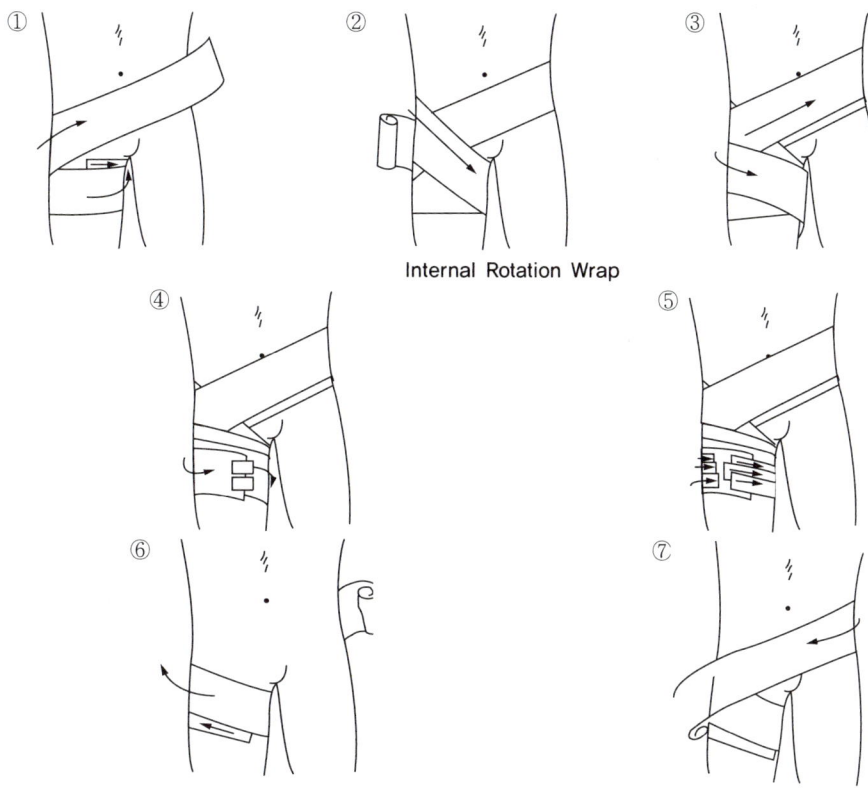

Internal Rotation Wrap

External Rotation Wrap

[고관절 붕대 감기]

(5) 아킬레스건 테이핑(Ankle Dorsiflexion 방지)

① 복와위 자세에서 아킬레스건에 힘을 뺀다.
② Underwrap Anchor Strips : 언더랩을 감아주고 앵커 붙이기
③ Option A : Fan 만들기
④ Option A Continue : Fan 붙이고 앵커로 고정하기
⑤ Option B : X자 모양으로 해서 Fan 만들기
⑥ Option B Continue : Fan 붙이기
⑦ Fan 앵커로 고정하기
⑧ C-tape 한 줄로 붙이기

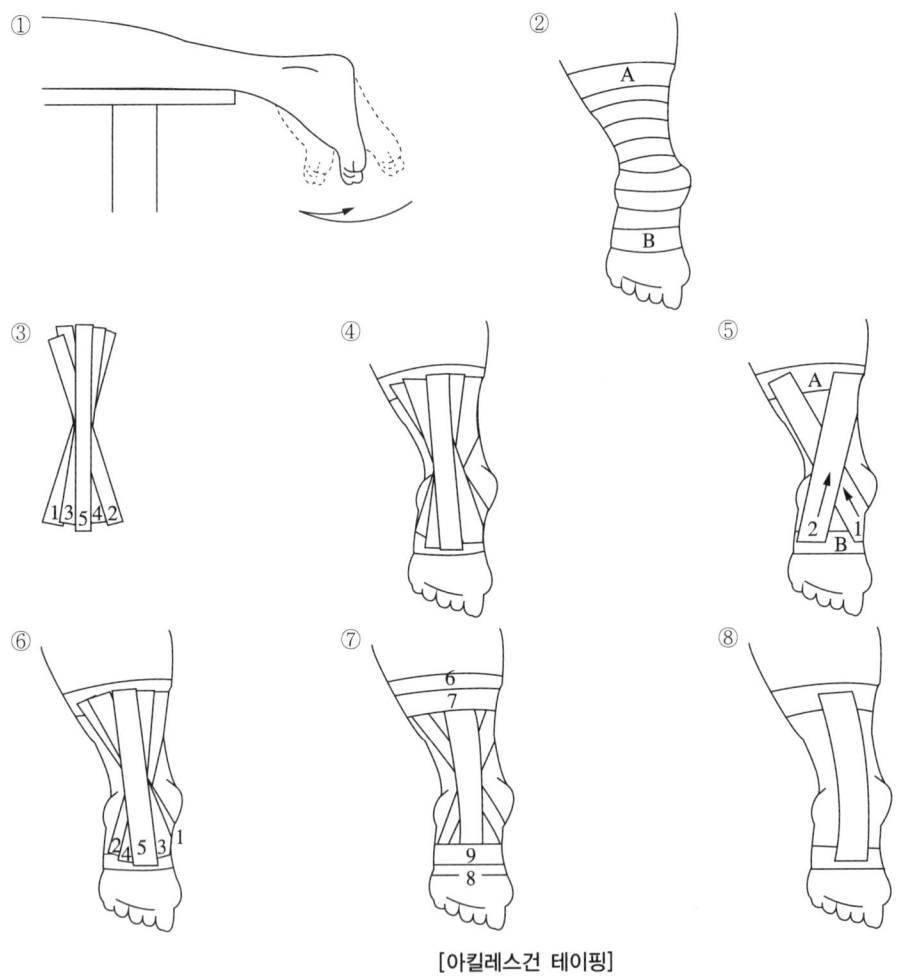

[아킬레스건 테이핑]

(6) 손목 테이핑(Hyperextension & Hyperflexion 방지)

① 앵커잡기
② 손바닥 아래 Fan 만들기
③ 손등 위에 Fan 만들기
④ Fan 고정을 위해 앵커 잡기

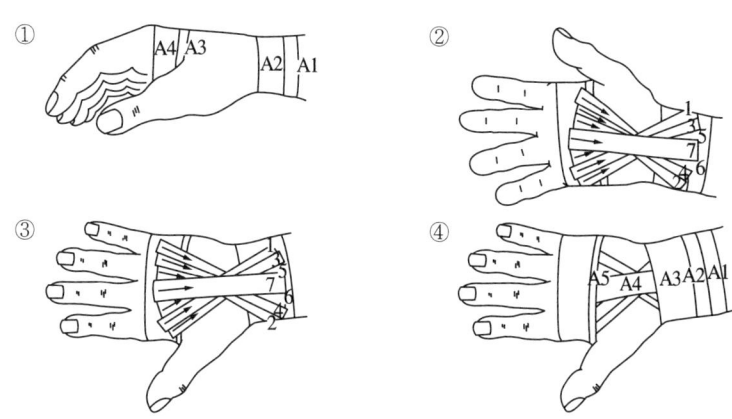

[손목 테이핑]

2 키네시오(허리 테이핑)

① 반듯하게 선 자세에서 허리를 세워 엉덩이 윗부분부터 허리 윗부분까지 길이를 잰다.
② 키네시오 테이프를 두 갈래로 나누어 엉덩이 윗부분에서 척추기립근을 따라 붙인다.
③ 엉덩이 윗부분을 시작점으로 해서 키네시오를 평행하게 붙여 준다.
④ 허리를 숙였을 때 키네시오가 허리 근육을 잡아 주는 느낌이 들어야 잘 붙인 것이다.

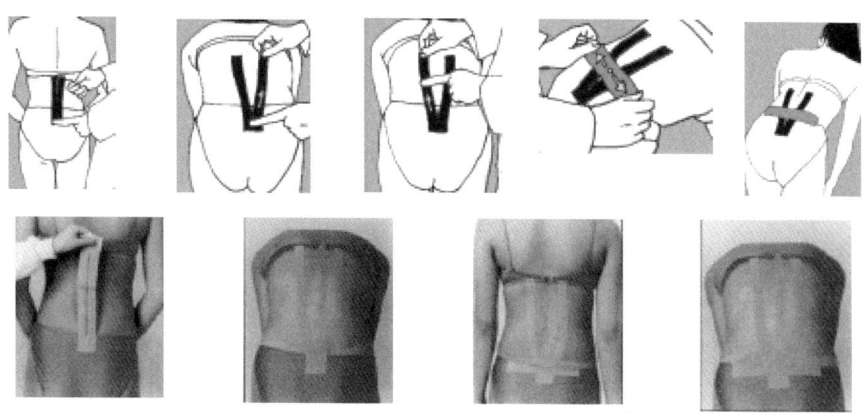

[허리 테이핑]

03 출제예상문제

01 무릎 전방십자인대 손상 시 테스트법을 이야기하고 시연해보시오.

> **해설** Anterior Drawer Test(무릎 전방 전위 검사)라 하며 검사상 전위의 정도에 따라 전방십자인대의 부분파열 또는 완전파열을 예측하는 검사방법이다. 검사 자세로는 환자를 앙와위 자세로 검사하는 쪽의 고관절을 45도 굴곡, 슬관절은 90도 굴곡, 발은 중립자세를 취한다.
> 검사자는 환자 발 위에 앉아서 양손을 경골 근위부 후방에 두고 무지는 경골 고평부(Tibial Plateau)에 놓는다. 검사 방법은 검사자가 환자의 경골 근위부를 앞쪽으로 끌어당긴다. 슬개건이 이완되었는지 인지를 이용하여 수시로 확인하도록 한다(Anterior Drawer Test 그림 참고).

02 앙와위 자세에서 무릎을 신전시키고 고관절을 굴곡시키는 레그 레이즈(Leg Raise) 자세를 통한 테스트법을 이야기하고 시연해보시오.

> **해설** SLR Test(하지 직거상 검사)라 하며 검사자가 환자의 다리를 60~70도 정도 올려가며 요추신경근 압박을 통한 허리의 동통을 체크하는 검사방법이다. 하지만 햄스트링 단축이 있어도 동통이 발생 하므로 좌골신경을 따라 동통이 유발되는지 감별하는 것이 중요하다.
> **검사방법**
> 1. 환자는 앙와위 자세로 눕는다.
> 2. 검사자는 환자 다리 옆에 서서 한손으로는 발뒤꿈치를 잡고 다른 한손으로는 슬관절을 누르면서 다리를 60~70도 정도 들어 올린다.
> 3. 검사자가 다리를 들어 올릴 때 요추 신경근에 압박이 있는 경우 허리에서 동통이 유발되면 양성이다. 하지만 햄스트링 단축이 있어도 동통이 발생하므로 좌골신경을 따라 동통이 유발되는지 감별하는 것이 중요하다.

03 어깨 충돌증후군이 있는 환자의 극상근 테스트법을 이야기하고 시연해보시오.

> **해설** Hawkin's Test(어깨 충돌증후군 검사)로 견관절의 동통과 충돌 시 통증을 야기하는 검사 방법이다. 검사 자세로는 환자는 상지를 이완한 채로 앉거나 선다. 검사자는 서서 한손으로 환자 주관절을 잡고 다른 손으로 손목을 잡는다. 검사방법은 검사자가 환자의 팔을 견관절을 90도 전방 굴곡한 후 내회전한다(Hawkin's Test 그림 참고).

04 Rear Foot의 과도한 움직임을 예방하기 위한 발목 테이핑법은 무엇이며, 이를 이용하여 전반적인 발목 테이핑을 시연해 보시오.

> **해설** 발목 Rear Foot의 움직임을 제한하는 테이핑 법은 Heel Lock이라고 하며, C-tape를 통해 발등의 중앙 부위에서 시작하여 사선으로 발바닥 쪽을 감싸서 발뒤꿈치를 감는 테이핑법으로 발목을 외측에서 봤을 때 삼각형을 만든다. 전반적인 발목테이핑법으로 먼저 Under Wrap으로 발목 위에서부터 발등 중간 부위까지 감싸준 다음 발목 끝과 발등 중간에 앵커를 잡아 준다. 그리고 Vertical Support와 Horizontal Support를 3번 정도 해준 다음 Figure 8과 Heel Lock을 통해 마무리를 해준다.

05 재활 급성 손상기에 해주는 RICE 요법에 대해서 설명하시오.

> **해설**
> - Rest(휴식) : 손상을 입게 되면 기본적으로 활동을 줄여야 되고, 손상 부위로 자극이 가지 않게 쉬어 주는 것이 좋다.
> - Ice(얼음) : 얼음은 손상된 조직의 온도를 떨어뜨려 혈관을 수축시키는 작용을 하여 부종을 감소하고, 대사율을 떨어뜨려 염증반응을 줄인다.
> - Compression(압박) : 손상 부위로의 압박은 압력을 낮춰 국소 종창을 줄이고 국소 안정을 돕는다.
> - Elevation(거상) : 손상 부위를 심장보다 높임으로써 물리적으로 부종을 줄여 준다.

06 스퀴즈 테스트를 실시하시오.

> **해설** 스퀴즈 테스트(Squeeze Test)
>
> | 방 법 | 평평한 면에 앉히거나 눕힌 후, 종아리 중앙쯤의 경골과 비골을 잡고 강하게 쥐어짠다. |
> |---|---|
> | 주의사항 | • 손가락의 힘이 약할 경우 손바닥으로 실시한다.
• 발목이 돌아가지 않게 한다. |
> | 반 응 | 경비관절 원위부에 통증을 호소하면 양성 반응이다. |

07 테이핑의 효과와 테이핑 종류 3가지를 말해 보시오.

> **해설**
> - 테이핑의 효과
>   - 근육이나 한계 이상으로 수축하거나 이완하는 것을 방지한다.
>   - 관절이 가동범위 이상으로 움직이는 것을 방지한다.
>   - 운동 시 근육과 관절을 안정적으로 지지한다.
> - 테이핑의 종류
>   I자형, X자형, Y형, 지선형, 쐐기형, 쐐기변형Ⅰ, 쐐기변형Ⅱ 등이 있다.

나는 내가 더 노력할수록 운이 더 좋아진다는 걸 발견했다.

- 토마스 제퍼슨 -

PART 03
필기 기출문제

| 01 | 2025년 필기 1교시 기출문제 |
| 02 | 2025년 필기 2교시 기출문제 |

01 | 2025년 필기 1교시 기출문제해설

■ 제1과목 운동생리학

01 운동 훈련에 관한 생리적 반응으로 옳지 않은 것은?

① 한 번의 저항성 운동으로도 근단백질 합성 신호전달(Signaling)이 증가한다.
② 한 번의 지구성 훈련으로도 미토콘드리아 생합성(Biogenesis) 신호가 증가한다.
③ 지구성 훈련 직후 근력 훈련을 복합적으로 수행할 때 근력 훈련만 수행할 때보다 근파워가 더 증가한다.
④ 고강도 인터벌 트레이닝(High-inensity Interval Training ; HIIT)은 골격근의 유산소 능력을 향상시킨다.

> **해설** 지구성 훈련과 근력 훈련을 복합적인 트레이닝으로 수행할 때 근력 생성은 저하된다. 신경적 요소, 과훈련(Overtraining), 단백질 합성 작용의 저하로 복합 훈련에서 근력의 저하가 일어난다.

02 대사과정에서 발생한 이산화탄소를 운반하는 방법 중 상대적으로 비중이 가장 높은 것은?

① 중탄산 이온으로 전환
② 마이오글로빈과 결합
③ 헤모글로빈과 결합
④ 혈장 용해

> **해설** 중탄산 이온의 이산화탄소 운반은 약 78%이고, 혈장용해로 운반되는 이산화탄소는 약 9%이며 나머지 13%는 헤모글로빈이나 Carbamino 화합물 형태로 운반된다.

정답 01 ③ 02 ①

03 ATP 생성에 관한 설명으로 옳은 것은?

① 산소가 충분할 때 젖산탈수소효소(Lacate Dehydrogenase ; LDH)에 의해 피루브산염이 젖산염으로 전환된다.
② 무산소성 해당작용을 통해 한 분자의 포도당과 글리코겐은 각각 2개, 3개의 ATP를 순(Net) 생성한다.
③ 크랩스회로에서 만들어진 NAD+와 FAD는 전자전달계에서 전자셔틀의 역할을 한다.
④ 무산소성 해당작용은 별도의 에너지 동원 없이 이루어진다.

해설 해당작용에서 글리코겐을 사용하면 분해되며 인산기가 부착되기에 ATP의 사용 없이 6인산글루코스의 형태로 전환된다. 글루코스의 경우 ATP가 분해되며 인산기가 부착되어 6인산글루코스의 형태로 전환된다. 6인산프락토스가 되는 과정에서 ATP 분해를 하게 되므로 해당작용을 거쳐 총 생성된 ATP는 4개이지만 글루코스의 경우 순(Net) 생성된 ATP는 2개이고, 글리코겐을 사용해 순(Net) 생성된 ATP는 3개이다.

04 골격근 수축 중 코킹(Cocking)을 발생시키는 주된 원인은?

① 운동신경 축삭 종말에서 아세틸콜린 분비
② 마이오신 머리에서 ATP 가수분해
③ 가로세관을 따라 활동전위 이동
④ 트로포닌과 Ca^{2+} 결합

해설 골격근 수축의 원리를 보면, 운동뉴런에서 나온 활동전압이 운동신경종말에서 아세틸콜린을 방출하여 근섬유막의 수용체에 결합하여 역치를 능가하는 근세포의 탈분극을 만들고 탈분극은 가로세관을 타고 이동하여 근형질세망에서 칼슘을 방출한다. 방출된 칼슘이 트로포닌과 결합하여 트로포마이오신의 위치를 변화시키고 마이오신의 강한 십자형가교에 액틴이 부착한다. 이때 미오신에 저장된 에너지인 ATP가 가수분해되며 에너지를 방출시키며 파워스트로크가 일어나게 된다.

정답 03 ② 04 ②

05 〈보기〉의 지연성 근육통(Delyed-onset Muscle Soreness ; DOMS)과 관련된 설명에서 참(○), 거짓(×)을 바르게 묶은 것은?

|보기|

㉠ 젖산의 과도한 축적이 주된 원인이다.
㉡ 운동 강도의 점진적 증가가 통증 예방에 도움이 된다.
㉢ 통증 발생 시 탄력 있는 압박 의류의 착용이 회복에 도움이 된다.
㉣ RICE 처치와 비스테로이드성 항염증제 복용은 심한 통증을 경감시키는 데 도움이 된다.

	㉠	㉡	㉢	㉣
①	○	×	×	○
②	×	○	○	○
③	○	○	○	×
④	×	○	×	×

해설 ㉠ 지연성 근육통은 젖산의 과도한 축적이 원인이라는 설은 있지만, 그보다 근육 섬유의 미세손상과 신장성 수축에 의한 손상이 원인이라 볼 수 있다.

06 운동 시 혈당 항상성을 유지하는 방법이 아닌 것은?

① 간에서 아미노산, 젖산, 글리세롤로부터 새로운 포도당 합성
② 혈장 포도당 절약을 위해 지방세포로부터 혈장 유리지방산 동원
③ 유리지방산을 원료로 사용하기 위해 포도당의 세포 내 유입 억제
④ 혈장 포도당 농도를 유지하기 위해 근육 글리코겐 분해 후 혈당 전환

해설 근육 글리코겐은 근 에너지 대사에 있어 직접적인 탄수화물 연료로 이용된다. 간 글리코겐은 혈중 포도당의 유지 수단으로 이용된다. 혈중 포도당 수준이 내려갈 때 간에서 글리코겐을 포도당으로 분해하여 혈당량이 정상 수준으로 증가한다.

07 자세 유지를 주로 담당하는 근섬유의 특징에 해당하는 것만을 〈보기〉에서 모두 고른 것은?

|보기|

㉠ 마이오신 ATPase의 낮은 활성도
㉡ 무산소성 해당작용 효소의 낮은 함량
㉢ 근형질세망 SERCA Ⅰ 펌프의 높은 밀도

① ㉠, ㉡
② ㉠, ㉢
③ ㉡, ㉢
④ ㉠, ㉡, ㉢

해설 자세 유지를 담당하는 근섬유는 지근섬유이다. 지근섬유는 무산소성 대사보다는 유산소성 대사 과정을 이용하여 에너지를 주로 생산하게 된다. ㉠, ㉡은 지근섬유에 대한 내용이다. ㉢은 주로 속근섬유에 많이 분포되어있다.

08 심장의 구조와 기능에 관한 설명으로 옳은 것은?

① 심실중격은 좌심실벽보다 얇고, 심박출량 증가 시 수축기능에 큰 영향을 미치지 않는다.
② 푸르키네(Purkinje) 섬유는 방실결절 섬유보다 전도 속도가 느려 심실충만을 유도한다.
③ 방실결절(AV Node)은 전도 지연을 유도하여 심방수축이 완료된 후 심실수축이 시작되도록 조절한다.
④ 동방결절(SA Node)은 심첨부(Apex)에 위치하며 자발적인 활동전위를 통해 심장의 박동을 조절한다.

> **해설** 심방에서 전달된 탈분극은 방실결절에서 0.10초 지연된다. 이 지연은 심실 탈분극, 수축 이전에 심방의 혈액을 심실로 보내기 위해 심방수축을 위함이다. 심전도에서 QRS복합파형은 심방의 탈분극인 P파가 나타나고 0.10초 후에 발생한다.

09 그림은 마이오글로빈과 헤모글로빈의 산소해리곡선을 나타낸다. 〈보기〉의 설명에서 옳지 않은 것만을 모두 고른 것은?

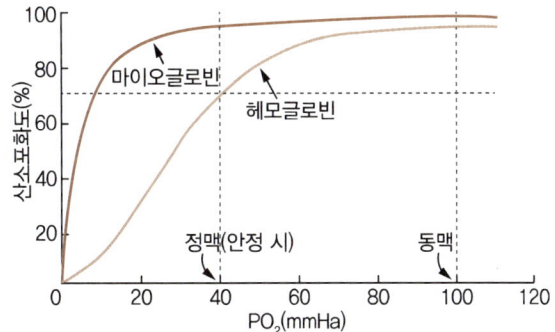

―― 보 기 ――
㉠ 산소의 포화 및 해리는 혈중 산소 분압과 친화도에 의해 결정된다.
㉡ 산소 친화도는 동맥혈의 산소 분압 변화에 따라 민감하게 변한다.
㉢ 헤모글로빈과 2-3 DPG 결합 증가는 곡선을 왼쪽으로 이동시킨다.
㉣ 정맥혈에서 헤모글로빈은 마이오글로빈에 비해 산소 친화도가 크다.
㉤ 안정 시에서 운동으로 전환되는 초기의 산소 공급은 마이오글로빈에 의해 조절된다.

① ㉠, ㉡, ㉢
② ㉡, ㉢, ㉣
③ ㉢, ㉣, ㉤
④ ㉠, ㉢, ㉣, ㉤

> **해설** ㉡ 산소 친화도는 정맥혈의 산소 분압 변화에 따라 민감하게 변한다. 동맥혈에서는 산소포화도가 거의 100%이다.
> ㉢ 헤모글로빈과 2-3 DPG 결합 증가는 곡선을 오른쪽으로 이동시킨다. 곡선을 오른쪽으로 이동시키는 것은 산소 친화도가 떨어진 것을 말한다. 온도나 pH 변화에 따라 곡선은 오른쪽으로 변한다.
> ㉣ 정맥혈에서 산소 친화도가 큰 것은 마이오글로빈이다. 정맥혈에서의 헤모글로빈은 조직에 산소를 나눠줘야 하기 때문에 마이오글로빈보다 산소 친화도가 낮다.

10 〈보기〉의 조건으로 최대하 운동을 수행 중일 때 운동 강도, 산소섭취량, 심근부담률(Rate Pressure Product ; RPP)과 평균 동맥혈압은?

보기

- 기본정보
  - 나이 : 20세
  - 안정 시 심박수 : 50회/분
  - 최대심박수 : 200회/분

- 운동 중 변인
  - 심박수 : 140회/분
  - 심박출량 : 20L/min
  - 수축기혈압 : 180mmHg
  - 이완기혈압 : 80mmHg
  - 동정맥 산소차 : 15ml/dl
  - 환기량 : 100L/min

	%HRR*	산소섭취량(ml/min)	심근부담률	평균 동맥혈압(mmHg)
①	70	3,000	25,200	130
②	60	300	14,000	113
③	60	3,000	25,200	113
④	70	300	14,000	130

* HRR : Heart rate reserve

해설　%HRR = {(심박수 − 안정 시 심박수) × (최대심박수 − 안정 시 심박수)} × 100
산소섭취량 = 심박출량 × 동정맥 산소차
심근부담률 = 심박수 × 수축기혈압(SBP)
평균 동맥혈압 = 이완기혈압 + 1/3(수축기혈압 − 이완기혈압)

11 그림은 유산소성 대사 과정 중 전자전달계를 나타낸 것이다. 〈보기〉의 설명에서 옳은 것만을 모두 고른 것은?

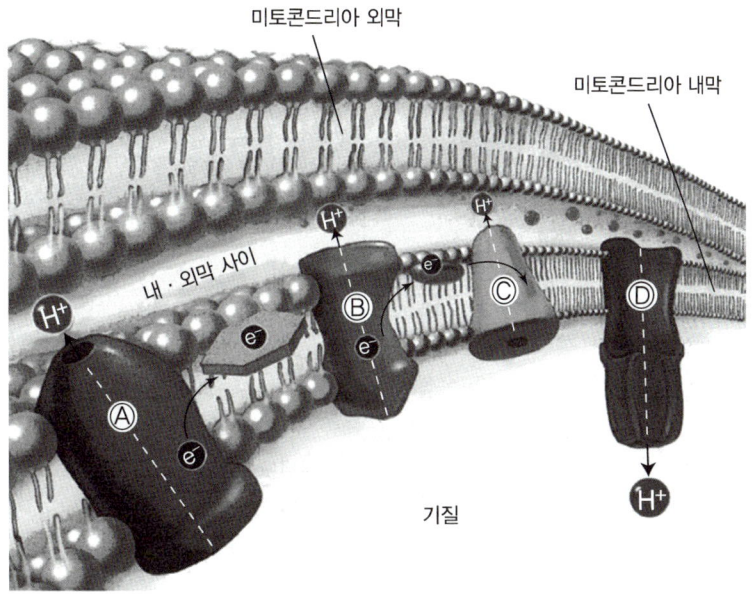

┤보 기├
㉠ NADH는 Ⓐ, Ⓑ, Ⓒ 펌프에, FADH₂는 Ⓑ, Ⓒ 펌프에만 영향을 미친다.
㉡ Ⓐ, Ⓑ, Ⓒ 펌프 모두 전자 2개를 받을 때, H⁺ 4개를 막 사이 공간으로 배출한다.
㉢ 산소는 Ⓓ를 산화시키는 최종 전자수용체로서 산화적 인산화가 계속되게 한다.
㉣ 화학삼투 가설에 의해 기질로 H⁺이 이동하면서 Ⓓ가 활성화되어 ATP가 합성된다.

① ㉠, ㉢
② ㉠, ㉣
③ ㉢, ㉣
④ ㉡, ㉢, ㉣

해설 ㉡ Ⓐ, Ⓑ 펌프는 2개의 전자를 받아들일 때, 4개의 수소이온을 막 사이 공간으로 배출하지만 Ⓒ 펌프는 2개의 수소이온만을 막 사이 공간으로 배출한다.
㉢ 산소는 Ⓒ에서 전자를 받아들여 수소이온과 결합하여 물을 형성한다. 산소가 없다면 전자를 받아들이지 못해 유산소 대사과정에서 세포 내 ATP 생산이 어렵게 된다.

정답 11 ②

12 그림에 관한 설명으로 옳지 않은 것은?

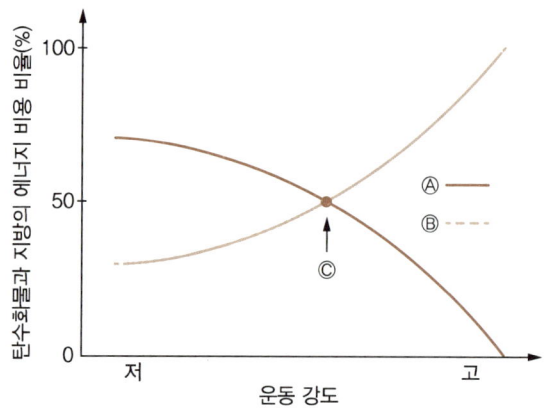

① 에피네프린은 Ⓐ의 이용 비율을 증가시킨다.
② 속근 섬유의 동원은 Ⓑ의 이용 비율을 증가시킨다.
③ 교감신경계의 항진은 ⓒ를 왼쪽으로 이동시킨다.
④ 장기간 지구성 트레이닝의 효과로 ⓒ가 오른쪽으로 이동한다.

해설 Ⓐ : 지방, Ⓑ : 탄수화물
운동 강도의 증가에 따라 혈중 에피네프린 수준이 증가한다. 운동 강도가 증가하면 Ⓐ의 비율은 낮아지고 Ⓑ의 비율이 증가하게 된다.

13 장기간 트레이닝에 의한 신경세포의 변화가 아닌 것은?

① 신호 전달 저항 감소
② 수초화(Myelination) 증가
③ 절연층(Insulating Layer) 생성 감소
④ 랑비에르 결절(Node of Ranvier) 도약전도 증가

해설 절연층의 생성이 감소하면 랑비에르 결절을 통한 도약전도가 감소하여 신경 전달이 느려진다. 도약전도는 장기간 트레이닝으로 증가시킬 수 있으므로 답은 ③이다.

14 고강도 등척성 운동 시 증가하는 것이 아닌 것은?

① 정맥 환류
② 수축기 혈압
③ 말초혈관 저항
④ 교감신경 활성

해설 등척성 수축을 유지하면 근육펌프가 작용하지 않아 정맥 환류는 감소하게 된다.

15 수중 걷기운동을 위해 복장뼈(Sternum)까지 잠기는 수온 20°C 수영장에 입수할 때 일시적으로 증가하지 않는 것은?

① 체온조절을 위한 대사율
② 흉곽 압박에 의한 호흡수
③ 하지 정맥 압박에 의한 전부하(Preload)
④ 압력 감지 수용기(Baroreceptor) 반사에 의한 심박수

해설 수온 20°C 물에 입수하면 체온을 유지하기 위해 심박출량이 커지며 압력 감지 수용기에서 높은 압력을 감지하게 된다. 이때 높은 압력을 감소시키기 위해 심박수가 낮아진다.

정답 14 ① 15 ④

[16~17] 그림은 동일한 근섬유에 가해진 자극과 장력을 나타낸 것이다. 다음 물음에 답하시오.

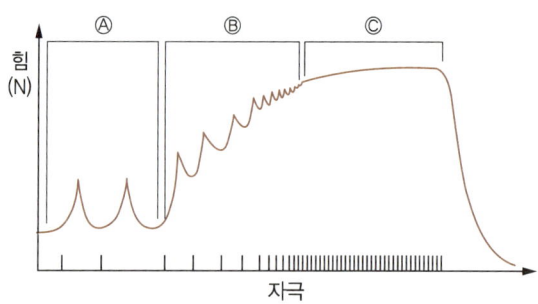

16 〈보기〉에서 ⓑ가 ⓐ보다 장력이 높은 이유로 옳은 것만을 모두 고른 것은?

보 기
㉠ 십자교 생성 증가
㉡ 운동단위 발화 비율 증가
㉢ 트로포닌과 Ca^{2+} 결합 증가
㉣ 근형질세망(SR)으로 Ca^{2+} 회수율 증가

① ㉠
② ㉠, ㉡
③ ㉠, ㉡, ㉢
④ ㉠, ㉡, ㉢, ㉣

해설 ⓐ 구간은 근섬유의 단축, ⓑ 구간은 근섬유의 가중, ⓒ 구간은 근섬유의 강축을 뜻한다. 처음 몇 번의 수축들을 단순한 단축이라 한다. 가중은 단축의 자극빈도가 증가할 때 연속적인 수축 증가를 뜻한다. 자극빈도가 지속 증가하여 중첩되면 강축이라 한다.
㉠ 십자교의 증가는 힘 발생의 증가를 뜻한다.
㉡ 운동단위 발화 비율의 증가는 운동단위의 수 증가를 뜻하며 이것 또한 힘의 증가를 뜻한다.
㉢ 트로포닌과 Ca^{2+}의 결합 증가는 힘 발생의 증가를 뜻한다.
㉣ Ca^{2+}의 근형질세망으로 회수율 증가는 근섬유 자극이 감소할 때 일어난다.

17 ⓒ 구간에 관한 설명으로 옳은 것은?

① ATP 고갈로 수축력 급감
② 단일 활동전위에 의해 수축 유지
③ 긴 자극 간격에 의해 이완기 존재
④ 트로포닌과 결합한 Ca^{2+}에 의한 지속적인 십자교 유지

해설 ⓒ 구간은 지속적인 자극의 증가로 인해 강축이라는 수축을 유지하게 된다.
① 지속적인 힘 발생으로 ATP의 고갈은 있지만 가장 큰 힘을 발생하고 있다.
② 강축은 자극빈도가 증가하여 수축을 유지하게 된다. 단일 활동전위가 아닌 시간가중과 공간가중을 통해 여러 개의 자극이 중첩되게 된다.
③ 짧은 자극의 중첩으로 인해 수축이 유지되는 상태이기 때문에 긴 자극 간격은 맞지 않다.

16 ③   17 ④   **정답**

18 1시간 이상의 최대하 운동(65% VO2max) 시 동원되는 에너지원 중에서 기여도가 가장 높은 것은?

① 혈중 유리지방산
② 근육 중성지방
③ 혈중 포도당
④ 간 글리코겐

해설 ①, ② 지방대사에 있어 운동 초기 혈중 유리지방산과 근육 중성지방의 기여도는 비슷하나 시간이 지남에 따라 혈중 유리지방산의 기여도가 높아진다.
③, ④ 탄수화물의 대사에 있어 혈중 포도당과 글리코겐의 경우 운동 초기에는 글리코겐이 높지만 시간이 지남에 따라 글리코겐의 양이 줄어들어 혈중 포도당이 중요한 연료원이 된다.
중강도 수준의 운동을 1시간 이상 지속 시 에너지원은 탄수화물에서 지방으로 바뀌게 되어 가장 기여도가 높은 에너지원은 ① 혈중 유리지방산이 된다.

19 신경세포의 활동전위 과정 중 Na^+ 통로가 개방되는 원인으로 옳은 것은?

① 과분극
② K^+ 유출 증가
③ Na^+ 유입 증가
④ 역치 이상의 자극

해설 Na^+ 통로는 충분한 역치 이상의 자극이 신경세포막에 도달하였을 때 개방된다. 탈분극이 임계치를 도달하였을 때를 역치라 부르며 이때 나트륨채널이 개방되며 활동전위/신경자극이 형성된다.

20 최대하 운동 시 코티졸(Cortisol)의 작용으로 옳지 않은 것은?

① 당신생합성 촉진
② 아미노산 이용 증가
③ 유리지방산 이용 증가
④ 조직으로 포도당 유입 증가

해설 코티졸 호르몬은 부신피질에서 분비되며, 작용으로는 당신생합성, 유리지방산 동원 촉진, 포도당의 조직으로 유입을 방해하며, 조직이 더 많은 지방산을 대사연료로 이용하게 유도한다.

정답 18 ① 19 ④ 20 ④

제2과목 건강·체력평가

01 〈보기〉에서 규칙적인 신체활동의 효과로 옳은 것만을 모두 고른 것은?

― 보 기 ―
㉠ 인슐린 저항성 증가
㉡ 관상동맥 위험도 감소
㉢ 안정 시 수축기/이완기 혈압 감소
㉣ 절대적 최대하 운동 강도에서 심근산소소비량 증가

① ㉠, ㉡
② ㉠, ㉢
③ ㉡, ㉢
④ ㉡, ㉣

해설
㉠ 규칙적인 신체활동은 인슐린 저항성을 낮추어 혈당 조절 능력을 향상한다.
㉣ 절대적 최대하 운동 강도에서 심근산소소비량이 감소한다. 심혈관 효율의 증가로 인해 심박수와 심근 수축력이 낮아져서 감소하게 된다.

02 〈보기〉에서 옳지 않은 것만을 모두 고른 것은?

― 보 기 ―
㉠ 근골격 손상의 위험은 지면과 직접적 접촉이 있는 활동에서 더 낮게 나타남
㉡ 돌연심장사 및 급성심근경색과 같은 부정적 심혈관질환은 일반적으로 고강도 운동과 관계가 있음
㉢ 중강도의 신체활동을 지속적으로 하는 건강한 사람들의 경우 돌연심장사와 급성심근경색의 위험이 낮음
㉣ 고강도 신체활동 또는 운동참여는 근골격 손상과 잠재적으로 심혈관 합병증의 위험을 증가시키는 것과도 관계가 있음

① ㉠
② ㉠, ㉡
③ ㉠, ㉡, ㉢
④ ㉠, ㉡, ㉢, ㉣

해설 지면과 직접 접촉이 있는 활동(예 : 달리기, 농구 등 충격성 활동)은 비접촉 활동(예 : 수영, 사이클)에 비해 근골격계 손상의 위험이 더 높다.

03 〈보기〉에서 개념에 관한 설명으로 옳은 것만을 모두 고른 것은?

―보 기―
- ㉠ 노인의 유연성은 의자에앉아서윗몸굽히기와 등뒤로팔뻗기 검사가 있음
- ㉡ 정적 유연성은 전체 관절가동범위를 측정하는 것으로 근육-힘줄 단위의 신장성에 의해 제한을 받음
- ㉢ 근력이란 한 번 수축할 때 근육이 저항에 대항하여 최대한으로 수축력을 발휘하는 근육군의 능력이라 정의함
- ㉣ 최대근력 추정을 위한 1RM 측정 시 1RM을 결정하기 위해 최대하 수준으로 몇 차례 반복하는 준비운동을 실시함

① ㉠
② ㉠, ㉡
③ ㉠, ㉡, ㉢
④ ㉠, ㉡, ㉢, ㉣

해설 노인의 유연성은 의자에앉아서윗몸굽히기와 등뒤로팔뻗기 검사가 있다. 정적 유연성은 관절을 일정 위치까지 움직이고 그 상태를 유지하는 능력으로, 근육-힘줄 단위의 신장성과 탄력성에 의해 제한된다. 근력이란 한 번 수축할 때 근육이 저항에 대항하여 최대한으로 수축력을 발휘하는 근육군의 능력이라 정의하며, 최대근력 추정을 위한 1RM 측정 시 1RM을 결정하기 위해 최대하 수준으로 몇 차례 반복하는 준비운동을 실시한다.

04 심혈관, 대사성 및 신장질환에 관한 주요 증상 및 징후의 설명으로 옳지 않은 것은?

① 양측성 발목 부종 : 심부전이나 만성정맥부전증의 특징적인 증상으로 주로 밤에 나타난다.
② 신사구체염 : 운동 중 심박출의 정상적인 증가가 차단되는 심장장애로 발생하는 대사성 질환이다.
③ 간헐적 파행 : 운동으로 인해 발생하는 부적절한 혈액 공급(주로 죽상경화증)으로 인해 하지에서 발생하는 통증이다.
④ 심계항진 : 심장리듬의 다양한 장애로 유발되며, 빈맥, 갑작스런 서맥, 이소성 박동, 판막의 역류로 증가한 1회 박출량 등이 해당한다.

해설 신사구체염은 신장질환으로, 사구체(신장의 여과 부위)의 염증이다. 이는 사구체신염(Glomerulonephritis)과 관련된 질환이며, 심박출과 직접적인 관련이 없다.

정답 03 ④ 04 ②

05 〈보기〉에 해당하는 심혈관질환자의 위험 분류 기준[미국심폐재활협회(AACVPR) 기준]으로 옳지 않은 것만을 모두 고른 것은?

―보기―
㉠ 고위험군 : 심정지 또는 급사 생존자
㉡ 고위험군 : 운동 또는 회복기에 유의한 유증상 허혈(증상 없이 ST분절의 2mm 미만 하강)
㉢ 중위험군 : 좌심실 박출률 40~50%
㉣ 중위험군 : 운동 중 또는 회복기에 경증에서 중등도의 유증상 허혈(ST분절의 2mm 이상 하강)
㉤ 저위험군 : 안정 시 또는 운동으로 야기된 복합성 부정맥이 있음
㉥ 저위험군 : 운동 또는 회복기에 협심증이 없는 것을 포함한 무증상

① ㉠, ㉡, ㉤
② ㉡, ㉣, ㉤
③ ㉢, ㉣, ㉥
④ ㉣, ㉤, ㉥

해설 심혈관질환자의 위험 분류 기준[미국심폐재활협회(AACVPR) 기준]
- 고위험군
  - 심정지 또는 급사 생존자
  - 운동 또는 회복기에 유의한 무증상 허혈(증상 없이 ST분절의 2mm 이상 하강)
- 중위험군 : 고위험군과 저위험군의 기준에 해당하지 않는 경우
  - 좌심실 박출률 40~50%
  - 운동 중 또는 회복기에 경증에서 중등도의 무증상 허혈(ST분절의 2mm 미만 하강)
- 저위험군
  - 안정 시 또는 운동으로 야기된 복합성 부정맥이 없음
  - 운동 또는 회복기에 협심증이 없는 것을 포함한 무증상

정답 05 ②

06 〈보기〉에서 심폐체력 필드검사에 관한 설명으로 옳은 것만을 모두 고른 것은?

― 보 기 ―
㉠ 6분 걷기 검사는 이환율과 사망률을 독립적으로 예측할 수 있으며, 심폐체력이 낮아진 모집단의 심폐체력을 평가하는 데 사용
㉡ Cooper의 12분 걷기/달리기 검사는 최대한 빠르게 도착하는 시간(초)을 이용하여 최대산소섭취량을 추정
㉢ 다양한 스텝 검사는 심폐체력이 개선되면 운동 후 심박수가 감소하므로 표준화된 스텝 검사가 가능해진다는 이론에 근거하여 개발
㉣ Astrand와 Ryhming 스텝 검사에서 여성은 33cm, 남성은 40cm 높이의 박스를 분당 22.5스텝 속도로 5분 동안 실시하며, 체력 수준이 낮은 사람에게는 적절한 검사법이 아님

① ㉠, ㉡
② ㉠, ㉢
③ ㉠, ㉡, ㉣
④ ㉠, ㉢, ㉣

해설 Cooper Test는 12분 동안 이동한 거리를 기준으로 최대산소섭취량(VO_2max)을 추정한다. 도착하는 시간(초)이 아니라 주어진 시간 안에 얼마나 먼 거리를 갔는지를 보는 검사이다.

07 〈보기〉에서 '국민체력100'의 연령대별 검사 방법으로 옳은 것만을 모두 고른 것은?

― 보 기 ―
㉠ 어르신기 운동체력항목 중 평형성은 8자보행 검사를 실시
㉡ 유소년기 운동체력항목 중 민첩성 검사는 반복옆뛰기를 실시
㉢ 성인기 건강체력항목 중 순발력 검사는 제자리멀리뛰기 또는 체공시간 중 하나를 선택하여 실시
㉣ 청소년기 건강체력항목 중 심폐지구력 검사는 20m왕복오래 달리기 또는 트레드밀/스탭검사 중 하나를 선택하여 실시

① ㉠, ㉡
② ㉠, ㉢
③ ㉡, ㉣
④ ㉢, ㉣

해설 어르신기 운동체력항목 중 평형성은 의자 앉아 3m 표적 돌아오기이며, 성인기 건강체력항목 중 순발력 검사는 운동체력항목이다.

정답 06 ④ 07 ③

08 〈보기〉에서 운동 검사 결과지 해석으로 옳지 않은 것만을 모두 고른 것은?

성 별	여	성 명	×××	나 이	68

구 분	검사종목	단 위	결 과	
			사전(0주)	사후(12주)
신체조성	신 장	cm	161.2	161
	체 중	kg	57.4	57.3
	체지방률	%	24.1	23.6
	허리둘레	cm	81	80.5
	BMI	kg/m²	22.1	22.1
체력검사	악 력	kg	16	21.5
	의자에앉았다일어서기	회/30초	17	22
	의자에앉아3m표적돌아오기	초	4.6	5.2
	앉아서윗몸앞으로굽히기	cm	18	17.5
	6분걷기	m	557	570
	8자보행	초	25	20

― 보 기 ―
㉠ 평형성이 이전보다 향상되었음. 지속적인 밴드 운동을 추천함
㉡ 협응력이 이전보다 저하되었음. 협응력 향상을 위해 규칙적인 저항성 운동으로 근육량 유지를 추천함
㉢ 심폐지구력은 적정 수준임. 하지만 심폐지구력 유지 또는 증진을 위하여 규칙적인 유산소 운동을 추천함
㉣ 신체조성은 적정 수준이지만, 노화가 진행됨에 따라 규칙적인 유산소 운동과 저항성 운동을 실시하여 이상적인 BMI 유지를 추천함

① ㉠, ㉡
② ㉡, ㉢
③ ㉠, ㉡, ㉣
④ ㉡, ㉢, ㉣

해설 의자에앉아3m표적돌아오기는 평형성을 검사하는 것으로 기록이 단축되는 것이 좋은 기록으로 향상된 것이다. 8자보행은 협응력 검사로 이 검사 또한 기록이 단축되는 것이 좋은 기록으로 향상된 것이다.

09 〈보기〉에서 Y-평형성(밸런스) 검사에 관한 지침으로 옳지 않은 것만을 모두 고른 것은?

| 보 기 |

㉠ 검사자는 피험자의 위앞엉덩뼈가시에서 발뒤꿈치까지의 다리 길이를 측정
㉡ 피험자는 한 발로 중앙 블록에 맨발로 서며, 체중을 지탱하는 다리가 검사되는 다리임
㉢ 측정값 계산은 주 사용 다리에 대한 앞쪽, 뒤 안쪽 및 뒤 가쪽의 최고 기록의 합만을 다리 길이의 3배로 나누어 종합점수(다리 길이의 백분율)를 얻음
㉣ 중앙 블록에서 균형을 유지하면서 반대쪽 발끝으로 앞쪽 블록을 최대한 앞으로 민다. 검사자는 블록이 이동한 거리를 기록함. 동일한 방법으로 뒤 안쪽 및 뒤 가쪽 블록을 이동

① ㉠, ㉡
② ㉠, ㉢
③ ㉡, ㉣
④ ㉢, ㉣

해설 Y-평형성(밸런스) 검사 지침
① Y-평형성(밸런스) 검사 장비를 준비한다.
② 피검사자는 한 발로 중앙 블록에 맨발로 서며, 체중을 지탱하는 다리가 검사되는 다리다.
③ 중앙 블록에서 균형을 유지하면서 반대쪽 발끝으로 앞쪽 블록을 최대한 앞으로 민다. 검사자는 블록이 이동한 거리를 기록한다.
④ 피검사자는 동일한 방법으로 뒤 안쪽 및 뒤 가쪽 블록을 이동시킨다.
⑤ 각 방향에서 3차례 검사한다. 한 다리가 끝나면 중앙 블록의 발을 바꾸고 검사를 반복한다. 양쪽 다리 모두 앞쪽, 뒤 안쪽 및 뒤 가쪽 방향으로 각각 3번씩 수행하게 된다.
⑥ 각 방향과 각 발에 대한 3번의 시도 중 가장 좋은 기록을 사용한다.
⑦ 다리 길이를 측정한다(위앞엉덩뼈가시에서 안쪽 복사뼈까지).
⑧ 오른쪽 다리에 대한 앞쪽, 뒤 안쪽 및 뒤 가쪽의 최고 기록의 합을 다리 길이의 3배로 나누어 오른쪽 다리에 대한 종합 점수(다리 길이의 백분율)를 얻는다. 왼쪽 다리에 대한 종합 점수도 같은 방식으로 얻는다.

정답 09 ②

10 〈보기〉는 규준지향평가 기준 설정에 관한 내용이다. 이때 평가 기준에 관한 값이 바르게 나열된 것은?

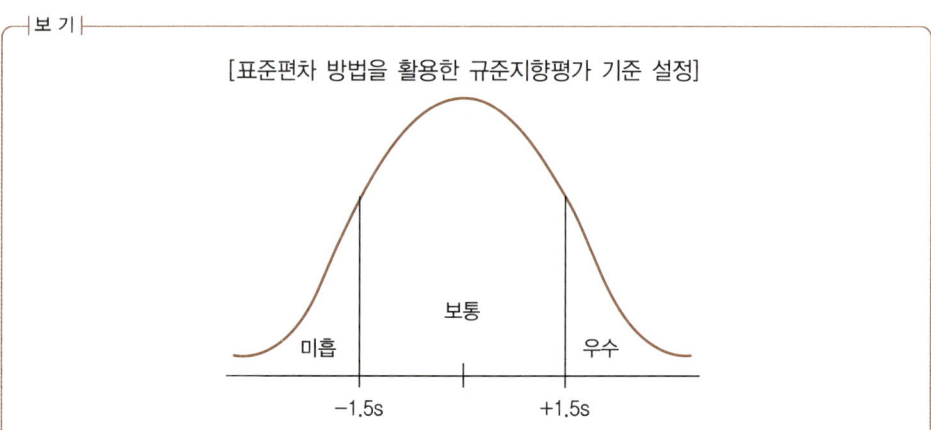

- 남자 초등학교 6학년 상대악력(kg) 평가 기준을 설정하고자 함
- 기준 설정을 위한 측정 자료의 평균은 35.0kg, 표준편차는 8.0임
- 측정 결과를 기초로 ±1.5s의 3단계 평가 기준을 설정하고자 함
- 기준 설정을 위한 측정 자료는 정규 분포임

	미 흡	보 통	우 수
①	23.0 미만	23.0 이상~47.0 미만	47.0 이상
②	25.5 미만	25.5 이상~44.5 미만	44.5 이상
③	27.0 미만	27.0 이상~43.0 미만	43.0 이상
④	33.5 미만	33.5 이상~47.5 미만	47.5 이상

해설 남자 초등학교 6학년 학생들의 상대악력 측정 자료는 평균이 35.0kg이고, 표준편차는 8.0kg으로 정규분포를 따른다고 가정하였다. 이에 따라 상대평가 방식으로 ±1.5표준편차 구간을 기준으로 3단계 평가 기준을 다음과 같이 설정하였다.
- 미흡 : 평균보다 1.5표준편차 이상 낮은 값으로 계산하면 35.0 - (1.5 × 8.0) = 35.0 - 12.0으로 즉 23.0kg 미만인 상대적으로 체력이 낮아 개선이 필요한 수준으로 해석된다.
- 보통 : 평균을 중심으로 ±1.5표준편차 범위, 즉 23.0kg 이상 47.0kg 미만의 구간에 해당하며, 이는 대부분의 학생이 속하는 일반적인 수준이다.
- 우수 : 평균보다 1.5표준편차 이상 높은 값으로 계산하면 35.0 + (1.5 × 8.0) = 35.0 + 12.0으로 즉 47.0kg을 초과하는 경우 우수한 체력을 의미한다.

11 〈보기〉의 심폐지구력 검사 결과에 관한 해석으로 옳지 않은 것은?

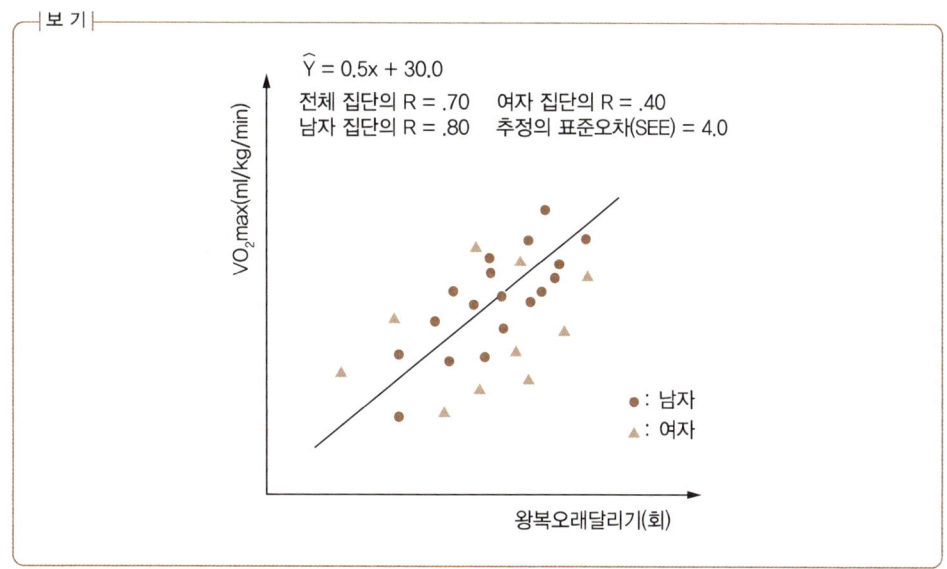

① 왕복오래달리기 40회 기록 시 VO_2max는 50.0의 값으로 추정됨
② VO_2max의 총 변화량 중에 왕복오래달리기로 설명되는 변화량은 49.0%임
③ 추정의 표준오차는 왕복오래달리기를 통한 VO_2max 예측의 정확도 지표로 활용됨
④ 두 심폐지구력 검사의 관계에 대한 설명력(%)은 남자가 여자 집단보다 2배 더 높음

해설 남자 설명력 : R^2 = 0.64, 여자 설명력 : R^2 = 0.16으로 남자가 여자 집단보다 4배 더 높은 설명력을 가지고 있다.

12 '국민체력100'의 연령대별 검사 방법으로 옳지 않은 것은?

		유아기	유소년기	청소년기
①	심폐지구력	10m왕복 오래달리기	15m왕복 오래달리기	20m왕복 오래달리기
②	협응력	버튼누르기(3×3)	버튼누르기(3×3)	T-Wall(4×4)
③	민첩성	5m×4왕복달리기	반복옆뛰기	일리노이 검사
④	순발력	제자리멀리뛰기	제자리멀리뛰기	체공시간

> **해설** '국민체력100'의 연령대별 검사 방법 중 유소년기의 협응력은 눈-손 협응력(벽패스)(회)이다.

13 〈보기〉는 건강체력 측정 시 발생할 수 있는 측정오차에 관한 내용이다. 이를 유형별로 바르게 구분한 것은?

보 기
㉠ 참여자별 검사의 불안감, 참여 동기, 신체적 컨디션 수준
㉡ 피부두겹법 측정에서 모든 참여자의 왼쪽 해부학적 부위를 측정함
㉢ 부정확한 체중계의 사용으로 모든 참여자의 체중이 500g 증가하여 측정됨
㉣ 실외 심폐체력 측정 시 갑작스러운 우천으로 인해 일부 참여자들의 기록에 영향

	무선적 오차	체계적 오차
①	㉠, ㉣	㉡, ㉢
②	㉡, ㉢	㉠, ㉣
③	㉡, ㉣	㉠, ㉢
④	㉢, ㉣	㉠, ㉡

> **해설** 무선적 오차는 측정 시 예측할 수 없고 일관되지 않으며 우발적으로 발생하는 오차이며, 체계적 오차는 일정한 방향으로 일관되게 반복 발생하는 오차이다. ㉠과 ㉣은 예측할 수 없는 것으로 무선적 오차이다. ㉡과 ㉢은 일관되게 측정되는 체계적 오차이다.

14 〈보기〉는 교차윗몸일으키기 검사의 신뢰도와 타당도에 관한 설명이다. ㉠~㉢에 들어갈 용어가 바르게 나열된 것은?

---보기---
- 동일 대상의 반복측정을 통해 (㉠) 신뢰도를 검증함
- 윗몸말아올리기 검사와의 상관분석을 통해 (㉡) 신뢰도를 확인함
- 앉아윗몸앞으로굽히기 검사와의 관계성 분석을 통해 (㉢) 타당도 수준을 검토함

	㉠	㉡	㉢
①	재검사	동형검사	판 별
②	내적 일관성	반분검사	결 정
③	내적 일관성	동형검사	판 별
④	재검사	반분검사	결 정

해설 교차윗몸일으키기 검사의 신뢰도와 타당도 유형을 구분하는 문제로 동일 대상 반복측정은 재검사 신뢰도, 유사 검사와 비교는 동형검사 신뢰도, 다른 능력과의 낮은 상관은 판별 타당도를 의미한다.

15 〈보기〉는 근지구력 검사들의 분류 일관성에 관한 결과이다. 이에 관한 해석으로 옳은 것은?

---보기---

〈윗몸말아올리기〉

		1차 측정	
		우수	미흡
2차 측정	우수	45명	15명
	미흡	10명	30명

〈교차윗몸일으키기〉

		1차 측정	
		우수	미흡
2차 측정	우수	50명	15명
	미흡	15명	20명

① 윗몸말아올리기 검사의 일치도 계수(P)는 .55이다.
② 교차윗몸일으키기 검사의 일치도 계수(P)는 .65이다.
③ 분류 기준의 신뢰도가 더 높은 검사는 윗몸말아올리기이다.
④ 반복측정에 따른 교차윗몸일으키기 검사의 적률 상관계수는 .70이다.

해설 ③ 윗몸말아올리기 검사의 일치도는 0.75, 교차윗몸일으키기는 0.70으로 계산되므로 더 높은 신뢰도를 가진 검사는 윗몸말아올리기이다.
① 일치도 계수(P)는 1차와 2차 측정 결과가 동일한 사람의 비율을 말한다. 윗몸말아올리기의 경우, 1차와 2차 모두 '우수'로 평가된 인원은 45명, '미흡'으로 일치한 인원은 30명으로 총 75명이다. 총 피검자는 100명으로 이를 나눈 계수는 0.75이다.
② 교차윗몸일으키기의 경우, 1차와 2차 모두 '우수'로 평가된 인원은 50명, '미흡'으로 일치한 인원은 20명이다. 총 일치 인원은 70명으로 전체 100명을 나눈 값은 0.70이다.
④ 적률 상관계수(Pearson r)는 연속형 자료 간의 관계를 분석할 때 사용하는 통계 지표로 보기에서 제시된 교차표는 범주형 자료(우수/미흡)로 구성되어 있어, Pearson r을 적용하기에 부적절하다.

정답 14 ① 15 ③

16 표에 관한 해석으로 옳은 것은?

측정 항목 \ 결과	개인기록 A 참여자	동일 집단의 전체 자료			
		평 균	표준편차	중앙치	최빈치
윗몸말아올리기(회)	30	25	5	33	35
왕복오래달리기(회)	40	50	10	50	50
앉아윗몸앞으로굽히기(cm)	10	8	4	6	5

① A 참여자는 상대적으로 유연성 능력이 가장 우수하다.
② 윗몸말아올리기의 점수 분포는 정적 편포의 모양을 나타낸다.
③ A 참여자의 왕복오래달리기 기록을 T점수로 변환하면 60.0이다.
④ 상대적 변산도 지수가 가장 큰 측정 항목은 앉아윗몸앞으로굽히기이다.

해설 ④ 상대적 변산도는 '변동계수(CV) = 표준편차 ÷ 평균'으로 계산하면 윗몸말아올리기 0.2, 왕복오래달리기 0.2, 앉아윗몸앞으로굽히기 0.5로 앉아윗몸앞으로굽히기가 가장 높다.
① 유연성 항목인 앉아윗몸앞으로굽히기에서 A 참여자는 10cm 기록하였으며, 집단 평균은 8cm, 표준편차는 4로 T점수나 Z점수를 계산해 보면, 다른 항목에 비해 상대적 우수성은 중간 정도이다.
② 정적 편포(오른쪽으로 꼬리)는 중앙값보다 평균이 더 크다. 윗몸말아올리기는 평균 25, 중앙값 33으로 중앙값이 평균보다 크며 이는 부적 편포이다.
③ 'T점수 = 50 + 10 × (개인점수 − 평균) ÷ 표준편차'로 A 참여자의 왕복오래달리기 T점수를 변환하면 40이다.

17 〈보기〉의 괄호 안에 들어갈 용어는?

보 기
• 사전과 사후의 반복측정을 통해 개인의 체력 향상도를 평가할 때는 (　　)를 고려해야 한다.
• 이는 사전 체력 측정에서 높은 점수를 받은 사람은 낮은 점수를 받은 사람에 비해 향상될 수 있는 범위가 넓지 않기 때문에 개인 간의 향상도 수준을 비교할 때는 (　　)의 고려가 필요하다.

① 중재 효과
② 천정 효과
③ 매개 효과
④ 바닥 효과

해설 천정 효과(Ceiling Effect)는 검사 점수의 최고점(상한선)에 가까운 점수를 가진 사람은 더 이상 향상된 점수를 얻기 어려운 현상을 말한다. 사전 체력 측정에서 높은 점수를 받은 사람은 향상될 수 있는 범위가 좁다.

18 〈보기〉에서 ACSM(11판) 지침이 제시하는 인체계측법으로 옳지 않은 것만을 모두 고른 것은?

―보기―
㉠ 피부두겹 측정 시 캘리퍼는 피하지방을 집고 1~2초 기다린 후 읽는다.
㉡ 피부두겹 측정 시 복부 부위는 배꼽 오른쪽 2cm의 수평 잡기로 측정한다.
㉢ 허리둘레의 측정은 엉덩뼈능선 높이에 해당하는 배꼽 높이에서 수평으로 측정한다.
㉣ 중간넙다리 둘레 측정은 참여자가 다리를 약간 벌리고 선 상태에서 서혜부 주름과 무릎뼈 근위의 중간지점을 측정한다.

① ㉠, ㉣
② ㉡, ㉢
③ ㉠, ㉡, ㉣
④ ㉡, ㉢, ㉣

해설 ㉡ ACSM에서는 복부의 피부두겹 부위를 배꼽 오른쪽 약 2cm, 수직 방향으로 집는다.
㉢ 허리둘레의 측정은 피검자가 선 상태에서 옆구리에 팔, 발을 모으고, 복부를 이완한 상태에서 몸통(배꼽 위 칼돌기, Xiphoid Process 아래와 제점, Umbilicus 위)에서 수평으로 측정한다. 국민비만대책위원회(National Obesity Task Force ; NOTF)에서는 표준화를 강화하려는 방법으로 엉덩뼈 능선 바로 위 수평 측정을 제안한다.
㉣ 중간넙다리 둘레 측정은 피검자가 선 상태에서 무릎이 90° 구부러지도록 벤치에 한 발을 올리고 장축에 수직인 서혜부 주름(Inguinal Crease)과 무릎뼈 근위 경계 사이의 중간에서 측정한다.

19 〈보기〉에서 '국민체력100'의 청소년기 상대악력 측정방법을 순서대로 나열한 것은?

―보기―
㉠ 악력계를 잡고 최대로 힘을 주어 5초간 자세를 유지
㉡ 팔을 펴고 몸통과 팔 사이 각도를 15°로 유지하면서 힘껏 잡아당김
㉢ '상대악력 = 악력(kg)/체중(kg) × 100'을 이용하여 기록
㉣ 측정은 좌·우 교대로 2회씩 실시, 각각 최고치를 0.1kg 단위로 기록
㉤ 악력계의 손잡이를 손가락 둘째 마디로 잡음. 손잡이가 맞지 않을 때는 알맞게 조절나사로 조정

① ㉠ → ㉤ → ㉢ → ㉣ → ㉡
② ㉠ → ㉤ → ㉣ → ㉢ → ㉡
③ ㉤ → ㉡ → ㉠ → ㉣ → ㉢
④ ㉤ → ㉡ → ㉣ → ㉠ → ㉢

해설 '국민체력100'의 청소년기 상대악력 측정방법
㉤ 악력계의 손잡이를 손가락 둘째 마디로 잡음. 손잡이가 맞지 않을 때는 알맞게 조절나사로 조정
㉡ 팔을 펴고 몸통과 팔 사이 각도를 15°로 유지하면서 힘껏 잡아당김
㉠ 악력계를 잡고 최대로 힘을 주어 5초간 자세를 유지
㉣ 측정은 좌·우 교대로 2회씩 실시, 각각 최고치를 0.1kg 단위로 기록
㉢ '상대악력 = 악력(kg)/체중(kg) × 100'을 이용하여 기록

정답 18 ④ 19 ③

20 〈보기〉에서 A씨의 심혈관질환 위험요인 개수는? (ACSM 11판 기준)

|보 기|

A씨는 50세 남성으로, 아버지는 53세에 심장마비로 사망하였다. A씨는 비흡연자이며, 신장은 180cm이고, 체중은 85kg이다. 평소 건강하다는 이야기를 자주 듣고 있어 운동을 하지 않고 있다. 최근 건강검진 결과, 안정 시 심박수는 80bpm으로 나타났고, 안정 시 혈압은 135/79mmHg, 총콜레스테롤(TC) 195mg·dL^{-1}, 저밀도지단백(LDL-C) 140mg·dL^{-1}, 고밀도지단백(HDL-C) 65mg·dL^{-1}, 공복 시 혈당 95mg·dL^{-1}임을 알게 되었다.

① 2개
② 3개
③ 4개
④ 5개

해설 ACSM 11판 기준의 심혈관질환 양성 위험요인으로 연령, 가족력, 신체활동, 혈압, 지질에 대한 위험요인이 5개이다. 그러나 고밀도지단백(HDL-C)이 60 이상으로 음성 위험요인에 포함되므로 하나를 제외하면 총 4개가 된다.

제3과목 운동처방론

01 운동량의 정량화(Quantifying Volume)에 포함되지 않는 요소는?

① 운동 형태 ② 운동 시간
③ 운동 빈도 ④ 운동 강도

> **해설** 운동 형태는 유산소, 근력 등 운동 종류나 목적을 나타내는 질적 요소로, 운동량 정량화에 직접적으로 포함되지 않는다.

02 ACSM(11판)에서 권고하는 건강한 성인을 위한 심폐지구력 운동의 중강도 수준에 해당하지 않는 것은?

① 3.0~5.9METs ② 64~76%HRmax
③ RPE 10~11 ④ 40~59%VO$_2$R

> **해설** ACSM(11판)에서 권고하는 건강한 성인을 위한 심폐지구력 운동의 중강도 수준은 RPE 12~13으로 가벼운~약간 힘든 정도이다.

03 ACSM(11판)이 제시하는 운동처방 시 고려사항을 나타내는 〈보기〉의 질환은?

보기
• 안정 시 떨림, 운동 완만증, 자세 불안정 및 보행이상을 특징으로 한다. • 환자의 일부는 보행동결을 경험하는데 시각 및 청각 선호를 활용한 운동요법이 도움 된다. • HY(Hoehn and Yahr) 척도는 운동 증상 진행 정도를 평가하는 임상적 지표이다. HY 척도에 따른 경증에서 중등도 환자는 고강도(80~85%HRmax)로 30분간 유산소 운동이 가능하다.

① 우울증 ② 파킨슨병
③ 뇌성마비 ④ 알츠하이머병

> **해설** 안정 시 떨림, 운동완만증, 자세 불안정과 보행이상은 파킨슨병의 대표적 운동증상이다. 파킨슨 환자에게 흔한 보행동결(Freezing of Gait)은 시각·청각 신호(바닥선, 메트로놈 등)를 사용한 보행 유도법으로 완화에 도움을 준다. Hoehn & Yahr(HY) 척도는 파킨슨병 진행 단계를 평가하는 임상척도로, 단계에 따라 운동처방 강도를 조절한다.

정답 01 ① 02 ③ 03 ②

04 〈보기〉에서 ACSM(11판)이 제시하는 건강한 성인의 저항 운동에 관한 설명으로 옳은 것만을 모두 고른 것은?

―보 기―
㉠ 다관절 운동이 권고된다.
㉡ 운동 초보자의 운동 빈도는 주당 최소 2일을 권고한다.
㉢ 운동 숙련자의 운동 빈도는 개인의 능력 및 선호도에 따라 근육군별로 조절이 가능하다.

① ㉠
② ㉠, ㉡
③ ㉡, ㉢
④ ㉠, ㉡, ㉢

해설 ACSM(11판)이 제시하는 건강한 성인의 저항 운동은 다관절 운동이 권고되며, 운동 초보자의 운동 빈도는 주당 최소 2일을 운동 숙련자의 운동 빈도는 개인의 능력 및 선호도에 따라 근육군별로 조절이 가능하다.

05 〈보기〉는 ACSM(11판)에서 제시한 권고사항으로 골다공증 환자의 유산소 운동처방이다. ㉠~㉢에 들어갈 내용을 바르게 제시한 것은?

―보 기―
- 빈도 : 주당 (㉠)일
- 강도 : CR-10척도의 (㉡)
- 시간 : 20분부터 시작해서 최대 (㉢)분

	㉠	㉡	㉢
①	3	3~4	30
②	3	5~6	45~60
③	4~5	5~6	30
④	4~5	3~4	45~60

해설 ACSM 11판에 따르면 골다공증 환자의 유산소 운동처방은 주당 4~5일, CR-10 기준 3~4(중등도) 강도, 시간은 20분부터 시작하여 45~60분까지 점진적 증가가 권장된다.

06

ACSM(11판)이 제시하는 건강한 노인의 운동 검사 및 처방 시 고려사항으로 옳지 않은 것은?

① 운동능력이 낮은 노인은 운동 검사 시 초기부하를 3METs보다 낮게 설정한다.
② 파워트레이닝 저항 운동은 1RM 30~60% 강도의 빠른 속도로 6~10회 반복한다.
③ 모든 연령대 성인을 위한 운동처방의 일반적인 원칙들은 노인에게도 적용 가능하다.
④ 체력수준이 낮은 노인의 운동 검사 시 부하를 증가시킬 때 트레드밀의 경사도보다는 속도 증가를 권고한다.

해설 ACSM은 노인의 안전성과 관절 부담을 고려해, 속도보다는 경사도 증가를 권장한다. 빠른 속도는 낙상의 위험을 높일 수 있다.

07

ACSM(11판)에서 제시한 질환자를 위한 운동처방과 고려사항으로 옳지 않은 것은?

질환	운동처방과 고려사항
① 신장질환자	PNF 스트레칭의 경우 3~6초 수축 후 10~30초 보조(Assisted) 스트레칭을 권고한다.
② 천식환자	저항 운동 숙련자는 근력강화를 위해 1RM의 ≥ 80% 강도로 8~12회 반복, 2~4세트 실시를 권고한다.
③ 섬유근육통	저항 운동은 근지구력 강화를 위해 10~12회 반복하고 긴 휴식을 주며 1~3세트로 증가시킨다.
④ 알츠하이머병	유산소 운동 시간은 10분 미만의 수 회 운동으로 시작해 30~60분 동안 지속하거나, 수 회 운동으로 총 운동 시간 수행을 권고한다.

해설 ACSM(11판)에서 제시한 섬유근육통 환자의 저항 운동 중 근지구력 강화는 15~20회 반복하고 짧은 휴식을 주면서 1세트에서 2세트로 증가하는 방법이다.

정답 06 ④ 07 ③

[8~9] 〈보기〉에 제시된 내용은 A씨의 운동에 관한 정보이다. 다음 물음에 답하시오.

┌─ 보 기 ───┐
- 남성 A씨 80kg
- 운동 형태 : 걷기
- 운동 빈도 : 주당 5일
- 최대산소섭취량 : 38.5ml · kg^{-1} · min^{-1}
- 운동 강도 : 50%VO_2R
- 운동 시간 : 30분
- 걷기 대사량 계산공식 : VO_2 = 3.5 + (0.1 × S) + (1.8 × S × G)
- ※ S : 속도(m/min), G : 경사도(십진법 서식으로 표기된 경사 백분율)
└──┘

08 A씨의 일주일간 운동량은?

① 760METs-min · wk^{-1} ② 840METs-min · wk^{-1}
③ 1,260kcal · wk^{-1} ④ 1,680kcal · wk^{-1}

해설
- VO_2R
  VO_2reserve = VO_2max − VO_2rest
  = 38.5 − 3.5 = 35ml · kg^{-1} · min^{-1}
  50% VO_2R = (35 × 0.5) + 3.5 = 21ml · kg^{-1} · min^{-1}
- METs로 환산
  1MET = 3.5ml · kg^{-1} · min^{-1}
  METs = 21 ÷ 3.5 = 6METs
- kcal 계산(METs × kg × 시간(h))
  = 6 × 80 × (0.5 × 5일) = 1,200kcal
  ∴ 선택지에서 가장 유사한 1,260kcal · wk^{-1}가 정답

09 A씨가 50%VO_2R 강도로 경사도 10%에서 걷기를 실시할 때의 속도(km/h)는?

① 3.75km/h ② 4.25km/h
③ 4.57km/h ④ 4.75km/h

해설
- 걷기 대사량 : VO_2 = 3.5 + (0.1 × S) + (1.8 × S × G)
  ※ S : 속도(m/min), G : 경사도(십진법 서식으로 표기된 경사 백분율)
  G : 10% = 0.10
  VO_2 = 21ml · kg^{-1} · min^{-1}(8번 문항 풀이에서 표기)
- 식 대입 후 정리
  21 = 3.5 + (0.1 × S) + (1.8 × S × 0.1)
  21 = 3.5 + 0.28 × S
  17.5 = 0.28 × S
  S = 62.5m/min
- 속도를 km/h로 변환
  62.5m/min × 60 / 1000 = 3.75km/h

08 ③ 09 ①

10 〈보기〉의 대상자에게 ACSM(11판)이 제시하는 유산소 운동 강도(VO_2R)의 범위로 옳은 것은? (소수점 셋째 자리에서 반올림)

> **보기**
> - 연령/성별 : 53세/남성
> - 체중 : 80kg
> - 신장 : 180cm
> - 체지방률 : 23%
> - 안정 시 혈압 : 118/78mmHg
> - 안정 시 심박수 : 72회/분
> - 고밀도지단백 콜레스테롤 : 35mg·dL^{-1}
> - 중성지방 : 350mg·dL^{-1}
> - 최대산소섭취량 : 35ml·kg^{-1}·min^{-1}

① 1.09~1.49l/min
② 1.09~1.89l/min
③ 1.29~1.77l/min
④ 1.29~2.17l/min

해설 보기의 대상자는 높은 중성지방으로 이상지질혈증이라고 볼 수 있다. 따라서 ACSM(11판)이 제시하는 이상지질혈증에 맞는 유산소성 운동 강도(VO_2R)는 40~75%이다.

최저 강도(40% VO_2R) = 31.5 × 0.40 + 3.5 = 12.6 + 3.5 = 16.1
최고 강도(75% VO_2R) = 31.5 × 0.75 + 3.5 = 23.625 + 3.5 = 27.125

l/min으로 환산(× 80kg ÷ 1000)하면

최저 강도(40% VO_2R) = 16.1 × 80 ÷ 1000 = 1.288 → 1.29l/min
최고 강도(75% VO_2R) = 27.125 × 80 ÷ 1000 = 2.170 → 2.17l/min

정답 10 ④

11 〈보기〉의 대상자에게 ACSM(11판)이 권고한 저항성 운동 강도 범위로 옳은 것은?

> |보 기|
> - 나이 : 58세
> - 질병 : 관절염
> - 성별 : 남성
> - 체중 : 60kg
> - 운동경력 : 저항 운동이 익숙한 경험자
> - 벤치프레스를 32kg으로 최대 10회 반복 수행함
> ※ 1RM 추정 공식 = W0(들어올린 중량) + W1, W1 = W0 × 0.025 × R(반복횟수)

① 16~32kg
② 20~28kg
③ 24~28kg
④ 24~32kg

해설 ACSM(11판)이 권고한 저항성 운동 강도 범위로 관절염 환자의 범위는 1RM의 60~80% 범위이다.

W0 = 32kg(들어올린 무게)
R = 10회(최대 반복 횟수)

1RM = 32 + (32 × 0.025 × 10)
= 32 + (32×0.25) = 40

60% of 1RM = 40 × 0.6 = 24kg
80% of 1RM = 40 × 0.8 = 32kg
∴ 권장 운동 강도는 24~32kg이다.

12 〈보기〉에서 ACSM(11판)이 제시한 권고사항으로 유산소 운동의 시작 강도(ⓐ~ⓒ)와 질환(㉠~㉢)이 바르게 연결된 것은?

질 환	유산소 운동 시작 강도
㉠ 다발성경화증	ⓐ 30~39%VO$_2$R
㉡ 말기 신장질환자(ESRD)	ⓑ 40~59%VO$_2$R
㉢ 인간면역결핍바이러스	ⓒ 40~70%VO$_2$R

	㉠	㉡	㉢
①	ⓐ	ⓑ	ⓒ
②	ⓑ	ⓒ	ⓑ
③	ⓒ	ⓐ	ⓐ
④	ⓒ	ⓑ	ⓐ

해설 ACSM(11판)이 제시한 권고사항으로 질환별 유산소 운동의 시작 강도를 보면 다음과 같다.

질 환	유산소 운동 시작 강도
다발성경화증	40~70%VO$_2$R
말기 신장질환자(ESRD)	30~39%VO$_2$R
인간면역결핍바이러스	30~39%VO$_2$R

13 ACSM(11판)에서 제시한 대상자별 운동처방 시 유산소 운동의 강도와 형태가 옳지 않은 것은?

	대 상	강 도	형 태
①	현재 방사선 치료 중인 암환자	40~70%HRR	걷기, 고정식 자전거, 수영
②	심장재활에 참여하는 외래환자	운동 검사 후 40~80%HRR	트레드밀, 팔 에르고미터
③	경증에서 중등도 파킨슨병 환자	80~85%HRmax	걷기, 사이클, 수영, 춤
④	1개월 이상 운동에 참여한 천식환자	60~70%HRR	걷기, 아쿠아운동

해설 ACSM(11판)에서 제시한 대상자별 운동처방 시 유산소 운동을 보면 방사선 치료를 받는 환자에게 수영을 처방해서는 안 된다.

정답 12 ③ 13 ①

14 ACSM(11판)에서 제시한 암 종류에 따른 운동처방 시 〈보기〉의 암 생존자가 고려해야 할 사항으로 옳은 것만을 모두 고른 것은?

|보 기|
- ㉠ 유방암 : 호르몬 치료를 받는 경우에는 골절의 위험이 증가할 수 있다.
- ㉡ 전립선암 : 근치전립샘절지술을 받은 환자는 골반저근 운동을 금지한다.
- ㉢ 부인과암 : 말초신경병증이 있는 경우 고정식 자전거보다 체중부하 운동을 권고한다.
- ㉣ 성인 조혈모세포 이식 : 유산소 운동은 매일 실시 가능하고 저강도에서 천천히 진행한다.

① ㉠, ㉡
② ㉠, ㉣
③ ㉡, ㉢
④ ㉡, ㉣

해설 ACSM(11판)에서 제시한 암 종류에 따른 운동처방 시 고려해야 할 사항을 보면 전립선암에서 근치전립샘절지술을 받은 환자는 골반저근 운동을 추가한다. 부인과암에서 말초신경병증이 있는 경우 체중부하운동보다 고정식 자전거가 더 나을 수 있다.

15 〈보기〉는 ACSM(11판)에서 제시한 권고사항으로 ㉠~㉢에 들어갈 내용이 바르게 나열된 것은?

|보 기|
과체중과 비만 환자를 위한 저항 운동의 강도는 (㉠)%, 운동 빈도는 주당 (㉡)일, 각 대근육군을 (㉢)회 반복, 2~4세트 수행하는 것을 권고한다.

	㉠	㉡	㉢
①	1RM의 50~59	2~3	8~12
②	1RM의 50~59	5	12~15
③	1RM의 60~70	2~3	8~12
④	1RM의 60~70	5	12~15

해설 ACSM(11판)에서 제시한 권고사항으로 과체중과 비만 환자를 위한 저항 운동의 강도는 1RM의 60~70%, 운동 빈도는 주당 2~3일, 각 대근육군을 8~12회 반복, 2~4세트 수행하는 것을 권고한다.

16 ACSM(11판)에서 제시한 대상자별 운동처방 및 고려사항으로 옳지 않은 것은?

대 상	운동처방 및 고려사항
① 과체중과 비만 환자	3~6개월 동안 최소 3~10%의 체중감량을 목표로 함
② 2단계 고혈압 환자	혈압 관리 이후 1RM의 40~50%로 진행하며 고령자는 1RM의 50~60%로 저항 운동을 권장
③ 임산부 여성	임신 초기 이후에는 등을 바닥에 대고 하는 (누운 자세) 신체활동을 피해야 함
④ 지적 장애 환자	유연성 운동 시 정적 스트레칭을 10~30초, 운동마다 2~4회 반복을 권장

해설 ACSM(11판)에서 제시한 고혈압 환자의 운동처방 및 고려사항을 보면 초보자는 1RM의 40~50%로 진행하며 고령자는 1RM의 80%로 저항 운동을 진행한다.

17 〈보기〉에서 ACSM(11판)이 제시하는 건강한 대상자의 유연성 운동에 관한 권고사항으로 옳은 것만을 모두 고른 것은?

─ 보 기 ─
㉠ 10~30초 동안 근육이 약간 불편한 지점까지 스트레칭을 한다.
㉡ 동적 스트레칭은 운동기능 향상을 위한 보조 운동으로 권고한다.
㉢ 노인은 30~60초의 정적 스트레칭보다 빠른 탄성 스트레칭을 권고한다.

① ㉠
② ㉠, ㉡
③ ㉡, ㉢
④ ㉠, ㉡, ㉢

해설 ACSM(11판) 기준 노인의 경우 30~60초의 정적 스트레칭(Static Stretching)을 권장한다.

정답 16 ② 17 ②

18 ACSM(11판)이 제시하는 건강한 어린이와 청소년의 운동처방 및 고려사항으로 옳지 않은 것은?

① 항정상태가 지속되는 운동은 어린이들의 운동 집중력을 저하시킬 수 있다.
② 건강상의 문제가 없으면 운동 프로그램 참여 전 임상운동 검사는 필수적이지 않다.
③ PACER와 같은 운동 수행 능력 측정보다 최대산소섭취량 측정을 통한 평가가 더 실용적이다.
④ 과체중 또는 신체활동 부족인 어린이의 유산소 운동 강도 설정은 운동자각도 이용을 권장한다.

> **해설** ACSM(11판)이 제시하는 건강한 어린이와 청소년의 운동처방 및 고려사항 중 심폐체력의 운동 검사는 PACER를 권장한다.

19 ACSM(11판)에서 제시한 당뇨병 환자의 운동 시 고려사항으로 옳지 않은 것은?

① 일반적으로 고강도 인터벌 트레이닝을 권장하지 않는다.
② 혈당이 $70mg \cdot dL^{-1}$ 미만의 경우 상대적 운동 금기사항이다.
③ 자율신경병증을 동반한 경우 운동자각도를 이용하여 운동 강도를 처방한다.
④ 제1형 당뇨병 환자는 운동 시작 시 혈당이 $250mg \cdot dL^{-1}$ 이상일 때 케톤뇨를 확인한다.

> **해설** ACSM(11판)에서 제시한 당뇨병 환자의 운동 시 고려사항 중 고강도 인터벌 트레이닝(HIIT)은 권장하고 있다.

20 ACSM(11판)에서 제시한 스트레칭을 권장하는 근육으로 옳지 않은 것은?

① 1단계 만성신부전 환자의 전신 근육
② 증상을 동반한 하지말초동맥 질환자의 하지 근육
③ 복강 내 압력을 높이지 않는 범위의 장루 환자의 상지 근육
④ 손가락 힘줄고정술(Tenodesis)을 받은 사지마비 환자의 손가락굽힘 근육

> **해설** ACSM(11판)에서 손가락 힘줄고정술을 받은 사지마비 환자의 경우 힘줄고정술 효과를 유지하기 위해 손가락굽힘 근육을 절대 스트레칭 하면 안 된다고 권고한다.

제4과목 운동부하검사

01 운동부하검사의 주요 목적으로 옳지 않은 것은?

① 운동 중 잠재된 부정맥 및 고혈압 평가
② 심근경색 환자의 운동능력과 예후 평가
③ 잠재된 관상동맥 질환의 허혈 평가
④ 무릎관절염 환자의 등급 평가

해설 무릎관절염 환자의 등급 평가는 정형외과적 평가 항목으로, 운동부하검사와 관련이 없다.

02 〈보기〉에서 운동부하검사의 적응증에 해당되는 전형적인 흉통 증상으로 옳은 것만을 모두 고른 것은?

보 기
㉠ 운동이나 스트레스와 무관한 흉통
㉡ 니트로글리세린 복용 후에도 완화되지 않음
㉢ 추운 날씨에 무리한 제설 작업 시 팔과 어깨의 방사통
㉣ 계단을 오르거나 조깅 시 왼쪽 가슴의 통증

① ㉠, ㉡
② ㉠, ㉢
③ ㉡, ㉢
④ ㉢, ㉣

해설 전형적인 흉통은 운동, 추위, 계단 오르기 등 육체활동 중 발생하며 팔이나 어깨로 방사된다. 이에 따라 니트로글리세린을 복용하여 상태가 완화된다.

03 미국심폐재활협회(AACVPR)에서 제시한 운동부하검사와 임상적 기준에 관한 설명으로 옳지 않은 것은?

① 저위험군은 7METs 이상의 운동능력이 포함된다.
② 고위험군은 임상적 우울증과 증상이 포함되지 않는다.
③ 고위험군은 최대기능적 수행력 < 5METs, 운동 시 무증상 허혈(ST분절 > 2mm 하강)이 해당된다.
④ 중위험군은 중등도의 운동 강도(최대수행능력의 60~70%) 수준이며 ST분절 < 2mm 하강이어야 한다.

해설 고위험군에는 임상적으로 유의한 우울증 또는 우울증상이 포함된다.

정답 01 ④ 02 ④ 03 ②

04 최대산소섭취량(VO₂max)에 관한 설명으로 옳지 않은 것은?

① 상대값의 단위는 ml·kg⁻¹·min⁻¹이다.
② 심혈관질환자의 사망 예후 정도를 알 수 없다.
③ 최대심박출량과 동-정맥산소차로 산출된다.
④ 심혈관질환자나 폐질환자에게는 최고산소섭취량(VO₂peak)의 용어로 사용한다.

해설 최대산소섭취량(VO₂max)은 심혈관질환자에서 예후를 예측하는 매우 중요한 지표이다. 낮은 VO₂max는 높은 사망률과 연관되어 있음이 많은 연구에서 입증되었다.

05 트레드밀(TM)과 자전거 에르고미터(CE) 운동부하검사에 관한 설명으로 옳지 않은 것은?

① TM은 CE보다 혈압측정이 용이하다.
② TM은 CE보다 심전도 검사가 비교적 용이하지 않다.
③ CE는 TM보다 최대산소섭취량이 낮게 나타날 수 있다.
④ CE의 단점은 다리의 국소적 피로로 TM보다 검사를 중단하는 경우가 많다.

해설 자전거 에르고미터(CE)는 앉은 자세에서 비교적 움직임이 적기 때문에 혈압 측정이 용이한 반면, 트레드밀(TM)에서는 피검자가 걷거나 뛰는 동작을 하므로 어려움이 있다.

06 표에 나타난 B씨에 관한 설명으로 옳지 않은 것만을 〈보기〉에서 모두 고른 것은?

> **보기**
>
> B씨(45세)는 신장 178cm, 체중 100kg의 남성으로 급성심근경색증으로 진단받고 좌전하행지 근위부(Proximal)에 전체폐색에 의한 경피적관상동맥중재술(PCI)을 받았다. 약물은 ARB(Losartan 50mg), 베타차단제(Bisoprolol 2.5mg), 스타틴(Atrovastatin 10mg), Aspirin(100mg)을 처방받았다. 심장재활에 참여하기 전에 아래와 같은 운동부하검사(Modified Bruce Protocol) 결과를 얻었다.
>
> | 단계 | 분 | 속도 (mph) | 경사도 (%) | 심박수 (bpm) | 수축기/이완기혈압 (mmHg) | 심전도 (ECG) | 자각도 (Borg Scale) |
> |---|---|---|---|---|---|---|---|
> | 안정 시 | | | | 60 | 146/94 | Normal | |
> | 1 | 3 | 1.7 | 0 | 90 | 155/94 | Normal | 9 |
> | 2 | 3 | 1.7 | 5 | 104 | 165/95 | Normal | 11 |
> | 3 | 3 | 1.7 | 10 | 118 | 170/98 | Normal | 13 |
> | 4 | 3 | 2.5 | 12 | 120 | 180/95 | Upslope ST분절 1mm 하강(V4-6) | 15 |
> | 5 | 3 | 3.4 | 14 | 135 | 165/98 | Horizontal ST분절 2mm 하강(V4-6), Upslope ST분절 1mm 하강(Ⅱ, Ⅲ, aVR) | 17(Angina 2+) |
> | 회복 1분 | 1 | 1.7 | 0 | 100 | 180/90 | Normal | |
> | 회복 2분 | 1 | 1.7 | 0 | 80 | 160/90 | Normal | |
> | 회복 3분 | 1 | 1.7 | 0 | 70 | 150/85 | Normal | |
>
> ㉠ 심전도상으로는 운동 검사의 절대적 종료기준에 해당한다.
> ㉡ 미국심폐재활협회(AACVPR) 위험분류에 따르면 고위험군에 속한다.
> ㉢ 최대수축기혈압이 5단계에서 15mmHg로 하강하였으므로 상대적 종료기준이다.
> ㉣ B씨의 허혈역치는 135beats이며 최대심근산소요구량 22,275(mmHg·beats·min^{-1})이다.

① ㉠, ㉡
② ㉠, ㉢
③ ㉡, ㉣
④ ㉡, ㉢

해설 심전도상으로는 운동 검사의 절대적 종료기준은 '이전 심근경색증으로 인한 진단적 파가 없는 유도(aVR, aVL, 또는 V1)에서 ST 상승(> 1.0mm)'이다. 위 보기에서 제시한 심전도는 상대적 종료기준에 의한 '과도한 ST 변위(허혈 증상이 의심되는 경우, J지점 후 60~80ms에서 ST분절이 > 2mm 수평 또는 하강)' 기준이다. 또한 운동 강도 증가에 다른 허혈 징후가 동반될 때, 수축기 혈압 10mmHg 이상 감소하는 것은 절대적 종료기준이다.

정답 06 ②

[7~8] 〈보기〉는 A씨의 진단명과 약물복용, 운동부하검사 결과를 나타낸 것이다. 다음 물음에 답하시오.

보기

평소 운동을 전혀 하지 않은 A씨(50세, 남성)는 협심증을 진단받고 칼슘 채널차단제(Amlodipine 5mg), 베타차단제(Bisoprolol 5mg), 스타틴(Rosuvastatin 20mg)을 복용 중이며 아래와 같이 운동부하검사(Modified Bruce Protocol) 결과를 얻었다.

단계	분	속도 (mph)	경사도 (%)	심박수 (bpm)	수축기/이완기 혈압 (mmHg)	자각도 (Borg Scale)	협심증 증상
안정 시				50	130/80		
1	3	1.7	0	90	165/70	10	0
2	3	1.7	5	110	200/80	13	0
3	3	1.7	10	120	210/90	15	0
4	3	3.4	12	130	230/90	17	1+
회복기	1	1.7	0	122	210		0
	1	1.7	0	100	180		0
	1	1.7	0	80	160		0

07 A씨의 검사결과를 토대로 한 심박수에 관한 설명으로 옳지 않은 것은?

① 안정 시 심박수가 서맥인 것은 약물의 영향일 가능성이 있다.
② 심박수는 일반적으로 1MET 상승할 때 1분당 약 10회 정도 상승한다.
③ 예측 최대심박수의 85%에 도달하지 못했기 때문에 심박수변동부전에 해당한다.
④ 4단계 종료 직후 회복기 1분 때에 심박수가 12회 이상 감소하지 않아 예후가 상대적으로 좋지 않다.

해설 대상자는 복용 중인 약물이 있으므로 이는 심박수에 영향을 줄 수 있다. 따라서 최대심박수를 보는 것이 아니라 운동 자각도 등으로 관찰이 가능하다.

08 A씨의 검사결과를 토대로 한 혈압에 관한 설명으로 옳지 않은 것은?

① 운동 시 과도한 수축기혈압 상승 기준은 남성은 210mmHg 이상이다.
② 심근산소요구량(Rate Pressure Pproduct ; RPP)은 허혈역치의 중요한 지표이다.
③ Joint National Committee-7에 의하면, 안정 시 혈압은 고혈압 전단계에 해당한다.
④ 최대운동 시 과도한 수축기 혈압 상승에 해당하므로 상대적 중단 기준에 해당한다.

해설 운동부하검사의 상대적 종료 기준으로 나타나는 혈압 반응은 수축기혈압 > 250mmHg 또는 이완기혈압 > 115mmHg이다. 위 보기를 기준으로 최대 수준이 기준에 미치지 못한다.

09 운동부하검사 시 허혈성심장질환을 진단하기 위한 가음성(False Negative)의 원인으로 옳지 않은 것은?

① 종아리 통증으로 검사를 일찍 중단함
② 충분한 심전도 리드가 확보되지 않음
③ 교감신경작용제(베타2 수용체 작용제_알부테롤) 복용
④ 측부순환(Collateral Circulation)에 의한 관류기능 보상

해설 허혈성 심장질환 진단을 위한 증상-제한 최대 운동 검사 시 가음성 원인
- 혈성역치에 도달하지 못한 경우
- 심전도 이상을 발견하기에 충분하지 못한 유도를 관찰하는 경우
- 잠재적인 심혈관질환과 관련 있는(예 : 운동성 저혈압) 심전도 이외 징후와 증상을 찾지 못한 경우
- 혈관조영술로 확인되는 곁순환(Collateral Circulation)에 의한 유의한 심혈관질환을 보상하는 경우
- 심장 이상이 나타나기 전에 근골격계 문제로 인해 운동을 못하는 경우
- 기술 또는 측정자의 오류

정답 08 ④ 09 ③

10 C씨는 평소 운동 중 흉통을 호소하여 운동부하검사 결과 그림과 같은 심전도를 나타냈다. C씨의 심전도에 관한 설명으로 옳지 않은 것만을 〈보기〉에서 모두 고른 것은?

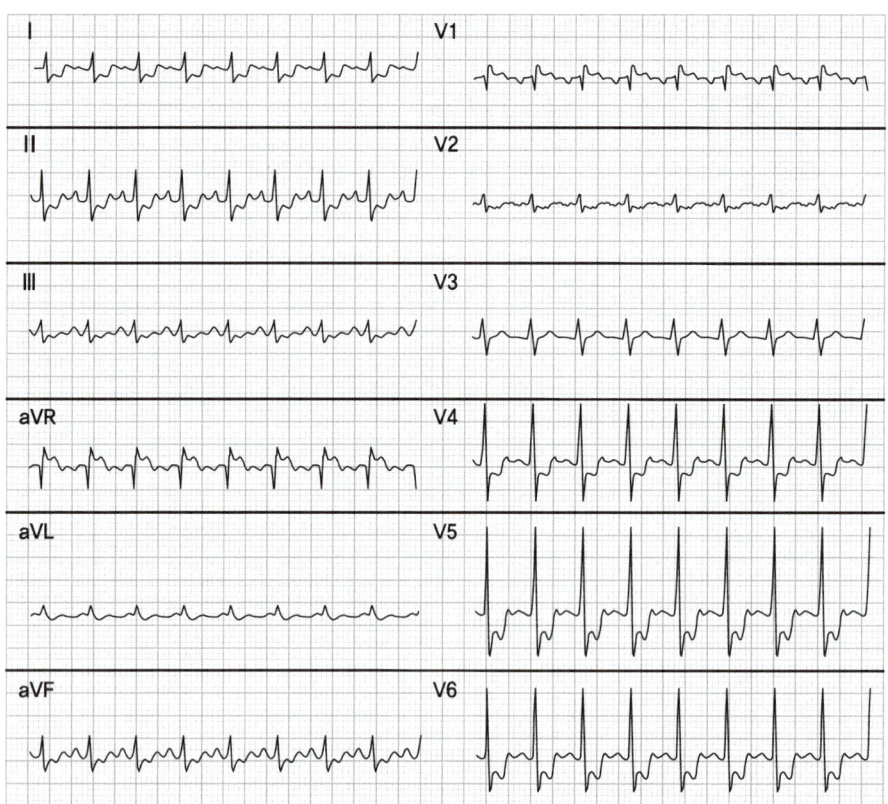

|보 기|

㉠ 흉통을 호소할 수 있다.
㉡ 경피적관상동맥중재술(PCI)의 적응증이 된다.
㉢ 심근의 허혈 부위를 구체적으로 알 수 있다.
㉣ 절대적으로 운동부하검사를 중단해야 한다.
㉤ Downslope ST분절 하강으로 강력한 심근허혈이 의심된다.

① ㉠, ㉡
② ㉠, ㉤
③ ㉡, ㉣
④ ㉢, ㉣

해설 ㉢ 운동부하검사 심전도만으로는 정확한 허혈 부위를 구체적으로 특정하기 어렵다. 관상동맥의 정확한 병변 위치나 범위는 관상동맥조영술(심혈관 CT, CAG 등)로 확인해야 한다.
㉣ 절대적으로 운동부하검사를 중단하려면 이전 심근경색증으로 인한 진단적 Q파가 없는 유도(aVR, aVL, 또는 V1)에서 ST 상승(> 1.0mm)이 나타나야 한다.

11 운동부하검사의 상대적 금기사항에 해당하는 것은?

① 일과성 허혈발작　　② 불안정형 협심증
③ 박리형 대동맥류　　④ 증상이 있는 심부전증

> **해설** 상대적 금기사항
> - 폐쇄성 좌측 주 관상동맥협착
> - 증상이 불명확한 중등도에서 중증인 대동맥협착
> - 조절되지 않는 심실 빠른 부정맥
> - 중증이거나 완전 심장차단
> - 최근 뇌졸중이나 일과성 허혈발작
> - 협조능력이 제한되는 정신장애
> - 안정 시의 수축기 혈압 200mmHg 이상 또는 이완기 혈압 110mmHg 이상
> - 심각한 빈혈, 전해질 불균형, 갑상선기능항진증과 같은 조절되지 않는 의학적 상태

12 운동부하검사 심전도 판독 시 ST분절이 상승하는 특징을 보이는 것은?

① WPW 증후군　　② 심내막하 허혈
③ 디지털리스 독성　　④ 급성 심근경색

> **해설** 운동부하검사 중 ST 상승은 심근경색 또는 위험한 허혈의 가능성을 시사한다.

13 〈보기〉에서 미국심폐재활협회(AACVPR) 위험 분류 기준의 고위험군에 해당되는 것만을 모두 고른 것은?

> **보기**
> ㉠ 좌심실 박출률 40~50%
> ㉡ 운동 강도 < 5METs에서 협심증 발생
> ㉢ 경피적관상동맥중재술(PCI) 이후 합병증 없음
> ㉣ 안정 시 조기심실수축이 분당 6회 이상 발생

① ㉠, ㉡　　② ㉠, ㉢
③ ㉡, ㉣　　④ ㉢, ㉣

> **해설** 심혈관질환자의 위험 분류 기준 – 고위험군
> - 낮은 운동 강도(< 5METs)나 회복기의 협심증, 어지럼증, 가벼운 두통 또는 호흡곤란을 포함한 증상과 징후
> - 안정 시 또는 운동 시 복합 심실부정맥(심실빈맥, 빈번한 다양한 형태의 조기심실수축(PVCs) [6회/분])

정답 11 ① 12 ④ 13 ③

14 〈보기〉는 Astrand-Ryhming 자전거 에르고미터 검사 결과이다. 제시된 정보에 근거하여 추정할 수 있는 최대산소섭취량은? (소수점 둘째 자리에서 반올림)

보기

- 성별 : 남자
- 연령 : 35세
- 체중 : 78kg

단계	부하	심박수
안정 시	-	80
1분	150W	100
2분		120
3분		138
4분		150
5분		162
6분		170

연령	보정계수
15	1.10
25	1.00
35	0.87
40	0.83
45	0.78
50	0.75
55	0.71
60	0.68
65	0.65

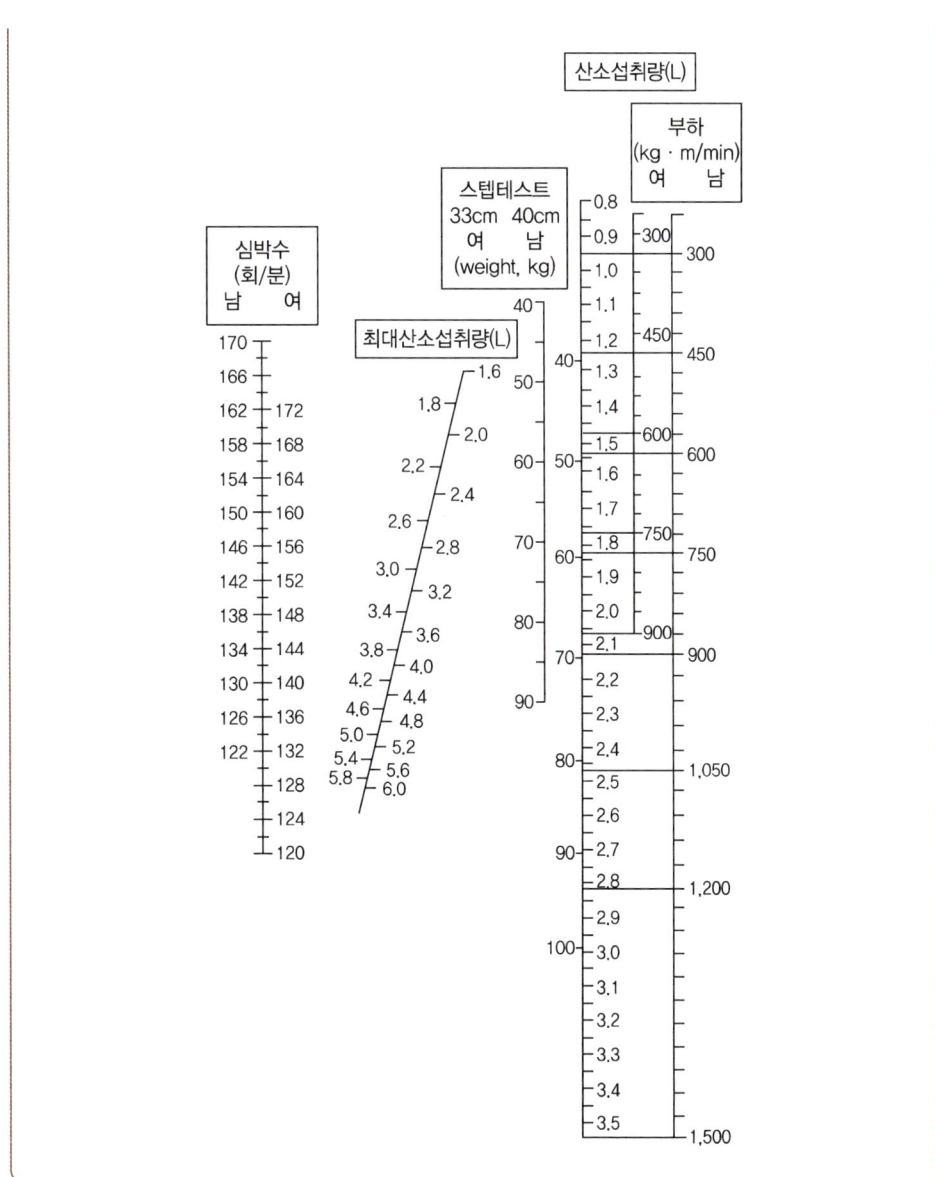

① 약 26.8ml·kg^{-1}·min^{-1} ② 약 29.5ml·kg^{-1}·min^{-1}
③ 약 30.8ml·kg^{-1}·min^{-1} ④ 약 32.1ml·kg^{-1}·min^{-1}

해설 운동 부하 : 150W = 약 900kg·m/min(1W = 6.12kg·m/min)
심박수 : 170bpm
보정 계수 : 35세 남자 → 0.87
노모그램에서 VO2max 추정 절차
왼쪽 축에서 심박수 170을 찾는다.
오른쪽 축 (부하)에서 900kg·m/min 지점을 찾는다.
이 두 점을 직선으로 연결하면, 가운데 최대산소섭취량(L/min)을 가로지르게 된다.
그 교차점이 대략 2.5l/min 수준이다.

절대 산소섭취량(그래프상 추정) : 약 2.5l/min
연령 보정(35세 → 0.87 적용) : 2.5 × 0.87 = 2.175l/min
상대 산소섭취량(ml·kg^{-1}·min^{-1}) :
2.175 × 1000 / 78 = 27.9ml·kg^{-1}·min^{-1}
가장 근접한 ①이 정답

15 〈보기〉에서 증상-제한 최대 운동 검사의 절대적 종료기준에 해당하는 것은?

┌ 보 기 ┐
ㄱ 중증의 협심증
ㄴ 관류부족(청색증, 창백)
ㄷ 호흡곤란 및 다리경련
ㄹ 과도한 고혈압 반응(SBP > 250mmHg 또는 DBP > 115mmHg)

① ㄱ, ㄴ ② ㄱ, ㄷ
③ ㄴ, ㄷ ④ ㄱ, ㄹ

해설 **증상-제한 최대 운동 검사의 절대적 종료기준**
- 이전 심근경색증으로 인한 진단적 Q파가 없는 유도(aVR, aVL, 또는 V1)에서 ST 상승(> 1.0mm)
- 운동 강도가 증가에도 다른 허혈 징후가 동반될 때, 수축기 혈압 10mmHg 이상 감소
- 중등도에서 중증의 협심증
- 중추신경계 증상들(예 : 운동실조, 어지럼증, 또는 실신에 가까움)
- 관류부족 징후(청색증 또는 창백)
- 지속되는 심실성빈맥 또는 운동 중 정상 심박출량 유지를 방해하는 2도 또는 3도 방실차단을 포함한 다른 부정맥
- 심전도와 수축기 혈압 관찰이 어려운 기술적 문제 발생
- 검사대상자의 중단 요청

16 〈보기〉는 고정식 자전거 에르고미터를 이용한 최대하 운동 검사 결과이다. 예측된 최대산소섭취량은? (단, 운동 강도 범위 내에서는 심박수와 산소섭취량이 선형 관계를 이룬다고 가정한다.)

―| 보 기 |―
- 성별 : 남성
- 나이 : 40세
- 체중 및 신장 : 75kg/170cm
- 안정 시 심박수 : 90bpm
- 최대심박수(HRmax) : 220 - 나이
- 운동부하방법 : 점증적 강도 증가

단계	시간	심박수(bpm)	운동자각도(RPE)	산소섭취량 ($ml \cdot kg^{-1} \cdot min^{-1}$)	비고
1	3분	101	10	-	
2	3분	110	10~11	14.2	
3	3분	132	12~13	17.8	PVC1
4	3분	153	14~15	22.0	검사 종료
5	-	HRmax	-	VO₂max 예측 추정값	

① 약 $24.4ml \cdot kg^{-1} \cdot min^{-1}$
② 약 $26.4ml \cdot kg^{-1} \cdot min^{-1}$
③ 약 $27.4ml \cdot kg^{-1} \cdot min^{-1}$
④ 약 $29.4ml \cdot kg^{-1} \cdot min^{-1}$

해설 표의 자료를 바탕으로, 심박수(x)와 산소섭취량(y) 간의 선형 관계식(y = ax + b)을 만든 후, x = 180일 때의 선형 회귀 방식으로 y(VO₂max)를 예측한다.

x : 심박수(HR), y : 산소섭취량(VO₂)
두 점(예 : 110bpm, 14.2ml)과 (153bpm, 22.0ml)를 사용해 기울기(a)와 절편(b)를 구한다.

a = (22.0 - 14.2) / (153 - 110) = 0.1814
b = 14.2 - (0.1814 × 110) = -5.75
최대심박수 HRmax = 220 - 나이 = 180
VO₂max = 0.1814 × 180 - 5.75 = 27.4

17 〈보기〉는 심장재활 Phase Ⅱ를 마친 후 실시한 트레드밀 운동부하검사 결과이다. 검사 결과를 토대로 산출한 최대 운동 능력은?

---보 기---

- 성별 : 남성
- 나이 : 50세
- 체중 : 80kg
- 운동부하검사 결과

단계	속도 (mph)	경사도 (%)	심박수 (bpm)	수축기/이완기 혈압 (mmHg)	운동자각도 (RPE)	심전도
안정 시			70	130/80		정상
1단계	1.0	0	90	150/80	9	
2단계	1.5	0	100	160/82	10	PVC1
3단계	2.0	3.5	120	165/80	11	PVC1
4단계	2.0	7.0	126	170/80	12	
5단계	2.0	10.5	148	180/80	15	
6단계	3.0	14.5	158	190/80	19	PVC1

[ACSM 대사량 추정 공식]
걷기 : VO_2 = 3.5 + 0.1(속도) + 1.8(속도)(경사도)
달리기 : VO_2 = 3.5 + 0.2(속도) + 0.9(속도)(경사도)
※ 1mph = 26.8m · min^{-1}
※ 소수점 둘째 자리에서 반올림

① 약 7METs
② 약 8METs
③ 약 2.7l · min^{-1}
④ 약 30.1ml · kg^{-1} · min^{-1}

해설 검사는 6단계에서 종료
 속도 = 3.0mph
 경사도 = 14.5%

다음의 남자 트레드밀 ACSM 대사량 산출공식을 사용한다.
걷기 : VO_2 = 3.5 + 0.1(속도) + 1.8(속도)(경사도)
속도는 변환을 위해 보기에서 제시한 마지막 단계 3mph에서 26.8을 곱한다.
 = 3.5 + 0.1(80.4) + 1.8(80.4)(0.145)
 = 3.5 + 8.04 + 20.9844 = 32.5244 ml/kg/min
l/min 단위로 변환을 위해 체중을 곱하고 1000을 나눈다.
 = 2.601l/min
따라서 약 2.7l/min가 정답이다.

18 〈보기〉에서 그림의 심전도 판독이 옳은 것만을 모두 고른 것은?

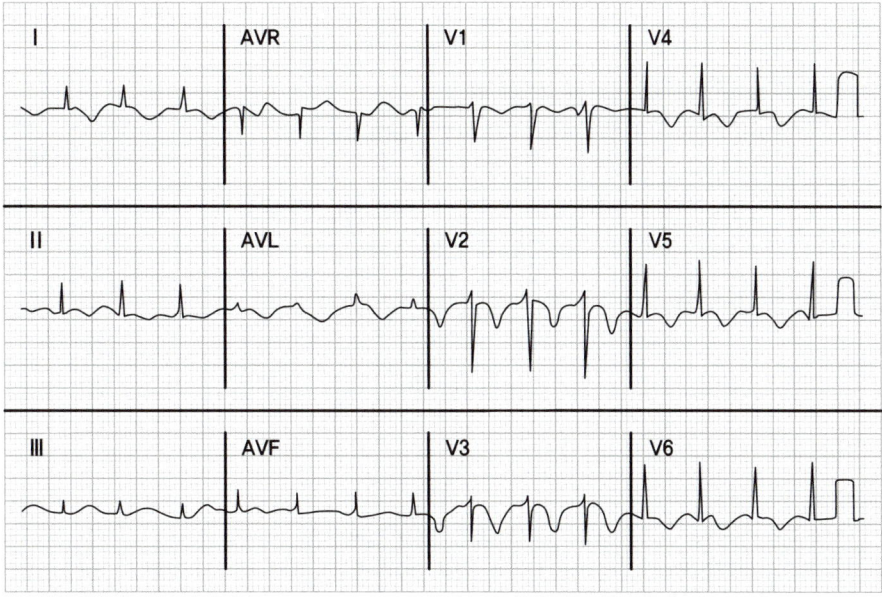

┤보 기├
㉠ 가역적 심근허혈이 관찰된다.
㉡ 좌각차단(LBBB)을 보이고 있다.
㉢ 심장 전기축(Axis)은 0°~+90°이다.
㉣ 의미 있는 Q파가 관찰되며 심근경색을 보인다.

① ㉠, ㉡
② ㉠, ㉢
③ ㉡, ㉣
④ ㉢, ㉣

해설 V2~V5에서 ST분절 하강 소견이 뚜렷하게 보이며, 이는 가역적 심근허혈(Underlying Ischemia)의 대표적 패턴으로 허혈을 시사한다. lead I, II, aVF에서 모두 QRS가 양성이므로 축은 0°~+90° 사이이며, 이는 정상 전기축(Normal Axis) 범위이다.
좌각차단(LBBB)의 특징은 QRS폭 ≥ 120ms(넓은 QRS), V1에서 QS 또는 rS, V6에서 넓은 R파이다. 해당 심전도에서는 QRS파가 좁고, LBBB의 전형적 모양이 아니며 병적 Q파가 보이지 않는다.

정답 18 ②

19 〈보기〉는 관상동맥조영술을 이용한 협심증 진단 판정 결과이다. 운동부하검사의 민감도와 특이도가 바르게 나열된 것은?

> **보기**
> - 검사인원 : 60세 미만 총 200명
> - 운동부하검사의 양성(Positive) 판정 : 48명
> - 운동부하검사의 진양성(True Positive) 판정 : 36명
> - 관상동맥조영술 결과 '질환 판정(≥ 75% 협착)' : 60명

	민감도(Sensitivity)	특이도(Specificity)
①	약 60%	약 79%
②	약 60%	약 91%
③	약 75%	약 85%
④	약 75%	약 88%

해설 위양성(False Positive, FP) = 48명 중 TP 36명 제외 → 12명
위음성(False Negative, FN) = 질환자 60명 중 TP 36명 제외 → 24명
질환 없음(실제 건강) = 200 − 60 = 140명
진음성(True Negative, TN) = 140 − FP 12 = 128명

민감도 = (진양성 수, TP) ÷ (진양성 수 + 위음성 수, FN) × 100
→ 36 ÷ (36 + 24) × 100 = 60%

특이도 = (진음성 수, TN) ÷ (진음성 수 + 위양성 수, FP) × 100
→ 128 ÷ (128 + 12) × 100 = 91.4%

20 심장의 방실결절에서 심실(Ventricle)로의 전기적 전도가 지연될 때 나타나는 현상은?

① PR 간격의 연장
② QRS 간격의 연장
③ QT 간격의 단축
④ ST분절의 상승

해설 방실결절(AV Node)은 심방에서 심실로 전기 신호가 전달되는 중계지점으로 이 부위에서 전도가 지연되면, 심방 수축(P파)과 심실 수축(QRS) 사이의 간격이 길어진다. 그러면 심방에서 심실로 신호가 전달되는 데 걸리는 시간이 길어지면서 PR 간격이 연장된다.

02 | 2025년 필기 2교시 기출문제해설

■ 제5과목 운동상해

01 〈보기〉는 척추 재활에 관한 설명이다. ㉠, ㉡에 들어갈 용어로 옳은 것은?

― 보 기 ―
추간판탈출증의 통증 경감을 위한 맥켄지(McKenzie) 운동의 원리는 몸통 (㉠) 자세를 통해 수핵(Nucleus Pulposus)이 (㉡) 방향으로 이동하여 신경압박을 완화시키는 것이다.

	㉠	㉡
①	굽힘	뒤쪽
②	폄	중심
③	굽힘	중심
④	폄	뒤쪽

해설 굽힘(Flexion) 자세는 오히려 수핵이 뒤쪽으로 더 밀리게 되어 신경을 더 압박할 수 있으며 수핵이 '뒤쪽'으로 간다면 신경압박이 심해지므로 부적절하다.

02 혈액 손실로 인한 쇼크의 징후와 증상으로 옳지 않은 것은?

① 현기증(Faint)
② 창백한 피부
③ 불규칙한 호흡
④ 느리고 강한 맥박

해설 혈액 손실로 인한 저혈량성 쇼크(Hypovolemic Shock)는 체내 순환혈액량이 급감하면서 주요 장기에 산소와 영양 공급이 부족해지는 상태를 의미한다. 이 상태에서는 혈압이 급격히 떨어지고, 심장은 부족한 혈액을 보충하기 위해 빠르고 약한 맥박(빠른 빈맥 ; Thready pulse)을 나타낸다. '느리고 강한 맥박'은 쇼크의 전형적인 증상이 아니며, 오히려 서맥(Bradycardia)이나 안정된 순환 상태에서 나타날 수 있다.

정답 01 ② 02 ④

03 <보기>에서 넙다리뼈 피로골절(Femoral Stress Fracture)에 관한 설명으로 옳은 것만을 모두 고른 것은?

―| 보 기 |―
ⓐ 과사용이 원인
ⓑ 체중부하 활동 시 넙다리 통증 호소
ⓒ 트렌델렌버그(Trendelenburg) 또는 외발서기 검사 시 통증 발현

① ⓐ
② ⓐ, ⓑ
③ ⓑ, ⓒ
④ ⓐ, ⓑ, ⓒ

해설 ⓐ 피로골절은 지속적인 미세한 부하 또는 반복 충격(과사용)으로 인해 발생하며, 특히 장거리 러너, 군인, 체중부하 운동선수에서 빈번하다. 근육의 피로로 인해 충격 흡수 기능이 감소하면서 뼈에 미세 손상이 누적되어 발생한다.
ⓑ 넙다리뼈 피로골절은 체중부하 시 국소적인 넙다리 통증이 주 증상으로 계단 오르기, 달리기, 오래 걷기 등에서 통증이 심해진다. 휴식 시에는 통증이 줄어들기도 하지만, 점차 만성적 통증으로 발전할 수 있다.
ⓒ 트렌델렌버그 또는 외발서기는 고관절 및 넙다리뼈에 압력을 가한다. 이 검사들에서 통증이 유발될 경우, 넙다리뼈 경부(Stress Fracture of Femoral Neck)에 병변이 있을 수 있다.

04 손상에 관한 특수검사(Special Test)와 신경 및 부위 연결이 옳은 것은?

	특수검사	신경 및 부위
①	활시위(Bowstring) 검사	궁둥신경(Sciatic Nerve)
②	밀그람(Milgram) 검사	가시위근(Supraspinatus)
③	토마스(Thomas) 검사	엉덩관절 폄근(Hip Extensor)
④	후크(Hook) 검사	허리 신경뿌리(Lumbar Nerve Root)

해설 손상에 관한 특수검사(Special Test)

검사 이름	평가 대상	관련 부위
활시위 검사	좌골신경 압박	궁둥신경
밀그람 검사	추간판 병변, 복부근 약화	요추 부위
토마스 검사	엉덩관절 굽힘근의 구축	엉덩굽힘근(Iliopsoas 등)
후크 검사	이두근 장두 힘줄의 완전파열 여부	상완 이두근힘줄(Biceps tendon)

05
〈보기〉에서 반달연골(Meniscus) 손상에 관한 설명으로 옳은 것만을 모두 고른 것은?

┤보 기├
㉠ 손상을 확인하기 위해 맥머레이(McMurray) 검사를 적용한다.
㉡ 가쪽 반달연골이 안쪽 반달연골보다 더 높은 손상 발생률을 보인다.
㉢ 무릎이 무너지는 느낌을 호소하고, 완전한 스쿼트(Full Squat) 동작 시 불안함을 느낀다.
㉣ 무릎관절 굽힘 시 넙다리뼈의 회전을 동반한 압박력이 가해지고 전단력을 견디지 못할 때 발생한다.

① ㉠, ㉡, ㉢
② ㉠, ㉡, ㉣
③ ㉠, ㉢, ㉣
④ ㉡, ㉢, ㉣

해설 ㉡ 가쪽 반달연골보다 안쪽 반달연골이 더 자주 손상된다. 안쪽 반달연골은 관절낭과 내측측부인대(MCL)에 단단히 부착되어 있어 가동성이 적은 반면 가쪽은 가동성이 크고, 외측측부인대와 직접 연결되지 않아 손상 위험이 낮다.

06
〈보기〉에서 환경적 요인의 질병 및 손상에 관한 설명으로 옳은 것만을 모두 고른 것은?

┤보 기├
㉠ 열실신은 오랫동안 서 있거나, 앉거나 누워 있는 자세에서 갑작스러운 기립으로 발생할 수 있다.
㉡ 어린이는 체중당 체표면적의 비율이 낮아 저온환경에 노출 시 성인보다 열 손실이 더 높아진다.
㉢ 저체온증은 해당과정과 지방대사를 억제하고, 신장혈류량을 증가시켜 신장기능을 감소시킬 수 있다.
㉣ 저나트륨 혈증은 땀을 통한 다량의 나트륨 손실로 탈수된 사람이 장시간 동안 운동을 했을 때 심하게 발생한다.

① ㉠, ㉡
② ㉠, ㉣
③ ㉡, ㉢
④ ㉢, ㉣

해설 ㉡ 어린이는 체중당 체표면적 비율이 높아 더 많은 열 손실이 발생한다. 저온환경에서 체온 유지가 어렵고, 저체온증에 더 취약하다.
㉢ 저체온증 상태에서 해당과정이 일시적으로 촉진되어 열 생산을 시도하게 되고 지방대사도 활성화되어 갈색지방의 비축 대사 증가한다. 이로 인해 신장혈류는 감소하고, 소변 생성이 증가(차가운 이뇨)하여 탈수를 유발한다.

정답 05 ③ 06 ②

07 〈보기〉의 설명에 해당되는 손상은?

| 보 기 |
- 여자 어린이보다 남자 어린이에게서 더 많이 발생
- 넙다리뼈머리(Femur Head)에서 혈액 순환의 중단으로 인해 관절연골이 괴사
- 샅굴부위(Groin), 배(Abdomen) 또는 무릎에서 통증호소 및 절뚝거림
- 검사 시 엉덩관절 벌림, 폄, 가쪽돌림 관절운동범위 감소

① 찢김골절(Avulsion Fracture)
② 정맥성장애(Venous Disorder)
③ 뼈되기근육염(골화근염 ; Myositis Ossificans)
④ 레그-칼베-페르데스병(Legg-Calve-Perthes Disease)

해설 ④ 레그-칼베-페르테스병은 소아기(주로 4~8세 남아)에서 흔히 발생하며, 대퇴골두로 가는 혈류 장애로 인해 무혈성 괴사(Osteonecrosis)가 발생한다. 초기에는 비특이적 통증 즉, 무릎 통증으로 착각할 수 있으며 질병이 진행되면 절뚝거림(limp), 고관절 운동 제한, X-ray상 대퇴골두의 납작해짐/골경화 등이 관찰된다.

08 위팔두갈래근 파열(Biceps Brachii Rupture)에 관한 설명으로 옳지 않은 것은?

① 팔꿈치관절을 굽히고 아래팔을 엎침(Pronation)하는 동작을 어려워한다.
② 어깨 또는 팔꿈치관절(Elbow Joint)에서 "딱" 하는 소리와 함께 통증을 호소한다.
③ 파열은 주로 위팔두갈래근 긴갈래(Long Head)의 몸쪽(Proximal) 부분에서 유발된다.
④ 과도한 단축성(Concentric), 신장성(Eccentric) 수축을 사용하는 사람들에게 발생할 수 있다.

해설 ① 위팔두갈래근의 주요 기능은 팔꿈치 굽힘(Flexion of The Elbow), 아래팔 뒤침(Supination of The Forearm)이다. 엎침 동작은 위팔두갈래근이 주로 관여하지 않는 동작으로 파열 시 어려워지는 것은 오히려 뒤침(Supination)이다.

09 PNF 동작 중 상지의 D1 폄(Extension) 패턴에 관한 움직임이 바르게 연결된 것은?

	아래팔(Forearm)	손목(Wrist)	손가락(Fingers)
①	엎침(Pronation)	자쪽치우침(Ulnar Deviation)	굽힘(Flexion)
②	엎침	자쪽치우침	폄(Extension)
③	뒤침(Supination)	노쪽치우침(Radial Deviation)	굽힘
④	뒤침	노쪽치우침	폄

해설 PNF(Proprioceptive Neuromuscular Facilitation)의 상지 D1 Extension 패턴은 마치 손으로 무언가를 움켜잡아 반대편 바지 주머니에 넣은 상태에서, 팔을 펴며 손을 몸통에서 멀리 뻗는 동작으로 표현할 수 있다. 이 동작은 상지의 여러 관절이 통합적으로 작용하며 이루어지며, 다음과 같은 움직임 조합으로 정의된다.

구조	동작
어깨	신전(Extension), 벌림(Abduction), 안쪽돌림(Internal Rotation)
아래팔	엎침(Pronation)
손목	자쪽치우침(Ulnar Deviation)
손가락	폄(Extension)

정답 09 ②

10 신경근 수준에 관한 상지 신경학적 검사가 바르게 연결된 것은?

	신경근 수준 (Nerve Root Level)	운동 검사 (Motor Testing)	반사 검사 (Reflex Testing)
①	C4	정중(Median)신경	근육피부(Musculocutaneous)신경
②	C5	등쪽어깨(Dorsal Scapular)신경	없음
③	C7	노(Radial)신경	노신경
④	C8	겨드랑(Axillary)신경	근육피부신경

해설
① C4는 정중신경과 무관하며 반사가 없다.
② C5는 근육피부신경(Musculocutaneous), 반사는 위팔두갈래근 반사여야 한다.
④ C8은 자뼈/정중신경과 관련 있다.

11 정강넙다리관절(Tibiofemoral Joint) 가동화(Mobilization) 기법과 기대되는 효과의 연결이 옳은 것은?

	가동화 기법	기대되는 효과
①	넙다리뼈(Femur)를 기준으로 정강뼈(Tibia)의 앞쪽(Anterior) 활주(Glide)	무릎 굽힘(Flexion) 증가
②	넙다리뼈를 기준으로 정강뼈의 뒤쪽(Posterior) 활주	무릎 폄(Extension) 증가
③	정강뼈를 기준으로 넙다리뼈의 앞쪽 활주	무릎 굽힘 증가
④	정강뼈를 기준으로 넙다리뼈의 뒤쪽 활주	무릎 굽힘 증가

해설 무릎은 융기관절(Condyloid Joint) 또는 경첩형 관절(Hinge Joint)로, 굽힘(Flexion)과 폄(Extension) 운동 시 관절면 간의 굴림과 활주(Glide)가 동시에 발생한다. 이때 어떤 뼈를 기준으로 삼느냐에 따라 관절 가동화 기법의 방향과 적용이 달라진다.
① 정강뼈의 앞쪽 활주 시 무릎 폄 증가
② 정강뼈의 뒤쪽 활주 시 무릎 굽힘 증가
④ 넙다리뼈의 뒤쪽 활주 시 무릎 폄 증가

12 수동적(Passive) 관절운동범위(Range of Motion)에 관한 정상 끝느낌(End-feel)의 연결이 옳은 것은?

	끝느낌	구 조	예 시
①	부드러움(Soft)	관절주머니(Capsular)의 신장	손가락의 손허리손가락 관절의 폄
②	팽팽함(Firm)	근육의 신장	무릎관절 폄 상태에서 엉덩이관절 굽힘
③	팽팽함	뼈와 뼈의 접촉	팔꿈치 폄
④	단단함(Hard)	연부조직 근접(Tissue Approximation)	무릎관절 굽힘

해설 ② 무릎 폄 상태에서 엉덩관절을 굽히면, 뒤쪽의 햄스트링이 신장되어 저항감을 주며 Firm End-feel이 발생한다. 햄스트링은 무릎을 굽히고 엉덩관절을 펴는 작용을 하므로, 이와 반대되는 자세에서 길어져 관절의 운동 범위를 제한하게 된다.
① 관절주머니의 신장은 팽팽한(Firm) 느낌이며, 손허리손가락 관절의 폄 역시 팽팽한 느낌이다.
③ 뼈와 뼈의 접촉은 Hard End-feel이며, 팔꿈치 폄은 대표적인 Hard End-feel 사례이다.
④ 무릎 굽힘 시 느껴지는 것은 Soft End-feel로 종아리와 허벅지 연부조직이 닿기 때문이다.

정답 11 ③ 12 ②

13 엉덩관절(Hip Joint) 및 엉치엉덩관절(Sacroiliac Joint)의 병리 확인을 위한 패트릭(Patrick) 검사의 자세로 옳은 것은?

① 엉덩관절 굽힘(Flexion), 엉덩관절 벌림(Abduction), 엉덩관절 가쪽돌림(External Rotation)
② 엉덩관절 굽힘, 엉덩관절 모음(Adduction), 엉덩관절 안쪽돌림(Internal Rotation)
③ 무릎관절 굽힘, 엉덩관절 벌림, 엉덩관절 안쪽돌림
④ 무릎관절 굽힘, 엉덩관절 모음, 엉덩관절 가쪽돌림

> **해설** 패트릭 검사는 굽힘(Flexion), 벌림(Abduction), 가쪽돌림(External Rotation) 세 가지의 관절 위치를 취하는 이름에서 유래한 테스트이다. 검사의 목적은 엉덩관절의 병리(예 : 고관절염), 엉치엉덩관절의 병리(예 : 염증성 통증), 넙다리신경근육 문제 등을 확인하기 위해 실시한다.

14 〈보기〉에서 특수검사(Special Test)에 관한 설명으로 옳은 것만을 모두 고른 것은?

> ┤보 기├
> ㉠ 다이알(Dial) 검사 : 돌림근띠(Rotator Cuff) 손상 평가
> ㉡ 켄달(Kendall) 검사 : 넙다리곧은근(Rectus Femoris) 손상 평가
> ㉢ 루딩턴(Ludington) 검사 : 위팔두갈래근(Biceps Brachii) 손상 평가
> ㉣ 후버(Hoover) 검사 : 뒤정강근(Tibialis Posterior) 손상 평가

① ㉠, ㉡　　　　　　　　　　② ㉠, ㉣
③ ㉡, ㉢　　　　　　　　　　④ ㉢, ㉣

> **해설** 각 특수검사의 정의, 목적, 검사 부위를 정확히 이해하는 것이 중요하다.
> ㉡ 켄달 검사 : 넙다리곧은근의 단축 또는 유연성 부족을 확인하기 위해 실시한다. 토마스(Thomas) 검사의 변형 형태로도 불린다. 검사 방법은 환자가 테이블 끝에 앉아 등을 대고 눕는 자세를 취하고 한쪽 무릎을 가슴 쪽으로 당겼을 때, 반대쪽 다리의 무릎이 펴지거나 엉덩관절이 들리면 넙다리곧은근 단축을 시사한다.
> ㉢ 루딩턴 검사 : 위팔두갈래근 긴갈래의 파열 여부 평가하기 위해 실시한다. 검사 방법은 양손을 머리 뒤에 얹고, 위팔두갈래근의 힘줄 수축을 관찰한다. 이때 손상된 쪽에서 힘줄의 수축이 만져지지 않으면 양성 반응이다.
> ㉠ 다이알 검사 : 무릎의 후방가쪽 회전 불안정성(Posterolateral Rotatory Instability ; PLRI)를 확인하는 검사이며, 주로 뒤십자인대(PCL) 후외측 복합체(Posterolateral Corner) 손상을 확인한다.
> ㉣ 후버 검사 : 환자가 하지 마비를 호소할 때 기능적 장애(심인성 또는 꾀병 여부)를 평가하는 신경학적 검사이다. 검사 중 한쪽 다리에 힘을 주라고 했을 때 반대쪽 다리에서 압력이 느껴지지 않으면 꾀병일 가능성이 있다.

15 발목관절(Talocrural Joint) 가동화(Mobilization) 기법과 기대되는 효과의 연결이 옳은 것은?

	가동화 기법	기대되는 효과
①	정강뼈(Tibia)를 기준으로 목말뼈(Talus)의 뒤쪽(Posterior) 활주(Glide)	발등 굽힘(Dorsi Flexion) 증가
②	정강뼈를 기준으로 목말뼈의 앞쪽(Anterior) 활주	발등 굽힘 증가
③	목말뼈를 기준으로 정강뼈의 뒤쪽 활주	발등 굽힘 증가
④	목말뼈를 기준으로 정강뼈의 앞쪽 활주	발바닥 굽힘(Plantar Flexion)의 증가

해설 발목관절의 가동화 기법은 관절의 제한된 운동범위 회복을 목적으로 하며, 관절운동의 굽힘, 폄 시 관절면의 활주 방향을 고려해야 한다.
② Plantar Flexion과 관련이 있다.
③·④ 정강뼈는 고정된 뼈이므로 부적절하다.

16 〈보기〉의 설명에 해당되는 손상은?

─| 보 기 |─
- 농구 손가락(Basketball Finger)이라고도 함
- 날아오는 물체가 손가락 끝(Tip)에 부딪히면서 손상 발생
- 능동적인 끝마디뼈의 굽힘은 가능하지만, 능동적인 끝마디뼈의 폄은 불가능

① 게임키퍼 엄지(Gamekeeper's Thumb)
② 망치 손가락(Mallet Finger)
③ 유니폼 손가락(Jersey Finger)
④ 뒤피트랑 구축(Dupuytren's Contracture)

해설 망치 손가락은 손가락 끝마디 관절(원위지절 간 관절)의 폄근건(Extensor Tendon)이 파열 또는 골절되며 손가락 끝이 처지는 손상을 말한다. 손상 기전은 공 같은 물체가 손끝에 강하게 충격을 주며 DIP 관절이 과도하게 굽혀질 때 발생한다. 주요 증상으로는 능동적인 끝마디 폄이 불가능하고 수동적 폄은 가능하다. 농구, 야구, 배구 등 공을 다루는 스포츠에서 종종 발생한다.

정답 15 ① 16 ②

17 〈보기〉의 설명에 해당되는 손상은?

┌─ 보 기 ───┐
- 강하게 딛거나 반복적인 자극에 의해 발의 안쪽번짐과 발바닥 굽힘으로 발생
- 다섯 번째 발허리뼈의 골간 기저부에서 가장 일반적으로 발생
- 유착불능(Nonunion) 비율이 높음
- 활동이 활발한 운동선수의 경우 수술적 고정이 필요할 수 있음
└───┘

① 존스(Jones) 골절
② 행군(March) 골절
③ 리스프랑(Lisfranc) 골절
④ 발꿈치뼈(Calcaneus) 골절

> **해설** 존스 골절은 5번째 발허리뼈(5th Metatarsal) 기저부(Diaphyseal-metaphyseal Junction)에서 발생한다. 주요 기전은 발의 과도한 안쪽번짐(Inversion) 발바닥 굽힘(Plantar Flexion) 동작과 점프 착지나 빠른 방향전환 시 흔하게 발생한다. 주요 특징으로는 혈류 공급이 상대적으로 적어 유합불량(Nonunion) 또는 지연유합(Delayed Union)가능성이 높으며, 보존적 치료도 가능하지만, 운동선수는 조기 복귀를 위해 수술적 고정이 권장된다.

18 〈보기〉의 SOAP 노트 중 성격이 같은 것끼리 묶인 것은?

┌─ 보 기 ───┐
㉠ 고객의 재활 프로그램에 대한 계획을 기록
㉡ 고객을 촉진(Palpation)한 결과를 기록
㉢ 고객이 경험한 불편한 느낌을 기록
㉣ 고객의 주관적인 설명을 기록
└───┘

① ㉠, ㉡
② ㉠, ㉣
③ ㉡, ㉢
④ ㉢, ㉣

> **해설** 이 문제는 SOAP 노트의 각 항목에 해당하는 내용을 구분하는 문제이다.
> ㉢과 ㉣은 고객 본인이 느끼는 감정, 통증, 설명은 모두 주관적(Subjective) 진술에 해당된다. ㉠은 P(계획), ㉡은 O(객관적 관찰)에 해당된다.

19 그림과 같은 방법으로 측정하는 관절의 움직임은?

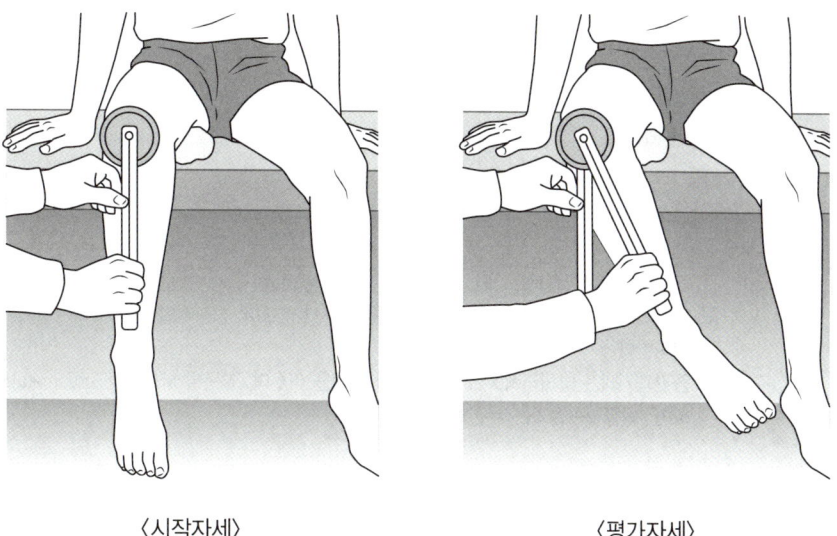

〈시작자세〉　　　　　　　　　〈평가자세〉

① 무릎관절 안쪽돌림
② 무릎관절 가쪽돌림
③ 엉덩관절 안쪽돌림
④ 엉덩관절 가쪽돌림

해설　그림은 엉덩관절(Hip Joint)의 가쪽돌림(External Rotation) 가동범위를 고니오미터(각도계 ; Goniometer)를 이용해 측정하는 장면이다. 고정팔은 정강뼈(Tibia)를 따라 놓으며, 움직이는 팔은 무릎관절을 기준으로 정강뼈의 움직임을 따라 이동한다. 이 자세는 엉덩관절의 가쪽돌림 평가 시 사용된다.

20 〈보기〉의 설명에 해당되는 손상은?

보기
- 손목 폄근의 과사용으로 인한 반복적인 미세 손상이 원인이다.
- 짧은노쪽손목폄근(Extensor Carpi Radialis Brevis)과 손가락폄근(Extensor Digitorum)과 관련되어 있다.
- 테니스 백핸드에서 볼을 너무 늦게 맞추는 경우 유발된다.
- 손목 폄의 저항 시 통증이 유발된다.

① 팔꿈치박리성 골연골염(Osteochondritis Dissecans)
② 안쪽위관절융기염(Medial Epicondylitis)
③ 가쪽위관융기염(Lateral Epicondylitis)
④ 팔꿈치머리 윤활낭염(Olecranon Bursitis)

해설　가쪽위관융기염은 '테니스 엘보(Tennis Elbow)'로 불리는 질환이며, 손목 폄근군 특히 짧은노쪽손목폄근의 반복 사용에 따른 과사용성 미세손상이 주원인이다. 주요 증상은 손목 폄 동작 시 통증, 손목 폄에 대한 저항 시 통증 악화, 손바닥을 아래로 향하게 한 채 물건 들기 어려움, 테니스 백핸드 동작이 대표적인 유발 동작 등이 주요 증상이다.

정답 19 ④　20 ③

제6과목 기능해부학

01 목말밑관절(Subtalar Joint)을 구성하는 뼈로 옳은 것은?

① 정강뼈(Tibia)
② 종아리뼈(Fibula)
③ 중간쐐기뼈(Intermediate Cuneiform)
④ 발꿈치뼈(Calcaneus)

해설
① 정강뼈는 목말뼈(Talus)와 함께 발목관절(Talocrural Joint)을 형성한다.
② 종아리뼈는 발꿈치뼈와 직접적인 관절을 이루지 않으며, 정강뼈와 함께 발목관절의 측면 안정성 유지에 기여한다.
③ 중간쐐기뼈는 발허리뼈(Metatarsals)와 관절을 이루며, 발목발허리관절(Tarsometatarsal Joint)을 형성하며, 목말밑관절과는 무관하다.

02 가쪽복사뼈(Lateral Malleolus)의 해부학적 위치로 옳은 것은?

① 정강뼈(Tibia)의 먼쪽(Distal)
② 발꿈치뼈(Calcaneus)의 몸쪽(Proximal)
③ 종아리뼈(Fibula)의 먼쪽
④ 무릎뼈(Patellar)의 몸쪽

해설
③ 가쪽복사뼈는 종아리뼈의 끝부분(Distal End)에 위치한 돌출된 뼈의 구조로, 발목의 바깥쪽 복사 부위를 형성한다. 이는 발목관절(Ankle Joint 또는 Talocrural Joint)의 안정성을 돕고, 외측 측부인대(Lateral Collateral Ligaments)의 부착점 역할을 한다. 해부학적으로는 정강뼈 안쪽의 안쪽복사뼈(Medial Malleolus)와 마주 보는 구조다.
① 정강뼈의 먼쪽은 안쪽복사뼈를 형성하고 가쪽복사뼈는 종아리뼈의 구조이다.
② 발꿈치뼈의 몸쪽은 뒤꿈치의 뼈로, 복사뼈와 직접적으로 관절을 이루거나 위치하지 않는다.
④ 무릎뼈의 몸쪽은 넙다리네갈래근 힘줄 내 위치한 종자뼈이며, 복사뼈와 무관하다.

01 ④ 02 ③

03 단일 길이 기준으로 인체에서 가장 긴 근육은?

① 넙다리곧은근(Rectus Femoris)
② 넙다리빗근(Sartorius)
③ 가장긴근(Longissimus)
④ 엉덩갈비근(Iliocostalis)

해설 ② 넙다리빗근은 인체에서 가장 긴 단일 근육(Single Longest Muscle)이며, 엉덩뼈 앞위엉덩가시(Anterior Superior Iliac Spine ; ASIS)에서 시작하여, 정강뼈의 안쪽면(Medial Tibial Surface)에 닿는다. 이 근육은 엉덩관절과 무릎관절을 모두 가로지르며, 엉덩관절의 굽힘(Flexion), 벌림(Abduction), 가쪽돌림(External Rotation) 무릎관절의 굽힘과 관련된 복합 동작에 작용한다. 형태는 길고 얇으며, S자형 곡선을 이루는 것이 특징이다.
① 넙다리곧은근은 넙다리네갈래근(Quadriceps Femoris)의 일부이며 길지만, 단일 근육 길이 기준에서는 넙다리빗근보다 짧다.
③ 가장긴근은 척주세움근(Erector Spinae Group)에 속하는 다수의 부분으로 이루어진 근육군으로, 단일 근육이라 보기 어렵다.
④ 엉덩갈비근은 척주세움근에 속하며 등과 허리의 여러 근육군으로 나뉘는 다중 구조이다.

04 수평면에서 척추 관절의 최대 가동 범위가 큰 순서대로 나열된 것은?

① L1-L2 > T7-T8 > C1-C2
② L1-L2 > C1-C2 > T7-T8
③ C1-C2 > T7-T8 > L1-L2
④ C1-C2 > L1-L2 > T7-T8

해설 수평면 회전 가동성 비교

척추 부위	회전 가동 범위 (Rotation)	해부학적 특징
목뼈 C1-C2(고리중쇠관절환축관절)	약 50도(전체 경추 회전의 절반 이상)	중쇠뼈의 치아돌기(Dens)가 회전을 가능하게 함
등뼈 T7-T8 등	약 35도	갈비뼈 부착으로 다소 제한적이나 회전은 가능
허리뼈 L1-L2 등	약 5~10도	주로 굽힘/폄(flexion/extension) 기능이 강조됨, 회전은 제한적

정답 03 ② 04 ③

05 그림과 같이 물건을 들어 올리는 동작을 하는 동안 허리 폄근육에 요구되는 힘의 크기를 줄이는 방법에 관한 설명으로 옳지 않은 것은?

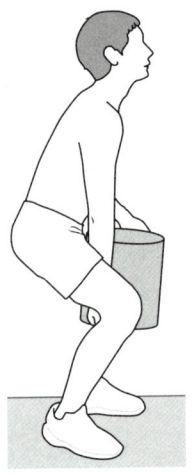

① 들어올리는 속도 감소
② 외적인 부하 크기 감소
③ 외적인 모멘트팔의 길이 감소
④ 내적인 모멘트팔의 길이 감소

해설 ④ 내적 모멘트팔의 길이 감소 : 같은 토크를 내기 위해 더 큰 근력이 필요 → 척추기립근에 더 많은 힘이 요구되어 부하 증가
① 들어올리는 속도 감소 : 동적 가속도 감소 → 허리에 작용하는 관성력 감소
② 외적 부하 크기 감소 : 물체의 무게가 줄어듦 → 요구되는 근력 감소
③ 외적인 모멘트팔 길이 감소 : 물체를 몸 가까이 유지 → 허리 굽힘 토크(회전력) 감소

06 운동학(Kinematics)의 변인(Variable)에 해당하지 않는 것은?

① 관절 모멘트(Joint Moment)
② 관절 가동 범위(Joint Range of Motion)
③ 관절 각가속도(Joint Angular Acceleration)
④ 신체 중심의 흔들림(Sway of Center of Mass)

해설 운동학은 힘의 원인 없이 물체나 신체의 움직임 그 자체를 기술하는 학문이다. 즉, 위치, 속도, 가속도, 각도 변화 운동의 기하학적 요소를 다루며, 힘(Force), 토크(Moment)와 같은 원인은 배제된다. 따라서 ① 관절 모멘트는 운동역학(Kinetics)의 영역으로 분류된다.

07 인체지레의 역학적 이점(Mechanical Advantage)이 1보다 큰 경우에 관한 설명으로 옳은 것은?

① 팔꿈치관절(Elbow Joint) 굽힘(Flexion) 시 위팔두갈래근(Biceps Brachii)의 작용(Action)
② 발뒤꿈치 들어올리기(까치발서기) 시 장딴지근(Gastrocnemius)의 작용
③ 오목위팔관절(Glenohumeral Joint) 벌림(Abduction) 시 어깨세모근(Deltoid)의 작용
④ 정강넙다리관절(Tibiofemoral Joint) 폄(Extension) 시 넙다리곧은근(Rectus Femoris)의 작용

해설
- MA > 1 : 적은 힘으로 큰 저항을 들 수 있는 구조 → 속도 손해, 힘 이득
- MA < 1 : 빠른 움직임에 유리하지만 많은 근력이 필요 → 속도 이득, 힘 손해
② 발뒤꿈치 들어올리기는 제2종 지레 시스템의 대표적 예이다. 발뒤꿈치 들어올리기 동안 축(Axis)은 발허리발가락 관절(MTP Joint), 저항(Resistance)은 체중, 힘(Force)은 장딴지근이 아킬레스건을 통해 작용한다. 힘팔(장딴지근-아킬레스건)은 저항팔보다 길기 때문에 역학적 이점(MA) > 1이 된다.
① 위팔두갈래근의 팔꿈치 굽힘(1종 지레, MA < 1)은 힘팔보다 저항팔이 더 길기 때문에 빠른 움직임이 가능하지만 근육에 더 큰 힘이 요구된다. 이는 제3종 지레 시스템으로 역학적 이점이 1보다 작다.
③ 어깨세모근의 오목위팔관절 벌림은 제3종 지레에 해당하며, 어깨세모근의 짧은 힘팔보다 팔의 저항팔이 더 길기 때문에 역학적 이점이 1보다 작다.
④ 넙다리곧은근의 무릎 폄은 제3종 지레에 해당된다. 넙다리곧은근의 해부학적 정지 점이 정강뼈의 근위 부위 위치하고 정강뼈와 발목, 발의 해부학적 위치는 정강넙다리관절로부터 멀기 때문에 힘팔보다 저항팔이 길다. 그러므로 역학적 이점이 1보다 작다.

08 〈보기〉에서 옳은 설명만을 모두 고른 것은?

보기
㉠ 반힘줄근(Semitendinosus)과 반막모양근(Semimembranosus)의 이는 곳(Origin)은 궁둥뼈결절(Ischial Tuberosity)이다.
㉡ 넙다리곧은근(Rectus Femoris)과 안쪽넓은근(Vastus Medialis)의 닿는곳(Insertion)은 정강뼈거친면(Tibia Tuberosity)이다.
㉢ 위등세모근(Upper Trapezius)과 작은가슴근(Pectoralis Minor)은 어깨가슴관절(Scapulothoracic Joint)의 이마면(Frontal Plane)에서 작용(Action)이 같다.
㉣ 뒤정강근(Tibialis Posterior)과 긴발가락굽힘근(Flexor Digitorum Longus)은 목말종아리관절(Talocrural Joint)의 시상면(Sagittal Plane)에서 작용이 같다.
㉤ 어깨밑근(Subscapularis)과 가시아래근(Infraspinatus)은 오목위팔관절(Glenohumeral Joint)의 수평면(Transverse Plane)에서 작용이 같다.

① ㉠, ㉡, ㉣
② ㉠, ㉢, ㉤
③ ㉡, ㉢, ㉣
④ ㉢, ㉣, ㉤

해설
㉢ 위등세모근은 어깨가슴관절을 올림(Elevation)과 위쪽돌림(Upward Rotation)하고 작은가슴근은 어깨가슴관절을 내림(Depression)과 아래쪽돌림(Downward Rotation)한다.
㉤ 어깨밑근은 오목위팔관절(Glenohumeral Joint)에서 안쪽돌림(Medial/Internal Rotation)을 하지만 가시아래근(Infraspinatus)은 가쪽돌림(Lateral/External Rotation)을 한다.

정답 07 ② 08 ①

09 〈보기〉의 근육들을 지배하는 신경으로 옳은 것은?

> **보기**
> - 위팔두갈래근(Biceps Brachii)
> - 위팔근(Brachialis)
> - 부리위팔근(Coracobrachialis)

① 노신경(Radial Nerve)
② 자신경(Ulnar Nerve)
③ 정중신경(Median Nerve)
④ 근육피부신경(Musculocutaneous Nerve)

해설 위팔두갈래근, 위팔근, 부리위팔근 모두 위팔의 굽힘(Flexion)을 수행하며, 근육피부신경(Musculocutaneous Nerve)에 의해 지배된다.

10 표에서 근육에 관한 설명으로 옳은 것만을 모두 고른 것은?

구 분	근 육	이는 곳(Origin)	동작(Action)	신경지배(Innervation)
㉠	반힘줄근(Semitendinosus)	궁둥뼈결절		궁둥신경
㉡	안쪽넓은근(Vastus Medialis)	넙다리뼈거친선	무릎폄	
㉢	앞정강근(Tibialis anterior)		안쪽번짐 발등쪽굽힘	정강신경
㉣	긴종아리근(Peroneus Longus)	종아리뼈 가쪽면의 머리와 위 2/3	가쪽번짐 발바닥쪽굽힘	

① ㉠, ㉡
② ㉠, ㉡, ㉣
③ ㉡, ㉢, ㉣
④ ㉠, ㉡, ㉢, ㉣

해설 ㉢ 앞정강근(Tibialis Anterior)은 정강신경이 아니라 깊은종아리신경(Deep Fibular Nerve)의 지배를 받는다.

11 그림의 손목뼈 단면에서 제시된 엄지손가락 근육 중 가장 안쪽(Medial)에 위치한 것은?

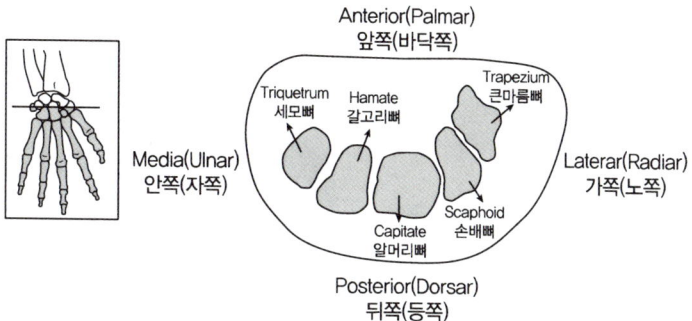

① 긴엄지굽힘근(Flexor Pollicis Longus)
② 짧은엄지폄근(Extensor Pollicis Brevis)
③ 긴엄지벌림근(Abductor Pollicis Longus)
④ 긴엄지폄근(Extensor Pollicis Longus)

해설 손목 단면의 해부학적 방향
- Medial(Ulnar) = 자쪽 = 새끼손가락 방향
- Lateral(Radial) = 노쪽 = 엄지손가락 방향
① 긴엄지굽힘근의 해부학적 위치는 아래팔 깊은 앞쪽(Forearm Anterior Deep Compartment)에서 자쪽(Medial)에 가깝게 주행하기 때문에 손목뼈 단면에서 제시된 근육 중 가장 안쪽에 위치한다.
② 짧은엄지폄근은 뒤가쪽(Dorsolateral), 노쪽(Radial Side)에 가까이 위치한다.
③ 긴엄지벌림근은 노쪽, 뒤가쪽으로 주행한다. 주행 경로상 노쪽에 치우쳐 있다.
④ 긴엄지폄근은 등쪽(Dorsal Side), 노쪽에 조금 더 가까이 위치한다.

12 〈보기〉에서 근육의 이는 곳(Origin)의 위치가 위쪽(Superior)에서 아래쪽(Inferior) 순서대로 나열된 것은?

보기
㉠ 아래뒤톱니근(Serratus Posterior Inferior)
㉡ 허리네모근(Quadratus Lumborum)
㉢ 큰마름근(Rhomboid Major)

① ㉠ → ㉡ → ㉢   ② ㉠ → ㉢ → ㉡
③ ㉢ → ㉠ → ㉡   ④ ㉢ → ㉡ → ㉠

해설 ㉢ 큰마름근의 이는 곳은 등뼈(T2-T5) 가시돌기이며, 해부학적으로 등 위쪽, 어깨뼈 사이에 위치하기 때문에 보기 근육 중 가장 위에 있다.
㉠ 아래뒤톱니근의 이는 곳은 등뼈(T11-L2)의 가시돌기이며, 등허리뼈 접합부 근처로 보기 근육 중 중간에 위치한다.
㉡ 허리네모근의 이는 곳은 엉덩뼈능선(Iliac Crest) 골반 가장 위쪽 뼈에서 시작하며 보기 근육 중 가장 아래에 위치한다.

정답 11 ① 12 ③

13 그림은 근육의 길이, 수축 속도, 힘 사이의 3차원적 관계를 나타내는 이론적 평면도이다. 이 중에서 편심성(Eccentric) 근육활성과 관계 있는 영역으로 옳은 것은?

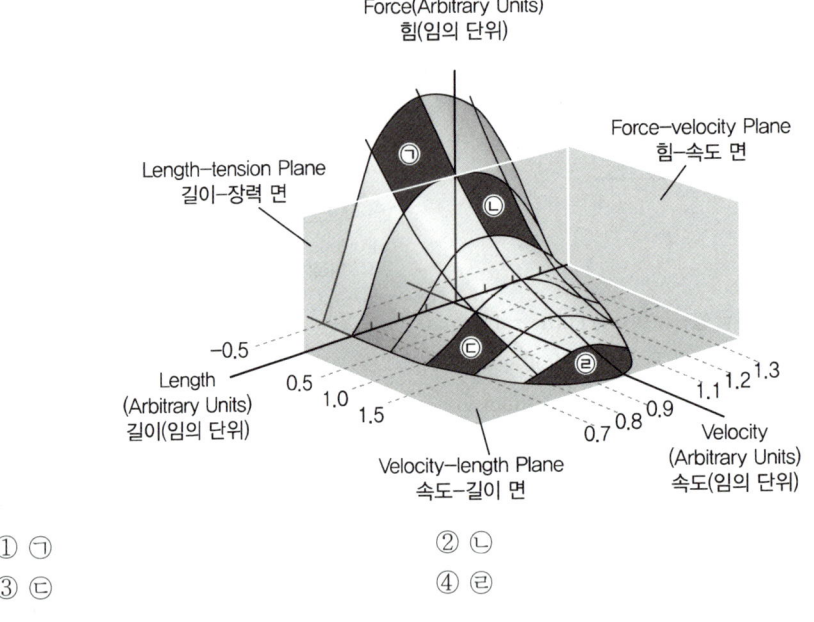

① ㉠
② ㉡
③ ㉢
④ ㉣

해설 편심성 수축(Eccentric Contraction)은 근육이 늘어나면서 힘을 발휘하는 수축 방식을 말하며, 계단 내려갈 때 허벅지 근육이 늘어나면서 하중을 버티는 동작이 예가 될 수 있다. 일반적으로 속도가 증가할수록 더 큰 힘을 생성하게 된다.
힘-속도 곡선의 왼쪽(속도 음수) 영역
- X축(Velocity) : 속도(→ 오른쪽은 동심성, ← 왼쪽은 편심성)
- Y축(Length) : 근육 길이
- Z축(Force) : 근육이 발휘하는 힘

㉠은 속도 < 0이고 힘은 높은 위치로 편심성 수축의 전형적인 특징을 나타낸다.

13 ① **정답**

14 오른쪽 어깨에 대한 어깨가슴관절의 아래쪽 돌림(Scapulothoracic Downward Rotation)과 오목관절의 모음(Glenohumeral Adduction) 동작 시 그림의 4분면에서 힘의 벡터 방향이 다른 근육은?

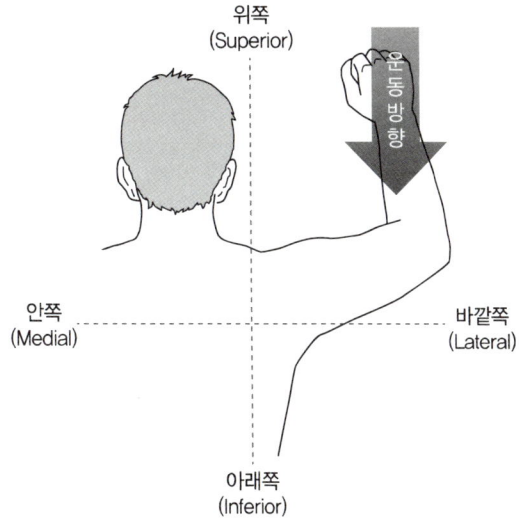

① 마름근(Rhomboid)
② 큰원근(Teres Major)
③ 넓은등근(Latissimus Dorsi)
④ 가시아래근(Infraspinatus)

해설 선지에 제시된 ② 큰원근, ③ 넓은등근, ④ 가시아래근은 모두 오목관절(GH 관절)의 움직임에 관여하며, 힘의 벡터가 아래쪽 또는 안쪽 방향으로 향해 해당 동작과 일치한다. 반면 ① 마름근은 오목관절이 아닌 어깨뼈(Scapula)에 직접 작용하여 어깨뼈의 모음(Retraction), 아래쪽 돌림, 거상(Elevation) 등의 역할을 수행한다. 특히 마름근은 어깨뼈를 위쪽-안쪽 방향으로 움직이는 성분을 포함하고 있어, 그림에서 제시된 운동 방향(아래 방향)과 힘 벡터 방향이 다르다.

15 〈보기〉에서 가로발목뼈관절(Transverse Tarsal Joint)을 구성하는 뼈를 모두 고른 것은?

> **보기**
> ㉠ 입방뼈(Cuboid)
> ㉡ 발배뼈(Navicular)
> ㉢ 발꿈치뼈(Calcaneus)
> ㉣ 안쪽쐐기뼈(Medial Cuneiform)

① ㉠, ㉡
② ㉠, ㉢
③ ㉠, ㉡, ㉢
④ ㉠, ㉡, ㉢, ㉣

해설 가로발목뼈관절은 두 개의 관절로 구성된 복합 관절이다. 첫 번째는 발꿈치입방관절(Calcaneocuboid Joint)로, ㉠ 입방뼈와 ㉢ 발꿈치뼈가 관절을 이룬다. 두 번째는 목말발배관절(Talonavicular Joint)로, 목말뼈(Talus)와 ㉡ 발배뼈가 관절을 형성한다. ㉣ 안쪽쐐기뼈는 먼쪽발목뼈사이관절(Distal Intertarsal Joints)에 포함된다.

16 몸통 근육 수축 시 나타나는 동작에 관한 설명으로 옳지 않은 것은?

① 가시사이근(Interspinales)은 척추의 폄(Extension)에 관여한다.
② 허리네모근(Quadratus Lumborum)은 몸통의 가쪽굽힘(Lateral Flexion)에 관여한다.
③ 배곧은근(Rectus Abdominis)은 반대쪽(Contralateral)으로 약한 가쪽굽힘에 관여한다.
④ 배바깥빗근(External Oblique Abdominal)은 몸통의 반대쪽 돌림에 관여한다.

해설 배곧은근은 몸통 앞쪽에 위치한 척추 굽힘(Flexion) 근육으로, 좌우 대칭적으로 수축하면 몸통의 굽힘을, 한쪽만 수축하면 몸통의 같은 쪽(Ipsilateral) 가쪽굽힘(Lateral Flexion) 작용을 한다. 하지만 이 근육은 근 섬유의 방향이 수직이기 때문에 회전(Rotation)에는 관여하지 않고, 가쪽굽힘은 같은 쪽으로 작용한다. 즉, "반대쪽으로 가쪽굽힘"은 틀린 설명이다.

17 어깨뼈(Scapula)에 이는 곳(Origin) 또는 닿는 곳(Insertion)으로 연결된 근육이 아닌 것은?

① 위팔근(Brachialis)
② 작은마름근(Rhomboid Minor)
③ 앞톱니근(Serratus Anterior)
④ 위팔두갈래근(Biceps Brachii)

> 해설
> ① 위팔근의 이는 곳은 위팔뼈(Humerus) 앞면이며 닿는 곳은 자뼈(Ulna)이다. 주 기능은 팔꿉관절의 굽힘(Flexion)이다. 어깨뼈(Scapula)와는 해부학적으로 직접적인 부착 관계가 없다.
> ② 작은마름근의 이는 곳은 목뼈 6~7번의 가시돌기(Spinous Process)이고 닿는 곳은 어깨뼈의 안쪽모서리(Medial Border of Scapula)이다.
> ③ 앞톱니근의 이는 곳은 1~8번 갈비뼈(Ribs)이고 닿는 곳은 어깨뼈 안쪽모서리(Anterior Surface of Medial Border of Scapula)이다.
> ④ 위팔두갈래근 짧은갈래(Short Head)의 이는 곳은 부리돌기(Coracoid Process of Scapula)이고 긴갈래(Long Head)는 오목위결절(Supraglenoid Tubercle of Scapula)이다. 닿는 곳은 노뼈거친면(Radial Tuberosity)이다.

18 〈보기〉에서 뒤넙다리근군(Hamstring Group)이 부착된 뼈를 모두 고른 것은?

―| 보 기 |―
ⓐ 골반(Pelvic)
ⓑ 넙다리뼈(Femur)
ⓒ 정강이뼈(Tibia)
ⓓ 종아리뼈(Fibula)

① ㉠, ㉡
② ㉠, ㉢
③ ㉠, ㉡, ㉢
④ ㉠, ㉡, ㉢, ㉣

> 해설
> 뒤넙다리근군은 반힘줄근(Semitendinosus), 반막근(Semimembranosus), 넙다리두갈래근(Biceps Femoris)으로 구성된다. 이 세 근육 모두 궁둥뼈결절(Ischial Tuberosity)에서 기시하고, 각각 아래쪽으로 내려가 정강이뼈(Tibia)나 종아리뼈(Fibula)에 닿으며, 넙다리두갈래근의 짧은갈래는 넙다리뼈(Femur) 뒤 거친선에서 기시한다.
> ㉠ 골반 : 모든 햄스트링은 궁둥뼈결절(Ischial Tuberosity)에서 기시한다.
> ㉡ 넙다리뼈 : 넙다리두갈래근 짧은갈래(Biceps Femoris Short Head)는 넙다리뼈의 넙다리뼈거친선(Lateral Lip of Linea Aspera)에서 기시한다.
> ㉢ 정강이뼈 : 반힘줄근(Semitendinosus), 반막근(Semimembranosus)은 정강뼈의 안쪽면에 정지한다.
> ㉣ 종아리뼈 : 넙다리두갈래근(Biceps Femoris)은 종아리뼈머리(Head of Fibula)에 정지한다.

정답 17 ① 18 ④

19 아래다리(Lower Leg)의 앞쪽구획(Anterior Compartment)에 해당하는 근육이 아닌 것은?

① 앞정강근(Tibialis Anterior)
② 긴엄지폄근(Extensor Hallucis Longus)
③ 긴발가락굽힘근(Flexor Digitorum Longus)
④ 긴발가락폄근(Extensor Digitorum Longus)

해설 ③ 긴발가락굽힘근은 아래 다리의 뒤쪽 깊은 구획(Deep Posterior Compartment)에 속한다. 주 기능은 발가락 굽힘(Flexion), 특히 2~5번 발가락을 굽히고, 발목 발바닥굽힘(Plantar Flexion)과 안쪽번짐(Inversion)에도 기여한다.

20 팔꿈치 굽힘(Elbow Flexion)에 작용하는 근육이 아닌 것은?

① 위팔근(Brachialis)
② 팔꿈치근(Anconeus)
③ 원엎침근(Pronator Teres)
④ 위팔두갈래근(Biceps Brachii)

해설 ② 팔꿈치근은 팔꿈치 폄(Extension)에 관여하는 근육으로 위팔뼈(Lateral Epicondyle of Humerus)에서 시작해서 자뼈(Ulna) 팔꿈치머리 돌기(Olecranon Process)에 닿으며, 위팔세갈래근(Triceps Brachii)의 보조근으로 작용한다. 따라서 팔꿈치 굽힘(Flexion)과는 관련이 없으며, 오히려 반대 작용(폄)을 한다.

제7과목 병태생리학

01 〈보기〉의 내용으로 유추할 수 있는 병변 부위는?

| 보 기 |
- 환자 나이 : 76세
- 환자 성별 : 남성
- 진찰 내용 : 활동 시 떨림 없음, 안정 시 떨림과 팔다리 경직 관찰됨
- 처치 내용 : L-dopa 투여 후 증상 호전 관찰됨

① 흑질(Substantia Nigra)
② 해마(Hippocampus)
③ 소뇌(Cerebellum)
④ 대뇌피질(Cerebral Cortex)

해설 보기의 환자는 파킨슨 질환을 앓고 있으며 파킨슨병은 중뇌의 흑질에서 신경계 세포 소실로 발생한다. 파킨슨병의 증상으로는 운동감소증, 근육경직, 진전, 자세반사장애가 있으며, 치료로는 도파민대체요법인 L-dopa 투여가 있다.

02 〈보기〉에서 고혈압(Hypertension)에 관한 설명으로 옳은 것만을 모두 고른 것은?

| 보 기 |
㉠ 본태성 고혈압은 특정 질환으로 인하여 발생한다.
㉡ 신장의 레닌 분비 감소로 인하여 혈압이 높아진다.
㉢ 고혈압은 좌심실 비대를 유발하며 심부전을 일으킬 수 있다.
㉣ 크롬친화세포종(Pheochromocytoma)으로 인해 이차성 고혈압이 발생할 수 있다.

① ㉠, ㉡
② ㉠, ㉢
③ ㉡, ㉣
④ ㉢, ㉣

해설 ㉠ 본태성 고혈압은 전체 고혈압의 80~90%를 차지하며, 유전적 요인이 많다.
㉡ 신장에서 레닌 분비가 감소하면 레닌-안지오텐신-알도스테론 시스템(RAAS)을 통한 수분재흡수율이 떨어져 혈장량이 감소하게 되며 결과적으로 혈압은 감소하게 된다.

정답 01 ① 02 ④

03 부정맥에 관한 설명으로 옳지 않은 것은?

① 1도 방실차단은 심방과 심실의 전도가 완전 차단되어 P파와 QRS 복합체(Complex)가 각각의 리듬으로 나타난다.
② 심방세동은 심방 내 혈류 정체를 유발하여 뇌색전 및 허혈성 뇌졸중의 위험을 높일 수 있다.
③ 발작성 심실성 빈맥을 일으키는 원인으로는 급성심근경색, 저칼륨혈증, 심근염 등이 있다.
④ 심실세동은 심실 수축 기능이 상실되므로 즉시 제세동이 필요하다.

> **해설** 1도 방실차단은 방실 사이에 자극 전달이 되지만 전달 속도가 지연되는 경우를 말한다.

04 〈보기〉에서 당뇨병에 관한 설명으로 옳은 것만을 모두 고른 것은?

> **보기**
> ㉠ 고삼투성 고혈당(HHS)은 1형 당뇨병의 주된 급성 합병증이다.
> ㉡ C-펩티드는 인슐린과 함께 분비되며 인슐린 분비의 유용한 지표로 사용된다.
> ㉢ 제2형 당뇨병은 골격근, 지방조직, 간에서 인슐린 저항성이 증가되는 특징이 있다.
> ㉣ 제2형 당뇨병은 자가면역질환으로 중추신경계 이상과 탈수 증세가 나타나는 특징이 있다.

① ㉠, ㉡
② ㉠, ㉣
③ ㉡, ㉢
④ ㉢, ㉣

> **해설** ㉠ 고삼투성 고혈당은 주로 제2형 당뇨병 환자 특히, 고령층 환자에게서 급성 합병증으로 나타난다. HHS는 평소보다 더 많은 인슐린을 필요로 할 때 필요한 양만큼 인슐린이 공급되지 않아 발생한다.
> ㉣ 제2형 당뇨병은 유전적 경향이 강하며 비만, 노화 등 환경적 요인에 의해 진행된다. 자가면역질환은 제1형 당뇨병에 대한 설명이다.

05 〈보기〉에서 급성관상동맥증후군(Acute Coronary Syndrome)에 관한 설명으로 옳은 것만을 모두 고른 것은?

보 기
㉠ 불안정형 협심증, ST분절 상승 또는 ST분절 비상승 심근경색으로 구분된다.
㉡ 불안정형 협심증에서는 깊고 넓은 유의한 Q파가 특징적으로 관찰된다.
㉢ 심근 특이적 표지자인 AST/ALT와 TNF-a가 감소되는 특징이 있다.
㉣ 관상동맥의 심한 경직과 플라크의 파열로 유발될 수 있다.

① ㉠, ㉣
② ㉡, ㉢
③ ㉠, ㉡, ㉣
④ ㉠, ㉢, ㉣

해설 ㉡ 불안정형 협심증에서는 ST분절의 변화, T파의 역위가 발생한다.
㉢ AST/ALT는 간 손상을 파악하기 위한 수치이며, TNF-α는 종양 괴사 인자 알파로 면역 체계에서 염증 반응을 유발하는 역할을 하는 사이토카인이다.

06 〈보기〉에서 이상지질혈증에 관한 설명으로 옳은 것만을 모두 고른 것은?

보 기
㉠ 혈중 호모시스테인 수치가 정상 수준보다 감소한다.
㉡ 혈관벽 내 산화된 LDL이 증가하며 대식세포(Macrophage)가 이를 포식한다.
㉢ 식이요법보다 스타틴(Statin)계 약물이 LDL-콜레스테롤 감소에 더욱 효과적이다.
㉣ HDL은 간에서 콜레스테롤을 받아 혈관으로 운반하며, 이 기능이 저하되면 죽상경화가 악화된다.

① ㉠, ㉡
② ㉠, ㉣
③ ㉡, ㉢
④ ㉢, ㉣

해설 ㉠ 혈중 호모시스테인 수치는 정상 수준보다 증가하였을 때 혈관 내피 손상, 동맥경화, 심혈관 질환 위험을 높인다.
㉣ HDL은 체순환을 하며 콜레스테롤을 받아 간에서 분해하는 역할을 한다.

정답 05 ① 06 ③

07 〈보기〉에서 죽상동맥경화증 발생기전에 관한 설명으로 옳은 것만을 모두 고른 것은?

> 보기
> ㉠ 산화된 LDL은 혈관벽 안으로 유입되어 죽종 형성을 촉진한다.
> ㉡ 단핵구(Monocyte)가 부착물질들에 의해 손상된 내피세포에 접착되면서 염증이 발생된다.
> ㉢ 대식세포(Macrophage)는 손상된 내피세포 아래로 침윤하여 탐식하지만 플라크 형성에 관여하지는 않는다.
> ㉣ 거품세포(Foam Cell)에서 분비한 사이토카인(IL-1, TNF-α)은 혈관 평활근 세포의 증식 및 이동을 촉진한다.

① ㉠, ㉡, ㉢
② ㉠, ㉡, ㉣
③ ㉡, ㉢, ㉣
④ ㉠, ㉡, ㉢, ㉣

해설 ㉢ 대식세포는 플라크의 축적, 형성에 관여하며 과한 축적은 최종적으로 플라크의 파열을 만들어낸다.

08 〈보기〉에서 허혈성 심질환에 관한 설명으로 옳은 것만을 모두 고른 것은?

> 보기
> ㉠ 안정형 협심증의 전형적인 특징은 운동 시 ST분절의 상승으로 나타난다.
> ㉡ 불안정형 협심증은 휴식 시 심장동맥 연축(Spasm)으로 인해 발생한다.
> ㉢ 협심증의 증상으로 흉부 중앙의 불편한 압박감과 어깨나 팔 등으로 뻗치는 통증이 있다.
> ㉣ 심근 전층(Transmural)의 급성심근경색 시 ST분절의 상승이 나타난다.

① ㉠, ㉡
② ㉠, ㉢
③ ㉡, ㉢
④ ㉢, ㉣

해설 ㉠ 안정형 협심증은 발병 후 증상의 악화 없이 2~3개월 이상 경과된 협심증이다.
㉡ 휴식 시 관상동맥의 연축이 발생하는 것은 이형 협심증에 관련된 내용이다. 이형 협심증은 주로 새벽이나 이른 아침, 안정 시 혈관 경련(연축)이 주 기전이다.

정답 07 ② 08 ④

09 〈보기〉과 같은 추간판탈출증 징후가 나타날 때 손상이 의심되는 신경은?

| 보 기 |
| 발가락의 폄 동작, 발목관절의 등쪽 굽힘(Dorsiflexion)과 안쪽 번짐(Inversion) 동작 기능이 저하됨

① 정강신경(Tibial Nerve)
② 두렁신경(Saphenous Nerve)
③ 깊은종아리신경(Deep Fibular Nerve)
④ 얕은종아리신경(Superficial Fibular Nerve)

해설 발가락 폄과 발목관절의 등쪽 굽힘과 안쪽 번짐을 하는 긴엄지 폄근, 짧은 발가락 폄근, 긴 발가락 폄근, 앞정강근의 신경지배는 깊은종아리신경이다.

10 〈보기〉에서 알츠하이머병(Alzheimer's Disease)에 관한 설명으로 옳은 것만을 모두 고른 것은?

| 보 기 |
㉠ 소뇌의 운동조절 부위가 우선적으로 손상되어 운동실조(Ataxia)가 초기에 발생된다.
㉡ 대뇌 고랑(Sulci)이 확장되며 피질위축(Cortical Atrophy)과 뇌실확장(Ventricular Enlargement)이 일어난다.
㉢ T세포가 매개하는 자가면역 반응에 의해 미엘린(Myelin) 손상으로 인한 탈수초화(Demyelination)가 일어난다.
㉣ 아세틸콜린분해효소억제제(Acetylcholinesterase Inhibitor)를 장기간 복용할 경우 인지기능 저하를 완화시킨다.
㉤ 베타-아밀로이드(Beta-amyloid)의 축적으로 형성된 신경섬유매듭(Neurofibrillary Tangles)과 타우(Tau)의 응집체인 노인반(Senile Plaques)이 형성된다.

① ㉠, ㉢
② ㉡, ㉣
③ ㉠, ㉡, ㉣
④ ㉡, ㉣, ㉤

해설 ㉠ 파킨슨증후군에 속한 질환인 소뇌위축증에 대한 내용이다.
㉢ 다발성 경화증 기전에 대한 내용이다.
㉤ 알츠하이머병에 대한 내용은 맞지만, 타우 응집체인 노인반이 형성되는 것이 아닌 베타-아밀로이드 축적(노인반) 및 타우 단백질의 과잉 인산화 기인하는 응집으로 신경기능장애나 신경세포 사이에서 발생한다.

정답 09 ③ 10 ②

11 〈보기〉의 심전도 판독 결과로 볼 때 급성심근경색증이 발생된 심실의 부위는?

> **보기**
> - 사지유도 Ⅱ, Ⅲ, aVF에서 ST분절 상승
> - 사지유도 Ⅰ, aVL에서 상대적(Reciprocal) ST분절 하강

① 하 벽 ② 후 벽
③ 측 벽 ④ 전중격

해설 급성하벽심근경색은 하부유도인 Ⅱ, Ⅲ, aVF에서 ST분절이 상승하는 것이 특징이다. 또한 Ⅱ, Ⅲ, aVF와 Ⅰ, aVL은 상호유도의 관계에 있기 때문에 사지유도 Ⅱ, Ⅲ, aVF의 ST분절이 상승하면 사지유도 Ⅰ, aVL의 ST분절은 상대적으로 하강한다.

12 중추신경계 손상이 있을 때 세포들의 반응으로 옳지 않은 것은?

① 미세아교세포(Microglia)가 활성화되어 포식작용을 수행한다.
② 신경전구세포(Neural Precursor)가 뇌의 해마와 측뇌실 주변에서 신경세포로 분화될 수 있다.
③ 희소돌기아교세포(Oligodendrocyte)의 기능 저하 또는 사멸은 신경세포의 탈수초화를 유발할 수 있다.
④ 별아교세포(Astrocyte)는 손상 부위에 증식하여 반흔(Glial Scar)을 형성하고 장기적으로 축삭 재생을 촉진한다.

해설 별아교세포의 기능은 BBB라 불리는 혈액-뇌 장벽(Blood-Brain-Barrier)을 형성하고 혈액 내 유해물질로부터 뇌를 보호하는 역할을 한다.

[13~14] 〈보기〉는 조직 손상 후 염증(Inflammation) 반응과 회복 과정을 나타낸 것이다. 다음 물음에 답하시오.

───── 보 기 ─────
㉠ 혈관의 확장과 혈류 증가
㉡ 섬유아세포(Fibroblast)의 이동 및 증식
㉢ 반흔조직(Scar Tissue)과 육아조직(Granulation Tissue)의 형성
㉣ 백혈구와 대식세포의 포식작용(Phagocytosis)으로 이물질 및 세포 파편을 제거
㉤ 혈관의 일시적 수축 및 손상된 세포로부터 화학매개체(Chemical Mediator) 방출
㉥ 모세혈관의 투과성이 증가하며 백혈구가 화학주성(Chemotaxis)에 의해 손상 부위로 이동

13 〈보기〉에서 염증 반응과 회복 과정을 순서대로 나열한 것은?

① ㉠ → ㉤ → ㉥ → ㉣ → ㉡ → ㉢
② ㉤ → ㉠ → ㉣ → ㉥ → ㉡ → ㉢
③ ㉤ → ㉠ → ㉥ → ㉣ → ㉡ → ㉢
④ ㉤ → ㉠ → ㉥ → ㉡ → ㉣ → ㉢

해설
㉤ 혈관의 일시적 수축 및 손상된 세포로부터 화학매개체 방출
㉠ 혈관의 확장과 혈류 증가
㉥ 모세혈관의 투과성이 증가하며 백혈구가 화학주성에 의해 손상 부위로 이동
㉣ 백혈구와 대식세포의 포식작용으로 이물질 및 세포 파편을 제거
㉡ 섬유아세포의 이동 및 증식
㉢ 반흔조직과 육아조직의 형성

14 〈보기〉에서 급성염증의 세포 반응에 해당하는 과정만으로 이루어진 것은?

① ㉠, ㉣
② ㉠, ㉥
③ ㉡, ㉣
④ ㉣, ㉥

해설 ㉠, ㉤은 급성염증에서 혈관과 혈액의 반응에 해당한다.
㉡, ㉢은 회복과정에 해당한다.

정답 13 ③ 14 ④

15 〈보기〉에서 세포적응에 관한 설명으로 옳은 것만을 모두 고른 것은?

┌─ 보 기 ──────────────────────────────────────┐
㉠ 위축(Atrophy)은 세포의 크기가 감소하여 조직 질량이 줄어드는 것이다.
㉡ 이형성(Dysplasia)은 만성적인 자극에 반응하여 분화된 한 유형의 세포가 다른 유형의 세포로 대체되는 가역적 변화이다.
㉢ 과형성(Hyperplasia)은 세포의 수가 증가하여 조직의 질량이 증대되는 것을 말하며, 조직이 분열능력이 있는 세포를 함유하고 있을 때에만 발생된다.
㉣ 화생(Metaplasia)은 만성적인 자극에 반응하여 세포의 크기와 모양이 다양하고, 세포배열의 규칙성도 소실되는 것이며 전암성(Precancerous) 변화를 일으킬 수 있다.
└───┘

① ㉠, ㉢
② ㉡, ㉢
③ ㉠, ㉡, ㉣
④ ㉠, ㉢, ㉣

해설 ㉡ 이형성은 만성 자극에 의한 감염에서 초래된 전암성변화(Precancerous)이다. 세포의 크기와 모양이 다양하고 세포 분열 속도가 증가한다.
㉣ 화생은 만성적인 지속적 손상에 의해 하나의 성숙한 세포가 다른 성숙 세포로 대체되는 것으로, 가역적인 반응으로 손상 유도 자극이 사라질 경우 정상적으로 회복한다.

16 〈보기〉에서 일반적인 발암(Carcinogenesis) 단계의 과정을 순서대로 나열한 것은?

┌─ 보 기 ──────────────────────────────────────┐
㉠ 비정형 세포 집단이 점차 주변 조직을 침범하며 독립적인 성장을 지속한다.
㉡ DNA 복구 실패로 인하여 돌연변이가 축적되며 비가역적인 유전적 변화가 일어난다.
㉢ 세포 간 접착력이 감소하고 일부 세포는 혈관이나 림프계를 통해 다른 조직으로 이동한다.
㉣ 특정 독성 화합물에 반복 노출되면 세포 증식 속도가 증가하고 비정상적인 분화 패턴이 나타난다.
└───┘

① ㉡ – ㉠ – ㉣ – ㉢
② ㉡ – ㉣ – ㉠ – ㉢
③ ㉣ – ㉡ – ㉠ – ㉢
④ ㉣ – ㉡ – ㉢ – ㉠

해설 일반적인 발암 단계는 ㉡ 개시(유전자 돌연변이), ㉣ 변형(증식과 변화), ㉠·㉢ 촉진(암세포 특징 발현 및 전이) 단계를 거친다.

17 〈보기〉에서 뼈엉성증(골다공증 ; Osteoporosis)에 관한 설명으로 옳은 것만을 모두 고른 것은?

┌─ 보 기 ───┐
ⓐ 뼈엉성증 진단기준은 −1 ≥ 골밀도 T-score > −2.5이다.
ⓑ 넙다리뼈의 골밀도는 골절 위험을 평가하는 데 활용된다.
ⓒ 뼈엉성증을 유발하는 요인으로 글루코코르티코이드 증가, 갑상선 기능항진증, 쿠싱증후군 등이 있다.
ⓓ 폐경으로 인한 일차성 뼈엉성증은 뼈파괴세포(Osteoclast)와 뼈모세포(Osteoblast)의 활성 감소가 주요 원인이다.
ⓔ 칼시토닌(Calcitonin)은 뼈파괴세포를 활성시켜 뼈바탕질(Bone Matrix)에서 Ca^{2+}을 혈류로 방출하여 골밀도를 낮춘다.
└───┘

① ⓐ, ⓑ
② ⓑ, ⓒ
③ ⓐ, ⓓ, ⓔ
④ ⓑ, ⓒ, ⓔ

해설
ⓐ 골다공증 진단기준의 T-score는 ≤ −2.5이다.
ⓓ 폐경으로 인한 뼈엉성증은 에스트로겐 결핍으로 인한 칼슘 소실이 주요 원인이다.
ⓔ 칼시토닌은 뼈에서 혈장으로의 칼슘이온 방출을 막고, 신장에서의 칼슘이온 분비를 증가시켜 혈장 칼슘이온 농도를 낮춘다. 보기는 부갑상샘 호르몬에 대한 내용이다.

18 〈보기〉의 사례로 유추할 수 있는 호흡곤란의 주된 원인은?

┌─ 보 기 ───┐
키 182cm, 몸무게 67kg의 25세 남자가 갑자기 발생한 호흡곤란으로 응급실에 내원하였다. 의료진으로부터 "폐를 둘러싸고 있는 장막에 구멍이 생겼으며, 키 큰 젊은 남성에게 흔한 질병이다"라는 설명을 들었다.
└───┘

① 폐관류의 감소
② 폐환기의 감소
③ 폐실질 탄성의 감소
④ 호흡근 수축력의 감소

해설 기흉이란 공기주머니에 해당하는 폐에 구멍이 생겨 공기가 새고 이로 인해 흉막강 내에 공기나 가스가 고이게 되는 질환을 말한다. 흉막강은 흉벽, 횡격막, 종격동을 덮고 있는 벽측 흉막과, 폐엽 간 틈새를 포함한 폐를 덮고 있는 장측 흉막으로 둘러싸인 공간을 뜻하는데, 여기에는 구멍이 생기면 폐환기의 감소가 일어난다.

정답 17 ② 18 ②

19 〈보기〉에서 당뇨병(Diabetes Mellitus) 합병증에 관한 설명으로 옳지 않은 것만을 모두 고른 것은?

> ┤보 기├
> ㉠ 미세혈관 합병증으로는 망막병증, 신병증, 신경병증 등이 있다.
> ㉡ 2형 당뇨병은 외부의 인슐린 보충에 의존하며, 급성 혼수상태가 나타날 수 있다.
> ㉢ 인슐린 저항성으로 인한 포도당 수송장애는 저혈당과 저인슐린 혈증을 초래할 수 있다.
> ㉣ 당뇨병 환자에서는 응집 유발 물질에 대한 혈소판 민감도 저하로 인해 혈소판 수명이 단축되는 현상이 발생된다.
> ㉤ 제1형 당뇨병에서 인슐린 결핍이 지속되면 중성지방과 apo-B 지단백이 상승하여 죽상경화증이 유발될 수 있다.

① ㉠, ㉡, ㉣
② ㉠, ㉢, ㉤
③ ㉡, ㉢, ㉣
④ ㉢, ㉣, ㉤

해설
㉡ 외부의 인슐린에 의존하며, 급성 혼수상태가 올 수 있는 것은 1형 당뇨병이다.
㉢ 인슐린 저항성으로 인한 포도당 수송장애는 고혈당과 고인슐린 혈증을 초래할 수 있다.
㉣ 혈소판의 기능 이상이 나타나지만, 혈소판의 감수성이 증가되어 있고, 당뇨병성 미세혈관 합병증이 심할수록 혈소판 응집이 증가된다.

20 만성폐쇄성폐질환(COPD)에 관한 설명으로 옳지 않은 것은?

① 폐기종은 단백분해효소 활성이 증가되거나 알파1-항트립신(α1-antitrypsin)의 저하 또는 결핍에 의해 발생한다.
② 만성기관지염은 기관지 상피조직의 술잔세포(Goblet Cell) 수를 증가시킨다.
③ 폐기종은 들숨(Inspiration)보다 날숨(Expiration)이 어려울 수 있다.
④ 사강환기(Wasted Ventilation)가 감소한다.

해설 사강환기 감소는 폐포 환기의 효율을 높인다는 뜻이지만, COPD의 경우 폐포의 파괴 및 기도 폐쇄 증상이 있을 수 있기 때문에 틀린 내용이다.

제8과목 스포츠심리학

01 〈보기〉에서 설명하는 개념은?

> ─ 보 기 ─
> - 내성(Tolerance) : 원하는 운동 효과를 얻기 위해 운동량과 강도를 증가시킴
> - 금단(Withdrawal) : 운동을 하지 않으면 금단증상(불안, 우울, 죄책감 등)을 느낌
> - 지속(Continuance) : 운동을 하면 많은 문제(부상, 대인관계 등)가 되는 것을 알고도 계속함

① 몰입(Flow)
② 러너스 하이(Runner's High)
③ 운동 중독(Exercise Addiction)
④ 학습된 무기력(Learned Helplessness)

해설 ③ 운동 중독은 행동 중독(Behavioral Addiction)의 한 형태로, 운동에 대한 통제력을 상실하고, 심리적·생리적 금단 증상이 나타나는 상태를 의미한다. 보기의 특징들은 DSM-5에서 정의한 물질 중독의 기준과 유사하게 운동 중독의 진단 요소로 간주된다.

02 매슬로(A. H. Maslow)가 제시한 위계적 욕구(Hierarchical Needs)를 순차적으로 나열한 것은?

저차원 ──────── 위계적 욕구 ────────▶ 고차원

① 생리적 욕구 → 존중 욕구 → 안전 욕구 → 애정 욕구 → 자아실현 욕구
② 생리적 욕구 → 애정 욕구 → 안전 욕구 → 존중 욕구 → 자아실현 욕구
③ 생리적 욕구 → 안전 욕구 → 존중 욕구 → 애정 욕구 → 자아실현 욕구
④ 생리적 욕구 → 안전 욕구 → 애정 욕구 → 존중 욕구 → 자아실현 욕구

해설 매슬로의 위계적 욕구 5단계
- 1단계 생리적 욕구(Physiological) : 음식, 물, 수면, 생존에 필수
- 2단계 안전 욕구(Safety) : 신체적·경제적 안전, 건강, 질서
- 3단계 사회적 욕구/소속감(Love/Belonging) : 사랑, 소속, 대인관계
- 4단계 존중 욕구(Esteem) : 자기 존중, 타인의 존경, 성취
- 5단계 자아실현 욕구(Self-actualization) : 잠재력 실현, 자기표현, 창의성 추구

정답 01 ③ 02 ④

03 〈보기〉에서 설명하는 행동수정 방법은?

> **보기**
> - 연속적인 강화를 통해 목표 행동을 유도 및 강화하는 기법
> - 복잡하고 난이도가 높은 운동기술 과제를 연습할 때 여러 단계로 구분하여 단계별로 행동을 강화하는 기법

① 조형법(Shaping)   ② 용암법(Fading)
③ 동시적 피드백(Concurrent Feedback)   ④ 프리맥 원리(Premack Principle)

해설 ① 조형법은 목표 행동을 한 번에 완성하는 것이 아니라, 작고 단순한 단계부터 점진적으로 강화하여 최종 행동에 도달하게 하는 기법이다. 특히 복잡하거나 난이도 높은 기술 습득(체조 동작, 투척 기술, 리프트 동작 등)에서 유용하며, 부분적인 성공을 강화해가며 전체 기술로 유도하는 방식이다. 보기에 나온 핵심 표현인 '연속적 강화', '단계별 접근'이 대표 특징이다.

04 〈보기〉에서 설명하는 이론은?

> **보기**
> - 각성과 수행 간의 관계를 설명한다.
> - 각성이 증가할수록 주반응(Dominant Response) 또는 습관적 반응(Habitual Response)이 발생할 가능성이 높아진다.

① 전환이론(Reversal Theory)   ② 역U이론(Inverted-U Theory)
③ 추동(동인)이론(Drive Theory)   ④ 카타스트로피이론(Catastrophe Theory)

해설 ③ 추동이론은 헐(Hull)이 제안한 이론으로, 각성이 증가하면 수행도 직선적으로 증가한다고 본다. 특히, 높은 각성 상태에서는 지배 반응(주반응) 또는 습관적 반응이 더 쉽게 나타난다고 했다. 숙련자일수록 각성 증가가 수행 향상으로 이어지지만, 초보자에게는 오히려 수행 저하를 유발할 수 있음을 뜻한다.

05 〈보기〉에서 설명하는 것은?

> **보기**
> - 망막에 맺힌 상의 변화율에 대한 망막상의 크기이다.
> - 공간 정보는 제공하지 못하고, 시간 정보만을 제공한다.

① 광학적 흐름(Optical Flow)   ② 어포던스(Affordance)
③ 방사빛(Radiant Light)   ④ 타우(Tau)

해설 ④ 타우(Tau)는 시각 운동 제어 이론에서 시간 정보(Time-to-contact, 접촉까지 남은 시간)를 설명하는 개념이다. 물체가 눈(망막)으로 접근해 올 때 망막상(Retinal Image)의 크기와 변화율을 분석하여 그 물체가 접촉(충돌)까지 얼마나 남았는지 추정한다. 거리(공간 정보)는 제공하지 않으며, 접촉까지 남은 시간만 추정 가능하다. 운동 선수가 공을 잡기 위해 팔을 언제 뻗어야 할지 판단할 때 타우를 이용하는 것이 한 예가 될 수 있다.

06 가이던스(Guidance) 기법에 관한 설명으로 옳은 것은?

① 수행목표를 달성하는 데 필요한 양 이상으로 연습한다.
② 다양한 움직임과 환경 상황을 경험할 수 있도록 연습한다.
③ 대근 활동이 일어나지 않은 상태에서 과제를 상징적·인지적·언어적으로 연습한다.
④ 수행 오류, 두려움 감소, 부상 예방을 위해 신체적·언어적·시각적 방법을 사용한다.

해설 ④ 가이던스 기법은 초보자나 위험이 큰 과제를 수행할 때, 안전성과 정확성을 확보하기 위해 사용되는 보조적 수단으로 수행 오류를 줄이고, 특히 두려움이 높은 상황이나 부상 위험이 큰 동작(낙상 위험 등)에서 효과적이다.

대표적인 가이던스 유형
- 신체적 가이던스 : 신체를 직접 잡아 움직임을 유도(보조자가 손을 잡고 걷기 지도)
- 언어적 가이던스 : 말로 동작 방향이나 강도를 설명
- 시각적 가이던스 : 시범, 영상, 경로선 등 시각 자료 활용

07 〈보기〉의 설명 중 결과 목표에 해당하는 것만을 모두 고른 것은?

| 보기 |
- ㉠ 건강운동관리사 시험에 합격한다.
- ㉡ 수영장에 등록하여 운동을 시작한다.
- ㉢ 스쿼트 할 때, 바른 자세를 유지한다.
- ㉣ 단축마라톤 대회에서 3위 이내에 입상한다.

① ㉠, ㉣
② ㉡, ㉢
③ ㉠, ㉡, ㉢
④ ㉡, ㉢, ㉣

해설 결과 목표(Outcome Goal)는 경쟁 결과, 성취 여부, 외적인 기준(순위, 승패)에 초점을 둔 목표이다.
- ㉠ 합격 여부는 외부 평가 결과에 따라 결정되므로 결과 목표이다.
- ㉣ 경쟁을 통한 순위를 목표로 하는 전형적인 결과 목표이다.
- ㉡ 행동을 개시하는 것 자체가 목표인 경우는 수행 목표(Performance Goal) 또는 과정 목표(Process Goal)에 해당한다.
- ㉢ 동작의 질(기술)에 초점을 둔 것으로, 과정 목표(Process Goal)에 해당한다.

정답 06 ④ 07 ①

08 공격(Aggression)에 관한 설명으로 옳은 것은?

① 수단적 공격은 상대방을 해칠 의도가 있으나, 분노가 수반되지 않는다.
② 적대적 공격의 근본적인 목적은 승리나 칭찬과 같은 보상을 획득하는 것이다.
③ 좌절-공격 가설에 따르면, 인간의 공격적 행동은 선천적으로 타고난 본능에서부터 비롯된다.
④ 좌절-공격 가설에 따르면, 공격에 성공하게 되면 다른 형태의 공격 행위를 위한 자극이 증가된다.

해설 ① 수단적 공격(Instrumental Aggression)은 어떤 목표를 달성하기 위한 수단으로 행하는 공격적 행동을 의미한다. 상대방에게 해를 끼치는 행동은 포함되지만, 그 목적은 분노 표출이 아니라 보상, 승리 등 외적 목표를 위해서 사용된다. 축구 경기에서 일부러 반칙을 해서 득점 기회를 막는 행동이 좋은 예가 될 수 있다.
② 적대적 공격(Hostile Aggression)은 분노 감정에 의해 유발되며, 다른 목적 없이 상대에게 해를 가하는 것 자체가 목적이다. 화가 나서 상대를 때리는 행위가 예가 될 수 있다.
③ 좌절-공격 가설(Frustration-aggression hypothesis)은 "좌절이 공격을 유발한다"는 관점에서, 환경적 자극에 따른 반응으로 공격을 한다고 보는 가설이다.
④ 공격이 성공하면 일시적으로 긴장이 해소되어, 공격 동기가 줄어들어 공격 욕구 해소된다.

09 〈보기〉에 해당하는 강화(Reinforcement) 또는 처벌(Punishment)은?

보 기
운동참여자가 목표한 훈련량을 채웠을 때, 원하지 않는 나머지 힘든 훈련에서 제외 시켜 준다.

① 정적 강화(Positive Reinforcement)
② 정적 처벌(Positive Punishment)
③ 부적 강화(Negative Reinforcement)
④ 부적 처벌(Negative Punishment)

해설 ③ 부적 강화는 바람직한 행동을 했을 때 불쾌하거나 원하지 않는 자극(훈련 등)을 제거하여 그 행동을 반복하도록 유도하는 방법으로 사용한다. 즉, 참여자가 "목표 훈련량을 채우는" 바람직한 행동을 했기 때문에 "힘든 추가 훈련"이라는 불쾌 자극을 제거해준다. 결과적으로 앞으로도 그 행동을 반복하도록 강화하는 것이다.
불쾌한 자극 제거 → 행동 강화 = 부적 강화

10 〈보기〉의 괄호 안에 공통으로 들어갈 내용은?

―보기―
- 프리드먼과 로젠먼(M. Friedman & R. Rosenman)은 시간 강박증, 과도한 경쟁성, 적대감을 갖고 있는 성격을 (　) 행동으로 분류했다.
- (　) 행동은 관상동맥질환을 포함한 심폐질환의 발생 가능성과 높은 연관성이 있다.

① A형
② B형
③ AB형
④ Z형

해설
① A형 행동(Type A Behavior Pattern)은 프리드먼과 로젠먼이 특정 성격 특성이 심장질환과 관련 있다고 보고하였다. 이 행동은 스트레스 반응이 과도하게 나타나며, 그 결과 관상동맥질환(Coronary Artery Disease)과의 연관성이 높다는 것을 발견하였다.
② B형 행동은 느긋하고 여유로운 태도, 비경쟁적, 감정 표현 적음, 스트레스에 비교적 강하여 심혈관계 질환과는 낮은 관련성을 가진다.
③ AB형은 A형과 B형 성격 특성을 가진 유형으로 A형과 같은 수준으로 관상동맥질환과의 연관성은 알려지지 않았다.
④ Z형은 실제 심리학 용어나 분류 체계에서 존재하지 않는 유형이다.

11 운동 수행 곡선과 관련된 내용으로 옳은 것은?

① 관절 중심에서 발생하는 회전력
② 연습 횟수에 따른 수행력의 변화
③ 두 관절 간의 상대적 위상각 차이
④ 자극 신호가 제시되고 동작 반응 종료까지의 정보처리 소요 시간

해설
② 운동 수행 곡선(Performance Curve)은 시간 또는 연습의 반복에 따라 수행 능력이 어떻게 변화하는지를 시각적으로 나타낸 그래프이다. 일반적으로 가로축(X축)은 연습량(또는 시간), 세로축(Y축)은 수행 능력 또는 정확도, 반응속도, 성공률을 나타낸다. 학습 초기에 급격한 향상이 있다가 점점 완만해지는 형태(음의 가속형)가 가장 일반적이다.

정답 10 ① 11 ②

12 〈보기〉에서 프로차스카(J. O. Prochasca)가 제시한 운동행동 변화 단계에 관한 설명으로 옳은 것만을 모두 고른 것은?

―| 보 기 |―
㉠ 계획/관심 단계(Contemplation) : 1개월 이내에 운동 참가 의사 있음
㉡ 준비 단계(Preparation) : 1개월 이내로 규칙적인 운동 참가 의사 있음
㉢ 행동/실천 단계(Action) : 6개월 미만으로, 규칙적으로 운동에 참여하고 있음
㉣ 유지 단계(Maintenance) : 6개월 이상 규칙적으로 운동에 참여하고 있음

① ㉠, ㉢
② ㉡, ㉣
③ ㉠, ㉡, ㉢
④ ㉡, ㉢, ㉣

해설
㉡ 운동 시작을 매우 가까이 두고 있고, 일부 실천도 병행하고 있는 준비 단계이다. (운동복을 샀거나, 체육관을 등록해둔 상태)
㉢ 최근에 운동을 시작해서 규칙적으로 수행하고 있지만 아직 습관화되지 않은 상태로 행동/실천 단계이다. 이 시기에는 중단할 가능성이 상대적으로 높다.
㉣ 운동 습관이 안정화된 상태이다.
㉠ 6개월 이내에 운동할 의향이 있는 상태이며, 아직 구체적인 행동계획이나 실천은 없는 단계이다.

13 가장 긴 심리적 불응기(Psychological Refractory Period)를 일으키는 이중 자극 간의 시간 차이는?

① 30ms
② 80ms
③ 130ms
④ 180ms

해설 ② 심리적 불응기(PRP)는 두 개의 자극이 짧은 시간 간격으로 제시되었을 때, 두 번째 자극에 대한 반응이 지연되는 현상을 말한다. 이는 정보처리 시스템이 첫 자극 처리에 집중하느라 두 번째 자극 처리가 일시적으로 지연되기 때문이다. 연구 결과, 자극 간 시간 간격(Stimulus Onset Asynchrony ; SOA)이 약 60~100ms일 때 PRP가 가장 길어져 가장 큰 반응 지연이 발생한다. 따라서 80ms는 가장 긴 PRP가 나타나는 SOA로 적절하다.

14. 〈보기〉의 ㉠~㉢에 들어갈 용어가 바르게 나열된 것은?

보기
- (㉠)은 운동기술을 여러 하위 단위로 나누어 연습하는 방법이다.
- (㉡)은 연습하는 동안에 휴식을 적당히 취하면서 연습하는 방법이다.
- (㉢)은 다양한 변인이 포함된 하나의 기술을 주어진 시간에 연습하는 방법이다.

	㉠	㉡	㉢		㉠	㉡	㉢
①	분습법	분산연습	무선연습	②	전습법	집중연습	구획연습
③	분습법	분산연습	구획연습	④	전습법	집중연습	무선연습

해설 보기의 ㉠은 '운동 기술을 여러 하위 단위로 나누어 연습하는 방법'으로, 이는 분습법(Part Practice)에 해당한다. 분습법은 기술이 복잡하거나 구성 요소 간의 상호 의존성이 낮을 때 효과적이며, 체조, 수영 동작과 같이 부분적으로 나누어 연습하는 데 적합하다.
㉡은 '연습하는 동안에 휴식을 적당히 취하면서 연습하는 방법'으로, 이는 분산연습(Distributed Practice)을 의미한다. 분산연습은 휴식을 충분히 포함하여 피로 누적을 방지하고 집중력을 유지하는 데 유리하다.
㉢의 "다양한 변인이 포함된"이라는 표현은 무선연습(Random Practice)의 특징에 부합한다. 무선연습은 여러 종류의 기술을 예측 불가능한 순서로 섞어가며 수행하는 것으로, 변인 다양성과 인지적 부하가 높은 연습 방식이다. 반면 "하나의 기술을 주어진 시간에 연습"이라는 표현은 구획연습(Blocked Practice)의 정의와 유사하다. 이는 동일한 기술을 일정 시간 동안 반복 수행한 후 다음 기술로 넘어가는 방식이며, 주로 초심자에게 안정적인 연습 환경을 제공한다. 결과적으로 문장에 무선연습과 구획연습의 핵심 개념이 혼합되어 있어, ①과 ③ 복수 정답 처리되었다.

15. 〈보기〉에 해당하는 운동발달 단계는?

보기
- 호르몬 분비가 증가하면서 근육과 골격 체계가 급성장하게 되고, 운동 기술이 더욱 발달하게 된다.
- 운동발달이 질적, 양적으로 가장 급격하게 일어나는 시기이다.
- 운동기술 발달에 성 차이가 두드러지게 나타난다.

① 최고 수행 단계
② 성장과 세련 단계
③ 기본 움직임 단계
④ 스포츠 기술(전문적인 움직임) 단계

해설 ② 성장과 세련 단계(Growth and Refinement Stage)는 사춘기 전후, 즉 초등 고학년~청소년기에 해당하는 단계이다. 호르몬 변화(에스트로겐, 테스토스테론 등)로 인해 근골격계가 급성장하고, 운동기술이 질적·양적으로 큰 발전을 이룬다. 이 시기부터 운동 수행력에서 남녀 간의 차이가 본격적으로 나타난다. 운동 수행의 숙련도와 세련미가 발달하는 결정적 시기이다.

운동발달 단계
- 기본 움직임 단계(3~7세) : 달리기, 던지기 등 기초 습득
- 스포츠 기술 단계(7~12세) : 스포츠 활동 시작, 기술 습득
- 성장과 세련 단계(12~16세) : 호르몬 변화, 급성장, 성차 발현
- 최고 수행 단계(18세 이후) : 기술 완성, 수행 능력 최고조

16 일차원적 운동 기술의 분류 기준으로 옳지 않은 것은?

① 환경의 안정성
② 움직임의 오차성
③ 움직임의 연속성
④ 동원되는 근육의 크기

> **해설**
> ② '움직임의 오차성'은 운동 수행 결과의 정확성이나 실수 정도를 의미할 수 있지만, 일차원적 운동 기술 분류 기준이라 할 수 없다. 일차원 분류는 운동의 구조와 조건을 기반으로 기술을 유형화하는 것이며, 오차율이나 정밀도는 운동 수행의 질을 평가하는 요소이지, 분류 기준은 아니다.
> ① 환경의 안정성(Environmental Predictability)은 폐쇄기술(Closed Skill)과 개방기술(Open Skill)로 구분할 수 있으며, 일차원적 운동 기술의 분류 기준이다.
> ③ 움직임의 연속성(Continuity of Movement)은 불연속(Discrete), 연속(Continuous) 계열(Serial)로 구분할 수 있으며, 일차원적 운동 기술의 분류 기준이다.
> ④ 동원되는 근육의 크기(Size of Musculature Involved)는 대근운동(Gross Motor Skill)과 소근운동(Fine Motor Skill)으로 구분할 수 있으며, 일차원적 운동 기술의 분류 기준이다.

17 〈보기〉에서 설명하는 개념은?

보 기
• 움직임 패턴(특성)에 관한 정보를 제공
• 운동역학적(Kinematic) 정보를 제공
• 내적 피드백(고유 피드백)과 구분

① 수행지식
② 결과지식
③ 매개변수
④ 고유감각

> **해설**
> ① 수행지식(Knowledge of Performance) : 운동의 결과가 아니라, 운동 수행 도중의 움직임 패턴이나 자세, 속도, 리듬, 협응 등에 관한 정보를 피드백해주는 것을 말한다. 주로 외부 제공자(코치, 영상, 센서)가 제공하며, 내적 피드백(고유감각)과 구분된다. ("팔을 좀 더 높이 들어야 해", "무릎이 바깥으로 벌어졌어" 등)
> ② 결과지식(Knowledge of Results) : 운동 결과 자체에 대한 정보이며, 움직임 "어떻게 했는가"가 아니라 "어떻게 되었는가"에 초점을 맞춘다. ("10m를 5.2초에 달렸어", "골대 오른쪽으로 벗어났어")
> ③ 매개변수(Parameter) : 운동 프로그램 이론에서 사용되는 용어로 움직임의 특정 조건(속도, 힘, 방향 등)을 조절하는 변수이며, 피드백 유형이 아닌 운동 제어 변수이다.
> ④ 고유감각(Proprioception) : 개인이 자신의 근육, 관절, 위치 감각 등을 통해 느끼는 내적 감각 정보이며, 내적 피드백, 즉 스스로 느끼는 정보로, 외부 제공 피드백인 수행지식과 구분된다. ("무릎이 펴진 느낌", "균형이 안 맞는 느낌")

18 카니만(Kahneman, 1973)의 주의 모델에서 주의 가용 역량에 가장 큰 영향을 미치는 것은?

① 수행되어야 할 과제의 주의 요구량
② 일시적 의도(Momentary Intentions)
③ 지속적 성향(Enduring Disposition)
④ 각성 수준(Arousal Level)

> **해설** ④ 카니만의 주의 자원 이론(Kahneman's Capacity Model of Attention)은 주의 역량이 고정되어 있지 않고 가변적이라고 생각했으며, 이때 주의 자원의 총량(Capacity)을 결정짓는 가장 큰 요인이 바로 각성 수준(Arousal)이라고 했다. 각성이 너무 낮거나 너무 높으면 주의 자원이 감소하고, 적절한 각성 상태일 때 가장 많은 주의 자원을 사용할 수 있다.

19 〈보기〉에 제시된 연습의 형태를 맥락간섭의 정도가 낮음에서 높음의 순서대로 나열한 것은?

보기
㉠ 모든 과제의 변형이 무선으로 제시됨
㉡ 모든 과제의 변형이 계열적으로 제시됨
㉢ 각 과제의 변형이 짧은 구획의 반복 무선으로 제시됨
㉣ 각 과제의 변형이 짧은 구획의 반복 계열적으로 제시됨

① ㉣ → ㉡ → ㉢ → ㉠
② ㉢ → ㉣ → ㉠ → ㉡
③ ㉣ → ㉢ → ㉡ → ㉠
④ ㉣ → ㉢ → ㉠ → ㉡

> **해설** 맥락간섭 효과는 연습 중 여러 과제가 섞여 있을 때 생기는 간섭 효과를 말한다. 일반적으로 연습 중 수행은 방해되지만, 장기 기억과 전이에는 유리한 학습 효과가 있다. 무선(random)연습 일수록 간섭이 크고, 구획 (blocked) 연습일수록 간섭이 낮다.
> ㉣ 짧게 반복 + 예측이 가능하므로 간섭이 가장 낮다.
> ㉢ 반복은 있으나 순서는 예측이 불가능하므로 다소 간섭이 있다.
> ㉡ 전체가 예측 가능한 순서이고 구획성이 강하기 때문에 간섭이 낮은 편이지만 짧은 반복이 없어 중간 정도의 간섭이 있다.
> ㉠ 예측이 불가하고 변화가 많음으로 맥락간섭이 가장 크다.

20 데시와 라이언(Deci & Ryan, 2000)이 제시한 내적 동기 활성화에 주요한 역할을 하는 세 가지 기본 욕구(Three Basic Needs)에 해당하지 않는 것은?

① 유능성
② 정체성
③ 관계성
④ 자율성

해설
② 정체성(Identity)은 개인이 누구인지에 대한 자기 인식 및 사회적 자아 형성과 관련된 개념으로, 자기결정이론(SDT)의 핵심 3요소에는 포함되지 않는다. 어느 정도는 자기 인식과 동기는 관련 있지만, Deci & Ryan이 제시한 '기본 심리 욕구'에는 명시되지 않았다.
① 유능성(Competence)은 "나는 이걸 잘할 수 있다"는 능력에 대한 감각으로 도전적인 과제를 성공적으로 수행할 수 있는 능력이 있다고 느낄 때 내적 동기가 촉진된다.
③ 관계성(Relatedness)은 타인과의 연결, 소속감, 수용감을 의미하며, 사회적 관계 속에서 의미 있는 연결을 느낄 때 동기가 상승한다.
④ 자율성(Autonomy)은 자신의 행동을 스스로 선택하고 조절할 수 있다는 감각으로 내면의 의지에 따라 행동한다는 느낌이 있을 때 내적 동기가 향상된다.

참고문헌

- 1급 생활체육지도자 연수교재 기초편(2013), 국민체육진흥공단 체육과학연구원
- 1급 경기지도자 연수교재(1997), 한국체육과학연구원 경기지도자 연수원, 도서출판 동원사
- 스포츠심리학의 이해와 적용(2015), 정청희, 이용현, 이흥식, 정용철, 메디라이프
- 스포츠심리학의 이해(2006), 정청희, 김병준, 금광
- 스포츠지도사 필기 한권으로 끝내기(2016), 배성우, 정상훈, 시대고시기획
- 스포츠 심리학(2014), 심창섭, 김홍백, 홍경
- 운동행동과 스포츠 심리학(2005), 이강헌, 구우영, 정구인, 정용각, 대한미디어
- 스포츠심리학(2009), 정청희 외 18명, 레인보우북스
- 건강운동관리사를 위한 운동상해(2015), 김용권 외 6명, 한미의학
- 스포츠재활 총론(2007), William E. Prentice, E*PUBLIC
- 운동손상학 원론(2003), Daniel D. Arnheim and William E. Prenice, 대한미디어
- 스포츠손상과 재활치료(2002), 나영무 외 8명, 한미의학
- 그림으로 보는 근골격 해부학(2007), 정진우, 대학서림
- 근골격계의 기능해부 및 운동학(2011), Donald A. Neumann, 정담미디어
- Atlas of Human Anatomy 해부학용어 그림사전(2010), Heinz Feneis/Wolfgang Dauber, 아카데미아
- Manual of Structural Kinesiology Twelfth edition(2014)
- NASM CPT교재(2014), Micheal A. Clark, Scott C. Lucett, Brian G. Sutton, 한미의학
- NASM Essentials of Corrective Exercise Training(2014), Micheal A. Clark, Scott C. Lucett, Brian G. Sutton, 한미의학
- 퍼스널트레이너의 정수(2009), NSCA, 대한미디어
- Ellen Cook Humphrey(2002), Northwestern Univ. Medical School
- Edmond Ayyappa. Normal Human Locomotion, Part 2 : Motion, Ground Reaction Force and Muscle Activity
- 재활운동 및 키네시오 테이핑 처치가 아탈구 유도선수의 근활성도와 관절가동범위 및 통증에 미치는 영향
- 고지혈증 치료지침 제 2판(1996), 고지혈증 치료지침 제정위원회 편, 한의학
- 웰니스 개념과 적용: 삶의 질과 건강증진 지침서(1996), 김상국역, 21세기교육사
- 운동생리학, 김성수, 정일규(1995), 도서출판 대경
- 임상비만학, 대한비만학회 편(1995), 고려의학
- 운동과 스포츠 생리학(2006), Jack H. Wilmore, David L. Costill, 대한미디어
- Resorce Manual for Guidelines for Exercise Testing and Prescription 2nd ed.(1993), American College of Sports Medicine(ACSM), Lea & Febiger
- ACSM's Guidelines for Exercise Testing and Prescription, 5th ed(1995), American College of Sports Medicine(ACSM), Williams & Wilkins
- ACSM's Exercise Management for Persons with Chronic Disease and Disabilities, 2nd ed(2004), American College of Sports Medicine(ACSM), Human Kinetics
- ACSM's Guidelines for Exercise Testing and Prescription, 7th ed(2006), American College of Sports Medicine(ACSM), Lippincott Williams and Wilkins Inc.
- ACSM's Certification Review 3rd ed(2009), American College of Sports Medicine(ACSM), Lippincott Williams & Wilkins.
- Advanced Fitness Assessment and Exercise Prescription(2006), Vivian H. Heyward, Human Kinetics
- JNC 7 Express The Seventh Report of the Joint National Committee on Prevention, Detection, Evaluation, and Treatment of High Blood Pressure(2003)
- ACSM's Guidelines for Exercise Testing and Prescription, 10th ed(2017), American College of Sports Medicine, Lippincott Williams&Wilkins
- The Senior Fitness Test (2015), Langhammer, Birgitta & Stanghelle, Johan. Journal of Physiotherapy
- Zhu, M., Huang, Z., Ma, C., & Li, Y. (2017). An objective balance error scoring system for sideline concussion evaluation using duplex kinect sensors. Sensors(Switzerland), 17(10).
- Powden, C. J., Dodds, T. K., & Gabriel, E. H. (2019). The Reliability of the Star Excursion Balance Test and Lower Quarter Y-Balance Test in Healthy Adults: A Systematic Review. International Journal of Sports Physical Therapy, 14(5), 683 694.

2026 시대에듀
건강운동관리사 필기 + 실기 한권으로 끝내기

개정10판1쇄 발행	2025년 10월 15일 (인쇄 2025년 08월 19일)
초 판 발 행	2016년 05월 10일 (인쇄 2016년 03월 04일)
발 행 인	박영일
책 임 편 집	이해욱
편 저	강명성 · 김현규 · 박민혁
편 집 진 행	박종옥 · 장민영
표지디자인	하연주
편집디자인	유가영 · 김휘주
발 행 처	(주)시대고시기획
출 판 등 록	제10-1521호
주 소	서울시 마포구 큰우물로 75 [도화동 538 성지 B/D] 9F
전 화	1600-3600
팩 스	02-701-8823
홈 페 이 지	www.sdedu.co.kr
I S B N	979-11-383-9736-0 (13690)
정 가	35,000원

※ 이 책은 저작권법의 보호를 받는 저작물이므로 동영상 제작 및 무단전재와 배포를 금합니다.
※ 잘못된 책은 구입하신 서점에서 바꾸어 드립니다.

2017년부터 2026년까지
10년 연속 압도적 1위에 빛나는
건강운동관리사 시리즈

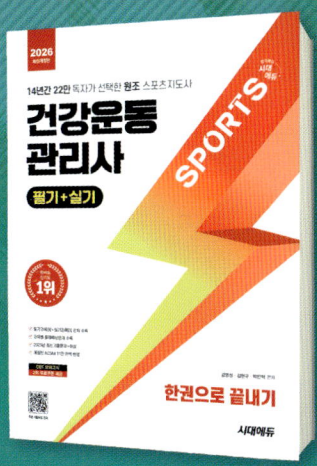

건강운동관리사 필기 + 실기 한권으로 끝내기

이 책의 특징

- 필기 8과목 + 실기 3과목 수록
- 어려워지는 시험에 대비하는 심화학습 개념 PLUS
- 바로바로 복습하는 단원별 출제예상문제
- 최신 기출문제와 상세한 해설

건강운동관리사 필기 7개년 기출문제집

이 책의 특징

- 건강운동관리사 1등 출판사 시대에듀에서 출간하는 기출문제집
- 7개년 기출문제 수록
- 현직에서 활동하는 전문 저자진의 상세한 해설

❖ 상기도서의 이미지와 구성은 변경될 수 있습니다.

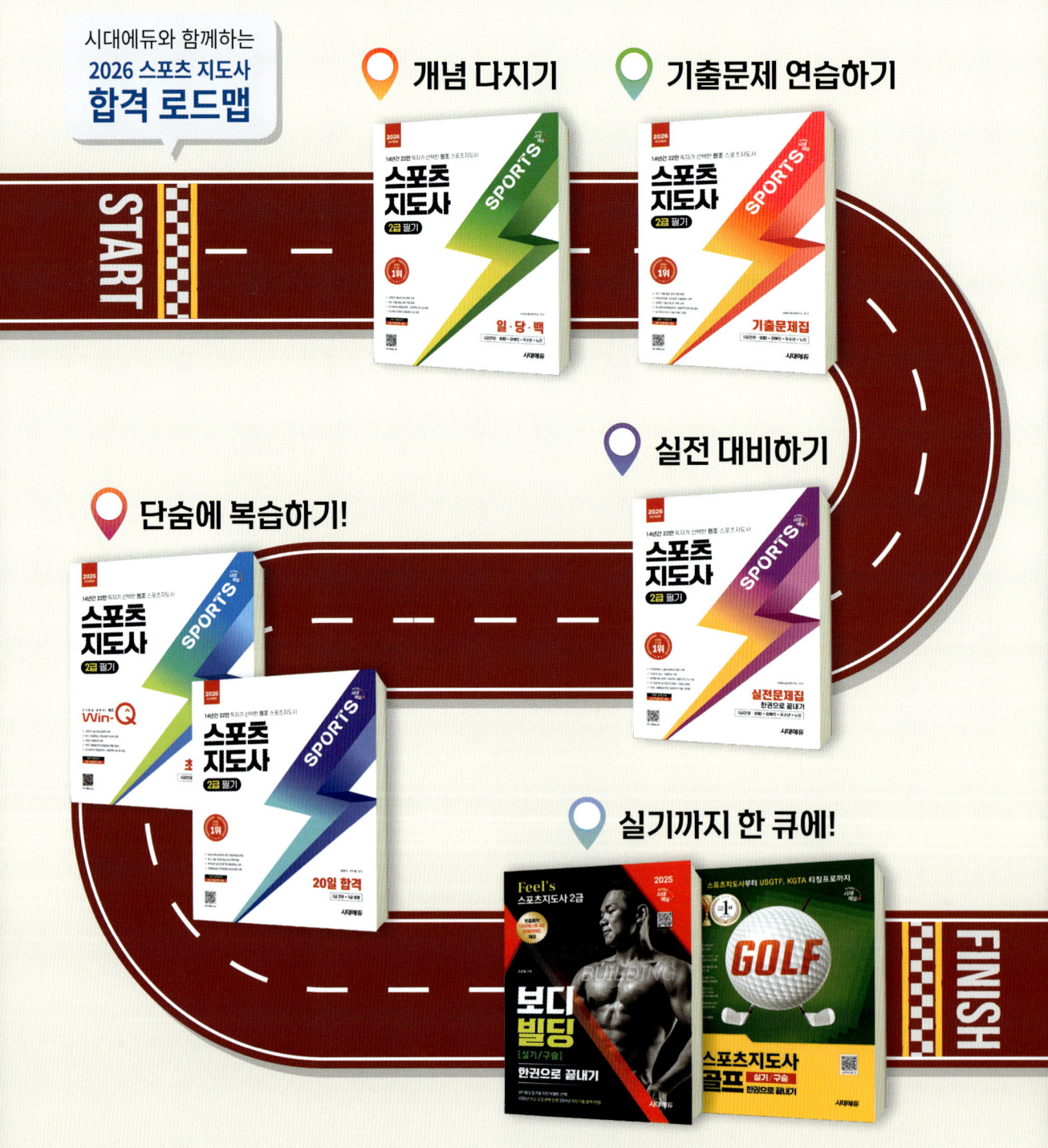

2026년에도 시대에듀 수상레저 시리즈와 시험의 물살을 힘차게 가르자!

2025 시대에듀 답만 외우는 동력수상레저기구
일반조종면허 1·2급(필기+실기) 문제은행 700제

- 공개 문제 700제 수록
- 최신 개정법령 완벽 반영
- 실기시험 필수 가이드 수록
- 정답과 해설이 한눈에 보이는 구성

2025 시대에듀 답만 외우는 동력수상레저기구
요트조종면허시험(필기+실기) 문제은행 700제

- 최신 개정법령 완벽 반영
- 전체 시험 및 실기시험 필수 가이드 수록
- 정답과 해설이 한눈에 보이는 구성
- 실제 항해 시 필요한 부록 수록

2026 시대에듀 문제만 보고 합격하기!
소형선박조종사 1,900제

- 진짜 핵심만 담은 과목별 핵심이론
- 합격의 정석 6개년(2019~2024) 기출 1,900문제 수록
- 과년도(2015~2018) 기출문제 PDF 무료 제공

❖ 도서의 이미지 및 구성은 달라질 수 있습니다.

시대에듀 회원만을 위한 **특별한 혜택**

회원 가입만 해도 누릴 수 있는 다양한 프리미엄 혜택!

01 무료 회원 혜택
- 전문가와 1:1 무료 상담 서비스 제공
- 자격증/공무원/취업 관련 무료 특강 제공
- 월별 이슈 & 상식 특강 제공
- 인적성 검사 및 면접 특강 지원

02 유료 회원 혜택
- 750명 교수진의 고품질 명품 강의 제공
- 무제한 반복 수강 가능
- 모바일 강의 다운로드 및 스트리밍
- Full HD 고화질 강의 시청

03 추가 제공 서비스
- 교재 및 동영상 구매 시 적립금 3,000원 제공
- 강의 수강료 5% 할인 쿠폰 제공
- 원격지원 서비스를 통한 빠른 문제 해결

※ 모의고사 및 무료특강은 일부 상품에 한해 제공되며, 상품에 따라 제공 여부가 달라질 수 있습니다. 또한, 상품 정책에 따라 서비스 내용은 사전 예고 없이 변경될 수 있습니다.

합격을 위한 최고의 선택! 시대에듀 회원 혜택!
합격을 위한 첫 걸음, 지금 바로 QR코드로 확인하세요!